de Gruyter Studienbuch

Die Geschichte des philosophischen Begriffs der Wahrheit

Die Geschichte des philosophischen Begriffs der Wahrheit

herausgegeben von
Markus Enders und Jan Szaif

Walter de Gruyter
Berlin · New York

♾ Gedruckt auf säurefreiem Papier, das die US-ANSI-Norm über Haltbarkeit erfüllt.

ISBN-13: 978-3-11-017754-1
ISBN-10: 3-11-017754-4

Bibliografische Information der Deutschen Bibliothek
Die Deutsche Bibliothek verzeichnet diese Publikation in der Deutschen Nationalbibliografie; detaillierte bibliografische Daten sind im Internet über http://dnb.ddb.de abrufbar.

Printed in Germany
Satz: Dörlemann Satz, Lemförde
Druck und Bindung: Druckhaus Thomas Müntzer, Bad Langensalza/Thüringen

Vorwort

Wahrheit ist ein zentraler Begriff menschlichen Denkens. Die philosophische Reflexion über das menschliche Welt- und Wirklichkeitsverhältnis war darum immer auch, direkt oder indirekt, ein Nachdenken über den Sinngehalt des Wahrheitsbegriffs und die Bedingungen und Kriterien der Wahrheit. Der vorliegende Band möchte die Geschichte des philosophischen Wahrheitsbegriffes von der Antike bis ins 20. Jahrhundert in ihren wesentlichen Aspekten umfassend und ausgewogen darstellen. Vollständigkeit kann nicht beansprucht werden, dazu ist die Begriffsgeschichte des philosophischen Wahrheitsbegriffes zu komplex. Aber sowohl ein brauchbarer Gesamtüberblick als auch eine umfassende Materialaufarbeitung scheinen uns mit diesem Band gelungen zu sein.

Der unmittelbare Anlaß für die Entstehung dieses Werkes war eine von Herrn Kollegen Theo Kobusch im Mai des Jahres 2001 mit tatkräftiger organisatorischer und finanzieller Unterstützung von Herrn Walter Tinner und dem Schwabe-Verlag (Bern) veranstaltete Tagung, die den an dem Artikel über „Wahrheit" im Historischen Wörterbuch für Philosophie beteiligten Autoren die Gelegenheit bieten sollte, die von Ihnen jeweils bearbeiteten philosophiehistorischen Abschnitte innerhalb dieses Gesamtartikels in einer ausführlicheren Form zur Diskussion zu stellen. Nachdem sich die zunächst in Aussicht genommene Publikation eines Tagungsbandes durch den Tagungsveranstalter nicht sofort realisieren ließ, wurde dieses Projekt von ihm fallengelassen. Da wir eine ausführlichere Darstellung der Geschichte des philosophischen Begriffs der Wahrheit für ein unverzichtbares Forschungsdesiderat halten, ergriffen wir im Einvernehmen mit Herrn Kollegen Kobusch die Initiative zu dessen Verwirklichung. Es stellte sich bald heraus, daß das ursprünglich auf die Geschichte des Wahrheitsbegriffs in Antike und Mittelalter begrenzte Publikationsprojekt einer Erweiterung um einen Neuzeitteil bedurfte, um für die Geschichte des philosophischen Begriffs der Wahrheit im Abendland hinlänglich repräsentativ sein zu können. Zugleich sollte jedoch nicht ein mit den vorliegenden Darstellungen von Wahrheitstheorien in der Philosophie des 20. Jahrhunderts konkurrierendes Werk geschaffen werden. So ergab sich die eigenständige Konzeption einer Geschichte des philosophischen Begriffs der Wahrheit von den Anfängen des abendländischen Denkens bis zum Ende des 19. Jahrhunderts mit zwei ausführlichen Ausblicken auf die wichtigsten wahrheitstheoretischen Traditionen in der Philosophie des 20. Jahrhunderts.

Wir hoffen, mit diesem Band ein einschlägiges Referenzwerk zur antiken, mittelalterlichen und neuzeitlichen Geschichte des philosophischen Begriffs der Wahrheit vorzulegen, aus dem alle philosophisch Interessierten, auch außerhalb des Faches Philosophie, einen Gewinn ziehen können. Ein ähnlich umfassendes Werk zur Geschichte des philosophischen Begriffs

der Wahrheit im abendländischen Denken gibt es bislang noch nicht. Im
einzelnen werden behandelt: die Geschichte des philosophischen Wahrheitsbegriffs in der griechischen Antike (Vorsokratik, Platon, Aristoteles, Stoa
und Hellenismus), im philosophischen Neuplatonismus (insb. Plotin, Proklos, Porphyrios, Iamblich), in der Bibel (Altes und Neues Testament) und in
der frühen christlichen Kirche (insb. bei den griechischen Kirchenvätern Clemens von Alexandrien, Gregor von Nyssa und Dionysius Ps.-Areopagita),
bei Augustinus, Boethius und im frühen Mittelalter (insb. Eriugena, Anselm
von Canterbury), im 13. Jahrhundert (insb. Albertus Magnus, Thomas von
Aquin, Bonaventura), in der nachthomanischen Zeit (insb. Heinrich von
Gent, Duns Scotus), im Spätmittelalter (insb. Wilhelm von Ockham, Johannes Buridan, Walter Burleigh), in der Philosophie der Renaissance (insb.
Nikolaus von Kues, Marsilio Ficino, Giordano Bruno), in der Frühen Neuzeit und im Zeitalter der Aufklärung (insb. Descartes, Leibniz, Kant), im
deutschen Idealismus (insb. Fichte, Hegel), im Historismus (insb. Gustav
Droysen, Wilhelm Dilthey), im Neukantianismus (insb. Rudolf Hermann
Lotze, Wilhelm Windelband, Heinrich Rickert) sowie bei den existenzbezo-
genen Denkern im 19. Jahrhundert (Sören Kierkegaard, Ludwig Feuerbach,
Friedrich Nietzsche). Hinzu kommen die beiden ausführlichen Ausblicke auf
die bedeutendsten wahrheitstheoretischen Traditionen in der Philosophie des
20. Jahrhunderts und der Gegenwart: auf Theorien der Wahrheit in der philosophischen Phänomenologie (Edmund Husserl) und Hermeneutik (Martin Heidegger, Hans-Georg Gadamer) sowie auf die Wahrheitstheorien in
den analytischen (insbesondere bei Gottlob Frege, Alfred Tarski, Willard Van
Quine, Michael Dummett und Donald Davidson) und pragmatistischen Traditionen (insbesondere bei Charles Sanders Peirce und Hilary Putnam).

Schließlich möchten wir an dieser Stelle ausdrücklich unseren tief empfundenen Dank aussprechen. Unser Dank gilt allen Autoren dieses Bandes,
vor allem jenen, die nach überraschenden Absagen ihre Beiträge unter er-
schwerten Bedingungen verfassen mußten. Unser ganz besonderer Dank
gilt Frau Rosmarie Rückert, der Sekretärin am Lehrstuhl für christliche
Religionsphilosophie, sowie Herrn Martin Rothe, wissenschaftlicher Mit-
arbeiter an diesem Lehrstuhl der Universität Freiburg, für ihre große Sorg-
falt und Umsicht und ihren unermüdlichen Einsatz bei der oft schwierigen
und anspruchsvollen redaktionellen Bearbeitung des Manuskripts. Schließlich danken wir von Herzen dem Verlag Walter de Gruyter für die Aufnahme dieses Bandes in seine Studienbuch-Reihe, insbesondere aber seiner
Lektorin Frau Dr. Gertrud Grünkorn für ihre geduldige und sorgfältige ver-
legerische Betreuung.

Im November 2005   Markus Enders, Freiburg i. Br.
                                                        Jan Szaif, Davis (Calif.)

Inhalt

Die Geschichte des Wahrheitsbegriffs in der klassischen Antike

Jan Szaif (Bonn)

1.   Einleitung: Sprachliche Ausgangspunkte

Eine Darstellung der mit den Ausdrücken für Wahrheit verbundenen Begriffsgeschichte hat es mit einem komplexen Bedeutungsfeld zu tun. Dies gilt für den Begriff „Wahrheit" bzw. „wahr" im Deutschen, und es gilt in noch höherem Maße für die entsprechenden griechischen Ausdrücke „alḗtheia (Wahrheit)" und „alēthḗs (wahr)". Es handelt sich jedoch nicht um bloß zufallsbedingte Äquivokationen, sondern um ein strukturiertes Feld von Bedeutungen, die in der einen oder anderen Weise sachlich miteinander zusammenhängen. Für ein adäquates Verständnis der antiken Geschichte des philosophischen Begriffs der Wahrheit ist die Kenntnis dieser sprachlichen Ausgangslage von Bedeutung. Darum möchte ich hier zuerst auf einige der sprachlichen Ansatzpunkte für die philosophischen Wahrheitskonzeptionen der klassischen Antike eingehen. Folgende Bedeutungsaspekte von Wahrheit (alḗtheia) sind für die Entwicklung des philosophischen Wahrheitsverständnisses in der klassischen Antike besonders wichtig geworden:

1) *Propositionale Wahrheit und Wirklichkeit*: Die modernen ‚Wahrheitstheorien' versuchen zu erklären, was es heißt, wenn Aussagen/Meinungen bzw. deren propositionale Gehalte als wahr oder falsch bezeichnet werden. Man kann hier von einem *propositionalen Wahrheitsbegriff* sprechen. Auch die altgriechische Sprache besitzt selbstverständlich Mittel, zwischen wahren und falschen Äußerungen und Meinungen im Sinne dieses *propositionalen Wahrheitsbegriffes* zu unterscheiden. Dabei sind aber Besonderheiten des griechischen Wortgebrauches zu beachten, die für die Entwicklung des philosophischen Verständnisses propositionaler Wahrheit bedeutsam geworden sind: Aussagenwahrheit wird im Altgriechischen in der Regel in Wendungen ausgedrückt, in denen das Wort „Wahres" (alēthḗ) bzw. „Wahrheit" (alḗtheia) als Objekt zu einem Verb des Sagens fungiert, etwa in der typischen Wendung „Wahres/Falsches sagen" (alēthḗ/pseudḗ legein), während die Konstruktion, in der „wahr" (alēthḗs) ein Substantiv wie „Meinung/Urteil" (doxa) oder „Satz/Aussage" (logos) ergänzt, zunächst nur recht selten gebraucht wird. Hinzu kommt, daß der Ausdruck „Wahres" (alēthḗ), als *Objekt* zu einem Verb des Sagens, ohne einen maßgeblichen Bedeutungsunterschied durch den Ausdruck „Seiendes" (onta) ersetzt werden kann („Seiendes/Nicht-Seien-

des sagen"). [1] Diese sprachlichen Eigentümlichkeiten sind für die philosophische Fragestellung von Bedeutung, weil sie ein Vorverständnis begün-
stigen, gemäß dem Wahrheit nicht primär eine *Eigenschaft* von Aussagesätzen (oder Meinungen) ist, sondern jeweils ein Teil oder Aspekt der
denkunabhängigen Wirklichkeit, der in einem solchen Aussagen zum
Ausdruck kommt. Dieses Vorverständnis ist natürlich der Sache nach
nicht zwingend. In moderner Perspektive wäre es sehr viel naheliegender,
das ausgesagte Wahre und ,veritativ' Seiende als einen abstrakten propositionalen Gehalt zu verstehen. Eine solche Konzeption abstrakter Aussa-
gegehalte ist aber selbst ein Produkt der philosophiehistorischen Entwicklung. Die Ausgangslage für das philosophische Denken, wie sie bei Platon
und auch noch bei Aristoteles greifbar wird, ist zunächst die Vorstellung
von einem Bezugsverhältnis von Sprache/Denken und Wirklichkeit, bei
dem das ausgesagte Wahre und veritativ Seiende auf die Seite der Wirklichkeit gehört.

In der Forschungsdiskussion zur Geschichte des Wahrheitsbegriffes wird
oft die Unterscheidung zwischen einem logischen Wahrheitsbegriff (Wahrheit als Eigenschaft von Aussagen oder dergleichen) und ontologischer
Wahrheit (Wahrheit als Attribut des Wirklichen oder Seienden) gebraucht.
Wie ich noch zeigen werde, kann in der griechischen Philosophie Wahrheit
unter ganz unterschiedlichen Aspekten auf Wirkliches bezogen werden,
und dies schließt, wie wir eben gesehen haben, unter einem bestimmten
Gesichtspunkt auch den propositionalen Wahrheitsbegriff, der gemeinhin
mit „logischer Wahrheit" gleichgesetzt wird, mit ein. Denn propositionale
Wahrheit wird im griechischen Diskussionskontext eben nicht nur als
Eigenschaft eines Aussagens oder Meinens, sondern auch, und zunächst
wohl sogar primär, als dasjenige in der Wirklichkeit, was durch ein ,Wahres
sagen' sprachlich repräsentiert werden kann, aufgefaßt.

Der propositionale Wahrheitsbegriff kann um einen *prä-propositionalen*
Begriff der Wahrheit und des Wahren/Wirklichen ergänzt werden, der
sich auf Gegenständliches bezieht, das die Entsprechung in der Wirklichkeit zu Vorstellungen (begrifflichen oder anschaulichen Repräsentationen) ist und diese von illusorischen Vorstellungen unterscheidet. In diesem Sinne scheint es durchaus normaler Sprachgebrauch im Griechischen
zu sein, eine Sache oder Art/Eigenschaft als ein *alēthes* (Wahres, Wirkliches)
zu bezeichnen. Ein anderer, eher theoretischer Ansatzpunkt zu einem
prä-propositionalen Begriff des Wahren ergibt sich aus der Überlegung,
daß ein Satz oder Urteil nur dann eine Sachlage in der Wirklichkeit ausdrücken kann, wenn auch den bezeichnenden Teilen des Satzes oder Urteils jeweils etwas in der Wirklichkeit entspricht. Hierin dürfte etwa bei
Aristoteles der Ansatzpunkt zu einem Konzept prä-propositionaler Wahr-

---

[1] Vgl. J. Szaif, 1998, 38–49.

heit der Begriffe bzw. der ihnen korrespondierenden Arten oder Eigenschaften liegen.

2) *Epistemisches Wahrheitsverständnis*: Wissen impliziert Wahrheit, darum liegt ein Ansatzpunkt für die Entfaltung des Wahrheitsverständnisses darin, Wahrheit als dasjenige, was durch Erkenntnis verläßlich oder mit Gewißheit erschlossen werden kann, zu thematisieren. Eine verbreitete Tendenz in der modernen philosophischen Debatte um den Wahrheitsbegriff geht dahin, Wahrheit auf eine epistemische Eigenschaft von Urteilen, etwa die der Rechtfertigbarkeit, zurückzuführen. Bei Parmenides und Platon wird die mit dem Wissen oder geistigen Erfassen verknüpfte Wahrheit auf ganz andere Weise in eine begriffliche Beziehung zum Wissen gesetzt. Wahrheit oder das Wahre wird hier als das Wirkliche/Seiende verstanden, welches in einem Wissen und geistigen Erfassen erkannt werden kann. Während das moderne epistemische Wahrheitsverständnis den Wahrheitsbegriff von der realistischen Annahme, daß nur ein Aussagen, das mit der denk- und sprachunabhängig subsistierenden Wirklichkeit übereinstimmt, wahr sein kann, loszulösen versuch, ist die antike Form eines epistemischen Wahrheitsverständnisses auf realistischen Grundvoraussetzungen aufgebaut: Es gibt eine Wahrheit/Wirklichkeit, die von sich her dem geistigen Erfassen und Erkennen zugänglich ist. Wahrheit (*alētheia*) ist Wirklichkeit unter dem Aspekt ihrer Erkennbarkeit. Eine besondere zusätzliche Pointe erhält dieser Begriff, wenn er – wie bei Platon – mit der Voraussetzung verknüpft wird, daß nur eine bestimmte Schicht der Wirklichkeit aufgrund ihrer ausgezeichneten Seinsverfaßtheit (ihrer besonderen ‚ontologischen‘ Verfassung) im eigentlichen Sinne erkennbar ist. Diese ontologisch-epistemische Wahrheit ist dann nicht einfach gleichzusetzen mit allen bestehenden Sachverhalten, sondern eingegrenzt auf die Gegenstände und Seinsweisen dieses ausgezeichneten Wirklichkeitsbereiches. Ich spreche in diesem Zusammenhang von einem *gnoseologischen* Wahrheitsbegriff, da hier ein bestimmtes gnoseologisches Wissensverständnis ins Spiel kommt, gemäß dem das Erkenntnisstreben sein Ziel nur im kognitiven Aufstieg zu einer höheren Wirklichkeitsschicht verwirklichen kann.[2] Auch dieser gnoseologische Wahrheitsbegriff ist ‚ontologisch‘, insofern der Begriff der Wahrheit (*alētheia*) hier auf einen erkenntnistheoretisch ausgezeichneten Bereich des Seienden oder der Wirklichkeit angewandt wird.

---

[2] Ich spreche hier von Gnoseologie anstelle von Epistemologie, um den Unterschied zu Explikationen des Wissensbegriffes zu markieren, die sich auf subjektive Evidenz oder Verläßlichkeit des Informationstransfers beziehen. In einer ‚gnoseologischen‘ Konzeption wird der Erkenntnisfortschritt als kognitiver Aufstieg zu einer seinsmäßig ausgezeichneten Gegenstandsklasse gedeutet, die erst durch diesen Erkenntnisfortschritt erschlossen wird. (Eine Assoziation mit dem religionswissenschaftlichen Begriff der Gnosis ist *nicht* beabsichtigt.)

3) *Sach-* oder *Seinswahrheit*: Das Adjektiv „wahr" (*alēthēs*) hat auch eine (im Sinne der Logik) *attributive* Verwendungsform, die für die philosophische Begriffsbildung wichtig geworden ist. Ein Merkmal, an dem man diesen Gebrauch erkennen kann, ist, daß wir im Deutschen dafür in der Regel den Ausdruck „echt" als Übersetzung verwenden können. Eine Sache ist nicht schlechthin echt, sondern jeweils ein echtes So-und-So, z.B. echtes Gold oder auch der echte Elvis (nicht ein Imitator). Der Ausdruck für Wahrheit/Echtheit kann hier also jeweils nur in Verbindung mit einem anderen Term sinnvoll gebraucht werden. Es geht dabei jeweils darum, ob eine Sache tatsächlich / in Wahrheit unter einen bestimmten Begriff F fällt, oder tatsächlich mit einem bestimmten Gegenstand x identisch oder nur beispielsweise eine Nachbildung davon ist. Ich spreche hier von *Sach-* oder *Seinswahrheit*: Wahrheit/Echtheit, die einer Sache zugesprochen wird, insofern sie ihren Begriff tatsächlich oder in ausgezeichneter Weise erfüllt (Wahrheit des prädikativen Seins), oder insofern sie die Sache selbst, das Original, und nicht nur eine Nachahmung ist (Sachwahrheit des Originals oder Urbildes). – Auch diese Begrifflichkeit kann als ‚ontologische' Wahrheit bezeichnet werden, da Wahrheit wiederum als ein Attribut des Seienden fungiert. Wir sehen also, daß Seiendes/Wirkliches aus ganz unterschiedlichen Perspektiven als Wahres oder Wahrheit (*alētheia*) etikettiert werden kann.

2. Das vorphilosophische Wahrheitsverständnis – welche Rolle kommt der Etymologie des Ausdrucks „*alētheia*" zu?

In der Forschungsdebatte um das vorphilosophische altgriechische Wahrheitsverständnis hat die Frage nach Inhalt und Stellenwert der Etymologie von „*alētheia*" eine zentrale Rolle gespielt. Eine besondere Bedeutung besitzen dabei die Belege in den beiden ältesten homerischen Epen *Ilias* und *Odyssee*. Mit Blick auf die morphologische Ableitung des Ausdrucks *alētheia* (bzw. seiner im frühgriechischen Epos üblichen ionischen Dialektform *alētheiē*) als *nomen qualitatis* vom Adjektiv „*alēthēs*" könnte man erwarten, daß dieser Ausdruck wie eine abstrakte Eigenschaftsbezeichnung fungiert. Tatsächlich kommt „*alētheiē*" bei Homer ausschließlich in *konkreter* Verwendung vor, und zwar als Objekt zu Verben des Sagens in Wendungen der Form: *(pasan) alētheiēn mythēsasthai / katalegein*, „die (ganze) *alētheiē* erzählen/aufzählen".[3] Im Ausgang von der etymologischen Deutung, die dieses

---

[3] U. a. *Ilias* 23, 361; 24, 407; *Odyssee* 7, 297; 16, 226; 17, 108, 122. Seltener kommt diese Wendung auch mit dem Neutr. pl. von „*alēthēs*" als Objekt vor; u. a. *Ilias* 6, 382; *Odyssee* 3, 254; 14, 125; 16, 61; 18, 342.

Wort aus der Wurzel „*lēth/lath*" in Verbindung mit dem α-privativum ablei-
tet,[4] bieten sich mehrere Deutungen an. Zwei der in der Forschung vorge-
brachten Deutungen legen den Akzent auf eine epistemische Relation zwischen dem Gegenstand des Auskunft-Gebens und dem Auskunft-Geber:
1) daß jemand über etwas Auskunft gibt, das ihm *unverborgen*/offenbar ist,[5]
oder 2), daß jemand über etwas Auskunft gibt, das er lückenlos im Gedächt-
nis festhält.[6] Grundlage ist die etymologische Verbindung zu *lanthanō/lēthō*
(„verborgen sein") bzw. zu „*lēthē*" („Vergessen"). Zu den homerischen Ver-
wendungsbeispielen paßt jedoch ein dritter Deutungsvorschlag sehr viel besser,[7] der den Akzent auf eine *intersubjektive* Beziehung zwischen dem Geber
der Auskunft und dem Empfänger legt: daß jemand über etwas, was er
weiß, *ohne Verhehlen* (bzw. so, daß über die berichtete Sache für den anderen nichts verborgen bleibt) Auskunft gibt. Auch gemäß dieser Deutung
reduziert sich das ‚Sagen der *alētheiē*' nicht auf bloße Wahrhaftigkeit. Denn
Wahrhaftigkeit kann man auch jemandem zubilligen, der unabsichtlich (d.h.
aus Selbsttäuschung) etwas Falsches sagt. Bei der hier in Frage stehenden
Verwendung scheint aber vorausgesetzt zu werden, daß der Betreffende tatsächlich Bescheid weiß. Insofern enthält diese Verwendungsweise über intersubjektive Wahrhaftigkeit hinaus auch schon einen Bezug zu Wahrheit, aber
gewissermaßen nur nebenher.

Dieses Ergebnis zum frühgriechischen Verständnis des Ausdrucks
„*alētheiē*" impliziert nicht, daß dieser Ausdruck auch später noch so verstanden wird. Aber auch die Frage, ob diese Bedeutungsanalyse, die die
Etymologie und die durch den Verwendungskontext nahegelegte Bedeutung erfolgreich zu verbinden vermag, den Schlüssel für das frühgriechische
Wahrheitsverständnis liefert, muß negativ beantwortet werden. Denn „*alētheiē*" ist nur ein Wort unter mehreren, die in je unterschiedlicher Weise mit
dem Bedeutungsfeld von Wahrheit oder Wahrhaftigkeit verbunden sind.[8]
Es kommt bei Homer nur recht selten vor (3 Belege in der *Ilias* zuzüglich
eines weiteren, textlich umstrittenen Beleges, 14 Belege in der *Odyssee*), und
im wesentlichen nur in einem einzigen Verwendungszusammenhang.
Wichtiger und häufiger sind die drei synonymen, aus der gleichen Wurzel
abgeleiteten Ausdrücke „*eteos*", „*etymos*" und „*etētymos*". Es ist nun bemerkenswert, daß diese letztgenannten Ausdrücke im frühen Griechisch in
etwa dieselben semantischen Funktionen ausüben können, wie sie später
im klassischen attischen Griechisch (dem Griechisch Platons und Aristote-

---

[4] Diese etymologische Deutung wird heute im großen und ganzen als die wahrscheinliche
akzeptiert; vgl. H. Frisk, 1960, P. Chantraine, 1968.
[5] Vgl. E. Heitsch, 1962, der mit dem Terminus „Unverborgenheit" selbstverständlich an eine
bei Heidegger, aber auch schon bei älteren Autoren vorfindliche Interpretationslinie an-
knüpft (siehe hierzu auch J. Szaif, 1998, 145f., Anm. 92).
[6] Vgl. B. Snell, 1978.
[7] Vgl. W. Luther, 1935, 7ff.; H. Boeder, 1959; T. Krischer, 1965.
[8] Vgl. W. Luther, 1935.

les') für „*alēthēs*" charakteristisch sind. Hierzu gehört insbesondere auch die Verwendung im Sinne des *propositionalen* Wahrheitsbegriffes (Wahr/Falsch-Distinktion bzgl. des Ausgesagten). Da andererseits „*eteos*" und seine Varianten im attischen Griechisch nur noch wenig gebräuchlich sind, liegt der Schluß nahe, daß das Wort „*alēthēs*" im Attischen die semantische Rolle von „*eteos*" übernommen hat, während es im homerischen Griechisch noch auf eine Sonderbedeutung festgelegt war.[9] Dies bedeutet dann auch, daß für dieses neue, sehr viel weitere Bedeutungsfeld von „*alēthēs*", das dem von „*eteos*" entspricht, die Etymologie von „*alēthēs*" nicht mehr relevant ist. Der Versuch, anhand der Etymologie des Ausdrucks „*alēthēs*" dem ursprünglichen griechischen Wahrheitsverständnis auf die Spur zu kommen – etwa als ‚Unverborgenheit' –, ist als gescheitert zu betrachten.

3.   Vorsokratik und Sophistik

Der erste vorsokratische Philosoph, bei dem der Wahrheitsbegriff als solcher eine zentrale Bedeutung gewinnt, ist *Parmenides aus Elea*. Sein philosophisches Lehrgedicht unterscheidet zwischen der Wahrheit, die im geistigen Erfassen gegenwärtig werden kann, und der trügerischen Erscheinungsweise von Wirklichkeit für das gewöhnliche Meinen. Es ist, wie in vielen anderen Hinsichten, so auch in diesem Punkt, ein interessantes Spannungs- und Übereinstimmungsverhältnis zu dem vermutlich etwas älteren Philosophen *Heraklit* festzustellen. Heraklit beginnt sein Werk mit einem dezidierten Kontrast zwischen den Meinungen der gewöhnlichen Menschen und der Weisheit, die sich aus der Einsicht in das rationale Grundprinzip der Wirklichkeit speist. Dem kognitiven Zustand des an begrenzte, individuelle Perspektiven gebundenen Meinens (22 B 1)[10] fehlt die Einsicht in das allen Dingen gemeinsame rationale Grundprinzip (*logos, to xynon*)[11] des Weltgeschehens. Nur wer, wie Heraklit selbst, diesen *logos* versteht (nämlich das Prinzip der dynamischen Spannungseinheit der Gegensätze), vermag die Natur der Dinge zu begreifen[12] und die Wirklichkeit „*so* darzustellen, *wie* sie ist" (B 1, *phrazein hokōs echei*). Nur er erlangt die Weisheit, die „Wahres zu sagen" vermag (B 112, „*alēthea legein*").

---

[9] Vgl. T. Krischer, 1965.

[10] Diese und die folgenden Stellenangaben beziehen sich auf H. Diels / W. Kranz (Hrsg.), *Die Fragmente der Vorsokratiker.*

[11] Zum Begriff des „Gemeinsamen" (*xynon*) in Abhebung zu den quasi subjektiven, einseitigen Perspektiven (*hōs idian echontes phronēsin*) des gewöhnlichen Meinens vgl. B 2, B 113, B 114.

[12] 22 B 1: „jegliches nach seiner Natur zerlegen" (*kata phusin dihaireōn hekaston*); vgl. B 112: „gemäß der Natur verstehen" (*kata phusin epaiontas*).

Parmenides[13] beansprucht in seinem Lehrgedicht gleichfalls einen Zugang zur Wahrheit, der das gewöhnliche Meinen der Menschen hinter sich läßt. Dies wird durch das im Proömium entfaltete allegorische Bild einer Fahrt, die ihn über die Wohnstätten der Menschen hinweg zu einer die Wahrheit eröffnenden Göttin führt, veranschaulicht. Der auf das Proömium folgende erste Teil des Lehrgedichtes soll laut den Worten der Göttin das „unerschütterliche Herz der wohlgerundeten Wahrheit" (28 B 1, Z. 29) erschließen und ein „verläßliches Reden und Erfassen über die Wahrheit" sein (B 8, Z. 50f.; vgl. Z. 17f.). Er steht im Gegensatz zum „trügerischen Schmuck der Worte" (ebd., Z. 52) im zweiten Teil des Lehrgedichtes, der einerseits den „Meinungen Sterblicher" zugeordnet wird, denen keine „wahrseiende Überzeugung" (*pistis alēthēs* B 1, Z. 30; B 8, Z. 28) innewohnt, für den aber andererseits doch auch eine Art von Notwendigkeit und Stringenz beansprucht wird (B 1, Z. 31f.; B 8, Z. 60f.).

Grundprinzip für das rechte Begreifen der Wahrheit bzw. des Seienden ist, daß Sein zu Nichtsein in einem strikten Ausschließungsverhältnis steht und daß Nichtsein nicht Gegenstand des denkenden Erfassens (*noein*) werden kann und darum undenkbar ist (B 2, B 6). In einer abstrakten Argumentation, die von diesem Grundprinzip ausgeht, ergeben sich formale Charakteristika des Seienden (B 8), die zur der Erfahrung eines pluralen und veränderlichen Naturgeschehens in unversöhnlichem Gegensatz stehen. Diese Erfahrung erweist sich somit als bloßer Schein. Ob die „wohlgerundete Wahrheit" das Erfassen selbst oder das Erfaßte ist, also das Seiende, ist zunächst nicht eindeutig entscheidbar. Da aber in Parmenides' Verständnis das geistige Erfassen (*noein*) gleichsam im erfaßten Sein selbst aufgeht (B 3; B 8, Z. 34–37) – nichts außerhalb dieses Seienden kann wirklich sein –, so gilt wohl auch für die „wohlgerundete Wahrheit", daß sie dieses Seiende selbst ist, welches von Parmenides an anderer Stelle ebenfalls als „wohlgerundet" beschrieben wird (B 8, Z. 43) und als dasjenige fungiert, „worüber" die verläßliche Rede ergeht (B 8, Z. 50f.). Wir haben es hier also bereits mit einem ontologisch-gnoseologischen Wahrheitsverständnis zu tun, bei dem die *alētheia* mit dem Seienden unter dem Gesichtspunkt seiner täuschungsfreien geistigen Faßbarkeit identifiziert und zugleich von den gewöhnlichen Erscheinungsweisen abgegrenzt wird.

Gegenüber diesem Wahren und Wirklichen, das sich dem Erfassen eröffnet (*ta alēthē*, vgl. Melissos, 30 B 8, §§ 2, 5), sind die sinnlich wahrgenommenen Objekte und Prozesse bloß Scheinendes oder Gemeintes (*dokounta*). Die Vorstellung von der Realität nicht nur des Seins, sondern auch des Nichtseins ist die Voraussetzung, die in diesen Schein von Werden und Ver-

---

[13] Allgemein zur Ontologie und Erkenntnislehre des Parmenides vgl. u. a. K. Reinhardt, 1916; Barnes, 1982; zu den Problemen der Parmenideischen Seinskonzeption siehe auch M. Furth, 1968; L. Brown, 1994; Ch. H. Kahn, 2004; zur Erkenntnislehre G. Vlastos, 1995; zur Debatte über den Status des *Doxa*-Teiles H. Granger, 1994.

gehen sowie von Ungleichheit, welche Grund der numerischen Verschiedenheit ist, einfließt. Der zweite Teil von Parmenides' Lehrgedicht beansprucht,
die *beste* Analyse der Wirklichkeit zu geben, die auf der Basis dieser Grundvoraussetzung unseres Meinens möglich ist. Es handelt sich gleichwohl um
puren Schein, da die Grundvoraussetzung nicht der Wahrheit entspricht.

Der Gegensatz zwischen der wahren Beschaffenheit des Seienden und
unserem durch die Erscheinungsweisen geprägten Verständnis der Wirklichkeit (das sich in der Sprache und ihren Bezeichnungen widerspiegelt) ist ein
wiederkehrendes Thema bei den nach-parmenideischen Vorsokratikern
(z. B. Empedokles 31 B 2, B 8–9, B 11–12, Anaxagoras 59 B 21), auch wenn
außerhalb der eleatischen Schule daraus nicht die radikale Konsequenz eines
metaphysischen Seinsmonismus gezogen wird. Vielmehr verbinden diese
späteren vorsokratischen Erklärungsmodelle die eleatische These, daß es
kein absolutes Werden und Vergehen geben kann, mit der Annahme einer
numerischen und qualitativen Pluralität des Seienden, die dann auch Erklärungsmodelle für Bewegung und Veränderung in der Natur ermöglicht. Der
Gegensatz von wahrer Wirklichkeit und Erscheinung verliert damit gleichsam etwas von seiner eleatischen Unversöhnlichkeit, da jetzt bestimmte
Grundzüge der Erscheinungsweise von Natur (Pluralität, Veränderlichkeit,
Bewegung) eben doch als Aspekte der Wirklichkeit gerechtfertigt werden.

Eine ganz andere Perspektive auf die Wahrheitsfrage entwickelt hingegen
der der Sophistik zugerechnete *Protagoras* (der auch der erste uns bekannte
Autor einer Schrift mit dem Titel „*Alētheia*" ist[14]). Während für die Vorsokratiker in Anschluß an Heraklit und Parmenides Wahrheit die wahre
Verfassung der Wirklichkeit ist, über die unser Wahrnehmen und unsere
Sprache falsche Vorstellungen vermitteln, vertritt Protagoras gleichsam die
entgegengesetzte Position, indem er das Bestehen einer von den Erscheinungsweisen unabhängigen Wahrheit verneint und Wahrheit auf den Wahrnehmenden und Meinenden hin relativiert. Es gibt kein An-sich, sondern
immer nur ein Wahr-für-jemand. Dies soll auch in dem berühmten homo-
mensura-Satz (80 B 1) zum Ausdruck kommen, gemäß dem der Mensch
selbst in Bezug auf alle Dinge *der Maßstab dafür* ist, *daß etwas (der Fall) ist
oder nicht (der Fall) ist.*[15] Dieser Satz als solcher ist vielfältig deutbar, aber
wenn das Beispiel des Erlebens eines Windes als kalt oder nicht kalt entsprechend der eigenen Körperverfassung tatsächlich aus demselben Kontext bei
Protagoras stammt, wie Platon im *Theaitetos* (151E ff.) nahelegt, so hat Protagoras dabei nicht, oder nicht nur, die Gattung Mensch, sondern den individuellen Menschen im Auge. Der homo-mensura-Satz ist demnach mit
der These verbunden, daß die unterschiedlichen, individuellen Erscheinungsweisen nicht mehr oder weniger wahr sind und daß es darum keine

---

[14] Dieser Buchtitel ist auch für Antiphon den Sophisten überliefert.
[15] Vgl. K. von Fritz, 1957, Sp. 913 ff., zur grammatischen Analyse dieses Satzes; s. a. W. Kullmann, 1969, 128 ff.

Wahrheit jenseits der Erscheinungsweisen geben kann. In diesen Wahrheits-relativismus fügt sich auch die argumentationstheoretische Auffassung des Protagoras ein, gemäß der für jede beliebige These plausible Argumentatio-nen pro und contra möglich sind (80 B 6a), die den Satz und seine Antithese gleichermaßen als wahr erscheinen lassen, ohne daß hier eine letztgültige rationale Entscheidung möglich ist.

Demgegenüber gehört *Demokrit* in die Traditionslinie der nach-parme-nideischen Vorsokratik, die die Verneinung der Möglichkeit absoluten Wer-dens und Vergehens mit einem Bewegung zulassenden ontologischen Plu-ralismus verbindet, aber der sinnlichen Erscheinungsweise der Wirklichkeit allenfalls einen eingeschränkten Wahrheitsgehalt zubilligt. Demokrit vertritt im Anschluß an Leukipp die These, daß phänomenale Qualitäten wie Far-ben, Töne u. dgl. bloße Erscheinungsweisen sind und prägt das von *„eteos"* abgeleitete Kunstwort *„eteē"* (68 B 6–10) zur Bezeichnung der wahren Be-schaffenheit des Seienden (Atome mit geometrischen Eigenschaften, ge-trennt durch Leere). Mit seiner Aussage, daß das Wahre und das Gute, im Unterschied zum Lustvollen, bei allen Menschen identisch sind (B 69), möchte er wohl gegen Protagoras bekräftigen, daß Wahrheit und Gutsein, im Unterschied zur Eigenschaft, lustvoll zu sein, nicht relativierbar sind. Er betont aber zugleich die Verborgenheit der Wahrheit/Wirklichkeit (*alētheia*, *eteē*) für das menschliche Meinen (B 117, vgl. B 6 und 7).

4.   Wahrheit im Kontext der Platonischen Ideenlehre

Platon versteht das philosophische Argumentieren, im Anschluß an Sokra-tes, von Beginn an als ein Bemühen um Einsicht und Wahrheit. Der Wahr-heitsbegriff erhält jedoch erst in den Dialogen seiner mittleren Werkphase (insbesondere im *Symposion*, im *Phaidon* und in der *Politeia*) einen ausge-arbeiteten theoretischen Gehalt, der eng mit den erkenntnistheoretischen und metaphysischen Voraussetzungen der ‚Ideenlehre' verbunden ist.[16] Einige kurze Bemerkungen zur ‚Ideenlehre' sind hier notwendig: Platon entdeckt im Anschluß an die sokratische Praxis, Definitionen zu erfragen, daß die definierbaren Begriffsgehalte eine eigene Art von Gegenständen sind, unterschieden von körperlichen und sinnlich wahrnehmbaren Objek-ten. Diese reinen „Formen" (*eidos, idea*), traditionell auch „Ideen" genannt, sind, wie der Vergleich mit mathematischen Begriffsgehalten plausibilisiert, etwas objektiv Feststehendes, das Gegenstand genuiner Erkenntnis werden kann, ja das sogar die Voraussetzung für alles andere Erkennen ist, da wir im Erkennen immer Begriffe anwenden müssen, die zuerst adäquat ver-

---

[16] Zu den Facetten des Wahrheitsbegriffes im mittleren Werk (die auch in späten Dialogen noch wirksam sind) und zu dem theoretischen Hintergrund in seiner Erkenntnis- und Ide-enlehre vgl. J. Szaif, 1998, 72–324.

standen sein müssen. Was ein Kreis ist, dies ist keine von sprachlicher Konvention abhängende Angelegenheit. Hier gibt es eine objektive begriffliche Form, ein objektives Sosein und damit eine Wahrheit, die erkannt und in einer Definition ausgedrückt werden kann. Die Wissenskonzeption Platons ist im Kern eine Konzeption des Begriffsverstehens. Gegensatz dieses Wissens ist das *ungenügende* Begriffsverstehen, das die fragliche Form/Idee nicht so, wie sie als sie selbst ist, zu erfassen vermag, und das die mit dem fraglichen Begriffswort bezeichnete Realität nur in bestimmten typischen Einzelfällen und Verallgemeinerungen zu repräsentieren vermag. Diese sind jedoch noch nicht die Sache selbst (die Form), sondern lediglich etwas an ihr, eingeschränkt auf bestimmte Hinsichten, Kontexte, Zeitspannnen, „Teilhabendes". Erkenntnis ist Erschließung der Form „selbst", in Abhebung zu dem, was nur unvollkommene Exemplifizierungen der Form sind. Mit dem kognitiven „Aufstieg" zu den Formen wird nicht nur ein adäquates Begriffsverstehen erreicht, sondern zugleich ein neuartiger Wirklichkeitsbereich erschlossen, dem ein höherer ‚Wirklichkeitsgehalt' zukommt als den Gegenständen der durch die Sinne erfahrbaren Welt.

Der Wahrheitsbegriff der Ideenlehre ist untrennbar mit diesen ontologischen und erkenntnistheoretischen Perspektiven verknüpft. Sprachlicher Ausgangspunkt sind dabei zum einen die im Einleitungsteil beschriebene Funktion des Begriffs der *Wahrheit* (*alētheia, ta alēthē*) als Korrelativbegriff zu Wissen/Erkenntnis (*epistēmē*, vgl. Parm. 134AB), zum anderen die attributive Verwendung von *alēthēs* als Ausdruck der Sach- bzw. Seinswahrheit.

Wie schon bei Parmenides, so werden auch im Kontext der Platonischen ‚Ideenlehre' Wahrheit und das Wahre als Inbegriff der erkennbaren bzw. geistig faßbaren Wirklichkeit verstanden und vom Objektbereich des Meinens und sinnlichen Wahrnehmens abgehoben.[17] Anders als bei Parmenides und den Eleaten wird jedoch der sinnlich erschlossene Phänomenbereich nicht als bloße Erscheinung ohne Wirklichkeitsgehalt betrachtet. Platons Ontologie der Wirklichkeitsschichten beinhaltet vielmehr, daß die sinnlich erschlossene Welt sehr wohl wirklich ist (‚wirklich' im Sinne des Realseins im Gegensatz zum bloß Gedachten oder Imaginierten), auch wenn ihr ein *geringerer* Wirklichkeitsgehalt zukommt als den Gegenständen intellektueller Einsicht. Der geringere Wirklichkeitsgehalt ergibt sich aus der Art und Weise des *prädikativen Seins* dieser Gegenstände (d.h. ihres in Prädikaten ausdrückbaren Bestimmtseins): Die sinnlich gegebenen Gegenstände sind das, was sie sind, jeweils nur durch ‚Teilhabe' an den Formen. Während die subsistierenden Formen jeweils eine exakte, reine und unvergängliche Bestimmtheit aufweisen, können die Objekte im sinnlichen Bereich nur auf unvollkommene, vermischte, und vergängliche Weise solche Formen ex-

---

[17] Zu Platons philosophischem Sprachgebrauch, die Ideen exklusiv als Bereich der Wahrheit oder des Wahren, auf den *epistēmē* ausgerichtet ist, zu bezeichnen, vgl. Phd. 84A8, Symp. 212A5, Rep. 519B4, Phdr. 247D4, 248C3f., 249D5.

emplifizieren. Zum Beispiel kann es keinen vollkommenen und unvergänglichen Fall von *gleichgroß* in der sinnlichen Wirklichkeit geben, während diese Form als solche, so wie sie intellektuell erfaßt werden kann, etwas absolut Exaktes, von ihrem Gegenteil, der Ungleichheit, strikt Getrenntes sowie Unvergängliches ist.

Platon meint, daß alles exakte Verstehen oder Begreifen nur solche idealen Gegenstände – die reinen Formen –, zum Gegenstand haben kann. Er sieht diese Formen nicht als Konstruktionen des Geistes an, sondern als eine eigene, rein intellektuell erschließbare, unabhängig vom Erkennen subsistierende Wirklichkeit. Da er zugleich der Meinung ist, daß generell ein systematisches, bleibend gültiges, seine Gegenstände vollständig erhellendes Erkennen und Begreifen nur mit Bezug auf eine solche strikt rational verfaßte, intellektuelle Wirklichkeit möglich ist, reduziert sich für ihn der Bereich der *alētheia*, also der Bereich des erkennbaren Wahren und Seienden, auf eine solche strikt rational verfaßte, intellektuelle Wirklichkeitsschicht. Erkenntnis der Formen kann zwar zur Anwendung kommen im Unterscheiden sinnlicher Objekte (vgl. Rep. 520C), aber aufgrund der vielfältigen Aspekte von Unbestimmtheit in der sinnlichen Wirklichkeit wird dieses Wiedererkennen der Formen an sinnlichen Gegenständen niemals den Charakter strikt wissenschaftlicher Wahrheitserschließung haben.

Der Wahrheitsbegriff der Ideenlehre gewinnt seine besondere Pointe durch diese Eingrenzung von Wahrheit (= Wirklichkeit, sofern sie erkennbar ist) auf den Realitätsbereich der intellektuellen Gegenstände, zu dem der Erkenntnisfortschritt philosophischer Begriffsuntersuchung „aufsteigen" kann. Dies ist der eingangs bereits kurz skizzierte gnoseologische Wahrheitsbegriff: Wahrheit als eine höhere Wirklichkeitsschicht, die nur durch ein systematisches Erkenntnisbemühen erschlossen werden kann.[18]

Dieser gnoseologische Aspekt verbindet sich bei ihm mit Bedeutungsaspekten der Seins- bzw. Sachwahrheit im Ausgang von der attributiven Verwendung des Wortes *alēthēs*. Wenn Platon die sinnlichen Objekte – so wie die Eleaten (vgl. Melissos 30 B 8) – als *bloßen* Schein erachtet hätte, so hätte er sich damit begnügen können, die Ideen als *ta alēthē* im Sinne des Wirklichen (und nicht nur scheinbar Realen) zu bezeichnen. Da er aber die sinnlichen Objekte nicht für schlechthin unwirklich hält, bezieht sich die Etikettierung der Ideen als das Sachwahre auf spezifische Aspekte ihres Soseins, die sich als Wahrheitsauszeichnungen im Sinne des attributiven Gebrauchs von „wahr" verstehen lassen und zugleich ontologische Erklärungsgründe für die spezifische Erkennbarkeit der Ideen liefern.

---

[18] Charakteristische Beispiele für die Anwendung des Wahrheitsbegriffes auf die Erkenntnis*gegenstände* und die Ideen im besonderen sind Phd. 84A8, Symp. 212A5, Rep. 519B4, Phdr. 247D4, 248C3f., 249D5. S. a. den Gebrauch von „*alēthēs*" und „*alētheia*" im *Liniengleichnis*, Rep. 510A9, 511E, und im *Höhlengleichnis*, 515C2, D6f.

Es sei an das Beispiel der Eigenschaft *gleich groß* erinnert. Die Form als solche, die Gegenstand des Erfassens und Begreifens wird („das Gleiche *selbst*") ist die gemeinte Bestimmung in *Reinform*. Die Teilhabe an einer solchen Bestimmung oder Form ist eine Art von Reproduktion der Form in der teilhabenden Sache, was Platon dann auch als eine Art von *Abbild/Urbild*-Beziehung beschreibt (insbesondere in den Dialogen *Politeia* und *Timaios*): Der konkrete Gegenstand enthält die Form, indem er sie auf mehr oder weniger unvollkommene Weise reproduziert und dadurch ‚abbildet'.

Auf dieser Grundlage ergeben sich mindestens drei Bedeutungen der spezifischen Sach- oder Seinswahrheit der Formen: I. Die subsistierende Form ist jeweils gleichsam das Original oder Urbild einer Bestimmung, die von anderem nur abgebildet wird. Somit kann sie als das Wahre/Echte bezeichnet werden im Sinne eines Urbildes in Abhebung zu seinen Abbildern. Sie ist als dieses Urbild zugleich die Realität, die Objekt des wissenschaftlichen Begreifens ist, denn dieses hat Formen, so wie sie als sie selbst sind, nicht deren Abbilder zum Gegenstand.[19] II. Die Form ist das, was sie ist, fehlerlos und in Reinform, ohne Beimischung des Gegenteils oder entgegengesetzten Nichtseins. Zum Beispiel ist die Form *gleichgroß* exakt diese Bestimmung selbst, ohne daß Ungleichheit oder Nicht-Gleich-Sein beigemischt wären. Somit kann sie als das Wahre/Echte bezeichnet werden mit der Konnotation, daß sie jede diese Bestimmung einschränkende „Verunreinigung" ausschließt.[20] Sie ist als ein solches zugleich die Realität, die das Objekt des wissenschaftlichen Begreifens ist, da sich dieses erst im Erschließen einer Form, so wie sie rein für sich ist, erfüllt. III. Die Form ist zudem auch das Wahre und Wahrste im Sinne des idealen Maßstabes, an dem sich die Beurteilung aller konkreten Exemplifizierungen auszurichten hat.[21]

Durch die begriffliche Verbindung dieser Konnotationen von Seinswahrheit mit der Konnotation, ‚erkennbare Wirklichkeit' zu sein, ergibt sich eine charakteristische Doppelbedeutung in Platons Rede von der Wahrheit und dem Wahren, deren theoretische Grundlage die Auffassung von einem Sachzusammenhang zwischen der Seinswahrheit eines Erkenntnisobjektes und seiner Geeignetheit als Objekt für das Erkenntnisvermögen ist. Auf

---

[19] Die Verknüpfung der Rede vom Wahren und dem Bereich der Wahrheit mit dem Aspekt der Urbildhaftigkeit ist u.a. in Rep. 510A, 520C, Symp. 212A wirksam (vgl. auch Rep. 484CD, 533A, Crat. 439AB, Soph. 240A).

[20] Die Verknüpfung von Wahrheit mit Reinheit / Unvermischtheit wird besonders deutlich in Phd. 67AB herausgestellt (vgl. Phil. 52D ff., 58CD, 59C). Zum Problem der Vermischung des Konträren als Grund mangelhafter Bestimmtheit vgl. Phd. 74A-D, Rep. 478E ff., Rep. 523A-524D.

[21] Vgl. Rep. 484CD, 520C; s.a. Phd. 74D-75B. Platons Konzeption der attributiv ausgesagten Wahrheit der Ideen (als einer Auszeichnung ihres Sosein) führt in die auch aus anderen Gründen bei Platon zu konstatierende (und von im selbst im *Parmenides* reflektierte) Problematik, daß die Form eine bestimmte Art/Eigenschaftsbestimmung ist und diese zugleich auf vollkommene Weise exemplifiziert (Selbstprädikation, Selbstinstantiierung); vgl. hierzu u.a. G. Vlastos, 1981; J. Malcolm, 1991.

diesen Zusammenhang zielt auch das Spiel mit einer der möglichen etymologischen Assoziationen von *„a-lētheia"* in Platons Sonnengleichnis (Rep. 506D-509C):[22] Gemäß dem Sonnengleichnis stehen Wahrheit und Sein – als Attribute des Erkenntnisobjektes – in Analogie zu dem hellen Lichtschein, der von Objekten reflektiert wird, die klar sichtbar sind. Die subsistierenden Formen sind solche gleichsam im Licht stehenden Objekte, weil sie dank ihrer ontologischen Wahrheit klar und eindeutig bestimmt sind und von der „verdunkelnden" Beimischung gegenteiligen Nichtseins (das aus der Unreinheit und Vergänglichkeit des Soseins eines Objektes resultiert) frei sind. Dieses „Licht" der Seinswahrheit geht von der Form („Idee") des Guten aus (deren Analogon im Gleichnis die Sonne ist), wobei die Form des Guten als Inbegriff der ontologischen Vollkommenheit verstanden wird. Durch diese ontologische Vollkommenheit sind die Formen für das Erfassen unverborgen/transparent, also *a-lēthē* im Sinne der etymologischen Assoziation dieses Wortes. – Platons Spiel mit der Etymologie rechtfertigt allerdings nicht den Versuch, die Bedeutung von *alētheia* auf diese etymologische Assoziation zu reduzieren. Die Bedeutung des Ausdrucks *„alētheia"* im Sonnengleichnis ist grundsätzlich deckungsgleich mit dem ontologisch-gnoseologischen Wahrheitsbegriff Platons, der sich ohne Rückgriff auf die Etymologie aus nachweisbaren semantischen Gebrauchsweisen von *„alēthēs"* und *„alētheia"* im Griechischen und bestimmten theoretischen Zielsetzungen Platons erklären läßt. Platon bedient sich bisweilen etymologischer Assoziationen, wenn er Zusammenhänge veranschaulichen will.[23] Aber Etymologie ist bei ihm nie das maßgebliche Kriterium der Begriffsanalyse.

Platon spricht bisweilen von der *„alētheia* einer Sache". Diese Wendung bezeichnet entweder die fragliche Sache selbst in Abhebung zu ihren Abbildern u.dgl. (z.B. Crat. 439AB, Pol. 300C) oder das, was oder wie diese Sache in Wahrheit ist, also ihr wahres (So-)Sein (z.B. Phdr. 262A, Symp. 198D, Soph. 234C). Maßgeblich ist die Antithese zum Scheinen. Von besonderem Interesse ist diese Wendung, wenn von der „Wahrheit des Seienden" (*alētheia tōn ontōn*, Phd. 99E) die Rede ist, die zu erkennen Aufgabe der Philosophie sei. Diese Gegenstandsbestimmung der Philosophie zielt darauf, daß Philosophie die Wirklichkeit auf deren wahres und wesentliches Sein hin erkennen muß, in Abhebung insbesondere zu bloßen sinnlichen Erscheinungsweisen. Dies ist nichts anderes als die Erkenntnis der Formen.

Der gnoseologische Wahrheitsbegriff Platons hat auch eine quasi subjektive Seite: *alētheia* kann im Kontext der Ideenlehre auch die kognitive Ver-

---

[22] Vgl. hierzu J. Szaif, 1998, 132–152.
[23] Für das Spiel mit Etymologien gibt es bei Platon viele Beispiele. Bezogen auf den Begriff *alētheia* sind noch zu erwähnen: die etymologische Assoziation mit „Unvergessenheit" im *Phaidros*, 248B, und die ironische etymologische Deutung im *Kratylos* als *alē theia* („göttliches Umherschweifen").

fassung desjenigen bezeichnen, der das wahrhaft Seiende erfaßt hat. Diese „Wahrheit in der Seele" wird durch den Kontakt des Erkenntnisvermögens mit den subsistierenden Formen quasi „gezeugt" (Rep. 490AB). – Auch für diese Verwendung des Wahrheitsbegriffes ist die Antithese zum Begriff des *dokein* (meinen/scheinen) und seiner Derivate maßgeblich: Die „Wahrheit in der Seele" ist das Erfassen und Reproduzieren der Formen in der Seele, so wie sie als sie selbst sind, in Abhebung zum kognitiven Zustand des Meinens, der nicht über die Vertrautheit mit den ‚Abbildern' der Formen hinauszugelangen vermag, die qua Abbilder als etwas erscheinen, das sie nicht sind.[24] Im Kontext der Anamnesislehre, d.h. der Lehre von der Erkenntnis als Wiedererinnerung an ein schon Gewußtes – stellt sich dieses Reproduzieren der Wahrheit in der Seele als Reaktivierung des latent bereits vorhandenen Begriffsverstehens in der Seele dar. In diesem Sinne kann Platon auch sagen, das die „Wahrheit des Seienden" (also das wahre und wesentliche Sein – die Formen, wie sie als sie selbst sind) immer schon in der Seele enthalten ist (Men. 86B) und aus dieser gleichsam nur hervorgeholt werden muß. Aufgrund seiner erkenntnismethodischen Auffassungen kann dieser Prozeß des Hervorholens und Aktivierens nur den Charakter einer rationalen und argumentativen („dialektischen") Begriffsuntersuchung haben. Die gnoseologische Wahrheit/Wirklichkeit wird nicht durch schlichte Intuition, sondern im „Medium der Argumentation" erschlossen (Phd 99E).

5.   Die Entwicklung eines Begriffs propositionaler Wahrheit und Falschheit im Spätwerk Platons

Der Wahrheitsbegriff der Ideenlehre ist, wie wir gesehen haben, ein objektbezogener Wahrheitsbegriff, gemäß dem nur eine bestimmte Schicht des Wirklichen im eigentlichen Sinn wahr und die Wahrheit ist, weil allein sie Objekt genuiner wissenschaftlicher Erhellung werden kann. Weil die philosophische Wissenschaft (Dialektik) für Platon eine Wissenschaft von subsistierenden Begriffsgehalten ist, sind diese Gehalte die zu erkennende Wahrheit, bzw. ist das klare und unverstellte Erfassen dieser Gehalte und ihrer Beziehungen die „Wahrheit in der Seele". Der Gegensatz zu dieser Wahrheit ist nicht falsches propositionales Meinen, sondern ein noch ungenügendes Begriffserfassen. Allerdings ist Begriffserfassen in verschiedener Weise mit propositionalen Urteilen verknüpft. Begriffsdefinitionen und generell die Beziehungen zwischen Begriffsgehalten werden in Sätzen ausgedrückt. Das Bestimmtsein von konkreten Gegenständen durch bestimmte Begriffsgehalte bzw. Formen wird ebenfalls in Sätzen ausgedrückt. Ungenügendes Begriffserfassen hat falsche Urteile zur Folge, und es ist eines der zentralen

---

[24] Die deutlichsten Belegstellen für diese Verwendung sind Phd. 66A, Rep. 490AB, Soph. 233C, Tim. 29C, Phil. 65D.

Motive des Platonischen Bemühens um Erkenntnis der Begriffsgehalte oder Formen, unserem Beurteilen konkreter Objekte und Handlungssituationen ein adäquates Fundament zu geben. Nun sah sich Platon allerdings mit sophistischen Einwänden konfrontiert, die zu plausibilisieren versuchten, daß es unmöglich sei, etwas Falsches zu sagen oder zu meinen. Wenn Irrtum nicht möglich ist, dann scheint auch das Bemühen um genuine Erkenntnis überflüssig zu sein. – Es ist diese Problemperspektive, die Falschheit und Wahrheit als Eigenschaften von Aussagen und propositionalen Meinungen für Platon haben interessant werden lassen.

Die Problematik, ob der Begriff, daß jemand etwas Falsches glaubt oder aussagt, überhaupt widerspruchsfrei konzipierbar ist, wird am ausführlichsten in den Dialogen *Theaitetos* und *Sophistes* behandelt, wobei sich im *Sophistes* so etwas wie die endgültige Antwort Platons zu dieser Frage abzeichnet. Gemäß dem Vorverständnis im Griechischen wird, wie oben bereits erläutert, das ausgesagte Wahre jeweils mit einem Aspekt der vorgegebenen Wirklichkeit, der in der Aussage zum Ausdruck kommt, identifiziert. Darum wird es zum Problem, wie denn ontologisch jenes Nichtseiende zu fassen ist, das mit einer *falschen* Aussage ausgesagt wird. Folgende paradoxale Argumentation kann auf der Grundlage dieses Vorverständnisses vorgebracht werden: Ein Aussagen oder Urteilen ist genau dann falsch, wenn das, was gesagt oder gedacht wird, *nicht ist* (kein Teil der Wirklichkeit ist). Damit aber überhaupt ein Sagen oder Urteilen stattfindet, muß jeweils *etwas* ausgesagt oder geurteilt werden; ‚etwas‘ zu sein, heißt aber, unterscheidbar zu sein, und das Unterscheidbare ist immer ein Seiendes. Demnach kann man das Nichtseiende nicht aussagen oder urteilen, und folglich auch nicht das Falsche.[25] – Die Voraussetzung in diesem Argument, daß ein *etwas*, qua Unterscheidbares, auch ein Wirkliches sein muß, ist für Platon darum plausibel, weil ein Unterscheidbares immer etwas in *wahren* Aussagen Charakterisierbares ist und als solches (gemäß der im griechischen Vorverständnis angelegten Tendenz, Wahrheit mit Wirklichkeit, die erkennbar und aussagbar ist, gleichzusetzen) kein Unwirkliches sein zu können scheint. Wenn also generell jedes ‚etwas‘ ein Seiendes/Wirkliches sein muß,[26] dann scheint dies auch für den Fall des Ausgesagten zu gelten, das ja auch jeweils etwas und unterscheidbar sein muß. Wie kann dann aber ein Ausgesagtes unwirklich und damit falsch sein?

---

[25] Dies ist die Quintessenz der Argumentation, die in verschiedenen Varianten in Tht. 188C-189B, Soph. 237C-E sowie, sehr verkürzt, in Euthd. 283E-284A und Crat. 429D ausgeführt wird. Vgl. J. Szaif, 1998, 332ff. und 396ff.

[26] Platon erörtert nirgendwo explizit das Problem der Bezugnahme auf eingebildete oder fiktive Gegenstände. Wenn die Deutung, daß für ihn (So-)Sein Wirklichsein impliziert, richtig ist, dann muß entweder die Rede von Gegenständen, die nur eingebildet sind, nicht wahrheitsfähig sein, oder den eingebildeten Gegenständen kommt eine Art von Wirklichkeit als Bildrealität zu. Zur Analyse des Platonischen Seinsverständnisses vgl. L. Brown, 1994; Ch. H. Kahn, 2004; G. E. L. Owen, 1981; A. Graeser, 1982.

Als Reaktion auf diese Schwierigkeit sucht Platon im *Theaitetos* (187–200) nach einem Erklärungsansatz, der ohne Rekurs auf den problematischen Begriff des Nichtseins verstehen läßt, was Falschheit ist und wie sie zustandekommt. Die Lösungsansätze im *Theaitetos* basieren auf der Intuition, daß man im falschen Urteil das, was man eigentlich „zu treffen versucht", verfehlt, indem man anstelle des einen etwas anderes denkt (189BC). Die verschiedenen Varianten, in denen dieser Ansatz ausgestaltet wird, leiden vor allem an zwei Mängeln, die erst im *Sophistes* behoben werden: Sie lassen die Subjekt-Prädikat-Struktur von Urteilen noch im Dunkeln, und sie klären die Problematik des veritativen Nichtseins nicht auf, sondern versuchen sie lediglich zu umgehen.

Auf dem Weg zu einer Lösung dieser Aporie im *Sophistes* formuliert Platon zunächst eine allgemeine Definition der Falschheit von Meinungen oder Aussagen. In der Formulierung für Aussagen lautet diese Definition wie folgt (Soph. 240E10f.): Ein Aussagesatz (*logos*) ist falsch, sowohl wenn er von dem, was *(der Fall) ist*, aussagt, daß es *nicht (der Fall) ist*, als auch, wenn er von dem, was *nicht (der Fall) ist*, aussagt, daß es *(der Fall) ist*.[27] Hieraus läßt sich unmittelbar eine Definition von Aussagenwahrheit extrapolieren (die dann nahezu identisch von Aristoteles aufgenommen wird): Ein Aussagesatz ist wahr, wenn er von dem, was *(der Fall)* ist, aussagt, daß es (der Fall) ist, oder von dem, was nicht (der Fall) ist, aussagt, daß es nicht (der Fall) ist. Sein und Nichtsein beziehen sich in diesen Formulierungen jeweils auf einen ganzen Aussageinhalt. Rein sprachlich gesehen ist darum die Bedeutung des Ausdrucks „sein" hier als veritatives Sein (= Der-Fall-Sein) zu klassifizieren. Die Art und Weise, wie Platon in diesem Text den Fall des veritativen Nichtseins mit den Aporien bzgl. des Nichtseienden qua Unbestimmten und Unwirklichen verknüpft, zeigt jedoch, daß er dieses veritative Nichtsein zunächst als Sonderfall des Unwirklichen behandelt.

Aussagenfalschheit könnte auch einfacher definiert werden: daß man etwas sagt oder meint, *was nicht (der Fall) ist.* Dies ist in der Tat die erste Formulierung, mit der im *Sophistes* eine Definition versucht wird (240D9), die dann aber sogleich durch eine komplexere Formulierung ersetzt wird, die zwischen zwei Arten assertorischer Sprechakte differenziert: dem Affirmieren (*als* seiend aussagen) und dem Verneinen (*als* nicht-seiend aussagen). Platon betrachtet das gedankliche Urteil generell als Abschluß eines gedanklichen Prozesses, gleichsam eines inneren Dialoges, der unter einer

---

[27] Die griechische Formulierung ist äquivok zwischen einer *de re-* und einer *de dicto*-Bedeutung (*de re*: „Die falsche Aussage sagt von dem, was nicht ist, daß es ist, oder *etc.*"; *de dicto*: „Die falsche Aussage sagt, daß das, was nicht ist, ist, oder *etc.*"). Die *de dicto*-Deutung würde darauf hinauslaufen, daß alle falschen Aussagen oder Meinungen kontradiktorisch sind – was natürlich absurd ist. In dem Dialog-Kontext soll vermutlich diese *de dicto*-Deutung nahegelegt werden, denn der Eindruck der Widersprüchlichkeit ist in diesem Textabschnitt, der im Namen der Sophisten Einwände gegen die Konsistenz des Begriffs der Falschheit formuliert, beabsichtigt.

Fragehinsicht zwischen Affirmation und Verneinung abwägt (Soph. 263E, Tht. 189E-190A). Dementsprechend ist auch das Aussagen immer eine Stellungnahme relativ zu der Alternative eines Seins oder kontradiktorisch entgegengesetzten Nichtseins, und es ist wahr, indem es sich durch die richtige Wahl zwischen Affirmation oder Negation in Übereinstimmung setzt zu dem Sein oder Nichtsein, das in der Wirklichkeit vorgegeben ist. Es ist spezifisch in diesem Sinne, daß man bei Platon von einer „Übereinstimmungstheorie" der Wahrheit sprechen kann.

Die in Soph. 240E formulierte Falschheitsdefinition verwendet allerdings noch den gemäß Platon in sich widersprüchlichen Begriff eines *schlechthinnigen*, zu Sein und Wirklichkeit im Gegensatz stehenden Nichtseins (237B-241B, vgl. 258E-259A). Die Lösung, die der *Sophistes* ausarbeitet (261–263), baut auf einer Analyse des elementaren Aussagesatzes in einen bezugnehmenden („nennenden") und einen „über etwas aussagenden" Teil auf. Das veritative Nichtsein wird als bloß *relationales* Nichtsein des „über etwas Ausgesagten" *relativ* zu dem Worüber des Aussagens gedeutet. Dieses Nichtsein wird sodann als das Verschiedensein des Prädizierten gegenüber dem, was *an* einem oder *in Bezug auf* einen bestimmten Gegenstand (unter einer gewählten Fragehinsicht) die seiende oder bestehende Charakteristik ist, analysiert. Radikales Nichtsein entfällt und wird durch eine Form von Nichtidentität ersetzt. Der Übereinstimmungsgedanke kommt auch hier wieder dadurch zum Tragen, daß das Affirmieren (*als seiend aussagen*) das Resultat einer Wahl zwischen der Möglichkeit des Affirmierens und der des Verneinens ist und der Urteilende sich durch die richtige Wahl in Übereinstimmung zu einem vorgegebenen Sein oder Nichtsein setzen kann, nur daß das Nichtsein jetzt als eine Relation gedeutet und dadurch vom Fall eines schlechthin Unwirklichen abgehoben wird.[28]

Im früher verfaßten Dialog *Euthydemos* hatte Platon eine andere Möglichkeit angedeutet, den Übereinstimmungsgedanken auszudeuten, nämlich als ein Sagen, das den Gegenstand *so* beschreibt, *wie* er ist (Euthd. 284C7f.). Dieses „so-wie" dient in der gewöhnlichen Sprache, auch im Griechischen, oft als ein Indikator für die Bekräftigung oder Anerkennung eines Wahrheitsanspruches („Es ist so, wie du sagst"). Es kann die Vorstellung nahelegen, daß wahre Aussagen wie getreue *Abbilder* der Wirklichkeit fungieren. Im *Kratylos* ist dieses abbildtheoretische Modell der Funktion des sprachlichen Zeichens und seiner Wahrheit durch eine etymologische und onomatopoietische Bedeutungslehre versuchsweise konkretisiert worden. Gemäß dieser Theorie sind Sätze und Wörter das Resultat der Verknüpfung von Stammsilben, die das Wesen der bezeichneten Elemente

---

[28] Diese Interpretation der in Soph. 263B-D erreichten Lösung und des Verhältnisses zu den Ansätzen im *Theaitetos* ist in J. Szaif, 1998, 327–509 näher ausgearbeitet. Zur Konzeption von Falschheit und Wahrheit im *Sophistes* vgl. u.a. G. E. L. Owen, 1981; M. Frede, 1967; D. Keyt, 1973; J. van Eck, 1995; B. E. Hestir, 2003.

des Wirklichen lautmalerisch darstellen. Da aber in dieser Theorie kein Begriff des vom Reproduzieren zu unterscheidenden Bezugnehmens möglich ist, kann sie noch nicht einmal das Spezifikum eines *Abbildes* im Unterschied zum Fall bloßer Gleichheit oder Ähnlichkeit, geschweige denn das Spezifische des Aussagens gegenüber dem bloßen Bezeichnen angemessen erklären. Der *Kratylos* verdeutlicht mit verschiedenen Argumenten die Absurdität dieses Ansatzes als einer Theorie von Bedeutung und Wahrheit sprachlicher Zeichen,[29] ohne jedoch eine befriedigende wahrheitstherotische Alternative zu entwickeln. Dies leistet erst der *Sophistes* auf der Grundlage einer Unterscheidung der semantischen Funktionen des Bezugnehmens und Charakterisierens.

6.   Aristoteles: Der Begriff propositionaler Wahrheit und seine prä-propositionale Erweiterung

Bei Aristoteles rückt der propositionale Wahrheitsbegriff in den Mittelpunkt der philosophischen Wahrheitskonzeption.[30] Allerdings ergibt sich letztlich doch ein recht heterogenes Bild, weil Aristoteles einerseits in verschiedenen Zusammenhängen Wahrheit auf den Bereich propositionaler Äußerungen und Denkakte eingrenzt, in anderen Zusammenhängen aber auch prä-propositionale Denkakte und Perzeptionen als Wahrheitsträger in den Blick nimmt. Ein anderer Punkt, hinsichtlich dessen es konfligierende Aussagen gibt, betrifft die Frage, ob ‚wahr' und ‚falsch' nur auf Aussagen und gedankliche Urteile anwendbar sind, oder ob auch das Korrelat einer wahren (affirmativen) Aussage in der Wirklichkeit als Wahrheitsträger aufgefaßt werden kann.

Ganz im Sinne der propositionalistischen Wahrheitskonzeption sind die Textpassagen, in denen Aristoteles herausstellt, daß nicht schon durch den Gebrauch eines einzelnen Terminus, sondern erst durch die Verbindung von Termini zu einem Satz (oder eine entsprechende Verknüpfung von *noēmata* zu einem gedanklichen Urteil) etwas zustande kommt, das wahr oder falsch sein kann.[31] Auch die klassische aristotelische *Wahrheitsdefinition* (Met. IV 7, 1011b25–28) ist propositionalistisch. Sie ist genau genommen eine Definition von Falschheit und Wahrheit, die in ihrem ersten Teil zu

---

[29] Siehe insb. Crat. 428E-435C. Zur Zielsetzung der Argumentation im *Kratylos* vgl. u. a. M. Schofield 1982; J. Szaif, 2000b.

[30] Eine Übersicht der unterschiedlichen Aspekte des Wahrheitsbegriffes bei Aristoteles und deren Verbindungen liefern P. Wilpert, 1940a und E. Tugendhat, 1992; P. Crivelli, 2003 liefert eine systematische Monographie zum aristotelischen Wahrheitsbegriff (die in vielen Punkten zu anderen Ergebnissen kommt als hier vertreten). Wertvolle Beobachtungen zum aristotelischen Wahrheitsbegriff enthält auch die primär systematische Studie von W. Künne, 2003.

[31] Cat. 4, 2a4–10; De int. 1, 16a9–18; De an. III 6, 430a26ff.; 8, 432a10ff.

Falschheit mit der Definitionsformel in Platons *Sophistes*, 240E, so gut wie identisch ist und ebenfalls zwischen bejahenden und verneinenden Stellungnahmen differenziert: „Von etwas, was ist, zu sagen, daß es nicht ist, oder von etwas, was nicht ist, zu sagen, daß es ist, ist falsch; hingegen ist wahr, von etwas, was ist, zu sagen, daß es ist, und von etwas, was nicht ist, zu sagen, daß es nicht ist." Diese Definitionsformel läßt sich unterschiedslos auf alle Aussagesätze anwenden. Die nähere Erläuterung seines Wahrheitsbegriffes entwickelt Aristoteles jedoch anhand elementarer Sätze, die aus nur zwei denotierenden Termini zusammengesetzt sind. Laut Aristoteles wird mit der affirmativen Aussage verbunden (*synthesis*), mit der verneinenden getrennt (*dihairesis*), wobei sich Verbinden und Trennen nicht auf die Termini des Aussagesatzes beziehen, sondern auf die denotierten Sachen (singuläre Gegenstände oder Universalien). Abhängig davon, ob die im Urteil verbundenen bzw. voneinander getrennten Denotate tatsächlich miteinander verbunden (*synkeimena*) bzw. voneinander getrennt sind (*dihēͅremena*), ist die Aussage wahr oder falsch.[32]

Wahrheit ist also eine Leistung dieser je auf zwei Entitäten (z. B. eine Person und eine Eigenschaft) bezugnehmenden ‚Verbindung' oder ‚Trennung'. Der falsch Urteilende stellt sich zu den denotierten „Sachen" in einen Gegensatz (Met. X 10, 1051b4f., vgl. b6–9), indem er das Nichtverbundene als verbunden oder das Verbundene als nicht verbunden darstellt. Wahrheit kommt der Aussage zu, aber in *Abhängigkeit* von der Konstellation der Sachen. In diesem Sinne kann man sagen, daß Aristoteles Wahrheit als eine Form der *Übereinstimmung* der Aussage bzw. des Aussagenden mit den Sachen versteht. Aber er unternimmt nicht den problematischen Versuch, Aussagenwahrheit als Übereinstimmung mit der Wirklichkeit zu *definieren*.[33] Der Verzicht auf den Begriff der Übereinstimmung in der Definitionsformel für Wahrheit fällt auch bei seiner oben zitierten allgemeinen Wahrheitsdefinition auf, die nicht auf das Verbinden oder Trennen im elementaren Aussageakt eingeht. In beiden Versionen der Explikation der Wahrheitseigenschaft kommt vielmehr, wie schon bei Platon, der Differenzierung zwischen bejahenden und verneinenden Stellungnahmen (vgl. De in. 6) die Aufgabe zu, die mit dem Wahrheitsbegriff verbundene Übereinstimmungsintuition theoretisch einzufangen. Moderne Anknüpfungen an die aristotelische Wahrheitsdefinition, die diese Grundalternative im assertorischen Sprech- oder Urteilsakt eliminieren und die Verneinung ausschließlich als ein inhaltliches Element des Ausgesagten und nicht auch als einen möglichen Modus des Aussageaktes fassen, verfehlen den spezifischen Gesichts-

---

[32] Met. VI 4, 1027b20–23; IX 10, 1051b3–9.

[33] Der Versuch, Wahrheit allgemein als Übereinstimmung mit der Wirklichkeit zu definieren, führt bekanntlich in einen Zirkel, weil die Art der relevanten Übereinstimmung und der dabei verwendete Begriff von Wirklichkeit nicht ohne Rekurs auf den Wahrheitsbegriff expliziert werden können.

punkt, unter dem Aristoteles jenes mit der Aussagenwahrheit verbundene
Moment des „so-wie" zu fassen versucht.

Aristoteles unterscheidet Fälle, in denen die affirmierbare Verbindung
zwischen den Denotaten der Termini immer und notwendig besteht, von
solchen, in denen sie nur akzidentell und vorübergehend Bestand hat, und
verbindet damit die Konzeption wechselnder Wahrheitswerte von Aussagen über nicht-notwendige Sachverhalte.[34] Generell setzt er die Zweiwer-
tigkeit von assertorischen Sätzen voraus und bejaht dementsprechend in
der *Metaphysik* (IV 7) die Geltung des Satzes vom ausgeschlossenen Dritten, schränkt dies aber anscheinend in De int. 9 in der Weise ein, daß Aussagen über zukünftige, nicht-notwendige Sachverhalte einen unbestimmten
Wahrheitswert haben.[35]

Indem Aristoteles herausstellt, daß die Wahrheitseigenschaft einer Meinung nicht von der Person, die etwas aussagt, sondern von der Konstellation der denotierten Sachen abhängt, wendet er sich gegen Protagoras, dessen Homo-Mensura-Satz ebenfalls die Vorstellung voraussetzt, daß es beim
Meinen darum geht, Seiendes als Seiendes, Nichtseiendes als Nichtseiendes
zu denken, dies allerdings so wendet, daß nicht das Sein oder Nichtsein
Maßstab für das Meinen ist, sondern der urteilende Mensch Maßstab für
das Sein oder Nichtsein, wodurch sich dann jedes Meinen und Erscheinen
als wahr relativ zu dem Menschen, dem es so erscheint, erweisen würde.
Aristoteles' Auffassung davon, wie der relationale Charakter und die Abhängigkeit der Urteilswahrheit richtig zu verstehen ist, kommt auch in
einem Passus der Kategorienschrift (Cat. 5, 4a21-b13)[36] zum Ausdruck, der
dies anhand von Fällen sich ändernder Wahrheitswerte erläutert: Ein Satz
ändert seinen Wahrheitswert allein dadurch, daß die Sachlage sich ändert
und ohne daß er dabei an sich selbst einer Veränderung unterliegt. Dies
zeigt, daß die Wahrheitseigenschaft allein von der Konstellation der im Urteil bezeichneten Sachen abhängt.

Ein Problem für unser Verständnis von Aristoteles' Beschreibung der elementaren wahren oder falschen Urteile als Akte des Verbindens und Tren-
nens ergibt sich daraus, daß die denotierten Entitäten, z.B. die Person
Sokrates und die Eigenschaft *musisch*, dadurch, daß sie im Urteil zusam-
mengedacht oder in der Aussage als verbunden ausgesagt werden, keine
reale Verbindung miteinander eingehen. Die Verbindung, um die es hier
geht, ist aber auch nicht die der Wörter im Satz, denn die Wörter werden
auch in der verneinenden („trennenden") Aussage miteinander verbunden.
Es müßte hier eigentlich ein intentionaler Inhalt (oder ein abstrakter propositionaler Gehalt) erstens von dem Satz oder Urteil und zweitens von der in

---

[34] Met. X 10, 1051b13–17; V 29, 1024b18–21; NE VI 3, 1139b21f.
[35] So die traditionelle, auf die antiken Kommentatoren zurückzuverfolgende Interpretation;
vgl. D. Frede, 1985; H. Weidemann, 1994, 225ff.
[36] S. a. Cat. 12, 14b9–23.

der Wirklichkeit eventuell gegebenen Sachlage unterschieden werden. Aber
dazu gibt es keinen expliziten Ansatz bei Aristoteles. Des weiteren trifft
Aristoteles auch keine explizite Festlegung zu der Frage, ob wir es bei den
Aussagesätzen, die als Träger der Eigenschaft Wahr fungieren, jeweils mit
einem einzelnen Äußerungsakt oder mit einem wiederholbaren abstrakten
Satz (einem Typus oder Satz-Universale) zu tun haben.[37]

Aristoteles' allgemeine Definitionsformel für Wahrheit macht von
„sein" im veritativen Sinne Gebrauch. Aber gerade diese veritative Verwendung von „sein" scheint bei Aristoteles zu terminologischen und sachlichen Unsicherheiten zu führen. Grundsätzlich kann ja im Griechischen
„seiend" (*on/onta*) als Synonym zu „wahr" (*alēthes/alēthē*) in Objektstel-
lung zu einem *Verbum dicendi* verwendet werden. Allerdings tendiert dabei das Vorverständnis der griechischen Autoren dahin, jenes ausgesagte
Wahre oder (veritativ) Seiende sozusagen auf der Ebene der Wirklichkeit
anzusiedeln (als dem Gegenüber des Sagens und Denkens), was ungefähr
unserem Begriff von bestehenden Sachverhalten oder Sachlagen entsprechen würde. Aristoteles berücksichtigt in seiner Unterscheidung verschiedener Bedeutungen von „seiend" diese veritative Bedeutung als das „Seiende qua Wahre" (*on hōs alēthes*) bzw. „Nichtseiende qua Falsche" (*mē on
hōs pseudos*).[38] Bezüglich der Frage, wie dieses Sein ontologisch einzustu-
fen ist, gibt er uns aber gegensätzliche Antworten an zwei verschiedenen
Stellen der *Metaphysik*: In Met. VI 4 vertritt er die Auffassung, daß dieses
Sein und Nichtsein einfach nur eine Eigenschaft des Denkens ist, was bedeuten würde, daß es mit Wahrheit und Falschheit als Eigenschaften des
Urteils zusammenfällt.[39] In diesem Fall könnte das veritative Sein oder
Nichtsein nicht mehr als dasjenige betrachtet werden, zu dem sich die
wahre Affirmation oder Verneinung in Übereinstimmung setzt. An der
zweiten maßgeblichen Stelle, in Met. IX 10, geht Aristoteles den entgegengesetzten Weg, indem er das veritative Sein oder Nichtsein auf die Ebene
der sachlichen Entsprechungen der Aussagesätze verlegt (so wie es dem
herkömmlichen Vorverständnis entspricht) und auf diese Weise zwischen
dem ‚Seienden qua Wahren' und dem wahren Aussagesatz differenziert.
Wie schon bei Platon wird dabei das Problem eines absoluten veritativen
Nichtseins umgangen, indem dieses Nichtsein auf eine *Relation* zwischen
Seiendem zurückgeführt wird, die Aristoteles als das Getrenntsein der Denotate der Termini des Urteils beschreibt.[40] Die Aussage „Sokrates ist musisch" behauptet demnach das Sein eines Komplexes, der aus Sokrates und
der Eigenschaft Musisch besteht, und je nachdem ob dieser Komplex besteht oder nicht besteht, ist die Aussage wahr oder falsch. Die entspre-

---

[37] Vgl. hierzu etwa P. Crivelli, 2004, 72 ff.; G. Nuchelmans, 1973, 43 f.; W. Künne, 2003, 295 f.
[38] Met. V 7, 1017a31–35; vgl. VI 4, 1027b18 f.; X 10, 1051b1 f.
[39] VI 4, 1027b29–1028a3 (s. a. XI 8, 1065a21–24).
[40] S. a. Met. V 29, 1024b17–21, 24–27.

chende verneinende Aussage („Sokrates ist nicht musisch") würde hingegen durch das Nichtsein dieses Komplexes wahr sein. Das Nichtsein eines solchen Komplexes scheint als eine Art von Nicht-Existenz aufgefaßt zu werden, die auf die Beziehung des Getrenntseins von zwei realen Entitäten zurückführbar ist.

In *Metaphysik* IX 10 und *De anima* III 6 finden wir die Erweiterung des propositionalen Wahrheitsbegriffes um einen Begriff prä-propositionaler Wahrheit, der auf das Erfassen und Bezeichnen von Begriffsgehalten (Universalien) angewandt zu werden scheint. Man könnte hier versuchen, eine Verbindung zu einem Aspekt der Rede von Wahrheit in der Platonischen Ideenlehre herzustellen. Bei Platon ist die durch den Kontakt mit den Formen gezeugte ‚Wahrheit in der Seele' primär ein solches Begriffserfassen, mit dem eine Form und damit ein bestimmtes Was-Sein (Wesen) adäquat repräsentiert wird. Auch bei Aristoteles scheint es bei den prä-propositionalen Denkakten um das Fassen eines Was-Seins zu gehen (Met. IX 10, 1051b26, 32; De an III 6, 430b28). Allerdings ist die Art, wie Aristoteles dieses Thema behandelt und in einen Zusammenhang zu propositionaler Wahrheit stellt, doch ganz eigenständig. Als wesentlichen Unterschied der Wahrheit prä-propositionalen Erfassens und Sagens gegenüber der des propositionalen Urteilens oder Aussagens stellt er heraus, daß Wahrheit hier nicht mit Falschheit, sondern mit Unkenntnis kontrastiert (*agnoein* 1051b25, 1052a2).[41] Entweder man kennt diesen Begriffsgehalt, oder man kennt ihn nicht. Falschheit kann erst entstehen, wenn man etwas *von* etwas aussagt (*kataphasis* 1051b24, De an. III 6, 430b28f.) und auf diese Weise Termini miteinander verknüpft. Analog zu dem begrifflichen Erfassen ist auch das asynthetische Wahrnehmen (z.B. die Rot-Perzeption als solche im Unterschied zu dem Urteil, daß diese Blume rot ist) ein Fall prä-propositionaler Wahrheit, die noch nicht unter der Wahr/Falsch-Alternative steht.[42]

Das begrifflich-noetische Kennen oder Nicht-Kennen wird in einer illustrativen Metapher als ein ‚Berühren/Nicht-Berühren' bezeichnet (1051b24f., vgl. XII 7, 1272b21). Es gibt in diesem einfachen geistigen Fassen, dem ein einfaches (nicht-propositionales) Sagen (*phasis* 1051b25) entspricht, eben keine Differenz zwischen Bezugnehmen und Aussagen-von. Es ist ein einfaches Repräsentieren. Denkt Aristoteles im Falle der sprachlichen Äußerungen an einfache Begriffswörter wie „Dreieck" oder an Definitionsformeln (Definienda) wie „dreiseitiges Polygon"? Der ausdrückliche Bezug auf das Was-Sein spricht dafür, daß diese Art der Wahrheit auch für Definienda

---

[41] Vgl. hierzu etwa E. Tugendhat, 1992, 256f.; P. Wilpert, 1940a, 10ff.; M. Wedin, 1988, 128ff. Eine propositionalistische Deutung dieser Denkakte versucht P. Crivelli, 2004, 99ff., der sie als Existenzurteile deutet. Existenzurteile stehen aber sehr wohl unter der Wahr/Falsch-Alternative.

[42] De an. III 3, 428b18–30; 6, 430b29f. (vgl. auch 427b12; Met. IV 5, 1010b2f.).

in Anspruch genommen wird.[43] Andererseits erwähnt er auch unzusammengesetzte Substanzen als solche Objekte des wahrheitsfähigen Kennens (1051b26 ff.), und hier, ebenso wie bei elementaren, unzusammengesetzten Begriffsgehalten (allgemeinsten Gattungen), ist das kognitive ‚Berühren' vielleicht nur ein einfaches Wesenserfassen ohne definitorische Begriffszerlegung – so wie das vermutlich für das geistige Selbsterfassen der Gottheit (XII 7) charakteristisch ist.

Zu dieser asynthetischen Wahrheit gibt es auch ein entsprechendes veritatives Sein, welches in diesem Fall nicht das Sein eines Komplexes aus den Denotaten des Subjekts- und des Prädikatsterminus ist, sondern das Sein einer Sache, die einem einzelnen Terminus oder Begriff entspricht (Met. IX 10, 1051b17 ff.). Dieses Sein scheint, wie schon erläutert, primär ein Was-Sein zu sein (substanzielle Bestimmtheit, Wesen), wobei Aristoteles allerdings voraussetzt, daß man nur bei realen Gegenständen sinnvoll von einem Was-Sein oder Wesen sprechen kann. Dieses Was-Sein ist also unter dem Aspekt, daß es Gegenstand eines Begreifens werden kann, zugleich ein veritatives Sein bzw. ein Fall von Wahrem. Wir haben es hier mit einer Form der ontologischen Rede von Wahrheit zu tun, bei der ein Was-Sein oder Wesen unter dem Aspekt, daß es Objekt eines erkennenden Erfassens werden kann, als ein Fall von Wahrseiendem betrachtet wird.

Der Bereich der Sachwahrheit und -falschheit bleibt bei Aristoteles begrifflich marginal. In seinem „Begriffslexikon" in Met. V berücksichtigt der Artikel über das Falsche bzw. Falschheit (to pseudos, V 29) die auf Sachen bezogene Rede vom Falschen (1024b21–26) und erklärt sie als die Eigenschaft einer Sache, als etwas zu erscheinen, was sie nicht ist, bzw. nicht so zu erscheinen, wie sie ist.

Es ist auffällig, daß die Verbindung von Erkennbarkeit mit Aspekten von Seins- oder Sachwahrheit, die in dem ontologisch-gnoseologischen Bedeutungskomplex von Wahrheit in Platons Ideenlehre so zentral ist, bei Aristoteles keine Rolle mehr spielt. Zwar stellt auch Aristoteles mit Bezug auf die Wissensgegenstände, die er wie Platon spezifisch als Gegenstände des Denkens (noēta) faßt, Seinsauszeichnungen wie Notwendigkeit, Allgemeinheit, Unveränderlichkeit heraus. Aber wenn er sie mit dem Wahrheitsbegriff verbindet, dann nur als Modifikationen der propositionalen Wahrheit („notwendig wahr", „wahr von allen", „immer wahr"). Wir dürfen dahinter durchaus eine bewußte Entscheidung des Aristoteles vermuten, sich auf propositionale Wahrheit (einschließlich der Erweiterung um eine prä-propositionale Wahrheit, die in einem sachlichen Zusammenhang mit propositionaler Wahrheit steht) als den Fokus der Rede von Wahr und Falsch festzulegen.

---

[43] In diesem Sinne kann vielleicht auch der Hinweis in Met. V 29, 1024b27 f., interpretiert werden.

Diese terminologische Entscheidung schließt nicht aus, daß sich an einzelnen Stellen Rückgriffe auf eine spezifisch Platonische Ausdrucksweise finden, wie dies auch in Zusammenhang mit anderen Begriffen bei Aristoteles gelegentlich vorkommt. Zu erwähnen ist insbesondere die erstarrte Wendung, daß Philosophie die Untersuchung „über die Wahrheit" sei,[44] wobei *alētheia* als Inbegriff der grundlegenden Verfaßtheit des Wirklichen (Seienden) fungiert (vgl. Phd. 99E „die *alētheia* des Seienden"), die durch die philosophische Wirklichkeitserforschung erschlossen werden soll.[45]

7. Wahrheit in der Ethik bei Platon und Aristoteles

Das Wort für Wahrheit, *alētheia*, kann auch als Bezeichnung einer ethischen Tugenddisposition fungieren: Wahrheitsliebe, Wahrhaftigkeit. Diese spielt eine zentrale Rolle in Platons Analyse der philosophischen Veranlagung. Er gebraucht hier das Bild von der *alētheia* als der Chorführerin im „Reigen" (*choros*) der Tugenden.[46] Dabei wird von ihm *alētheia* qua Charakterdisposition nicht nur als eine Tugend des kommunikativen Verhaltens verstanden (intersubjektive Wahrhaftigkeit), sondern auch, und sogar primär, mit jenem philosophischen Eros identifiziert, der zum Bemühen um Erkenntnis antreibt. Es geht hier darum, daß die volle Entfaltung menschlicher Vortrefflichkeit einen im ganzen wahrheitszentrierten Charakter voraussetzt.

Als Aspekt der philosophischen Veranlagung oder Charakter-„natur" (*philosophos physis* Rep. 485A-487A, 490A-C) ist *alētheia* noch nicht eine ‚eigentliche' Tugend, sondern eine Vorform dazu. (Die altakademische und aristotelische Tradition nennt diese Aspekte der Veranlagung oder des Naturells dann die ‚natürlichen' Tugenden.) Für Platon entfalten sich aus diesen natürlichen Prädispositionen eigentliche Tugenden durch einen erfolgreichen Erziehungs- und Bildungsprozeß (Paideia), in dem sowohl Charakter als auch Intellekt geformt werden. Die Entfaltungsgestalt der wahrheitsliebenden Prädisposition ist die Kardinaltugend der Weisheit (*sophia*), die das handlungsleitende Wissen vom Guten einschließt (Rep. 442C). Die philosophische Wahrheitsliebe steht für Platon nicht im Widerspruch zur Möglichkeit „wohlmeinender Lüge", da er letztere als einen Weg begreift, die der Einsicht Unfähigen durch eine besondere Form der Unwahrheit der Wahrheit näher zu bringen.

---

[44] U. a. Met. 983b3, 993b20, De gen. et corr. 325a17, Phys. 191a25.

[45] Ganz aus dem Rahmen fallen die Bemerkungen in Met. II 1, 993b26ff., die nur vor einem spezifisch Platonischen Hintergrund verständlich sind (s.a. Protrep. fr. 13W [B47 Dü]).

[46] Zur Leitfunktion der *alētheia* als Charakterdisposition sind grundlegend Rep. 485A-487A und 489E-490D; siehe auch Rep. 535 DE, Legg. 730C ff., sowie bereits Gorg. 525A, 526CD. Zum Bild der *alētheia* als Chorführerin vgl. Rep. 490A1-3, C2f., 8 (vgl. Legg. 730 Cff.). Eine Analyse der Rolle der *alētheia* in Platons Tugendlehre findet sich in J. Szaif, 2004.

Die platonische Lehre von der *alētheia* als der wichtigsten „natürlichen Tugend" wirkt bei Aristoteles noch in einem Passus der *Eudemischen Ethik* fort, in dem *alētheia* anscheinend als die natürliche Tugend gefaßt wird, die auf *phronēsis* (Vernünftigkeit) hinordnet (III 7, 1234a23–34). Ansonsten aber wird die *alētheia* als Charaktertugend bei Aristoteles sehr viel enger gefaßt und als eine homiletische Tugend definiert.[47] Sie ist jene Tugend hinsichtlich des geselligen Umgangs, dank derer man sich in seinem Verhalten und Reden so gibt, wie man ist (*authekastos* 1127a23f.), und nicht bedeutender oder geringer *scheinen* will, als man ist. Sie ist die durch Wahrheitsliebe (*philalēthēs* 1127b4) und Abneigung gegen falsches Scheinen motivierte Mitte zwischen den Lastern der Prahlerei und der *eirōneia* („Ironie", hier verstanden als eine Art des habituellen Understatements der eigenen Person). Sie ist eine Tugend, weil Lüge etwas „an sich Schlechtes" ist (1127a28f.).

Die aristotelische Ethik entwickelt noch in einer ganz anderen Weise einen ethischen Begriff von Wahrheit, bei dem es nicht um Wahrhaftigkeit geht, sondern um Urteilswahrheit, die der kognitiven Komponente unseres Handelns zukommt, insofern dieses aus einer richtigen Handlungsüberlegung resultiert. Aristoteles führt hierzu in *Nikomachische Ethik* VI 2 den Begriff einer spezifisch *praktischen* Wahrheit ein. Den Kontext bildet die Erörterung der verschiedenen Wissensformen, die er als „dianoetische Tugenden" (vortreffliche Dispositionen des rationalen Seelenvermögens) bezeichnet. Die dianoetischen Tugenden sind Habitus, deren Leistung es ist, in jeweils unterschiedlichen Bereichen richtig zu urteilen bzw. der Wahrheit teilhaftig zu werden. Aristoteles unterscheidet zwei grundlegende kognitive Bezüge: zum einen den der Theoria (theoretischen Betrachtung), die notwendige und unveränderliche Sachverhalte zum Gegenstand hat, zum anderen den der Praxis, die im Bereich des Veränderlichen und Kontingenten agiert. Auch der Gegenstandsbereich von Praxis ist ein Anwendungsbereich kognitiver Tugenden, da unsere Handlungsentscheidungen rational und damit durch eine praxisbezogene Kognition gesteuert sind. Diesen beiden Grundbezügen entsprechen zwei vollendende kognitive Tugenden, *sophia* (theoretische Weisheit) und *phronēsis* (praktische Vernünftigkeit), durch die der Mensch in diesen beiden Bereichen jeweils am meisten der Wahrheit teilhaftig wird (*malista alētheuei* 1139b12f.). Die Wahrheit der Urteile, in denen sich der höchste praxisbezogene kognitive Habitus betätigt (*phronēsis*), sei spezifisch praktisch (*praktikē* 1139a26f.; s. a. NE III, 6, 1113a29–33).[48]

Als Träger dieser Wahrheit dürfte Aristoteles vor allem die Konklusionen aus praktischen Syllogismen betrachten, die eine Handlungsoption als das

---

[47] NE II 7, 1108a9–23; IV 13, 1127a13ff.; vgl. EE II 3, 1221a6, 24f.; III 7, 1233b38–1234a3; MM I 7, 1186a24–27; I 32, 1193a28ff. Zur Theorie der Wahrhaftigkeit bei Aristoteles vgl. P. Wilpert, 1940b.

[48] Vgl. A. W. Müller, 1982, 231ff.; A. Vigo, 1998.

für den Betreffenden Gute bzw. das zu Tuende herausstellen und denen
genau dann praktische Wahrheit eignet, wenn sie eine angemessene Mittel-
wahl mit Bezug auf ein nicht nur vermeintlich, sondern wirklich gutes (zu-
trägliches) Ziel leisten. Dabei ist zu beachten, daß die praktischen Konklusionen zwar die Funktion von Handlungsanweisungen haben, aber von
Aristoteles gewöhnlich im indikativischen Modus formuliert werden, weshalb man mit Bezug auf sie auch sinnvoll fragen kann, ob sie wahr oder
falsch sind. Da praktische Syllogismen für Aristoteles zugleich unmittelbar
in Handlung umschlagen, wenn keine äußeren Hinderungsgründe vorliegen, und da überdies die Handlung jeweils durch ein intendiertes Ziel spezifiziert wird, kann man mit Aristoteles das praktische Urteil auch als die
kognitiv-wertende Seite der Handlung selbst und praktische Wahrheit als
eine spezifische Rationalitätsauszeichnung der Handlung betrachten.

Was ist die Wahrheitsbedingung praktischer Wahrheit gemäß Aristoteles? Aristoteles vertritt keinen ethischen Subjektivismus, sondern ist der
Auffassung, daß bestimmte Handlungen, in gegebenen Situationen, dazu
beitragen, eine objektiv gute menschliche Lebenspraxis zu verwirklichen.
Demnach ist es die Wahrheitsbedingung für ein praktisches Urteil, daß hier
tatsächlich, in der gegebenen Situation, die geeigneten Mittel für die Reali-
sierung einer für einen Menschen angemessenen Lebensform gewählt werden.[49] Nun bemerkt Aristoteles aber in dem entscheidenden Passus auch,
daß die „Homologie mit dem rechten Streben" (1139a30f.) ein Merkmal der
praktischen Wahrheit sei. Homologie meint in diesem Kontext, daß das
praktische Urteil das gleiche Ziel bejaht, auf das auch der richtige Strebens-
impuls ausgerichtet ist. Da der Ausdruck „Homologie" an den Übereinstimmungsbegriff denken läßt, fragen sich die Interpreten (und auch bereits
die mittelalterlichen Kommentatoren dieses Abschnittes), ob die Homologie mit dem rechten Streben sogar als Wahrheitsgrund praktischer Wahrheit
fungiert. Dies würde aber in einen Zirkel führen, da das Streben erst dann
hinlänglich spezifiziert ist, wenn es durch einen „rechten *logos*" (und das
heißt durch praktische Deliberation) auf konkrete Zielsetzungen bezogen
wird, die der rechte Weg zur Verwirklichung der übergreifenden, zunächst
nur ganz allgemein und vage bestimmten Strebensziele sind.[50] Aristoteles
nennt, so kann man vermuten, die Rechtheit des Strebens hier nicht im
Sinne eines ,wahrmachenden' Sachverhaltes – dieser liegt vielmehr in der
objektiven Geeignetheit der Handlung für das angemessene übergreifende
Ziel eines guten Lebens.[51] Der Hinweis auf die Homologie antizipiert wohl

---

[49] Zu diesen zwei Aspekten der Richtigkeit der zu einem wahren praktischen Urteil hinfüh-
renden praktischen Überlegung (Angemessenheit der Zielbestimmung, Geeignetheit der
Mittel) vgl. u.a. NE VI 9, 1142a20–22; 10, 1142b7–13, 21–24, 28–33; 13, 1144a28–b1.

[50] Vgl. hierzu Honnefelder, 1987.

[51] In diesem Sinne kommentiert auch der byzantinische Kommentator Eustratios, In VI EN
(= CAG XX), vermutlich in Anknüpfung an antike Scholien, diesen Abschnitt.

eher das, was eine der Kernthesen des Traktates NE VI ist: daß nur das harmonische Zusammenwirken von charakterlichen Strebensdispositionen und praktischer Vernünftigkeit die gute Lebensführung (und damit die praktische Wahrheit des eigenen Handelns bzw. handlungsleitenden Urteilens) gewährleistet. In diesem Sinne ist die fragliche Homologie zwar nicht Wahrheitsgrund, aber doch ein Kennzeichen der richtigen und praktisch wahren Lebensführung.

8. Hellenistische Schulen, Stoiker

Im Mittelpunkt der hellenistischen Debatten zur Erkenntnistheorie steht die Frage nach dem Wahrheitskriterium (*kritērion tēs alētheias*).[52] Die Epikureer meinen, daß u.a. Sinneseindrücke und bestimmte Begriffsgehalte einen sicheren Realitätsgehalt haben und dadurch als Beurteilungsmittel (Kanon, Kriterium) für das Vorliegen nicht-evidenter Sachverhalte dienen können (16A-18G LS).[53] In der stoischen Tradition fungiert eine ausgezeichnete Klasse von Sinneseindrücken oder sinnlich vermittelten Vorstellungen („erkennende Vorstellung", *kataleptikē phantasia*) als Wahrheitskriterium, indem sie das Vorliegen der wahrgenommenen Sachverhalte selbst verbürgen und auf diese Weise der Erkenntnis ein Fundament geben (fr. 329–341 Hü). Dagegen versuchen die Skeptiker vorzuführen, daß keines der vorgeschlagenen Mittel sich für eine sichere Unterscheidung wahrer und falscher Vorstellungen oder Urteile als tauglich erweist, und streben innere Seelenruhe (Ataraxie) statt dessen durch das Sich-Enthalten (Epoché) von Urteilen über die Wirklichkeit an (z.B. Sextus Emp., PH I, 25 ff.). In dieser erkenntnistheoretischen Debatte, die den Wahrheitsbegriff selbst nicht fortentwickelt, dient das realistische Vorverständnis von Wahrheit als gemeinsame Grundlage.[54] Zwar darf sich der konsequente Skeptiker nicht auf die These festlegen, daß es etwas Wahres/Wirkliches gibt (vgl. Sext. Emp., M VIII 2 ff.), aber er setzt doch voraus, so wie es dem realistischen Vorverständnis entspricht, daß Wahrheit/Wirklichkeit, wenn es sie denn gibt, keine Widersprüche enthalten könne (vgl. ebd. VIII 13), um sodann die Fragwürdigkeit der angeblichen Wahrheitskriterien für die Entscheidung zwischen alternativen kontradiktorischen Aussagen aufzuweisen.

Im Kontext dieser Debatte findet sich auch der vielleicht älteste Beleg für eine *explizite* Beschreibung der Wahrheitsbedingung mit Hilfe des Begriffs der „Übereinstimmung" des Denkens oder Wahrnehmens mit dem Kogni-

---

[52] Vgl. G. Striker, 1974; s.a. A. A. Long, 1978a.
[53] Zitiert nach A. A. Long / D. Sedley, 1987.
[54] Darum setzt Sextus Empiricus das Wahrheitskriterium auch mit einem *kritērion tēs hyparxeōs* gleich (*hyparxis* = reales Sein), PH I, 21: II, 14; M VII, 27 u. 31; vgl. SVF I 59 (Zenons Definition der *kataleptikē phantasia*); Epikur, fr. 244 Us, fr. 36 Us (p. 106, l. 1–3).

tionsobjekt. Der akademische Skeptiker Karneades (2. Jhdt. v. Chr.) para-
phrasiert die Wahrheit oder Falschheit einer Vorstellung (*phantasia*) als „Zu-
sammenklang" der Vorstellung mit ihrem Objekt (*symphōnos tō͜i phantastō͜i*),
die Falschheit hingegen als Dissonanz (*diaphōnos*).[55] Auch die klassischen
korrespondenztheoretischen Formulierungen bei den neuplatonischen Philosophen Plotin und Proklos (sowie in der neuplatonischen Kommentierung von Aristoteles) werden diesen Begriff der *symphōnia* oder ähnliche
Begriffe gebrauchen.[56]

Bedeutsame neue Perspektiven auf den Wahrheitsbegriff eröffnet die
stoische Theorie des *Wahrheitsträgers*, da hier eine neue ontologische Kategorie eingeführt wird, die die moderne Konzeption von Propositionen oder
propositionalen Gehalten antizipiert. Gemäß der stoischen Lehre können als
wahr auch eine Vorstellung (*phantasia* fr. 273, Z. 17 ff.)[57], die Anlaß zu einer
wahren Prädikation werden kann, oder ein Argument, das nicht nur schlüs-
sig, sondern auch auf wahren Prämissen gegründet ist (fr. 1064 Hü), bezeichnet werden. Die primäre Anwendung des Wahrheitsbegriffes bezieht
sich jedoch auf die Proposition (stoisch *axiōma*),[58] denn wahr im eigentlichen Sinne könne nur das heißen, was in einem kontradiktorischen Gegensatz zu stehen vermag (u. a. fr. 325, 887 Hü). Die *axiōmata* gehören zur
Klasse des „Sagbaren" (*lekta*) bzw. der Signifikationen (*sēmainonena*) und
sind darum, wie alle *lekta*, immateriell (fr. 67, 892). Die stoische Gegen-
standstheorie unterteilt den Begriff des Gegenstandes (*ti* / ‚etwas') in das Seiende, welches immer etwas Körperliches sein muß, und das bloß Subsistierende, welches zwar jeweils *etwas*, aber nicht Seiendes ist. Die *lekta* sind eine
Teilklasse des bloß Subsistierenden. Sie sind sowohl von den sprachlichen
Entitäten, die als Laute oder Schrift etwas Materielles sind und nicht notwendig etwas bedeuten, das wahr oder falsch sein kann, als auch von den
ebenfalls materiellen externen Referenzobjekten zu unterscheiden (fr. 67, 476,
892 Hü). Mit dieser Theorie wird die Ebene sprachlichen Sinns von der der
sprachlichen Zeichen und der der Referenzobjekte erstmals eindeutig unterschieden, wobei der theoretische Hintergrund in der Notwendigkeit liegt,
im Rahmen einer materialistischen Theorie, die nur Körperliches als Seiendes anerkennt, die Frage zu beantworten, was denn der Status der Gegenstände ist, mit denen es die Logik zu tun hat.

Das Kennzeichen der *axiōmata* innerhalb der Teilklasse der satzarti-
gen *lekta* ist ihr Wahrheitsanspruch („*axiōma*" von „*axiousthai*": „fordern",

---

[55] Vgl. W. Künne, 2003, 103. – Wir haben uns hier auf das Referat des sehr viel späteren skeptischen Autors Sextus Empiricus zu verlassen (M VII, 167–170). Ob er in dem fraglichen
Punkt die Terminologie des Karneades wortwörtlich wiedergibt, kann nicht als sicher, aber
wohl doch als wahrscheinlich gelten.

[56] Vgl. Plotin V, 5, § 2, 18–20; III, 7, § 4, Z. 11 f. (*symphōnia*); Proklos, in Tim., II, 287, Z. 3–5
(*epharmogē*); s. a. den Beitrag zum griechischen Neuplatonismus in diesem Band.

[57] Die Stoikerfragmente zur Dialektik werden zitiert nach K. Hülser, 1987.

[58] Vgl. M. Frede, 1974, 41.

[fr. 874 Hü, Z. 5–9]). Unter diesem Gesichtspunkt ergibt sich ein Unterschied zum modernen Begriff der Proposition, der üblicherweise nicht den Repräsentationsmodus mit einschließt. Für die Stoiker scheint erst dieser spezifische Repräsentationsmodus, der den Wahrheitsanspruch beinhaltet, nicht aber z. B. das mit einer Frageäußerung ausgedrückte *lekton*, ein Wahrheitsträger zu sein. Je nachdem, ob der Wahrheitsanspruch durch die Gegebenheiten in der Wirklichkeit eingelöst wird oder nicht, ist das *axioma* wahr oder falsch (ebd.). Sextus Empricus schreibt den Stoikern folgende allgemeine Formulierung der Wahrheitsbedingung einer Proposition zu: Wahr ist eine Proposition (*axiōma*), die sowohl besteht (*hyparchei*) als auch in einem kontradiktorischen Gegensatz steht, falsch ist eine Proposition, die nicht besteht, aber in einem kontradiktorischen Gegensatz steht (fr. 887 Hü, Z. 4 ff.). Dies ist interessant, insofern uns hier wiederum der Gedanke begegnet, daß zur propositionalen Wahrheit immer ein Spielraum des Affirmierens und Verneinens gehört, denn der kontradiktorische Gegensatz besteht zwischen einer affirmativen Proposition und ihrer Verneinung. Unklar bleibt hier aber der Begriff des „Bestehens" einer Proposition. „Bestehen" kann hier nicht im terminologischen Sinne von „sein" gemeint sein, da für die Stoiker nur Materielles existiert, die Proposition hingegen immateriell ist. Vermutlich knüpft diese Rede vom Bestehen an die veritative Rede von „sein" und „nicht sein" an, die von den Stoikern jetzt uminterpretiert werden muß, da deren materialistischer Begriff von Sein es nicht erlaubt, die in Aussagehandlungen ausgedrückten Sachlagen unter den Begriff des Seienden zu subsumieren. Wenn es hingegen heißt, daß die „erkennende Vorstellung", welche die Wahrheit einer Proposition verbürgt, „durch ein Bestehendes und gemäß diesem Bestehenden" (ebd., Z. 10 f.) verursacht worden ist, so kann es sich bei diesem „Bestehenden" nur um ein materiell Existierendes handeln. Festzuhalten ist dabei der in dem „gemäß" zum Ausdruck kommende Bezug auf den Übereinstimmungsbegriff: Die erkennende Vorstellung ist Repräsentation eines realen Objektes, die mit diesem übereinstimmt und darum die Wahrheit einer entsprechenden Proposition verbürgen kann.[59]

Die *axiōmata* können Indexikalität einschließen und dementsprechend ihren Wahrheitswert verändern (z. B. „Es ist Tag", vgl. fr. 923 Hü). Sie können sogar „untergehen", nämlich dann, wenn sie eine demonstrative Komponente enthalten („Dieser ist Dion", vgl. fr. 995 Hü), die die gleichzeitige Existenz des Referenzobjektes voraussetzt. Denn in einem solchen Fall impliziert die Zerstörung des Referenzobjektes auch das Vergehen dieser spezifisch demonstrativen Sinneinheit. Die Stoiker vertreten strikt das Bivalenzprinzip, also die These, daß propositionale Sinneinheiten stets wahr oder falsch sind und niemals einen unbestimmten Wahrheitswert haben

---

[59] Ein weitergehender Rekonstruktionsversuch einer stoischen Korrespondenztheorie findet sich bei A. A. Long, 1971.

können (u. a. fr. 884–886 Hü). Sie stellen sich damit in Gegensatz zu der aristotelischen Auffassung von der Unbestimmtheit von Aussagen über kontingente Ereignisse in der Zukunft. Sie lehnen auch die Vorstellung ab, daß Aussagen *mehr oder weniger* wahr sein können (fr. 889–991 Hü).

Ein anderes bemerkenswertes Element der stoischen Wahrheitskonzeption ist die Unterscheidung zwischen dem Wahren (*alēthes*) und der Wahrheit (*alētheia*) (fr. 322–324 Hü, vgl. Long 1978b). Das Wahre ist jeweils ein der Fall seiendes *axiōma*, die Wahrheit hingegen das „Wissen, das alles Wahre auszusagen vermag". (Man vergleiche hiermit Platons gelegentliche Gleichsetzung von *alētheia* mit Wissen/Einsicht.) Aus dieser Unterscheidung folgen weitere Konsequenzen, u. a. daß das Wahre je etwas Einfaches ist, eben ein einzelnes, der Fall seiendes *axiōma*, die Wahrheit hingegen ein komplexes, systematisches (*systematikē*) Gebilde, nämlich das umfassende Wissen des Weisen. Auch wenn Wahrheit/Weisheit „alles Wahre auszusagen vermag", kann sich der Weise durchaus auch unwahrer Aussagen bedienen, nämlich zu einem guten Zweck. Paradox mutet die Konsequenz an, daß das Wahre unkörperlich (qua *lekton*), die Wahrheit hingegen, qua Wissen/Weisheit, körperlich sei. Den Hintergrund hierfür bilden die stoischen Prämissen, daß das rationale Prinzip im Menschen (*hēgēmonikon*) etwas Körperliches sei (*pneuma*) und daß Qualitäten generell nichts anderes als Körper in einer bestimmten Verfaßtheit seien. Wahrheit ist menschliches Pneuma in seiner besten Verfaßtheit. Im Sinne dieses Wahrheitsbegriffes wird das materialistisch konzipierte rationale Prinzip des Kosmos, das die Stoiker unter anderem auch als Natur, Welt-Ratio und Fatum (*heimarmenē*) bezeichnen, ebenfalls „Wahrheit" (*alētheia*) genannt (fr. 327, 327A, 328 Hü) – ein Aspekt des Wahrheitsbegriffes, der in der neuplatonischen und augustinischen Tradition noch eine erhebliche Rolle spielen wird.

Literaturverzeichnis

Barnes, Jonathan, 1982, *The Presocratic Philosophers*, London.
Beierwaltes, Werner, 1957, *Lux intelligibilis*, München.
Boeder, H., 1959, „Der frühgriechische Wortgebrauch von Logos und Aletheia", *Archiv für Begriffsgeschichte*, 4, 82–112.
Brown, Lesley, 1994, *The Verb ‚To Be' in Greek Philosophy: Some Remarks*, in: S. Everson (Hrsg.), *Language*, Cambridge.
Chantraine, P., 1968, *Dictionnaire étymologique de la langue grecque*, Paris.
Crivelli, Paolo, 2004, *Aristotle on Truth*, Cambridge.
Denyer, Nicholas, 1991, *Language, Thought, and Falsehood in Ancient Greek Philosophy*, London.
Frede, Dorothea, 1985, „The Sea-Battle Reconsidered", *Oxford Studies in Ancient Philosophy*, 3, 31–87.
Frede, Michael, 1967, *Prädikation und Existenzaussage*, Göttingen.
Frede, Michael, 1974, *Die Stoische Logik*, Göttingen.

Frisk, H., 1960, *Griechisches etymologisches Wörterbuch*, Heidelberg.

Furth, Montgomery, 1968, „Elements of Eleatic Ontology", *Journal of the History of Philosophy*, 6, 111–132.

Graeser, Andreas, 1982, „Über den Sinn von Sein bei Platon", *Museum Helveticum*, 39, 29–42.

Granger, Herbert, 1994, *The Cosmology of Mortals*, in: V. Caston / D. W. Graham (Hrsg.), *Presocratic Philosophy*, Ashgate, 101–116.

Heidegger, Martin, 1988, *Vom Wesen der Wahrheit. Zu Platons Höhlengleichnis und Theätet* (= *Gesamtausgabe*, II. Abt.: Vorl. 1923–1944, Bd. 34), Frankfurt am Main.

Heitsch, Ernst, 1962, „Die nicht-philosophische *alētheia*", *Hermes*, 90, 24–33.

Hestir, B. E., 2003, „A ‚Conception‘ of Truth in Plato's *Sophist*", *Journal of the History of Philosophy*, 41, 1–24.

Hestir, B. E., 2004, „Plato and the Split Personality of Ontological *Alētheia*", *Apeiron*, 37, 109–150.

Hülser, Karlheinz, 1987, *Die Fragmente zur Dialektik der Stoiker*, Stuttgart.

Kahn, Ch. H., 1973, *The Verb ‚Be‘ in Ancient Greek*, Dordrecht.

Kahn, Ch. H., 2004, „A Return to the Theory of the Verb *be* and the Concept of Being", *Ancient Philosophy*, 24, 381–405.

Keyt, David, 1973, *Plato on Falsity: ‚Sophist‘ 263B*, in: E. N. Lee u. a. (Hrsg.), *Exegesis and Argument*, Assen, 285–305.

Krischer, Tilman, 1965, „ΕΤΥΜΟΣ und ΑΛΗΘΗΣ", *Philologus*, 109, 161–174.

Kullmann, W., 1969, „Zur Nachwirkung des homo-mensura-Satzes des Protagoras bei Demokrit und Epikur", *Archiv für Geschichte der Philosophie*, 51.

Künne, Wolfgang, 2003, *Conceptions of Truth*, Oxford.

Long, A. A., 1971, *Language and Thought in Stoicism*, in: Ders. (Hrsg.), *Problems in Stoicism*, London, 75–113.

Long, A. A., 1978a, „Sextus Empiricus on the Criterion of Truth", *BICS*, 25, 35–58.

Long, A. A., 1978b, *The Stoic Distinction between Truth (alētheia) and the True (to alēthes)*, in: J. Brunschwig (Hrsg.), *Les stoiciens et leur logique*, Paris, 297–315.

Long, A. A./ Sedley, David, 1987, *The Hellenistic Philosophers*, 2 Bd., Cambridge.

Luther, Wilhelm, 1935, „*Wahrheit*" und „*Lüge*" im ältesten Griechentum, Borna / Leipzig.

Malcolm, John, 1991, *Plato on the Self-Predication of the Forms*, Oxford.

Müller, A. W., 1982, *Praktisches Folgern und Selbstgestaltung nach Aristoteles*, Freiburg.

Nuchelmans, G., 1973, *Theories of the Proposition: Ancient and Medieval Conceptions of the Bearers of Truth and Falsity*, Amsterdam.

Oehler, K., 1962, *Die Lehre vom noetischen und dianoetischen Denken bei Platon und Aristoteles*, München.

Owen, G. E. L., 1971, *Plato on Not-Being*, in: G. Vlastos (Hrsg.), *Plato*, Bd. I, Garden City / N. Y., 223–267.

Pritzl, Kurt, 1998, „Being True in Aristotle's Thinking", *Proc. BACAP*, 14, 177–201.

Reinhardt, Karl, 1916, *Parmenides und die Geschichte der griechischen Philosophie*, Bonn.

Schofield, Malcolm, 1982, *The Dénouement of the* Cratylus, in: Ders./ M. Nussbaum (Hrsg.), *Language and Logos*, Cambridge, 61–81.

Snell, Bruno, 1978: *Der Weg zum Denken und zur Wahrheit*, Göttingen.

Striker, Gisela, 1974, *Kritērion tēs alētheias*, Göttingen.

Szaif, Jan, 1998, *Platons Begriff der Wahrheit*, 3. Auflage, Freiburg / München.

Szaif, Jan, 2000, „Platon über Wahrheit und Kohärenz", *Archiv für Geschichte der Philosophie*, 82, 119–148.

Szaif, Jan, 2001, „Sprache, Bedeutung, Wahrheit. Überlegungen zu Platon und seinem Dialog *Kratylos*", *Allgemeine Zeitschrift für Philosophie*, 26, 45–60.

Szaif, Jan, 2004, *Die Aletheia in Platons Tugendlehre*, in: M. van Ackeren (Hrsg.), *Platon Verstehen. Perspektiven der Forschung*, Darmstadt, 183–209.

Tugendhat, Ernst, 1966, Rez. von „K. Oehler: Die Lehre vom noetischen und dianoetischen Denken bei Platon und Aristoteles", *Gnomon*, 48, 752–760.

Tugendhat, Ernst, 1992, *Der Wahrheitsbegriff bei Aristoteles*, in: Ders., *Philosophische Aufsätze*, Frankfurt am Main, 251–260.

van Eck, Job, 1995, „Falsity without Negative Predication. On *Sophist* 255e–263d", *Phronesis*, 40, 20–47.

Vigo, A., 1998, „Die aristotelische Auffassung der praktischen Wahrheit", *Intern. Z. für Philosophie*, 1, 285–308.

Vlastos, Gregory, 1981, *Platonic Studies*, 2. Aufl., Princeton.

Vlastos, Gregory, 1995, *Parmenides' Theory of Knowledge*, in: Ders., *Studies in Greek Philosophy*, Bd. 1, Princeton, 153–163.

von Fritz, Kurt, 1957, Art. „Protagoras", *Paulys Realenzyklopädie der Classischen Altertumswissenschaften*, Bd. 23, 1, Sp. 908–921.

Wedin, Michael, 1988, *Mind and Imagination in Aristotle*, New Haven.

Weidemann, H., 1994, *Aristoteles. Werke in deutscher Übersetzung*, Bd. 1/ II: Peri hermeneias, übers. und erläutert, Berlin.

Wilpert, Paul, 1940a, „Zum aristotelischen Wahrheitsbegriff", *Philosophisches Jahrbuch*, 53, 3–16.

Wilpert, Paul, 1940b, „Die Wahrhaftigkeit in der aristotelischen Ethik", *Philosophisches Jahrbuch*, 53, 324–338.

Der Wahrheitsbegriff im griechischen Neuplatonismus

Ludwig Fladerer (Graz)

Zur Klärung des Begriffs der Wahrheit muß unser Gegenstand nach zwei Seiten hin abgegrenzt werden: Zum einen untersuchen wir jene Dimension von Wahrheit (*alétheia*), die das reine Sein von Wahrheit umfaßt, wie sie Platon in Sophist. 240 b 2 als Identifikation von wirklichem (veritativem) Sein und dem Wahren (*to alethinón*) angedacht hat. Wahrheit in diesem Verständnis scheint auf als jenes Strukturmerkmal des Seins, dessen Kriterium Erkennbarkeit ist.[1] Auch wenn der ontologische Aspekt nicht vom gnoseologischen trennbar ist aufgrund der Ausrichtung des Denkens auf Sein und Wahrheit, kann der Frage nach dem Erkenntnis- oder Wahrheitskriterium hier nicht nachgegangen werden. Dabei geht es um die subjektiven Dispositionen, die eine korrekte Wahrnehmung eines Sachverhalts, d. h. ihre richtige Bewertung als wahre oder falsche Erscheinung festlegen. Ebensowenig darf es zu Interferenzen zwischen unserem Thema des Wahrheitsbegriffs und dem Ausdruck Wahrhaftigkeit kommen, meint doch letzterer eine der Lüge entgegengesetzte charakterliche Veranlagung, über die vor allem im Kontext der klassischen Tugendlehre reflektiert wurde.[2]

Plotins Ontologie

Puntel hat den Wahrheitsbegriff als einen Netzwerkbegriff verstanden, der vor allem in das Kraftfeld von Sein und Sprachzeichen eingebettet ist.[3] Selbst wenn man also im Rahmen eines natürlichen Vorverständnisses Wahrheit als Korrespondenz zwischen Denken und Wirklichkeit (Sein) auffaßt, bleibt zu klären, was sich unter den Termini „Denken" (mögliche Varianten wären „Urteil", „Aussage", „Erfassen", „Vorstellung" etc.) bzw. „Wirklichkeit" (bzw. „Sachverhalt", „Tatsache" etc.) verbirgt, welchem geistigen Universum beide Begriffe überhaupt zuzuordnen sind.[4] Die Definition dieses Netzwerkbegriffs setzt also eine bereits gelungene Klärung der Ontologie voraus, wie sie jetzt in ständigem Bezug auf die *alétheia* Plotins dargelegt werden soll.

---

[1] W. Beierwaltes, 1980, 18.
[2] Platon, Polit. 487 a 5; 490 c 2ff.; Aristoteles, Eth. Eud. 1234 a 23–34, Eth. Nic. 1108 a 9–23; vgl. J. Szaif, 2002.
[3] L. B. Puntel, 2001, 929.
[4] L. B. Puntel, 1995, 19.

Seele (Psyché) – Geist (Nus) – das Eine (Hén)

Der Philosophie als Denkbewegung hin zur Wirklichkeit ist nach Plotin die Aufgabe gestellt, durch Analogien und Abstraktionen in der Erfahrungswelt die Gegenwart einer formgebenden Einheit zu erkennen, die ursächlicher, also auch realer und ewiger ist als der von ihr abhängige Gegenstand. Das Wesen, das sich unaufhörlich der Werdewelt zuwendet, omnipräsent wirkt, um Einheit zu vermitteln, an der es nur Anteil hat, ohne sie in Fülle zu besitzen, nennt Plotin Seele.[5] Wie nun die empirische Welt ihr Leben der Seele verdankt und in ihr aufgehoben ist, so wurde auch die Seele selbst von etwas geschaffen, das vor ihr war, in höherem Maße Einheit in sich trägt und in keiner Verbindung zu körperlichen Gegebenheiten steht. Plotin nennt diese Wesenheit Nus (Geist). Im Gegensatz zur Seele nimmt der Nus nicht die mittlere Position zwischen den intelligiblen Prinzipien und der Werdewelt ein, sondern verharrt ausschließlich in sich. Da er alles Sein, verstanden als finite Zahl von Ideen / Formen, vollständig in sich enthält, ist er keiner nach etwas Äußerem strebenden Bewegung unterworfen, ist zeitlos und ewig. Als auf sich selbst bezogenes Prinzip bedarf der Nus zwar lediglich seiner selbst als Objekt der Betrachtung, da Geist, Denken und Gedachtes identisch sind,[6] doch liegt dieser Identität von schauendem Subjekt und Objekt hypothetisch Teilbarkeit und damit Zweiheit zugrunde,[7] die von einem noch voraus liegenden absoluten Einen herrühren muß. Die Einheit des Nus beim Sich-Denken ist nicht als Opposition zur Vielheit, sondern als Einheit in der Vielheit seiner intelligiblen Wesensmomente zu verstehen.[8] Dieses Eine – Quelle alles Seins – ist über allem Sein, über Form, Grenze, Denken und Sprache, daher weder rational erkennbar, noch sagbar. So sind das Sein und der Nus identisch, nicht aber das Eine und das Sein. Dieses ist nur Spur des Einen.[9] Ja, sogar die Bezeichnung „das Eine" geht am Faktum dieser wesenhaft anderen, nicht relationalen Entität vorbei, die ist, was sie ist.[10] Weil das Eine als Wesenheit vor und über jedem Etwas nichts aussagt, da auch in der Selbstaussage seine Ein-heit in die Relationalität von Sagendem und Gesagtem aufgebrochen würde, kann Wahrheit,

---

[5] Plotin, Enn. IV 7, 11, 1–18; VI 2, 6, 6–13 (Identität von Seele und Leben); IV 9, 4, 1–5, 7 (alle Seelen, Weltseele und Einzelseele, sind eine Einheit); IV 8, 8, 1–23; 3, 9, 1–41 (Abstieg der Seele in den Körper); W. L. Gombocz, 1997, 160 f.; H. Dörrie / M. Baltes, 2002, I 257 ff.; 284 ff.; II 202–216.

[6] Zur Gleichung Geist = Gedachtes: Plotin, Enn. V 3, 5, 22.

[7] Plotin, Enn. VI 9, 2 13 ff.

[8] Plotin, Enn. V 1, 8, 26; 3, 15, 11. Dazu J. Halfwassen, 1994, 9.

[9] Plotin, Enn. V 5, 5, 13. Vgl. Th. Leinkauf, 2002, 69 f.

[10] Plotin, Enn. V 4, 1, 5–16; VI 8, 10, 16–21. Das Eine ist nichts, freilich nichts von dem, dessen überfließende Quelle und Ursprung es ist: Enn. III 8, 10, 74 f.; V 2, 1, 1, – 3; vgl. W. L. Gombocz, 1997, 169. Zum Einen und seiner Einheit, seinem Gutsein, seiner Macht, Vollkommenheit und Aktualität vgl. J. Bussanich, 1996, 42–45.

deren Bestimmung Aussage ist, nicht Kategorie des Einen sein. Ohne eine Spur von Defizienz aufzuweisen oder – positiv formuliert – voll der Macht erzeugt das Eine die intelligible Welt in Form eines ewigen Prozesses, ohne selbst Minderung oder Schwächung zu erfahren.[11] Erste Konkretisation dieser Zeugung ist der Nus.[12] Die Fülle dieser vom Einen zum Nus hin wirkenden Kraft verhindert, daß dieser Hervorgang bereits beim Nus zum Stillstand kommt, die Ausbreitung des Einen vollzieht sich so mittelbar auf jeder Stufe des sichtbaren Kosmos. In einer kühnen Verschmelzung von platonischer Licht- und Illuminationsmetaphorik und Aristoteles' Modell von Potentialität und Aktualität vertritt Plotin die Auffassung, daß der aus dem Einen hervortretende Nus in der Phase seiner Aktualisierung sich selbst denkt und das in ihm waltende Licht seines Zeugers schaut. Der Nus konstituiert sich selbst also dadurch, daß die Hinwendung auf sich selbst zusammenfällt mit der Wendung zum Einen als seinem Ursprung.[13] Damit wandelt sich der Prozeß des Hervorgangs (*próodos*) in eine Rückwendung (*epistrophé*) zum überseienden Einen. Die Sehnsucht des Denkens nach dem es zeugenden Guten konstituiert als Inhalte des Denkens, die nie das undenkbare Eine sein können, die Ideen bzw. Formen: Verfügt das Denken (*nóesis*) über Inhalte, ist der Nus verwirklicht.[14] Da der transzendente Nus ewig ist, denkt er seine Inhalte ohne phasenhafte Abstufung oder Verminderung in ganzheitlicher Fülle. Diese Inhalte als ewig Gedachtes können ebenfalls nicht außerhalb der Transzendenz stehen, sie sind im Geist und sind der Geist, Denken des Nus ist also ausschließlich Selbstanschauung.[15]

Wahrheit und Bild

Plotins hier skizzierte Ontologie wird uns ins Zentrum seines Wahrheitsbegriffs führen, dessen wesentliche Züge bis zum Ende des Neuplatonismus im 6. Jh. n. Chr. beibehalten werden.

Obwohl Plotin die Annäherung an das Eine nie aus dem Blickwinkel verliert, trifft er positive Aussagen erst über das Zweite, den Nus. Hier ist der Ort, an dem er Wahrheit lokalisiert, *alétheia* wohnt im Nus und ist Nus.[16] Über eine ontologische Verortung hinausgehend verfolgte Plotin mit der

---

[11] Plotin artikuliert diesen unerschöpflichen Prozeß des Hervorgangs mit den Metaphern der nie versiegenden, ihr Wasser unaufhörlich spendenden Quelle und der Sonne, die Licht aussendet, ohne sich je zu verdunkeln: Plotin, Enn. III 8, 10, 2–12; V 2, 1, 7–9; 3, 12, 39–45.

[12] Plotin, Enn. III 8, 9, 1 – 4; V 4, 2, 1–9. Zur Entstehung des Nus vgl. Th. A. Szlezák, 1979, 52–72.

[13] Plotin, Enn. VI 9, 2, 35f., vgl. J. Halfwassen, 1994, 10.

[14] Plotin, Enn. V 6, 5, 7–11.

[15] Plotin, Enn. II 9, 1, 46–52, vgl. J. Halfwassen, 1994, 56.

[16] Plotin, Enn. V 5, 2, 11.

Zuordnung der Wahrheit zum Nus ein klares epistemologisches Ziel: Wenn
der Nachweis zu bringen ist, daß der göttliche Nus über volles Wissen verfügt,[17] muß seine Denkleistung grundlegend von der Sinneswahrnehmung
verschieden sein, die nur das Bild (*eídolon*) eines wirklichen Sachverhalts
(*prâgma*) aufnimmt, nicht aber diesen selbst, der außerhalb der aufnehmen-
den Sinne bleiben muß.[18] Die nach außen gerichtete Sinneswahrnehmung
ist eine Funktion der Seele, von der die rezipierten Bilder mit den ihr immanenten intelligiblen Formen abgeglichen und beurteilt werden,[19] wobei
im Falle einer Übereinstimmung des „Außen" mit dem begrifflichen Denken Wahrheit im gängigen Sinne vorliegt. Diese Wahrheit als Urteil geht
also auf eine dianoetische Bewegung der Seele zurück, die von Raum und
Zeit abhängt, auf ein Draußen, ein Vor und Danach fixiert ist, begründend
verfährt, selbst aber durch den Nus begründet wird.[20] Zur Beurteilung dieser nur von Bildern, nicht von wirklich Seiendem ausgelösten seelischen
Affektationen wäre dann aber eine übergeordnete, wesenhaft verschiedene
geistige Kraft wie beispielsweise der Nus erforderlich. Überträgt man nun
dieses Modell auf die Funktion des Geistes und verstünde sein Denken als
Erfassen externer, geistiger Bilder oder Abdrücke, verlagerte sich dasselbe
Problem lediglich auf eine andere, freilich höhere Ebene: Der Nus nähme
etwas ontologisch anderes auf, was wieder einer Erklärung bedürfte, oder
er dächte Bilder, womit sein Denken ebenso externen Eindrücken verhaftet
bliebe wie die Sinneswahrnehmung („das Denken des Äußeren ist wie die
Wahrnehmung", Plotin, Enn. V 5, 1, 26f.), und abermals ein vorgeordnetes
Kriterium des Guten, Schönen oder Gerechten zu suchen wäre. Auf jeden
Fall bliebe die geistige Sache an sich, also die Wahrheit, deren fortwährender
Besitz Wesensaufgabe des Nus ist, außerhalb desselben.[21] Die von Plotin in
diesem Passus hypothetisch formulierte und deutlich abgelehnte Theorie
beruht auf der Vorstellung, daß „Bild – Sein" prinzipiell eine ontologische
Abminderung impliziert, daß das volle Verständnis des Bildes ausschließlich nach dem bereits zuvor geöffneten Zugang zum Urbild, dem Archetyp
der Erscheinung, gewährleistet ist.[22] So gesehen vermag auch die Annahme
geistiger, intelligibler Bilder, die der Nus denkt, die *ad infinitum* fortzuset-
zende Suche nach einem Kriterium, welches das jeweilige Bild durch Kenntnis seiner Ursache versteht, nie zu beenden. Plotins Lösung beruht auf dem
Gedanken, daß nur durch die Immanenz der intelligiblen Formen *im* Nus
jede Abständigkeit von Bild und Wahrnehmung des Bildes überbrückt ist,

---

[17] So das Plotin, Enn. V 5, 1, 33–37 formulierte *quod erat demonstrandum*.
[18] Plotin, Enn. V 5, 1, 15–19.
[19] Plotin, Enn. VI 7, 6, 3ff.
[20] Plotin, Enn. V 3, 3, 34; 6, 21: Diánoia als Denken durch den Nus (= *dià noû*); dazu W. Beierwaltes, 1991, 32f.
[21] D. Roloff, 1970, 95, J. Halfwassen, 1994, 24f.
[22] E. K. Emilsson, 1996, 239.

so daß das Bild, das nun auch im Nus und als Gedachtes der Nus ist, keiner ontologischen Depravation unterlegen ist. Als Prinzip des Urteils fungiert aufgrund der Realidentität von Erkennendem und Erkanntem der nur auf sich selbst fixierte Nus, der, jeder extramentalen Orientierung und damit jeden Fehlers enthoben, Wahrheit ist.[23] Dieser Besitz des Wahren wird dann zu einem Zustand der Wahrheit selbst, die der Nus ist, die er unwandelbar ist: Wahrheit des Nus als dessen Wesenswas kann somit nicht verloren, gemindert oder gesteigert werden.[24] Die im gesamten Traktat V 5, 1 durchgehaltene Opposition von Wahrheit auf der einen und Eidolon auf der anderen Seite erhellt einen Wahrheitsbegriff, der nicht auf korrekte Impression abzielt, sondern gerade prinzipiell durch die Aufnahme von Bildern sinnlicher oder geistiger Art die Rezeption des Seienden gefährdet sieht. Gerade weil die Sinneswahrnehmung sich mit bildhaften Eindrücken zufrieden geben muß, sind Aisthesis und absolute Wahrheit kontradiktorische Gegensätze.[25]

Der Gehalt der Sinneseindrücke unterscheidet sich nun grundlegend vom Noeton, dem Inhalt des Denkens, weil jener als *poîon ti* lediglich den qualitativen Aspekt, nicht aber das Was erfaßt.[26] Das Wissen im Nus erreicht also die geistigen Grundlagen aller abgeleiteten sinnlichen Phänomene. Das Denken des Intelligiblen braucht nicht über schlußfolgerndes Beweisverfahren ermittelt zu werden, sucht nicht und vergißt nicht.[27] Dabei beruht die Wahrheit der Gedanken des Nus nicht auf einer induktiv von bildhaften Sinneswelten gewonnenen abstrakten Konzeption, sondern der Gedanke „Gerechtigkeit" ist ganz im Gegenteil früher und wirklicher als seine mangelhaften Konkretisierungen in der Erfahrungswelt. Wie jedes Noetische erklärt sich Gerechtigkeit auf vollkommene Weise aus sich selbst, so daß Plotin den Nus als System dieses Gedachten als selbstevident und selbstbewußt bestimmen kann.[28] Der Nus weiß, was er weiß und er weiß, wer er ist, der dies weiß. Somit nähern wir uns einer zentralen Bestimmung von reiner Wahrheit als dem selbstbezogenem Denken des Nous, die Plotin in unmittelbarem Anschluß darlegt: „So stimmt die wirkliche Wahrheit nicht mit einem anderen, sondern mit sich selbst überein. Sie sagt nichts aus, außer sich selbst und ist nichts anderes; und was sie sagt, das ist sie auch" (Plotin, Enn. V 5, 2, 18ff.). Wahrheit ist also Begriff für den Identitätsakt von innenbezüglichem Denken und Gedachtem. Bemerkenswert ist hier, daß Plotin durchaus vom gängigen Wahrheitsbegriff im Sinne einer

---

[23] Plotin, Enn. V 5, 1, 31f. bringt Alétheia als Synonym für die Prinzipien des Urteils *(haí tês kríseos archaí)*. Vgl. J. Halfwassen, 1994, 12f., der Aristoteles, An. 407 a 6–8; 430 a 2–5; 431 a 1–5, Metaph. 1075 a 1–5 als Vorläufer der plotinischen Identitätslehre anführt.

[24] Beim Denken externer Inhalte würde sich der Nus belügen: Plotin, Enn. V 5, 1, 50–53. Der Nus verläßt die Gefilde der Wahrheit niemals: Enn. VI 7, 13, 34f.

[25] Plotin, Enn. V 5, 1, 62–65.

[26] Plotin, Enn. V 5, 2, 6. Vgl. E. K. Emilsson, 1996, 222 zu Plotin, Enn. VI 3, 15, 27–33.

[27] Plotin, Enn. V 5, 2, 9–12; 14.

[28] Plotin, Enn. V 5, 2, 15: „*enargès autòs hautô*".

Übereinstimmung eines denkenden Subjekts mit einem gedachten Objekt ausgeht, ihn aber im Hinblick auf die absolute Wahrheit als Adäquation von Denken und Sein neu deutet. Wahrheit ist nach wie vor Übereinstimmung, aber Übereinstimmung von zwei bereits identischen Gegebenheiten, dem Gedachten und dem Denken.[29] Die reine Wahrheit verweist nicht mehr auf ein Äußeres, das sie trifft oder mit dem sie eins wird, vielmehr ist sie das selbstevidente Sein selbst. Mit der Definition von Wahrheit als Sich-Selbst Denken des Nus hat Plotin die Auffassung von Wahrheit als Aussage und Wahrheit als wahrem Sein zusammengeführt und damit die klassische Adäquationstheorie eines Plato und Aristoteles radikalisierend als Übereinstimmung von Denken und Gedachtem gedeutet.[30] Die Definition von reiner Wahrheit als Übereinstimmung ist somit nicht obsolet geworden, sondern wird im Identitätssatz auf eine höhere Ebene gehoben. Wie nun der Nus volle Realität ist, so kommt auch der Wahrheit das Attribut der Wirklichkeit, des an-sich-Seins zu, es gibt nichts außer ihr, Wahrheit *ist*.[31] Wahrheit als das Deutliche gibt Kunde, sie sagt, was sie ist, und ist, was sie sagt. Der Nus, im Gegensatz zum Einen durch Relationalität bestimmt, ist der einzige Ort dieses Sprechens über Wahrheit und des Sprechens der Wahrheit. Da nichts Wirkliches außer ihr existiert, besteht der Inhalt dieser Botschaft in ihr selbst, Sein und Bedeutung stellen zwei nur gedanklich trennbare Aspekte der einen Wahrheit dar, die reflexiv auf sich selbst geworfen ist.[32] Wahrheit sagt nur sich selbst aus, nie etwas anderes. In dem Traktat Enn. V 8, 4 vertieft Plotin den Gedanken der Evidenz der intelligiblen Formen im Nus, wenn er feststellt, daß diese gleichsam transparent sich selbst in allen anderen Formen sehen. In der Welt des Nus ist alles in allem, dem Lichte Licht.[33] Das noetische Denken schafft und erhält aktiv die Wirklichkeit des Seienden, Nus ist somit permanente Verwirklichung (*enérgeia*), die nie zum Stillstand gelangt, weil ein Denken, das zum Stillstand käme, nicht denkt und überhaupt nicht existierte.[34] Umgekehrt: Würde der Nus wie ein Sinnesorgan verschiedene Eindrücke in chronologischer Abfolge aufnehmen, wäre er auch der Kategorie von Raum und Zeit unterworfen und müßte sich linear von einer Erkenntnis zur anderen

---

[29] W. Beierwaltes, 2001, 36.
[30] W. Beierwaltes, 1991, 195 f.; J. Halfwassen, 1994, 25 gibt als Belege für die klassische Korrespondenztheorie der Wahrheit an: Platon, Soph. 240 b ff.; 263 b ff. und Aristoteles, Cat. 4 b 8–10; 14 b 17 ff., Int. 19 a 33, Metaph. 1011 b 27; 1051 b 3–5.
[31] E. K. Emilsson, 1996, 237: „this ‚truth‘ is not merely supposed to say something, but to be something“.
[32] W. Beierwaltes, 2001, 35, Anm. 58, hält zu Recht fest, daß im oben zitierten Satz durchgehend Alétheia das Subjekt ist, da die alternative Übersetzung „[…] was sie sagt, *das* ist auch […]“ wieder auf Wahrheit im gängigen Sinn als richtiges Urteil über ein Äußeres, *das* eben ist, anspielen würde.
[33] Plotin, Enn. V 8, 4, 4.
[34] Plotin, Enn. VI 7, 13, 28–40.

vorantasten, so daß er nicht mehr als allwissend beschrieben werden könnte.[35] Wahrheit als Nus darf somit nicht als ein von der Prämisse zur Conclusio schreitender Denkakt aufgefaßt werden, sondern ist das im noetischen Kosmos omnipräsente, instantan zu Tage tretende Wirkliche einer Sache, erleuchtend und erleuchtet, das Unverborgene im Sinne Platons.[36]

Im Traktat III 7 kann diese bereits beobachtete Koppelung von reiner Wahrheit und Übereinstimmung mit sich selbst noch präzisiert werden. „Und die Wahrheit ist nicht Übereinstimmung im Hinblick auf ein Anderes dort, sondern gehört zu jedem Einzelnen, von dem sie die Wahrheit ist" (Plotin, Enn. III 7, 4, 11 f.). In dieser Definition von Wahrheit legt Plotin den Akzent auf das „im Hinblick auf ein anderes dort" in dem Sinne, daß es im Gegensatz zur Selbstschau des Geistes außerhalb des Seins nichts gibt, mit dem das Gesamt des Seins sich überhaupt verständigen könnte.[37]

Wahrheit und Licht

Die Bindung der Wahrheit an den Nus, der seine immanenten Denkgegenstände erkennt, erfordert eine nähere Betrachtung der Beziehung dieser intelligiblen Sachverhalte wie Wahrheit, Schönheit oder Gerechtigkeit zueinander. Eine besondere Rolle spielt dabei die reiche Licht- und Illuminationsmetaphorik in Plotins Texten. Der auf dem Weg zur Erkenntnis fortschreitende Mensch kümmert sich nicht, wie es die hellenistischen Schulen lehrten, um das rechte Kriterium, wonach die Sinneswelt authentisch zu beurteilen wäre, sondern geht den Weg nach innen, um den Nus zu schauen, der „mit Ewigem das Ewige" erfaßt (Plotin, Enn. IV 7, 10, 34). Dort ist die Sicht auf das „Alles" des intelligiblen Kosmos unverstellt und klar aufgeschienen. Diese Evidenz kann Wahrheit genannt werden, sie leuchtet vom Guten her auf:

> „Der Mensch wird einen Nus schauen, der nichts Sinnliches und nichts von diesen sterblichen Dingen sieht, sondern der mit Ewigem das Ewige erfaßt und alles in der geistigen Welt, einer, der selbst zum geistigen und lichtvollen Universum geworden ist, erleuchtet von der Wahrheit, die vom Guten herkommt, das allem Geistigen die Wahrheit aufleuchten lässt" (Plotin, Enn. IV 7, 10, 32–37).

Neben der hier nicht weiter zu verfolgenden Tatsache, daß diese letzte und endgültige Klärung auf ein passives Erleuchtetwerden, also einem gnadenhaft vorgegebenen und unverfügbaren Akt von Seiten des noetischen Kosmos zurückgeht, gewinnt für die Frage nach dem Wahrheitsbegriff die Trias Wahrheit – Licht – Gutes zentrale Bedeutung. Das Denken in Bildern von

---

[35] Vgl. D. Roloff, 1970, 96.
[36] Platon, Polit. 508 d 5; vgl. J. Halfwassen, 1992, 254 ff.
[37] Zur Einheit von Nus / noetón in der Immanenz des Denkens vgl. Plotin, Enn. III 9, 1–21.

Licht und Reflexion zielt nun nicht auf ein am Höhlengleichnis Platons orientiertes Repräsentationsmodell des Seins ab, wonach das Urbild von seinen Abbildern in der Körperwelt lediglich schattenhaft repräsentiert werde, nicht aber real präsent sei.[38] Vielmehr begreift Plotin das Verhältnis von Einem (= Gutem) und Vielem als Reflexion der ewigen und vollkommenen Aktivität des Einen, das sich als Licht verschenkt, ohne je an Kraft und Helligkeit zu verlieren. Die untergeordneten Seinsstufen empfangen dieses Licht des Einen, reflektieren es wie ein Spiegel, ohne aufgrund der Ewigkeit dieser Quelle jemals dieser Kontinuität verlustig zu gehen.[39] Licht beleuchtet und dient der Signifikation, gibt aber auch über sich selbst als Licht Auskunft. Der Ort, an dem diese Schau der intelligiblen Formen aber auch des Lichts selbst und die Hinwendung zu ihm gelingen kann, ist der Nus, dessen Denkinhalte, die intelligiblen Formen, das Licht des Einen authentisch auffangen und wiedergeben. Diese Transmission von Wirklichkeit als Wechsel von Abgabe und Aufnahme von Licht zeigt sich daran, daß jede einzelne Form, z. B. der Sachverhalt „Gerechtigkeit" die Bilder der anderen Formen aufnimmt und selbst sein eigenes Bild als Abbild in den anderen Formen gespiegelt findet. Aufgrund der völligen Klarheit der noetischen Formen kann das Erkennen der jeweils anderen ohne Hemmnis in vollkommener Weise gelingen.[40] Schönheit erkennt das innerste Wesen von Gerechtigkeit, sieht sich aber gleichfalls selbst in der Gerechtigkeit wie in einem Spiegel. Das Gedachte ist in reflexiver Identität das Denkende selbst.[41] Die Welt des lichtgewordenen Nus stellt sich als ein Alles-in-Einem dar, das Einzelne trägt alles in sich und sieht wegen der Transparenz des Noetischen im anderen wiederum alles,[42] denn das Seiende ist kein erratischer Block wie ein Stein, sondern es hat vieles in sich.[43] Leben, Ewigkeit, Schönheit und Wahrheit sind diese vielen Wesensmomente der einen Wesenheit Nus und mit ihm identisch. Die intelligiblen Formen im Nus sind dabei nicht als Abstraktionen aufzufassen, sondern als Konkretisierung des gesamten Ideenkosmos in jeder einzelnen Idee. Alle Ideen des Nus durchdringen einander, aber jedes seiner Wesensmomente hat in seiner Relation zu den anderen Ideen sein eigenes Wesen.[44] Das sichtbarmachende Aufleuchten dieses Totums an wirklichem Sein ist Wahrheit. So entpuppt sich Wahrheit im Sinne Plotins als suprarationales Lichtwerden, als plötzliche

---

[38] Vgl. Schroeder, 1996, 339–347.

[39] Die Verbindung von in sich bleibender Quelle des Seins und den auf dieses zurückgehenden Abbildern kann so ohne Zuhilfenahme eines doch Körperlichkeit implizierenden Konzepts der Emanation erkärt werden.

[40] Zur Transparenz vgl. Plotin, Enn. V 8, 4, 4–11.

[41] W. Beierwaltes, 1991, 109.

[42] Plotin, Enn. V 8, 4, 6ff.

[43] Plotin, Enn. V 3, 13, 24–31.

[44] Vgl. J. Halfwassen, 1994, 21 zur klassischen Formel des Proklos über die Einheit der Ideen im Nus: „alles in allem, in eigentümlicher Weise aber in jedem einzelnen" (Elem. Theol. 103).

Reflexion, die einer vorangegangenen diskursiven Denkoperation nicht bedarf.[45] Wie das Denken des Nus, mit dem sie zusammenfällt, ist die Erleuchtung zur Wahrheit die letzte Etappe auf dem Weg zum Guten und Vorbedingung für die Schau des Einen. In einem wunderbaren Gleichnis,[46] in dem Plotin das unsagbare Eine oder Gute mit dem Großkönig vergleicht, setzt er Wahrheit bzw. Nus mit den Edelsten des Hofstaates gleich, der in der Prozession dem Herrscher vorangeht. Sowie dieser den am Weg Wartenden nicht von Anbeginn an erkenntlich ist, sondern plötzlich hinter den Würdigsten seines Gefolges sichtbar wird, müssen sich Wahrheit / Nus, beide eine zweite Gottheit,[47] vorher zeigen, bevor der „Gott drüben", das Eine, der „König der Wahrheit" erkenntlich ist. Er ist König der Wahrheit durch das wahre Königtum über seine Trabanten, von denen wir dann erfahren, daß es seine eigenen Sprößlinge sind. So klärt sich im Bilde die Abkommenschaft der Wahrheit vom Guten, die als Gezeugtes stets auf den Zeuger verweist und exklusiv den Zugang zum Einen eröffnet. Das Erscheinen des Ersten Gottes wird hierbei als Epiphanieerlebnis beschrieben, nach der hierarchisch geordneten Prozession als einem zeitlich zerdehnten Vorgang ist Er plötzlich da, der wahrhafte König, der gemäß seiner Seinsfülle König über die Wahrheit ist, die ihm ebenso angehört wie die Mitglieder des Hofstaats seine Angehörigen sind.[48]

Porphyrios – Jamblich – Proklos

Auch wenn mit Jamblich die Schriften der chaldäischen Orakel und die Teilnahme an theurgischen Riten gegenüber der Autorität Platons und dem Rationalismus des „klassischen" Neuplatonismus immer mehr in den Vor-

---

[45] Hier fügt sich Plotins Hochschätzung der piktographischen Symbole der ägyptischen Hieroglyphen ein, in denen Plotin eine ganzheitliche Schau der geistigen Welt vermutet, und der als Abstieg bewerteten diskursiven Buchstabenschrift. Vgl. Schroeder, 1996, 346f. zu Plotin, Enn. V 8, 6, 1–12.

[46] Plotin, Enn. V 5, 3, 8–20:
„[…] wie in der Prozession vor einem Großkönig zuerst die Geringeren vorausgehen und ihnen dann die jeweils Höheren und Würdigeren nachfolgen und danach – schon viel königlicher – der Hofstaat geht, dann aber die nach ihm zuerst Geehrten kommen: nach all diesen erscheint nun plötzlich der Großkönig, die Menschen aber beten ihn kniefällig an, wenn sie nicht vorher weggegangen waren, zufrieden mit dem, was sie vor dem König gesehen hatten. Hier bei unserem Beispiel ist der König eine andere Person, und die, die vor ihm schreiten, gehören ihm nicht an: der König der anderen Welt aber herrscht nicht über Fremde, sondern besitzt die gerechteste und natürliche Herrschaft, das wahre Königtum, denn er ist der König der Wahrheit, gemäß der Natur Herr seines eigenen versammelten Geschlechts und seiner göttlichen Gefolgschaft […]".

[47] Der Nus als zweite Gottheit bei Plotin, Enn. V 5, 3, 1–4.

[48] Wahrheit ist hier Genetivus objectivus zu König. W. Beierwaltes, 2001, 40, weist dieses Bild der Königsmetaphorik des 2. platonischen Briefs ab. Zur Königsmetapher H. Dörrie, 1976, 390–405.

dergrund traten,[49] und Proklos den Nus in subtiler Weise hierarchisch auf-
gliederte, blieben Plotins Nachfolger dessen metaphysischem System, speziell dem Gedanken der Realidentität von Denken und Sein treu.[50] So kann
sich die Untersuchung des Wahrheitsbegriffs in der Schule nach Plotin auf
die jetzt deutlichere Verquickung des Wahrheitsverständnisses mit ethischen Fragen, insbesondere mit der Tugendlehre konzentrieren.

Im „Brief an Marcella" mahnt Porphyrios seine Gattin zur philosophischen Lebensführung, indem er ihr besonders das richtige Gleichgewicht
von geistiger Gesinnung und Gottesdienst, von Tugend und Gebet nahezubringen versucht. In diesem Zusammenhang konkretisiert Porphyrios
jene vier Grundhaltungen, deren sich der Mensch Gott gegenüber zu be-
fleißigen habe, als Glaube (*pístis*), Wahrheit, Liebe (*éros*) und Hoffnung
(*elpís*).[51] Danach besteht Glaube in der Überzeugung von der Notwendigkeit einer Hinwendung zu Gott, die mit der Kenntnis der Wahrheit über ihn
zwingend einhergeht, was mit der Liebe zum Erkannten verbunden ist.
Der Liebende aber nährt die Seele mit guter Hoffnung, durch die er den
Verwerflichen überlegen ist. Wenn sich auch in der Gedankenfolge des Porphyrios jede der vier Qualitäten klar aus der jeweils vorangegangenen zu
ergeben scheint, bleibt doch die Begründung des Aufstiegs merkwürdig
unbestimmt: Warum wird der Eros im Sinne des platonischen Glaubens an
das Streben des Menschen nach Schönheit nicht als Anfang, sondern gleichsam als Zielpunkt eines Aufstiegs begriffen, dessen Motivation nicht geklärt
wird? Zudem umfaßt der Hinweis, man müsse zunächst einmal glauben,
die kosmologischen und ontologischen Aspekte der platonischen Eroslehre
in keiner Weise. Die Funktion der guten Hoffnung als Nahrung der Seele
für das ganze Leben erklärt sich nicht zuletzt daraus, daß Eros jene universale Kraft, jene Sehnsucht nach dem Höchsten gerade nicht meinen kann,
wie sie uns bei Plotin entgegentritt.[52]

Nun finden wir in der Metaphysik des Proklos, der von Jamblich sehr
beeinflußt wurde und während seiner Zeit als Scholarch der athenischen
Schule (von etwa 437 bis zu seinem Tod 485 n. Chr.) den Neuplatonismus

---

[49] Das Denken erfüllt propädeutische Funktion für den Aufstieg der Seele, volle Kenntnis der
Götter wird nur durch Riten (*theîa érga*, daraus der Begriff „Theurgie") erlangt. Vgl. Iamblichos, Myst. 10, 6; dazu G. O'Daly, 1994, 1249f.; I. Hadot, 2002, 324f. Iamblichos, Myst.
II 10, 90, 17ff. bestimmt das Göttliche als Wahrheit, das sich als Feuer offenbart. Der in Verbindung mit den Göttern stehende Theurg darf mit dem Anspruch auftreten, die Wahrheit
zu besitzen, die zu den theurgischen Tugenden zählt (Iamblichos, Myst. II 9, 87, 14–88, 16).

[50] J. Dillon, 1996, 249. Vgl. J. Halfwassen, 1994, 62f. zu Proklos, Elem. Theol. 168, In Parm.
900, 25f.

[51] Porphyrios, Marc. 24, 376–384. Dieses Motiv geht vermutlich nicht auf Übernahme der
Trias Glaube – Liebe – Hoffnung aus 1 Kor 13, 13 zurück, sondern ist aus den Chaldäischen
Orakeln erwachsen. Vgl. K. O'Brien Wicker, 1987, 110. Jamblichs Trias Liebe – Hoffnung –
Glaube in Myst. 5, 26 wird ebenfalls auf Chaldäische Schriften zurückgeführt: G. O'Daly,
1994, 1254.

[52] Plotin, Enn. III 5, 50.

maßgeblich formte, drei der vier Tugenden des Porphyrios (Liebe, Wahrheit, Glaube) abermals vor,[53] stoßen dabei aber auf ein ausgearbeitetes ontologisches System. Ausgehend von der alle Ordnung des Seins umfassenden Triade *moné – próodos – epistrophé* (Verharren – Hervorgang – Rückwendung) begreift Proklos das Eine als das unsagbar Schöne, das stets es selbst bleibend sich als das Gute mitteilt und aufgrund seiner Schönheit auf allen Ebenen der Wirklichkeit Liebe zu ihm erweckt.[54] Dieser Eros manifestiert sich in der Rückwendung zu dem anfänglichen Einen und in der Wegnahme dessen, was sich im Wege der Diffusion des ersten Schönen an Vielheit angelagert hat.[55] Dieser Rückweg und Aufstieg ist ein geordneter, schafft analoge Identität von Verursachtem und Verursacher und ist existentiell gegeben auch und gerade in vorreflexiven Formen des Seienden:[56] Eroshafte Sehnsucht nach dem Hervorbringenden und nicht moralische Parainese wie im Brief des Porphyrios setzen nach Proklos die Dynamik von Hinwendung und Erkenntnis in Gang. Das Denken darf sich dabei aufheben und fällt mit dem Glauben zusammen.[57] So können Glaube, Wahrheit und Liebe als die drei Ursachen definiert werden, die am Beginn des Aufstiegs des Seienden zum Göttlichen stehen. Diese drei nach oben gerichteten Bewegungen münden in drei Ziele, wobei die Wahrheit zur göttlichen Weisheit bzw. zur Erhellung der Kenntnis allen Seins führt und Denkendes mit Gedachtem zusammenbringt,[58] und die Liebe das Schöne der Welt auf das göttlich Schöne hinwendet und dort beheimatet.[59] Der Glaube, den Proklos von der Assoziation mit dem Meinen als der Schwundstufe des Wissens zu befreien sucht, leitet zur wortlosen und unsagbaren Gutheit (*agathótes*) des Göttlichen, die mehr noch als Weisheit und Schönheit dessen eigentliches Sein ausmacht. Per Analogie verkörpert der Glaube innerhalb der Triade der noetischen Ursachen die höchste Kraft: Gerade weil er nicht mit den Mitteln der Gnosis seine anagogische Wirkung entfaltet, gerade weil er nicht bei uns liegt und nicht unsere Sache ist, übersteigt er die Erkenntnis,[60] gerade weil die Einswerdung mit dem Einen wortlose Weihe und nicht diskursive Denkoperation ist, gewinnt der Glaube im Verharren, im Schweigen, in der Preisgabe des Denkens und Wirkens seine Macht. Wahrheit, auch in diesem Konzept der Zusammenfall von Denken und Gedachtem, muß dort, wo es um Einheit geht, den ersten Rang an den Glau-

---

[53] Proklos, In Tim. I 212, 21 ff., Theol. Plat. I 109, 4–16.

[54] Vgl. W. Beierwaltes, 1979, 275 ff.; 313–319; 367 ff.

[55] Proklos, In Alk. 51, 15 ff; 52, 10.

[56] Proklos leitet nach Platon, Crat. 416 b 6 ff. den Begriff schön (*kalón*) von rufen (*kaleîn*) oder bezaubern (*keleîn*) ab. Ohne menschliche Vorleistung ruft das göttlich Schöne den Kosmos zu sich empor: In Alk. 328, 11 f., Theol. Plat. I 108, 7 ff. Vgl. W. Beierwaltes, 1997, 86 f.

[57] Proklos, Theol Plat. I 109, 17–110, 16. Vgl. W. Beierwaltes, 1997, 87.

[58] Proklos, Theol. Plat. I 109, 15–22, In Alk. 51, 19–52, 1.

[59] Proklos, Theol. Plat. I 109, 9–15.

[60] Proklos, Theol. Plat. I 110, 20 f.

ben, der Selbsthingabe an das göttliche Licht,[61] abtreten. Während der Wahrheitsbegriff noch an der Philosophie festgemacht bleibt und einen noetischen
Akt impliziert, gilt Glaube als Ritus der Einswerdung mit dem per se uner-
kennbaren Guten. Dennoch dürfen Glaube, Liebe und Wahrheit nicht als
drei divergierende oder sogar miteinander konkurrierende Entwürfe mißverstanden werden. Vielmehr unterstreicht Proklos die kosmische Präsenz
dieser Triade, wenn der Eros, vom Noetischen bis zum Weltlichen vordrin-
gend, alles zur göttlichen Schönheit umwendet, die Wahrheit das Insgesamt
des Seins erleuchtet, und der Glaube jedes Einzelne im Guten verankert.
Dabei kann das hier zu Tage tretende ontologisch-universale Verständnis der
Triade, das im Gegensatz zu Porphyrios nicht aus einem moralphilosophischen Impetus heraus entwickelt wird, gleichwohl für ein ethisches Anliegen
nutzbar gemacht werden. Proklos betont Theol. Plat. I 112, 4–15 die Verwandtschaft von Glaube, Wahrheit und Liebe, indem er über die Gleichsetzung von lügnerisch (*philopseudés*) und treulos (*ápistos*) im Umkehrschluß
wahrheitsliebend (*philaléthes*) als Äquivalent zu glaubhaft (*pistós*) gewinnt.
Eros als dritter Aspekt der Triade wird über die Bemerkung, der Glaubhafte
sei zur Freundschaft (*philía*) am geeignetsten, etwas gewaltsam und unter
stillschweigender Gleichsetzung von Eros und Freundschaft eingeführt. Wie
schon beobachtet, nimmt auch der Glaube hier den obersten Rang ein, da er
als Tugend der Einswerdung Entzweiung aufhebt und Kriege beseitigt. Hier
sehen wir den Glauben in seiner abgeminderten Form als Element der *conditio humana* vor uns, doch ist er wie die platonischen Tugenden der Beson-
nenheit (*sophrosýne*), Gerechtigkeit (*dikaiosýne*) und des Wissens (*epistéme*),
die er allesamt in sich birgt,[62] in wirklicherer Weise im Kosmos der Götter
beheimatet. Am Ende verbürgt die anagogische Kraft jeder Tugend, mag sie
als Wahrheit aufleuchten oder als Eros den Weg zum Oben initiieren, die
Rettung der gewordenen Welt.[63] So tritt denn auch die Tugend der Wahrheit – ganz im Gegensatz zu einer normativ jeweils festzulegenden Wahrhaftigkeit – als vitales kosmisches Prinzip selbsttätig nach außen, berührt auf
menschlicher Ebene den Nus, indem sie die vom Einen ausgehende Einsicht
in allem leuchtend sichtbar macht.[64]

Spätphase des Neuplatonismus

Nach Proklos, dessen Einfluß bis zum Ende des Platonismus maßgeblich
blieb, gelingt die Rückwendung (*epistrophé*) des Geistes zu sich selbst,
weil der Nus keiner Veränderung unterworfen ist und damit sich selbst

---

[61] Proklos, Theol. Plat. I 110, 10.
[62] Proklos, Theol. Plat. I 112, 21–24.
[63] Proklos, Theol. Plat. I 113, 4–7.
[64] Proklos, In Alk. I 52, 1.

stets zu erfassen vermag. Diese *epistrophé* führt zur harmonischen Anver-
wandlung (*oikeíosis / ephármosis*) mit dem Intelligiblen, so daß Proklos
Wahrheit auch als *epharmogé*, als Anpassung des erkennenden Nus mit
dem Erkannten beschreiben kann (In Tim. 2, 287, 3 ff.). Dagegen sieht sich
die unter dem Nus angesiedelte Vernunft mit einer dem ständigen Wechsel
ausgesetzten Wirklichkeit konfrontiert. Philoponos greift in seinem Kate-
gorienkommentar das Konzept des Proklos von Wahrheit als *epharmogé*
wieder auf und macht es auch für das diskursive Denken nutzbar: der
Logos verändert sich zwar ebensowenig wie der Nus, doch bestimmt die
Werdewelt als das Objekt seiner Zuwendung durch ihre Veränderlichkeit,
ob ein Logos wahr oder falsch ist. Die Aussage „Sokrates sitzt" ist beispielsweise in ihrer Gültigkeit nicht autark, sondern vom Verhalten des
Sokrates abhängig. Daher ist Wahrheit weder in den Sachverhalten (*prágmata*) selbst, noch in den Aussagen, sondern in der Anpassung (*epharmogé*) von Logoi und Sachverhalten angesiedelt.[65] Wahrheit ist somit ein
Relationsverhältnis. Wie das richtige Schnüren eines Schuhs weder vom
Fuß noch vom Schuh alleine abhängt, sondern in der Anpassung des
Schuhs an den Fuß begründet ist, wird Wahrheit als Modus der gelun-
genen Anpassung von Logos und Sachverhalt verstanden, ohne diesen
beiden jeweils immanent zu sein.[66]

Dieser stark korrespondenztheoretisch geprägte Wahrheitsbegriff stellt
nur scheinbar ein Abweichen von der Nus- und Wahrheitslehre des klassischen Neuplatonismus dar und ist auch ein Resultat der intensiven Kommentierung des Aristoteles und hier besonders seiner logischen Schriften.
So wird in den Organonkommentaren das Oppositionspaar wahr/falsch
der Ebene des Aussagesatzes zugewiesen,[67] weder das einfache Wort noch
die Sache unterliegen diesem Gegensatzpaar, da man im Gefolge des Aristoteles Wahrheit als Übereinstimmung der Zweiheit von Denken und
Sache sieht.[68] Doch nehmen die neuplatonischen Kommentatoren auch
eine von Aristoteles nicht thematisierte, höhere Wahrheit an, die nicht
als Übereinstimmung von Denken und Gedachtem aufgefaßt wird. Sie
rezipieren dabei abgesehen von der als immanente Logik und Einführung
in die Philosophie interpretierten Lehre des Aristoteles weiterhin die
schon seit Plotin normativ festgelegte Kongruenz von Nus und Wahrheit:
Auch bei den Neuplatonikern aus Alexandria ist Wahrheit an sich nicht
adaequatio rei et intellectus, sondern Aktivität, nicht Resultat diskursi-

---

[65] Philoponos, In Cat. 81, 25–31.
[66] Philoponos, In Cat. 81, 29–34. Elias, wie Philoponos Exponent der Schule des Ammonios,
wird ebenso die Wahrheit mit dem Paßverhältnis von Schuh und Fuß vergleichen: Elias,
In Cat. 184, 16–22.
[67] Dexippos, In Cat. 60, 15 f.; Ammonios, In Cat. 52, 21 f., In Int. 2, 24; Philoponos, In An.
544, 18–29; Simplikios, In An. 206, 30 ff., In Cat. 119, 10 ff.
[68] Ammonios, In Int. 21, 8 ff.; 82, 16–20.

ven Denkens und Treffen eines Äußeren, sondern unteilbare Schau des Einen.[69]

Dieses höchste Sein könnte nicht erfaßt werden, wäre es selbst nicht die reine und höchste Wahrheit – Asklepios spricht von einer Wahrheit in den intelligiblen Dingen (*prágmata*), durch die Wahrheit in der Erkenntnis überhaupt erst möglich wird.[70]Als Ursache steht die sich mitteilende Wahrheit im intelligiblen Sein über der von ihr abhängenden Wahrheit in unserer Erkenntnis (*alétheia en gnósei*).

Entsprechend der im späten Neuplatonismus häufigen Tendenz zur Hierarchisierung des Intelligiblen wird der Nus in zwei Wesensmomente differenziert, wobei der *nus theoretikós* auf die Wahrheit des Seins und der *nus praktikós* auf das sittlich Gute zielt.[71] Auch hier ist wieder mit dem Einfluß des Proklos zu rechnen, der von einer zweifachen Hinwendung des Nus gesprochen hatte, dessen Ziel einerseits im Seienden, andererseits im Guten liege.[72]

Dabei werden die Wahrheiten der empirischen Welt als in Vielheit aufgeteilte Individualitäten verstanden, die ihr Sein als Anteilhabe von einer ersten göttlichen Wahrheit beziehen (*próte theía alétheia*, Simplikios, In Epikt. 35, 23). Diese steht als erste Monade (*archiké monás*) und allgemein Zugrundeliegendes vor den individuellen Wahrheitsformen und schafft das Genos „Wahrheit". Aufgrund dieser Ableitung von einem einheitlichen Prinzip können die Wahrheiten der empirischen Welt nicht als Gegensätze zu der sie schaffenden göttlichen Ursache, der ersten Wahrheit, verstanden werden.

Das diskursive Denken vermag sich also zum Nus aufzurichten und endlich nach dem vielen Wahren das Licht der intelligiblen Wahrheit selbst zu schauen.[73] Diese seelische Orientierung am wirklich Seienden akzentuiert Damaskios, der Lehrer des Simplikios als richtige geistige Haltung.[74] Was nun die Frage nach der Verfügbarkeit von Wahrheit betrifft, wird der Nus als Funktion der Psyche zwar jedem Menschen zuerkannt, doch nicht jeder gebraucht diese Kraft zur Erkenntnis der Wahrheit.[75] Ihre Größe und ihr Glanz lassen freilich die Hoffnung zu, der Mensch könne sie bereits hier und jetzt in einzelnen Aspekten erfassen. Denn wie der Bogenschütze an einem großen Tor beinahe nicht vorbeischießen kann, so vermag auch der Mensch an der Wahrheit nicht völlig vorbeizugehen.

---

[69] Ammonios, In Int. 27, 26–33; Philoponos, In An. 72, 25f.; 544, 29 – 545, 15.
[70] Asklepios, In Metaph. 115, 16f.
[71] Asklepios, In Metaph. 115, 16–24, Philoponos, In An. 194, 18–26; 241, 9–14.
[72] Proklos, In Tim. 2, 287, 5–11.
[73] Damaskios, In Phaed. 1, 87.
[74] Damaskios, In Phaed. 3, 92.
[75] Asklepios, In Metaph. 114, 10–15; 116, 16–30.

Am Sonderfall des Philosophen zeigt Simplikios, daß Wahrheit als Vollzug eines geläuterten Lebens tatsächlich realisierbar ist,[76] und gibt damit am Ende der Antike der Wahrheit eine Wohnstatt auch in dieser Welt.

Literaturverzeichnis

Beierwaltes, Werner, 1979, *Proklos. Grundzüge seiner Metaphysik*, Frankfurt am Main.

Beierwaltes, Werner, 1980, *Deus est veritas. Zur Rezeption des griechischen Wahrheitsbegiffes in der frühchristlichen Theologie*, in: E. Daßmann / K. S. Frank (Hrsg.), *Pietas* (FS B. Kötting), JbAC, Ergbd. 8, Münster, 15–29.

Beierwaltes, Werner, 1991, *Selbsterkenntnis und Erfahrung der Einheit. Plotins Enneade V 3. Text, Übersetzung, Interpretation, Erläuterungen*, Frankfurt am Main.

Beierwaltes, Werner, 1997, *Dionysius Areopagites – ein christlicher Proklos?*, in: Th. Kobusch / B. Mojsisch (Hrsg.), *Platon in der abendländischen Geistesgeschichte*, Darmstadt, 71–100.

Beierwaltes, Werner, 2001, *Das wahre Selbst. Studien zu Plotins Begriff des Geistes und des Einen*, Frankfurt am Main.

Bussanich, J., 1996, *Plotinus's metaphysics of the One*, in: L. P. Gerson (Hrsg.), *The Cambridge Companion to Plotinus*, Cambridge, 38–65.

Dillon, J., 1996, *Iamblichos*, in: F. Ricken (Hrsg.), *Philosophen der Antike* II, Stuttgart etc., 244–263.

Dörrie, H., 1976, *Platonica Minora*, München.

Dörrie, H. / Baltes, M., 2002, *Der Platonismus in der Antike. Grundlagen – System – Entwicklung. Die philosophische Lehre des Platonismus. Bd. 6.1/2. Von der „Seele" als der Ursache aller sinnvollen Abläufe*, Stuttgart-Bad Cannstatt.

Emilsson, E. K., 1996, *Cognition and its object*, in: L. P. Gerson (Hrsg.), *The Cambridge Companion to Plotinus*, Cambridge, 217–249.

Gombocz, W. L., 1997, *Die Philosophie der ausgehenden Antike und des frühen Mittelalters*, München.

Hadot, I., 2002, *Die Stellung des Neuplatonikers Simplikios zum Verhältnis der Philosophie zu Religion und Theurgie*, in: Th. Kobusch / M. Erler (Hrsg.), *Metaphysik und Religion. Zur Signatur des spätantiken Denkens*, BzA 169, München / Leipzig, 323–343.

Halfwassen, J., 1992, *Der Aufstieg zum Einen. Untersuchungen zu Platon und Plotin*, BzA 9, Stuttgart.

Halfwassen, J., 1994, *Geist und Selbstbewußtsein. Studien zu Plotin und Numenios*, in: Akad. der Wiss. und der Lit. Mainz, Geisteswiss. und sozialwiss. Kl., Nr. 10, Stuttgart.

Leinkauf, Th., 2002, *Die Bestimmung des höchsten Prinzips als reines Sein – (Porphyrios), Victorinus, Boethius*, in: Th. Kobusch / M. Erler (Hrsg.), *Metaphysik und Religion. Zur Signatur des spätantiken Denkens*, BzA 169, München / Leipzig, 63–97.

---

[76] Simplikios, In Epikt. 32, 206–210.

O'Brien Wicker, K., 1987, *Porphyry the philosopher. To Marcella*, Atlanta.
O'Daly, G., 1994, „Jamblich", *RAC*, 16, 1243–1259.
Puntel, L. B., 1995, „Der Wahrheitsbegriff in Philosophie und Theologie", *ZThK*,
    Beih. 9, 16–45.
Puntel, L. B., ³2001, Art. „Wahrheit. I Begriff", *LThK*, 10, 926–929.
Roloff, D., 1970, *Plotin. Die Großschrift III,8 – V,8 – V,5 – II,9*, Berlin.
Schroeder, 1996, *Plotinus and language*, in: L. P. Gerson (Hrsg.), *The Cambridge
    Companion to Plotinus*, Cambridge, 339–347.
Szaif, Jan, 2002, *Die Aletheia in Platons Tugendlehre*, in: D. O'Meara / J. Schüssler,
    Vérité: Antiquité – Modernité, Lausanne.
Szlezák, Th. A., 1979, *Platon und Aristoteles in der Nuslehre Plotins*, Basel / Stuttgart.

Das Wahrheitsverständnis in Bibel und Früher Kirche

Thomas Böhm (Freiburg)

1.   Problemstellung

„Der Abschied von den Fleischtöpfen Griechenlands fällt vielen Theologen schwer."[1] Mit Hilfe der griechischen Metaphysik Theologie betreiben zu wollen, ist – so A. J. Bucher – angesichts eines modernen nach-metaphysischen Diskurses kaum noch zu vertreten. „Eine Theologie, die von aposteriorischen Wahrheitszusagen und Weltdeutungen ausgeht, hätte nie auf eine metaphysisch legitimierte philosophische theologia naturalis ihr Fundament bauen dürfen."[2] Eine solche Gegenüberstellung von Theologie und griechischer Metaphysik ist unter gewandelten Vorzeichen verstärkt seit der Reformationszeit etwa bei Erasmus von Rotterdam und Philipp Melanchthon mit dem Gedanken verbunden, daß der schlichte Glaube des Evangeliums durch die griechische Philosophie destruiert werde, selbst wenn die Wurzeln dieser sog. Hellenisierung des Christentums bis weit in die Zeit der Patristik zurückreichen.[3]

Bei der Bestimmung, was unter dem Begriff „Wahrheit" zu verstehen sei, wiederholt sich bis in die jüngste Diskussion vor allem von Seiten der Theologie die Behauptung, daß der semitische oder biblische Wahrheitsbegriff radikal vom griechischen unterschieden werden müsse und daß in der Zeit der Patristik vorrangig durch die Übernahme der platonischen Wahrheitskonzeption die genuin christliche Bestimmung von Wahrheit in ihren Ursprüngen verloren gegangen sei. Angelastet wird dies allen voran Clemens von Alexandrien, den Kappadokiern (besonders Gregor von Nyssa) sowie Augustinus.

So verweist etwa L. Goppelt darauf, daß der biblische Wahrheitsbegriff personal bestimmt sei, der griechische dagegen als enthüllter Tatbestand gedeutet werden müsse.[4] Daraus zogen E. Brunner und W. Pannenberg die Schlußfolgerung, daß die Überlieferungsgeschichte des christlichen Glaubens mit Hilfe des biblischen Wahrheitsbegriffes kritisch überdacht werden

---

[1] A. J. Bucher, 1995, 67.
[2] Vgl. A. J. Bucher, 1995, 66.
[3] Vgl. dazu Th. Böhm, 1991, 260–285 bis hin zu Ansätzen von W. Pannenberg und den kritischen Auseinandersetzungen von G. C. Stead.
[4] Vgl. dazu und zu den folgenden Ausführungen den Überblick bei A. Kreiner, 1992, 315–322 (dort die entsprechenden Nachweise).

müsse. Der Grund bestehe darin, daß der christliche Glaube und das hier zu Tage tretende Verständnis von Wahrheit durch die Übernahme des griechischen Wahrheitsbegriffes überfremdet worden sei. Ein gewisses eigenständiges Gepräge erhält eine solche Deutung bei Ignace de la Potterie in dessen monumentaler Monographie zum johanneischen Wahrheitsverständnis, wonach die biblische Wahrheit als Offenbarung des Geheimnisses Gottes in Jesus Christus zu deuten sei, die griechisch-platonische Konzeption dagegen als „vérité-substance". Auf weitere Differenzierungen oder Ergänzungen etwa bei Eberhard Jüngel oder Carl-Friedrich Geyer sei an dieser Stelle verzichtet.[5]

Gemeinsam ist all diesen Ansätzen, daß versucht wird, zwei Wahrheitsbegriffe – *den* angeblich biblischen (alt- und neutestamentlichen) und *den* griechischen – gegenüberzustellen. Man geht hier so vor, als sei „die" Wahrheit, wie sie auch immer verstanden wird, so zu begreifen, daß diese wie eine Idee begriffen werden könnte, die in sich für sich selbst bestünde, woran dann der biblische oder griechische Wahrheitsbegriff Anteil hätte oder von einem der beiden okkupiert werden könnte, so daß der andere Wahrheitsbegriff als inadäquat erscheinen müsste.[6] Darüber hinaus geht man in diesem Zusammenhang zunächst vom hebräischen Wort [ae]maet aus, von dem angenommen wird, daß es in der Grundbedeutung „fest" oder „beständig" verwendet wird. Daraus wird dann abgeleitet, daß die Festigkeit oder Beständigkeit ein unverzichtbares Moment dieser Bestimmung von Wahrheit sein soll. Da davon ausgegangen wird, daß die griechische Wahrheitskonzeption dieses Moment nicht kennt, schließt man, daß sich das hebräische vom griechischen Verständnis radikal unterscheidet und zudem der hebräische Wahrheitsbegriff der christliche ist, wobei bisweilen eine Differenzierung in die alttestamentliche Bestimmung „Treue" und die neutestamentliche von „Offenbarung" vorgenommen wird, die sich vorrangig bei Johannes und Paulus finde. Nicht differenziert wird jedoch, ob sich aus dem *Wort*gebrauch (z.B. von [ae]maet) notwendig auch das Verständnis des *Begriffes* Wahrheit ableiten lasse.[7]

Aus dieser Problemskizze ergeben sich folgende weiteren Schritte, die näher geklärt werden sollen:

1) Was wird alttestamentlich unter [ae]maet verstanden? Worin liegt das Spezifikum vor allem des johanneischen Sprachgebrauchs?

2) Besonders durch die alexandrinischen Theologen (Clemens und Origenes), die Kappadokier und Augustinus sei die alttestamentliche und johanneische Wahrheitskonzeption verfremdet worden – so die Vertreter einer Diskrepanztheorie. Ob diese Theorie zwingend erscheint, soll hier lediglich anhand des Wahrheitsbegriffes zweier Theologen näher

---

[5] Vgl. A. Kreiner, 1992, 321 f. sowie L. B. Puntel, 1995, 24–29.
[6] Vgl. L. B. Puntel, 1995, 25.
[7] Dazu L. B. Puntel, 1995, 26 f.

untersucht werden, bei denen sich vor allem der Einfluß neuplatonischer Philosophie nachweisen läßt, nämlich bei Gregor von Nyssa unter den Vorzeichen Plotins und bei Pseudo-Dionysius Areopagita unter dem Einfluß des Proklos.[8] Nach dem zuvor erwähnten Modell einer Gegenüberstellung von biblischem und platonischem Wahrheitsbegriff müßte sich also bei Gregor von Nyssa und Pseudo-Dionysius vorrangig nachweisen lassen, daß der biblische Wahrheitsbegriff destruiert oder verfremdet wurde.

3) In einem letzten Schritt soll – ausgehend von den gewonnenen Einsichten – gezeigt werden, welche sachlich bestimmenden Momente in der Wahrheitsdiskussion bei Gregor von Nyssa und Pseudo-Dionysius eine Rolle spielen und daß dieser Befund hinsichtlich der Vermittlung biblischer Wahrheitsbestimmungen im Anschluß an Lorenz B. Puntel als Deutungen einer theologischen „Welt" begriffen werden kann.

2. Ansätze biblischer und patristischer Wahrheitskonzeptionen

2.1. Biblische Ansätze

2.1.1. Altes Testament

Der hebräische Begriff, der vor allem in der griechischen Übersetzung der LXX mit ἀλήθεια wiedergegeben wurde, ist aᵉmaet, ein Begriff, der in seiner Grundbedeutung von dem Stamm 'mn („zuverlässig") abhängig sein dürfte[9] und etwas erfaßt, das erkannt werden kann und sich dem Menschen als zutreffend und zuverlässig erweist.[10] Es trifft in der Tat zu, daß die semantische Bedeutung „Festigkeit" bei aᵉmaet vorhanden ist (etwa bei ne'aeman im Niphal), aber häufiger als jedes andere hebräische Wort verweist aᵉmaet auf die Übereinstimmung mit den Tatsachen als Eigenschaft einer Aussage (z.B. 2 Sam 7,28; 1 Kön 10,6) bzw. auf eine mit den Tatsachen übereinstimmende Aussage. Dies sei durch zwei Beispiele erläutert:

So heißt es z.B. 1 Kön 22,16: „Doch der König entgegnete: ‚Wie oft muß ich dich beschwören, mir im Namen des Herrn nur die Wahrheit zu sagen?'"

Psalm 15,2: „Der makellos lebt und das Rechte tut; der von Herzen die Wahrheit sagt."

In beiden Fällen wird eine mit den Tatsachen übereinstimmende Aussage getroffen.

---

[8] Andere Entwürfe frühkirchlicher Autoren sollen dagegen nur am Rande gestreift werden.
[9] Vgl. A. Jepsen, 1973, 333.
[10] Vgl dazu und zum folgenden H. v. Siebenthal, 2000, 208–231.

Daneben lassen sich auch Beispiele finden, in denen die „Übereinstimmung mit den Tatsachen" als Eigenschaft einer Aussage aufgefaßt wird:
2 Samuel 7,28: „Ja, mein Herr und Gott, du bist der einzige Gott, und
deine Worte sind Wahrheit/wahr".[11]
Neben diesem Sprachgebrauch wird der Begriff „Wahrheit" Realitäten
zugeschrieben, deren Echtheit oder Verläßlichkeit bezeichnet werden soll:
Josua 2,12: „Da ich euch nun eine Gefälligkeit erwiesen habe, leistet mir
einen Eid beim Herrn: Handelt an der Familie meines Vaters ebenso gut
und gebt mir dafür ein *sicheres* Zeichen." Eine ähnliche Verwendung liegt in
Jer 2,21 (ein echtes Gewächs) oder für Gott in 2 Chronik 15,3 vor: „lange
lebte Israel ohne wahren Gott".
Darüber hinaus bezeichnet ^{ae}maet im Bereich des Denkens die Überwindung des Unwissens, etwa durch weisheitliche Belehrung (Spr 23,23) oder
göttliche Offenbarung (Ps 43,3; Weish 3,9; Dan 10,21), oder die Lauterkeit
(^{ae}maet) der interpersonalen Beziehung, z.B. den aufrichtigen Wandel vor
Gott (1 Kön 3,6), die Redlichkeit, die unter den Menschen vermißt wird
(Jes 59,14 f), die Bündnistreue gegenüber Gott (Jos 24,14; 1 Sam 12,24);
letztlich ist Gott selbst wahr oder treu (Jes 61,8; Jer 32,41; Sach 8,8), formel-
haft ausgedrückt mit der Aussage „voller Huld und Verläßlichkeit" (Ex 34,6;
Ps 57,11 usw.).
Dies läßt sich beispielhaft an folgenden Stellen belegen:
Spr 23,23: „Wahrheit kaufe – und verkaufe sie nicht –, Weisheit, Zucht
und Einsicht." Der Kontext legt nahe, daß hier der Begriff ^{ae}maet als Überwindung des Unwissens verstanden wird.
Weish 3,9: „Die auf ihn (Gott) vertrauen, werden die Wahrheit begreifen
und die Getreuen in Liebe bei ihm verweilen."[12]
Aus diesem sprachlichen und konzeptionellen Befund der Verwendungsweise von ^{ae}maet im Alten Testament ergibt sich, daß von der Wurzel 'mn für Beständigkeit oder Festigkeit, d.h. aus der Etymologie bzw.
der Bedeutung des Wortes nur wenig über die begriffliche Konnotation abgeleitet werden kann, die mit ^{ae}maet verbunden ist.[13] Dabei nimmt ^{ae}maet
durchaus die Bedeutung der Übereinstimmung mit den Tatsachen an.
Wenn der Begriff eine Person charakterisieren soll, läßt sich die Bedeutung
„Beständigkeit im Sagen der Wahrheit, im Tun des Versprochenen, im
Festhalten einer eingegangenen Verpflichtung" oder manchmal als „Eigenschaft des Echtseins" bzw. „dessen, das diese Bezeichnung verdient" annehmen.[14]

---

[11] Vgl. dazu H. v. Siebenthal, 2000, 221 f. mit dessen Übersetzungen; dort auch weitere Lit.,
ebd., 231 f.
[12] Zu diesen Konzeptionen vgl. insgesamt H. v. Siebenthal, 2000, 221–231.
[13] Vgl. insgesamt auch D. Michel, 1968, 30–57; einführend L. B. Puntel, 2001, 927 f., J. Beutler, 2001, 933 f. und A. Kreiner, 1992, 307–311; ungenau z.B. G. Quell, 1966, 233–237.
[14] Vgl. H. v. Siebenthal, 2000, 228 f.

Von diesem Befund her ist es mehr als zweifelhaft, einen einheitlich biblisch-alttestamentlichen Wahrheitsbegriff eruieren zu können, der vor allem durch Beständigkeit oder Treue charakterisiert werden kann. Wird im Althebräischen mit ^{ae}maet auf eine Verheißung verwiesen, kann dies so aufgefaßt werden, daß damit ein zukünftiger Sachverhalt gemeint ist, der dann als „wahr" benannt werden kann, wenn das Versprochene, Verheißene usw. eintreten wird, d.h. nicht bezogen wird auf einen Sachverhalt der gegenwärtigen, theologisch bestimmten Welt.[15] Als ein Spezifikum des Begriffes ^{ae}maet dürfte jedoch angesehen werden, daß neben dem Zukunftsaspekt von „Wahrheit" auf der personalen Ebene „das Tun der Wahrheit" (z.B. 2 Chr 31,20) eine Rolle spielt, wie dies auch durch die Wendung „Weg der Wahrheit" (1 Kön 2,4 usw.) zum Ausdruck kommt.[16] Wenn etwa Gott seine Zusagen erfüllen wird, die sich dann als „wahr" erweisen, ist dabei nicht an die Unveränderlichkeit im metaphysischen Sinne gedacht, sondern an die „Identität Gottes durch die Zeit hindurch".[17] Trotz dieser Spezifika im semantischen Kontext von ^{ae}maet läßt sich wohl kaum eine Grundbedeutung dieses Begriffes ableiten, woraus dann ein hebräisches Wahrheitsverständnis eruiert werden könnte, das in völliger Diskrepanz zum griechischen Wahrheitsbegriff stünde.

2.1.2. Neues Testament

Im Neuen Testament werden zahlreiche Aspekte des Begriffs ^{ae}maet aufgenommen und weiterentwickelt.[18] Auffällig ist vor allem, daß bei den Synoptikern der Begriff „Wahrheit" kaum eine Rolle spielt und dort eher die Bedeutung von „wirklich" oder „tatsächlich" annimmt. Dem gegenüber zeigt sich bei Paulus eine Entwicklung der Begrifflichkeit. Im Galaterbrief steht der Begriff „Wahrheit" noch für den Inhalt der göttlichen Botschaft bzw. des Evangeliums: „Als ich aber sah, daß sie nicht den geraden Weg nach der Wahrheit des Evangeliums gingen, sagte ich zu Kefas in Gegenwart aller" (Gal 2,15; vgl. auch Gal 2,5). Dieser Begriff entwickelt sich bei Paulus in den späteren Schriften zu den Aspekten „Wahrhaftigkeit" und „Bundestreue". So schreibt Paulus im 2 Kor 7,14: „Denn wenn ich mich vor ihm (gemeint ist Titus) gerühmt hatte über euch, so bin ich nun nicht beschämt worden, sondern wie wir alles in Wahrheit vor euch sagten, so

---

[15] Vgl. zu einer solchen Auffassung L. B. Puntel, 1995, 43.
[16] Vgl. A. Kreiner, 1992, 310f. unter Hinweis besonders auf K. Koch, 1965, 33.
[17] W. Pannenberg, 1986, 272.
[18] Zur Entwicklung in jüdischen Schriften vgl. G. Kittel, 1966, 237f. Zu unterschiedlichen Wahrheitskonzeptionen und ihrer Bedeutung für die neutestamentliche Fragestellung vgl. die systematische Untersuchung von C. Landmesser, 1999, passim. Zu den folgenden Ausführungen vgl. auch einleitend J. Beutler, 2001, 934f.

erwies sich auch unser Rühmen vor Titus als Wahrheit." Paulus begreift hier die Wahrheit als Wahrhaftigkeit, die er z.B. in 1 Kor 13,6 dem Begriff „Unrecht" gegenüberstellt. Wie alttestamentlich ᵃᵉmaet die Bundestreue beschreiben kann („Huld und Treue" bzw. „Huld und Verläßlichkeit"), so ist Ähnliches bei Paulus zu finden: „Wenn aber die Wahrheit Gottes durch meine Unzuverläßlichkeit erst recht zutage tritt zu seiner Verherrlichung, was werde ich noch als Sünder gerichtet?" (Röm 3,7; vgl. Röm 15,8).[19] In der Paulusschule werden diese Aspekte aufgegriffen und einerseits als Wort der Wahrheit des Evangeliums (Kol 1,5f.; Eph 1,13), andererseits als Ziel menschlichen Handelns begriffen (Eph 4,24; 5,9). In den Pastoralbriefen wird schließlich die Erkenntnis der Wahrheit vom Trug der Irrlehrer abgegrenzt (z.B. 1 Tim 2,4. 4,3. 6,5; 2 Tim 2,25), um so das Bekenntnis zur Glaubensüberlieferung zu sichern und ein Leben entsprechend dieser Wahrheit zu gestalten, d.h. entsprechend dem von Paulus verkündeten Evangelium.[20] Damit zeigt sich für den paulinischen und deuteropaulinischen Wahrheitsbegriff ein heterogener Befund, der sich kaum auf eine einheitliche Vorstellung reduzieren läßt.

Wohl unter dem Rückgriff auf und in Abgrenzung von Texten aus Qumran, in denen das Tun der Wahrheit und die Wahrheit als Attribut Gottes und als Charakteristikum seines Tuns betont wird,[21] ist für Johannes die Bundestreue Gottes auf den inkarnierten Logos übertragen im Sinne eines göttlichen Offenbarungshandelns. Während der Evangelist Wahrheit als Qualität der Rede Jesu (Joh 8,40.45f.), als Selbsterweis, in dem das göttliche Wort präsent ist, als Erkennen und Wissen der Wahrheit (Joh 8,32; 1 Joh 2,21) im Sinne einer Umgestaltung des Lebens, aber auch im formalen Sinn (Joh 8,45) begreift,[22] ist der Bezugspunkt beim Prologautor vor allem die Beständigkeit und Treue (Ex 34,6), ein Offenbarungsgeschehen, das im Kontext von Joh 1,14 auch als Epiphanie verstanden werden kann: Gottes Wirklichkeit bleibt nicht verborgen.[23]

Wirksam geworden ist vor allem die johanneische Redeweise, daß Jesus selbst als die Wahrheit bezeichnet wird (Joh 14,6), und zwar in Verbindung mit der Aussage vor Pilatus, Jesus sei in die Welt gekommen, um Zeugnis für die Wahrheit zu geben (Joh 18,37).[24] Es ist zwar zuzugestehen, daß im Johannesevangelium die Wahrheit christologisch interpretiert ist, indem sie in eine „Ich bin"-Aussage eingebunden ist. Es bleibt aber zu klären, was hier

---

[19] Zusammenfassend H. Hübner, 1980, 142f., E. Fuchs, 1962, 1515–1517 sowie A. Kreiner, 1992, 311–313.

[20] Vgl. L. Oberlinner, 2002, 72f.

[21] 1 QS 1,5. 5,3; 1 QH 4,40 usw., Joh 3,21; 1 Joh 1,6; dazu R. Schnackenburg, 2001b, 275–278.

[22] Vgl. J. Blank, 1963, 163–173; R. Schnackenburg, 2001b, 270; O. Schwankl, 1995, 171f.

[23] Vgl. Y. Ibuki, 1972, 198–201; C. Hergenröder, 1996, 334.352–354; R. Gebauer, 2000, 233–254.

[24] Vgl. dazu etwa Th. Söding, 2003, 32–62.

unter „Selbstidentifikation Jesu mit der Aletheia" zu verstehen ist.[25] Die „Ich-bin"-Formulierungen des Johannesevangeliums dürften sich an alttestamentliche Redeweise der Selbstvorstellung Gottes anschließen, etwa Ex 20,2: „Ich (bin) Jahwe, dein Gott", um die Hoheit Gottes auszudrücken. Die „Ich bin"-Worte nehmen somit die Offenbarung des Gottesnamens (Ex 3,14) auf: In Jesus hat sich Gott selbst offenbart. Das Licht der Wahrheit Gottes strahlt in der Finsternis, d. h. im Kosmos. Jesus selbst tritt in den Augen des Johannesevangeliums an die Stelle der Tora, die jüdisch traditionell als Weg bezeichnet wird (Dtn 5,32f.; Ps, 1,6, Mk 12,14). Als solcher ist er die Wahrheit im Sinne eines lichthaften, befreienden Wesens der Herrlichkeit Gottes (Joh 8,32 mit 8,54f.). Ihn zu erkennen als den von Gott gesandten Sohn, ist ewiges Leben auf dem Weg des Glaubens. Damit führt Johannes einen Begriff der Wertigkeit ein, der für die Gläubigen aufweisen soll, daß sie nur durch den Sohn oder Logos die Wahrheit erkennen können. Jesus, der Logos oder der Sohn stammt von oben her, d. h. im johanneischen Kontext: „von Gott", was mit den Begriffen „Weg" und „Leben" umschrieben ist. Im Sohn zeigt sich die Treue (ᵃᵉmaet oder „aletheia") Gottes, von der Jesus Zeugnis für die Menschen ablegen kann.[26] Daraus resultiert im johanneischen Verständnis auch das Tun der Wahrheit, eine Bedeutung, die sich bereits im altestamentlichen Sprachgebrauch sowie in den Schriften von Qumran nachweisen läßt. Diese Redeweise ist im Johannesevangelium eingebunden in ein Offenbarungshandeln Gottes in Christus.[27] In der johanneischen Schule (2 und 3 Joh) geht zwar dieser offenbarungstheologische Ansatz nicht verloren, manches wirkt jedoch formelhafter: Der Begriff Wahrheit wird dabei stärker mit der christlichen Lehre verbunden.[28]

Die Begriffsbestimmung von Wahrheit im Alten und Neuen Testament macht deutlich, daß von einem einheitlichen und vom sonstigen griechischen Sprachgebrauch *völlig* losgelösten Wahrheitsbegriff nicht die Rede sein kann, selbst wenn im Alten Testament mit dem Begriff ᵃᵉmaet keine Aussagen über das Sein Gottes getroffen werden und im Neuen Testament, vor allem bei Johannes, das Offenbarungshandeln Gottes auf Christus bezogen ist. Von daher ist es fraglich, ob die patristische Wahrheitskonzeption methodisch so untersucht werden kann, ob *der* biblische Wahrheitsbegriff beibehalten worden sei oder durch die griechische Philosophie eine Entfremdung dieses Wahrheitsbegriffes stattgefunden habe,[29] und zwar beson-

---

[25] Auf die Problematik hat L. B. Puntel, 1995, 41 f., Anm. 42 hingewiesen.

[26] Vgl. zusammenfassend R. Borig, 1967, 28 f., der jedoch undifferenziert von einer Identifikation von Jesus und Wahrheit spricht. Zur Problematik vor allem U. Wilckens, 1998, 223 f.

[27] Vgl. C. Hergenröder, 1996, 334. 352–254; ferner R. Schnackenburg, 2001a, 248 und ders., 2001b, 279; Y. Ibuki, 1972, 198–201.

[28] Dazu H.-J. Klauck, 1995, 115 f. gegen R. Bergmeier, 1966, 93–100.

[29] So etwa I. de la Potterie, 1977, 1019–1060; von einer Verlagerung oder Erweiterung auf den Begriff „wahre Wirklichkeit" spricht C.-F. Geyer, 1986, 50 f.

ders in der alexandrinischen und augustinischen Tradition.[30] Die nachapo-
stolische Entwicklung läßt sich m.E. dahingehend beschreiben, daß alt-
und neutestamentliche Bestimmungen aufgenommen, je nach Kontext se-
lektiert und/oder argumentativ erweitert wurden.[31]

2.2.   Patristische Ansätze

2.2.1.   Problemskizze

Diese zuvor erwähnte These findet dadurch eine Bestätigung, daß sich eine
solche Bezugnahme auf das Neue Testament bereits bei einigen gnostischen
Schriften feststellen läßt. Deren Vokabular klingt zwar johanneisch; jedoch
sind die näheren, dort anzutreffenden Bestimmungen unjohanneisch: Im
Evangelium Veritatis wird z.B. die Erkenntnis der Wahrheit oder des Vaters
der Wahrheit als Gnosis gelehrt, wobei hier zwischen dem Reich des wahrhaft Seienden, der unerschütterlichen Wahrheit, und dem Reich des Truges,
der Materie und Lüge unterschieden wird. Jesus selbst ist nicht die Wahrheit, sondern lehrt den Weg der Wahrheit als einen erlösenden Aufstieg in
das Reich der Wahrheit, wodurch die Gnostiker selbst die „Wahrheit werden", wenn sie im Ruhenden (Gott) ruhen,[32] oder – wie es im *Testamentum
Veritatis* (3. Jhd.) heißt – zur Wahrheit aufblicken und sich von den Verführungen der Welt zurückziehen.[33] Vor allem gegen die Gnostiker entwickelt
Irenäus von Lyon zur Sicherung der Glaubensüberlieferung die Vorstellung,
daß die Wahrheit die Lehre des Sohnes Gottes und die Lehre der Kirche
sei.[34] Die Norm des wahren Glaubens (*regula fidei*) bestehe in der Verkündigung der Wahrheit und der Tradition, sofern die Wahrheit das Licht Gottes und Christi sei und der Geist als Wahrheit in der Kirche anwesend sei.[35]

---

[30] Darauf kann hier nicht näher eingegangen werden; vgl. dazu etwa W. Beierwaltes, 1980,
26–29; K. Flasch, 1980, 482 (Stichwort „Wahrheit"); A. J. Curley, 1997, 43–105; Chr. Horn,
1995, 39–43. 76–82. 95–98. 138–147; Th. Fuhrer, 1992, 257–275; Chr. Müller, 1993, 82–89;
L. Ch. Ferrari, 1990, 9–19.

[31] Vgl. den Überblick an Bedeutungen bei G. W. H. Lampe, [12]1995, 70–72.

[32] Ev. ver. (NHC I,3, 16,31–34 und 18,16–21); hierher gehören auch Stellen wie OdSal 9,8;
11,3; 12,1; 25,4.10 (M. Lattke, *Die Oden Salomos*, Fribourg 1980, 18f.23.40.42), die in der
Pistis Sophia aufgenommen werden; dazu R. Schnackenburg, 2001b, 273–278; P. Hofrichter, 1986, 116f.; W. R. Röhl, 1991, 90–92.110–112.

[33] Test. ver. (NHC IX,3 29,22–24 und 42,23–45,6); dazu W. Röhl, 1991, 194–197; im Philip-
pusevangelium ist die Erkenntnis der Wahrheit eher sakramental vermittelt: Ev. Phil. 110a
(NHC II,3, 77,15–18 [H.-M. Schenke, *Das Philippus-Evangelium*, Berlin 1997, 64] mit
Schenkes Kommentar a.a.O., 476f.); deutlicher jedoch W. Röhl, 1991, 158–161; ferner Tho-
masakten 26 (M. Bonnet, *Acta apostolorum apocrypha* II 2, 1959, 142).

[34] Irenäus, Adv. haer. III praef. (hrsg. von A. Rousseau, SC 211, Paris 1974, 20).

[35] Irenäus, Adv. haer. I 10,2 (hrsg. von A. Rousseau, SC 264, Paris 1979, 158/160); I 27,4
(ebd., 352/354); III 2,1 (SC 211, 24/26); III 4,1 (SC 211, 44/46); III 24,1 (SC 211, 470–474),

Ähnlich begreift auch Tertullian – vor allem im Anschluß an paulinische
Schriften – die *veritas* als Lehre, die an die Offenbarung gebunden ist, die
von Gott als Urheber der Wahrheit zu den Gläubigen gelangt, historisch in
Christus greifbar und über die Apostel der Kirche übermittelt ist.[36] Etwas
stärker als bei Irenäus und Tertullian wird bei Arnobius, Laktanz und Ambrosius das inkarnatorische Element der Wahrheitsvermittlung bzw. darüber hinaus bei Gregor d. Gr. die Verinnerlichung der Wahrheit in der *contemplatio* hervorgehoben.[37]

Während in den hier exemplarisch aufgezeigten Vorstellungen der Begriff
Wahrheit an ein Traditions- oder Überlieferungsargument einer christlichen
Lehre gebunden ist, um so die Einheit des Glaubens zu sichern, wird seit
Clemens von Alexandrien versucht, den Wahrheitsbegriff in einer einzigen
transzendenten Wahrheit zu verankern.[38] Exemplarisch soll dies zunächst
anhand des Ansatzes von Gregor von Nyssa gezeigt werden.

2.2.2. Gregor von Nyssa

In seinem Spätwerk *De vita Moysis* interpretiert Gregor von Nyssa die alttestamentliche Historia vom Leben des Mose dahingehend, daß der Mensch
in einem abstraktiven Prozeß in einem unendlichen Streben zur Theoria
(Schau) Gottes aufgerufen ist, ohne Gott in seiner Unendlichkeit und Unbegrenztheit je erreichen zu können.[39] Die Abständigkeit (διάστημα oder

---

V 20,1 (hrsg. von A. Rousseau, SC 153, Paris 1969, 252–256); Epideixis 3 (hrsg. von
A. Rousseau, SC 406, Paris 1995, 86); zur Bestimmung der Wahrheit als Lehre vgl. auch
Diogn. 11,1–2 (K. Wengst, *Didache, Barnabasbrief, Zweiter Klemensbrief, Schrift an Diognet*,
Darmstadt 1984, 336); Chromatius von Aquileia, Serm. 42 (hrsg. von R. Étaix, CCL 9A,
Turnhout 1974, 182,18); Christus als Übermittler der Wahrheit, vom Vater gesandt: 2 Clem.
3,1 (K. Wengst, a.a.O., 242); 20,5 (K. Wengst, a.a.O., 268); der Prophet als Lehrer der
Wahrheit: Did. 11,10 (K. Wengst, a.a.O., 84); dazu auch I. de la Potterie, 1977, 1026–1028.

[36] Tertullian, Adv. Marc. I 3,1 (hrsg. von A. Kroymann, CCL 1, Turnhout 1954, 443); Ad
nat. II 2,2 (hrsg. von J. Borleffs, CCL 1, Turnhout 1954, 42); Adv. Prax. 11,4 (hrsg. von
A. Kroymann, CCL 2, Turnhout 1954, 1171); de virg. vel. 1,1 (hrsg. von E. Dekkers,
CCL 2, Turnhout 1954, 1209); de praescr. 21,1–3 (hrsg. von R. Refoulé, CCL 1, Turnhout
1954, 202); I. de la Potterie, 1977, 1029–1031; T. G. Ring, 1975, 81–91.

[37] Arnobius, adv. nationes I 3 (hrsg. von A. Reifferscheid, CSEL 4, 1875, 5); Laktanz, div.
inst. I 1,5 (hrsg. von S. Brandt, CSEL 19, 1890, 2); de ira Dei 1,6 (hrsg. von S. Brandt,
CSEL 27, 1893, 68); epit. 38,2 (hrsg. von S. Brandt, CSEL 19, 1890, 714); dazu I. de la Potterie, 1977, 1031–1033; zu Ambrosius T. Ring, 1975, 125–143 und Th. Graumann, 1994,
60.191 mit den entsprechenden Nachweisen; Gregor d. Gr., Mor. 5,66 (hrsg. von
M. Adriaen, CCL 143, Turnhout 1974, 265f.); Mor. 24,34 (hrsg. von M. Adriaen, CCL
143B, Turnhout 1985, 1213); Mor. 11,40 (hrsg. von M. Adriaen, CCL 143A, Turnhout
1979, 608); In I Reg 3,20 (hrsg. von C. Viullaume, SC 391, Paris 1993, 296/298); dazu I. de
la Potterie, 1977, 1033–1038.

[38] Vgl. zu Ambrosius z.B. Th., 1975, 127–143; E. F. Osborn, 1957, 113–126; P. Karavites,
1999, 150–154; U. Schneider, 1999, 57.79–81.254f.; D. Wyrwa, 1983, 260–265.

[39] Zur Problematik Th. Böhm, 1996, 54–57. 70–79 und 123–143.

διάστασις) zwischen dem ungeschaffenen Gott und allem Geschaffenen
kann Gregor zufolge nicht überwunden werden. In diesem Zusammenhang führt Gregor von Nyssa den Begriff Wahrheit ein, um einerseits das
Sein Gottes zu prädizieren und um andererseits den Bezug zur Abstraktion
in der Theoria des Menschen auszudrücken.[40]

> „Die Wahrheit durchstrahlt mit ihrem eigenen Glanz das Sehen der Seele. Gott
> aber ist die Wahrheit, die sich damals durch jene unaussprechliche Erleuchtung
> dem Mose zeigte. [...] Wenn aber Gott die Wahrheit ist, Wahrheit aber Licht ist,
> dann bezeugt die Stimme des Evangeliums diese hohen und göttlichen Worte
> durch Gott, der von uns im Fleisch gesehen wird, folgerichtig führt uns eine der-
> artige Befolgung der Tugend zur Erkenntnis jenes Lichtes hin, das zur mensch-
> lichen Natur herabgeht."[41]

Gregor von Nyssa verbindet hier den Gedanken, daß Gott selbst die Wahr-
heit ist, mit der Konzeption des Johannesprologs, daß diese Wahrheit in
Christus erschienen ist und die Menschen erleuchtet, damit diese sich der
Erkenntnis der Wahrheit Gottes zuwenden. Als Wahrheit, die sich offenbart, kann Gott aber nur deshalb prädiziert werden, weil Gott das wahre
Sein selbst ist: „Das, was sich immer auf dieselbe Weise verhält, was sich
nicht mehrt und nicht mindert, das, was auf jede Veränderung, sei es zum
Größeren oder zum Geringeren hin, in gleicher Weise unbeweglich ist [...],
das, was eines jeglichen anderen unbedürftig ist, das allein Erstrebte, das, an
dem alles teilhat und das im Mit-Sein in den Teilhabenden sich nicht verringert, dies ist wahrhaft das Seiend-Sein und dies zu denken, ist Erkenntnis
der Wahrheit."[42] Dieses wahre Sein wird von Gregor von Nyssa analog zur
platonischen Idee als seiendes Sein begriffen, das in sich nicht bestimmt und
begrenzt ist, das jeder Veränderung entzogen ist. Als dieses unbegrenzte
wahre Sein, das es selbst bleibt, ohne sich zu verringern, wenn es in den
Teilhabenden ist, kann von Seiten des Menschen nur in einem Annäherungs-
prozeß begriffen werden, den Gregor von Nyssa als Erkenntnis der Wahrheit benennt. Der Mensch wendet sich vom Bereich der Un-Wahrheit in
einem reinigenden Prozeß der Wahrheit zu. So schreibt Gregor von Nyssa:
„Die Lüge ist [...] gewissermaßen eine φαντασία über das Nichtseiende,
die im diskursiven Denken entsteht. Die Wahrheit aber ist eine sichere Erfassung des wahrhaft Seienden."[43] Um zur Wahrheit zu gelangen, muß der
Mensch die φαντασία in der διάνοια überwinden. Die engsten Parallelen
zu diesem Ansatz finden sich bei Plotin und Porphyrios.

Dem Hervorgang des vom Einen Verschiedenen in die Verzeitlichung
entspricht bei Plotin im menschlichen Bereich der Akt der Entzeitlichung

---

[40] Zu den folgenden Ausführungen vgl. Th. Böhm, 1996, 243–247 und W. Beierwaltes, 1980,
   25 f.
[41] Gregor von Nyssa, *De vita Moysis* 2,19 f.; Übersetzung W. Beierwaltes, 1980, 25.
[42] Gregor von Nyssa, *De vita Moysis* 2,25. Übersetzung W. Beierwaltes, 1980, 25.
[43] Gregor von Nyssa, *De vita Moysis* II 23; dazu Th. Böhm, 1996, 243.

im Ablassen von allem Äußeren.[44] Das πάντα εἴσω ist im Sinne Plotins der Rückgang in den ontologischen Grund alles Äußeren. Es ist der Akt der Selbst-Befreiung vom Sinnenfälligen auf das eigene Selbst hin, auf das Intelligible oder das Denken, eine Abstraktion von allem Fremden. Die bewegende Kraft ist der Eros; dieser entsteht aus dem dunklen Glanz im Sinnenfälligen zu einem großen Licht als dem bewegenden Zielgrund. Damit wird bei Plotin das Sinnenfällige denkend zurückgeführt auf den intelligiblen Grund alles Seienden und so in sich einiger gedacht. In der Wendung der Seele auf sich selbst wendet sie sich zugleich ihrem eigenen Selbst zu, d.h. ihrem Grund oder der Bedingung der Möglichkeit ihres eigenen Selbstseins. „Im Einfach-Werden wird es einig mit sich selbst, um zugleich mit seinem Ursprung einhellig werden zu können."[45] Im Denken des νοῦς wird die Subjekt-Objekt-Beziehung, wie sie im diskursiven Denken zu finden ist, aufgehoben. Diese Struktur beschreibt Plotin vor allem durch die Lichtmetapher: In der Wendung der Seele zum Geist empfängt diese dessen Licht und hat dadurch ein klareres Leben. Das Licht des Geistes bewirkt, daß sich die Seele auf sich selbst zurückwendet. Der Glanz des Geistes ist das ursprüngliche Licht, das sich selbst leuchtet, das heißt, leuchtend und erleuchtet zugleich ist: Licht ist dem Lichte durchsichtig als die Selbstreflexivität des absoluten Geistes.

Wenn Gregor von Nyssa die Wahrheit gegenüber der Lüge dadurch abgrenzt, daß die Lüge durch die φαντασία im dianoetischen oder diskursiven Denken entsteht, weil es im sinnenfälligen Bereich verharrt, dann ist die Abwendung vom Sinnenfälligen als Weg zur *Wahrheit* – philosophisch gesehen – auch die abstraktive Bewegung in das eigene Selbst des Menschen, d.h. auf das Einigere hin: den Geist. Diese Sicht wird auch durch die Strukturparallelen bei Porphyrius deutlich, auf die hier nicht näher eingegangen wird.[46]

Die Wahrheitskonzeption Gregors von Nyssa ließe sich von Plotin her verstehen. Dennoch bleiben zwei wesentliche Differenzen zwischen beiden Autoren bestehen:[47] Zum einen läßt sich die Identifikation von Gott und Wahrheit bei Plotin nur indirekt aufweisen, insofern der νοῦς im Anschluß an Numenius als δεύτερος θεός begriffen werden könnte; dem Einen selbst kommt bei Plotin gerade das Sein nicht zu, das Gregor als Grundzug Gottes in *De vita Moysis* herausstellt. Denn Gregor betont ausdrücklich, daß Gott das wahrhaft Seiende ist; das Erfassen dieses wahrhaft Seienden ist die Erkenntnis der Wahrheit. Somit gehören Sein und Wahrheit als Gott bei Gregor zusammen. Darüber hinaus ist die Wahrheit bei Gregor nicht

---

[44] Vgl. zu diesen Ausführungen Th. Böhm, 1996, 243f., die von dort übernommen und leicht modifiziert sind. Zu Plotin vgl. Enn. III 8,6,40; IV 8,4,28f.; V 5,7,33 und VI 7,33,29f.

[45] W. Beierwaltes, 1981, 79.

[46] Vgl. dazu Th. Böhm, 1996, 244.

[47] Vgl. dazu Th. Böhm, 1996, 246.

allein das Sein Gottes in sich, sondern auch dessen Bezug zum sehenden Denken des Menschen im Sinne des Sich-selbst-Offenbarens. Daraus ergibt sich, daß Gregors Konzeption zwar wesentliche Impulse aus der neuplatonischen Tradition erhalten hat, daß er diese jedoch konstruktiv mit den biblischen Vorgaben verbindet, wonach Gott selbst sich in Jesus Christus offenbart und das Licht bringt, damit die Menschen sich im Bezug auf den Sohn oder Logos (Joh) in einem tugendhaften Leben vom Kosmos (im johanneischen Sinne der Finsternis) befreien. Damit verbindet Gregor eine Grundintention des Johannesevangeliums mit neuplatonischen Philosophemen.

2.2.3. Pseudo-Dionysius Areopagita

Pseudo-Dionysius zufolge ist Gott die Wahrheit über jeder Wahrheit,[48] die Wahrheit an sich,[49] die jedem Aussagen und Erkennen verborgen bleibt. Mit dieser Bestimmung der Wahrheit bzw. Gottes als Wahrheit über jeder Wahrheit hat B. R. Suchla zufolge Pseudo-Dionysius den traditionellen christlichen Wahrheitsbegriff aufgrund der Unerkennbarkeit dieser Wahrheit überstiegen.[50] Es ist wohl zutreffend, daß diese *Formulierung* neu klingt. Es wäre jedoch zu bedenken, daß auch Gregor von Nyssa, wenn er von der Wahrheit Gottes spricht, streng genommen ihre Unerkennbarkeit betont, sofern Gottes Sein und Wahrheit für Gregor koextensive Begriffe sind, die bei Gregor dahingehend präzisiert werden, daß Gott aufgrund seiner Unerzeugtheit (Agennesie) jeder Begrenzung entzogen bleibt, somit als in seinem Sein unbegrenzt und unendlich gedacht werden muß. Dies hat zur Folge, daß bei Gregor trotz der Formulierung „Erkenntnis der Wahrheit" durch den Menschen die Wahrheit Gottes aufgrund seiner Unbegrenztheit nur asymptotisch „erreicht" werden kann, d.h. daß sich der Mensch in einem unendlichen Streben in seiner Intelligibilität an Gott annähert. *Sachlich* entspricht dies genau dem Ansatz des Pseudo-Dionysius, wenn dieser von der Unerkennbarkeit der Wahrheit über jeder Wahrheit spricht. Und ähnlich wie Gregor von Nyssa betont auch Pseudo-Dionysius, daß die Wahrheit zugänglich sei, sofern sich Gott mitteilt,[51] und zwar durch Offenbarung, Schöpfung und Einstrahlung.[52] An dieser Stelle sei hier nur der Aspekt der Offenbarung thematisiert. Offenbarung ist für Pseudo-

---

[48] Vgl. Pseudo-Dionysius, DN (= *De divinis nominibus*) I 5; zur Fragestellung insgesamt vgl. besonders B. R. Suchla, 1996, 205–217 (dort weitere Lit.); außerdem A. M. Ritter, 1999, 164–178 und P. Rorem, 1993, bes. 155–158.

[49] Pseudo-Dionysius, DN VIII 1.

[50] Vgl. R. B. Suchla, 1996, 206.

[51] Vgl. Pseudo-Dionysius, DN VII 1.

[52] Vgl. dazu R. B. Suchla, 1996, 207–210.

Dionysius das Wort Gottes, das durch menschliche Worte vermittelt und vom Geist inspiriert ist.[53] Insofern ist Offenbarung eine durch Inspiration erlangte Aussagen-Wahrheit, d.h. die Wahrheit der Aussage über Gott[54] und dementsprechend eine Enthüllung von Verborgenem in der Offenbarung. Das Ziel besteht in der Einung des Menschen mit Gott, die das Vermögen und die Macht des menschlichen Redens und Denkens übersteigt. Weil Gott sich jedoch nur analog in der Offenbarung enthüllt entsprechend der menschlichen Fassungskraft, ist diese Enthüllung zugleich auch als Verhüllung zu begreifen, in der die Wahrheit Gottes entzogen und somit unbegreiflich bleibt. Wahrheit gehört für Pseudo-Dionysius zur *analogia entis*.

Dies wendet Pseudo-Dionysius über seine Theorie der Illumination auf die Namen Gottes an:[55] Aus den Namen sind die *Wirkweisen* erkennbar, die wiederum das *Sein* Gottes erschließen lassen. Vom Aspekt der Erkenntnis her ist für Pseudo-Dionysius die im Denken vollzogene Annäherung an Gott erneut mit dem Begriff der *Enthüllung* verbunden. Während sich jedoch Gott in der Offenbarung selbst enthüllt entsprechend der menschlichen Fassungskraft, meint Enthüllung jetzt den erkennenden Zugang des Menschen zu Gott. Beide Begriffe der Enthüllung müssen jedoch so aufeinander bezogen werden, daß die Enthüllung in der Offenbarung, die zugleich Verhüllung ist, die *Bedingung der Möglichkeit* darstellt, daß sich der Mensch im Erkennen Gott annähert und die Unbegreiflichkeit Gottes begreift.[56]

3. Schlußfolgerung

Die Überlegungen zum Wahrheitsverständnis in der Schrift (Bibel) und Patristik – hier vor allem zu Gregor von Nyssa – haben gezeigt, daß es für die Verwendung von ᵃᵉmaet bzw. ἀλήθεια anscheinend keine Möglichkeit gibt, die faktisch vorhandene Vieldeutigkeit auf eine ihr zugrundeliegende Bedeutung zurückzuführen, also z.B. für ᵃᵉmaet anzunehmen, die spezifische Bedeutung liege darin, Beständigkeit oder Treue auszudrücken. Es spricht vieles dafür, daß in der Bibel – evtl. mit Ausnahme des Johannesevangeliums – kein prägnanter Begriff von Wahrheit ausgebildet worden ist, der es erlauben würde, von einem biblischen Wahrheits*begriff* zu sprechen. Daraus ergibt sich dann jedoch, daß die *Diskrepanz*hypothese von biblischem und hellenistischem Wahrheitsverständnis entscheidend an Plausibilität verliert, zumal auch die Aussagenwahrheit in der Bibel vertreten wird. Die Verlagerung auf die Eigenart eines biblischen Wahrheitsverständ-

---

[53] Vgl. Pseudo-Dionysius, DN I 1.
[54] Vgl. Pseudo-Dionysius, DN I 1.
[55] Vgl. Pseudo-Dionysius, DN, bes. I 4–5 und V 6; dazu R. B. Suchla, 1996, 210–212.
[56] Auf die Strukturparallelen zu Proklos kann hier nicht eingegangen werden. Sie bedürfen einer eingehenden Untersuchung, die einem anderen Ort vorbehalten bleiben muß.

nisses führte theologisch dazu, daß man die Verbindung beider Traditionen im Nachhinein als ein Mißverständnis der biblischen Botschaft diskreditierte. Gerade die Erörterungen zum Wahrheitsverständnis bei Gregor von Nyssa zeigen jedoch, daß zahlreiche Aspekte im Sinne einer philosophischen Implikation als von neuplatonischen Philosophemen bestimmte Denkformen angesehen werden können, daß Gregor von Nyssa jedoch trotz einer gewandelten geschichtlichen Situation biblische Momente in sein Denken zu integrieren sucht.

Zu diskutieren wäre, ob in diesem Zusammenhang der Ansatz von Lorenz B. Puntel fruchtbar gemacht werden könnte.[57] Ihm zufolge handelt es sich bei der theologischen und philosophischen Wahrheit um eine Differenz, die die Bestimmtheit der inhaltlichen Seite betrifft. Das philosophische Universum, wie Puntel es nennt, sei allgemein bestimmt – etwa mit den Begriffen wie Sein, absoluter Grund usw. –, während die theologische Wahrheit die Eingegliedertheit in ein theologisch bestimmtes Universum thematisiere. Es sei dasselbe Universum, nur näher bestimmt, etwa durch Begriffe wie Heilsgeschichte. Wenn Gregor von Nyssa Gott als Wahrheit und zugleich als wahres *Sein* begreift, das sich in Jesus offenbart, würde er im Puntelschen Sinne denselben Sachverhalt einmal weniger bestimmt (Sein), einmal näher bestimmt (z.B. Offenbarung) aussagen. Genau hier lägen die Möglichkeiten, die kontextuell gebundenen Aussagen etwa des Gregor von Nyssa hinsichtlich der philosophischen Implikationen auf der Grundlage biblischer Aussagen zu verstehen. Die Annahme etwa von C.-F. Geyer, daß durch die Alexandriner oder auch die Kappadokier die biblische Wahrheit destruiert worden sei, wie dies zuvor ausgeführt wurde, wäre so auf ein anderes Fundament gestellt.

Literaturverzeichnis

Beierwaltes, Werner, 1980, *Deus est veritas. Zur Rezeption des griechischen Wahrheitsbegriffes in der frühchristlichen Theologie*, in: E. Dassmann / K. S. Frank (Hrsg.), *Pietas* (FS B. Kötting), JbAC, Ergbd. 8, Münster, 15–29.

Beierwaltes, Werner, [3]1981, *Plotin. Über Ewigkeit und Zeit (Enneade III 7)*, Frankfurt am Main.

Bergmeier, R., 1966, „Zum Verfasserproblem des II. u. III. Johannesbriefes", *Zeitschrift für Neutestamentliche Wissenschaft*, 57, 93–100.

Beutler, Johannes, 2001, Art. „Wahrheit III. Biblisch-theologisch", *LThK*[3] 10, 933–935.

Blank, Josef, 1963, „Der johanneische Wahrheits=Begriff", *Biblische Zeitschrift*, 7, 163–173.

Böhm, Thomas, 1991, *Die Christologie des Arius. Dogmengeschichtliche Überlegungen unter besonderer Berücksichtigung der Hellenisierungsfrage*, St. Ottilien.

---

[57] Vgl. L. B. Puntel, 1995, 37–39.

Böhm, Thomas, 1996, *Theoria Unendlichkeit Aufstieg. Philosophische Implikationen zu „De vita Moysis" von Gregor von Nyssa*, Leiden / New York / Köln.

Borig, Rainer, 1967, *Der wahre Weinstock. Untersuchungen zu Jo 15,1–10*, München.

Bucher, Alexius J., 1995, „*Das Weltkind in der Mitten". Vom theologischen Interesse an der Philosophie*, in: G. Müller (Hrsg.), *Das kritische Geschäft der Vernunft. Symposion zu Ehren von Gerhard Funke*, Bonn, 55–74.

Curley, Augustine J., 1997, *Augustine's Critique of Skepticism. A Study of Contra Academicos*, New York u. a.

Ferrari, Leo Charles, 1990, *Truth and Augustine's Conversion Scene*, in: J. C. Schnaubelt / F. van Fleteren (Hrsg.), *Collectanea Augustiniana. Augustine: „Second Founder of the Faith"*, New York u. a., 9–19.

Flasch, Kurt, 1980, *Augustin. Einführung in sein Denken*, Stuttgart.

Fuchs, E., 1962, Art. „Wahrheit I", *RGG³*, Bd. 6, 1515–1517.

Fuhrer, Therese, 1992, „Das Kriterium der Wahrheit in Augustins *Contra Academicos*", *Vigiliae Christianae*, 46, 257–275.

Gebauer, Roland, 2000, „*Aletheia" im Johannesevangelium. Exegetische Anmerkungen zur theologischen Wahrheitsfrage*, in: H. H. Klement (Hrsg.), *Theologische Wahrheit und die Postmoderne*, Wuppertal / Gießen / Basel, 233–254.

Geyer, Carl-Friedrich, 1986, *Überlegungen zum Wahrheitsanspruch der Religion im Anschluß an die These von der „Hellenisierung des Christentums"*, in: W. Oelmüller (Hrsg.), *Wahrheitsansprüche der Religionen heute*, Paderborn u. a., 43–61.

Graumann, Thomas, 1994, *Christus Interpres. Die Einheit von Auslegung und Verkündigung in der Lukaserklärung des Ambrosius von Mailand*, Berlin / New York.

Hergenröder, Clemens, 1996, *Wir schauten seine Herrlichkeit. Das johanneische Sprechen vom Sehen im Horizont von Selbsterschließung Jesu und Antwort des Menschen*, Würzburg.

Hofrichter, Peter, 1986, *Im Anfang war der „Johannesprolog". Das urchristliche Logosbekenntnis – die Basis neutestamentlicher und gnostischer Theologie*, Regensburg.

Horn, Christoph, 1995, *Augustinus*, München.

Hübner, H., 1980, ἀλήθεια, in: *Exegetisches Wörterbuch zum Neuen Testament*, Bd. 1, 138–145.

Ibuki, Y., 1972, *Die Wahrheit im Johannesevangelium*, Bonn.

Jepsen, A., 1973, *'mn*, in: *Theologisches Wörterbuch zum Alten Testament*, Bd. 1, 313–348.

Karavites, Peter, 1999, *Evil, Freedom, and the Road to Perfection in Clement of Alexandria*, Leiden / Boston / Köln.

Kittel, Gerhard, 1966, *ᵉmæt im rabbinischen Judentum*, in: *Theologisches Wörterbuch zum Neuen Testament*, 1, 237–238.

Klauck, Hans-Josef, ²1995, *Die Johannesbriefe*, Darmstadt.

Koch, K., 1965, *Der hebräische Wahrheitsbegriff im griechischen Sprachraum*, in: H.-R. Müller-Schwefe (Hrsg.), *Was ist Wahrheit?*, Göttingen, 47–65.

Kreiner, Armin, 1992, *Ende der Wahrheit? Zum Wahrheitsverständnis in Philosophie und Theologie*, Freiburg / Basel / Wien.

Lampe, G. W. H., ¹²1995, *A Patristic Greek Lexicon*, Oxford, 70–72.

Landmesser, Christof, 1999, *Wahrheit als Grundbegriff neutestamentlicher Wissenschaft*, Tübingen.

Michel, Diethelm, 1968, „'ÄMÄT. Untersuchung über ‚Wahrheit' im Hebräischen", *Archiv für Begriffsgeschichte*, 12, 30–57.

Müller, Christof, 1993, *Geschichtsbewußtsein bei Augustinus. Ontologische, anthropologische und universalgeschichtlich/heilsgeschichtliche Elemente einer augustinischen „Geschichtstheorie"*, Würzburg.

Oberlinner, Lorenz, 2002, *Der erste Timotheusbrief / Der zweite Timotheusbrief*, Freiburg / Basel / Wien.

Osborn, Eric F., 1957, *The Philosophy of Clement of Alexandria*, Cambridge.

Pannenberg, Wolfhart, 1986, *Die Wahrheit Gottes in der Bibel und im christlichen Dogma*, in: W. Oelmüller (Hrsg.), *Wahrheitsansprüche der Religionen heute*, Paderborn / München / Wien / Zürich, 271–285.

Potterie, Ignace de la, 1977, *La vérité dans Saint Jean. Tome II. Le croyant et la vérité*, Rom.

Puntel, Lorenz B., 1995, „Der Wahrheitsbegriff in Philosophie und Theologie", *Zeitschrift für Theologie und Kirche*, Beiheft 9, 16–45.

Puntel, Lorenz B., 2001, Art. „Wahrheit I. Begriff", *LThK³*, 10, 926–929.

Quell, Gottfried, 1966, ἀλήθεια A, in: *Theologisches Wörterbuch zum Neuen Testament*, Bd. 1, Stuttgart, 233–237.

Ring, Thomas G., 1975, *Auctoritas bei Tertullian, Cyprian und Ambrosius*, Würzburg.

Ritter, Adolf M., 1999, *Die Lichtmetaphorik bei Dionysius Ps.-Areopagita und in seinem Wirkbereich*, in: R. Bernhardt / U. Link-Wieczorek (Hrsg.), *Metapher und Wirklichkeit. Die Logik der Bildhaftigkeit im Reden von Gott, Mensch und Natur*, Göttingen, 164–178.

Röhl, Wolfgang G., 1991, *Die Rezeption des Johannesevangeliums in christlich-gnostischen Schriften aus Nag Hammadi*, Frankfurt am Main u. a.

Rorem, Paul, 1993, *Pseudo-Dionysius. A Commentary on the Texts and an Introduction to Their Influence*, New York / Oxford.

Schnackenburg, Rudolf, 2001a, *Das Johannesevangelium I. Kommentar zu Kapitel 1–4*, Freiburg / Basel / Wien.

Schnackenburg, Rudolf, 2001b, *Das Johannesevangelium II. Kommentar zu Kapitel 5–12*, Freiburg / Basel / Wien.

Schneider, Ulrich, 1999, *Theologie als christliche Philosophie. Zur Bedeutung der biblischen Botschaft im Denken des Clemens von Alexandria*, Berlin / New York.

Schwankl, Otto, 1995, *Licht und Finsternis. Ein metaphorisches Paradigma in den johanneischen Schriften*, Freiburg u. a.

Siebenthal, Heinrich von, 2000, „Wahrheit" bei den Althebräern. Anmerkungen zur Diskrepanztheorie aus linguistischer Sicht, in: H. H. Klement (Hrsg.), *Theologische Wahrheit und die Postmoderne*, Wuppertal / Gießen / Basel, 208–232.

Söding, Thomas, 2003, „Was ist Wahrheit? Theologischer Anspruch und historische Wirklichkeit im Neuen Testament", *Jahres- und Tagungsbericht der Görres-Gesellschaft*, Bonn, 32–62.

Suchla, Beate R., 1996, „Wahrheit über jeder Wahrheit. Zur philosophischen Absicht der Schrift *De divinis nominibus* des Dionysius Areopagita", *Theologische Quartalschrift*, 176, 205–217.

Wilckens, Ulrich, 1998, *Das Evangelium nach Johannes*, Göttingen.

Wyrwa, Dietmar, 1983, *Die christliche Platonaneignung in den Stromateis des Clemens von Alexandrien*, Berlin / New York.

‚Wahrheit' von Augustinus bis zum frühen Mittelalter: Stationen einer Begriffsgeschichte

Markus Enders (Freiburg)

Einleitung

Innerhalb der hier zu betrachtenden Geschichte des philosophischen Begriffs der Wahrheit in der lateinischsprachigen Tradition der Spätantike (seit Augustinus) bis zum frühen Mittelalter besitzen die wahrheitstheoretischen Überlegungen des Augustinus und des Anselm von Canterbury eine herausragende Bedeutung. Während jedoch Anselms Wahrheitstheorie in jüngster Zeit durch mehrere Monographien, die sich dieser Thematik ausführlich gewidmet haben, nahezu erschöpfend behandelt und erschlossen worden ist,[1] sind die wahrheitstheoretischen Überlegungen des Augustinus bislang m. E. noch längst nicht intensiv genug rekonstruiert worden. Daher sollen sie im folgenden vergleichsweise ausführlich behandelt werden.

1. Augustinus

1.1. Die Erkennbarkeit der Wahrheit nach *Contra Academicos*

Gegen die Annahmen der sog. mittleren akademischen Skepsis, daß für den Menschen die Wahrheit unerkennbar und nur das Wahr-Ähnliche (*verisimile*) erkennbar und daß das Erreichen des Glücks auch ohne den Besitz der Wahrheit möglich sei, zeigt der frühe Augustinus im Anschluß an die antike platonische Tradition, daß erstens das Wissen des sinnlich wahrnehmbaren *verisimile* (des Wahrscheinlichen, wörtlich des „Wahrähnlichen") ein Wissen um dessen jeweiliges Urbild, das rein intelligible Wahre, voraussetzt; er zeigt zweitens, daß erst der Besitz der Wahrheit den Menschen glücklich macht und daß drittens dieser möglich ist, weil es erfahrungsunabhängig gültige Wahrheiten wie etwa mathematische Sachverhalte gibt, die von der Dialektik als dem vollendeten Wissen der Wahrheit gelehrt werden.[2]

---

[1] Vgl. G. Kapriev, 1998, insb. 103–143; M. Enders, 1999; B. Goebel, 2001, 33–280; M. Enders (Hrsg.), Anselm von Canterbury, *Über die Wahrheit*, Lateinisch-Deutsch, Hamburg 2001, (Philosophische Bibliothek 535), ²2003, insb. XI–CXV.

[2] Vgl. Augustinus, *Contra Academicos* II,7,19, in: CCSL 29, hrsg. von W. M. Green, Turnhout 1970, 28,90f.; III,6,13, op. cit., 42,1–4; III,11,25, op. cit., 49,37–39; III,13,29, op. cit.,

1.2. Die verschiedenen Definitionsversuche des Wahrheitsprädikats (*verum*) in den *Soliloquia*

In den *Soliloquia* als der ersten wichtigen wahrheitstheoretischen Schrift Augustins wird primär die Bedeutung des Wahrheitsprädikats (lat. *verum*) und nicht die des Wahrheitsbegriffs (lat. *veritas*) erörtert, dessen Grundbedeutung als eine Gottesprädikation[3] und als Form- bzw. Exemplarursache alles Wahren[4] einerseits schon vorausgesetzt wird. Andererseits sucht Augustinus zumindest implizit die Identität der Wahrheit mit Gott durch zwei Beweisgänge im ersten und zweiten Buch der *Soliloquia* nachzuweisen, die zu dem Ergebnis führen, daß die Wahrheit unvergänglich sein müsse. Diese beiden Beweisgänge sind vom Verfasser bereits an einem anderen Ort ausführlich behandelt worden,[5] weshalb hier auf sie nicht näher eingegangen werden soll.

1.2.1. Die *erkenntnistheoretischen* Bestimmungen des Wahren (*verum*) im korrespondenztheoretischen Sinne

Nach dem Beweis der Unvergänglichkeit der Wahrheit im zweiten Buch der *Soliloquia* versucht Augustinus über eine angemessene Definition des ‚Falschen‘ und damit ex negativo zu einer definitiven Bestimmung des Wahren und dadurch auch der Wahrheit – um des von ihm intendierten Unsterblichkeitsbeweises der menschlichen Geist-Seele willen – zu gelangen. In einem ersten Schritt bestimmt er das ‚Falsche‘ als etwas, das sich anders verhält als es zu sein scheint,[6] um daraus die konstitutive Bedeu-

---

51 f.,1–40; III,17,37, op. cit., 57,15–21; III,18,40, op. cit., 59,5–12; vgl. hierzu Th. Fuhrer, 1992, 264 ff.

[3] Vgl. – die einfachen Textstellen beziehen sich innerhalb des Kapitels 1.2 stets auf die *Soliloquia*: Mit der römischen Ziffer wird das Buch, mit den arabischen Zahlen wird die Kapiteleinteilung nach der Mauriner-Ausgabe und dahinter in eckigen Klammern die Seiten- und Zeilenzahl der kritischen Edition der *Soliloquia* im Corpus Scriptorum Ecclesiasticorum Latinorum [= CSEL], Bd. LXXXIX, hrsg. von Wolfgang Hörmann, Wien 1986, angegeben [zitiert wird der kritische Text der CSEL-Ausgabe] – I 3,1 [CSEL 5,6f.]: „Te invoco, Deus veritas, in quo et a quo et per quem vera sunt, quae vera sunt omnia." Zu dieser (dreifachen) Bedeutung von *veritas* als Gottesprädikation vgl. J. Villalobos, 1982, 152ff. („El Deus-Veritas como ›summum principium‹ ex quo [origen], per quem [causa], e in quo [fundamento]"). Zu *veritas* als Gottesprädikation im ersten Buch der *Soliloquia* vgl. H. Stirnimann, 1992, 77f.

[4] Vgl. Augustinus, *Soliloquia* I 27,7 [CSEL 41,9f.]: „ita etiam, si quid verum est, veritate utique verum est"; I 29,4 [CSEL 43,12f.]; II 2,4 [CSEL 48,12f.]; II 2,5 [CSEL 48,20]; II 21,2 [CSEL 74,1–3]; II 28,1 [CSEL 83,2]: II 29,1 [CSEL 83,16f.]; II 31,4 [CSEL 89,1f.]; II 31,6 [CSEL 89,18f.]; in II 21,3 wird die Dialektik als die Wahrheit bezeichnet, durch die die Vernunft selbst wahr ist, vgl. CSEL 74,6f.

[5] Vgl. M. Enders, 1999, 36–51, bes. 36–44.

[6] Vgl. Augustinus, *Soliloquia* II 3,6 [CSEL 50,11]; mit einer äquivalenten Formulierung wiederaufgenommen in: II 10,1 [CSEL 57,18f.].

tung eines wahrnehmenden und erkennenden Subjektes, für das allein es
ein (falsches) Scheinen geben, das aber auch kraft seines von seiner sinnlichen Wahrnehmung unabhängigen Urteilsvermögens Sinnestäuschungen
als solche erkennen kann, für die Existenz des Falschen abzuleiten (II 3,6
[CSEL 50,12–17]), so daß die wahrnehmende Seele die Täuschung entweder selbst hervorbringt oder an ihrem Zustandekommen zumindest mit-
wirkt (II 3,7 [CSEL 50,22–51,1]). Aus dieser Bestimmung des Falschen
schließt Augustinus auf die als gegensätzlich angenommene Bestimmung
des Wahren:

Wahr ist das, was so ist, wie es zu sein scheint.[7]

Es ergibt sich jedoch aus dieser Bestimmung des Wahren eine absurde
(II 7,4 [CSEL 55,11]) Konsequenz: Denn ihr zufolge dürfte nur das als
wahr und damit als – in dieser Bestimmtheit – wirklich existierend gelten,
was von einem wahrnehmenden Subjekt auch de facto wahrgenommen
wird.[8]

Das Scheitern dieses Definitionsversuches des Wahren ist, streng genommen, nur durch die Tatsache verursacht, daß Augustinus bereits ein definitives Vorverständnis für das Wahr-Sein von etwas im Sinne seiner realen
Formbestimmtheit[9] voraussetzt bzw. mitbringt, zu dem der Inhalt seiner
ausdrücklichen Definition des Wahren als desjenigen, was (objektiv) so
ist, wie es (wenigstens einem Erkenntnissubjekt) zu sein scheint, in einem
Widerspruch steht: Er spielt, thesenhaft formuliert, das ontologische Verständnis des Wahren bzw. des Wahr-Seins in der Bedeutung realer Formbestimmtheit, die unabhängig von ihrem Erkanntwerden besteht, gegen eine
als „erkenntnistheoretisch" bzw. genauer als „korrespondenztheoretisch"
charakterisierbare Definition des Wahr-Seins als Übereinstimmung des objektiven Sachverhalts mit einer subjektiven Ansicht von diesem Sachverhalt
aus. Dieser Widerspruch veranlaßt ihn zu einer neuen korrespondenztheoretischen Definition des Wahrheitsprädikats, die jedoch den bezeichneten
Widerspruch nur wiederholt und deshalb zu derselben absurden Konsequenz führt wie bereits die erste, weil auch sie die reale Existenz eines Seienden von dessen Erkanntwerden durch ein Erkenntnissubjekt abhängig
macht:

---

[7] Vgl. Augustinus, *Soliloquia* II 5,5f. [CSEL 53,1–6, insb. 6]: „inde verum, quod ita ut est videtur, [...]"; vgl. ferner II 6,2 [CSEL 54,9]: „Ergo, si nihil verum est, nisi ita sit ut videtur,
[...]"; wiederholt in: II 7,3 [CSEL 55,6].
[8] Vgl. Augustinus, *Soliloquia* II 6,2 [CSEL 54,9–12]; vgl. auch II 7,1f. [CSEL 54,16–55,1].
[9] Augustinus zeigt an mehreren Beispielen, daß eine Entität nur dann wirklich existiert,
wenn sie eine „wahre" Entität, d. h. wenn sie wirklich *formbestimmt* ist, vgl. *Soliloquia* II 6,2
[CSEL 54,3f.]; ebd. [CSEL 54,6f.]; II 7,1 [CSEL 54,17].

Wahr ist dasjenige, das sich so verhält, wie es einem Erkennenden erscheint, wenn er erkennen kann und will.[10]

Zudem ergibt sich aus dieser Definition des Wahren das Problem, daß ihr zufolge ein und derselbe Gegenstand – nämlich für verschiedene Betrachter – zugleich wahr und falsch sein kann.[11] Die anschließende Konfrontierung dieser Konsequenz mit der ursprünglich platonischen Einsicht, daß demselben Gegenstand nicht nur verschiedene, sondern auch einander entgegengesetzte Vergleichsgrößen bzw. relative Bestimmungen wie „größer" und „kleiner" zukommen können, die nicht „durch sich", d.h. keine substantiellen Bestimmungen sind (II 8,3 [CSEL 56,4–8]), führt konsequenterweise zu der Frage, ob auch das Wahre (verum) nur eine solche Vergleichsgröße ist, wie das korrespondenztheoretische Wahrheitsverständnis faktisch behauptet, so daß es nichts an sich Wahres gäbe (II 8,4 [CSEL 56,9f.]).

1.2.2.   Die vorläufige „ontologische" Bestimmung des Wahren

In einem *zweiten* Schritt versucht Augustinus das rein korrespondenztheoretische Verständnis des Wahren bzw. wahr Seienden durch eine Analyse seiner bereits genannten Konsequenz, daß es, seine Richtigkeit vorausgesetzt, nichts an sich, d.h. unabhängig von seinem Erkanntwerden durch einen Betrachter, Wahres gäbe (II 8,2 [CSEL 55,20]), ad absurdum zu führen: Denn die These, daß es nichts an sich Wahres gibt, faßt er als gleichbedeutend auf mit der zuvor, wie wir sahen, bereits mehrfach falsifizierten Aussage, daß überhaupt nichts an sich, d.h. ohne einen erkennenden Betrachter (II 8,4 [CSEL 56,11f.]), existiere.[12] Er begründet diese Gleichsetzung ex negativo mit der Unmöglichkeit der gegenteiligen Annahme, daß etwas durch sich, d.h. ohne erkennenden Betrachter, Bestimmtes nicht ein wahres Bestimmtes – in der Bedeutung eines durch eine spezifische Form Bestimmten – sein könne.[13] Damit führt Augustinus um einer Widerlegung des korrespondenztheoretischen Verständnisses des Wahren willen jene ontologische Bestimmung des Wahren im Sinne des durch eine Form Bestimmten bzw. des Wahr-Seins im Sinne realer Formbestimmtheit wieder ein, die er, wie wir sahen, bereits zuvor zu dem gleichen Zweck in

---

[10] Vgl. Augustinus, *Soliloquia* II 8,1 [CSEL 55,18f.]: „Verum est quod ita se habet, ut cognitori videtur, si velit possitque cognoscere."

[11] Vgl. Augustinus, *Soliloquia* II 8,2 [CSEL 55,21–56,2]. Ein Problem stellt diese Konsequenz des korrespondenztheoretischen Wahrheitsverständnisses nur für ein ontologisches Verständnis des Wahr-Seins in der gekennzeichneten Bedeutung dar.

[12] Vgl. Augustinus, *Soliloquia* II 8,4 [CSEL 56,9f.].

[13] Exemplifiziert wird dieser Gedanke an einem Stück *Holz*, vgl. Augustinus, *Soliloquia* II 8,4 [CSEL 56,10–12]: Das Woher (*unde*) der Formbestimmtheit, d. i. in diesem Beispiel des Holz-Seins, und damit auch der wahren – im Sinne einer realen – Formbestimmtheit eines bestimmten Stückes Holz ist die Form bzw. die Idee des Holzes.

Anspruch genommen hatte. Hat er damit das korrespondenztheoretische Verständnis des Wahren aber auch tatsächlich schon widerlegt?

Seine *ontologische* Definition des Wahren lautet:

Wahr ist das, was *ist*.[14]

Diese Identifizierung des Wahren bzw. wahr Seienden mit dem bzw. allem[15] Seienden überhaupt gebraucht das Wahre in der Bedeutung des Form-Bestimmten und dementsprechend das Wahr-Sein in der Bedeutung von realer Formbestimmtheit. Denn nur in dieser Bedeutung kann das Wahre mit dem Seienden überhaupt identifiziert werden. Damit hat Augustinus das korrespondenztheoretische Verständnis des Wahren bzw. wahr Seienden allerdings keineswegs widerlegt, sondern nur durch ein neues, das ontologische, Verständnis ersetzt. Denn für seine intendierte Widerlegung des korrespondenztheoretischen Verständnisses des Wahren muß er die ontologische Definition des Wahren bzw. wahr Seienden bereits als gültig voraussetzen.

Aus seiner ontologischen Definition des Wahren, genauer aus der in ihr vollzogenen Identifizierung alles Seienden mit dem Wahren, folgert Augustinus konsequent die Nichtexistenz des zum Wahren Gegensätzlichen, des Falschen,[16] sieht sich mit dieser Konklusion allerdings zu Recht in einer Aporie.[17] Diese, zumindest vorläufige, Falsifizierung der ontologischen Definition des Wahren wirft erneut die Frage nach einer angemessenen Bestimmung des Falschen auf.

1.2.3. Das ambivalente Wahre

Nach Wiederaufnahme jener Definition des Falschen als desjenigen, das nicht so ist, wie es zu sein scheint (II 10,1 [CSEL 57,18f.]), die bereits der Ausgangspunkt für die korrespondenztheoretische Bestimmung des Wahren war (II 3,6 [CSEL 50,11]), sucht Augustinus das Phänomen des Falschen bzw. der Falschheit zunächst im Bereich der sinnlichen Wahrnehmung zu bestimmen (II 10,2 [CSEL 57,20]). Dort beruht die Möglichkeit einer falschen bzw. täuschenden Sinneswahrnehmung auf der Ähnlichkeit des (sinnlich) Falschen, d.h. eines täuschenden Wahrnehmungsinhalts, mit dem (sinnlich) Wahren, d.h. mit wahren sinnlichen Wahrnehmungsinhal-

---

14 Vgl. Augustinus, *Soliloquia* II 8,5 [CSEL 56,14f.]: „nam verum mihi videtur esse id quod est."
15 Vgl. Augustinus, *Soliloquia* II 8,5 [CSEL 56,16]: „[...] quia, quicquid est, verum est."
16 Vgl. Augustinus, *Soliloquia* II 8,5 [CSEL 56,16]; wiederholt in: II 15,9 [CSEL 65,15–17].
17 Vgl. Augustinus, *Soliloquia* II 8,6 [CSEL 56,17f.]. Die aus der ontologischen Definition des Wahren unvermeidlich gewordene Negation der Existenz des Falschen offenbart einen Argumentationsnotstand, der Augustinus zu einem Gebet, zur Anrufung Gottes um Hilfe veranlaßt, vgl. II 9,2 [CSEL 57,6–11].

ten.[18] Diese Ähnlichkeit des (sinnlich) Falschen mit dem (sinnlich) Wahren wird in einem zweiten Schritt auf die Ähnlichkeit der sinnlich wahrnehmbaren Gegenstände zueinander zurückgeführt,[19] so daß schließlich die Ähnlichkeit als die „Mutter der Wahrheit" und die Unähnlichkeit als die „Mutter der Täuschung" bzw. der Falschheit bezeichnet wird.[20] Doch auch diesen Bestimmungsversuch des Falschen mit den Kategorien der Ähnlichkeit und Unähnlichkeit führt Augustinus wieder ad absurdum (II 15,3 ff. [CSEL 64,13–65,18]), um schließlich nur zwei mögliche Antworten auf die Frage, was das Falsche sei, zuzulassen: Das Falsche ist entweder das, was sich für etwas ausgibt, was es nicht ist; oder es ist das, was überhaupt zu sein versucht und doch nicht ist.[21] Diese (zweite) Art des Falschen wird exemplifiziert mit Spiegelbildern (II 17,2 [CSEL 66,23–67,2]), Bildern der darstellenden Künste (II 17,3 [CSEL 67,4–6]), Traumbildern der Schlafenden und Einbildungen der Wahnsinnigen (II 17,4 [CSEL 67,8–12]), Schattenbildern und charakteristischen optischen Täuschungen (II 17,5 [CSEL 67,13–15]), d.h. mit Erscheinungen, denen gemeinsam ist, daß sie etwas Wahres zu sein versuchen, es aber nicht sein können.[22] Demgegenüber wird die erste Art des Falschen charakterisiert entweder als (absichtlicher) Betrug oder als (faktische) Lüge ohne die Absicht zu einem Betrug[23] und in dieser letzten Bedeutung exemplifiziert mit den verschiedenen Genera der Dichtkunst.[24] Deren Inhalte, wofür die Komödiendichtung als Paradigma fungiert (II 18,2 [CSEL 68,4–6]) – sind durch den fingierenden dichterischen Willen und insofern gleichsam system- oder sachbedingte und daher nicht betrügerische

---

[18] Vgl. Augustinus, *Soliloquia* II 10,2 [CSEL 57,21–58,1].

[19] Dabei fungiert die optische Wahrnehmung, das Sehen, als Paradigma aller anderen Wahrnehmungsformen, vgl. Augustinus, *Soliloquia* II 10,6 [CSEL 58,18f.]; zu Sinnestäuschungen beim Hören vgl. II 12,1 [CSEL 60,9–18].

[20] Vgl. Augustinus, *Soliloquia* II 13,5 [CSEL 62,20–63,3].

[21] Vgl. Augustinus, *Soliloquia* II 16,1 f. [CSEL 65,20–66,2]. Zum platonischen Hintergrund der zweiten Bestimmung des Falschen vgl. *Politeia* 595–606, bes. 602.

[22] Vgl. Augustinus, *Soliloquia* II 17,4 [CSEL 67,11 f.]; vgl. auch II 18,1 [CSEL 68,1 f.]. Diese Beispiele sind der skeptischen bzw. skeptizistischen Tradition entnommen, vgl. hierzu: *Saint Augustine, Soliloquies and Immortality of the soul*, with an introduction, translation and commentary by G. Watson, Warminster 1990, 190.

[23] Zu dieser ausdrücklichen Unterscheidung vgl. Augustinus, *Soliloquia* II 16,2–5 [CSEL 66,2–27]; vgl. hierzu G. Watson, *St. Augustine, Soliloquies and Immortality of the soul*, 190: „Deception is distinguished by the *desire* to deceive, whereas lying is a simple fabrication, making things up. When you tell a joke, for instance, you don't intend people to take it as the literal truth: a comedy by Aristophanes was not meant to be understood as a literal historical record of events in Athens (my example)."

[24] Vgl. Augustinus, *Soliloquia* II 16,4 [CSEL 66,10–13]; vgl. auch II 18,2 [CSEL 68,1–4]; vgl. ferner *De ordine* [CCSL 29] I 8,21: Die Hinwendung zur Dichtkunst ist zugleich eine Entfernung von der Philosophie. Diese Auffassung vom trügerischen Charakter der Dichtkunst begegnet in der Antike seit Hesiods Theogonie (27f.) häufig, am radikalsten bei Platon, vgl. hierzu H.-G. Gadamer, „Plato und die Dichter" (1934), in: Ders., 1999, insb. 201–206; vgl. auch Horaz, *Ars poetica* 151.

Täuschungen (II 18,2 f. [CSEL 68,6–9]), so daß auch die theatralische Darstellung dieser fingierten Inhalte gleichzeitig sowohl „wahr" – der Schauspieler ist einerseits, unabhängig von seiner Rolle als Schauspieler, in Wirklichkeit eine bestimmte Person – als auch absichtlich vorgetäuscht, mithin „falsch" ist – in seiner jeweiligen Rolle ist der Schauspieler zugleich auch eine absichtlich vorgetäuschte und insofern „falsche" Person.[25] Die gleichzeitige Wahrheit und Falschheit und damit die Ambivalenz ein und derselben Erscheinung – wenn auch in verschiedener Hinsicht[26] – ist es, die Augustinus an diesem Beispiel – wie auch an anderen sinnlich wahrnehmbaren Erscheinungen[27] – zu demonstrieren versucht,[28] um an ihr gleichsam als Negativfolie jenes ambivalenzlose Wahre sichtbar zu machen, auf das seine Frage nach einer angemessenen Definition des Wahren eigentlich zielt (II 18,7 [CSEL 69,9–16]). Aus der Definition dieses Wahren wird sich nach Augustins Überzeugung die letztlich gesuchte Bestimmung der Wahrheit, von der alles Wahre seinen Namen erhält, wie von selbst ergeben.[29]

1.2.4. Wahrheit als Dialektik: Das „epistemologische" Verständnis von Wahrheit

Nachdem das gesuchte Wahre durch den Kontrast zum ambivalenten Wahren, das zugleich auch – in einer jeweils anderen Hinsicht – falsch ist, als ein *ambivalenzloses Wahres* bestimmt wurde, wird es in einem nächsten Schritt mit den (wissenschaftlichen) Disziplinen der Dialektik (*disciplina dispu-*

---

[25] Vgl. Augustinus, *Soliloquia* II 18,3 [CSEL 68,9–13]. Der Name des *Roscius*, ein Zeitgenosse Ciceros, ist schon zu seinen Lebzeiten zum Inbegriff des vollkommenen Künstlers geworden, vgl. Cicero, *De oratore* I, 130; zum Gesamtzusammenhang dieses Gedankens vgl. G. Watson, *Saint Augustine, Soliloquies and Immortality of the soul*, 190: „Augustine then wants to know why jokes and other kinds of illusion (meaning things like drama and literature) are excluded from the second kind of false. Reason answers that it is again a question of intent: an actor in a drama deliberately intends to project a person other than himself and he engages in this fiction because he wishes to be true to the intentions of the author of the drama and also to be true to himself as an actor."

[26] Diese notwendige Einschränkung macht Augustinus allerdings nicht explizit genug, weil er gerade die Ambivalenz, das Sowohl-Wahr-als-auch-Falsch-Sein aller sinnlich wahrnehmbaren Erscheinungen herausstellen möchte.

[27] Vgl. Augustinus, *Soliloquia* II 18,5 f. [CSEL 69,2–5]. Augustinus hat seine Beispiele mit Absicht so gewählt, daß an ihnen die Ambivalenz der Erscheinung – dadurch, daß sie zugleich etwas anderes sein sollen oder sein wollen als sie in ihrem Sein selbst sind – besonders gut sichtbar wird.

[28] Vgl. Augustinus, *Soliloquia* II 18,4 f. [CSEL 68,16–69,2]; vgl. auch II 18,6 [CSEL 69,4–7].

[29] Vgl. Augustinus, *Soliloquia* II 18,8 [CSEL 69,17–70,2]: „Magna et divina quaedam requiris. Quae tamen si invenerimus, nonne fatebimur his ipsam confici et quasi conflari veritatem, a qua denominatur omne, quod verum quoquo modo nominatur?" In der Vorentscheidung für diese Fragerichtung liegt bereits ein Hinweis auf den ideellen, mithin rein geistigen Charakter dieser Wahrheit.

tandi) und der Grammatik in Verbindung gebracht, wenn von beiden Disziplinen behauptet wird, sie seien wahr (II 19,1 [CSEL 70,4–7]). Dabei werden die Gegenstände der Dialektik als nicht ambivalent (II 19,1 [CSEL 70,6–10]), die der Grammatik aber als – in dem bereits gekennzeichneten Sinne – ambivalent vorausgesetzt (II 19,1 [CSEL 70,10–13]).

Das Wesen und das Verfahren der *Grammatik* werden anschließend definitorisch bestimmt,[30] um ein Beispiel für wissenschaftliche Definitionen und Distinktionen und damit einen Anwendungsfall für die charakteristische Tätigkeit der *Dialektik* zu statuieren (II 19,3 [CSEL 71,5f.]). Die Frage nach dem Wahrheitsgrund der Grammatik wird mit ihrem Charakter als Wissenschaft beantwortet: Weil jede Wissenschaft wahr ist, ist auch die Grammatik als eine dieser Wissenschaften wahr. Jede Wissenschaft aber ist wahr, weil sie ein (begründetes) Wissen von einem bestimmten Gegenstandsbereich darstellt und – darin liegt der letzte Bestimmungsgrund für die Wahrheit der Grammatik (wie jeder anderen Wissenschaft) als einer Wissenschaft – nur Wahres gewußt werden könne.[31] Diese Relation ist aber nicht umkehrbar: Das bloße Gelernt- und damit Gewußtwerden von etwas – wie Augustinus an den Fiktionen der Dichtung demonstriert – macht dieses noch nicht notwendigerweise auch zu etwas Wahrem im Sinne einer adäquaten Wiedergabe eines objektiv vorliegenden Sachverhalts.[32]

Wenn nun die Wissenschaftlichkeit einer Wissenschaft der Grund ihres Wahrheitsgehalts ist,[33] stellt sich sogleich die wissenschaftstheoretische

---

[30] Zur Wesensbestimmung vgl. Augustinus, *Soliloquia* II 19,2 [CSEL 70,17f.]: „Est autem grammatica vocis articulatae custos et moderatrix disciplina"; zur Bestimmung des Verfahrens vgl. II 19,2 [CSEL 70,18–22].

[31] Der Begründungszusammenhang für die Wahrheit der Grammatik ist im lateinischen Original sprachbedingt noch um ein Element komplizierter: Denn Augustinus leitet *disciplina* etymologisch von *discere* ab, das ein *Wissen* des Gelernten notwendigerweise impliziert, sofern nur *Wißbares*, d.h. als (rational) begründet Eingesehenes, gelernt werden kann, vgl. Augustinus, *Soliloquia* II 20,1 [CSEL 71,7–10]: „Quid ipsa grammatica? nonne, si *vera* est, eo vera est, quo disciplina est? Disciplina enim a discendo dicta est; nemo autem, quae didicit ac tenet, nescire dici potest et nemo scit falsa. Omnis ergo vera est disciplina." Diese – zumindest implizite – Inanspruchnahme einer Bedeutung von Wahrem im Sinne des *Wißbaren* für diesen Beweisgang (vgl. auch II 20,7 [CSEL 72,13–15]) kündigt den zirkulären Charakter der sachlich daraus folgenden Definition der Wahrheit an, vgl. hierzu auch G. Watson, *Saint Augustine, Soliloquies and Immortality of the soul*, 191: „The ambiguity in ‚true‘ is again being exploited […]."

[32] In diesem korrespondenztheoretischen Sinne gebraucht Augustinus im Folgenden ‚verum‘ bzw. ‚verum esse‘ häufiger: In *Soliloquia* II 20,2, wenn er hypothetisch davon spricht, daß jemand zu der Auffassung kommen könnte, daß „jene Erzählungen wahr sind", [vgl. CSEL 71,12–14]. Dieselbe korrespondenztheoretische Bedeutung besitzt ‚verum‘ bzw. ‚verum esse‘ in II 20,5 [vgl.CSEL 72,1–3]. Auch in II 20,6 wird ‚verum‘ zunächst in dieser Bedeutung gebraucht – vgl. CSEL 72,4–7 –, im letzten Satz dieses Abschnitts jedoch ist von einer ‚vera fabula‘, d.h. einer wirklichen, im Sinne einer authentischen Sage die Rede, vgl. ebd. [CSEL 72,9].

[33] Vgl. Augustinus, *Soliloquia* II 20,8 [CSEL 72,17f.]: „Quia volo dicas mihi, unde sit disciplina grammatica; inde enim vera est, unde disciplina est."

Frage nach dem, was diese Wissenschaftlichkeit, was den wissenschaftlichen Charakter einer Wissenschaft überhaupt bestimmt. Diese Frage wird abermals am Beispiel der Grammatik beantwortet: Die Wissenschaftlichkeit der Grammatik liegt in der Tatsache begründet, daß sie die von ihr untersuchten Gegenstände klar definiert, in über- und untergeordnete Klassen (begrifflich) einteilt sowie deutlich voneinander unterscheidet (II 20,9 [CSEL 72,20–22]). Was aber für den wissenschaftlichen Charakter der Grammatik konstitutiv ist, das gilt für alle Wissenschaften gleichermaßen: Rein *formal* kann man den wissenschaftlichen Charakter eines Wissenszusammenhangs daran erkennen, daß in ihm Definitionen, Einteilungen und logische Schlüsse vorkommen (II 20,10 [CSEL 73,1–3]), bzw. – genauer – daß alle seine Gegenstände definiert und begrifflich eingeteilt sind.[34] Dieses formale Instrumentarium einer Wissenschaft dient der Festlegung des WasSeins, d.h. des Wesens ihrer Gegenstände, ferner derjenigen (kategorialen) Bestimmungen, die diesen Gegenständen jeweils zukommen bzw. nicht zukommen (II 20,10 [CSEL 73,3–6]). Diese genuin wissenschaftlichen Verfahrensweisen aber sind in den Regeln der Dialektik festgelegt, die die Bestimmungsgründe des richtigen Definierens und (begrifflichen) Einteilens von Gegenständen sowie des (logischen) Schließens enthalten.[35] Ist aber die Wissenschaftlichkeit jeder Wissenschaft mit *einer* Wissenschaft, der Dialektik, die gleichsam die Wissenschaftlichkeit per se ist, identisch und liegt der Wahrheitsgehalt sowohl der Grammatik wie aller anderen Wissenschaften in ihrer Wissenschaftlichkeit begründet, dann muß die Dialektik die Wahrheit selbst sein, die allen Wissenschaften erst ihren Wahrheitsgehalt verleiht (II 21,2 [CSEL 73,13–74,3]). Daß die Dialektik eine Wissenschaft neben anderen wie der Grammatik und der Rhetorik und gleichzeitig die Wissenschaftlichkeit selbst und damit die Wahrheit ist, die allen anderen Wissenschaften erst ihren wissenschaftlichen Charakter und damit ineins ihre Wahrheitsförmigkeit verleiht, stellt keinen Widerspruch dar.[36] Denn die Dialektik ist eine Wissenschaft, weil sie ihre Gegenstände vollständig definiert und klassifiziert. Sie ist aber zugleich die Wissenschaftlichkeit und damit eo ipso die Wahrheit selbst, weil ihre (wissenschaftlichen) Gegenstände

---

[34] Exemplifiziert wird dies an der Dialektik selbst als einer Wissenschaft, vgl. Augustinus, *Soliloquia* II 21,5 [CSEL 74,12–14].

[35] Vgl. Augustinus, *Soliloquia* II 21,1 [CSEL 73,9–12]: „Responde nunc, quae disciplina contineat definitionum, divisionum partitionumque rationes. A. Iam superius dictum est haec disputandi regulis contineri." Hier wird zurückverwiesen auf II 19,3 [CSEL 71, 5f.]. Augustinus bezeichnet die Dialektik als Disputationskunst oder -wissenschaft: Seine lateinischen Ausdrücke dafür sind: *disciplina disputandi*, vgl. II 19,1 [CSEL 70,4]) bzw. *disciplina disputationis* (II 19,3 [CSEL 71,3]), ferner *disputatoria ars* (vgl. II 19,3 [CSEL 71,6]) und *ratio disputandi* (vgl. II 21,3 [CSEL 74,5]).

[36] Damit widerlegt Augustinus seinen Selbst-Einwand: Wenn die Dialektik selbst auch nur eine Wissenschaft neben anderen wie der Grammatik, Rhetorik etc. ist, wie kann sie dann mit jener Wahrheit, durch die alle Wissenschaften erst ihre Wahrheitsförmigkeit erhalten, identisch sein (vgl. *Soliloquia* II 21,3 [CSEL 74,4–7])?

die Regeln des richtigen Definierens von Gegenständen, Einteilens von Begriffen und logischen Schlußfolgerns selbst sind. Damit ist die Dialektik
„durch sie selbst wahr" (II 21,6 [CSEL 74,15 f.]), bzw., wie Augustinus em-
phatisch formuliert, „durch sie selbst und in ihr selbst wahre Wahrheit".[37]
Diese ausdrückliche Identifizierung der Dialektik als der Wissenschaftlichkeit überhaupt mit dem Begriff der Wahrheit weist dieses Wahrheitsverständnis als ein „epistemologisches" aus. Seine argumentationslogische
Deduktion ist jedoch an eine – unbewiesen gebliebene – Voraussetzung gebunden, die bereits kurz gekennzeichnet wurde: Daß nur Wahres gewußt
werden könne bzw. daß das (in wissenschaftlich begründeter, mithin exak-
ter Weise) Wißbare mit dem Wahren identisch ist (II 20,1 [CSEL 71,7–10]).
Daran aber wird der zirkuläre Charakter auch dieser „epistemologischen"
Definition der Wahrheit deutlich: Denn dieses unbewiesen vorausgesetzte
Vorverständnis des Wahren im Sinne des (wissenschaftlich exakt) Wißbaren
impliziert bereits das dann folgerichtig entfaltete epistemologische Wahrheitsverständnis, sofern dieses Wahrheit als Wissenschaftlichkeit überhaupt
und damit als (wissenschaftliche) Wißbarkeit (überhaupt) begreift. Der Inbegriff des wissenschaftlich exakt Wißbaren aber sind in der für Augustinus
maßgeblichen Tradition die Gegenstände der Dialektik, nämlich die Instru-
mentarien der Begriffsanalyse sowie die Regeln der Schlußformen, d. h. die
Syllogistik. Deshalb ist für Augustins epistemologisches Wahrheitsverständnis die Dialektik der Inbegriff der Wahrheit. Dieses epistemologische
Verständnis von Wahrheit macht Augustinus zum Ausgangspunkt seines
hier nicht mehr rekonstruierbaren ersten Beweises für die Unsterblichkeit
der menschlichen (Geist-) Seele (II 22,2–24,3 [CSEL 75,4–79,9]).

1.2.5. Das vorläufige Scheitern des „epistemologischen" Verständnisses
der Wahrheit

Die Relevanz des Unsterblichkeitsbeweises des (menschlichen) Geistes für
die Frage nach dem Wesen der Wahrheit wird vor allem aus den Einwänden
deutlich, die Augustinus gegen diesen Unsterblichkeitsbeweis selbst erhebt:
Denn der Beweis der Unsterblichkeit des Geistes setzt die ständige Immanenz der Wissenschaft bzw. der Dialektik qua Wahrheit in der (Geist-)
Seele als in ihrem Subjekt voraus, sofern er die Unvergänglichkeit des Geistes von dieser Immanenz strikt abhängig macht. Diese Voraussetzung aber
ist mit empirischen Argumenten leicht falsifizierbar: Denn einerseits sind
nur wenige Menschen der Wissenschaften, besonders aber der Dialektik,
kundig; diejenigen aber, die wissenschaftlich geschult sind, besitzen das
wissenschaftliche Wissen nicht immer, nämlich nicht von ihrer Geburt an

---

[37] Vgl. Augustinus, *Soliloquia* II 21,6 [CSEL 74,17 f.]: „per se ipsam et in seipsa vera sit veritas?"

und auch nicht in ihren ersten Lebensjahren, sondern sie können sich dieses Wissen naturgemäß erst zu einem späteren Zeitpunkt erwerben (II 25,2 [CSEL 79,17–19]). Angesichts dieser eindeutigen empirischen Tatsachen an den Prämissen des Beweisganges festhalten zu wollen, würde unweigerlich zu absurden Schlußfolgerungen führen: Denn dann müßte man von den wissenschaftlich nicht gebildeten Menschen behaupten, sie besäßen überhaupt keinen Geist; oder man müßte die alternative Behauptung aufstellen, sie besäßen zwar in ihren (Geist-) Seelen die Wissenschaft, durch welche diese unsterblich würden, wüßten aber nichts von dieser ihrem Geist immanenten Wissenschaft (II 25,2 [CSEL 79,19–80,1]). Letztere Behauptung ist für Augustinus offensichtlich deshalb selbstwidersprüchlich, weil er den Geist gerade durch dessen Selbstgegenwart, durch dessen reflexiven Selbstbesitz grundsätzlich bestimmt sein läßt. Aus der Absurdität dieser beiden alternativen Konklusionen folgt, da die genannten empirischen Tatsachen unumstößlich sind, daß entweder – unter Voraussetzung der Gültigkeit des epistemologischen Verständnisses der Wahrheit – die Wahrheit qua Dialektik nicht immer in der menschlichen (Geist-) Seele und damit die menschliche (Geist-) Seele auch nicht unsterblich ist oder es folgt die Unhaltbarkeit der epistemologischen Definition der Wahrheit und damit die reale Verschiedenheit von Wahrheit und Dialektik (II 25,2 [CSEL 79,21–80,2]). Da Augustinus an der Überzeugung von der Unsterblichkeit des Geistes festhält, entscheidet er sich für die zuletzt genannte Konsequenz und suspendiert damit gleichsam seine epistemologische Bestimmung der Wahrheit (II 26,1f. [CSEL 80,3–6]). Dieses offen zugestandene Scheitern des epistemologischen Wahrheitsverständnisses[38] führt zu einer Fehlersuche in Form einer Rekapitulation der drei für den versuchten Beweis der Unsterblichkeit des Geistes grundlegenden Aussagen: Zum einen seiner beiden in Sol. II 2 entfalteten Beweisgänge für die Unvergänglichkeit der Wahrheit; zum zweiten seiner Identifizierung der Wahrheit mit der Dialektik und damit seines epistemologischen Wahrheitsverständnisses; und schließlich drittens der für den Schluß auf die Unsterblichkeit jedes Geistes entscheidenden Frage, wie die Wissenschaft (überhaupt) in einem Geist sein kann, der über sie aktual (noch) nicht verfügt (II 27, 3f. [CSEL 82,3–10]).

Seinen Beweis der Unvergänglichkeit der Wahrheit und damit deren Grundbedeutung als eine Gottesprädikation läßt Augustinus im folgenden unangetastet (II 28,2f. [CSEL 83,6–15]). Ebenso hält er fest an dem ideentheoretischen Begründungsverhältnis zwischen dem Wahr-Sein alles existierenden Wahren und einer für dieses Wahr-Sein konstitutiven und zu

---

[38] Die dadurch entstandene aporetische Gesprächssituation führt dennoch nicht zur Aufgabe der Suche nach dem Wesen der Wahrheit und damit zu einem Abbruch des Dialogs, weil Augustinus darauf vertraut, daß Gott die ihn (und damit die Wahrheit) redlich Suchenden nicht verläßt, und sich deshalb der göttlichen Führung auch weiterhin anvertraut, vgl. *Soliloquia* II 27,1–3 [CSEL 81,18–82,3].

ihm transzendenten Wahrheit (II 29,1 [CSEL 83,16f.]); und daß zwischen dem Wahren bzw. wahr Seienden und dem Falschen ein kontradiktorisches Gegensatzverhältnis besteht, bleibt für ihn ebenfalls gewiß (II 29,2 [CSEL 83,19–22], vgl. schon I 29,5 [CSEL 43,16f.]).

1.2.6. Das ambivalenzlos-authentische und das ambivalent-imitativ Wahre

Nach seiner Feststellung eines kontradiktorischen Gegensatzverhältnisses zwischen dem Wahren und dem Falschen sucht Augustinus abermals via negativa, d.h. über eine definitorische Erklärung des Falschen, zu einer Bestimmung des Wahren und damit auch der für dieses konstitutiven Wahrheit zu gelangen. Damit greift er die oben als solche genannte zweite wichtige Prämisse seines von ihm selbst in Frage gestellten Beweises der Unsterblichkeit des Geistes, nämlich sein epistemologisches Wahrheitsverständnis, insofern wieder auf, als er erneut nach einer angemessenen Bestimmung des Wahren bzw. wahr Seienden fragt.

1.2.6.1. Das „propositionale" Verständnis des Wahren und des Falschen und der „imitative" Charakter des Falschen

Zunächst bestimmt Augustinus das Falsche mit Hilfe der Kategorie der Ähnlichkeit (mit etwas anderem, etwas wahr Seienden) und dann präziser mit der Kategorie der Nachahmung von etwas Wahrem (II 29,2f. [CSEL 84,1–8]). Dies geschieht allerdings unter der Voraussetzung, daß das Falsche etwas Seiendes sein muß.[39] Am Beispiel einer fiktiven dichterischen Aussage über das fliegende Drachengespann der Medea[40] illustriert Augustinus den Unterschied zwischen dem propositionalen Gehalt einer Aussage und dem Gegenstand bzw. Sachverhalt, über den bzw. von dem etwas ausgesagt wird.[41] Während nun in diesem Beispiel der Gegenstand, auf den sich die

---

[39] Vgl. Augustinus, *Soliloquia* II 29,4 [CSEL 84,13–15]: „Recte dicis; sed non adtendis eam rem, quae omnino nulla sit, ne falsum quidem posse dici. Si enim falsum est, est: si non est, non est ⟨falsum⟩." Daß Augustinus das Falsche als etwas Existierendes auffaßt, wurde bereits im Zusammenhang seines „ontologischen" Verständnisses des Wahren als des Formbestimmten deutlich: Weil deren Konsequenz die Behauptung der *Inexistenz* des zum Wahren Gegensätzlichen, mithin *des Falschen* gewesen wäre, gibt er auf Grund dieser für ihn offensichtlich absurden Behauptung die „ontologische" Definition des Wahren auf, vgl. 1.2.2.

[40] Zur Herkunft dieser dichterischen Fiktion aus dem ‚Medus' des lateinischen Tragikers *Pacuvius* vgl. H. Müller, 1954, *Augustins Soliloquien*, Anm. 108 zu S. 181; der von Augustinus zitierte Vers: „angues ingentes alites iuncti iugo" (II 29,5 [CSEL 85,2]) wird bereits von Cicero (*De inventione* 1,27) als ein Beispiel für die mythischen Erzählungen genannt, die „weder Wahrheit noch Wahrscheinlichkeit enthalten" (Müller, ebd.).

[41] Zu dieser Unterscheidung vgl. Augustinus, *Soliloquia* II 29,7 [CSEL 85,14f.]: „Iam intellego multum interesse inter illa, quae dicimus, et illa, de quibus dicimus aliquid"; diese Unterscheidung bezieht sich nicht auf den Inhalt der Proposition einerseits und ihre (Aus-

Aussage bezieht, nichts Reales ist und deshalb auch nichts Wahres nach-ahmen (II 29,3 [CSEL 84,9–12]), mithin nichts Falsches sein kann (II 29,4 [CSEL 84,16–18]), ahmt der falsche propositionale Gehalt der Aussage (mögliche) wahre propositionale Gehalte deshalb nach, weil er in ähnlicher Weise, nämlich mit derselben Aussage-Form, ausgesagt werden müßte, wenn der ausgesagte Sachverhalt wirklich existieren würde.[42] Wird dem fal-schen propositionalen Gehalt kein Glaube geschenkt, wird er also nicht für wahr gehalten, ahmt er nur dadurch wahre propositionale Gehalte nach, daß er ausgesagt wird, d.h. durch die einfache Behauptungsfunktion bzw. den Wahrheitsanspruch des Aussagesatzes, und ist insofern zwar falsch, nicht aber auch (faktisch) täuschend. Wird er aber für wahr gehalten, so ist er nicht nur falsch, sondern auch täuschend (II 29,6 [CSEL 85,11–13]).

Falsch ist nach dem hier zugrundegelegten Verständnis ein propositiona-ler Gehalt genau dann, wenn er etwas *nicht* real Existierendes bezeichnet. *Wahr* ist dementsprechend ein propositionaler Gehalt genau dann, wenn er etwas real Existierendes bezeichnet.

Durch diesen Bezug *der* Begriffe des Wahren und des Falschen auf den propositionalen Gehalt des Aussagesatzes hat Augustinus – ohne dies aller-dings ausdrücklich zu reflektieren – ein neues, als „propositional" charakte-risierbares Verständnis des Wahren und des Falschen eingeführt,[43] allerdings nicht mit ausschließendem Charakter: Denn er hält, wie wir sahen, an der Bestimmung des Falschen sowie des Wahren als etwas Seienden fest und muß deshalb sowohl den falschen als auch den wahren propositionalen Ge-halt eines Aussagesatzes als etwas Seiendes im Sinne einer real existierenden Entität auffassen. Der falsche propositionale Gehalt ist daher nach augusti-nischem Verständnis nur ein einzelnes Beispiel – unter vielen möglichen an-deren – für die allgemeine Bestimmung des Falschen als etwas Seiendem, das etwas Wahres nachahmt.[44]

1.2.6.2. Gibt es ambivalenzloses Wahres außerhalb der Wissenschaften?

Zur Überprüfung der Rechtmäßigkeit seiner „epistemologischen" Defini-tion der Wahrheit greift Augustinus wieder auf seine frühere Unterschei-

---

sage-) Form andererseits, wie G. Watson, *Saint Augustine, Soliloquies and Immortality of the soul*, 194, meint: „So a distinction must be made between the content of a proposition and its actual form, the statement or sentence."

[42] Vgl. Augustinus, *Soliloquia* II 29,5f. [CSEL 85,4–11, wobei Augustinus mit ‚sententia' den propositionalen Gehalt einer ‚enuntiatio', d.h. eines Aussagesatzes, bezeichnet]. Zutref-fend ist hier die Bemerkung von G. Watson, *Saint Augustine, Soliloquies and Immortality of the soul*, 194: „The proposition may be false in that it is not the case that Medea ever flew through the air, but the actual statement that she did is in proper form with subject and verb, and consequently bears that much resemblance to a true statement."

[43] „Wahr" und „falsch" sind diesem propositionalen Verständnis zufolge die beiden (kontra-diktorischen) Eigenschaften einer Proposition.

[44] Vgl. Augustinus, *Soliloquia* II 29,7 [CSEL 85,15–17]; vgl. ferner – als Resümee des Exkur-ses zur Bestimmung des Falschen – II 30,6 [CSEL 87,12–14].

dung zwischen ambivalentem und ambivalenzlosem Wahren zurück, um danach zu fragen, ob es ambivalenzloses Wahres auch außerhalb der Wissenschaften gibt (II 31,1 [CSEL 87,17–88,3]). Denn gäbe es solches ambivalenzlos Wahres auch außerhalb der Wissenschaften, dann könnte die epistemologische Bestimmung der Wahrheit als Dialektik deshalb nicht richtig sein, weil – nach dem von Augustinus in Anspruch genommenen ideentheoretischen Begründungsverhältnis – etwas Wahres nur „durch die Wahrheit" wahr ist, die ihrerseits nur das begründend hervorbringen kann, worüber sie selbst verfügt.

Seine Überzeugung, daß es außerhalb der Wissenschaften vieles ambivalenzloses Wahre gibt (II 31,2 [CSEL 88,4]), versucht Augustinus zunächst mit einem Beispiel aus dem Bereich der körperlichen Gegenstände (II 31,2 [CSEL 88,4–10]) – und damit des ontologisch Wahren im Sinne des real Formbestimmten[45] – zu belegen, womit das (ausschließende) epistemologische Wahrheitsverständnis bereits falsifiziert ist.

1.2.6.3. Besitzt alles ambivalenzlose Wahre außerhalb der Wissenschaften eine körperliche Natur? – Das Beispiel des leeren Raumes

In einem nächsten Schritt wird die nach dem genannten Beispiel naheliegende Frage, ob alles außerepistemologisch ambivalenzlose Wahre auch eine körperliche Natur besitzt (II 31,3 [CSEL 88,9–14]), zunächst am Beispiel des leeren Raumes untersucht. Dabei zeigt sich, daß der leere Raum überhaupt nicht etwas Wahres ist und damit auch kein Kandidat für ein außerepistemologisches, ambivalenzloses und unkörperliches Wahres sein kann, und zwar durch das folgende Argument:

Die Wahrheit (selbst) kann deshalb nichts Leeres sein, weil sie der Gegenstand eines real existierenden Strebens, und zwar eines sehr großen, ja sogar – im von Augustinus selbst repräsentierten idealtypischen Fall – des einzigen Strebens (der vernunftbegabten Natur) ist.[46]

Ferner: Wahr ist nur etwas, das durch die Wahrheit zu etwas Wahrem (formursächlich) „gemacht" wurde, d.h. Wahres bzw. wahr Seiendes setzt die Wahrheit als konstitutiv voraus.[47]

Schließlich nimmt Augustinus für seinen Beweisgang implizit auch die kausaltheoretische Prämisse in Anspruch, daß eine Ursache eine ihr ähn-

---

[45] Zur ontologischen Bestimmung des Wahren vgl. 1.2.2.

[46] Vgl. Augustinus, *Soliloquia* II 31,4 [CSEL 88,18–20], (man beachte das ironische Wortspiel mit ‚inane‘): „Longe aliud. Quid enim me inanius, si veritatem inane aliquid puto aut tantopere inane aliquid adpeto? Quid enim aliud quam veritatem invenire desidero?" Das Argument, mit dem „das Leere" implizit mit dem Nicht-Seienden identifiziert bzw. als synonym gebraucht wird, ist charakteristisch für die klassisch-antike Metaphysik des Strebens: Ein – wenn auch nur empirisch – als real existent verifizierbares Streben setzt den spezifischen Gegenstand dieses Strebens notwendigerweise als (real) existent voraus.

[47] Vgl. Augustinus, *Soliloquia* II 31,4 [CSEL 89,1f.]: „Ergo et illud fortasse concedis, nihil verum esse, quod non veritate fiat, ut verum sit."

liche Wirkung nur dann hervorbringen kann, wenn sie über das entsprechende Vermögen zur Hervorbringung dieser Wirkung verfügt. Aus diesen Prämissen folgt für das vorliegende Beispiel:

Ist die für alles Wahre als Wahres konstitutive Wahrheit also nichts Leeres, so kann sie den per definitionem leeren Raum auch nicht hervorgebracht bzw. verursacht haben. Ist aber der leere Raum nicht von der Wahrheit verursacht, so kann er auch nichts Wahres, nichts wahr Seiendes sein (II 31,5f. [CSEL 89,14–19]).

Zum Beweis dessen, daß der leere Raum nicht wahr bzw. nicht etwas Wahres sein kann, entwickelt Augustinus noch ein zweites Argument, das das ontologische Verständnis des Wahren als etwas Seienden in Anspruch nimmt: Der leere Raum ist per definitionem nicht etwas bzw. er ist (ganz und gar) nichts (II 31,6 [CSEL 89,19 f]). Wahr kann aber nur sein, was (etwas) ist (II 31,6 [CSEL 89,20–90,2]). Also kann der leere Raum nicht wahr bzw. nicht etwas Wahres sein (II 31,6 [CSEL 90,3]).

Damit scheidet der leere Raum als ein Kandidat für das gesuchte außerepistemologische, ambivalenzlose und unkörperliche Wahre zwangsläufig aus, weil er nicht einmal das Minimalerfordernis, nämlich überhaupt wahr bzw. etwas Wahres zu sein, erfüllt.[48]

1.2.6.4. Die ambivalenzlose Wahrheit der Gegenstände der geometrischen Wissenschaft und die ambivalent-imitative Wahrheit der körperlich verfaßten Entitäten

Als weitere Kandidaten für das gesuchte ambivalenzlose und unkörperliche Wahre außerhalb der Wissenschaften nennt Augustinus den (menschlichen) Geist und Gott selbst.

Beide Entitäten aber sind, wenn sie wahr sind, wahr aufgrund der Immanenz der Wahrheit in ihnen.[49] Weil aber die Wahrheit unvergänglich ist, folgt für Augustinus aus ihrer Immanenz in bestimmten Entitäten auch die Unvergänglichkeit dieser Entitäten.[50] Die Immanenz der Wahrheit in Gott

---

[48] Völlig mißverstanden werden Funktion und Beweisabsicht des ganzen – zweiteiligen – Argumentationsgefüges für den Aufweis, daß der leere Raum nicht einmal etwas Wahres ist, von G. Watson, *Saint Augustine, Soliloquies and Immortality of the soul*, 195: „What Augustine is really trying to state is the proposition that empty space exists. But the discussion is so conducted as if someone were trying to maintain that empty space is an (ontologically) true body (which is obvious nonsense) and if it is not such a body, it is nothing. In the end the conclusion is drawn that there is no such thing as empty space. The futile debate is lukkily abandoned, and the discussion turns to the other two possible realities which are not bodies, the soul and God."

[49] Vgl. Augustinus, *Soliloquia* II 32,1 [CSEL 90,6f.]: „Restat enim animus et deus. Quae duo si propterea vera sunt, quod in his est veritas."

[50] Augustinus schließt dies vermutlich aus dem Grundsatz, daß eine unvergängliche Entität nur dann in untrennbarer Weise in einem Subjekt enthalten sein kann, wenn das Subjekt selbst dauernden Bestand hat, mithin unvergänglich ist, vgl. *Soliloquia* II 22,4f. [CSEL 75,15–17].

und damit auch die Unsterblichkeit Gottes hält Augustinus für selbstverständlich und daher keines eigenen Beweises bedürftig.[51] Die Unsterblichkeit des menschlichen Geistes jedoch scheint ihm nicht evident und daher eines eigenen Beweises bedürftig zu sein (II 32,1 f. [CSEL 90,8 f.]). Zu diesem Zweck, d. h. für die Frage nach der Legitimität des bereits erläuterten Beweises der Unsterblichkeit des (menschlichen) Geistes, ist das epistemologische Wahrheitsverständnis auf seine Richtigkeit hin zu überprüfen. Nun schien das epistemologische Wahrheitsverständnis bereits durch das Beispiel eines ontologisch Wahren im Sinne des real Formbestimmten falsifiziert zu sein (II 31,2 [CSEL 88,4–10]). Da dieses Beispiel aber – ein „wahrer" Stein in der Bedeutung eines wirklichen Steines – aus dem Bereich der körperlichen Gegenstände genommen ist, ist die Frage zu klären, ob es sich bei körperlichen Gegenständen generell um ambivalenzloses oder nicht vielmehr um ambivalentes Wahres handelt; denn nur wenn körperlich verfaßte Gegenstände ambivalenzlos wahr wären, könnten sie das epistemologische Wahrheitsverständnis falsifizieren. Dann nämlich könnte die Dialektik deshalb nicht die Wahrheit (selbst), könnte folglich das epistemologische Wahrheitsverständnis deshalb nicht richtig sein, weil die Dialektik nur für das Wahr-Sein einer Wissenschaft, mithin nur für wissenschaftlich Wahres, das nicht körperlich verfaßt ist, konstitutiv sein kann.[52] Daher ergibt sich aus den bisherigen Erörterungen konsequent die Frage,[53] ob überhaupt ein Körper wahrhaft, d. h. ambivalenzlos, wahr – nämlich auf Grund der Immanenz der (authentischen) Wahrheit in ihm – oder nur in ambivalenter

---

[51] Vgl. Augustinus, *Soliloquia* II 32,1 [CSEL 90,6–8]: „Quae duo [sc. animus et deus] si propterea vera sunt, quod in his est veritas, de immortalitate dei nemo dubitat." Damit aber ist schon, auch wenn Augustinus dies nicht explizit zugibt, ein außerepistemologisches, ambivalenzloses und zugleich unkörperliches Wahres gefunden und somit das epistemologische Wahrheitsverständnis – zumindest in seiner Exklusivität – widerlegt!

[52] Vgl. Augustinus, *Soliloquia* II 32,3 f. [CSEL 90,12–16, Hervorhebung v. Vf.]: „Nam si et in corpore, quod satis certum est recipere interitum, tale verum invenerimus, quale est in disciplinis, non continuo erit *disputandi disciplina veritas, qua omnes verae sunt disciplinae.* Verum est enim et corpus, quod *non videtur* disputandi ratione esse formatum." Augustins Ausdrucksweise ist verständlicherweise in einem – wesentlichen – Punkt vorsichtig und zögerlich: Er sagt, daß ein außerepistemologisch Wahres wie ein Körper nicht durch die Dialektik qua Wahrheit konstituiert zu sein „scheint" (videtur); die Unsicherheit dieser Formulierung aber hat ein fundamentum in re: Denn wenn die Dialektik mit der Wahrheit gleichgesetzt wird, dann muß sie auch alle Funktionen der Wahrheit besitzen, mithin für das Wahr-Sein alles Wahren konstitutiv sein; die Dialektik aber kann nur konstitutiv für den wissenschaftlichen Charakter der Wissenschaften sein. Daher kann sie nicht mit der Wahrheit selbst identisch sein.

[53] Sowohl den argumentationslogischen Kontext als auch die Intention dieser Frage verkennt G. Watson, *Saint Augustine, Soliloquies and Immortality of the soul*, 195: „It has been agreed that there is such a thing as a true body. But is a true body the standard by which we determine what is or is not true? If it is, difficulties arise for what has been said about disciplines, for bodies are subject to passing away, unlike disciplines. It is clear in any case that we must examine more closely the notion of a body."

Weise – nämlich auf Grund eines ihm immanenten Abbildes der Wahrheit – wahr ist (II 32,2 [CSEL 90,9–12]). Durch eine Analyse dessen, was einen Körper überhaupt konstituiert, wird diese Frage eindeutig beantwortet: Jeder Körper ist durch eine bestimmte Gestalt begrenzt. Hätte er eine „wahre Gestalt“, d. h. eine Idee, so wäre er mit dem Geist selbst identisch.[54] Diese zunächst befremdlich anmutende Identifizierung begründet Augustinus – nach einem Rückverweis auf die am Anfang des ersten Buches der *Soliloquia* erörterten[55] Gegenstände der geometrischen Wissenschaft (II 32,8 f. [CSEL 91,9–14]) – wie folgt: Weil die „idealen“ Gegenstände der geometrischen Wissenschaft weitaus wertvoller sind als alle körperlichen Gestalten, sind sie diesen gegenüber auch die wahren Gestalten, während die Figuren der Körperwelt sie nur zu imitieren versuchen und insofern, nämlich durch eine Nachahmung des Wahren, falsch sind (II 32,9 f. [CSEL 91,15–24]). Damit aber ist die grund-

---

54 Vgl. Augustinus, *Soliloquia* II 32,6 [CSEL 91,1–3]: „Nam ego puto corpus aliqua forma et specie contineri, quam si non haberet, corpus non esset, si veram haberet, animus esset." Daß ‚forma‘ hier gerade nicht im Sinne der platonischen Idee – wie G. Watson, *Saint Augustine, Soliloquies and Immortality of the soul*, 195, fälschlicherweise annimmt – gemeint sein kann, ergibt sich aus der Tatsache, daß Augustinus zwischen ‚forma‘ und ‚vera forma‘ deutlich unterscheidet: ‚forma‘ soll nur die körperliche Gestalt bedeuten, ‚vera forma‘ dagegen die Idee in der platonischen Bedeutung dieses Wortes. Dies wird bestätigt durch die Wiedergabe von ‚forma‘ mit ‚figura‘ in II 32,7 [CSEL 91,5–8]. Irreführend ist daher auch die deutsche Übersetzung des ersten Teils der oben zitierten Passage [CSEL 91,1 f.] von H. Müller, 1954, *Augustins Soliloquien*, 189: „Denn ich glaube, ein Körper wird durch eine Form und Gestalt gebildet." Die augustinische Aussage, daß ein Körper, besäße er per se eine „wahre Form", d.h. eine Idee, der Geist selbst wäre, interpretiert zutreffend G. Watson, *Saint Augustine, Soliloquies and Immortality of the soul*, 195: „Similarly, in a body, what makes it what it really is is its form, so if it could be truly itself it would be the soul." Dieses Begründungsverhältnis wird in *De immortalitate animae* genauer erklärt mit der seinsmäßig-natürlichen Überordnung der Seele über den Körper und folglich mit ihrer größeren Nähe zu den „höchsten und ewigen Ideen" bzw. der ‚summa essentia‘, vgl. *De immortalitate anima* 24,1 f. [CSEL 89, 125,13–22]. Weil die Seele unmittelbar unter Gott, dem „höchsten Gut" bzw. dem „höchsten Leben" steht, empfängt sie die ihr eigentümliche Gestalt unmittelbar von diesem, während der ihr untergeordnete Körper, der seine Gestalt allererst durch die Vermittlung der Seele empfängt, kein unmittelbares Verhältnis zum ‚summum bonum‘ als der Spitze dieser Seinspyramide besitzt; würde allerdings der Körper die ihm eigentümliche Gestalt ebenso unmittelbar empfangen wie die Seele ihre Gestalt empfängt, dann wäre er mit der Seele selbst identisch, vgl. ebd., 24,4 f. [CSEL 89, 126,8–12]; vgl. hierzu die parallele Formulierung in *Soliloquia* II 32,6 [CSEL 91,1–3].

55 Augustinus zeigt dort an den Beispielen der Linie und der Kugel (vgl. *Soliloquia* I 9,3 f., 10,1 ff., 11,2) als zweier Gegenstände der geometrischen Wissenschaft, daß es *erstens* ein exaktes Wissen (vgl. I 9,6 [CSEL 16,12–18]) von sinnlich nicht erfaßbaren Gegenständen (vgl. I 9,4 [CSEL 15,20–16,11]) gibt und daß *zweitens* dieses Wissen, obschon es sich auf unterschiedlich bestimmte Gegenstände bezieht, strukturell gleichartig ist, vgl. I 10,3 [CSEL 17,18–20, Hervorhebung v. Vf.]; vgl. auch I 11,2 [CSEL 18,16–18]. Der Kontext dieser Reflexion auf die geometrische Wissenschaft ist der Vergleich ihres – als für wissenschaftliches Wissen idealtypisch geltenden – Exaktheitsgrades mit dem Evidenzcharakter der erstrebten Gotteserkenntnis, vgl. I 11,1–12,5 [CSEL 19,18–20,13].

sätzliche Frage, ob überhaupt ein Körper ambivalenzlos wahr sein kann, verneint und der ambivalent-imitative Charakter des Wahr-Seins aller körperlichen Entitäten erwiesen oder richtiger behauptet: Denn die getroffene Unterscheidung zwischen der ambivalenzlos-authentischen Wahrheit der idealen Gegenstände der geometrischen Wissenschaft und der ambivalent-imitativen Wahrheit der körperlichen verfaßten Entitäten ist von Augustinus nur behauptet, nicht aber eigens bewiesen worden. Wahr aber sind die geometrischen Figuren entweder aufgrund ihrer Immanenz in der (ihr Wahr-Sein allererst begründenden) Wahrheit oder aufgrund der Immanenz der Wahrheit in ihnen.[56] Sowohl diese gleichsam ideentheoretische Voraussetzung als auch die Annahme der ambivalenzlosen Wahrheit der Gegenstände der geometrischen Wissenschaft und deren Unterscheidung von der ambivalent-imitativen Wahrheit körperlicher Entitäten haben den Charakter von Prämissen für den abschließenden Beweis der Unsterblichkeit des menschlichen Geistes, der hier nicht mehr eigens rekonstruiert werden kann (II 33,1–5 [CSEL 92,1–93,6]).

1.2.7.   Eine zusammenfassende Würdigung der Bestimmungsversuche des Wahrheitsprädikats in den *Soliloquia* – Augustins eigentliche Option für die primäre ontologische Definition des Wahren als der Form bzw. Idee

Meiner Zusammenfassung der weit ausgreifenden und filigran argumentierenden Überlegungen in den *Soliloquia* zur Bedeutung des Wahrheitsprädikats soll folgende Bemerkung vorangestellt werden: Die verschiedenen gleichsam kategorialen Wahrheitsbegriffe, mit denen Augustinus Wahr-Sein bzw. das Wahre (*verum*) zu definieren versucht, führen mit einer Ausnahme nicht zu einer Definition des Wahrheitsbegriffs und erheben daher auch nicht diesen Anspruch. Die genannte Ausnahme stellt nur das epistemologische Verständnis des Wahren als des wissenschaftlich exakt Wißbaren dar, welches zu einer Bestimmung der Wahrheit als die Dialektik selbst – diese als Inbegriff von Wissenschaftlichkeit überhaupt verstanden – führt. Auf dieses epistemologische Wahrheitsverständnis kann Augustinus schon aus rein funktionalen Gründen letztendlich nicht verzichten: Denn er braucht es – einschließlich der sachlich unhaltbaren Identifikation dieser Wahrheit mit der unvergänglichen, d.h. göttlichen Wahrheit – für seinen Beweis der Unsterblichkeit des menschlichen Geistes. In dieser funktionalen Bedeutung des epistemologischen Wahrheitsverständnisses für den intendierten Unsterblichkeitsbeweis liegt es daher m.E. primär begründet, daß Augustinus an diesem Wahrheitsverständnis festhält, obwohl er es bereits zuvor mit

---

[56] Vgl. Augustinus, *Soliloquia* II 33,1 [CSEL 92,2f.]: „Sive enim figurae geometricae in veritate sive in eis veritas sit, […].“

eigenen Einwänden widerlegt und diese Einwände nicht entkräftet hat. Dabei ist sich Augustinus am Ende seines Unsterblichkeitsbeweises selbst des unzureichenden Charakters seines epistemologischen Wahrheitsbegriffs zumindest partiell durchaus bewußt und verschiebt dieses Problem auf ein späteres Werk,[57] ohne es allerdings jemals wieder aufzugreifen. Daß jedoch dieser epistemologische Wahrheitsbegriff, zu dem Augustinus nach dessen vorläufigem Scheitern wieder zurückkehrt, mit der von ihm in den *Soliloquia* durchgängig vertretenen transzendenten Bedeutung von Wahrheit als Gottesprädikat unvereinbar ist, liegt auf der Hand und verleiht Augustins Wahrheitstheorie in den *Soliloquia* daher im ganzen gesehen einen unbefriedigenden, weil inkonsistenten Charakter.

Ein systematisches Defizit liegt auch in Augustins Erörterungen zur Bedeutung des Wahrheitsprädikats in den *Soliloquia*, sofern sie dessen korrespondenztheoretisches Verständnis aristotelischer Provenienz nicht angemessen zu würdigen und daher auch nicht zu integrieren verstehen. Das Scheitern der korrespondenztheoretischen Bestimmung des Wahrheitsprädikats ist bei ihm allerdings streng genommen nur durch die Tatsache bedingt, daß Augustinus bereits ein definitives Vorverständnis für das Wahr-Sein von etwas im Sinne seiner realen Formbestimmtheit voraussetzt bzw. mitbringt, zu dem der Inhalt seiner korrespondenztheoretischen Definition des Wahren als desjenigen, was (objektiv) so ist, wie es (wenigstens einem Erkenntnissubjekt) zu sein scheint, in einem Widerspruch steht: Er spielt, thesenhaft formuliert, das von ihm später selbst sogar relativierte sekundäre ontologische Verständnis des Wahr-Seins in der Bedeutung realer Formbestimmtheit, die unabhängig von ihrem Gewußtwerden besteht, gegen eine als erkenntnistheoretisch bzw. genauer als korrespondenztheoretisch charakterisierbare Definition des Wahr-Seins als Übereinstimmung des objektiven Sachverhalts mit einer subjektiven Ansicht von diesem Sachverhalt aus.

Auch das Verhältnis der göttlichen Wahrheit zu den anderen kategorialen Wahrheitsbegriffen, die das *verum*, also das Wahrheitsprädikat, zu definieren versuchen, bleibt prima facie unbestimmt, sofern Augustinus allem Anschein nach nicht definitiv zu zeigen vermag, was das Wahre ist, wofür die transzendent-göttliche Wahrheit konstitutiv sein soll. Denn er widerlegt mit Hilfe der ontologischen Bedeutung von *verum* als das real formbestimmte Seiende dessen korrespondenztheoretisches Verständnis als Übereinstimmung eines objektiven Sachverhalts mit einer subjektiven Ansicht von diesem Sachverhalt, um dann allerdings diese ontologische Bedeutung ihrerseits ad absurdum zu führen. Auch seine propositionstheoretische

---

[57] Vgl. Augustinus, *Soliloquia* II 33,6 [CSEL 93,7–12, Hervorhebung v. Vf.]: „Sed quaeso, illa quae restant expedias, quomodo in animo imperito – non enim eum mortalem dicere possumus – *disciplina et veritas esse* intellegantur. R. Aliud ista quaestio volumen desiderat, si eam vis tractari diligenter."

Definition von *verum* als jenem propositionalen Gehalt eines Aussagesatzes, der im Unterschied zum falschen propositionalen Gehalt etwas real Existierendes bezeichnet (II 29,2–7 [CSEL 89, 84,1–85,17]), wird von ihm de facto wieder aufgegeben. Sie wird zwar nicht, wie die ontologische Definition des Wahrheitsprädikats, ad absurdum geführt, aber durch die ontologisierende Auffassung des propositional Wahren im Sinne einer real existierenden Entität wird die Einführung eines selbständigen propositionalen Wahrheitsverständnisses genau genommen verhindert. An *einem* jedoch hält Augustinus *fest, eines* bleibt ihm gewiß: Die Unterscheidung zwischen der ambivalenzlos-authentischen Wahrheit der idealen Gegenstände der geometrischen Wissenschaft sowie des wissenschaftlichen Charakters jeder Wissenschaft und der ambivalent-imitativen Wahrheit der körperlich verfaßten Entitäten. Diese Unterscheidung zwischen dem „wahren" Wahren, d. h. den idealen Gestalten, und dem nur imitativ Wahren, den körperlichen Gestalten, die die idealen Gestalten zu imitieren versuchen und insofern, nämlich auf Grund ihrer nur imitativen Wahrheit, selbst zugleich falsch bzw. nur in ambivalenter Weise wahr sind, stellt jedoch, genau besehen, eine zweifache ontologische Bestimmung des *verum* dar: Einmal gemäß der bereits bekannten ontologischen Bedeutung des Wahren im Sinne des real Formbestimmten, das sich nur auf körperliche Entitäten bezieht. Da das von dieser ontologischen Bedeutung bezeichnete Wahre jedoch nur das imitativ-ambivalente Wahre ist, kann *diese* ontologische Bedeutung des Wahren nur als eine *abgeleitete* gelten. Ihr gegenüber ist diejenige ontologische Bedeutung des Wahren, die das ambivalenzlos-authentische, das „wahre" Wahre denotiert, als die eigentliche und primäre ontologische Bedeutung des Wahren festzuhalten. So erweist sich im Nachhinein, nämlich erst auf Grund der Unterscheidung zwischen dem ambivalenten und dem ambivalenzlosen Wahren, die ursprüngliche ontologische Bestimmung des Wahren als des real Formbestimmten als eine abgeleitete und sekundäre. Wenn nun Augustinus an der dann primären ontologischen Bedeutung des Wahren als des ambivalenzlos-authentisch Wahren, d.h. des ideellen Seins, für das die idealen Gegenstände der Geometrie paradigmatisch sind, festhält – während die sekundäre ontologische Bedeutung des Wahren widerlegt bleibt –, ist zu vermuten, daß er diese primäre ontologische Bedeutung des Wahren, die auf die Form oder Idee selbst bezogen ist, als gültig und richtig erachtet und daher allen anderen von ihm erörterten kategorialen Bestimmungen des *verum* vorzieht. Wahr im eigentlichen Sinne sind demnach für Augustins nur die ewigen Ideen oder Formen aller sinnlich wahrnehmbaren Entitäten.

Für eine Vorrangstellung dieses primären ontologischen Verständnisses des Wahren dürfte schließlich auch die von dem abschließenden Beweis der Unsterblichkeit des Geistes unterstellte Immanenz-Beziehung zwischen der Wahrheit (überhaupt) und den idealen Gegenständen der geometrischen Wissenschaft sprechen. Denn diejenige Wahrheit, die das authentisch-ambivalenzlose Wahr-Sein der Gegenstände der geometrischen Wissenschaft, d. h. der idealen Raum-Gestalten, allererst konstituiert, muß selbst gleichsam die Form dieser Formen, muß für diese Formen, die per se wahre Formen sind, konstitutiv sein. Als diese „Form aller Formen" aber hatte sich die göttlich-transzendente Wahrheit in ihrer Funktion, alles Wahre, das Augustinus am Ende des ersten Buches der *Soliloquia* in einem zweiten Anlauf als das Unsterbliche bzw. Unvergängliche bestimmt hatte (I 29,3–6 [CSEL 43,7–18]), als seine eigenen Gedanken und durch diese auch alles sekundär Wahre form- bzw. exemplarursächlich hervorzubringen, erwiesen. Daher ist von allen kategorialen Begriffen des *verum*, d. h. von allen von Augustinus erörterten Definitionen des Wahrheitsprädikats, dieses primäre Verständnis des Wahren mit der Funktion der transzendentgöttlichen Wahrheit, für alles Wahre konstitutiv zu sein, am besten vereinbar. Die komplizierte Diskussion der verschiedenen kategorialen Wahrheitsbegriffe führt daher – trotz des äußeren Anscheins ihres aporetischen Ausgangs – bei genauer Betrachtung doch zu einem Ergebnis: Augustinus favorisiert offensichtlich einen strengen ontologischen Begriff des Wahren bzw. wahr Seienden im Sinne einer wahren, d. h. einer (ambivalenzlos-) authentischen *Form*.

Mit diesem primären ontologischen Verständnis des Wahrheitsprädikats ist Augustins allerdings nur implizit in Anspruch genommener epistemologischer Begriff des Wahren – nicht aber der Wahrheit – durchaus kompatibel: Denn gemäß diesem epistemologischen Begriff des Wahren bedeutet das Wahre das – wissenschaftlich exakt – Wißbare. Exakt wißbar ist aber nur die Form bzw. die Idee von etwas, nicht dessen sinnlich-körperliche Erscheinungsform.

Augustins Präferenz für das primäre ontologische Verständnis des Wahren, die sich als das wichtigste Ergebnis der verschlungenen Diskussion der Bedeutung des Wahrheitsprädikats in den *Soliloquia* gezeigt hat, dürfte in der sachlichen Vereinbarkeit begründet liegen, die dieses Verständnis des Wahrheitsprädikats mit der transzendenten, biblisch begründeten und durch den christlichen Glauben vorgegebenen Auffassung des Wahrheitsbegriffs als eines Gottesprädikats besitzt: Gott als die Wahrheit ist das Prinzip alles Wahren, d. h. aller Ideen, indem er sie als seine eigenen Gedanken hervorbringt. Erst in zweiter, abgeleiteter, uneigentlicher Bedeutung können dann auch die von Gott geschaffenen Entitäten auf Grund ihrer Formbestimmtheit als wahr bezeichnet werden, da ihnen nur ein ambivalent-imitatives Wahr-Sein eignet.

Augustins zweite große wahrheitstheoretische Leistung besteht in seiner definitorischen Bestimmung des Wahrheitsbegriffs unter Berücksichtigung seines christlichen Vorverständnisses von Wahrheit als eines Gottesprädikats und in Anlehnung an die geistmetaphysische Wahrheitstheorie Plotins, wie im folgenden gezeigt werden soll.

1.3.   Augustins Begriffsbestimmung der Wahrheit

1.3.1.   Der Ausgangspunkt der augustinischen Überlegungen zur Bedeutung des Wahrheitsbegriffs

Augustinus sah sich in seinen wahrheitstheoretischen Überlegungen vor die Aufgabe gestellt, folgende ihm traditionell vorgegebene Bedeutungen und Bestimmungen des Wahrheitsbegriffs bzw. des Wahrheitsprädikats miteinander zu vermitteln:

Spätestens nach seiner Konversion zum Christentum wurde für ihn das Verständnis der Wahrheit als Selbstprädikation der zweiten göttlichen Person nach Joh 14,6[58] – „Ich bin der Weg, die Wahrheit und das Leben" – verbindlich. Es ist daher konsequent, daß der Christ Augustinus diese transzendente Bedeutung des Wahrheitsbegriffs als eines Gottesprädikats durchgängig vertreten hat.[59] Damit war allerdings die Aufgabe einer begrifflichen Bestimmung nach Art einer feststellenden Definition des Wahrheitsbegriffs nicht gelöst, sondern vielmehr gestellt. Denn die Frage des Pilatus, was Wahrheit ist (vgl. Joh 18,38), kann auch unter Voraussetzung des christlichen Glaubens nicht durch den einfachen Hinweis auf das biblisch bezeugte Selbstverständnis Jesu Christi, die Wahrheit selbst – in eigener Person – zu sein, als hinreichend beantwortet betrachtet werden. Bleibt hiermit doch offen, inwiefern Christus die Wahrheit selbst ist, was also Wahrheit als Selbstprädikation Jesu intensional bedeutet. Dies und damit das christologische Wahrheitsverständnis, d.h. die bedeutungsmäßige Identifizierung des Wahrheitsbegriffs mit der Person Jesu Christi, nicht schon als Lösung des Problems einer Definition der Wahrheit, wohl aber als Richtungsanzeige für diese Problemlösung unter Zugrundelegung dieses durch

---

[58] Vgl. Joh 14,6 (*Novum Testamentum Graece et Latine*, hrsg. von E. Nestle und K. Aland, Stuttgart 1983): „ἐγώ εἰμι ἡ ὁδὸς καὶ ἀλήθεια καὶ ἡ ζωή." („Ich bin der Weg, die Wahrheit und das Leben"); zur biblischen Bedeutung dieser Selbstprädikation Jesu in Verbindung mit Joh 18,37 vgl. H. U. v. Balthasar, 1985, 13: „Jesus ist und er bezeugt die Wahrheit." Er bezeugt nicht nur die Wahrheit, indem er die wahre Gesinnung des himmlischen Vaters den Menschen kundtut, sondern er ist sogar selbst die Wahrheit, indem er als der vom Vater zur Rettung der Welt Gesandte den Willen, die Gesinnung, das Werk des Vaters den Menschen auslegt (Joh 1,18) und offenbar macht. Als diese Offenbarkeit bzw. Un-verborgenheit, ἀ-λήθεια, des Vaters für die Menschen ist er daher in eigener Person die Wahrheit, vgl. v. Balthasar, ebd., 13 f.; vgl. hierzu auch den Beitrag von Th. Böhm im vorliegenden Band („Das Wahrheitsverständnis in Bibel und Früher Kirche").

[59] Die Stellen, an denen Augustinus ‚Wahrheit' als Gottesprädikation gebraucht und mit der zweiten göttlichen Person identifiziert, sind Legion; exemplarisch seien hier nur genannt: *De ordine* 1,8,23, in: CCSL 29, hrsg. von W. M. Green, Turnhout 1970, 100,43–45; *De libero arbitrio* 2,36,141, in: CCSL 29, 261,32–262,37; *De diversis quaestionibus octoginta tribus* 1, in: CCSL 44A, hrsg. von A. Mutzenbecher, Turnhout 1956, 11,8: „Est autem ueritas deus"; *De vera religione* 11,21,60, in: CCSL 32, hrsg. von I. Martin, Turnhout 1962, 201,18 f.; vgl. hierzu R. Campbell, 1992, 85–91.

den christlichen Glauben vorgegebenen christologischen Wahrheitsverständnisses erkannt zu haben, ist zweifelsohne eine genuine Leistung
Augustins. Augustinus aber konnte im ihm wahrscheinlich durch Marius
Victorinus[60] vermittelten geistmetaphysischen Wahrheitsverständnis Plotins
ein Modell dafür finden, wie Wahrheit als Gottesprädikation bzw. als
Bestimmung eines absoluten, in sich relational konzipierten Geistes überhaupt angemessen verstanden werden kann.

Denn Plotin hat an mehreren Stellen gezeigt,[61] daß die Wahrheit selbst
nur in einem absoluten, allwissenden Geist, der, indem er sich selbst
erkennt, alles Seiende überhaupt denkt, als dessen Wesensbestimmung
vollkommen verwirklicht ist.[62] Dabei geht Plotin sogar von dem korrespondenztheoretischen Wahrheitsverständnis platonischer[63] und vor
allem aristotelischer[64] Herkunft aus, deutet dieses allerdings nicht – wie
insbesondere Aristoteles – „abschwächend im Sinne einer Korrespondenz
von Denken und extramentaler Seinsordnung, sondern radikalisierend als
Identität von Denken und Sein".[65] Daher stimmt, wie Plotin an anderer
Stelle mit deutlicher Stoßrichtung gegen die korrespondenztheoretische
Interpretation des Adäquationsmodells aristotelischer Prägung sagt, die
„wahrhafte Wahrheit [...] nicht mit etwas Anderem überein, sondern mit
sich selbst und nichts ist neben ihr" (V 5,2,18 ff.). Denn wenn – und das
ist der gemeinsame Ausgangspunkt der aristotelischen und der plotini-

---

[60] Die „libri Platonicorum", die Marius Victorinus nach der Angabe des Augustinus in *Confessiones* VIII,2,3 (in: CCSL 27, hrsg. von L. Verheijen OSA, Turnhout 1990, 114,4) ins Lateinische übersetzt hat, dürften auch Plotinisches enthalten haben.

[61] Vgl. Plotin, *Enneaden* V 3,5,18–26; V 5,1,32; 36; 65; V 5,2,18–20; III 7,4,11 ff.

[62] Vgl. hierzu Plotin, *Enneade* V 5,2,9–11: „Der Geist weiß immer und weiß wahrhaftig, er
vergißt nichts und braucht nicht suchend umherzulaufen, die Wahrheit ist in ihm"; vgl.
auch V 5,1,65–68: „Wäre nicht Wahrheit im Geiste, so wäre ein derartiger Geist weder
Wahrheit noch in Wahrheit Geist, und also überhaupt nicht Geist. Es kann dann aber die
Wahrheit auch nirgendwo anders sein"; vgl. hierzu auch Themistius, *In libros Aristotelis de
anima paraphrasis*, hrsg. von R. Heinze, in: CAG V 3, 112,3ff.: Der sich selbst denkende
göttliche Geist ist Wahrheit; vgl. hierzu den Beitrag von Ludwig Fladerer im vorliegenden
Band.

[63] Vgl. Platon, *Sophistes* 240 b ff.; 263b ff.; *Kratylos* 385 b2–8; zu diesem aussagentheoretischen Aspekt des platonischen Wahrheitsverständnisses vgl. J. Szaif, 1996, 327ff., und besonders den Beitrag von Jan Szaif in dem vorliegenden Band.

[64] Vgl. Aristoteles, *Categoriae* 4 b8–10; *Categoriae* 14 b15–18; *De interpretatione*, 19 a33; *Metaphysica* 1011 b26f.; 1051 b3–5; zum korrespondenztheoretischen Wahrheitsverständnis
bei Aristoteles vgl. F. M. L. Carretero, 1983, 54–65; K. Bohrmann, 1982, 1–12, und vor allem den Beitrag von Jan Szaif in dem vorliegenden Band; diesem korrespondenztheoretischen Wahrheitsverständnis, für das der Satz vom (zu vermeidenden) Widerspruch von
zentraler Bedeutung ist, schlossen sich verschiedene spätantike Aristoteles-Kommentato-
ren an, vgl. Ammonios Hermeiou, *In Aristotelis De interpretatione commentaries*, hrsg. von
A. Busse, in: CAG IV 5, 21,8–13; 139,29f.; 149,25–28; Johannes Philoponus, *In Aristotelis
Categorias commentarium*, hrsg. von A. Busse, in: CAG XIII 1, 81,29–31; Elias, *In Aristoteles Categorias Commentaria*, in: CAG XVIII 1, 184,17–20.

[65] J. Halfwassen, 1994, 25.

schen Wahrheitstheorie – „Wahrheit die Übereinstimmung des erkennenden Denkens mit dem erkannten Seienden ist, dann kann sie", wie Plotin
nun gegen Aristoteles schlußfolgert, „unmöglich in einer Übereinstimmung des Denkens mit einem von ihm selbst Verschiedenen, Fremden
und Äußeren bestehen, sondern nur in der Identität des Denkens mit
dem als wahr und seiend Erkannten".[66] Dabei läßt sich sogar nachweisen, daß diese geistmetaphysische Deutung des Wahrheitsbegriffs „die
ursprüngliche Intention der Adäquationstheorie sowohl bei Platon als
auch bei Aristoteles erfüllt".[67] Es liegt nun nahe, zu vermuten, daß dieses
geistmetaphysische Verständnis der Wahrheit bei Plotin als vollkommene
Übereinstimmung des absoluten Geistes mit sich als dem Sein selbst[68] im
bzw. genauer als der Identifikationsakt seiner absoluten Selbstreflexion,
welches der Trennung von ontologischer, die Intelligibilität des Seienden
bezeichnender und logischer, d. h. Aussage-Wahrheit, sachlich voraus-
liegt,[69] für Augustinus den Charakter einer Modellvorstellung für dessen
eigenes, christologisch akzentuiertes Verständnis der Wahrheit als einer
Gottesprädikation besessen hat, gleichen sich doch beide geistmetaphysischen Wahrheitskonzepte, dasjenige Plotins und dasjenige des Augustinus, nicht nur typologisch, sondern teilweise sogar bis in den Wortlaut
hinein.

---

[66] J. Halfwassen, 1994, 25; hierzu vgl. auch W. Beierwaltes, 1991, 195: „Dieser Begriff von
Wahrheit ist zwar nach dem Modell der ‚Übereinstimmung' von Denken oder Begreifen
und Aussage mit einem Sachverhalt gebildet (συμφωνεῖν; ‚sie ist, was sie (aus-)sagt und
was sie ist, dies sagt sie auch aus': V 5,2,18–20; oder: der Nus stimmt durch Selbstreflexion
mit sich selbst überein: συνῳθὸς αὐτῷ: VI 8,17,13). Jedoch ist durch den reinen ‚Innenbe-
zug' die Differenz zwischen ‚innerem' Denken und ‚äußerem' Gegenstand auch im Sinne
eines in sich distinkten, durch Distanz bestimmten ‚Subjekt-Objekt-Verhältnisses' zugunsten einer in sich gleichpolig-korrelativen Einheit aufgehoben."

[67] J. Halfwassen, 1994, 25f.; Halfwassen hat für diese These bezüglich Aristoteles auf folgende Stellen verwiesen: *De Anima* 430 a2–5, 431 a1–5. b 17; *Metaphysik* 1072 b21, 1075
a1–5; in Bezug auf Platon hat er auf *Sophistes* 248 D 10 – 249 A 2 in Verbindung mit dem
Referat Aristoteles, *De anima* 407 a6–10, verwiesen.

[68] Vgl. Plotin, *Enneade* V 3,5,25f.: „τὴν ἄρα ἀλήθειαν οὐχ ἑτέρου εἶναι δεῖ, ἀλλ' ὃ λέγει,
τοῦτο καὶ εἶναι. Vgl. V 5,2,18–20: ὥστε καὶ ἡ ὄντως ἀλήθεια οὐ συμφωνοῦσα ἄλλῳ
ἀλλ' ἑαυτῇ, καὶ οὐδὲν παρ' αὐτὴν ἄλλο λέγει ⟨ἀλλ' ὃ λέγει⟩ καὶ ϲοτι, καὶ ὃ ϲοτι,
τοῦτο καὶ λέγει".

[69] Vgl. hierzu W. Beierwaltes, 1991, 195: „Plotin hat in der Bestimmung des Sich-selbst-Den-
kens des Nus als Wahrheit den Begriff von Aussage-Wahrheit und ‚ontologischer' Wahrheit
(daß ‚Sein' selbst als ‚wahr', in sich unverborgen, intelligibel gedacht wird) zusammengeführt." Eine solche Trennung wird überhaupt erst dann möglich, „wenn Wahrheit aus ihrem absoluten Grund, der Wahrheit des sie selbst seienden Geistes, gelöst wird und damit
der Möglichkeit verfällt, rein formale Relationalität" (W. Beierwaltes, ³1981, 181) zwischen
dem Urteil eines zeitlich existierenden Erkenntnissubjektes und dem ihm bzw. seinem Erkenntnisvollzug dann äußerlichen Sachverhalt zu sein, auf den es sich bejahend oder ver-
neinend bezieht.

1.3.2. Augustins geistmetaphysisches Verständnis der Wahrheit als eines Gottesprädikats in *De vera religione*

In seiner Schrift *De vera religione* erläutert Augustinus in zwei größeren Passagen sein Verständnis des Wesens der Wahrheit. Dabei versucht er einen Beweis für die Existenz der göttlichen Wahrheit zu führen, der wie folgt aufgebaut ist:

Die Wahrheit ist dasjenige, welches der Erkenntnis des Menschen zeigt, was wirklich ist.[70] Natürlicherweise beurteilen die Menschen alles, was dem Einen als dem Grund allen Seins ähnlich ist und was zu dieser Ähnlichkeit führt, als etwas Gutes sowie sie umgekehrt alles dem Einen Unähnliche als schlecht beurteilen.[71] Diese allen Menschen gemeinsamen Werturteile aber nehmen ein Urteils-Kriterium dafür in Anspruch, was gut und was schlecht ist: Nach diesem kriteriellen Maßstab ist das Gute schlechthin die vollkommene Ähnlichkeit mit dem Einen, die, da sie vollkommen ist, nur in einer Wesensidentität mit dem Einen bestehen kann.[72] Wesensidentisch mit dem Einen aber ist nur, christlich gesprochen, das Wort, das nach dem Johannesprolog im Anfang bei Gott und das selbst Gott war, der ewige Logos, der daher die Wahrheit selbst ist.[73] Damit aber ist dessen reale Existenz noch nicht aufgewiesen. Einen solchen Aufweis versucht Augustinus mittels folgender Überlegung: Real ist – neben den genannten wahren Urteilen – auch das Phänomen der Falschheit. Falschheit aber besteht in nichts anderem als in dem Mangel an Übereinstimmung mit dem Einen. Ein solcher Mangel aber kann nur dann – und hierin liegt unausgesprochen das höchst anfechtbare Gottesbeweisargument Augustins – gegeben sein, wenn es auch das Phänomen der Wahrheit bzw. die Wahrheit selbst gibt.[74] Dieses Argument ist allerdings durchaus bestreitbar und anfechtbar, weil es die Wahrheitswerte von Urteilen als gleichsam real existierende Entitäten auffaßt, um bezüglich der wahren Entitäten durch Anwendung des metaphysischen Kausalitätsprinzips hypostasierend auf die reale, wenn auch transzendente Existenz des Inbegriffs von Wahrheit überhaupt schließen zu können. Auf Grund ihrer vollkommenen Übereinstimmung mit dem Einen, die allerdings keine tautologische Identität, sondern eine Relation des wechselseitigen Ineinanderseins darstellt, eignet daher der Wahrheit eine einzigartige Zeige- und Hinweisfunktion auf das Eine, das sich in ihr als in seinem Wort

---

[70] Vgl. Augustinus, *De vera religione* XXXVI,66 (in: CCSL 32, hrsg. von K.-D. Daur, Turnhout 1962, zitiert mit Seiten- und Zeilenzahl), 230,1–3, Hervorhebung v. Vf.: „Sed cui saltem illud manifestum est falsitatem esse, qua id putatur esse, quod non est, intelligit eam esse *ueritatem, quae ostendit id quod est*."

[71] Vgl. Augustinus, *De vera religione* XXXVI,66, in: CCSL 32, 230,5–8.

[72] Vgl. Augustinus, *De vera religione* XXXVI,66, in: CCSL 32, 230,8–11.

[73] Vgl. Augustinus, *De vera religione* XXXVI,66, in: CCSL 32, 230,11 f.: „Et haec est ueritas et uerbum in principio et uerbum deus apud deum."

[74] Vgl. Augustinus, *De vera religione* XXXVI,66, in: CCSL 32, 230,12–15.

und seinem Licht gänzlich offenbart.[75] Analog der Abbildlichkeit des absoluten Geistes gegenüber dem Einen innerhalb der Philosophie Plotins[76] ist nach Augustinus die Wahrheit als der innertrinitarische Logos die vollkommene Ähnlichkeit mit dem Vater als dem Ursprung von allem und erst deshalb die Wahrheit selbst,[77] so daß ‚Wahrheit' nach Augustinus wie bei Plotin nichts anderes als vollkommene Ähnlichkeit und Übereinstimmung ist, die nur in dem einen Fall des absoluten, mit allen seinen Momenten wesensidentischen, sich selbst reflektierenden und in seinem Wissen von sich mit sich selbst übereinstimmenden Geistes verwirklicht ist. Daher nennt Augustinus die Wahrheit auch das unwandelbare Gesetz der Gleichheit sowie der Ähnlichkeit bzw. der Übereinstimmung, welches alles, was an seinem inbegrifflichen Maßstab gemessen, d.h. beurteilt wird, an Mächtigkeit unendlich weit überragt.[78] Über *similitudo* bzw. *summa similitudo*,[79] *parilitas* und *congruentia* hinaus gibt es noch einen präziseren Terminus, mit dem Augustinus die Wahrheit selbst als die zweite göttliche Person bestimmt: *Summa convenientia*. Diese Begriffsbestimmung von Wahrheit wird von Augustinus folgendermaßen abgeleitet: *Convenientia*, Übereinstimmung, ist dasjenige, was die Qualität des leiblichen Genusses ausmacht. Begründet wird diese These mit der phänomenalen Tatsache, daß Widerständigkeit Schmerz verursacht, während Übereinstimmung Genuß erzeugt.[80] Die höchste Übereinstimmung, *summa convenientia*, aber ist weder in sinnlichen Wahrnehmungen noch in den rationalen Erkenntnissen des menschlichen Geistes zu finden, weil beides wandelbar ist, sondern nur in dem selbst unwandelbaren, weil transzendenten Erkenntnisprinzip menschlichen Erkennens, in der Wahrheit, die das Licht der natürlichen Vernunft des Menschen erleuchtet.[81] Die Wahrheit aber ist deshalb eine *convenientia*,

---

[75] Vgl. Augustinus, *De vera religione* XXXVI,66, in: CCSL 32, 230,15–231,17.

[76] Vgl. Plotin, *Enneade* V 4,2,26: Der Geist ist ein μίμημα und εἴδωλον des Einen; als ein „Bild" (εἰκών) des Einen wird der absolute Geist bezeichnet in V 1,7,1; zur Bedeutung dieser Metapher vgl. J. Halfwassen, 2004, 97: „Der Geist ist genau darin das ›Bild des Absoluten‹ […], daß seine Einheit alle Vielheit und Unterschiedenheit in ihm aufhebt, zwar nicht in die reine Einheit des Absoluten, aber in die All-Einheit der konkreten Totalität, in der es zu keiner Selbständigkeit des Vielen kommt."

[77] Vgl. Augustinus, *De vera religione* XXXVI,66, in: CCSL 32, 231,18f.: „Haec autem ipsa eius similitudo et ideo ueritas."

[78] Vgl. Augustinus, *De vera religione* XXX,56, in: CCSL 32, 223,60 – 224,1: „Quod si minora et maiora spatia figurarum atque motionum secundum eandem legem parilitatis vel similitudinis vel congruentiae iudicantur, ipsa lex maior est his omnibus, sed potentia, […]."

[79] Vgl. Augustinus, *De vera religione* XXXVI,66, in: CCSL 32, 231,24.

[80] Vgl. Augustinus, *De vera religione* XXXIX,72, in: CCSL 32, 234,8–11.

[81] Vgl. Augustinus, *De vera religione* XXXIX,72, in: CCSL 32, 234,11–19: „Recognosce igitur, quae sit summa couenientia. Noli foras ire, in te ipsum redi. In interiore homine habitat ueritas. Et si tuam naturam mutabilem inueneris, transcende et te ipsum. Sed memento, cum te transcendis, ratiocinantem animam te transcendere. Illuc ergo tende, unde ipsum lumen rationis accenditur. Quo enim peruenit omnis bonus ratiocinator nisi ad ueritatem?

über die hinaus es keine größere geben kann,[82] mithin *summa convenientia*, weil sie das vollkommene Bild Gottes von sich selbst, sein absolutes Selbstbewußtsein ist, in dem der göttliche Vater mit sich auf Grund der Wesensidentität beider Seiten dieses Reflexionsverhältnisses vollkommen übereinstimmt.

Ferner ist die Wahrheit bzw. die Ähnlichkeit mit Gott, d.h. genauer die vollkommene Übereinstimmung Gottes mit sich selbst, auch das Formprinzip aller existierenden Entitäten, die daher als solche, d.h. in ihrem Sein, wahr und der prinziphaften Einheit Gottes ähnlich sind.[83]

Darüber hinaus erweist sich die unwandelbare Wahrheit in ihrer Irrtumsfreiheit erhaben über den menschlichen Geist, sofern sie dessen wahren Urteilen als deren seiender, selbst aber in seiner Transzendenz unverfügbarer Maßstab formursächlich zugrundeliegt.[84] Daher bezeichnet Augustinus die Wahrheit auch als Regel, Form und Vorbild alles wahr Seienden.[85] Ausgehend von dem Grundsatz, daß dasjenige, welches über etwas zu urteilen vermag, im Seinsrang über dem Beurteilten steht,[86] ergibt sich nach Augustinus daher eine Überordnung der Urteilsinstanz allen menschlichen Erkennens über die von ihm beurteilten seinsmäßig niederen Dinge, während der menschliche Geist seinerseits dem Urteil der Wahrheit, d.h. Christi, unterworfen bleibt, durch die und in der der göttliche Vater alles von ihm Erkannte beurteilt.[87] Der geistliche Mensch, in dessen Erkennen der Geist Gottes und damit die Wahrheit selbst wirksam ist, vermag daher alles ange-

---

Cum ad se ipsam ueritas non utique ratiocinando perueniat, sed quod ratiocinantes appetunt ipsa sit, [...]."

[82] Vgl. Augustinus, *De vera religione* XXXIX,72, in: CCSL 32, 234,11–19: „[...] uide ibi (apud ueritatem) conuenientiam, qua superior esse non possit, et ipse conueni cum ea."

[83] Vgl. Augustinus, *De vera religione* XXXVI,66, in: CCSL 32, 231,17–25: „Cetera illius unius similia dici possunt, in quantum sunt, in tantum enim et uera sunt. Haec autem ipsa eius similitudo et ideo ueritas. Ut enim ueritate sunt uera quae uera sunt, ita similitudine similia sunt quaecumque similia. Ut ergo ueritas forma uerorum est, ita similitudo forma similium. Quapropter quoniam uera in tantum uera sunt, in quantum sunt, in tantum autem sunt, in quantum principalis unius similia sunt, ea forma est omnium quae sunt, quae summa similitudo principii et ueritas est, quia sine ulla dissimilitudine est."

[84] Vgl. Augustinus, *De vera religione* XXX,56, in: CCSL 32, 224,73–77: „Haec autem lex omnium artium cum sit omnino incommutabilis, mens uero humana, cui talem legem uidere concessum est, mutabilitatem pati possit erroris, satis apparet supra mentem nostram esse legem, quae ueritas dicitur."

[85] Vgl. Augustinus, *De vera religione* XXXI,58, in: CCSL 32, 225,24–26: „Omnia enim, quae appetunt unitatem, hanc habent regulam uel formam uel exemplum [...]."

[86] Am deutlichsten ausgesprochen wird dieser Grundsatz bei Augustinus in *De libero arbitrio* II,V,12,48, in: CCSL 29, hrsg. von W. M. Green, Turnhout 1970, 245,58f.: „Nulli autem dubium est eum qui iudicat eo de quo iudicat esse meliorem." Denn was ein Urteilsvermögen über etwas anderes besitzt, ist „Lenker" und „Richter" des anderen, vgl. ebd., 245,51f.

[87] Vgl. Augustinus, *De vera religione* XXXI,58, CCSL 32, 225,20–24: „Ut enim nos et omnes animae rationales secundum ueritatem de inferioribus recte iudicamus, sic de nobis, quando eidem cohaeremus, sola ipsa ueritas iudicat. De ipsa uero nec pater, non enim minus est quam ipse, et ideo quae pater iudicat per ipsam iudicat."

messen und wahr zu beurteilen, während er selbst von niemandem beurteilt, also nicht einem anderen Wahrheitskriterium als dem einen von ihm selbst in Anspruch genommenen unterworfen werden kann.[88] Die Wahrheit hat als unveränderliches Kriterium aller wahren Urteile daher den Charakter eines ewigen Gesetzes,[89] das sich im rationalen Urteil des Menschen nach Augustinus durch Illumination zur Geltung bringt.[90] Die Erleuchtung durch das Licht der Wahrheit wird allerdings nur den sittlich weitgehend reinen Personen in dem Maße ihrer sittlichen Reinheit zuteil.[91] Der reine, geistliche Mensch kann zwar das ewige, göttliche Gesetz erkennen, nicht jedoch es beurteilen, weil im Unterschied zum einfachen Erkennen das wertende Urteilen über einen Sachverhalt einen normativen Charakter zu besitzen beansprucht, indem es nicht nur aussagt, wie etwas ist, sondern auch, wie etwas sein soll.[92]

Schließlich führt Augustinus mittels eines retorsiven Arguments zumindest dem Anspruch nach einen Beweis der Unbezweifelbarkeit der Existenz der Wahrheit: Die Unmöglichkeit, einen Zweifel wie den an der Existenz der Wahrheit selbst wiederum bezweifeln zu können, d.h. die Einsicht, daß es wahr sein muß, daß man eine bestimmte, sei es eine affirmative, sei es eine negative, Aussage behauptet, versteht Augustinus hypostasierend als etwas Wahres, mithin als eine wahre Entität, auf deren Vorhandensein er dann das metaphysische Kausalitätsprinzip anwendet, um auf die Existenz einer transzendenten, göttlichen Wahrheit als deren Formursache schließen zu können.[93] Denn alle Dinge sind durch die Wahrheit als ihrem Formprinzip geschaffen und diese Form allein ist selbst und vermittelt daher das, wonach sich die Kreaturen wesensmäßig sehnen und im Christentum als der *vera religio* nicht umsonst streben, nämlich die Wahrheit als die vollkommene Übereinstimmung mit der einfachen Einheit, die Gott selbst ist.[94]

Zusammenfassend betrachtet, dürfte sich gezeigt haben, daß Augustins Verständnis der Wahrheit als einer Gottesprädikation in *De vera religione*, mit dem er die biblische Glaubensvorgabe von Joh 14,6, daß die Person Jesu Christi die Wahrheit selbst ist, zu begreifen sucht, zum philosophischen

---

[88] Vgl. Augustinus, *De vera religione* XXXI,58, in: CCSL 32, 225,32–40.
[89] Vgl. Augustinus, *De vera religione* XXXI,58, in: CCSL 32, 225,43–47.
[90] Zu Augustins Theorie der Illumination vgl. Ch. Horn, 1995, 76–81.
[91] Vgl. Augustinus, *De vera religione* XXXI,58, in: CCSL 32, 47–49.
[92] Vgl. Augustinus, *De vera religione* XXXI,58, in: CCSL 32, 225,49–226,3.
[93] Vgl. Augustinus, *De vera religione* XXXIX,73, in: CCSL 32, 234,25–235,44.
[94] Vgl. Augustinus, *De vera religione* LV,113, in: CCSL 32, 259,122–260,129: „Religet ergo nos religio uni omnipotenti deo, quia inter mentem nostram, qua illum intelligimus patrem et ueritatem, id est lucem interiorem, per quam illum intellegimus, nulla interposita creatura est. Quare ipsam quoque ueritatem nulla ex parte dissimilem in ipso et cum ipso ueneremur, quae forma est omnium, quae ab uno facta sunt et ad unum nituntur. Unde apparet spriritalibus animis per hanc formam esse facta omnia, quae sola implet, quod appetunt omnia."

Typus einer geistmetaphysischen Wahrheitskonzeption gehört, die ‚Wahrheit' als das Selbstbewußtsein und damit als vollkommene Selbstübereinstimmung eines absoluten Geistes versteht und die im abendländischen Denken von Plotin paradigmatisch geprägt worden ist. Innerhalb dieses Typs einer geistmetaphysischen Wahrheitskonzeption unterscheidet sich Augustinus von Plotin insofern als er dieses Selbstbewußtsein des absoluten Geistes als eine eigene, göttliche Person, die des innertrinitarischen Logos, und damit christologisch bzw. trinitätstheologisch bestimmt. In dieser christologischen Wahrheitskonzeption liegt Augustins Auffassung vom Christentum als der Religion der Wahrheit begründet, in der sich der demütige Mensch in freiwilliger, selbstloser Liebe an die göttliche Wahrheit bindet.[95] Christus ist zwar gleichsam Inbegriff der Wahrheit Gottes,[96] dennoch gibt es innertrinitarisch keine Hierarchie der Wahrheit, da im göttlichen Wesen der Wahrheit das Wahr-Sein mit dem Sein selbst koinzidiert.[97]

Betrachtet man Augustins wahrheitstheoretische Leistungen im ganzen, so dürfte man zu dem Schluß kommen, daß seine trinitätstheologisch modifizierte geistmetaphysische Definition des Wahrheitsbegriffs in *De vera religione* mit dem oben erzielten Ergebnis seiner verschlungenen Diskussion des Wahrheitsprädikats in den *Soliloquia*, die dessen primäre ontologische Bestimmung als die (exakt wißbare) Form oder Idee favorisiert, sachlich und begrifflich übereinstimmt: Gott und innerhalb der göttlichen Trinität insbesondere die zweite göttliche Person ist die Wahrheit selbst und als solche zugleich die Form alles Wahren, d. h. aller Ideen oder Formen, die sie als ihre eigenen Gedanken in dem raum- und zeitfreien Prozeß ihrer Selbstreflexion hervorbringt und in denen der göttliche Sohn mit dem göttlichen Vater vollkommen übereinstimmt. Diese der göttlichen Wahrheit innewohnenden Formen aber sind die Form- bzw. Exemplarursachen alles im sekundären ontologischen Sinne wahr Seienden, d.h. aller sinnlich wahrnehmbaren Entitäten, für die ihre reale Formbestimmtheit konstitutiv ist. Dieser im Kern einheitlichen Bestimmung des Wahrheitsbegriffs und -prädikats stehen gleichwohl auch einige in unserer Analyse der *Soliloquia* sichtbar gewordene systematische Mängel, nicht zuletzt die fehlende Integration eines aussagentheoretischen Wahrheitsbegriffs, gegenüber, die dazu berechtigen, Augustins Wahrheitstheorie keinen in sich völlig konsistenten Charakter zusprechen zu können.

---

[95] Vgl. Augustinus, *De vera religione* V,8, in: CCSL 32, 193,1–16; hierzu vgl. Th. Kobusch, 1984, 97–128, insb. 120–128.

[96] Vgl. Augustinus, *Tract. in Ioh.* 69,3, in: CCSL 36, hrsg. von D. R. Willems OSB, Turnhout 1954, 501,30–36.

[97] Vgl. Augustinus, *De trinitate* VIII,1,2, in: CCSL 50, hrsg. von W. J. Mountain, Turnhout 1968, 270,26–29.

2. Die Aufnahme des korrespondenztheoretischen
    Wahrheitsverständnisses aristotelischer Herkunft
    durch Boethius

Im Unterschied zu Augustinus hat sich Boethius dem aristotelischen Wahrheitsverständnis korrespondenztheoretischer Prägung angeschlossen und
ein ontologisches Verständnis des Wahrheitsprädikats, wie es Augustinus
vertritt, implizit durch die von ihm durchgängig vertretene Auffassung abgelehnt, daß Wahrheit und Falschheit nicht in extramental existierenden
Entitäten, sondern nur in gedachten sowie in sprachlich geäußerten Urteilen enthalten seien.[98] Gleichwohl verwendet Boethius *veritas* auch als Gottesprädikation,[99] und zwar als Bezeichnung für die göttliche Substanz,[100]
so daß die drei göttlichen Personen nicht drei Wahrheiten, sondern ein
und dieselbe Wahrheit sind.[101] Das korrespondenztheoretische Wahrheitsverständnis bleibt bei Boethius jedoch mit der transzendenten Bedeutung
von *veritas* als einer Gottesprädikation begrifflich unvermittelt. Damit hat
Boethius zwar im Unterschied zu Augustinus dem adäquationstheoretischen Wahrheitsverständnis des natürlichen Bewußtseins wahrheitstheoretisch Rechnung getragen, vermag dieses jedoch mit dem christlichen
Wahrheitsverständnis *deus est veritas* nicht zu vereinbaren.

3. Logische und theologische Bedeutung des
    Wahrheitsbegriffs bei Eriugena

Eriugena definiert die Logik (*dialectica*) als „die Untersuchung der Wahrheit einer jeden Aussage über die Welt";[102] daher ist für ihn die Logik die
für die Feststellung von Wahrheit zuständige wissenschaftliche Disziplin.[103]

---

[98] Vgl. Boethius, *In Categorias Aristotelis* I, in: PL 64, Paris 1891, 181 B; *De Syllogismo catego-*
rico I, in: PL 64, 797 C: „Enuntiativa [sc. oratio] vero sola aut verum aut falsum continet";
In librum Aristotelis de interpretatione editio secunda, hrsg. von C. Meiser, Leipzig 1880,
11,7f.; 13,7; 18,12; 75,16ff.; 98,29ff.; *Commentaria in Topica Ciceronis* V, in: PL 64, 1130 D;
De topicis differentiis I 4,1, hrsg. von D. Z. Nikitas, Athen 1990; *Interpretatio prior Analyti-*
corum Aristotelis II, in: PL 64, 767 C; *In librum Aristotelis de interpretatione editio prima*, in:
PL 64, 299 D; hierzu vgl. M. Sullivan, 1970, 788–800.

[99] Vgl. Boethius, *In librum Aristotelis de interpretatione editio secunda* 46,20; *De Consolatio*
philosophiae 5,2,10, in: CCSL 94, hrsg. von L. Bieler, Turnhout 1957, 90,19: „a summae
lucae veritatis"; 5,6, 38, ebd., 104,127.

[100] Vgl. Boethius, *Utrum Pater et Filius et Spiritus sanctus de diuinitate substantialiter praedicatur*, in:
Ders., *Die Theologischen Traktate*, hrsg. von M. Elsässer, Hamburg 1988, 30,26ff.; 32,65–68.

[101] Vgl. Boethius, *Utrum Pater Pater et Filius et Spiritus sanctus* […], 28,24–30,26.

[102] Vgl. Eriugena, *Annotationes in Marcionem*, hrsg. von Cora E. Lutz, Cambridge/Mass.
1939, repr. New York 1970, 90,10f.

[103] Vgl. Eriugena, *De divina praedestinatione* liber 1,2, in: CCCML 50, hrsg. von G. Madec,
Turnhout 1978, 6,32f.: „disputandi disciplinam, quae est veritas."

In seinem sich auf Martian Capellas Kompendium der sieben freien Künste stützenden Logik-Unterricht hat Eriugena vier Wahrheitswerte unterschieden: Wahr, falsch, wahrähnlich und trügerisch.[104] Den Wahrheitswert *verisimile*, unter dem Eriugena gemäß dem ursprünglichen Sinne des Wortes das dem Wahren Ähnliche versteht, schreibt er grundsätzlich allen von Gen 1–3 getroffenen und in seinem Hauptwerk *Periphyseon* systematisierten Aussagen über das Verhältnis zwischen Gott, Welt und Mensch zu, die daher wissenschaftlich zwar nicht als zweifelsfrei gültig erwiesen, wohl aber als glaubwürdig gesichert werden können.[105] Nach Eriugena ist – in Anlehnung an Maximus Confessor[106] – Wahrheit kein Name, der Gott im eigentlichen, sondern nur im uneigentlichen, metaphorischen Sinne zukommt. Denn die Übergegensätzlichkeit Gottes läßt es nicht zu, daß ihm Wahrheit, der die Falschheit entgegengesetzt ist,[107] unmittelbar zugesprochen werden könnte; daher ist Gott gleichsam überwahr und Überwahrheit, d.h. erhaben über Wahrheit und alles Wahre, sofern seine vollkommene Einheit alles Erkenn- und Aussagbare überragt.[108] Den erscheinenden Widerspruch zwischen Wahrheit als einer durch Joh 14,6 geforderten Gottesprädikation der affirmativen Theologie und der erläuterten Verneinung dieser Gottesprädikation von seiten der negativen Theologie ps.-dionysischer Herkunft sucht Eriugena dadurch aufzulösen, daß er die affirmative Aussage des Wahrheitsbegriffs von Gott mit der primordialen Ursächlichkeit des göttlichen Wortes als der zweiten göttlichen Person für alles innerweltliche Wahre begründet und damit als eine Übertragung des Wahrheitsprädikats vom Geschöpf auf den Schöpfer als der Ursache alles Wahren versteht.[109]

Aber auch bei Eriugena bleibt – wie schon bei Augustinus und bei Boethius – das logische Verständnis von Wahrheit mit dessen theologischer Bedeutung unverbunden und unvermittelt.

---

[104] Vgl. Eriugena, *Annotationes in Marcionem*, 106,2f.

[105] Vgl. Eriugena, *Periphyseon* I 13, in: *Iohannis Scotti Eriugenae Periphyseon (De Divisone Naturae) lib. prim. Scriptores Latini Hiberniae VII*, hrsg. von I. P. Sheldon-Williams und L. Bieler, Dublin 1978, 72,33; II 23, in: *Iohannis Scotti Eriugenae Periphyseon (De Divisone Naturae) lib. sec. Scriptores Latini Hiberniae IX*, hrsg. von I. P. Sheldon-Williams und L. Bieler, Dublin 1983, 92,26; II 3, a.O. 184,23; II 35, a.O. 200,32; III 33, in: *Iohannis Scotti Eriugenae Periphyseon (De Divisone Naturae) lib. tert. Scriptores Latini Hiberniae XI*, hrsg. von I. P. Sheldon-Williams und L. Bieler, Dublin 1981, 244,35; hierzu vgl. G. Schrimpf, 1980, hier: 145ff.

[106] Hierzu vgl. D. J. O'Meara, 1983, 151–167, insb.: 165, Anm. 47.

[107] Vgl. Eriugena, *Periphyseon* I 14, op. cit., 8,10f.; V 36. PL 122, 961 D.

[108] Vgl. Eriugena, *Periphyseon* I 14, op. cit., 78,10–80,4; hierzu vgl. W. Beierwaltes, 1994, 187ff.

[109] Vgl. Eriugena, *Periphyseon* I 14, op. cit., 80,31–82,9; *Periphyseon* IV 5, in: *Iohannis Scotti Eriugenae Periphyseon (De Divisone Naturae) lib. quart. Scriptores Latini Hiberniae XIII*, hrsg. von E. A. Jeauneau, Dublin 1995, 36,31–38,20; *Periphyseon* V 36. PL 122, 961 D.

4.   Grundzüge der definitionalen Wahrheitstheorie
      Anselms von Canterbury

Es nimmt nicht wunder, daß Anselm, dessen bedeutendste Lehrer Augustinus und Boethius waren, die systematische Aufgabe einer Integrierung sowohl der *veritas ontologica* augustinischer als auch der *veritas logica* boethia-
nisch-aristotelischer Provenienz in eine umfassende, d. h. alle Vorkommnisse
von Wahrheit erklärende, definitionale, d. h. zu einer feststellenden Definition des Wahrheitsbegriffs führende, in sich konsistente und dem christlichen Glaubensverständnis von Wahrheit als einer Gottesprädikation Rechnung tragende Wahrheitstheorie als ein dringendes Desiderat gesehen und
als erster in der abendländischen Philosophiegeschichte überhaupt in An-
griff genommen hat.

In seinem Dialog *De veritate* hat *Anselm von Canterbury* dem Anspruch
nach einen rein rationalen Beweis der objektiven Wahrheit des christlichen
Glaubenssatzes nach Joh 14,6, daß Gott selbst die Wahrheit ist, mittels eines
der boethianischen Topik entnommenen topischen Argumentationsverfah-
rens insofern geführt, als von ihm gezeigt wird, daß jede von der natürlichen Vernunft erkennbare Wahrheit substantiell mit dem Wesen Gottes
identisch ist.[110] Die sich in einer feststellenden Definition des Wahrheitsbegriffs zeigende begriffliche Identität aller Bedeutungen von Wahrheit als
Rechtheit aber kann nur gefunden werden in einem vollständigen Durchgang durch alle Entitäten, von denen ‚Wahrheit' überhaupt prädiziert
wird.[111] Die Wahrheit aller endlichen Wahrheitsträger wie die des (gedachten und des sprachlich geäußerten) Urteils sowie des Willens, der Handlungen, der Sinneswahrnehmungen und des Wesens aller geschaffenen Entitäten bestimmt Anselm als deren Rechtheit (lat. *rectitudo*), die in ihrer
Erfüllung ihrer jeweils gesollten, d. h. von Gott gewollten und ihnen einge-
schaffenen Ziel- und Zweckbestimmung liegt. Dabei führt er u. a. das korrespondenztheoretische Verständnis der Urteilswahrheit aristotelischer
Provenienz begründend auf ein eidetisch-teleologisches Verständnis auch
dieser Erscheinungsform von Wahrheit zurück, indem er zeigt, daß die
wirklichkeitsgerechte Abbildung eines vorliegenden Sachverhalts im wahren Urteil nicht bereits dessen Wahrheit, sondern nur dessen gleichsam ur-
sächliches Mittel zur Erfüllung dieser ihm von Gott anerschaffenen Zweckbestimmung einer adäquaten Wirklichkeitserfassung darstellt,[112] daß also
seine Wahrheit in der Erfüllung dessen, was richtig ist bzw. was es nach
Gottes Willen tun soll, besteht. Dieses Verständnis von Wahrheit als Recht-

---

[110] Hierzu vgl. M. Enders, 1999, 77–114.

[111] Vgl. Anselm, *De Veritate* 11, in: *S. Anselmi Cantuariensis Archiepiscopi Opera Omnia*, hrsg.
von F. S. Schmitt, Seckau / Rom / Edinburgh 1938–61, repr. Stuttgart-Bad Cannstatt 1968,
Bd. I 191,4–9.

[112] Vgl. Anselm, *De Veritate* 2, in: op. cit., I 177,6–180,3; hierzu vgl. M. Enders, 1999, 130–142.

heit im Sinne einer Erfüllung des göttlichen Willens wendet Anselm auch auf seine Bestimmung der *veritas ontologica* an: Wahr sind alle real existierenden, weil von Gott geschaffenen Entitäten insofern, als sie, wie Anselm sagt, das sind, was sie in Gott sind, d.h. als sie in ihrem Wesen mit ihrer innergöttlichen Exemplarursache übereinstimmen, welche Übereinstimmung allerdings keine tautologische Identität, sondern unter Wahrung der Geschöpflichkeit dieser Entitäten eine Teilhabe-Relation dieser Entitäten an ihren innergöttlichen Exemplarursachen bezeichnet.[113]

Während nun die von den genannten endlich-kontingenten Wahrheitsträgern prädizierte Rechtheit ein Verhältnis der Gemäßheit bzw. Angeglichenheit des Wesens sowie der Handlungen einer geschaffenen Entität an ihr jeweiliges Sollen als eine göttliche Willensbestimmung und damit *rectitudo* als einen Adäquationsbegriff zum Ausdruck bringt,[114] besteht die alle anderen Wahrheiten form- bzw. exemplarursächlich hervorbringende[115] Wahrheit Gottes nicht in der geschuldeten Erfüllung der Willensbestimmung eines anderen, sondern in der unwandelbaren Selbstübereinstimmung und -affirmation des göttlichen Willens.[116] Diese gleichsam identitätsbegriffliche Bestimmung der Wahrheit Gottes sucht Anselm mit seiner erläuterten adäquationsbegrifflichen Bestimmung aller anderen Vorkommnisse von Wahrheit durch eine einheitliche, allgemeingültige Definition des Wahrheitsbegriffs als „mit dem Geist allein erfaßbare Rechtheit" (*rectitudo sola mente perceptibilis*) zu vermitteln.[117] Seine Annahme der objektiven Einheit und Einzigkeit der Wahrheit setzt daher ein attributionsanaloges Verständnis des Wahrheitsbegriffs voraus, nach dem der Seinsgehalt von ‚Wahrheit' allein in Gott selbst vollkommen verwirklicht ist, während die geschaffenen Entitäten nur auf Grund der Immanenz der *summa veritas* in ihnen Wahrheitsträger sind und sein können.[118]

So zeigt sich, daß auch Anselms Wahrheitstheorie, die aufgrund ihrer großen systematischen Geschlossenheit als die bedeutsamste in der abendländischen Philosophiegeschichte bis zum Ende des 12. Jahrhunderts bezeichnet zu werden verdient, einer signifikanten Ambivalenz im Gebrauch des Wahrheitsbegriffs nicht entkommt, die bei Anselm in seiner adäquations- und identitätsbegrifflichen Bestimmung dieses Begriffs besteht; diese Ambivalenz aber liegt letztlich in Anselms Absicht begründet, einen rationalen Beweis für die Einzigkeit der Wahrheit in deren christlicher Bedeutung, d.h. im Sinne der Gleichsetzung *Deus est veritas*, zu führen.

---

113 Vgl. Anselm, *De Veritate* 7, in: op. cit., I 185,11–19; hierzu vgl. M. Enders, 1999, 209–237.

114 Am Beispiel der Aussage vgl. Anselm, *De Veritate* 2, in: op. cit., I 178,10–12,14,30–34; hierzu vgl. M. Enders, 1999, 289–297, 325–328.

115 Vgl. Anselm, *De Veritate* 10, in: op. cit., I 190,6–12; hierzu vgl. M. Enders, 1999, 468–492.

116 Vgl. Anselm, *De Veritate* 10, in: op. cit., I 190,2f.; *De Veritate* 12, op. cit., I 192,3f.; vgl. hierzu M. Enders, 1999, 333–339, 463–468.

117 Vgl. Anselm, *De Veritate* 11, in: op. cit., I 191,19f.; hierzu vgl. M. Enders, 1999, 497–502.

118 Vgl. Anselm, *De Veritate* 13, in: op. cit., I 190,17–21; hierzu vgl. M. Enders, 1999, 550–554.

5.   Ein kurzer Ausblick auf die Geschichte des
      Wahrheitsbegriffs im 12. Jahrhundert

Im 12. Jahrhundert überwiegt zweifelsohne das theologische Verständnis
von Wahrheit:
   Bernhard von Clairvaux unterscheidet drei Stufen einer existentiellen
Wahrheitserkenntnis: Die Selbsterkenntnis als die Erkenntnis der Wahrheit
im Menschen stellt die erste und unterste Stufe, die Liebe zum Mitleid als die
Erkenntnis der Wahrheit im Mitmenschen die mittlere und schließlich die
unmittelbare Schau der göttlichen Wahrheit in ihr selbst die letzte und höchste Stufe der Wahrheitserkenntnis dar.[119] Auch bei Abaelard überwiegt das
theologische Verständnis der Wahrheit als einer Gottesprädikation, die bei
ihm zumeist die zweite göttliche Person bezeichnet,[120] während Hugo von
St. Viktor die Wahrheitsfähigkeit der wissenschaftlichen Vernunkterkenntnis
betont.[121] Ein zweistufiges ontologisches Verständnis von Wahrheit vertritt
schließlich Avicenna, der Wahrheit sowohl als das den Einzeldingen eigentümliche, einfache als auch als das ewige, notwendige Sein versteht.[122]

Literaturverzeichnis

Primärliteratur

Abaelard, *Sic et Non*, hrsg. von B. B. Boyer und R. McKeon, Chicago / London 1976.
Abaelard, *Theologia christiana*, hrsg. von E. M. Buytaert OFM, in: CCCM [= Cor-
   pus Christianorum, Continuatio Medievalis] 12, Turnhout 1969.
Ammonios Hermeiou, *In Aristotelis De interpretatione commentarius*, hrsg. von
   A. Busse, in: CAG [= Commentaria in Aristotelem Graeca] IV, Berlin 1897.
Anselm von Canterbury, *De veritate*, in: *S. Anselmi Cantuariensis Archiepiscopi
   Opera Omnia*, hrsg. von F. S. Schmitt, Seckau / Rom / Edinburgh 1938–61, repr.
   Stuttgart-Bad Cannstatt 1968.
Anselm von Canterbury, *Über die Wahrheit*, Lateinisch-Deutsch, hrsg. von M. En-
   ders, Hamburg 2001, ²2003 (Philosophische Bibliothek 535).
Aristoteles, *Categoriae et Liber de interpretatione*, hrsg. von L. Minio-Paluello, Ox-
   ford 1949.

---

[119] Vgl. Bernhard von Clairvaux, *De gradibus humilitatis et superbiae* VI,19, in: *S. Bernardi
     Opera* (= SBO), hrsg. von J. Leclercq und H. M. Rochais, Rom 1963, III, 31,3–5.
[120] Vgl. Abaelard, *Sic et Non* q. 79, sent. 7, hrsg. von B. B. Boyer und R. McKeon, Chicago /
     London 1976, 282,29f.; q. 117, sent. 84, op. cit., 399,605–608; *Theologia christiana* 1,16, in:
     CCCM 12, hrsg. von E. M. Buytaert OFM, Turnhout 1969, 78,193,199.
[121] Vgl. Hugo von Sankt Viktor, *Didascalicon. De studio legendi* 2,17, hrsg. von C. H. Buttimer,
     Washington D. C. 1939, 36,24; 3,4, op. cit., 55,9ff.
[122] Vgl. Avicenna, *Liber de philosophia prima sive scientia divina*, tr. I, c. 8, hrsg. von S. Van
     Riet, Bd. I, Louvain 1977, 55,58ff.; tr. 8, c. 6, op. cit., 413,83f.; vgl. hierzu: A.-M. Goichon,
     La Philosophie d'Avicenne, Paris 1951, 28.

Aristoteles, *Metaphysica*, hrsg. von W. Jaeger, Oxford 1957.

Augustinus, *Contra Academicos*, hrsg. von W. M. Green, in: CCSL [= Corpus Christianorum, Series Latina] 29, Turnhout 1970.

Augustinus, *Confessiones*, hrsg. von L. Verheijen OSA, in: CCSL 27, Turnhout 1990.

Augustinus, *De diversis quaestionibus octoginta tribus*, hrsg. von A. Mutzenbecher, in: CCSL 44A, Turnhout 1956.

Augustinus, *De libero arbitrio*, hrsg. von W. M. Green, in: CCSL 29, Turnhout 1970.

Augustinus, *De ordine*, hrsg. von W. M. Green, in: CCSL 29, Turnhout 1970.

Augustinus, *De trinitate*, hrsg. von W. J. Mountain, in: CCSL 50, Turnhout 1968.

Augustinus, *De vera religione*, hrsg. von K.-D. Daur, in: CCSL 32, Turnhout 1962.

Augustinus, *Soliloquiorum libri duo, De inmortalitate animae, De quantitate animae*, hrsg. von W. Hörmann, in: CSEL [= Corpus Scriptorum Ecclesiasticorum Latinorum] 89, Wien 1986.

Saint Augustine, Soliloquies and Immortality of the soul, with an introduction, translation and commentary by G. Watson, Warminster 1990.

Augustinus, *Tract. in Ioh.*, hrsg. von D. R. Willems OSB, CCSL 32, Turnhout 1954.

Avicenna, *Liber de philosophia prima sive scientia divina*, hrsg. von S. Van Riet, Bd. I, Louvain 1977.

Bernhard von Clairvaux, *De gradibus humilitatis et superbiae*, in: *S. Bernardi Opera*, hrsg. von J. Leclercq und H. M. Rochais, Rom 1963.

Boethius, *Commentaria In Topica Ciceronis*, in: PL [= Patrologia Latina cursus completus] 64, Paris 1891.

Boethius, *De Consolatio philosophiae*, hrsg. von L. Bieler, in: CCSL 94, Turnhout 1957.

Boethius, *De Syllogismo categorico libri duo*, in: PL 64, Paris 1891.

Boethius, *De topicis differentiis*, hrsg. von D. Z. Nikitas, in: Corpus Philosophorum Medii Aevi, Philosophi Byzantini 5, Athen 1990.

Boethius, *In Categorias Aristotelis libri quattuor*, in: PL 64, Paris 1891.

Boethius, *In librum Aristotelis de interpretatione editio prima*, in: PL 64, Paris 1891.

Boethius, *In librum Aristotelis de interpretatione editio secunda*, hrsg. von C. Meiser, Leipzig 1880.

Boethius, *Interpretatio priorum Analyticorum Aristotelis*, in: PL 64, Paris 1891.

Boethius, *Utrum Pater et Filius et Spiritus sanctus de diuinitate substantialiter praedicatur*, in: Ders., *Die Theologischen Traktate*, übers., eingel. und mit Anm. versehen von M. Elsässer, Hamburg 1988.

Elias, *In Aristotelis Categorias Commentaria*, hrsg. von A. Busse, in: CAG XVIII 1, Berlin 1900.

Eriugena, *Annotationes in Marcionem*, hrsg. von Cora E. Lutz, Cambridge/Mass. 1939; repr. New York 1970.

Eriugena, *De divina praedestinatione liber*, hrsg. von G. Madec, in: CCCML 50, Turnhout 1978.

Eriugena, *Periphyseon*, in: *Iohannis Scotti Eriugenae Periphyseon (De Divisione Naturae) lib. prim. Scriptores Latini Hiberniae*, hrsg. von I. P. Sheldon-Williams und L. Bieler, Dublin 1978 ff.

Hugo von Sankt Viktor, *Didascalicon. De studio legendi*, hrsg. von C. H. Buttimer, Washington D. C. 1939.

Johannes Philoponus, *In Aristotelis Categorias commentarium*, hrsg. von A. Busse, in: CAG XIII 1, Berlin 1898.
Novum Testamentum Graece et Latine, hrsg. von E. Nestle und K. Aland, Stuttgart 1983.
Platon, *Kratylos*, in: *Platonis Opera*, hrsg. von J. Burnett, Oxford 1990, repr. 1979–82.
Platon, *Politeia*, in: *Platonis Opera*, hrsg. von J. Burnett, Oxford 1990, repr. 1979–82.
Platon, *Sophistes*, in: *Platonis Opera*, hrsg. von J. Burnett, Oxford 1990, repr. 1979–82.
Plotin, *Enneaden*, in: *Plotini Opera*, hrsg. von P. Henry und H. R. Schwyzer, Paris / Brüssel / Leiden 1951–1973 [= Editio maior] bzw. Oxford 1964–82 [= Editio minor].
Themistius, *In libros Aristotelis de anima paraphrasis*, hrsg. von R. Heinze, in: CAG V 3, Berlin 1899.

Sekundärliteratur

Balthasar, Hans Urs von, 1985, *Theologik II: Wahrheit Gottes*, Einsiedeln.
Beierwaltes, Werner, [3]1981, *Plotin. Über Ewigkeit und Zeit*, Frankfurt am Main.
Beierwaltes, Werner, 1991, *Selbsterkenntnis und Erfahrung der Einheit. Plotins Enneade V 3. Text, Übersetzung, Interpretation, Erläuterungen*, Frankfurt am Main.
Beierwaltes, Werner, 1994, *Eriugena. Grundzüge seines Denkens*, Frankfurt am Main.
Bohrmann, K., 1982, „Wahrheitsbegriff und νοῦς-Lehre bei Aristoteles und einigen seiner Kommentatoren", in: *Miscellanea Mediaevalia* 12.
Campbell, R., 1992, *Truth and historicity*, Oxford.
Carretero, F. M. L., 1983, *Der aristotelische Wahrheitsbegriff und die Aufgabe der Semantik*, Diss., Köln.
Enders, Markus, 1999, *Wahrheit und Notwendigkeit. Die Theorie der Wahrheit bei Anselm von Canterbury im Gesamtzusammenhang seines Denkens und unter besonderer Berücksichtigung seiner antiken Quellen (Aristoteles, Cicero, Augustinus, Boethius)* (Studien und Texte zur Geistesgeschichte des Mittelalters, Bd. LXIV), Leiden /Boston / Köln.
Fuhrer, Therese, 1992, „Das Kriterium der Wahrheit in Augustins Contra Academicos", *Vigiliae Christianae*, 46.
Gadamer, Hans-Georg, 1999, „Plato und die Dichter", in: Ders., *Gesammelte Werke*, Bd. 5 (Griechische Philosophie I), Tübingen, 187–211.
Goebel, Bernd, 2001, *Rectitudo. Wahrheit und Freiheit bei Anselm von Canterbury. Eine philosophische Untersuchung seines Denkansatzes* (Beiträge zur Geschichte der Philosophie und Theologie des Mittelalters, Bd. 56), Münster.
Goichon, A.-M., 1951, *La Philosophie d'Avicenne*, Paris.
Halfwassen, Jens, 1994, *Geist und Selbstbewusstsein, Studien zu Plotin und Numenios*, Akademie der Wissenschaften und der Literatur Mainz (Geistes- und Sozialwissenschaftliche Klasse, Jahrgang 1994, Nr. 10), Stuttgart.
Halfwassen, Jens, 2004, *Plotin und der Neuplatonismus*, München.
Horn, Christoph, 1995, *Augustinus*, München.
Kapriev, Georgi, 1998, … *Ipsa vita et veritas. Der „ontologische Gottesbeweis" und die Ideenwelt Anselms von Canterbury* (Studien und Texte zur Geistesgeschichte des Mittelalters, Bd. LXI), Leiden / Boston / Köln.

Kobusch, Theo, 1984, „Das Christentum als die Religion der Wahrheit", *Revue des Études Augustiniennes*, 30, 97–128.

Müller, H., 1954, *Augustins Soliloquien. Einleitung, Text und Erläuterungen*, Inaugural-Diss., Basel.

O'Meara, D. J., 1983, „The Problem of Speaking about God in John Scottus Eriugena", in: *Carolingian Essays*, hrsg. von U.-R. Blumenthal, Washington.

Schrimpf, G., 1980, „Johannes Scottus Eriugena und die Rezeption des Martianus Capella", in: W. Beierwaltes (Hrsg.), *Eriugena. Studien zu seinen Quellen*, Heidelberg.

Stirnimann, Heinrich, 1992, *Grund und Gründer des Alls. Augustins Gebet in den Selbstgesprächen (Sol. I, 1,2–6)*, Freiburg/Schweiz.

Sullivan, M., 1970, „What was true or false in the old logic?", *Journal of philosophy*, 67, 788–800.

Szaif, Jan, 1996, *Platons Begriff der Wahrheit* (Symposion, Bd. 104), Freiburg / München.

Villalobos, J., 1982, *Ser y verdad en Agustin de Hipona*, Sevilla.

Watson, G., 1990, *Saint Augustine, Soliloquies and Immortality of the soul*, with an Introduction, translation and commentary by G. Watson, Warminster.

Wahrheit bei Albertus Magnus und Thomas von Aquin

Walter Senner, OP (Paris)

Veritas – Wahrheit ist die Devise des Dominikanerordens.[1] Zu ihm gehörten Albertus Magnus und Thomas von Aquin – zwei der bedeutendsten philosophischen und theologischen Denker des Mittelalters. Was sie über diesen logischen, erkenntnistheoretischen, metaphysischen, ethischen und theologischen Begriff, über ihr Ideal des Denkens und Lebens geschrieben haben soll in dieser Arbeit anhand der relevanten Texte dargestellt werden. Dabei sind Grundlinien ihrer jeweiligen Entwicklung und ihres Zusammenhangs aufzuzeigen und Verbindungslinien zwischen dem genialen und immer Neues einbeziehenden Lehrer und seinem ebenso genialen, systematischeren Schüler zu ziehen. Hermeneutisch wird nicht ein Anspruch von Kongenialität erhoben, auch nicht eine übergreifende Perspektive gesucht, bei der die Gefahr entsteht, aus großer Distanz nur zu sehen, was einer vorgefaßten Auffassung entspricht. Im chronologischen Durchgang ihrer Texte sollen die beiden großen Dominikaner so viel wie möglich selbst zu Wort kommen, sollen die von ihnen gemachten Unterscheidungen aufgegliedert und erläutert werden. Dazu sind, jeweils nachdem diese durch Textstellen belegt sind, die Unterscheidungen durch [eingeklammerte] Ziffern- und Buchstabenkombinationen verdeutlicht. Diese sind natürlich nicht Teile der jeweils zitierten Textstellen, sondern Interpretationen des Verfassers dieser Arbeit.

1.   Albertus Magnus

Nicht von ungefähr wird Albertus Magnus *Doctor universalis* genannt: sein Wissen ist von staunenswertem Umfang, ständig entwickelt er neue Gedanken – und nicht nur *einen* Wahrheitsbegriff. Müssen wir in seinen Schriften eine philosophische von einer theologischen Wahrheit unterscheiden?

---

[1] G. Bedouelle, 1984, 170–172.

1.1.   In *De resurrectione*

Aus der Anfangszeit von Alberts Pariser Wirken (um 1241–1243) stammt
eine „theologisch-systematische Schriftenreihe" aus sechs Werken[2] – oft
auch irreführend als *Summa de creaturis* oder *Summa Parisiensis* bezeichnet.[3]
Das älteste Eingehen auf die Wahrheitsfrage findet sich in *De resurrectione* –
wie der Titel bereits vermuten läßt in einem theologischen Kontext.[4] Bei der
Erörterung der Frage, wie die „Wahrheit der menschlichen Natur" als zum
ewigen Leben auferstehende verstanden werden kann (Q. 6), findet der
doctor universalis es nötig, vorab zu klären von welcher Wahrheitsdefinition
auszugehen ist (Art. 1).[5] Er zählt fünf Begriffsbestimmungen auf: [i] Unter
Berufung auf Anselm von Canterbury: „Wahrheit ist eine mit dem Geist
alleine erfaßbare Rechtheit";[6] [ii] folgende Begriffsbestimmung wird Augustinus zugeschrieben: „Wahrheit ist das Seiendsein der Sache";[7] zwei Wahrheitsdefinitionen von Aristoteles: [iii] „Wahrheit ist das Ziel der spekulativen
Intelligenz[8] und [iv] „Wahrheit ist die zutreffende Bejahung oder Verneinung".[9] Schließlich findet sich das später durch Thomas von Aquin klassisch gewordene: [v] „Wahrheit ist die Übereinstimmung von Sachen und
Verstand".[10] Der oft als Urheber dieser Definition genannte jüdische Philosoph Isaac Israeli ist Albert durchaus bekannt und sein *Liber de diffinitioni-
bus* wird auch kurz zuvor zitiert[11] – er wird aber nicht als Urheber der *adaequatio*-Definition in Anspruch genommen, die vielmehr hier einem *quidam
philosophus* zugeschrieben wird.

---

[2] So H. Anzulewicz, 1999, Bd. 1, 13 f. Dort in Anm. 41 auch Hinweise auf die Literatur zu
dieser Kontroverse und zur Werkchronologie.

[3] Martin Grabmann, 1919, passim.

[4] Albertus Magnus, *De resurrectione*, q. 1, in: Ders., *Opera omnia*, curavit Institutum Alberti
Magni Coloniense (= ed. Colon.), Münster/Wf. 1959, Bd. XXVI, 237,32 bzw. 238,62.

[5] Albertus Magnus, *De resurrectione*, 248 f. Vgl. P. Engelhardt, 1995, 50 f.

[6] Albertus Magnus, *De resurrectione*, 248,58 f. Anselm von Canterbury, *De veritate*, c. 11, in:
Ders., *Opera*, hrsg. von Franz S. Schmitt, Seckau / Edinburgh u.a. 1938 ff., Bd. 1, 191,19 f.
Vgl. M. Enders, 1999, 497–502. Ich folge Enders' Übersetzung, ebd., 500.

[7] Albertus Magnus, *De resurrectione*, 248,59 f. Bei Augustinus ist diese Wahrheitsdefinition
nicht zu finden.

[8] Albertus Magnus, *De resurrectione*, 248,60 f. Vgl. Aristoteles, *Metaphysica* II,1: 993b20 f. In
der Alberts Text am nächsten kommenden lat. Übersetzung des Jacobus Veneticus (12. Jh.),
auch *Metaphysica vetera* getrennt: „*speculatiue quidem [scientie] finis veritas est*". Aristoteles,
Metaphysica media (12. Jh.), Leiden 1976, 37,1 f.

[9] Albertus Magnus, *De resurrectione*, 248,62 f. Vgl. Aristoteles: *Metaphysica* IV,8: 1012b8–10;
Metaphysica media, 82,17 f. Ein Ungenügen an der Bestimmung von ‚Wahrheit' bei Aristoteles wurde schon im frühen 13. Jahrhundert empfunden: Vgl. Pseudo-Boethius, *De disciplina scholarium*, 1, Paris 1891 (PL 64), Sp. 1226C; J. Hamesse, 1974, Nr. 26,5.

[10] Albertus Magnus, *De resurrectione*, 248,63 f. Zurecht macht Ch. Kann, 1999, 209–212, darauf aufmerksam, daß die Adaequationstheorie nicht mit einer Korrespondenztheorie der
Wahrheit gleichgesetzt werden darf.

[11] Albertus Magnus, *De resurrectione*, q. 5, 248,22.

1.2.   In *De bono*

Das abschließende Werk der theologisch-systematischen Schriftenreihe ist *De bono*,[12] die Grundlegung der theologischen Ethik als Tugendlehre. Eingangs erläutert Albert sein Verständnis des Guten (q. 1–3), indem er fragt, wie sich das Gute zum Wahren (q. 1, a. 8–10) verhalte. Dabei erklärt er zunächst, was das Wahre sei (a. 8) und fragt, ob Wahrheit ewig sei (a. 9), bevor er auf den Zusammenhang zwischen Wahrem, Gutem und Sein eingeht (a. 10). Ausgangspunkt ist Avicennas Aussage: „Wahrheit wird verstanden, [A] als Sein einfachhin in den Einzeldingen, oder [B] als ewiges Sein, oder [C] als eine Hinordnung der Aussage oder des Intellekts, die eine Hinordnung in der außermentalen Sache bezeichnet, indem sie ihr entspricht".[13] Aus diesem Sprachgebrauch entfaltet der *Doctor universalis* eine Typologie der Wahrheitsbegriffe. Zuerst wird unterschieden zwischen [1] ‚Wahrheit in der [extramentalen] Wirklichkeit‘ und [2] ‚Wahrheit im Zeichen‘.[14] Bei der ersteren [1] teilt er sodann auf zwischen [1.2] ‚Wahrheit in den Einzeldingen‘, die möglich ist, und [1.1] ‚Wahrheit im Ewigen‘, die notwendig ist.[15] Das Notwendige aber kann nur eines sein.[16] Die ‚Wahrheit im Zeichen‘ wird differenziert in [2.1] Wahrheit „in der Aussage, welche das äußere Zeichen ist" und [2.2] Wahrheit „im Satz, die in den erkennbaren Spezies ist, wenn sie der Sache angeglichen sind".[17] Mit dieser Taxinomie ist die Grundlage zur Einschätzung der verschiedenen Wahrheitsdefinitionen gewonnen. Albert listet auf:

---

[12] H. Anzulewicz, 1999, 14.

[13] Albertus Magnus, *De bono*, tr. I, q. 1, a. 8, ed. Colon., t. XXVIII (1951), 15,11–15. Das Zitat entspricht, fälschlich als „III Metaphysicae" angegeben, genau dem Text des Avicenna latinus: *Liber de philosophia prima sive scientia divina*, tr. I, c. 8, hrsg. von Simone Van Riet, Louvain u.a. 1977, Bd. 1, 55,58–60. Die lediglich aneinanderreihende Aussage kann schwerlich eine ‚Definition‘ genannt werden, wie von F. Ruello, 1969, 13. Albert selbst spricht von *dictio* und *sententia* (*De bono*, tr. 1, q. 1, a. 8, ed. Colon., 15,16) und erst anschließend von *diffinitiones veri* (l.c., 15,34 f.).

[14] Albertus Magnus, *De bono*, 15,17 f. Augustins „Omnis doctrina vel rerum est vel signorum" (*De doctrina christiana*, l. I, c. 2, n. 2: CCL 32, 7) hatte Petrus Lombardus als methodologische Unterscheidung seinen Sentenzen vorangestellt (*Sententiae in IV libros distinctae*, l. I, d. 1, c. 1, Grottaferrata 1971, Bd. 1,2, 55,5–20). In der Sache findet sich die Unterscheidung von *veritas rei* und *veritas signi* bei Anselm von Canterbury, *De veritate*, c. 2, Bd. 1, 179,1–28; dazu M. Enders, 1999, S. 134–142. Die terminologische Trennung von *veritas rei* und *veritas dictionis* bei Guillelmus Altissiodorensis, *Summa aurea*, l. I, tr. 9, c. 3, q. 5, hrsg. von Jean Ribaillier, Paris u.a. 1980, 195,71–196,74.

[15] Albertus Magnus, *De bono*, 15,18–20.

[16] Albertus Magnus, *De bono*, 15,21–25; vgl. Avicenna latinus, *Liber de philosophia prima*, tr. I, c. 7, 50,55–69 und 53,21–54,43. Alberts Wiedergabe ist gestrafft, in eine stärker aristotelisch geprägte Terminologie umgesetzt und um den von Avicenna nicht thematisierten Aspekt der Ewigkeit erweitert.

[17] Albertus Magnus, *De bono*, 15,29–33. Die dem Sachverhalt am nähesten kommende Textstelle ist Avicenna, *Liber de philosophia prima*, tr. I, c. 5, 32,19–33, 33,21.

[i] Nach Augustinus: „wahr ist das, was ist".[18]
[ii] Nach Hilarius: „das Wahre ist das Sein aufzeigend".[19]
[iii] Nach Anselm von Canterbury: „Wahrheit ist mit dem Geist allein erfaßbare Rechtheit".[20]
[iv] Nach geläufigem Wortgebrauch, wenn z.B. von ‚wahrem Gold‘ gesprochen wird und damit gemeint ist, dem Gold sei nichts anderes beigemischt, definieren einige: „wahr ist das Ungeteiltsein von Sein und was ist".[21]

Auffällig ist, daß Albertus Magnus aus der hier von ihm als Quelle benutzten *Summa de bono* Philipps des Kanzlers zwar die Definitionen [iii] und [iv] übernimmt, aber nicht die dort zwischen diesen zu findende: [v] „Wahrheit ist die Angleichung von Sache und Verstand, wie allgemein gesagt von Zeichen und Bezeichnetem."[22] In seiner Stellungnahme setzt er bei seiner eingangs gezogenen Einteilung [1.2–2.2] an und fügt ihr noch weitere Ebenen hinzu. Zunächst nimmt er die ‚Wahrheit in der Wirklichkeit‘ [1] näher in Augenschein. Parallel zu der bereits eingeführten zweiten Ebene [1.2–1.1] unterscheidet er hier nach Anselm [1.3] ‚Wahrheit in Bezug auf Sein‘, [1.4] ‚Wahrheit, in Bezug auf den Willen‘ und [1.5] ‚Wahrheit, in Bezug auf die Natur‘.[23] Die weitere Untersuchung ist auf die Wahrheit des endlichen Seienden [1.2] konzentriert, der auch Falschheit gegenüberstehen kann.[24] Es ist zu trennen, zwischen dem [1.2.1], was seiner Substanz nach möglich und dem [1.2.2], dessen Möglichkeit erst durch Verneinung (eines anderen) erschließbar ist.[25]

Die Wahrheit [2] des Zeichens unterteilt Albertus Magnus in eine [2.1], die von seinem Zeichensein her kontextunabhängig und eine [2.2], die von dem Bezeichneten her je nach Zutreffen des gemeinten Sachverhalts gege-

---

[18] Albertus Magnus, *De bono*, 15,35f.; vgl. Augustinus, *Soliloquia*, l. II, c. 5, n.8, hrsg. von W. Hörmann, Wien 1986 (=CSEL 89), 56,14f. und 65,15f.

[19] Albertus Magnus, *De bono*, 15,36f.; vgl. Hilarius Pictavensis, *De trinitate*, Paris 1845, l. V, c. 6: „Neque enim aliter veritas intelligi potest, quam si falsa ea esse, quae veritati objecta sunt, detegantur", Sp. 133 C.

[20] „Veritas est rectitudo sola mente perceptibilis." Albertus Magnus, *De bono*, 15, 37f.; vgl. Anselm von Canterbury, *De veritate*, c. 11, 191,19f. Zu Anselms Wahrheitsbegriff vgl. M. Enders, 1999, 497–502.

[21] Albertus Magnus, *De bono*, 15, 41f. Albert verweist darauf, diese Definition werde ‚Metaphysikern‘ zugeschrieben, sei aber „in libro" nicht zu finden (ebd.). Er bezieht sich offenbar auf Philippus Cancelarius, *Summa de bono*, hrsg. von Nikolaus Wicki, Bern 1985, p. I, q. 2, 10,34f., wo es heißt: „Trahitur et hec diffinitio a Metaphysicis: Veritas est indivisio esse et eius quod est."

[22] Philippus Cancelarius, *Summa de bono*, 10,32f.

[23] Albertus Magnus, *De bono*, 16,70f. An der von den Editoren angegeben Anselm-Stelle, *De veritate*, c. 9, wird allerdings nicht diese Unterscheidung behandelt, sondern die stärkere Glaubwürdigkeit „verbo an actioni".

[24] Albertus Magnus, *De bono*, 17,7–12.

[25] Albertus Magnus, *De bono*, 16,81–84.

ben ist oder nicht.[26] Besondere Beachtung verdient daneben dasjenige [2.3]
Wahre im Zeichen, das in der Verheißung von Zukünftigem besteht und
deshalb im beschränkten Bereich unserer Erfahrung nicht verifizierbar
ist.[27] Die verschiedenen Bezüge, in denen Albertus Magnus von Wahrheit
spricht, dürfen nicht zu der Auffassung verleiten, er habe gemeint, es gäbe
ebenso viele ‚Wahrheiten‘: es ist die eine, freilich unter verschiedenen
Aspekten erkennbare und aussagbare, die immer von dem sie begründenden Sein abhängig ist. Die erste Wahrheit als Erkenntnisobjekt läßt sich
zum einen unvermittelt betrachten – so ist sie uns aber erst zukünftig (in der
Schau Gottes) zugänglich.[28] Zum anderen, vermittelt in Spiegel und Gleichnis ist sie Gegenstand des Glaubens.[29]

Im Artikel 9, „Ob die Wahrheit ewig sei" wird die titelgebende Fragestellung nach der Ewigkeit der Wahrheit auf die nach der Ewigkeit der Welt
konzentriert; sie enthält nur einen kurzen Hinweis auf das als *De quatuor
coaequevis* bekannte Werk.[30] Dort stellt Albert fest: Das Sein ist gegenüber
dem Nichtsein primär, die Negation sekundär gegenüber der Erkenntnis,
daß überhaupt etwas ist; die Wahrheit der affirmativen Aussage liegt der der
verneinenden voraus.[31] Der Schöpfungscharakter der Welt und damit auch
der Materie liegt nicht in einer Zeitreihe, einem Früher oder Später, sondern
in der Abhängigkeit ihres Seins begründet.

Der letzte Artikel ist der Frage nach dem Verhältnis zwischen Wahrem,
Gutem und Sein gewidmet. In seiner *Solutio* geht Albert lediglich auf das
zwischen Wahrheit und Sein ein. „Wahr ist das, was ist", bezieht sich auf die
Wahrheit und das Sein eines Existierenden. Sie kann also nicht ohne diese
Hinsicht als Behauptung von Identität zwischen Sein und Wahrheit verstanden werden.[32] Das Primäre, Grundlegende ist das Seiende; das Wahre fügt
ihm lediglich eine Beziehung auf das hin zu, was es seiner Form nach ist, so
wie das Gute ihm eine Beziehung auf sein Ziel hin zufügt.[33] Insgesamt ist
die Behandlung der Wahrheitsfrage in *De bono* deutlich philosophischer Art
und vom Bemühen um genaue Aufgliederung der verschiedenen Aspekte
gekennzeichnet.

26 Albertus Magnus, *De bono*, 17,58–60 und 62f.
27 Albertus Magnus, *De bono*, 17, 64–67.
28 Albertus Magnus, *De bono*, 17,73–78.
29 Albertus Magnus, *De bono*, 17,78f.
30 Albertus Magnus, *De bono*, tr. I, q. 1, a. 9 [n. 35], ed. Colon., 19,36–45; Ders., *De quattuor
coaequaevis*, tr. 1, q. 2, a. 3, ed. Paris., t. XXXIV (1895), 327a.
31 Albertus Magnus, *De quattuor coaequaevis*, ebd.
32 Albertus Magnus, *De bono*, tr. I, q. 1, a. 8, ad 1.1: 17,81–91.
33 Albertus Magnus, *De bono*, tr. 1, q. 1, a. 10, sol.: 20,45–47. Zum *esse formale* vgl. G. Wieland, 1981, 80 u.ö.; A. de Libera, 1990, 79f. Zur Zufügung der Beziehung auf das Ziel vgl.
A. Hufnagel, 1940, 55f.

1.3.   Im Sentenzenkommentar

Die vier Bücher *Sententiae* des Petrus Lombardus (um 1250) enthalten Aussagen der Kirchenväter – vor allem Augustins – zu einer Gesamtdarstellung
der Theologie geordnet.[34] Das Vierte Laterankonzil hatte 1215 diesem
Werk besondere Autorität verliehen.[35] Seit dem frühen dreizehnten Jahrhundert war es *das* Lehrbuch der systematischen Theologie. Die Vorlesungen zu ihrer Kommentierung bildeten einen wesentlichen Teil der Qualifizierung zum Grad des Magisters.[36] Ihr erstes Buch ist der Gotteslehre
gewidmet, zu der auch die schwierige Frage gehört, ob Gott auch das Böse
wolle (d. 46, c. 2–7). Dieser Diskurskontext ist nun dem *doctor universalis*
um 1245, anders als Bonaventura[37] oder Thomas von Aquin, Anlaß, in seinem Sentenzenkommentar eine umfangreiche Behandlung der Frage nach
der Wahrheit einzuschieben. Zunächst führt Albert drei der vier bereits
in *De bono* gebrachten Wahrheitsdefinitionen auf, wenn auch in anderer
Reihenfolge [iii, i, ii]. Die aus dem allgemeinen Sprachgebrauch [iv] fehlt.
Dafür findet sich die Avicenna entnommene Beschreibung des Wortgebrauchs [A–C], mit der die der Wahrheitsfrage in *De bono* eingeleitet worden war, wörtlich hier als vierte Definition, einschließlich des Folgesatzes,
mit dem Albert sich dieser Meinung anschließt.[38] Hier wird unter Berufung
auf Augustinus nur ein wenig anders formuliert: Neben der [1.1] ewigen
und notwendigen Wahrheit können [1.2] Einzeldinge eine gewisse Wahrheit haben; es gibt eine [2.1] Aussagewahrheit und eine [2.2], „die Angleichung der Dinge und der Intellekte ist".[39]

Albert zieht in seiner eigenen Stellungnahme die Definition Anselms nun
deutlich den anderen vor. In ihr ist die erste Wahrheit umschrieben, von der
die anderen Wahrheitsbegriffe nur abgeleitet ausgesagt werden können.[40]
Diese erste Wahrheit ist Prinzip, Mittelglied und Ziel: Prinzip nach dem Intellekt des [All-] Mächtigen oder der [so verursachten] Möglichkeit, Mittelglied nach dem begrifflichen Gehalt der Weisheit, die Leben und Licht ist,
Ziel durch die Gutheit. Alles endliche Wahre wird im Verhältnis zu der ersten Wahrheit recht und wahr genannt.[41]

---

[34] Zu Aufbau und Inhalt vgl. M. Colish, 1993; zur Kommentierung G. R. Evans, 2002, Bd. 1.

[35] H. Denzinger, 1991, Nr. 803f.

[36] F. van Steenberghen, 1991, 74; M. D. Chenu, 1969, 25f., zur Bedeutungsverschiebung von
    sententia (zu jener Zeit auch die Lehrmeinung eines Magisters).

[37] Dort findet sich an der entsprechenden Stelle lediglich die Frage „Utrum mala fieri
    sit verum" behandelt. *In I Sent.*, d. 46, a. u., q. 4: *Opera omnia*, t. I, Quaracchi 1883,
    827–829.

[38] Vgl. Albertus Magnus, *In I Sent.* (= *Commentarii in I Sententiarum*), d. 46, a. 11, arg. 1, ed.
    Paris., t. XXVI (1893), 443 a, mit *De bono*, tr. I, q. 1, a. 8, arg. 1, ed. Colon., 15,10–16.

[39] Albertus Magnus, *In I Sent.*, d. 46, a. 11, ad 1: 443a.

[40] Albertus Magnus, *In I Sent.*, 443b.

[41] Albertus Magnus, *In I Sent.*, ad. arg. 2: 444a–b.

Den verschiedenen Aussageweisen von Wahrheit ist ein eigener Artikel gewidmet, er enthält – anders als die Behandlung in *De bono* – keine entfaltete Unterscheidung von Aspekten [1.2–2.3]. Im ersten Einwand wird lediglich Anselms Differenzierung zwischen Wahrheit der Sache [1] und Wahrheit des Zeichens [2] angeführt. Beide werden dann nochmals in anderer Weise als zuvor eine Stufe weitergeführt: erstere in (allgemeine) Wahrheit nach der Art [1a] und Wahrheit in (einzelnen) Handlungen [1b],[42] letztere in Wahrheit in auf Konvention beruhenden Zeichen [2a], die auditiv [2a1] oder optisch [2a2] sein können, gegenüber Wahrheit in natürlichen Zeichen [2b].[43] In seiner Lösung konzentriert sich Albert auf den analogen Charakter, in dem Wahrheit von Endlichem ausgesagt wird: Die erste Wahrheit [1.1] ist das, wovon Rechtheit absolut ausgesagt werden kann, die Rechtheit in der dem, was sie sein soll, entsprechenden Sache [1a], in der (ethisch) rechten Handlung [1b], im richtig Bezeichnenden [2], ist von jener abgeleitet und analog ausgesagt.[44] In einer Unterfrage stellt er nur kurz heraus, daß alle anderen Aussageweisen von Wahrheit auf die anselmische zurückgeführt werden können, da die nur virtuell gegebene Wahrheit auf der in der Wirklichkeit bestehenden beruht.[45] Das Verhältnis zwischen Wahrem, Seiendem, Einem und Gutem wird nun auf die Frage zugespitzt, ob diese Transzendentalien ineins fallen. Konkret, bezogen auf das jeweilige Seiende, läßt sich die Frage bejahen, sind „wahr", „seiend", „eins", „gut" Aspekte des jeweils selben Seienden.[46] Abstrakt, abgesehen von den jeweiligen Seienden, läßt sie sich nur auf Gott, aber nicht auf die Geschöpfe bezogen bejahen. Dafür beruft sich Albert auf den, von ihm für ein Werk des Aristoteles gehaltenen, *Liber de causis*.[47] Im Unterschied zu *De bono*, wo die Priorität des Seins unterstrichen wurde, wird hier eine Priorität des Wesens und dessen Abhängigkeit vom Schöpfer gesetzt.[48] Wahrheit kann von dem

---

[42] Albertus Magnus, *In I Sent.*, d. 46, a. 12, arg. 1: 444b. Lediglich die *veritas actionum* kann mit der *veritas in singularibus rebus* [1.1] in Verbindung gebracht werden, vgl. o. S. 105 f. Der Blickwinkel ist jedoch ganz verschieden.

[43] Albertus Magnus, *In I Sent.*, 445a. Anselm von Canterbury, *De veritate*, c. 5, 181,20 f., bringt das auch Albertus Magnus zur Illustration [von 1b: 444b/445a] dienende „Qui facit veritatem venit ad lucem" (Joh. 3, 21). Er unterscheidet jedoch nach der *veritas actionis naturalis*, die in einem natürlichen, nicht bewußt gewollt, ablaufenden Geschehen liegt und bei Albert noch am ehesten der [2b] *veritas signi naturalis* entspricht, und der *veritas actionis rationalis*, die in einer bewußten Handlung liegt, mit der als Ziel das Gute angestrebt wird. Vgl. *De veritate*, 181,12–183,6; M. Enders, 1999, 186–189. Das Letztgenannte kommt Albert hier nicht in den Blick.

[44] Albertus Magnus, *In I Sent.*, 445b.

[45] Albertus Magnus, *In I Sent.*, 446a.

[46] Albertus Magnus, *In I Sent.*, d. 46, a. 13, sol.: 447b.

[47] Albertus Magnus, *In I Sent.*, d. 46, a. 13, sol.: 447b; vgl. *Liber de causis*, hrsg. von Adriaan Pattin, Leuven 1966, 54,37 f. Zu Alberts Verwendung des *Liber de causis* vgl. A. de Libera, 1990, 55–71.

[48] Albertus Magnus, *In I Sent.*, 447b f.

Wesen nur über den Schöpfer vermittelt ausgesagt werden.[49] Sie kann zum
Wesen nicht nach Art einer realen Zufügung hinzugedacht werden, sondern besagt eine Beziehung auf das in der ersten Ursache begründete
Wahre. Aus jener als Weisheit fließt die Wahrheit [1.1], in ihr kommt sie mit
dem Sein, dem Einen und dem Guten überein, und von ihr her ist das
Ineinsfallen den anderen Transzendentalien in den konkreten Seienden begründet.[50] Auf diesem Hintergrund gelangt Albertus Magnus nun zu einer
anderen Aufteilung der Aussageweisen von Wahrheit: [A] Allgemein gesehen „wird das Wahre von der Wahrheit her ausgesagt, die eine Hinordnung
(*dispositio*) des aus der ersten Ursache fließenden Seins ist".[51] Hier wird mit
Hilfe der Emanationslehre die kausale Verbindung aufgezeigt zwischen der
in *De bono* lediglich nebeneinandergestellten [1.2] ‚Wahrheit in den Einzeldingen' und der [1.1] ‚Wahrheit im Ewigen'. [B] Speziell wird unter ‚Wahrem' verstanden, „was die Zusammensetzung bestimmt, in der Zustimmung oder Ablehnung durch den Verstand ist".[52] Dieser Gegenstand des
Urteils wird in drei Aspekten unterschieden: er ist gewissermaßen [Ba] in
der Aussage kontextunabhängig als Zeichen, [Bb] in der Sache als in der
Ursache und [Bc] in der Seele als das, was die Wahrheit der Aussage be-
stimmt.[53]
Die Frage, ob alles Wahre durch die erste Wahrheit wahr ist, wird in zwei
Artikeln behandelt. [A] Formell, unter dem Gesichtspunkt ihrer Möglich-
keit, kann auf zwei verschiedene Weisen von Wahrem gesprochen werden.
Zunächst im Bezug auf die [Aa] Wahrheit in sich gesehen, Alberts Anselm-
Interpretation entsprechend, nach der Unterscheidung zwischen der ersten
[Aaa=1.1] Wahrheit, die in allen wahren Geschöpfen die eine Wahrheit als
Maß ist, und [Aab = 1.2] der Wahrheit(en) in den Geschöpfen, die jene
[1.1] individuieren und nachahmen, soweit sie können.[54] Sodann läßt sich
[Ab] das Wahre im Bezug auf die Form aussagen, die ihm das Sein gibt.
Diese Form hat ihr Sein aber jeweils in dem von ihr geformten wahren Seienden. So wird Wahrheit nach der Zahl der wahren Seienden vervielfältigt,
von denen jedes [Aba = 1.2] seine eigene Wahrheit hat. Diese ist [1.2] das
Wahre im ‚Einzelding', wie auch [Abb = 2.2.1] die Wahrheit in zusammensetzenden und trennenden Aussagen.[55] Unter dem Gesichtspunkt der Ver-
ursachung [B] (*efficienter*) wird auf die Unterscheidung von [2] Wahrheit
im Zeichen und [1] Wahrheit in der Wirklichkeit zurückgegriffen. Für die

---

[49] Albertus Magnus, *In I Sent.*, d. 46, a. 13, sol.: 448 a. Die Priorität des Seins betont Albertus
     Magnus auch *In I Sent.*, d. 46, a. 14, sol.: 450a.
[50] Albertus Magnus, *In I Sent.*, d. 46, a. 13, sol.: 448a. Bereits in der Terminologie wird der im
     Vergleich zu *De bono* stärker von Avicenna geprägte ontologische Kontext deutlich.
[51] Albertus Magnus, *In I Sent.*, 448 b.
[52] Albertus Magnus, *In I Sent.*, 448 b.
[53] Albertus Magnus, *In I Sent.*, 448 b.
[54] Albertus Magnus, *In I Sent.*, d. 46, a. 17, sol.: 457b f.
[55] Albertus Magnus, *In I Sent.*, 458a.

erstgenannte wird die bereits bekannte Aufteilung in [2.1] kontextunabhängige Zeichenwahrheit und [2.2] Aussagewahrheit angeführt. Diese [2.1] hängt immer von der [1.1] ersten Wahrheit ab. Die [2.2] Aussagewahrheit jedoch, die eine Angleichung von Zeichen und Bezeichnetem darstellt, kommt so mit dem zusammengesetzten Seienden in Berührung, bei dem es Falsches geben kann. Die [1] Wahrheit in der Wirklichkeit wird hier nur als die [1.2] endlicher Seiender betrachtet. Alle hängen in ihrer Wahrheit letztlich von der [1.1] ersten Wahrheit ab, so wie sie als Seiende von der ersten Ursache abhängen. Nicht alle, sondern nur die [1.2.1.1] Vollkommenen, lassen sich unmittelbar auf diese [1.1] erste Wahrheit zurückführen.⁵⁶ Das [1.2.1.2] Wahre eines endlichen Seienden ist unmittelbar auf diese unvollkommene Ursache zurückzuführen und nur mittelbar auf die [1.1] erste Wahrheit, auf die zurückgeht, daß es ist.

Abschließend erhält die Behandlung des Wahrheitsproblems im Sentenzenkommentar noch eine charakteristische eigene Note durch die Beantwortung der Frage, ob alles Wahre, von wem es auch gesagt werde, vom Heiligen Geist sei.⁵⁷ Der *Doctor universalis* bejaht das mit einer Einschränkung: das „ist nicht allgemein zu verstehen, sondern von dem Wahren, das zur Frömmigkeit gehört. Dieses ist Sagen im Herzen, mit dem Mund und durch das Werk."⁵⁸ Damit ist allerdings nicht nur im Glauben Anzunehmendes gemeint, wohl aber eine Abgrenzung von einem verengten Wahrheitsverständnis. Hier ist zu beachten, was für Albert *pietas* und *affectus* bedeuten: Daß die Trennung zwischen Wahrem und Gutem, Wissen und rechtem Tun, theoretischer und praktischer Wissenschaft überwunden ist – nicht durch Verwischen des Unterschieds von Theorie und Praxis, sondern durch ihre Synthese in der Ausrichtung auf das umfassende Heil der Menschen.⁵⁹ Daß damit kein irrationales Wahrheitsverständnis gemeint ist wird in einem ‚Nachschuß' vollends deutlich: „Alles Wahre ist so zu verstehen, daß das Wahre das Sein, wovon auch immer [es wahr ist], aufzeigt. Und so sagen wir, daß nichts so Aufzeigendes gesagt wird, wovon die Inspiration des Geistes abgezogen werden kann."⁶⁰

Insgesamt ergibt sich im Sentenzenkommentar das Bild einer, verglichen mit *De bono* zwar breiteren, und auch mit Hilfe der Analogielehre vertieften Behandlung der Wahrheitsfrage, bei der aber die definitorische Fassung weniger präzise ist. Die Darstellungsweise ist zwar einerseits stärker auf eine philosophische Synthese hin entwickelt, andererseits sind die aristote-

---

⁵⁶ Albertus Magnus, *In I Sent.*, 460b.

⁵⁷ In dem unter dem Namen des hl. Ambrosius tradierten Kommentar des sogenannten Ambrosiaster zum ersten Korintherbrief des Apostels Paulus als Erläuterung von 1 Kor 12,3 zu finden: PL 17, Sp. 245 B.

⁵⁸ Albertus Magnus, *In I Sent.*, d. 46, a. 19, sol.: 462a.

⁵⁹ Albertus Magnus, *In I Sent.*, d. 1, a. 4, sol.: ed. Paris., t. XXV (1893), 18b. Vgl. dazu W. Senner, 1980, bes. 333–340.

⁶⁰ Albertus Magnus, *In I Sent.*, d. 46, a. 19, sol.: 462b.

lischen[61] und von der arabischen Philosophie, besonders der Avicennas, herrührenden Einflüsse geringer. Die Grundstruktur des Wahrheitsbegriffs stimmt jedoch – trotz der unterschiedlichen Terminologie – in beiden Schriften überein.

1.4.   Im Kommentar zum Buch *De divinis nominibus* des Pseudo-Dionysius Areopagita

1248 wurde Albertus Magnus nach Köln berufen, um dort den durch das Generalkapitel gefaßten Beschluß zu verwirklichen, neben dem Pariser weitere *studia generalia* einzurichten.[62] Albert baute nicht nur eine neue Hohe Schule auf, sondern nahm sich auch die Freiheit, das Curriculum des theologischen Graduierungsstudiums durch neue Inhalte zu erweitern: er hielt Vorlesungen über die Nikomachische Ethik[63] und über die Werke des Pseudo-Dionysius Areopagita. Die Frage danach, was Wahrheit ist, legt sich in diesem Textkorpus besonders bei der Behandlung der Namen Gottes nahe.[64] Albert geht zunächst auf die von Pseudo-Dionysius gebrauchte Formulierung ‚Wahrheit über alle Wahrheit' ein. Anselms Definition [iii] wird in dem Sinn erläutert, daß die dort genannte Rechtheit zuerst und als Regel alles Rechten im Bereich des Geschaffenen in Gott ist.[65] Insoweit das (geschaffene) Wahre von ihr nicht abweicht, besitzt es „Reinheit der Form".[66] Die göttliche [1.1] Wahrheit ist über aller [1.2 + 2] (geschaffenen) Wahrheit, weil sie über der geschaffenen Reinheit ist, wie das Urbild gegenüber dem Abbild und das Licht gegenüber den Farben.[67] Danach kommt er auf die in der Fragestellung auch genannte Wahrheitsdefinition als *adaequatio rei et intellectus*[68] nicht mehr zurück. Die zweite Textstelle: „Diese Vernunft [Gott] ist die einfache und wirklich seiende Wahrheit [...] die bleibende Basis der

---

[61] Hierin kann ich mich Francis Ruello (1969, 168 f.) nicht anschließen. Ruello zieht aus der Gegenüberstellung Anselms zu Avicenna den Schluß, es handle sich hier um die Entgegensetzung einer theologischen Wahrheit als *rectitudo* zu einer philosophischen Wahrheit als *adaequatio*.

[62] Näheres dazu und zur Studienorganisation des Dominikanerordens im 13. Jahrhundert vgl. W. Senner, 1998; W. Senner, 2000, 149–169.

[63] C. Vansteenkiste, 1980, 373–384, hier 374.

[64] Vgl. dazu F. Ruello, 1963, 47 f., 55 f., 69–101.

[65] Albertus Magnus, *In De div. nom.*, c. 1, 55: ed. Col. t. 37,1 (1972), 34,74–76; vgl. o. S. 106.

[66] Albertus Magnus, *In De div. nom.*, 35, 2–5. Hier wird Def. [iii] aus *De bono* mit Def. [iv] verknüpft.

[67] Albertus Magnus, *In De div. nom.*, 35,5–8. Die Lichtmetaphysik hat bei Albertus Magnus durchaus auch Einfluß auf die Erkenntnistheorie: vgl. K. Hedwig, 1980, 175–185. Für die Bestimmung des Wahrheitsbegriffs wird sie aber sonst nur noch an einer eher untergeordneten Stelle in der *Summa theologiae* herangezogen.

[68] Albertus Magnus, *In De div. nom.*, 34,67 f.

Gläubigen"[69] gibt von neuem Anlaß zur Frage nach der Einzigkeit der Wahrheit. In seiner *solutio* unterscheidet Albertus Magnus – in wiederum neuer Terminologie – eine Betrachtungsweise, nach der das Wahre (in den Einzeldingen) [A = 1.2] verursacht wird von dem jeweils eigenen Prinzip der Sache – so gesehen ist Wahrheit nicht einzig, sondern von jeweils jedem Seienden auszusagen – und eine andere [B], die sowohl für [1] ‚Wahrheit in der Sache‘, wie auch für [2] ‚Wahrheit im Zeichen‘ gilt.[70] Diese zweite [B] wird charakterisiert als ‚Wahrheit im Hinblick auf die erste Wahrheit‘, wobei nochmals zwei Blickwinkel zu unterscheiden sind. [Ba] Gesehen von den auf die [1.1] erste Wahrheit bezogenen Einzeldingen (oder Zeichen) her ist Wahrheit unterschiedlich in jeweils jedem Seienden, auch wenn es sich der Gattung nach um die gleiche Art von Wahrem handelt.[71] [Bb] Gesehen von der [1.1] ersten Wahrheit her, auf die sich alles (Dinge und Zeichen) bezieht, gibt es nur eine, allen gemeinsame Wahrheit.[72] Diese letztere [Bb] ist allerdings eine uneigentliche Art, von der Wahrheit von Einzeldingen zu sprechen.[73] Im Unterschied zu den bisher behandelten Textstellen läßt sich der Ansatz in dieser Kommentierung nicht vollständig mit den in *De bono* entwickelten Unterscheidungen fassen.

1.5. Im Kommentar zum Johannesevangelium

In der Zeit ab 1264 verfaßte Albertus Magnus Kommentare zu den vier Evangelien.[74] Für die hier gestellte Frage ist unter ihnen besonders die Auslegung des Johannesevangeliums ergiebig. In ihr finden sich sechs relevante Textstellen:

– Zu 3,21: „Wer die Wahrheit tut, kommt ans Licht." Die Wahrheit im Menschen ist Licht und sucht das ursprüngliche Licht der (ersten) Wahrheit. Etwas unvermittelt wird dann [iii] die Definition Anselms wiedergegeben.[75]

– Zu 8,32b: „Und ihr werdet die Wahrheit erkennen, und die Wahrheit wird euch frei machen." Die Erkenntnis der Wahrheit ist Erkenntnis des-

---

[69] Dionysios Areopagita (Pseudo), *De divinis nominibus*, in: Ders., *Dionysiaca*, t. I, Brugge 1937, c. 7,4; Übersetzung nach Dionysios Areopagita (Pseudo), *Über göttliche Namen*, München 1933 (Bibliothek der Kirchenväter, Reihe 2, Bd. 2), 121. Zum Textzusammenhang vgl. F. Ruello, 1963, 108.

[70] Albertus Magnus, *In De div. nom.*, c. 7, 35: 363,3–7.

[71] Albertus Magnus, *In De div. nom.*, 363,11–14.

[72] Albertus Magnus, *In De div. nom.*, 363,14–16.

[73] Albertus Magnus, *In De div. nom.*, 363,16. Dahinter steckt eine recht verschiedene Universalientheorie. Vgl. A. de Libera, 1990, 181–192.

[74] A. Fries, 1980, 138f.; H. Anzulewicz, 1999, Bd. 1, 17. Zum Wahrheitsbegriff im Johannesevangelium aus der Sicht heutiger Exegese vgl. T. Söding, 2003, 43–52.

[75] Albertus Magnus, *In Joh.* 3,21, ed. Paris., t. XXIV (1899), 138b f.

sen, wodurch etwas das ist, was es ist.[76] Auf der Grundlage der verkürzten Definition des Augustinus [i] wird der Wahrheitsbegriff hier mit dem Grundmodell von weisheitlichem Wissen, Erkenntnis aus den Ursachen zu sein, verknüpft und ins Theologische konkretisiert: durch Gottes Weisheit – in der Heiligen Schrift kundgemacht – ist, was ist. Das bedeutet keine Abwertung des natürlichen Wissens. Von jenem hieß es kurz zuvor, daß sein Studium den Menschen frei mache.[77] Bewirker dieser Freiheit ist der ‚Gott der Wahrheit‘,[78] der dadurch, daß er [1.1] Wahrheit ist, aus Irrtum befreit.

– Zu 8,44: „Und er steht nicht in der Wahrheit, weil keine Wahrheit in ihm ist" gibt Anlaß, Wahrheit als Übereinstimmung von Sache und dem über sie gesprochenen Wort zu sehen,[79] das Nichterreichen dieser Übereinstimmung wird von Albertus Magnus aber nicht moralisch ausgelegt: es liegt vor, wenn man sich nicht zu den Sachen selbst kehrt, sondern seinen Intellekt stattdessen nur dem eigenen Empfinden angleicht. In diesem Zusammenhang wird dann auch die Definition von [v] Wahrheit als Angleichung von der Sache an den Intellekt genannt – hier ausdrücklich Aristoteles zugeschrieben.[80]

– Zu 16,13: „Wenn aber der Geist der Wahrheit kommt, wird er euch alle Wahrheit lehren." Unter ‚alle Wahrheit‘ versteht Albert hier die dem Menschen zu seinem Heil nötige Wahrheit; diese ist ohne Gefahr des Irrtums in dem ‚Glaubenswissen‘ der Theologie, enthalten.[81]

– Zu 17,17: „Heilige sie in der Wahrheit; dein Wort ist Wahrheit." Von den bisherigen Ansätzen seines Wahrheitsbegriffs abweichend nennt Albertus Magnus hier [A] ‚Wahrheit der Lehre‘, [B] ‚Wahrheit des Lebens‘, [C] ‚Wahrheit des Glaubens‘ und [D] ‚Wahrheit des Urteils‘, jedoch ohne nähere Erläuterung. Gemeinsamer Nenner ist [iii] die – ohne Autorenangabe gebrachte – Wahrheitsdefinition Anselms von der nur geistig erfaßbaren Rechtheit.[82]

– Zu 18,37f.: „‚Dazu bin ich in die Welt gekommen, daß ich von der Wahrheit Zeugnis ablege.‘ Da sagte Pilatus zu ihm: ‚Was ist Wahrheit?‘" Obwohl diese Schriftstelle dem Ausleger eine Erörterung des Wahrheitsbegriffs geradezu abverlangt, findet sich nichts davon in Alberts Kommentar

---

[76] Albertus Magnus, In Joh. 8,32, ed. Paris., 352b.

[77] Albertus Magnus, In Joh. 8,32, ed. Paris., 352a.

[78] Albertus Magnus, In Joh. 8,32, ed. Paris., 352a. Allabendlich sang Albertus Magnus mit den Brüdern in der Komplet: „Redemisti me Domine, Deus veritatis". Responsorium „In manus tuas Domine", in: Completorii libellus iuxta ritum sacri Ordinis Praedicatorum, Rom 1911, 8.

[79] Albertus Magnus, In Joh. 8, 44, ed. Paris., 362b. Entgegen dem, was die Schreibweise in ed. Paris. nahelegt, geht Albert hier nicht auf die christologische Bedeutung von verbum ein.

[80] Albertus Magnus, In Joh. 8, 44, ed. Paris., 363a. Bereits im Sentenzenkommentar war diese Zuschreibung einmal im Kontext einer Antwort auf ein Argument aufgetaucht: In I Sent., d. 8, a. 1, resp. 4: ed. Basel 1506, fol. 41va; ed. Paris, t. XXV (1893), 221a.

[81] Albertus Magnus, In Joh. 16, 13, ed. Paris., t. XXIV (1899), 586b.

[82] Albertus Magnus, In Joh. 17,17: 617a; vgl. o. S. 106.

dazu. Lediglich zum Zeugnis bemerkt er, daß „Wahrheit eher in der Kraft der Worte als in dem durch sie Bezeichneten" liege.[83] Hier ist also ein Wahrheitsbegriff nach Art der [B] ‚Wahrheit des Lebens' verwendet. Insgesamt ist die Behandlung im Johanneskommentar stärker von theologischen Interessen geprägt als in seinen anderen Werken. Dennoch greift der *Doctor universalis* auf philosophische Begriffsbestimmungen zurück, auch wenn diese sogleich in einen theologischen Argumentationszusammenhang gestellt werden. Von einer theologischen – im Gegensatz zu einer philosophischen – Wahrheitsdefinition kann also auch hier nicht gesprochen werden.

1.6. In der *Summa theologiae*

In seinem Alterswerk, der *Summa de mirabili scientia Dei,* auch *Summa theologiae* genannt, geht Albertus Magnus nochmals ausführlich auf den Wahrheitsbegriff ein. Nachdem er die wesentlichen Attribute Gottes, nämlich Einfachheit, Unvermischtheit und Ewigkeit, behandelt hat, setzt er diese mit den Transzendentalien in Verbindung, also mit dem Einen, dem Wahren und dem Guten.[84] Aus seinem Wesen, der Nicht-Nicht-Denkbarkeit Gottes, ist seine Einheit zu verstehen, aus der Einfachheit seine Wahrheit und aus der Unvermischtheit und Ewigkeit, daß er das höchste Gut ist.[85] Dieser Einordnung entsprechend steht bei der Behandlung der Wahrheit ihre Einzigkeit oder Vielheit im Mittelpunkt. Zuvor aber legt Albert dar, auf welche Weisen das Wahre ausgesagt wird. Ausgangspunkt ist die bekannte Unterscheidung zwischen [2] dem ‚Wahren im Zeichen' und dem [1] ‚Wahren in der Sache', und näherhin die zwischen verbundenen und unverbundenen Zeichen.[86] Im [2.a] unverbundenen Zeichen ist Wahrheit, „wenn es direkt das bezeichnet, was es in der ersten Wahrheit zu bezeichnen empfangen hat".[87] Dies kann in zwei verschiedenen Weisen bestehen: [2.a.1] implizit als Name und [2.a2] explizit als Definition[88] – Albert meint

---

[83] Albertus Magnus, *In Joh.* 18,37: 642b.
[84] Zur Alberts Transzendentalienlehre vgl. J. A. Aertsen, 2001, 91–112.
[85] Albertus Magnus, *Summa theologiae,* l. I, tr. 6, prol.: ed. Colon., t. XXXIV,1 (1978), 142,6–10.
[86] Albertus Magnus, *Summa theologiae,* l. I, tr. 6, q. 25, c. 1: 150, 12–15. Albert schreibt hier auch die Unterscheidung zwischen *veritas rei* und *veritas signi* Aristoteles zu. An keiner der beiden von ihm genannten Stellen (Aristoteles, *De anima,* hrsg. von W. D. Ross, Oxford 1979, III, 6: 430 a 26 – b 10; ders., *Categoriae et Liber de interpretatione,* hrsg. von L. Minio-Paluello, Oxford 1949, c. 2: 1 a 16 – 19) findet sie sich allerdings – auch wenn sich durch den Kontext jeweils eine Unterscheidung zwischen ‚Ding' und ‚sprachlicher Bezeichnung' nahelegt.
[87] Albertus Magnus, *Summa theologiae,* l. I, tr. 6, q. 25, c. 1: 150,16–18. Identifizierung dieses – wörtlich nicht nachzuweisenden Zitats – als *De veritate,* c. 10: S. 190,9–12 fraglich. Dazu W. Senner, 1995, 40, Anm. 150.
[88] Albertus Magnus, *Summa theologiae,* 150,18–20.

das kontextunabhängige Zeichen [2.a = 2.1]. Von beiden können wiederum zwei unterschiedliche Weisen ausgesagt werden: [A] der Sache nach und [B] dem Sprachzeichen nach.[89] Der Sache nach ist das wahres Zeichen [A = 2.1], was die Idee der Sache, die im Geist Gottes ist, wirklich bezeichnet.[90] [B] Dem Sprachzeichen nach ist etwas [B = 2.1] wahres Zeichen, wenn es wirkliche Bezeichnung eines seelischen Eindrucks ist.[91] Die [2.b] Wahrheit im verbundenen Zeichen besteht in der Bejahung der Sache, dann wenn sie wahr ausgesagt wird, beziehungsweise der Verneinung, dann wenn sie nicht gegeben ist[92] – das von Albertus anderweitig [2.2] Aussagewahrheit Genannte. Die Wahrheit im Zeichen läßt sich zweifach fassen: zunächst und vornehmlich ist sie eine [2.2.a = v] Angleichung von Zeichen und Intellekt – wobei dieser Intellekt der der ersten Ursache oder der dessen ist, der das Zeichen gebraucht, um das zu bezeichnen, was in seinem Intellekt ist.[93] Sodann ist sie [2.2.b] eine Angleichung des Zeichens an die Sache, die bezeichnen will, wer das Zeichen gebraucht.[94] Hier wird also in einem neuen Kontext die [v] Adäquationsdefinition der Wahrheit herangezogen, die Albertus Magnus bislang nur gestreift hat. Auch für die Bestimmung der [1] Wahrheit in der Sache wird eine eigentliche und eine abgeleitete Redeweise unterschieden. Zuvor werden jedoch fünf Weisen, von Wahrheit zu sprechen, nebeneinandergestellt. Zur Erläuterung der [A] ersten greift er auf die bereits in *De bono* im Zusammenhang der Wahrheitsdefinition [iv] angestellte Überlegung zurück.[95] Auf diese Weise gefasst, ist Wahrheit in der hier Isaac Israeli (ca. 850–950) zugeschriebenen Definition: [vii] „Wahrheit ist, was ist, was die Sache wirklich ist."[96] Damit stimmt die – von Albertus Magnus bei Philipp dem Kanzler so wiedergegeben vorgefundene – Definition [i] des Augustinus überein: „Wahrheit ist das was ist".[97] [B] In einer weiteren Betrachtungsweise wird das Wahre dem Leeren oder Anscheinenden, nur in der Meinung oder Vorstellung Bestehenden, gegenübergestellt.[98] Ein spezieller Fall ist es [C], wenn es sich um etwas Wahres handelt, das nichts dem [extramentalen] Wahren Entgegengesetztes hat:

---

[89] Albertus Magnus, *Summa theologiae*, 150,20–22.

[90] Albertus Magnus, *Summa theologiae*, 150,28f.

[91] Albertus Magnus, *Summa theologiae*, 150,32–34.

[92] Albertus Magnus, *Summa theologiae*, 150,36–39. Bei Isaac Israeli, *Liber de definicionibus*, hrsg. von John T. Muckle, AHD 8, 1937/38, 307,24–27.

[93] Albertus Magnus, *Summa theologiae*, 150,51–54.

[94] Albertus Magnus, *Summa theologiae*, 150,54–56.

[95] Albertus Magnus, *Summa theologiae*, 150,62v–151,1. Die Berufung auf Avicenna ist an der in ed. Colon. angegebenen Stelle nicht zu verifizieren. Vgl. W. Senner, 1995, 42, Anm. 158.

[96] Albertus Magnus, *Summa theologiae*, l. I, tr. 6, q. 25, c. 1: 151,3; vgl. Isaac Israeli, *Liber de definicionibus*, 322,10f; vgl. o. S. 106.

[97] Augustinus, *Soliloquia*, l. II, c. 5, n. 8, 56,14f. und 65,15f. (siehe Anm. 18).

[98] Albertus Magnus, *Summa theologiae*, l. I, tr. 6, q. 25, c. 1: 151,5–9. Albert beruft sich auf Aristoteles, *Categoriae*, 1: 1a2–4.

um das[1.1], was wahrhaftigst wahr ist.[99] [D] Das Wahre kann auch im Gegensatz zum Schattenhaften gesehen werden, wie ein Mensch und sein Schatten.[100] [E] Manchmal schließlich wird wahr genannt, was nichts Unwahres oder nur Mögliches enthält.[101]

Diese unstrukturierte Auflistung des Wortgebrauchs verlangt geradezu ein ordnendes Prinzip. Dieses führt Albert in seiner *solutio* nach dem selben Schema ein, das er bereits bei der Behandlung des Einen angewandt hatte.[102] Das Eine kann [A] in erster und [B] in abgeleiteter oder teilhabender Weise ausgesagt werden, und bei ersterer [Aa] einfachhin oder [Ab] unter bestimmter Hinsicht, sowie [B] nach dem Unterschied der verschiedenen Prinzipien, worin Verschiedene geeint werden [Ba, Bb …]. Das Wahre ist gleicherweise [A] in erster und in [B] abgeleiteter Weise zu fassen [A] in den Prinzipien und [B] dem so Begründeten.[103] Dieses [A] in eigentlicher Weise ausgesagte Wahre ist [1.1] das erste Wahre, durch das wir über alles Wahre urteilen.[104] Es ist [Aa] in erster Linie dem Licht der ersten Ursache zuzusprechen, in [Ab] zweiter Linie den erkenntnisleitenden Prinzipien.[105] Das Kapitel schließt mit einer Rangordnung des Wahren. An erster Stelle steht [1.1] die erste Ursache, weil gänzlich unvermischt; nach ihr kommt [1.2] das, was mehr oder weniger wahr ist, je nach dem Grad der – durch Vermischung reduzierten – Nähe zur ersten Ursache, zunächst [1.2.2.2.1] das Notwendige, Ewige, dann [1.2.2.2.2] das häufig Existierende und am Schluß [1.2.2.2.3] das, was selten verwirklicht ist.[106] Eine weitere Stufung besteht zwischen dem, [Ba] was einfachhin wahr ist, [1] in Wirklichkeit besteht und dem, [Bb] was in Hinblick auf das Wirkliche wahr ist, nur in der Meinung [2] als Zeichen existiert. Hierbei steht höher, was [Ba] in Wirklichkeit als es selbst besteht, als das, was [Bb] lediglich seine Ähnlichkeit oder sein Schatten ist – Albert nannte letzteres im Sentenzenkommentar [2b] natürliches Anzeichen.[107] Diese Bestimmungen sind weder univok noch äquivok, sondern analog zu verstehen.[108]

Das zweite Kapitel dieser Quaestion ist den Definitionen der Wahrheit gewidmet. Zunächst werden acht solche, jeweils mit Gegenargumenten aufgelistet:

---

99 Albertus Magnus, *Summa theologiae*, 151, 12–14.
100 Albertus Magnus, *Summa theologiae*, 151, 24–27. Ein ausgeführter Bezug auf Platos berühmtes Höhlengleichnis liegt hier allerdings nicht vor.
101 Albertus Magnus, *Summa theologiae*, 151,27f.
102 Albertus Magnus, *Summa theologiae*, l. I, tr. 6, q. 24, c. 2, sol.: 146, 43–47; dies rekapitulierend und erweiternd: q. 25, c. 1, sol.: 151, 33–61.
103 Albertus Magnus, *Summa theologiae*, l. I, tr. 6, q. 25, c. 1, sol.: 151,61–63.
104 Albertus Magnus, *Summa theologiae*, l. I, tr. 6, q. 25, c. 1, 151,65; ebd., 151,71f.
105 Albertus Magnus, *Summa theologiae*, l. I, tr. 6, q. 25, c. 1, 151,73f. (eine der wenigen von der Lichtmetaphysik geprägten Fassungen des Wahrheitsbegriffs).
106 Albertus Magnus, *Summa theologiae*, l. I, tr. 6, q. 25, c. 1, sol.: 152,2–9.
107 Albertus Magnus, *Summa theologiae*, l. I, tr. 6, q. 25, c. 1, 152,12–16; vgl. o. S. 109f.
108 Albertus Magnus, *Summa theologiae*, l. I, tr. 6, q. 25, c. 1, 152,22–24.

I) Die bereits im ersten Kapitel [vii] angeführte des Isaac Israeli: „Wahrheit ist das, was die Sache ist", zusammengefaßt mit einer weiteren desselben jüdischen Philosophen – hier anonym: [viii] „Wahrheit ist die Rede, die der Beweis bekräftigt."[109]

II) Die – diesmal korrekt zitierte – des Augustinus aus dem *Soliloquium* [iB]: „Wahrheit ist, was so erscheint, wie es ist"[110].

III) Dieselbe [iA] – in der schon früher zitierten Form – und zugleich auch Isaac Israeli zugeschrieben: „Wahr ist das, was ist."[111]

IV) Als allgemein verbreitet die Adäquation [v]: „Wahrheit ist die Angleichung von Sachen und Intellekten."[112]

V) Die in *De bono* dem allgemeinen Sprachgebrauch, hier nun Avicenna zugeschriebene [iv]: „Wahrheit ist Ungeteiltsein von Sein und dem, was es ist."[113]

VI) Als verschiedene Formulierungen derselben Definition werden zusammengefaßt die augustinische Aussage [iiB] „Das Wahre oder die Wahrheit ist das, wodurch aufgezeigt wird, daß ist was ist" und die des hl. Hilarius [ii]: „Das Wahre ist das Sein aufzeigend."[114]

VII) Eine weitere aus Augustinus *De vera religione* gewonnene: [ix] „Wahrheit ist die höchste Ähnlichkeit des Prinzips, die ohne jede Unähnlichkeit ist, aus welcher Falschheit hervorgeht oder hervorgehen kann."[115]

VIII) Schließlich die anselmische Aussage [iii]: „Wahrheit ist mit dem Geist allein erfaßbare Rechtheit."[116]

In seiner *solutio* betont Albertus Magnus zunächst – überraschend bei der Breite, in der er sich auf die Diskussion einläßt: „Solche Disputationen sind wenig wert." Er ist zwar durchaus nicht der Meinung, die Überlegung um die begriffliche Fassung von Wahrheit sei müßig, aber wohl, dieses vielschichtige Phänomen sei nicht mit einer Definition hinreichend zu fassen: „Viele Definitionen können nämlich dem Wahren nach den verschiedenen Betrachtungsweisen zugeschrieben werden."[117] Die vorliegenden führt Albert auf vier Typen zurück. Die ersten beiden unterscheidet er danach, ob das Wahre [A] im Sein der Sache einfachhin oder als [B] sich in Intellekt, Habitus oder

---

[109] Albertus Magnus, *Summa theologiae*, l. I, tr. 6, q. 25, c. 2, arg. 1: 152,40–42.

[110] Albertus Magnus, *Summa theologiae*, l. I, tr. 6, q. 25, c. 2, arg. 2: 152, 49.

[111] Albertus Magnus, *Summa theologiae*, l. I, tr. 6, q. 25, c. 2, arg. 3: 152,56f.; vgl. o. S. 106, 114, 116.

[112] Albertus Magnus, *Summa theologiae*, l. I, tr. 6, q. 25, c. 2, arg. 5: 152,67f.

[113] Albertus Magnus, *Summa theologiae*, l. I, tr. 6, q. 25, c. 2, arg. 6: 152,71f.; vgl. o. S. 106.

[114] Albertus Magnus, *Summa theologiae*, l. I, tr. 6, q. 25, c. 2, arg. 7: 152,76–79. Für Augustinus vgl. *De vera religione*, c. 36 (CCL 32, Turnholti 1962), 47,21f. Für Hilarius Pictavensis vgl. *De trinitate*, l. V, c. 6, PL 10, Paris 1845, Sp. 133C.

[115] Albertus Magnus, *Summa theologiae*, l. I, tr. 6, q. 25, c. 2, arg. 8: 153,2–4. Augustinus, *De vera religione*, 48,15–17.

[116] Albertus Magnus, *Summa theologiae*, l. I, tr. 6, q. 25, c. 2, arg. 9: 153,9f.

[117] Albertus Magnus, *Summa theologiae*, l. I, tr. 6, q. 25, c. 2, sol. 153,31–34.

Akt anzeigend verstanden wird.[118] Im [A] ersten Typ läßt sich die [V] Definition des Wahren in der Sache auf die allgemeinere, auch für die [2] Wahrheit im Zeichen gültige, [III] „Wahrheit ist das, was ist" zurückführen.[119] Der zweite [B] Typ von Wahrheitsdefinitionen hat als Grundform [II] die des Augustinus aus dem *Soliloquium*, hier umgeformt und erweitert zu: [IIB] „Wahr ist, was so ist, wie es erscheint gemäß der Fähigkeit oder der Wirklichkeit." Parallel dazu stellt Albert die des Hilarius [VI = ii]: „Das Wahre ist das Sein aufzeigend."[120] Auf diese (beiden) wird die, hier – wie schon im Johanneskommentar – Aristoteles zugeschriebene, Definition [IV = v] „Das Wahre ist die Angleichung von Sachen und Intellekten", und folglich „von Zeichen und Bezeichnetem", da das Zeichen für die Sache steht, zurückgeführt.[121] Einen aus dem Kausalzusammenhang gewonnenen [C] Typ für sich bildet die [VII] zweite Definition aus Augustinus, hier umgeformt zu: „Wahrheit ist die Angleichung von Prinzip und (durch dieses) Begründetem, die in keiner Unähnlichkeit ist."[122] Der letzte Typ [D] wird schließlich von [VIII = iii] Anselms Definition gebildet, die allgemein ist.[123]

Die *Summa theologiae* enthält also – trotz der Relativierung der Bedeutung solcher Fragestellungen – wichtige Weiterentwicklungen der Diskussion des Wahrheitsbegriffs und eine Typologisierung, die nicht dazu dient, die Wahrheitsdefinition Anselms [iii, VIII] (obgleich sie für Albert wichtigste ist) als die allein richtige oder eigentliche darzustellen,[124] sondern die Vielgestaltigkeit dessen, was unter ‚Wahrheit' verstanden wird, auf Grundtypen zurückzuführen.

1.7. Zusammenfassendes zu Albertus Magnus

Albertus Magnus hat kein eigenes Werk *De veritate* verfaßt. Auch die ausführlichen Traktate im Rahmen von *De bono*, des Sentenzenkommentars und der *Summa theologiae* – und erst recht die kürzere Behandlung in *De divinis nominibus*, der Metaphysik und dem Johanneskommentar – sind jeweils in einen übergeordneten theologischen Argumentationszusammenhang eingebunden. Doch auch in diesem Kontext bleibt die Wahrheitsfrage eine vornehmlich philosophische und ist die Begriffsbestimmung – von einigen, nicht allen Stellen im Johanneskommentar abgesehen – philoso-

---

[118] Albertus Magnus, *Summa theologiae*, l. I, tr. 6, q. 25, c. 2, 153,34–37.
[119] Albertus Magnus, *Summa theologiae*, l. I, tr. 6, q. 25, c. 2, 153,39–47.
[120] Albertus Magnus, *Summa theologiae*, l. I, tr. 6, q. 25, c. 2, 153,58–61.
[121] Albertus Magnus, *Summa theologiae*, l. I, tr. 6, q. 25, c. 2, 153,61–65; vgl. o. S. 114.
[122] Albertus Magnus, *Summa theologiae*, l. I, tr. 6, q. 25, c. 2, 153, 67–71.
[123] Albertus Magnus, *Summa theologiae*, l. I, tr. 6, q. 25, c. 2, sol. 153,72–77. Alexander Halesius, *Summa theologica*, Ia, inq. 1, tr. 3, q. 2, c. 3, sol.: ed. Quaracchi, t. I (1924), 142b f., dazu: A. Hufnagel, 1940, 97f.
[124] Hierin kann ich mich A. Hufnagel (1940, 97) nicht anschließen.

phisch, d.h. mit der natürlichen Vernunft, erzielt. Auch wenn nicht sämtliche Aussagen in ein einziges Begriffsraster [1–2] eingeordnet werden können, so ist dies doch ganz überwiegend möglich. Bei Albertus Magnus eine Theorie der ,doppelten Wahrheit' anzunehmen, so als ob zwei zueinander in kontradiktorischem Widerspruch stehende Aussagen gleichzeitig wahr sein könnten, die eine philosophisch und die andere theologisch, ist demnach abstrus.[125] Eher wäre es verständlich von der [1] ,Wahrheit in der Sache' und der [2] ,Wahrheit im Zeichen' als ,doppelte Wahrheit' zu sprechen; doch es dürfte deutlich geworden sein, daß es sich dabei lediglich um einen ungeschützten Sprachgebrauch für verschiedene Aspekte oder *modi* von Wahrheit handelt. Von *De resurrectione*, mit einer in theologischem Kontext angewandten, aber philosophisch erarbeiteten Wahrheitskonzeption, über *De bono*, mit einer später nicht mehr in diesem Differenzierungsgrad aufrechterhaltenen Begriffsbestimmung, und den Sentenzenkommentar, mit der Bezugnahme auf die Analogielehre, bis zur *Summa*, mit einer umfassenderen Auflistung und Typisierung von Wahrheitsdefinitionen, ist nicht nur ein Wandel des Interessenschwerpunkts, sondern auch ein deutlicher methodischer Fortschritt festzustellen. Das dabei die Konsistenz und Prägnanz eines so systematischen Denkens wie das des Thomas von Aquin nicht erreicht wird, kann nicht verwundern.

2.   Thomas von Aquin

2.1.   Im Sentenzenkommentar

Wie Albertus Magnus wurde auch Thomas von Aquin zur Qualifizierung als theologischer Magister nach Paris gesandt, hielt dort um 1252–1254 die dazu notwendige Sentenzenvorlesung, deren schriftlicher Niederschlag sein Sentenzenkommentar ist.[126] Eine Quaestion im ersten Buch widmet Thomas der Frage „Was ist Wahrheit". Das scheint durch die Leitfrage des ersten Artikels „Ob Wahrheit die Wesenheit einer Sache sei" bereits enggeführt, betreffen die jeweils vier Argumente *pro* und *contra* ja nur diesen Aspekt. In der

---

[125] H. Dethier, 1977, 51, nahm das an, ähnlich F. Ruello, 1969, 168f. A. de Libera, 1990, 40–46 schien ein Auseinanderfallen ,philosophischer und theologischer Wahrheit' nicht auszuschließen. In seinem neueren Werk (A. de Libera, 2003, 283) sieht er eine „[…] argumentative Isomorphie von Theologie und Philosophie, die von einer Voraussetzung beherrscht wird: der Geltung des Widerspruchsprinzips für den Philosophen und des Prinzips der Wahrheit der Schrift für den Theologen". D. B. Twetten, 2001, 274–358, zeigt, daß es Albert gleichermaßen um die Autonomie der Philosophie und die Erkenntnis der – wenn auch auf unterschiedlichen Wegen erreichten – einen Wahrheit geht (dazu bes. 352–357).

[126] J.-P. Torrell, 1995, 57 u. 60; G. Emery, in: ebd., 346f. Ich zitiere Thomas von Aquin, *Scriptum super I Sententiarum* nach der Ausgabe von Pierre M. Mandonnet, Paris 1929, t. I (= ed. Mandonnet).

solutio unterscheidet Thomas drei Arten von Benennbarem: [1] was „nach seinem ganzen Sein" außerhalb der Seele ist"[127] – zum Beispiel ein Mensch oder ein Stein; [2] „was keine Existenz außerhalb der Seele hat, wie Träume und die Vorstellung einer Chimäre";[128] [3] was einen Grund in der Wirklichkeit außerhalb der Seele hat, aber erst durch die Tätigkeit der [erkennenden] Seele in seinem Gehalt vollständig das wird, was es formell ist. Von dieser Art sind die Universalien. Und so verhält es sich mit der Wahrheit, „daß sie einen Grund in der Sache hat, aber ihr Gehalt (*ratio eius*) durch die Tätigkeit des Verstandes vervollständigt wird, wenn sie nämlich so aufgefaßt wird, wie sie ist".[129] So kann Aristoteles sagen, „daß wahr und falsch in der Seele sind, gut und böse aber in den Sachen".[130] Ohne dieser Aussage direkt zu widersprechen, schränkt Thomas sie sofort ein: „In der Sache sind ihre Washeit und ihr Sein.[131] So läßt sich sagen: „Die Wahrheit ist mehr im Sein der Sache begründet als in ihrer Washeit."[132] Damit sind die Voraussetzungen für die Beschreibung der Erkenntnis von Wahrem gegeben: „In der Tätigkeit des Verstandes, der das Sein der Sache annimmt, so wie es durch eine gewisse Verähnlichung mit sich ist, wird die Beziehung der Angleichung vervollständigt, in der das besteht, was Wahrheit ausmacht."[133] Das, was Wahrheit ausmacht, ist zuvörderst im Verstand zu finden, gleichwohl ist das Sein der [außermentalen erkannten] Sache die Ursache des wahren [Urteils]."[134] ‚Wahr' wird also zuerst von [1] der Wahrheit im Verstand ausgesagt; von einer ‚wahren Aussage' ist zu sprechen, insofern sie Zeichen dieser Wahrheit ist, von einer [2] ‚wahren Sache' dann, wenn sie Ursache jener ‚Wahrheit im Verstand' ist.[135] Entschlossen geht Thomas bereits hier von der Erkenntnispsychologie des individuellen Erkennenden aus, um seinen Wahrheitsbegriff zu gewinnen. Unvermittelt wird diese Auffassung von Wahrheit auf einen ersten Grund zurückgeführt: „Jede von beiden [Aussageweisen der] Wahrheit, nämlich die im Intellekt und die in der Sache, wird als auf ihr erstes

---

127 Thomas von Aquin, *Scriptum super I Sententiarum*, d. 19, q. 5, a. 1, sol.: ed. P. Mandonnet, 486. S.-C. Park, 1999, 358–363, bezeichnet d. 19, q. 5 als „Exkurs über die Wahrheit", der wegen der Unterbestimmtheit des Begriffs in der *divisio textus* hier eingeschoben ist.

128 Thomas von Aquin, *Scriptum super I Sententiarum*, d. 19, q. 5, a. 1, ed. Mandonnet, 486.

129 Thomas von Aquin, *Scriptum super I Sententiarum*, d. 19, q. 5, a. 1, ed. Mandonnet, 486.

130 Thomas von Aquin, *Scriptum super I Sententiarum*, d. 19, q. 5, a. 1, ed. Mandonnet, 486; Aristoteles, *Metaphysica* VI, 4: 1027b25–27.

131 Eine an das Frühwerk *De ente et essentia* erinnernde Ausdrucksweise: das *ens* ist nicht als etwas vorzustellen, was auf gleicher Stufe mit den sekundären Bestimmungen (den Akzidentien, die so oder anders sein können) zu einem Seienden gehört; das *ens* macht aus, daß überhaupt etwas ist.

132 Thomas von Aquin, *Scriptum super I Sententiarum*, d. 19, q. 5, a. 1, ed. Mandonnet, 486.

133 Thomas von Aquin, *Scriptum super I Sententiarum*, d. 19, q. 5, a. 1, ed. Mandonnet, 486.

134 Thomas von Aquin, *Scriptum super I Sententiarum*, d. 19, q. 5, a. 1, ed. Mandonnet, 486.

135 Thomas von Aquin, *Scriptum super I Sententiarum*, d. 19, q. 5, a. 1, ed. Mandonnet, 486. Hierin sieht P. Wilpert, 1931, 29f. „ein Stück Platonismus, das […] über Augustinus wieder in den Aristotelismus in seiner christlichen Form eingeführt wurde".

Prinzip auf Gott selbst zurückgeführt, denn sein Sein ist die Ursache allen Seins und seine Einsicht ist die Ursache allen Erkennens. Und so ist er selbst [1.1] die erste Wahrheit wie auch das erste Seiende."[136] In dieser ersten Wahrheit liegt auch die Aussagewahrheit begründet, deren evidente Prinzipien, wie daß Bejahung und Verneinung desselben nicht gleichzeitig wahr sein können, auf ihre erste Ursache zurückzuführen sind.

Mit dieser Grundlegung sind auch die Kriterien für eine Klassifikation der verschiedenen, von Thomas angetroffenen, Definitionen von Wahrheit gewonnen. Der zweite Teil der *solutio* besteht aus der Aufzählung von fünf Definitionsweisen, in die die einzelnen Definitionen eingeordnet werden:

[1]   „ ... gemäß dem, daß Wahrheit im Offenbarmachen im Verstand vollendet wird ...

[1.a]   Augustinus, *De vera religione*: ,Wahrheit ist, wodurch das aufgezeigt wird, was ist'[137].

[1.b]   Hilarius, *De trinitate*: ,Das Wahre behauptet das Sein oder zeigt es auf'.

[2]   ... gemäß dem, daß [Wahrheit] einen Grund in der Sache (*fundamentum in re*) hat:

[2.a]   Augustinus, *Soliloquia*: ,Wahr ist das was ist'.

[2.b]   [Ein] Magister: ,Das Wahre ist das Ungeteiltsein von Sein und was ist'[138].

[2.c]   Avicenna, *Metaphysica*: ,Das Wahre ist das Ungeteiltsein von Sein und was ist'[139].

[3]   ... gemäß der Angemessenheit dessen, was im Verstand ist, zu dem, was in der Sache ist:

[3.a]   ,Wahrheit ist die Angleichung der Sache an den Verstand'.

[3.b]   Augustinus: ,Wahr ist, was sich so verhält, daß es dem Erkennenden erscheint wenn er erkennen will und kann'[140].

[4]   ... indem [Wahrheit] dem Sohn [Gottes] zugeeignet wird: Augustinus, *De vera religione*: ,Wahrheit ist die höchste Ähnlichkeit mit dem Prinzip, die ohne jede Unähnlichkeit ist'[141].

[5]   ... eine [Definition] wird von der [Wahrheit] gegeben, die alle Wahrheitsauffassungen umfaßt: „Wahrheit ist eine mit dem Geist alleine erfaßbare Rechtheit".

---

[136] Thomas von Aquin, *Scriptum super I Sententiarum*, d. 19, q. 5, a. 1, sol.: ed. Mandonnet, 487.

[137] Thomas von Aquin, *Scriptum super I Sententiarum*, d. 19, q. 5, a. 1, sol.: ed. Mandonnet, 487; Augustinus, *De vera religione*, Turnolti 1962 (CCL 32), c. 36: 230,2–3.

[138] In *Quaestiones disputatae de veritate*, q. 1, a. 1, sol. von Thomas ohne Namen angeführt; J. A. Aertsen, 1996, 244–246.

[139] Avicenna, *Liber de philosophia prima sive scientia divina*, tr. VIII, c. 6, ed. S. Van Riet, Bd. 2, Louvain 1980 (Avicenna latinus), 413, 83f.

[140] Augustinus, *Soliloquia* (l. II, c. 5, n. 8), hrsg. von W. Hörmann, Wien 1986 (CSEL 89), 55,10f.

[141] Vgl. Augustinus, *De vera religione*, 231, 24f.

Die Bevorzugung des letztgenannten Typs [5] ergibt sich daraus, daß durch die ‚Rechtheit' die Angemessenheit und durch das ‚mit dem Geist alleine erfaßbar' die Vollendung dessen erfaßt wird, was Wahrheit ausmacht.[142] In der Antwort auf den vierten Einwand, nach dem Wahrheit, Gutheit und Gerechtigkeit sämtlich unter den Begriff der Rechtheit fallen und deshalb nicht unterscheidbar sein sollen, gibt der Aquinate diese Weite des Begriffs zu, macht aber darauf aufmerksam, daß eine jede solche Rechtheit ihr eigenes Kriterium hat. Dasjenige der Wahrheit ist, „daß der Bereich der Angemessenheit von Sache und Verstand nicht verlassen wird".[143] Der Vorzug, der hier Anselms Wahrheitsdefinition als universellster eingeräumt wird, ist also eher als Reminiszenz an Albertus Magnus zu verstehen; der Sache nach wird sie auf seine eigene Wahrheitsauffassung hin gedeutet.

In der Fragestellung des zweiten Artikels der *Quaestio* kommt der Aquinate auf die ungeschaffene Wahrheit Gottes zurück. Durch sie ist alles Wahre begründet als durch ihre erste Ursache und Erkenntnis, die Grund für jede spätere ist. Gleichwohl gibt es das jeweilige Wahre in den geschaffenen Dingen und in dem jeweiligen Intellekt der einzelnen Erkennenden, so wie es das jeweilige Sein der geschaffenen Seienden gibt.[144] In der ausführlichen Antwort auf den vierten Einwand, daß wie die Zeit Maß alles Zeitlichen sei, alles Wahre einer Wahrheit als seinem Maß entsprechen müsse,[145] unterscheidet Thomas zwischen dem göttlichen und dem menschlichen Verstand. Der göttliche Verstand ist Ursache und damit auch Maß aller Dinge, diese wiederum sind Maß des menschlichen Verstandes, dessen Erkenntnistätigkeit sie verursachen. Daher gibt es nur ein erstes Maß des einen ersten Wahren, aber mehrere zweite der mehreren einzelnen Wahren.[146] Mißverständlicherweise benutzt Thomas hier *veritas* sowohl für ‚Wahrheit' im Sinn der formalen Beschreibung des richtigen Verstandesurteils über seinen Referenten (Gegenstand) im Allgemeinen – der *adaequatio* zwischen beiden allgemein gesehen – als auch für das ‚Wahre' als die jeweilige Relation einer zutreffenden Erkenntnis zwischen Erkennendem und dem richtig Erkanntem bzw. dem einzelnen Urteilsakt. Das kann dazu verleiten, anzunehmen, der Aquinate meine hier, es könnten mehrere untereinander kontradiktorische Aussagen gleichzeitig wahr sein – beispielsweise als ‚philosophische' und als ‚theologische Wahrheit'. Um den, wenngleich hier noch nicht voll ausgereiften, thomasischen Sprachgebrauch nicht verfälschend wiederzugeben, bleibe ich in der Folge bei der Überset-

---

142 Thomas von Aquin, *Scriptum super I Sententiarum*, d. 19, q. 5, a. 1, sol.: ed. Mandonnet, 487.
143 Thomas von Aquin, *Scriptum super I Sententiarum*, d. 19, q. 5, a. 1, ad 4, ed. Mandonnet, 489.
144 Thomas von Aquin, *Scriptum super I Sententiarum*, d. 19, q. 5, a. 2, ed. Mandonnet, 492.
145 Thomas von Aquin, *Scriptum super I Sententiarum*, d. 19, q. 5, arg. 2, ed. Mandonnet, 491. Bereits M. Grabmann, 1924, 53 f., wies auf den aristotelischen Charakter dieses Textes hin, während sich in diesem Werk andernorts noch stärkere augustinische Einflüsse finden.
146 Thomas von Aquin, *Scriptum super I Sententiarum*, d. 19, q. 5, a. 2, ad 2, ed. Mandonnet, 493.

zung ‚Wahrheit‘ für *veritas*, auch wenn ‚das Wahre‘ im Einzelfall gelegentlich angemessener wäre.

In diesem Wortgebrauch ist es konsequent, wenn der *Baccalaureus sententiarum* abschließend deutlich macht: „Es gibt nur eine ewige, die [1.1] göttliche Wahrheit.“[147] Wie das Sein der endlichen Seienden Veränderungen unterliegt, so ist auch ihre Wahrheit veränderbar und kontingent, ja sie ist nicht mehr, wenn das, wovon sie ausgesagt wird, vergangen ist.[148] Die Frage nach [1.2] der Wahrheit in der Seele reißt Thomas hier nur an, indem er darauf verweist, daß nur der göttliche Intellekt seiner Natur nach ewig ist, und folglich nur das eine Wahre in Gott, Gott selbst, ewig und unveränderlich sein kann.[149] „Gäbe es keine [menschliche] Seele und damit keinen geschaffenen Verstand, dann gäbe es auch keine [1.2] Wahrheit, insofern sie in der Tätigkeit der Seele besteht. [2] Wahrheit der Sache könnte gleichwohl bestehen, sofern sie einen Grund in der Sache hat. Es bliebe auch die Intention der [1.1] in Gott verstandenen Wahrheit.“[150]

Im vierten Buch des Sentenzenkommentars sind zwei in unserem Zusammenhang interessante Stellen zu finden. Bei der Behandlung des Skandals spricht Thomas von „Wahrheit, die darin besteht, daß ein Mensch im Reden und Tun sich der göttlichen Rechtheit, oder der Regel des göttlichen Gesetztes angleicht“.[151] Im Zusammenhang von göttlicher Gerechtigkeit und Wahrheit kommt der Aquinate auf einen ähnlichen Gedankengang: „Und von daher, daß der begriffliche Gehalt der Wahrheit in der Angleichung der Dinge an den Verstand besteht, kommt es, daß das Wort ‚Wahrheit‘ dahingehend übertragen wird, die Angleichung der Werke der Gerechtigkeit an die Bedeutungsgehalte von ‚Gerechtigkeit‘ zu bezeichnen, und deshalb gibt es eine Wahrheit, die wir ‚Wahrheit der Gerechtigkeit‘ nennen.“[152]

2.2.   In den *Quaestiones disputatae de veritate*

Eine Sammlung von Disputationen aus dem ersten Pariser Magisterium ist 1256–1259 entstanden. Nach dem Thema der ersten Quaestion heißt das ganze Werk *Quaestiones disputatae de veritate*.[153] Für diese erste

---

[147] Thomas von Aquin, *Scriptum super I Sententiarum*, d. 19, q. 5, a. 3, ed. Mandonnet, 495.
[148] Thomas von Aquin, *Scriptum super I Sententiarum*, d. 19, q. 5, a. 3, ed. Mandonnet, 495f.
[149] Thomas von Aquin, *Scriptum super I Sententiarum*, d. 19, q. 5, a. 3, ed. Mandonnet, 496.
[150] Thomas von Aquin, *Scriptum super I Sententiarum*, d. 19, q. 5, a. 3, ad 3, ed. Mandonnet, 496.
[151] Thomas von Aquin, *Scriptum super IV Sententiarum*, d. 38, q. 2, a. 4, sol., in: Ders., *Opera omnia*, ed. S. E. Fretté, Paris 1874, Bd. 11, 216a.
[152] Thomas von Aquin, *Scriptum super IV Sententiarum*, d. 46, q. 1, a. 1, qc. 3, sol.: 392a.
[153] Thomas von Aquin, *Quaestiones disputatae de veritate* (in der Folge zit. als *De ver.*), in: Ders., *Opera omnia* [editio Leonina], Bd. XXII,1-3, Rom 1970-1976 (in der Folge zit. als „ed. Leon.“). Eine sprachlich sehr schöne, wenn auch - bei einer schlechten lateinischen

Quaestio haben wir eine für Thomas' eigenen Gebrauch angefertigte Abschrift.[154] Die Anordnung der Artikel ergibt die folgerichtige Entwicklung eines Gedankenkomplexes: Die ersten neun der zwölf Artikel handeln davon, was unter ‚Wahrheit' zu verstehen ist (a. 1), wie sie mit dem Intellekt zusammenhängt (a. 2–3), wie sich ‚ewige Wahrheit' bzw. ‚erste Wahrheit' zum ‚Wahren' verhalten (a. 4–8) und vom Verhältnis zu den Sinnen (a. 9), während die letzten drei die Falschheit betreffen (a. 10–12). Gegenüber dem Sentenzenkommentar ist der Fragenkomplex also wesentlich weiter entfaltet und – wie sich gleich zeigen wird – auch grundlegender angegangen.

Die *solutio* des erste Artikels – „Was ist Wahrheit?" – beginnt mit der Aussage, daß wie für Beweise evidente Prinzipien nötig sind, so auch für die „Erforschung dessen, was ein jedes ist".[155] Der erkennende Verstand begreift als Erstes, Bekanntestes, das Seiende, in das er alle Begriffe auflöst.[156] Somit sind alle anderen Begriffe als Zufügung zum Seienden aufzufassen. Doch dem Seienden, der empirisch erfaßbaren Konkretion des Seins, läßt sich nichts wie etwas Äußerliches hinzufügen, was etwas in seiner Art bestimmtes durch einen besonderen Unterschied noch weiter spezifizierte, denn jedes in der Natur Vorfindliche ist wesenhaft ein Seiendes:[157] „Dem Begriff ‚Seiendes' wird etwas hinzugefügt, insofern dieses eine Weise des Seienden ausdrückt, die durch das Wort ‚Seiendes' nicht ausgedrückt wird."[158] Dies kann auf zwei Arten geschehen:

Textvorlage – nicht immer exakte deutsche Übersetzung hat Edith Stein 1931 vorgelegt: *Des hl. Thomas von Aquino Untersuchungen über die Wahrheit*, Louvain / Freiburg 1952. Eine gelungene Auswahl der im hier gegebenen Zusammenhang wichtigen Quaestionen durch Albert Zimmermann: Thomas von Aquin, *Von der Wahrheit*, Hamburg 1986. Zur Entstehung vgl. J. P. Torrell, 1995, 80–82 u. G. Emery, in: ebd., 348f.

154 Vgl. A. Dondaine, „Praefatio", in: Thomas von Aquin, *De ver.*, ed. Leon., t. XXII,1 (1975), 141*f.

155 Thomas von Aquin, *De ver.*, q. 1, a. 1, sol.: ed. Leon., 4,95–98. Das deutsch Zitierte ist der Übersetzung E. Steins (1952, 9) entnommen.

156 Thomas von Aquin, *De ver.*, ed. Leon., 5, 100–104. Wie Jan A. Aertsen (1996, 81–84) gezeigt hat, ist Avicenna hier nicht nur die *auctoritas*, auf die Thomas sich hier beruft, sondern der ganze Gedankengang ist seiner Metaphysik entnommen: *Liber de philosophia prima sive scientia divina*, tr. I, c. 5: ed. Simone Van Riet, Bd. 1, 31,1–32,4. Bei Avicenna handelt es sich allerdings um die Trias „res, ens, et necesse esse" (loc. cit.: 31,1). L. Westra, 1984, 141–144 unterstreicht die Wichtigkeit der „real actual existence" als Ausgangspunkt für die Analyse bei dem Aquinaten; ihr entgeht jedoch, daß dieser – durchaus im Sinn ihrer These – konsequent von ‚ens' und nicht von ‚esse' spricht.

157 Thomas von Aquin, *De ver.*, q. 1, a. 1, sol.: ed. Leon., 5,106–109. „Omnis natura", von E. Stein (1952, 9) unübersetzt belassen, von A. Zimmermann (in: Thomas von Aquin, *Von der Wahrheit*, 5) mit „jedwede Wirklichkeit" wiedergegeben, ist aus dem Satzzusammenhang analog zu *subiectum* zu verstehen: „etwas was ist und Träger(in) von Eigenschaften sein kann".

158 Thomas von Aquin, *De ver.*, ed. Leon., 5,111–114. Übers. A. Zimmermann, in: Thomas von Aquin, *Von der Wahrheit*, 5.

A. als eine besondere Weise des Seienden, in den verschiedenen Graden der
   Seiendheit. Dies ist der Fall der Substanz, die dem Seienden keinen wei-
   teren Unterschied zufügt, sondern die Weise ‚für sich sein' bezeichnet.[159]
B. Als eine allgemeine Seinsweise, die für jedes Seiende gilt. Hierbei unter-
   scheidet Thomas nochmals zweifach gestuft:
   B.1 Eine Seinsweise, die jedem Seienden in sich folgt, und zwar:
       B.1.1 Indem etwas bejahend ausgesagt wird, was nur vom ‚Ding'
             gilt. Der Name ‚Ding' ist nicht wie ‚Seiendes' vom „Akt des
             Seins her genommen", sondern drückt die ‚Washeit' oder das
             ‚Wesen' eines Seienden aus.[160]
       B.1.2 Indem etwas verneinend ausgesagt wird. Für alles Seiende
             gilt, daß es [jeweils] ungeteilt ist, was durch die Benennung
             ‚Eines' ausgedrückt wird.[161]
   B.2 Eine Seinsweise, „in der ein jedes Seiende in der Ordnung des Seins
       auf ein anderes folgt",[162] und zwar:
       B.2.1 „Gemäß der Trennung des einen vom anderen",[163] ausge-
             drückt durch ‚etwas'.
       B.2.2 „Gemäß der Übereinstimmung eines Seienden mit einem an-
             deren".[164] „Möglich ist das aber nur, wenn etwas angenommen
             wird, das mit jedem Seienden übereinstimmen kann."[165] Die-
             ses ist die Seele, die eine Erkenntnis- und eine Strebekraft be-
             sitzt. „Das Übereinstimmen eines Seienden mit dem Streben
             drückt das Wort ‚Gutes' aus, [...] Das Übereinstimmen eines
             Seienden mit dem Verstand, drückt das Wort ‚Wahres' aus."[166]

An diese diffizile – zur dabei en passant geschehenden Klärung der Grund-
begriffe aber nötige – Unterscheidung schließt Thomas unmittelbar die
Aussage an: „Jede Erkenntnis aber vollzieht sich durch eine Anpassung des
Erkennenden an das erkannte Ding, und zwar derart, daß die besagte Anpassung Ursache der Erkenntnis ist."[167] „Das erste Verhältnis des Seienden

---

[159] Thomas von Aquin, *De ver.*, ed. Leon., 5,114–123. Für die hier referierten von Thomas
     nicht weiter verfolgten Stränge seiner Aufgliederung gebe ich lediglich die Kernbegriffe und
     die Fundstellen an.
[160] Thomas von Aquin, *De ver.*, ed. Leon., 5,130–139. Auch hier beruft sich Thomas auf
     Avicenna (Avicenna latinus, 34,50–35,61).
[161] Thomas von Aquin, *De ver.*, ed. Leon., 5,139–141.
[162] Thomas von Aquin, *De ver.*, ed. Leon., 5, 128f.; Übers. E. Stein, 1952, 10.
[163] Thomas von Aquin, *De ver.*, ed. Leon., 5,145; Übers. E. Stein, 1952, 10.
[164] Thomas von Aquin, *De ver.*, ed. Leon., 5,150f.; Übers. E. Stein, 1952, 10.
[165] Thomas von Aquin, *De ver.*, ed. Leon., 5, 151–153; Übers. Zimmermann, in: Thomas von
     Aquin, *Von der Wahrheit*, 7.
[166] Thomas von Aquin, *De ver.*, ed. Leon., 5, 153–161; Übers. Zimmermann, in: Thomas von
     Aquin, *Von der Wahrheit*, 7.
[167] Thomas von Aquin, *De ver.*, ed. Leon., 5,162–164; Übers. Zimmermann, in: Thomas von
     Aquin, *Von der Wahrheit*, 9.

zum Verstand besteht also darin, daß das Seiende mit dem Verstand zusammenstimmt, welche Zusammenstimmung Angleichung des Verstandes und des Dinges genannt wird, und darin vollendet sich formell der begriffliche Gehalt des Wahren."[168] „Das, was das Wahre dem Begriffsgehalt des Seienden zufügt, ist die „die Gleichförmigkeit oder Angleichung eines Dinges und des Verstandes".[169] „So also geht die Seiendheit eines Dinges dem Begriffsgehalt von Wahrheit vorauf, die Erkenntnis aber ist eine gewisse Wirkung der Wahrheit."[170] Damit hat Thomas die Basis für eine Klassifikation von Wahrheitsdefinitionen gewonnen, die hier – im Unterschied zu der fünfgliedrigen im Sentenzenkommentar – dreigliedrig ausfällt:

[A.] „Gemäß dem, was dem Begriffsgehalt von Wahrheit vorausgeht und worin das Wahre gegründet ist".[171]

[A.1] Augustinus, *Soliloquia*: „Wahr ist das was ist".[172]

[A.2] Avicenna, *Metaphysica*: „Die Wahrheit eines jeden Dinges ist die Eigentümlichkeit seines Seins, das für das Ding festgesetzt ist".[173]

[A.3] Ohne Autorennennung: „Das Wahre ist das Ungeteiltsein von Sein und was ist"[174]

[B.] „Gemäß dem, worin sich der begriffliche Gehalt des Wahren vollendet".[175]

[B.1] Isaac: „Wahrheit ist Angleichung einer Sache und des Verstandes".[176]

[B.2] Anselm von Canterbury in *De veritate*: „Wahrheit ist eine mit dem Geist alleine erfaßbare Rechtheit". Diese Definition wird aber sogleich umdeutend qualifiziert: „diese Rechtheit wird einer gewissen Angleichung entsprechend ausgesagt", wie bereits im Sentenzenkommentar geschehen.[177]

---

[168] Thomas von Aquin, *De ver.*, ed. Leon., 5,166–6,170; Übers. Zimmermann, in: Thomas von Aquin, *Von der Wahrheit*, 9.: „daß Seiendes und Verstand zusammenstimmen"; E. Stein, 1952, 11: „daß das Seiende dem erkennenden Geist entspricht"; für „ut ens intellectui concordet". E. Stein, ebd.: „Bereich der Wahrheit" für „ratio veritatis". Zur *adaequatio* als *ratio veritatis* vgl. J. A. Aertsen, 1996, 253–255.

[169] Thomas von Aquin, *De ver.*, ed. Leon., 6,170–172; Übers. Zimmermann, in: Thomas von Aquin, *Von der Wahrheit*, 9.

[170] Thomas von Aquin, *De ver.*, ed. Leon., 6,174–176. Übers. Zimmermann, in: Thomas von Aquin, *Von der Wahrheit*, 9.

[171] Thomas von Aquin, *De ver.*, ed. Leon., 6,177–179.

[172] Thomas von Aquin, *De ver.*, ed. Leon., 6,180f.

[173] Thomas von Aquin, *De ver.*, ed. Leon., 6,182f.; E. Stein, 1952, 11; cf. Avicenna latinus: *Liber de philosophia prima*, tr. VIII, c. 6: 413,83f. (in *Scriptum super I Sententiarum* nicht angeführt).

[174] Thomas von Aquin, *De ver.*, ed. Leon., 6, 183f. In *Scriptum super I Sententiarum*, d. 19, q. 1, a. 1 „einem Magister" zugeschrieben.

[175] Thomas von Aquin, *De ver.*, ed. Leon., 6,184–186.

[176] Thomas von Aquin, *De ver.*, ed. Leon., 6,186f.

[177] Thomas von Aquin, *De ver.*, ed. Leon., 6,188f.; vgl. o. S. 123.

[B.3] Aristoteles in Metaphysik IV,16: „daß wir beim Definieren des Wah-
       ren sagen, es sei das, was ist, oder es sei nicht, was nicht ist.“[178]
[C]   „Gemäß der [dem Wahren] folgenden Wirkung“:[179]
[C.1] Hilarius: „das Wahre ist das Sein aufzeigend und offenbar ma-
       chend“.[180]
[C.2] Augustinus in *De vera religione*: „Wahrheit ist, wodurch sich das
       zeigt, was ist“.[181]
[C.3] Augustinus in *De vera religione*: „Wahrheit ist das, demgemäß wir
       über die niederen Dinge urteilen“.[182]

Es hieße Thomas mißverstehen, wollte man aus dieser Aufzählung schließen, er habe drei verschiedene Wahrheitsdefinitionen als seine eigenen
vertreten.[183] Wie im Sentenzenkommentar, so stellt Thomas auch hier eine
Typologie auf, in die er die von ihm vorgefundenen Definitionen einordnet.

Im zweiten Artikel wird die Frage nach der Priorität von erkennendem
Verstand oder erkannten Dingen vertieft. Diese erkennt Thomas dem Verstand zu, in dem sich in erster Linie der vollständige Begriffsgehalt der
Wahrheit findet.[184] „Die Vervollständigung einer jeden Bewegung oder Aktivität liegt nämlich in ihrem Ziel. Die Bewegung der Erkenntniskraft endet
in der Seele – denn das Erkannte muß in dem Erkennenden in der Art des
Erkennenden sein.“[185] Primär [1] ist etwas Wahres also im Verstand, sekundär in den Sachen.[186] Dabei ist allerdings zwischen [1.2.1] theoretischem
und [1.2.2] praktischem Verstand zu unterscheiden. „Der praktische Verstand verursacht Dinge und ist daher Maß der Dinge, die durch ihn entstehen, aber der theoretische Verstand wird, weil er von den Dingen empfängt, gewissermaßen von diesen Dingen bewegt, und so messen die Dinge
ihn.“[187] Der [1.1] göttliche Verstand ist das nicht selbst gemessene Maß aller
Dinge, – sie sind in ihm wie die Kunstwerke im Verstand des Künstlers –
während der [1.2] Menschenverstand sich zu den Naturdingen gemessen,

---

[178] Thomas von Aquin, *De ver.*, ed. Leon., 6,191–193; Übers. nach E. Stein, 1952, 11. Vgl. *Me-
      taphysica* IV,16: 1011b26–28: Aristoteles latinus, t. XXV,2, Leiden 1976, 80,18f.
[179] Thomas von Aquin, *De ver.*, ed. Leon., 6,193–195.
[180] Thomas von Aquin, *De ver.*, ed. Leon., 6,195f.; vgl. Hilarius Pictavensis, *De trinitate*, l. V,
      c. 6: PL 10, Sp. 133 C.
[181] Thomas von Aquin, *De ver.*, ed. Leon., 6,197f.; vgl. Augustinus, *De vera religione*, 230,15f.
[182] Thomas von Aquin, *De ver.*, ed. Leon., 6,198–200; vgl. Augustinus, *De vera religione*,
      225,20–23.
[183] H. Krings, 1983, 26f.
[184] Thomas von Aquin, *De ver.*, q. 1, a. 2, sol.: ed. Leon., 9,58–60.
[185] Thomas von Aquin, *De ver.*, ed. Leon., 9,60–65.
[186] S.-C. Park, 1999, 256f. u. 444, weist darauf hin, daß hier – wie bei anderen *prius-posterius*-
      Formulierungen des Thomas – seine metaphysische Analogielehre im Hintergrund steht
      (*prius natura*), auch wenn die sprachphilosophische Ebene (*prius secundum rationem*) nicht
      unbeachtet bleiben darf.
[187] Thomas von Aquin, *De ver.*, q. 1, a. 2, sol.: ed. Leon., 9,83–87.

aber nicht messend verhält, nur zu Artefakten verhält er sich auch messend.[188] Für das Verständnis von Wahrheit hat das zur Folge, daß ein Naturding [1.1] „in der Angleichung an den göttlichen Verstand wahr genannt wird, insoweit es das erfüllt, wozu es von ihm hingeordnet ist."[189] [1.2] „In der Angleichung an den [Menschen-] Verstand wird ein [Natur-] Ding wahr genannt, insofern es geeignet ist, eine wahre Einschätzung von sich selbst hervorzurufen."[190]

Die im ersten Artikel erarbeitete Sicht der Wahrheitserkenntnis als *adaequatio rei et intellectus* und das im zweiten Artikel gewonnene Prinzip der Priorität führen auch zur Lösung der Frage des dritten Artikels, ob Wahrheit nur im [1.2] zusammensetzenden und trennenden (d.h. urteilenden) Verstand sei. „Insoweit nun der Verstand die Washeit der Dinge erfaßt, besitzt er aber nur eine Ähnlichkeit mit dem außerhalb der Seele existierenden Ding, [...] Sobald der Verstand aber anhebt, über das erfaßte Ding zu urteilen, ist dieses Urteil des Verstandes etwas ihm Eigenes, das nicht im Ding außerhalb zu finden ist. Wenn das Urteil nun dem, was außerhalb im Ding ist, angeglichen ist, heißt es ‚wahr'. Der Verstand urteilt aber dann über ein erfaßtes Ding, wenn er sagt, [1.2.1] daß etwas ist oder nicht ist, und das ist Sache des zusammensetzenden und trennenden Verstandes."[191] Das Existenzurteil ist also das Primäre, das sich als ‚wahr' qualifizieren läßt. Erst in zweiter Linie läßt sich [1.2.2] ‚wahr' vom Verstand als die Washeit von Dingen erfassend – bedeutungsgleich mit ihrer Definition – aussagen. Die Definition wird ‚wahr' oder ‚falsch' genannt, je nachdem ob in ihr eine richtige Zusammensetzung vorliegt [z.B. durch Zuordnung von *genus* und *species* dessen, wofür sie gelten soll].[192] Sie sagt deshalb nichts über die tatsächliche Existenz des Definierten aus, sondern nur über seine richtige Zuordnung.

---

[188] Thomas von Aquin, *De ver.*, ed. Leon., 9,90–97.

[189] Thomas von Aquin, *De ver.*, ed. Leon., 9,99–102. Thomas beruft sich hierfür auf Anselm von Canterbury, *De veritate*, c. 7 (in: Ders., *Opera*; hrsg. von F. S. Schmidt, Seckau / Edinburgh 1938, Bd. 1, 186,1–3); Augustinus, *De vera religione*, c. 36, 230, 15f. und „Avicenna in diffinitione inducta" (vgl. Anm. 173). In der Übers. von A. Zimmermann (in: Thomas von Aquin, *Von der Wahrheit*, 17) fehlt der entsprechende Text durch einen Druckfehler.

[190] Thomas von Aquin, *De ver.*, ed. Leon., 9,107–110.

[191] Thomas von Aquin, *De ver.*, ed. Leon., 11,35–46. A. Zimmermann (in: Thomas von Aquin, *Von der Wahrheit*, 21+23), dessen Übertragung ich hier folge, macht darauf aufmerksam (ebd., 86, Anm. 9), daß „intellectus formans quidditatem" mit „der Verstand, der die Washeit formt" (so E. Stein, 1952, 16) zwar wörtlich, aber mißverständlich übersetzt ist. Als lateinische Übersetzung aus dem Arabischen übernommen, bedeutet „formare" in diesem Zusammenhang bei Thomas das Erfassen der Washeit von etwas: „[...] dicitur a philosophis formatio, qua apprehendit quidditates rerum, quae etiam a Philosopho in *III. De anima* dicitur indivisibilium intelligentia". Thomas von Aquin, *Scriptum super I Sententiarum*, d. 38, q.1, a.3, sol.: ed. Mandonnet, 903. Vgl. Aristoteles, *De anima*, III,6: 430a26.

[192] Thomas von Aquin, *De ver.*, ed. Leon., 11,51–56. Zum Urteil als Ort von Wahrheit vgl. G. Schulz, 1993, 40–49.

Erst in dritter Linie kann [2] ‚wahr' von Dingen ausgesagt werden, „insofern sie dem göttlichen Verstand angeglichen oder geeignet sind, dem Menschenverstand angeglichen zu sein".[193] Sodann [3] wird ‚wahr' von einem Menschen gesagt, wenn er Wahres wählt oder durch das, was er sagt oder tut, eine wahre Einschätzung seiner selbst oder anderer hervorruft.[194] Für die [1.2] Aussagewahrheit wird auf die Wahrheit jeweils im urteilenden oder Washeit erfassenden Verstand verwiesen.[195] Wo das Wahre zu verorten ist, ergibt sich aus dem soeben Gesagten: „Wahrheit ist also [1.1] im göttlichen Verstand in erster Linie und eigentlich. Im [1.2] Menschenverstand jedoch ist sie eigentlich, aber in zweiter Linie, in den [2] Dingen aber uneigentlich und in zweiter Linie."[196] Nur im [1.1] göttlichen Verstand ist die erste Wahrheit, die ewige, die Gott wesenhaft zukommt,[197] durch die alles wahr ist was ist.[198]

Ein Psalmvers – für Thomas eine unbezweifelbare Autorität – führt zu einer Mehrdeutigkeit von *veritas*. Es heißt nämlich in Psalm 11,2b (Ps. 12,2b nach hebräischer Zählung): *diminutae sunt veritates a filiis hominum*, wörtlich übersetzt: „Selten geworden sind die Wahrheiten unter den Menschensöhnen." Das hebräische ‚*emwûnôim*' bedeutet allerdings nicht ‚Wahrheiten' sondern ‚Treue' und der Halbvers: „Verschwunden ist Treue unter den Menschensöhnen"[199] – was der Aquinate nicht wissen konnte. Er mußte also eine Lösung finden. Dazu griff er zunächst zur Bibelglosse des Petrus Lombardus, wo er die Erklärung fand: „Die Wahrheit Gottes ist eine, [...] aber bei den Menschen gibt es viele Wahrheiten, wie von einem Angesicht viele Bilder in [verschiedenen] Spiegeln erscheinen",[200] die er übernahm. Darunter ist offensichtlich nicht das Transzendentale ‚Wahrheit' verstanden, sondern ‚die wahren Urteile' im Verstand der Menschen. Deutlich wird das in der *solutio* des folgenden fünften Artikels: „In unserem [1.2] Verstand wird Wahrheit zweifach unterschieden: Auf die eine Weise wegen der Verschiedenheit der erkannten Dinge, von denen er verschiedene Erkenntnisse hat, aus denen verschiedene ‚wahre Urteile' in der Seele folgen.

---

[193] Thomas von Aquin, *De ver.*, ed. Leon., 11,69–71.

[194] Thomas von Aquin, *De ver.*, ed. Leon., 11,71–74.

[195] Thomas von Aquin, *De ver.*, ed. Leon., 11,75–77.

[196] Thomas von Aquin, *De ver.*, q. 1, a. 4, sol.: ed. Leon., 13,159–162.

[197] Thomas von Aquin, *De ver.*, q. 1, a. 7, sol.: ed. Leon., 25,57f.

[198] Thomas von Aquin, *De ver.*, q. 1, a. 5, sol.: ed. Leon., 18,195–197 + 220–230. Die absolute Priorität der Wahrheit im göttlichen Verstand, aber auch die relative Autonomie des Menschenverstandes wird in der Folge bes. in *De ver.*, q. 1, a. 8, sol. betont: ed. Leon., 27,97–148. Zum göttlichen Verstand als Ort der Wahrheit vgl. G. Schulz, 1993, 49–55.

[199] *Biblia hebraica Stuttgartensia*, hrsg. von K. Elliger und W. Rudolph, Stuttgart 1977, 1095.

[200] Petrus Lombardus, *Glossa in Ps.* 11,2, in: PL 191, Paris 1880, Sp. 155A. Vgl. Thomas von Aquin, *De ver.*, q. 1, a. 4, sol.: ed. Leon., 13,163–170. Zum „imago in speculo" vgl. A. Anzulewicz, 1999.

Auf die andere Weise aus der verschiedenen Art zu verstehen."[201] Entsprechendes gilt von [2] Wahrheit(en) in den Dingen: „Die ‚Wahren‘, die in den Dingen sind, sind mehrere wie auch die Seiendheiten der Dinge."[202] Aus der Priorität der [1.1] göttlichen Wahrheit, folgt, daß auch die [2] Wahrheit im Ding zuerst in ihrem Verhältnis zum göttlichen Verstand als ihrer Ursache zu sehen ist. In ihm sind alle Dinge durch die eine Wahrheit des göttlichen Verstandes wahr. Im Menschenverstand ist die [2] Wahrheit im Ding beiläufig, denn (Natur-) Dinge gäbe es auch, wenn es keine Menschen gäbe, die sie erkennen könnten. Eigentlich, wenn auch erst in zweiter Linie, ist die Wahrheit im Ding im Verhältnis zum Menschenverstand, wo es von mehreren Wahren mehrere ‚wahre Urteile‘ geben kann und auch von ein und demselben Wahren mehrere ‚wahre Urteile‘, nämlich in verschiedenen Seelen. Uneigentlich ist schließlich die Wahrheit als die Seiendheit des Dings, die dem göttlichen Verstand angeglichen ist und den menschlichen Verstand sich angleicht. Von dieser Wahrheit gibt es so viele, wie es Dinge gibt, von jedem einzelnen Ding eine.[203]

Die Unterscheidung zwischen [1.1] Wahrheit im göttlichen Verstand, [1.2] im Menschenverstand und [2] im Ding legt Thomas auch seiner Antwort auf die Frage zugrunde, ob die geschaffene Wahrheit veränderbar sei (Art. 6). Die [1.1] erste, ungeschaffene Wahrheit ändert sich nicht, [2.1] die Wahrheit (veränderlicher) Dinge, in ihrer Hinordnung zum göttlichen Verstand kann sich ändern, wenn die Dinge sich ändern, es bleibt aber immer ihre wahre Erkenntnis. Die [2.2] Wahrheit des Dinges in Hinordnung auf den Menschenverstand kann sich sowohl mit der Veränderung des Dinges verändern als auch in Falschheit verkehren.[204] Auch wenn es Dinge gibt, die geeignet sind, einen falschen Eindruck zu erwecken, bleibt die Seele mit ihrem Urteil das in erster Linie Aktive und damit auch primär Ort möglicher falscher Urteile.[205] Dies kann sich auf zwei verschiedene Arten ereignen: entweder (A) indem sie einem Ding eine falsche Definition zuspricht – z.B. ‚vernünftiges Lebewesen‘ einem Esel – oder (B) indem sie Teile zu einer Definition zusammensetzt, die nicht zusammengesetzt werden können – z.B. „Ein Esel ist ein unsterbliches unvernünftiges Lebewesen".[206]

---

[201] Thomas von Aquin, *De ver.*, q. 1, a. 5, sol.: ed. Leon., 18,232–237. Die „verschiedene Art zu verstehen" wird durch ein Beispiel erläutert: es ist der eine Sokrates, der läuft, die urteilende Seele denkt den Zeitpunkt dabei mit als gegenwärtig, vergangen oder zukünftig und bildet so verschiedene Vorstellungen, in denen verschiedene ‚wahre Urteile‘ anzutreffen sind – in der göttlichen Erkenntnis ist dagegen alles immer präsent. Ebd. 18,237–19,255.

[202] Thomas von Aquin, *De ver.*, q. 1, a. r, sol. ed. Leon.: 14,169f.

[203] Thomas von Aquin, *De ver.*, ed. Leon., 14,171–206.

[204] Thomas von Aquin, *De ver.*, q. 1, a. 6, sol.: ed. Leon., 24,124–143.

[205] Thomas von Aquin, *De ver.*, ed. Leon., 31,119–127; a. 12, sol.: ed. Leon., 36,45–48.

[206] Thomas von Aquin, *De ver.*, q. 1, a. 12, sol.: ed. Leon., 36,48–55.

2.3.   In der *Summa contra gentiles*

Hinsichtlich der *Summa contra gentiles* besteht heute mehr Einigkeit darüber,
was sie nicht ist, als über ihre literarische und vor allem inhaltliche Charakterisierung.[207] Die Hypothese, sie sei eine Selbstvergewisserung des Autors auf
der Hälfte seines (akademischen) Weges, „eine Konfrontation zwischen Aristoteles und Glauben"[208] – um es zugespitzter zu sagen: ein Aufweis, daß
philosophische *ratio* und christliche *fides* zu einem gemeinsamen Ziel konvergieren –, hat viel für sich. Auch wenn wir dies dahingestellt sein lassen, läßt
sich sagen, daß Buch I des Werkes bis Kapitel 53 in Paris ab 1258 und vor dem
Juni 1259 entstanden ist, der Rest in Italien 1260–1265.[209] Wenn wir Thomas
in seiner einleitenden Beschreibung der Aufgabe des Weisen folgen, das universale Ziel aller Dinge, des Universums zu betrachten, werden wir direkt an
die Wahrheitsfrage geführt: „Das letzte Ziel eines jeden Dinges ist aber das,
worauf sein erster Urheber und Beweger es absieht. Der erste Urheber und
Beweger des Universums ist jedoch Vernunft […] Also muß das Ziel des
Universums das Gut der Vernunft sein. Das aber ist die Wahrheit. Also muß
die Wahrheit das letzte Ziel des ganzen Universums sein und die Weisheit vor
allem in ihrer Betrachtung bestehen."[210] „In dem, was wir von Gott bekennen, gibt es zwei Weisen von Wahrheit. Einiges über Gott ist wahr, was über
jede Fähigkeit der Menschenvernunft hinausgeht, z.B. daß Gott dreifaltig
und einer zugleich ist; anderes ist wahr, wozu auch die menschliche Vernunft
gelangen kann, z.B. daß Gott ist."[211] Doch wer sich nun hier eine Entwicklung der Wahrheitsfrage als der Frage nach Wahrheitserkenntnis im Menschen und nach Wahrheitsbegriff(en) erhofft, sieht sich enttäuscht. Was der
Aquinate leistet, ist eine kurze Behandlung der Wahrheit in Gott.

Nachdem er festgestellt hat, daß Gott nicht schlußfolgernd (I, c. 57) oder
durch zusammensetzendes und trennendes Urteilen (I, c. 58) erkennt, erklärt Thomas, daß das nicht bedeutet, er kenne keine aussagbaren Urteile,
„denn sein Wesen ist, obgleich es eines und einfach ist, das Urbild alles Vielfältigen und Zusammengesetzten. Daher erkennt Gott durch dieses alle
Vielheit und Zusammensetzung sowohl der Natur als auch der Vernunft."[212]

---

[207] R. A. Te Velde, 1998, 176–187, der Norman Kretzman (1997) angreift – ohne freilich seinerseits eine hinreichende Lösung bieten zu können; R.-A. Gauthier, 1993, 165–176, entkräftet
die These vom ‚Missionshandbuch'.

[208] R.-A. Gauthier, 1993, 180.

[209] J. P. Torrell, 1995, 117–123, und G. Emery, in: ebd., 347. R.-A. Gauthier, 1993, 179.

[210] Thomas von Aquin, *Summa contra gentiles* (im folgenden auch: ScG), l. I, c. 1: ed. Leon., t.
XIII, Rom 1918, 3b10–17. Übers. nach Karl Albert und Paulus Engelhardt (in: Thomas von
Aquin, *Summe gegen die Heiden*, Bd. 1, Darmstadt 1994).

[211] Thomas von Aquin, *Summa contra gentiles* I, c. 3: 7a8–b5; ders., *Summe gegen die Heiden*
(1994), 9.

[212] Thomas von Aquin, *Summa contra gentiles* I, c. 58: ed. Leon., 166b,1–6; ders., *Summe gegen die Heiden* (1994), 219–221.

Somit kann Gott auch die Kenntnis der Aussagenwahrheit nicht abgespro-
chen werden, die für uns Menschen im (Existenz-)Urteil liegt, die Gott aber
„durch seine einfache Einsicht erkennt".[213] Nicht das Erkennen selbst, der
sich im Zusammensetzen und Teilen vollziehende Urteilsakt, ist nämlich zur
‚Wahrheit im Bereich des Verstandes' nötig, sondern das, „was der Verstand
im Erkennen sagt und erkennt, muß dem [erkannten] Ding angeglichen
sein, damit es nämlich so in der [extramentalen] Wirklichkeit ist, wie der
Verstand sagt".[214] Die Einfachheit Gottes steht nicht im Widerspruch zu seiner Vollkommenheit, „da er in seinem einfachen Sein alles hat, was sich an
Vollkommenheit in den anderen Dingen gewissermaßen durch Anhäufung
von Vollkommenheit oder Formen findet".[215] In dieser Vollkommenheit
Gottes ist sein Sein auch sein Wesen[216] und sein Erkennen.[217] Damit hat er
nicht nur Wahrheit, sondern ist [1.1] Wahrheit, sowohl Wahrheit des Verstandes als auch des Dinges.[218] Als Ursache und Maß der erkennbaren Dinge
ist Gott die reinste (ScG I, c. 61), die erste und höchste (ScG I, c. 61), folglich
die ewige Wahrheit, die Menschen zwar nicht in ihrer Fülle und ihrem Wesen (ScG III, c. 47), aber doch als universelle erste Ursache alles Wahren erkennen können.[219] Die *Summa contra gentiles* liefert nicht die umfassende
Analyse und zur Synthese ausgearbeitete Darstellung der Wahrheitserkenntnis im Menschen und ihres ontologischen Status. Aber sie ist ja auch
keine *Summa philosophica*, sondern ein Werk theologischen Charakters –
selbst wenn es sich dabei um *theologia naturalis* handelt.

2.4.   In der *Summa theologiae*

Aus der urprünglichen Konzeption einer *Summa* im Sinn einer knappen
Überblicksdarstellung ist Thomas unter der Hand das monumentale Werk
geworden, das fortan – immer wieder mit den in derselben Epoche entstandenen gotischen Kathedralen verglichen – als Gipfel differenzierter theologi-

---

[213] Thomas von Aquin, *Summa contra gentiles* I, c. 59: ed. Leon., 167a,17–20; ders., *Summe gegen die Heiden* (1994), 221.

[214] Thomas von Aquin, *Summa contra gentiles* I, 167a11 f.+14–17. Die Übersetzung von K. Albert und P. Engelhardt in: Thomas von Aquin, *Summe gegen die Heiden* (1994), 223, ist hier
nur teilweise übernommen.

[215] Thomas von Aquin, *Summa contra gentiles* I, 167b22–25; ders., *Summe gegen die Heiden*
(1994), 223.

[216] Thomas von Aquin, *Summa contra gentiles* I, c. 60: 173b13; ders., *Summe gegen die Heiden*
(1994), 225.

[217] Thomas von Aquin, *Summa contra gentiles* I, 173a,6f.; vgl. ebd., c. 45: 136; ders., *Summe
gegen die Heiden* (1994), 225; vgl. 179.

[218] Thomas von Aquin, *Summa contra gentiles* I, 173b,12–15; ders., *Summe gegen die Heiden*
(1994), 225 u. 227.

[219] Thomas von Aquin, *Summa contra gentiles* II, c. 84: 530b2–19; ders., *Summe gegen die Heiden*, Bd. 2, Darmstadt 1982, 421.

scher Synthese gelten sollte. Ihr erster Teil ist in Rom bis Herbst 1268 entstanden.[220] In ihm ist im Kontext der Gotteslehre eine *Quaestio* der Wahrheit gewidmet. Der Anlaß ist die vorhergehende Frage nach dem Wissen Gottes. Thomas fährt aber, auf den ersten Blick überraschend, nicht mit der Wahrheit Gottes fort, sondern setzt wieder bei dem (Menschen-) Verstand an, indem er im ersten Artikel fragt, ob Wahrheit dort oder eher in den Dingen zu finden sei. Im *Sed contra* wird Aristoteles, dafür angeführt, daß ‚wahr‘ und ‚falsch‘ nicht in den Dingen, sondern im Verstand sind.[221] Der nicht zitierte, unmittelbar anschließende Halbsatz „Gutes und Schlechtes sind in den Dingen" gibt das Stichwort für den in der eigenen Lösung durchgeführten Vergleich: „Wie das Gute das nennt, woraufhin das Strebevermögen zielt, so nennt das Wahre das, woraufhin der Verstand zielt. […] Die Erkenntnis richtet sich danach, daß das Erkannte im Erkennenden ist, das Strebevermögen aber danach, daß der Strebende sich dem erstrebten Ding zuneigt. Das Ziel des Strebevermögens, das Gute, liegt also in dem erstrebten Ding. Das Ziel des Erkennens aber, das Wahre, liegt im Verstand selbst."[222] ‚Gut‘ wird abgeleitet auch von dem Streben dessen gesagt, der etwas Gutes erstrebt. ‚Wahr‘, primär [1] im Verstand als dem erkannten Ding gleichgeformt, wird abgeleitet [2] auch von dem erkannten Ding ausgesagt, insoweit es in einer geordneten Beziehung zum Verstand steht, der es erkennt. Diese Beziehung kann entweder an sich, notwendig, sein oder beiläufig. [2.a] „An sich bzw. absolut steht [das Wahre im Ding] in Beziehung zu demjenigen Verstand, von dem es seinem Sein nach abhängt; [2.b] beiläufig steht es in Beziehung zu dem Verstand, durch den es erkennbar ist."[223] Von Menschen Gemachtes wird in Beziehung zum Menschenverstand ‚wahr‘ [2.a] genannt, Naturdinge werden ‚wahr‘ [2.b] genannt, insofern sie Ähnlichkeit mit den Erkenntnisformen im göttlichen Verstand haben. Thomas spricht, wie auch sonst in diesem Zusammenhang, nicht von ‚Ideen Gottes‘, sondern gebraucht den erkenntnispsychologischen Ausdruck *species*.

Mit dem so gewonnenen Prinzip lassen sich nun die verschiedenen Wahrheitsdefinitionen einteilen:

[A]   Hinsichtlich der Wahrheit im Verstand,
[A.1] Augustinus in *De vera religione*: „Wahrheit ist, wodurch sich das zeigt, was ist".[224]

---

[220] J. P. Torrell, 1995, 160–165, und G. Emery, in: ebd., 347f.

[221] Aristoteles, *Metaphysica* VI,4: 1027b25–27.

[222] Thomas von Aquin, *Summa theologiae* (im folgenden auch: S. th.) Iᵃ, a. 1, c. Der deutschen Übersetzung von Heinrich Christmann und Bernward Dietsche (Thomas von Aquin, [*Summa theologiae*, lat./dt.] *Gottes Leben, sein Erkennen und Wollen*, übers. von Dominikanern und Benediktinern Deutschlands und Österreichs, Salzburg u. a. 1934, 79) folge ich nur teilweise.

[223] Thomas von Aquin, *Summa theologiae* Iᵃ, a. 1, c.

[224] Vgl. Augustinus, *De vera religione*, c. 36, 230,15f.

[A.2] Hilarius: „das Wahre ist das Sein aufzeigend und offenbar machend".[225]

[B]   Hinsichtlich der Wahrheit in der Sache in Beziehung zum Verstand,

[B.1] Augustinus in *De vera religione*: „Wahrheit ist die höchste Ähnlichkeit mit dem Prinzip, die ohne jede Unähnlichkeit ist".[226]

[B.2] Anselm von Canterbury in *De veritate*: „Wahrheit ist mit dem Geist allein erfaßbare Rechtheit".[227]

[B.3] Avicenna: „Die Wahrheit eines jeden Dinges ist die Eigentümlichkeit seines Seins, das für das Ding festgesetzt ist".[228]

[C]   In beiden Hinsichten (ohne Namensnennung): „Wahrheit ist Angleichung eines Dinges und des Verstandes".[229]

Bemerkenswert ist die Antwort auf dem zweiten Einwand, es gebe oft verschiedene Auffassungen derselben Sache und folglich sei Wahrheit nicht notwendig im Verstand. Da die alten Philosophen nicht wußten, daß die Naturdinge aus einem Verstand hervorgehen, dachten sie, diese entstünden durch Zufall und waren gezwungen, die [2] Wahrheit der Dinge in der Hinordnung auf den Menschenverstand zu begründen. Wenn wir aber die Wahrheit der Dinge in ihrem Verhältnis zum göttlichen Verstand sehen, tritt das Problem nicht auf.[230]

Im zweiten Artikel, ob Wahrheit nur im zusammensetzenden und trennenden Verstand sei, wird die letztgenannte Wahrheitsdefinition wieder aufgenommen. Die Sinne können eine Gleichförmigkeit mit dem zu erkennenden Ding nicht feststellen. Das kann nur der Verstand, indem er urteilt, das aufgefaßte Ding verhalte sich so wie die Form, die er von dem Ding auffaßt. Darin – noch vor einer Erkenntnis, was das Ding sei – wird das Wahre zuerst erkannt und ausgesagt. ‚Wahrheit' kann es zwar auch in einem Sinn oder im eine Washeit erkennenden Verstand geben, aber nicht wie [1] das Erkannte im Erkennenden, sondern als [2] ‚Wahrheit im Ding'. Der unmittelbar erkennende [1.1] göttliche Verstand wird hier nicht in den Blick genommen.

Wahres und Seiendes sind auch umgekehrt voneinander aussagbar, da das Wahre dem Seienden ja nichts Reales hinzufügt, sondern sie nur begrifflich verschieden sind: Was ist, ist wahr; was wahr ist, ist.[231] Die begriffliche

---

225 Vgl. Hilarius Pictavensis, *De trinitate*, l. V, c. 6: PL 10, Sp. 133 C.

226 Augustinus, *De vera religione*, 23.

227 Anselm von Canterbury, *De veritate*, c. 7.

228 Avicenna latinus: *Liber de philosophia prima*, tr. VIII, c. 6: 413,83 f.

229 In *Scriptum super I Sententiarum*, d. 19, a. 1, sol., ohne Autorenzuschreibung; vgl. o. S. 122 [3a]. In *Summa theologiae* I^a, q. 16, a. 2, arg. 2, wie bereits in *De ver.*, q. a. 1, sol. Isaac Israeli, *De diffinitione* zugeschrieben.

230 Thomas von Aquin, *Summa theologiae* I^a, q. 16, a. 1, ad 2: ders., *Gottes Leben, sein Erkennen und Wollen* (1934), 81.

231 Thomas von Aquin, *Summa theologiae* I^a, q. 16, a. 3, c. u. ad 1. Zur Konvertibilität von *ens* und *verum* vgl. J. A. Aertsen, 1996, 262–266.

Verschiedenheit besteht darin, daß das Seiende ‚früher‘, grundlegender ist als das Wahre und das Wahre seinerseits grundlegender ist als das Gute (a. 4). Im *Responsum* zu dem aus der Nikomachischen Ethik des Aristoteles gezogenen Argument, Wahrheit sei eine Art von Tugend, differenziert Thomas zwischen der [1+2] ‚Wahrheit, allgemein gesprochen‘ und der [3] ‚Wahrheit als Tugend‘, in der sich „der Mensch in Wort und Tat zeigt wie er ist". Dabei wird die [3.1] ‚Wahrheit des Lebens‘ unterschieden, daß „der Mensch in seinem Leben alles das erfüllt, worauf er durch den göttlichen Verstand hingeordnet wird", unterschieden von der [3.2] ‚Wahrheit der Gerechtigkeit‘, „daß der Mensch das einhält, was er dem anderen der Ordnung des Gesetzes entsprechend schuldet".[232]

Mit dem fünften Artikel kehrt der Aquinate zum Kontext der Gotteslehre zurück. Sowohl wenn wir [1] ‚Wahrheit‘ im Verstand, der eine Sache erfaßt wie sie ist, sehen als auch wenn [2] in dem Ding, das dem Verstand angleichbar ist, gilt das im höchsten Maß von Gott, „der seinem Verstand nicht nur gleichförmig ist, sondern selbst sein Erkennen ist. Und sein Erkennen ist Maß und Ursache jedes anderen Seins und jedes anderen Erkennens [...] Daraus folgt, daß nicht nur in ihm Wahrheit ist, sondern daß er selbst die höchste und erste Wahrheit ist."[233] Auf sich selbst angewandt. läßt sich von der [1.1] ‚göttlichen Wahrheit‘ nicht sagen, daß sie ihrem Prinzip gleichförmig sei, denn sie ist selbst dieses Prinzip. Vielleicht mag man das vom Sohn sagen, der (vom Vater ausgeht und damit) ein Prinzip hat. Von der göttlichen Wahrheit aber wesenhaft gesprochen, kann das nur in der Verneinung ausgedrückt werden: Die göttliche Wahrheit ist nicht ‚Ähnlichkeit mit ihrem Prinzip‘, sondern damit – mit sich selbst – identisch.[234] Daraus scheint zu folgen, daß es nur eine Wahrheit geben kann, eben diese [1.1] göttliche, aus der alles wahr ist, was ist. Doch analog kann ‚Wahrheit‘ auch von Vielem ausgesagt werden. So gibt es in den vielen geschaffenen Individuen mit Verstand viele [1.2] ‚Wahrheiten‘ [wahre Urteile], wie auch in einem jeden von ihnen, entsprechend den vielen Erkenntnisobjekten. Wie bereits in *De veritate*, erläutert Thomas das mit dem Zitat aus Psalm 11 und der Glossenerklärung, hier ohne Quelle genannt, von dem einen, vielfach gespiegelten Angesicht.[235]

Die [2] ‚Wahrheit in den Dingen‘ (hier bleibt Thomas jetzt im Singular) ist zurückzuführen auf die [1.1] eine erste, göttliche Wahrheit, durch die alle

---

[232] Thomas von Aquin, *Summa theologiae* Iᵃ, q. 16, a. 4, ad 3: ders., *Gottes Leben, sein Erkennen und Wollen* (1934), 90.

[233] Thomas von Aquin, *Summa theologiae* Iᵃ, q. 16, a. 5, c.; ders., *Gottes Leben, sein Erkennen und Wollen* (1934), 91. Zu dem hier deutlich werdenden Aktcharakter des göttlichen Seins vgl. G. Manser, 1949; C. Giacon, 1981, 484–487.

[234] Thomas von Aquin, *Summa theologiae* Iᵃ, q. 16, a. 5, ad 2. Die Übersetzung ‚Übereinstimmung‘ für *similitudo* in Ders., *Gottes Leben, sein Erkennen und Wollen* (1934), 90+92, ist m. E. eher verwirrend.

[235] Thomas von Aquin, *Summa theologiae* Iᵃ, q. 16, a. 6, c. *De ver.*, q. 1, a. 4, sol.; vgl. o. S. 130.

Dinge wahre sind, die sind. Die ‚Satzwahrheit' ist als [1] Wahrheit im Verstand zu betrachten und kann nur die gleiche Extension haben, wie der Verstand, dessen Äußerung sie ist. Es kann so nur die [1.1] göttliche Wahrheit ‚ewige Wahrheit' sein.[236] Aus dem gleichen Grund ist nur die [1.1] Wahrheit im göttlichen Verstand unveränderlich, die [1.2] Wahrheit im Menschenverstand aber kann der Veränderung unterliegen, indem [1.2.a] „jemand von einem sich gleichbleibenden Ding eine andere Auffassung gewinnt" oder [1.2.b] „die Auffassung dieselbe bleibt und das Ding sich ändert",[237] das vor seiner Änderung getroffene und jetzt noch für gültig gehaltene Urteil also nicht mehr wahr ist. ‚Falsch' läßt sich nach denselben Kriterien aussagen wie ‚wahr'. Im Hinblick auf den [1.1] göttlichen Verstand kann also unter den Naturdingen nur falsch genannt werden, was sich durch seinen freien Willen der von ihm gegebenen Ordnung entzieht – und damit die [3.1] ‚Wahrheit des Lebens' nicht (mehr) hat. Im Hinblick auf den [1.2] Menschenverstand, von dem sie nicht abhängen, können Naturdinge nur beiläufig ‚falsch' genannt werden, wenn sie (a) nicht richtig erkannt und benannt werden oder (b) geeignet sind eine falsche Auffassung über ihr Bestehen oder ihre Beschaffenheit zu erwecken. Artefakte, die Menschen gemacht haben, können [1.2] von Menschen schlechthin falsch genannt werden, wenn sie nicht den Regeln der Kunst (auch im Sinn von Handwerk, Technik) entsprechen, zu der sie gehören.[238]

Die Behandlung der bereits angesprochenen [3.2] ‚Wahrheit der Gerechtigkeit' wird im Zusammenhang der Gerechtigkeit Gottes wiederaufgenommen. Wenn Wahrheit Angleichung von Verstand und Sache ist, dann ist der [1.1] Verstand, der die Sache verursacht, ihre Regel und ihr Maß, der [1.2] Verstand aber, der sein Wissen von der Sache empfängt, das durch sie Gemessene. Wie Kunstprodukte zu der Kunst, so verhalten sich nun die gerechten Werke zu dem Gesetz, mit dem sie übereinstimmen. Die Gerechtigkeit Gottes, die die Ordnung der Dinge in Übereinstimmmung mit seiner Weisheit, die ihr Gesetz ist, festgelegt hat, wird zutreffend ‚Wahrheit' genannt und heißt näherhin [3.2] ‚Wahrheit der Gerechtigkeit'.[239] Diese wird bei der Einteilung der Tugenden unter diejenigen eingereiht, die der Gerechtigkeit angeschlossen sind, als eine Pflicht, deren Erfüllung für die menschliche Gesellschaft notwendig ist: „[...] Zu dieser Pflicht gehört es, daß der Mensch sich dem anderen in Worten und Taten so zeige, wie er ist."[240] Im Rahmen der Behandung der einzelnen Tugenden des menschlichen Gemeinschaftslebens erfährt die Wahrheit besondere Aufmerksam-

---

[236] Thomas von Aquin, *Summa theologiae* Iª, q. 16, a. 7, c. Dazu auch a. 8, ad 3.

[237] Thomas von Aquin, *Summa theologiae* Iª, q. 16, a. 8, c.

[238] Thomas von Aquin, *Summa theologiae* Iª, q. 17, a. 1, c.

[239] Thomas von Aquin, *Summa theologiae* Iª, q. 21, a. 2, c. Ders., *Gottes Leben, sein Erkennen und Wollen* (1934), 203 f.

[240] Thomas von Aquin, *Summa theologiae* IIªIIªᵉ, q. 80, a. u., c.

keit (S. th. II*II*, q. 109). [A] Als Sagen von Wahrem ist ‚Wahrheit' keine
Tugend, auch wenn sie so verstanden Gegenstand oder Ziel einer Tugend
sein kann. [B=3.2] Als ‚Wahrheit' aus der jemand wahr spricht, durch die
er ‚wahrhaftig' genannt wird, ist sie eine Tugend, auch ‚Wahrhaftigkeit' genannt [5].[241] Als moralische Tugend ist sie durch die rechte Mitte gekennzeichnet: [A] dem Gegenstand nach „hält einer, der von sich die Wahrheit
sagt, bereits dadurch die Mitte zwischen dem, der zuviel, und dem, der zu-
wenig von sich sagt. [B] Als Handlung hält die Mitte ein, wer das Wahre
sagt wann und unter welchen Umständen es erforderlich ist"[242] – ein Weniger ist hierbei unter Umständen besser als ein Mehr.[243] Nur kurz stellt der
Aquinate fest, daß die [3.2] Wahrheit eine eigene Tugend ist, da „eine
besondere Zuordnung vorliegt, wenn unser Äußeres, seien es Worte oder
Taten, in gehöriger Weise auf etwas ausgerichtet ist, wie das Zeichen auf
das Bezeichnete".[244] Der Gerechtigkeit zuzuordnen ist die ‚Wahrheit als
Tugend' aus zwei Gründen: [A] Weil sie das pflichtgemäße Verhältnis zwischen Menschen betrifft, indem „der eine Mensch dem anderen das offenbart, was ihn selber betrifft", und [B] „weil sie die (sprachlichen) Zeichen
den bezeichneten Dingen angleicht".[245] In der Antwort auf den Einwand,
die [3.1] ‚Wahrheit des Lebens' sei doch keine eigene Tugend, wird diese
abgegrenzt: „Die Wahrheit des Lebens ist jene, der gemäß etwas wahr ist,
nicht aber jene, der gemäß jemand Wahres sagt. Das Leben aber wird […]
wahr genannt, sofern es seiner Regel und seinem Maß, das ist dem göttlichen Gesetz, entspricht, […] und eine solche Wahrheit oder Rechtheit ist
allen Tugenden gemeinsam."[246] Diese Unterscheidung wird in einem anderen *Responsum* weiter ausgefaltet. Die [3.1] ‚Wahrheit des Lebens' betrifft
das rechte Leben eines Menschen in sich selbst, die [3.2] ‚Wahrheit der Gerechtigkeit' das soziale Leben. Letztere wird noch einmal unterschieden:

---

[241] Thomas von Aquin, *Summa theologiae* II*II*, q. 109, a. 1, c.; „in dictis et factis" siehe Aristoteles, *Eth. Nic.* IV,13: 1127a24–26. Vgl. E. Schockenhoff, 2000, 70.

[242] Thomas von Aquin, *Summa theologiae* II*II*, q. 109, a. 1, ad 3; Thomas von Aquin,
[*Summa theologiae*, lat./dt.] *Tugenden des Gemeinschaftslebens*, München u.a. 1943, 124.
Zu [B]: als der einschlägige Bd. 20 der Deutschen Thomas-Ausgabe erschien (ebd.), war
die Frage nach dem Wann und Wie der Wahrhaftigkeitspflicht von beklemmender Aktualität. Wer zu lesen verstand, konnte die Ablehnung des nationalsozialistisch verzerrten Begriffs der ‚Ehre', die ‚Blutsfremden' gegenüber nicht verpflichte, im Kommentar finden
(ebd., 416–418). Zu den Grenzen der Wahrheitspflicht nach Thomas vgl. E. Schockenhoff,
2000, 75–77. Zur heutigen Diskussion vgl. H. Schlögel, 2004.

[243] Thomas von Aquin, *Summa theologiae* II*II*, q. 109, a. 4, c.

[244] Thomas von Aquin, *Summa theologiae* II*II*, q. 109, a. 2, c.; ders., *Tugenden des Gemeinschaftslebens* (1943), 126.

[245] Thomas von Aquin, *Summa theologiae* II*II*, q. 109, a. 3, c.; ders., *Tugenden des Gemeinschaftslebens* (1943), 129, der Übersetzung „den umliegenden Dingen" für „rebus existenti-
bus circa ipsum" kann ich allerdings nicht folgen.

[246] Thomas von Aquin, *Summa theologiae* II*II*, q. 109, a. 2, ad 3; ders., *Tugenden des Gemeinschaftslebens* (1943), 127.

Zum einen [3.2.1] „insofern die Gerechtigkeit selbst eine gewisse Rechtheit nach der Regel des göttlichen Gesetzes" ist, und zum anderen [3.2.2] indem „jemand aus Gerechtigkeit die Wahrheit offenbart". Dazu gehört u. a. [3.2.21] das (von Aristoteles in diesem Kontext ausgeklammerte und von Thomas nur mit Einschränkung der Wahrheit als Tugend zugerechnete) Zeugnis vor Gericht. Ein spezieller Fall [3.2.2.2] ist die ‚Wahrheit der Lehre', die „Mitteilung der (wahren) Worte, von denen die Wissenschaft handelt" – auch dieser Typ kann nur indirekt zur ‚Wahrheit als Tugend' gerechnet werden, dann nämlich, wenn es nicht um [3.1] die Authentizität des Unterrichtenden geht, sondern um [3.2] die den Hörenden geschuldete Wahrheit der Lehrinhalte.[247]

2.5. Im Kommentar zum Johannesevangelium

Dieses wahrscheinlich in Paris um 1270–1272[248] entstandene Werk enthält – wie Alberts entsprechender Kommentar – eine Reihe von Stellen, die im hier gegebenen Zusammenhang von Bedeutung sind:
  – Zu 1,1 stellt Thomas die Frage, warum es nicht heißt „Im Anfang war das Wort Gottes", sondern nur ‚Wort' gebraucht wird. Er beantwortet sie, indem er ‚Wahrheit' und ‚Wort' parallelisiert: „Wenn es auch viele ‚Wahrheiten' durch ‚Teilhabe' gibt, so doch nur eine absolute Wahrheit, die durch ihr Wesen Wahrheit ist, nämlich das göttliche Sein selbst, durch welche Wahrheit alle Worte wahr sind. [...] es gibt auch [nur] ein absolutes Wort, durch dessen Teilhabe alle sprechend genannt werden, die ein Wort haben. Das aber ist das göttliche Wort, das durch sich selbst das über alle Worte erhobene Wort ist."[249]
  – Zu 1,17b: „[...] und die Wahrheit ist durch Jesus Christus gemacht worden. [...] [Christus] ist durch sein Wesen die ungeschaffene Wahrheit,

---

[247] Thomas von Aquin, *Summa theologiae* II[a]II[ae], q. 109, a. 3, ad 3; ders., *Tugenden des Gemeinschaftslebens* (1943), 131, hat die sich aus den Handschriften ergebende Lesart „manifestatione verborum" statt „verorum" der Druckausgaben, die Übersetzung dort lautet aber „Mitteilung wahrer Sachverhalte". Zur ‚veritas iustitiae', ‚veritas vitae' und ‚veritas doctrinae' vgl. E. Schockenhoff, 2000, 68f. Dieser gelangt zu der abschließenden Würdigung: „Obwohl Augustinus für Thomas bei der Behandlung der Wahrheitsproblematik die wichtigste theologische Autorität bleibt und er insbesondere dessen sprachphilosophische Voraussetzungen weitgehend teilt, erscheint der augustinische Rigorismus bei der Erörterung konkreter Fallbeispiele oftmals gemildert. [...] (a.a.O., 77) [...] Was das grundsätzliche Urteil über die Lüge [...] anbelangt, so verbleibt jedoch auch Thomas diesseits der von Augustinus kategorisch aufgerichteten Grenze" (a.a.O., 80).
[248] J. P. Torrell, 1995, 212f., und G. Emery, in: ebd., 353f.
[249] Thomas von Aquin, *Lectura super Iohannem*, hrsg. von R. Cai, Turin [5]1952, 9b, Nr. 33, korrigiert nach den Arbeitsmaterialien der Commisio Leonina. Vgl. hierzu auch S. T. Bonino, 2004, 146–149. C. Berchtold, 1999, 161–163 und 239: „wo es um die Dimension des *manifestare* geht, zieht Thomas den Begriff *Verbum* dem des Sohnes vor".

die ewig ist und nicht gemacht, sondern vom Vater gezeugt. Durch ihn aber sind alle geschaffenen Wahrheiten, die Teilhabe und Wiederschein der ersten Wahrheit sind, die in den heiligen Seelen wiederleuchten.‟[250]

– Zu 8,32b: „Und ihr werdet die Wahrheit erkennen, und die Wahrheit wird euch frei machen.‟ Die Erkenntnis der Wahrheit ist das Ziel des Jüngers. Sie besteht in der Lehre Christi, in seiner Gnade, die im Vergleich zu den (nur zeichenhaften) Bildern des Alten Testaments ‚Gnade der Wahrheit‘ genannt wird, und in ihrer zukünftig endlosen Dauer. Vor allem aber ist sie Erwerb der Freiheit. Diese Freiheit ist nicht Überwindung aller Ängste, sondern Freiheit zum Handeln: „Die Wahrheit der Lehre wird vom Irrtum befreien, die Wahrheit der Gnade aus der Knechtschaft der Sünde, die Wahrheit der Ewigkeit in Christus wird uns von der Verfallenheit an die Vergänglichkeit befreien.‟[251]

– Zu 8,44: „Und er steht nicht in der Wahrheit, weil keine Wahrheit in ihm ist.‟ Dieser Bibelvers wird, wie häufiger, von dem Aquinaten stärker am Text orientiert ausgelegt, als es Albertus Magnus tat. Der Teufel „steht nicht in der Wahrheit‟; seine Sünde wider Gott bestand darin, sich von der Wahrheit abzuwenden, die Gott ist. Es gibt aber zweifach Wahrheit: im Wort und in der Tat. Die (3.1) Wahrheit im Wort besteht darin, „daß jemand mit dem Mund sagt, was er im Herzen denkt und was in Wirklichkeit ist‟.[252] Unvermittelt wird das zweite Glied (3.2) nun nicht mehr Wahrheit der Tat, sondern Wahrheit der Gerechtigkeit genannt. Diese liegt vor, „wenn jemand tut, was ihm gemäß der Ordnung seiner Natur zukommt‟.[253] Der Teufel hat diese Ordnung verlassen, weil er sich entgegen seiner natürlichen Stellung Gott nicht unterordnen wollte und ist damit aus der Wahrheit gefallen. Er ist ja ein gefallener Engel: Er hat seine ursprüngliche Gutheit verloren und steht nicht in der Wahrheit, er bleibt nicht mehr in ihr. „In ihm ist keine Wahrheit‟ läßt sich auf zwei verschiedene Weisen verstehen: zum einen daß jemand durch Zweifel zu keiner Klarheit kommt; zum anderen daß jemand die Wahrheit (die Gott selbst ist) aufgegeben hat – der Fall des Teufels. Doch das bedeutet nicht, es gäbe keinerlei Wahrheit und Wahres bei den Dämonen, immerhin erkennen sie sich selbst und auch Anderes. „Nichts Böses zerstört das Gute vollständig, denn zum Wenigsten ist das Subjekt gut, in dem das Böse ist.‟[254] Diese Wahrheit, zu der auch die Dämonen fähig sind, ist aber nicht erfüllend, denn gerade durch sie erkennen sie, daß sie Gott, die erfüllende Wahrheit und Weisheit verloren haben.

– Zu 14,6: „Ich bin der Weg, die Wahrheit und das Leben.‟ Der Weg ist Christus durch seine Menschheit, das Ziel, Wahrheit und Leben, durch

---

[250] Thomas von Aquin, *Lectura super Iohannem*, ad 1,17: 42a–b, Nr. 207.
[251] Thomas von Aquin, *Lectura super Iohannem*, ad. 8,32: 224a, Nr. 1198 f.
[252] Thomas von Aquin, *Lectura super Iohannem*, ad 8,44: 231, Nr. 1245.
[253] Thomas von Aquin, *Lectura super Iohannem*, ad 8,44: 231, Nr. 1245.
[254] Thomas von Aquin, *Lectura super Iohannem*, 232a, Nr. 1247.

seine Göttlichkeit. „Ziel dieses Weges [des Menschenlebens] ist die Erfüllung der Sehnsucht des Menschen, der vor allem Zweierlei ersehnt: zum ersten die Erkenntnis der Wahrheit, die ihm [als rationalem Geschöpf] eigen ist, und zum zweiten die Forsetzung seiner Existenz, welches [Streben] allen Dingen gemeinsam ist. Christus aber ist der Weg, um zur Erkenntnis der Wahrheit zu gelangen, da er selbst die Wahrheit ist."[255] Christus ist Wahrheit, weil er das Wort ist. Dies bedarf einer Erläuterung: „Nichts anderes ist Wahrheit als die Angleichung des Dinges an den Verstand, was geschieht wenn der Verstand das Ding auffasst, wie es ist. Die Wahrheit unseres Verstandes hat mit unserem Wort [auch dem unausgesprochenen mentalen] zu tun, das seine Auffassung ist. Aber auch wenn unser Wort wahr ist, ist es noch nicht die Wahrheit selbst, weil es nicht aus sich selbst ist, sondern von daher, daß es der vorgestellten Sache angeglichen ist. Die Wahrheit des göttlichen Verstandes hat es mit dem Wort Gottes zu tun. Weil aber das Wort Gottes aus sich selbst wahr ist, da es nicht von den Dingen gemessen wird, sondern die Dinge insoweit wahr sind, wie sie zu seiner [des Wortes Gottes] Ähnlichkeit kommen, ist es von daher [begründet], daß das Wort Gottes die Wahrheit selbst ist."[256]

– Zu 16,13: „Wenn aber der Geist der Wahrheit kommt, wird er euch alle Wahrheit lehren." Unter „alle Wahrheit" versteht Thomas hier die des Glaubens, die der Geist in diesem Leben „durch eine höhere Einsicht" lehren wird und in der Fülle im ewigen Leben.[257] Einen Anklang an Alberts Kommentierung der gleichen Bibelstelle stellt die ‚Wahrheit des Glaubens' dar, der die ‚dem Menschen zu seinem Heil nötige Wahrheit' entspricht. Es fehlt dort allerdings der von Thomas ausdrücklich hergestellte eschatologische Bezug.

– Zu 18,37f.: „Dazu bin ich in die Welt gekommen, daß ich von der Wahrheit Zeugnis ablege.' Da sagte Pilatus zu ihm: ‚Was ist Wahrheit?'". Thomas von Aquin streicht heraus, daß es hier nicht um eine Definition von ‚Wahrheit' geht, sondern – wie auch Albertus Magnus betont – um die Kraft der Wahrheit, die das Reich Gottes bewirken kann. Zwar möchte Pilatus die Wahrheit wissen, doch von Machtgier verblendet kann er sie nicht erfassen.[258] Anders als Albert schließt der Aquinate dann aber doch eine Erörterung des Wahrheitsbegriffs an: „Zweifach finden wir ‚Wahrheit' im Evangelium: [A] eine ungeschaffene und bewirkende, und diese ist Christus […] [B] die andere eine geschaffene. Aus ihrem Begriffsgehalt bedeutet Wahrheit eine Angemessenheit des Dinges zum Verstand. Der Verstand wird aber auf zwei Weisen mit den Dingen verglichen. Zum einen

---

255 Thomas von Aquin, *Lectura super Iohannem*, ad 14,6: 351a, Nr. 1868.
256 Thomas von Aquin, *Lectura super Iohannem*, 351b, Nr. 1869.
257 Thomas von Aquin, *Lectura super Iohannem*, ad 16,13: 397a–b, Nr. 2102. Vgl. S. T. Bonino, 2004, 162–164; vgl. o. S. 114.
258 Thomas von Aquin, *Lectura super Iohannem*, ad. 18,37f.: 441b, Nr. 2364; vgl. o. S. 114f.

[Ba] als Maß der Dinge, jenes nämlich, dessen Erkenntnis durch das Ding verursacht wird. [A] Wahrheit ist aber nicht so im göttlichen Verstand, daß er den Dingen angeglichen würde, sondern so, daß die Dinge dem göttliche Verstand angeglichen werden. [Bb] In unserem Verstand aber ist auch Wahrheit, weil er die Dinge so erkennt, wie sie sich verhalten. Und so ist [A = 1.1] die ungeschaffene Wahrheit und der göttliche Verstand ungemessene und nicht gemachte Wahrheit, sondern messende und eine zweifache Wahrheit hervorrufende, eine [Ba = 2] nämlich in den Dingen, insoweit sie diese macht wie sie im göttlichen Verstand sind. Eine andere [Bb = 1.2.1] macht sie in unseren Seelen, die eine nur gemessene und nicht messende Wahrheit ist."[259]

Im Johanneskommentar Thomas von Aquins kommt ein philosophisch gewonnener Wahrheitsbegriff – der durchaus mit dem seiner anderen Werke übereinstimmt – ebenso beiläufig vor wie in der parallelen Auslegung des Albertus Magnus. Das theologische Interesse, der christologische Argumentationszusammenhang vom inkarnierten Wort, das Wahrheit ist, steht hier ganz im Vordergrund.[260] Dennoch kann nicht von einem getrennten philosophischen und theologischen Wahrheitsbegriff gesprochen werden: die bereits im Sentenzenkommentar präsente, in der ersten *Quaestio disputata de veritate* und der *Summa contra gentiles* aus der natürlichen Theologie entfaltete Konzeption der grundlegenden ersten und ewigen göttlichen Wahrheit und der aus ihr erst hervorgehenden Wahrheit im menschlichen Verstand und im Ding, ist auch hier sichtbar, konkretisiert auf Christus das ‚Wort‘.[261]

2.6. Zusammenfassendes zu Thomas von Aquin

Gudrun Schulz, die eine detaillierte Analyse der Wahrheit im Urteil geliefert hat, spricht sich,[262] besonders im Hinblick auf Paulus Engelhardts Interpretation[263] dagegen aus, aus der *veritas divina* ein ihr analoges Verständnis von Wahrheit in der Seele des Menschen abzuleiten. Dagegen spreche, daß der

---

[259] Thomas von Aquin, *Lectura super Iohannem*, 441b, Nr. 2365.

[260] S. T. Bonino, 2004, 165f. spricht von einer „théologie integrale de la vérité".

[261] „Das bibeltheologische Verständnis von Wahrheit unterscheidet sich sehr grundlegend vom philosophischen, gnoseologischen" (L. Hödl, 1992, 205) trifft für Thomas von Aquin – wie für Albertus Magnus – nur dann zu, wenn ein philosophischer Wahrheitsbegriff unter Ausklammerung seines Platzes in der theologischen Synthese isoliert und dem biblischen, logozentrierten gegenübergestellt wird. Zum gleichwohl eigenen Charakter der Offenbarungstheologie des Aquinaten als *manifestatio veritatis* im inkarnierten Wort vgl. C. Berchtold, 2000, 161–172 u. ö.

[262] G. Schulz, 1993, 52f.

[263] P. Engelhardt, 1964, 153 und 175. Ein erster Vorschlag zum Weiterdenken in dieser Richtung auf der Grundlage des historischen Thomas von Aquin machte M. Grabmann, 1924, 89–94.

Aquinate selbst nicht so vorgegangen sei.[264] Die axiomatisch-psychologische Vorgehensweise in *De veritate* und die aus ihr resultierende Charakterisierung des Urteils im Menschenverstand als ‚Wahrheitsträger' sollte nicht unterschätzt werden – aber auch nicht die absolute Priorität des göttlichen Verstandes und die ontologische Priorität des Seienden. Ist nicht aus der Teilhabe des Menschen an dem Göttlichen in dieser Seinsordnung mehr zu gewinnen als die beschränkte, erst durch Urteilen gewonnene Wahrheitsfähigkeit des endlichen Erkennenden? Hier erscheint ein weiterführender thomanischer Denkweg möglich, wie er von Systemdenkern auch begangen worden ist[265] – und wird.[266] Das ist dann allerdings, in breiterem und des Fragens würdigem Sinn *ad mentem S. Thomae* und nicht mehr *ad litteram*.

Für Thomas von Aquin bleibt festzuhalten, daß er – bemerkenswerterweise gerade mit Ausnahme der *Summa contra gentiles* – den Zugang zur Analyse der Wahrheit konsequent in der menschlichen Verstandes(urteils)tätigkeit sucht und so zu ihrer Bestimmung als *adaequatio intellecus ad rem* gelangt, daß er dabei aber nicht auf einer erkenntnispsychologischen Ebene stehenbleibt, sondern eine sowohl metaphysische[267] als auch theologische Perspektive eröffnet. Gott ist die alles Wahre begründende erste Wahrheit – und Gott ist kein abstraktes Postulat eines spekulativen Deismus, sondern der sich in der Bibel Offenbarende, in Christus, dem Wort, in die Fülle der Wahrheit Führende.

3.   Fazit

Weder Albertus Magnus noch Thomas von Aquin haben die philosophische Erkenntnis zugunsten ihrer theologischen Interessen hintangestellt; sie ist für beide ein nicht mehr außer Acht zu lassender Reflexionsstandard und auch ein Eigenwert neben der – nicht gegen die – Theologie. An der Wahrheitsfrage zeigt es sich deutlich, daß sie nicht getrennt beantwortet werden kann, sondern nur unter Einbeziehung aller ihrer Aspekte. Es ist methodisch sinnvoll, bei der menschlichen Erkenntnis im Urteil und bei einer Bestandsaufnahme philosophischer Definitionen anzusetzen. Sowohl Albert als auch Thomas übergehen ihnen vorliegende Begriffsbestimmungen anderer Denker nicht einfach achtlos, verzichten aber deshalb auch nicht auf eigene gedankliche Konstruktion. Das macht ihre Ausführungen komple-

---

[264] G. Schulz, 1993, 53.
[265] Zum Beispiel K. Rahner, 1972. Zu seinem hermeneutischen Hintergrund: J. B. Lotz, 1981, 445–447.
[266] J. Milbank / C. Pickstock, 2001; R. J. Mayer, 2002.
[267] Y. Foucat, 2004, 101 f. betont gegen Heidegger die metaphysische Qualität der Konzeption des Thomas.

xer, aber doch nicht undurchdringlich. Deutlich tritt bei beiden Denkern ihr ganzheitliches Wahrheitsverständnis hervor, in dem die Erfordernisse der seinerzeitigen Logik ebenso respektiert wie ethische Aspekte einbezogen werden, das parallel, aber jeweils eigenständig, sowohl philosophisch als auch theologisch in Gott, dem Grund und Schöpfer alles Wirklichen und Wahren begründet ist. Beeindruckt bei Albertus Magnus die Fülle des Materials und das bis in sein hohes Alter fortgesetzte Neudurchdenken, so tritt bei Thomas von Aquin, der seinem Lehrer auch in dieser Frage viel verdankt, besonders die Weite der einbezogenen Thesen und der methodische Ansatzpunkt bei der Empirie, die schon anfangs präsente und immer weiter ausgebaute systematische Behandlung hervor, die gerade nicht zur Engführung gerät, sondern die verschiedenen Aspekte integriert.

Aufgrund der Beschränkung dieser Zeilen konnten nur die wichtigsten Kerntexte analysiert werden. Auch fehlen nicht ganz unwichtige Apekte: Was Albert und Thomas über die Bedeutung der Wahrheit für das – auch ihr eigenes – Leben sagen kommt zu kurz. ‚Gnade‘, ein rein theologisches Konzept, kommt nicht vor: Sie ist „eine so sublime Gabe, daß der Philosoph sie nicht in den Blick bekommt"[268] – ebensowenig wie den Heiligen Geist. Hierin, wie in der Synthese des dargebotenen Materials, wie in dem knappen Umfang überhaupt, liegen Beschränkungen dieser Arbeit.

Literaturverzeichnis

Primärliteratur

Albertus Magnus, *Opera omnia*, ed. Petrus Jamny, Bd. 1–21, Lugdunii 1651 (= ed. Lyon.).

Albertus Magnus, *Opera omnia*, cura ac labore Augusti Borgnet, Bd. 1–38, Paris, 1890–1899 (= ed. Paris.).

Albertus Magnus, *Opera omnia*, curavit Institutum Alberti Magni Coloniense, Münster/Wf. 1951 ff. (= ed. Colon.).

Albertus Magnus, *Super I Sententiarum*, Basel 1506.

Alexander Halesius, *Summa theologica*, t. 1–4, Quaracchi 1924–1948, Indices, Grottaferrata 1979.

Ambrosius Milanensis ⟨Pseudo, d. i. Ambrosiaster⟩, *Super I episula S. Pauli Ap. ad Corinthios*, Paris 1866 (PL 17).

Anselm von Canterbury, *Opera*, ed. Franz S. Schmitt, Bd. 1–6, Seckau / Edinburgh u. a. 1938–1961; Nachdr. in 2 Bd., Stuttgart-Bad Cannstatt 1961.

Aristoteles, *Categoriae et Liber de interpretatione*, ed. L. Minio-Paluello, Oxford 1949 (Oxford classical texts).

Aristoteles, *De anima*, ed. W. D. Ross, Oxford 1979 (Oxford classical texts).

Aristoteles, *Metaphysica*, ed. Werner Jaeger, Oxford 1957 (Oxford classical texts).

---

[268] J. Laporta, 1964, 310.

Aristoteles, *Metaphysica* ⟨lat.⟩, *Metaphysica vetera*, Bruxelles 1970, (Aristoteles latinus, t. XXV,1,1a).

Aristoteles, *Metaphysica* ⟨lat.⟩, *Metaphysica media*, Leiden 1976, (Aristoteles latinus, t. XXV,2).

Aristoteles, *Metaphysik*, übers. von Thomas A. Slezák, Berlin 2003.

Aristoteles, *Physica*, ed. W. D. Ross, Oxford 1982 (Oxford classical texts).

Augustinus, *De doctrina christiana*, Turnholti 1962 (CCL 32).

Augustinus, *De vera religione*, Turnholti 1962 (CCL 32).

Augustinus, *Soliloquia*, l. II, c. 5, n. 8: ed. Wolfgang Hörmann, Wien 1986 (CSEL 89), 55,10f.

Avicenna, *Liber de philosophia prima sive scientia divina*, ed. Simone Van Riet, Bd. 1: Louvain 1977, Bd. 2: Louvain 1980.

Biblia hebraica Stuttgartensia, ed. K. Elliger / W. Rudolph, Stuttgart 1977.

Boethius, Anicius M. S. ⟨Pseudo⟩, *De disciplina scholarium*, Paris 1891 (PL 64).

Bonaventura de Bagnoregio, *Opera omnia*, cura ... PP. Collegii S. Bonaventurae, t. 1-10, Quaracchi 1882-1902.

Dionysius Areopagita ⟨Pseudo⟩, *De divinis nominibus*, in: Ders., *Dionysiaca*, t. I, Brugge 1937.

Dionysius Areopagita ⟨Pseudo⟩, *Über göttliche Namen* (= *De divinis nominibus*, dt.), München 1933 (Bibliothek der Kirchenväter, R. II, Bd. 2).

Guillelmus Altissiodorensis, *Summa aurea*, ed. Jean Ribaillier, Paris u.a. 1980 (Spicilegium Bonaventurianum, 16).

Hilarius Pictavensis, *De trinitate*, Paris 1845 (PL 10).

Isaac Israeli, *Liber de definicionibus*, ed. John T. Muckle, AHD 8, 1937-1938, 5-8.

Liber de causis, ed. Adriaan Pattin, Leuven 1966.

Petrus Lombardus, *Sententiae in IV libros distinctae*, t. 1-2, Grottaferrata 1971-1981 (Spicilegium Bonaventurianum 4-5).

Philippus Cancelarius, *Summa de bono*, ed. Nikolaus Wicki, Bern 1985 (Corpus philosophorum medii aevi 2,1).

Thomas von Aquin, *Lectura super Iohannem*, ed. Raphael Cai, Turin ⁵1952 (Marietti).

Thomas von Aquin, *Opera omnia*, cura et studio ffr. Praedicatorum, [= editio Leonina], Rom / Paris, 1881 ff.

Thomas von Aquin, *Scriptum super I-IV Sententiarum*, ed. Pierre M. Mandonnet, Paris 1929.

Thomas von Aquin, *Scriptum super IV Sententiarum*, in: *Opera omnia*, ed. S. E. Fretté, Bd. 11, Paris 1874.

Thomas von Aquin, *Summe gegen die Heiden*, hrsg. und übers. von Karl Albert und Paulus Engelhardt, Bd. 1, Darmstadt ³1994, (Texte zur Forschung 15)

Thomas von Aquin, *Summe gegen die Heiden*, hrsg. und übers. von Karl Albert und Paulus Engelhardt, Bd. 2, Darmstadt 1982 (Texte zur Forschung 16).

Thomas von Aquin, [*Summa theologiae*, lat., dt.], *Gottes Leben, sein Erkennen und Wollen*, übers. von Dominikanern und Benediktinern Deutschlands und Österreichs, Salzburg u.a. 1934, (Deutsche Thomas-Ausgabe Bd. 2).

Thomas von Aquin, [*Summa theologiae*, lat., dt.], *Tugenden des Gemeinschaftslebens*, München u.a. 1943, (Deutsche Thomas-Ausgabe Bd. 20).

Thomas von Aquin, *Von der Wahrheit*, ausgew., übers. und hrsg. von Albert Zimmermann, Hamburg 1986 (Philosophische Bibliothek 384).

Sekundärliteratur

Aertsen, Jan A., 1996, *Medieval philosophy and the transcendentals, the case of Thomas Aquinas*, Leiden (Studien und Texte zur Geistesgeschichte des Mittelalters 52).

Aertsen, Jan A., 2001a, „Die Frage nach dem Ersten und Grundlegenden, Albert der Große und die Lehre von den Transzendentalien", in: Walter Senner (Hrsg.), *Albertus Magnus, zum Gedenken nach 800 Jahren, neue Zugänge, Aspekte und Perspektiven*, Berlin 2001 (Quellen und Forschungen zur Geschichte des Dominikanerordens, N. F. 10).

Aertsen, Jan A., 2001b, „Fröhliche Wissenschaft: Wahrheit im Mittelalter", in: J. A. Aertsen u.a. (Hrsg.), *Ende und Vollendung, Eschatologische Perspektiven im Mittelalter*, Berlin (Miscellanea Mediaevalia 29), 48–65.

Anzulewicz, Henrik, 1998, *De forma resultante in speculo. Eine textkritische und begriffsgeschichtliche Untersuchung*, Bd. 1+2, Münster/Wf. (BGPhThMA, N. F. 53).

Bedouelle, Guy, 1984, *Dominikus, von der Kraft des Wortes*, Graz.

Berchthold, Christoph, 1999, *Manifestatio veritatis. Zum Offenbarungsbegriff bei Thomas von Aquin*, Münster/Wf. (Dogma und Geschichte 1).

Bernath, Klaus (Hrsg.), 1978+1981, *Thomas von Aquin*, Bd. 1+2, Darmstadt (Wege der Forschung 188+538)

Bonino, Serge-Thomas, 2004, „La théologie de la vérité dans la *Lectura super Ioannem* de saint Thomas d'Aquin", *RThom*, 104, 141–166.

Chenu, Marie D., 1969, *La théologie comme science au XIIIe siècle*, Paris, 3. Aufl.

Colish, Marcia, 1993, *Peter Lombard*, Bd. 1–2, Leiden.

Completorii libellus iuxta ritum sacri Ordinis Praedicatorum, 1911, Rom.

de Libera, Alain, 1990, *Albert le Grand et la philosophie*, Paris.

de Libera, Alain, 2003, *Raison et foi, archéologie d'une crise d'Albert le Grand à Jean-Paul II*, Paris.

Dethier, Hubert, 1977, *Summa Averroistica*, Bd. 1, Bruxelles.

Denzinger, Heinrich, 1991, *Kompendium der Glaubensbekenntnisse und kirchlichen Lehrentscheidungen*, Freiburg i. Br., 37. Aufl., hrsg. von Peter Hünermann.

Emery, Gilles, 1995, siehe Torell, J.-P., 1995.

Enders, Markus, 1999, *Wahrheit und Notwendigkeit: die Theorie der Wahrheit bei Anselm von Canterbury im Gesamtzusammenhang seines Denkens und unter besonderer Brücksichtigung seiner antiken Quellen*, Leiden (Studien u. Texte zur Geistesgeschichte des Mittelalters 64).

Engelhardt, Paulus, 1964, „Des Thomas von Aquin Fragen nach dem Wesen der Wahrheit, eine lehrgeschichtliche Betrachtung", in: Franz Pöggeler (Hrsg.), *Innerlichkeit und Erziehung*, Freiburg i. Br., 145–175.

Engelhardt, Paulus, 1995, „‚Philosophi' und ‚Sancti'. Über die Wahrheit, Urwahrheit und welthafte Wahrheit in den ‚frühen Schriften' Alberts des Großen", in: Thomas Eggensperger / Ulrich Engel (Hrsg.), *Wahrheit: Recherchen zwischen Hochscholastik und Postmoderne*, Mainz (Walberberger Studien, phil. R. 9), 49–59.

Evans, G. R. (Hrsg.), 2002, *Mediaeval commentaries on the Sentences of Peter Lombard, current research*, Bd. 1, Leiden.

Foucat, Yves, 2004, „La vérité comme conformité selon saint Thomas d'Aquin", *RThom*, 104, 49–102.

Fries, Albert, 1980, „Zur Entstehungszeit der Bibelkommentare Alberts des Großen", in: A. Zimmermann (Hrsg.), *Albertus Magnus Doctor universalis*, 119–139.

Gauthier, Renè-Antoine, 1993, *Somme contre les gentils, introduction*, Fribourg/
Suisse.

Giacon, Carlo, 1981, „Der hl. Thomas und das Sein als Akt: Maritain, Gilson, Fa-
bro", in: Klaus Bernath (Hrsg.), 1974+1981, *Thomas von Aquin*, Bd. 2, Darmstadt (Wege der Forschung 538), 482–512.

Grabmann, Martin, 1919, *Drei ungedruckte Teile der „Summa de creaturis" Alberts des
Großen*, Leipzig (Quellen und Forschungen zur Geschichte des Dominikanerordens in Deutschland 13).

Grabmann, Martin, 1924, *Der göttliche Grund menschlicher Wahrheitserkenntnis
nach Augustinus und Thomas von Aquin, Forschungen über die augustinische Illuminationstheorie und ihre Beurteilung durch den hl. Thomas von Aquin*, Mün-
ster/Wf. (Veröffentl. d. kath. Instituts für Phil. Albertus-Magnus-Akademie zu
Köln I,4).

Hamesse, Jacqueline (Hrsg.), 1974, *Auctoritates Aristotelis*, Louvain (Philosophes
médiévaux 17).

Hedwig, Klaus, 1980, *Sphaera Lucis: Studien zur Intelligibilität des Seienden im Kontext der mittelalterlichen Lichtspekulation*, Münster/Wf. (BGPhThMA, NF 18).

Hödl, Ludwig, 1992, „Die göttliche Wahrheit im Verständnis des Thomas von
Aquin, des Heinrich von Gent und des Aegidius Romanus", *Medioevo*, 18,
203–229.

Hufnagel, Alfons, 1940, *Die Wahrheit als philosophisch-theologisches Problem bei Albert dem Deutschen*, Bonn (Grenzfragen zwischen Theologie und Philosophie 17).

Kann, Christoph, 1999, „Wahrheit als adaequatio: Bedeutung, Deutung, Klassifikation", *RThPhM*, 66, 209–224.

Kretzman, Norman, 1997, *The metaphysics of theism, Aquinas's natural theology in
Summa contra gentiles I*, Oxford.

Krings, Hermann, 1983, „Was ist Wahrheit? zum Pluralismus des Wahrheitsbegriffs", *Hist. JB*, 90, 20–31.

Laporta, Jorge, 1964, „Voir la vérité première est-ce pour Thomas d'Aquin, philo-
sophe, la fin de la nature humaine?", in: *La vérité. Actes du 12e congrès des Sociétés
de philosophie de langue Française Bruxelles-Louvain 1964*, Louvain u. a.

Lotz, Johannes B., 1981, „Zur Thomas-Rezeption in der Maréchal-Schule", in:
Klaus Bernath (Hrsg.), *Thomas von Aquin*, Bd. 2, *Philosophische Fragen*, Darmstadt (Wege der Forschung 538), 433–456.

Manser, Gallus M., 1949, *Das Wesen des Thomismus*, 3. Aufl., Freiburg/Schweiz
(Thomistische Studien 5).

Mayer, Rupert J., 2002, *De veritate: quid est? Vom Wesen der Wahrheit. Ein Gespräch
mit Thomas von Aquin*, Freiburg/Schweiz (Studia Friburgensia 92).

Milbank, John / Pickstock, Catherine, 2001, *Truth in Aquinas*, London u. a.

Park, Seung-Chan, 1999, *Die Rezeption der mittelalterlichen Sprachphilosophie in der
Theologie des Thomas von Aquin*, Leiden (Studien und Texte zur Geistesgeschichte des Mittelalters 65).

Rahner, Karl, 1972, „Die Wahrheit bei Thomas von Aquin", in: Ders., *Schriften zur
Theologie*, Bd. 10, Zürich.

Revue Thomiste, 104 (2004), H. 1: „Veritas, approches thomistes de la vérité".

Ruello, Francis, 1963, *Les ‚noms divins' et leurs ‚raisons' selon Albert le Grand commentateur du De divinis nominibus*, Paris (Bibliothèque Thomiste 25).

Ruello, Francis, 1969, *La notion de verité chez S. Albert le Grand et S. Thomas d'Aquin*, Louvain.

Schlögel, Herbert, 2004, „Ein Recht, die Wahrheit zu kennen?", *Theologie der Gegenwart*, 47, 15–21.

Schockenhoff, Eberhard, 2000, *Zur Lüge verdammt? Politik, Medien, Medizin, Justiz, Wissenschaft und die Ethik der Wahrheit*, Freiburg i. Br.

Schulz, Gudrun, 1993, *Veritas est adaequatio intellectus et rei, Untersuchungen zur Wahrheitslehre des Thomas von Aquin und zur Kritik Kants an einem überlieferten Wahrheitsbegriff*, Leiden (Studien und Texte zur Geistesgeschichte des Mittelalters 36).

Senner, Walter, 1980, „Zur Wissenschaftstheorie der Theologie im Sentenzenkommentar Alberts des Großen", in: Albert Zimmermann / Gerbert Meyer (Hrsg), *Albertus Magnus, Doctor universalis*, Mainz (Walberberger Studien, phil. R. 6), 323–343.

Senner, Walter, 1995, „Zur Definition der Wahrheit bei Albertus Magnus", in: Thomas Eggensperger / Ulrich Engel (Hrsg.), *Wahrheit, Recherchen zwischen Hochscholastik und Postmoderne*, Mainz (Walberberger Studien, Phil. R. 9), 11–48.

Senner, Walter, 1998, *Blühende Gelehrsamkeit. Eine Ausstellung zur Gründung des Studium generale der Dominikaner in Köln vor 750 Jahren*, Köln.

Senner, Walter, 2000, „Albertus Magnus als Gründungsregens des Kölner Studium generale der Dominikaner", in: Jan A. Aertsen / Andreas Speer, *Geistesleben im 13. Jahrhundert*, Berlin (Miscellanea mediaevalia 27), 149–169.

Söding, Thomas, 2003, „Was ist Wahrheit? Theologischer Anspruch und historische Wirklichkeit im Neuen Testament", in: *Jahres- und Tagungsbericht der Görres-Gesellschaft 2003*, Köln, 32–62.

Stein, Edith (Übers.), 1952, *Des hl. Thomas von Aquino Untersuchungen über die Wahrheit* (Dies., Werke, Bd. III,1+2), Louvain / Freiburg.

Te Velde, Rudi A., 1998, „Aquinas' Summa contra gentiles: a metaphysics of theism?, a critical study", *RThPhM*, 65, 176–187

Torrell, Jean-Pierre, 1995, *Magister Thomas. Leben und Werk des Thomas von Aquin*, Freiburg i. Br.

Twetten, David B., 2001, „Albert the Great, double truth and celestial causality", *Documenti e studi sulla tradizione filosofica medievale* 12.

Van Steenberghen, Fernand, 1991, *La philosophie au XIIIᵉ siècle*, Louvain, 2. Aufl.

Vansteenkiste, Clemens, 1980, „Das erste Buch der Nikomachischen Ethik bei Albertus Magnus", in: A. Zimmermann u. a. (Hrsg.), 373–384, hier 374.

Westra, Laura, 1984, „Truth and existence in Thomas Aquinas", *Doctor communis*, 37, 135–144.

Wieland, Georg, 1981, *Untersuchungen zum Seinsbegriff im Metaphysikkommentar Alberts des Großen*, Münster/Wf. (BGPhThMA, N. F.).

Wilpert, Paul, 1931, *Das Problem der Wahrheitssicherung bei Thomas von Aquin*, Münster/Wf. (BGPhThMA 30,3).

Zimmermann, A.: siehe Thomas von Aquin, *Von der Wahrheit*.

Adaequatio rei et intellectus.
Die Erläuterung der Korrespondenztheorie der Wahrheit in der Zeit nach Thomas von Aquin

Theo Kobusch (Bonn)

Der Begriff der Wahrheit harrt noch immer einer Klärung. Auch der historische Begriff der Wahrheit ist weit davon entfernt, in hellem Licht zu stehen. Besonders im Hinblick auf die sogenannte Adäquations- oder Korrespondenztheorie der Wahrheit, die man mit gewissem Recht nach dem Selbstverständnis der mittelalterlichen Autoren gleichsetzen kann,[1] weil beide nichts anderes meinen als die Angleichung der Sache und des Intellekts, sind die Vorurteile weitverbreitet, zu denen möglicherweise Kants vernichtendes Urteil Vorschub geleistet hat. Kant hatte der Korrespondenztheorie eine Zirkelhaftigkeit der Argumentation mit folgenden Worten vorgeworfen:

> „Nun kann ich aber das Objekt nur mit meinem Erkenntnisse vergleichen, dadurch daß ich es erkenne. Meine Erkenntnis soll sich also selbst bestätigen, welches aber zur Wahrheit noch lange nicht hinreichend ist. Denn da das Objekt außer mir und die Erkenntnis in mir ist: so kann ich doch immer nur beurteilen: ob meine Erkenntnis vom Objekt mit meiner Erkenntnis vom Objekt übereinstimme."[2]

Dieser Vorwurf ist im Hinblick auf große Teile der mittelalterlichen Philosophie, wie hier gezeigt werden soll, unberechtigt. Denn er geht davon aus, daß die Erkenntnis, durch die ich überhaupt von dem Objekt weiß, von gleicher Art sei wie die Erkenntnis des Objekts, mit der erstere verglichen werden soll. Genau das ist nach den mittelalterlichen Erkenntnislehren nicht der Fall. Vielmehr suchen Thomas von Aquin, Heinrich von Gent, Duns Scotus, Hervaeus Natalis und Durandus a Sancto Porciano in ihren Variationen über das Thema der Korrespondenztheorie der Wahrheit zu zeigen, daß in dem reflexiven Vergleich des wahrheiterkennenden Intellekts

---

[1] Vgl. z.B. Thomas von Aquin, *Quaestiones disputatae De veritate*, Ed. Leon. 22, Rom 1970–1976, I 1: „quae quidem correspondentia, adaequatio rei et intellectus dicitur; et in hoc formaliter ratio veri perficitur". Ioannes Duns Scotus, *Quaestiones super Libros Metaphysicorum Aristotelis* VI q. 3 n. 69, in: *Opera philosophica* IV, hrsg. von R. Andrews / G. Etzkorn / G. Gál / R. Green / F. Kelley / G. Marcil / T. Noone / R. Wood, St. Bonaventure, N. Y. 1997, 81: „[...] relationem correspondentiae vel adaequationis vel commensurationis – quae scilicet idem dicunt in proposito – [...]."
[2] Vgl. I. Kant, *Logik*, in: *Schriften zur Metaphysik und Logik* 2 (Werkausgabe VI), hrsg. von W. Weischedel, Frankfurt 1977, A 70.

verschiedene Elemente der Sache, die als solche auch dem Intellekt präsent sind, miteinander verglichen werden. Der Begriff, durch den ich die Sache als extramentale Wirklichkeit erkenne, ist nämlich durch die Sache selbst hervorgebracht und stellt eine „Information" meiner Erkenntnis dar,[3] während jener andere Begriff, durch den ich die Sache als begriffene weiß, von meiner Erkenntnis hergestellt ist.

1.   Ursprung und klassische Formulierung der Adäquationstheorie

Thomas hat die Korrespondenz-, bzw. Adäquationstheorie der Wahrheit in klassischer Weise formuliert. Wahrheit ist danach eine Form der Entsprechung zwischen dem Seienden und dem Intellekt, die in der Schrift *Über die Wahrheit* ausdrücklich auch die „Angleichung (*adaequatio*) der Sache und des Intellekts" genannt wird (*De veritate* I a.1). Das ist sogar die formale Bestimmung der Wahrheit oder des Wahren, auch des transzendentalen Begriffs der Wahrheit, daß sie immer die Konformität oder Angleichung der Sache und eines Intellekts meint oder auch die Assimilation des Erkennenden an die erkannte Sache ausdrückt. Thomas und das gesamte Mittelalter berufen sich für diese Vorstellung und Formulierung der Definition der Wahrheit auf den jüdischen Neuplatoniker Isaak Israeli. Weniger bekannt, aber ganz unbezweifelbar ist die Tatsache, daß diese Formel, bei wem immer sie zuerst im Mittelalter auftauchen mag, die lateinische Übertragung einer alten griechischen Idee ist. So ist nach Proklos die Wahrheit die „Angleichung" (epharmogê) des Erkennenden und des Erkannten.[4] Wahrheit und Falschheit beziehen sich auf die Gleichförmigkeit und den Einklang mit den Dingen.[5] Die Ammoniusschule scheint diese Idee der Wahrheit besonders klar konzipiert zu haben. Es wird in ihr dementsprechend besonderer Wert auf die Feststellung gelegt, daß die Wahrheit weder allein in der Rede noch allein in den Dingen sein kann, sondern in dem Zueinanderpassen beider, so wie das Anziehen eines Schuhes weder allein vom Fuß noch allein vom Schuh abhängt, sondern in dem Anpassen des Schuhs an den Fuß besteht.[6]

---

[3] Vgl. z. B. Heinrich von Gent, *Summa* art. XXXIV q. 5, in: *Opera omnia* XXVII, hrsg. von R. Macken, Leuven 1991, 205: „Res enim existens extra animam notitia sua existente in intelligentia informat intelligentiam, et facit eam quodam modo esse talem qualis ipsa est."

[4] Proklos, *In Platonis Timaeum Commentaria*, hrsg. von E. Diehl, Leipzig 1904, II 287,1.

[5] Proklos, *In Platonis Cratylum Commentaria*, 36,15, hrsg. von G. Pasquali, Leipzig 1908, 12; vgl. Dexippos, *In Aristotelis Categorias Commentaria*, hrsg. von A. Busse, Berlin 1888, CAG 4/2, 60,13; Simplikios (Priscian), *In Aristotelis De anima*, hrsg. von M. Hayduck, Berlin 1882, CAG 11, 206,30.

[6] Philoponos, *In Aristotelis Categorias Commentaria*, hrsg. von A. Busse, Berlin 1898, CAG 13/1, 81,29. Vgl. auch Elias, *In Aristotelis Categorias Commentaria*, hrsg. von A. Busse, Berlin 1900, CAG 18/1, 184, 18.

Thomas hat diese Idee rezipiert. Die Wahrheit in diesem Sinne der Angleichung an die erkannte Sache ist nach Thomas die „Ursache der Erkenntnis", bzw. die Erkenntnis ist die Wirkung der Wahrheit. Was aus diesem
hier zugrundegelegten 1. Artikel der Wahrheitsschrift sofort hervorgeht, ist,
daß Wahrheit eng auf den kognitiven Bereich beschränkt wird, ja sogar, da
Thomas von der Angleichung des endlichen Intellekts spricht, auf den Bereich des satzhaften Erkennens. Doch inwiefern geschieht durch das oder in
dem satzhaften Erkennen eine Angleichung an die Sache, die erkannt wird?
Thomas sagt, daß der Intellekt gerade durch die Bildung des Satzes (*com-
ponere et dividere*) etwas ihm Eigenes findet, was er nicht durch die äußere
Sache empfangen hat und wodurch er sich der Sache angleichen kann.
Während die Bildung der Washeit der Sache die erste Tätigkeit des Intellekts
ist, bei der er ein geistiges Bild von der extramentalen Sache empfängt, ist
erst das „Urteil", d. h. die Ist-Aussage über die erfaßte Sache jenes dem Intellekt Eigene, durch das vermittelt die Angleichung sich vollziehen kann.[7]
Der Intellekt hat auf diese Weise durch das zusammengesetzte Urteil ein
Mittel geschaffen, dessen einzelne Elemente, die *phantasmata*, die *species in-
telligibiles* und das „Ist" auf der Ebene des Erkannten einzelnen ontologischen Elementen der Sache in strenger Form entsprechen.[8] Die Wahrheit ist
die Erkenntnis dieser Entsprechung. Da aber schon das Urteil selbst nicht
mit jenen Kategorien der Substanz und des Akzidens zu fassen ist, die ding-
hafter Natur sind, sondern zum Bereich des Erkannten als solchen gehört,
muß auch die Wahrheit ontologisch als etwas Erkanntes aufgefaßt werden,
das als Erkanntes von der Welt der Dinge unterschieden ist. Thomas hat
deswegen auch ausdrücklich die Satzwahrheit, die von der Wahrheit des
einfachen Begriffs zu unterscheiden ist, als das „Erkannte im Erkennenden"
verstanden und sie somit von allem kategorialen Sein unterschieden.[9] Thomas war nämlich einer der ersten, der die Welt der erkannten Begriffe und
Sätze, die als erkannte im Erkennenden sind, von anderen Bereichen der
Wirklichkeit und besonders von dem, was als Akzidens in einem Subjekt
ist, unterschieden und so den wenig später in Umlauf gekommenen Terminus technicus des „objektiven Seins" gedanklich vorbereitet hat.[10] Gleichwohl ist das Erkanntsein der Wahrheit von anderer Art als das des Urteils
selbst. Denn während das im Satz ausgesprochene Urteil das enthält, was
der Erkennende von der erkannten Sache erfaßt und sich repräsentiert, so
daß es auch als das innere Resultat des Erkennens das „innere Wort" ge-

---

[7] Vgl. Thomas von Aquin, *De veritate* q. 1 a. 3: „Intellectus autem formans quidditates, non
habet nisi similitudinem rei existentis extra animam, sicut et sensus in quantum accipit speciem rei sensibilis; sed quando incipit iudicare de re apprehensa, tunc ipsum iudicium intellectus est quoddam proprium ei, quod non invenitur extra in re. Sed quando adaequatur
ei quod est extra in re, dicitur iudicium verum esse."

[8] Vgl. dazu L. Oeing-Hanhoff, 1963, 14–37; Ders., 1977, 317ff.

[9] Thomas von Aquin, *Summa Theologiae* I q. 16 a. 2, Ed. Leon. 4–5, 1888–1889.

[10] Vgl. Th. Kobusch, 1987, 82–86.

nannt werden kann, hat das Erkennen der Wahrheit einen reflexiven Charakter. Die Wahrheit eines Satzes kann nämlich nur so erkannt werden, daß
der Intellekt in einer reflexiven Erkenntnis das Verhältnis seiner selbst als
eines aktiven Prinzips zur erkannten Sache, der er sich angleicht, erfaßt. Die
in einem Satz erkannte Wahrheit enthält somit immer auch die Erkenntnis
des eigenen Wesens, zu dem die erkannte Sache in Beziehung gesetzt wird.
Thomas hat die Wahrheitserkenntnis, insofern sie die Erkenntnis des eigenen Wesens enthält, als die „Vollendung" (*completur*) des reflexiven Erkennens bestimmt, welches mit der Erkenntnis, daß man erkennt, beginnt. Er
hat damit einen Grundgedanken seiner Erkenntnislehre auch auf das reflexive Erkennen angewandt. Indem Thomas nämlich die Konstituierung der
Begriffe, besonders der ersten Intentionen, durch den menschlichen Intellekt als die „Ergänzung" oder „Vollendung" (*complementum, complere*) der
naturhaft vorgegebenen Sache selbst verstand, hat er gegenüber dem traditionell passiven Verständnis der menschlichen Erkenntnis eine neue Idee in
die philosophische Welt gebracht, die in den Jahrzehnten bis etwa 1320 von
Dominikanern und Franziskanern in vielfacher Weise modifiziert wurde.
Die proklische Formel von der „reditio completa" ist der Ausdruck für
diese Idee eines naturhaft Vorgegebenen, das durch den menschlichen Intellekt vollendet wird.[11] Gottfried von Fontaines hat diesen Gedanken von
der Vollendung in seiner Wahrheitsabhandlung übernommen.[12]

2.   Heinrich von Gent: Das Wort der Wahrheit

Obwohl Heinrich von Gent die Erkenntnis-, besonders die Verbumlehre
des Thomas kritisiert, zeigt seine Wahrheitslehre viele Ähnlichkeiten mit
der thomanischen. Die erkennbaren Differenzen hängen alle mehr oder weniger damit zusammen, daß Heinrichs Ontologie eine Wesensontologie ist,
vor deren Hintergrund der Begriff der Wahrheit in anderem Licht erscheint.
Darauf deutet schon die formale Bestimmung der Wahrheit als der erkannten Wesenheit einer Sache hin.[13] Heinrich hat das, was er damit meint, in
den ersten Quaestionen seiner *Summa* erläutert, deren wissenstheoretische
Fundierung mit Recht herausgestellt worden ist.[14] Der dem Thema der
Wahrheit aber eigentlich gewidmete Artikel ist der Art. 34 der *Summa*, der

---

[11] Vgl. dazu Th. Kobusch, 2004.
[12] Gottfried von Fontaines, *Quodlibeta* VI q. 6, hrsg. von. M. de Wulf / J. Hoffmans (*Les Philosophes Belges* III), Louvain 1914, 133–148. Vgl. auch das Referat der Position Gottfrieds bei
Petrus Aureoli, *Commentum in primum librum Sententiarum* d. 19 p. 3 a. 1, Rom 1596 (ND
Frankfurt), 489 aF–bC. Zum Begriff der Wahrheit bei Gottfried von Fontaines vgl. Th. Kobusch, 2005, 69.
[13] Heinrich von Gent, *Quodlibeta* II 6, in: *Opera omnia* VI, hrsg. von R. Wielockx, Leuven
1983, 32,60: „[…] sed ipsam veritatem quae est ipsa quiditas rei intellecta".
[14] Vgl. Chr. Kann, 2001, 41. 57.

deswegen auch hier im Vordergrund des Interesses stehen soll.[15] Wenn
Heinrich von der erkannten Wesenheit spricht, so meint er, daß die Wahrheit den Seinsmodus des Erkanntseins hat. Zwar kann auch die extramentale Sache selbst, insofern sie eine Wesenheit oder Natur ist, wahr genannt
werden, weil darin die Bestimmtheit der Selbstoffenbarung der Sache steckt,
aber im eigentlichen Sinne ist die Wahrheit die Sache im Modus des Erkanntseins, d.h. insofern sie als erkannte im Erkennenden ist. Was Heinrich
sagen will, ist, daß die Wahrheit im Modus des intramentalen objektiven
Seins ein vollkommeneres Sein hat als in der äußeren Wesenheit selbst.[16]
Und das, obwohl das objektive Sein ein verringertes Sein ist. So ergibt sich
die ontologische Konstellation, daß die Wahrheit der Sache als Wahrheit ihre
vollkommene Form in der Seele findet, als Sein aber verringert ist, während
das Sein der Sache in der äußeren Wirklichkeit vollkommen verwirklicht ist,
aber als Wahrheit eine verminderte Form darstellt.[17] Das Erkanntsein ist
aber deswegen die vollkommene Form der Wahrheit, weil die *declaratio sui*,
die Selbstmanifestierung jene Bestimmtheit des Wahren ausmacht, die jedem Seienden zukommt. Das transzendentale Wahre ist deswegen nichts
anderes als das Seiende, das sich dem Intellekt assimiliert, angleicht oder erklärt, indem es die Betrachtung des Intellekts über sich „annimmt". Eben
das besagt auch der Ausdruck der Gleichförmigkeit, durch die der Intellekt
durch das, was er von der Sache erfaßt, sich der Sache angleicht und ihr entspricht. Gleichwohl ist die transzendentale Bestimmtheit des Wahren im
Sinne des „sich in der Seele Erklärenden" nicht in der des Seienden impliziert, sondern eher umgekehrt. Denn mag die Bestimmtheit des Seienden
das objektiv Ersterkannte sein, so wird dieser Begriff doch nur unter dem
Gesichtspunkt des Wahren gebildet. Das Seiende ist somit der erste objektiv
erkannte Begriff, das Wahre aber ist der erste Aspekt, die erste *ratio conci-
piendi*, gewissermaßen der erste und umfassende Horizont, vor dem alles
Seiende erkannt wird.[18] Dementsprechend unterscheidet Heinrich auch ein
zweifaches Sein im Erkennenden: Die Wahrheit ist als jene allgemeine Bestimmtheit im Intellekt, durch deren Berücksichtigung alles andere erkannt

---

[15] Nach St. P. Marrone, 2001, 359ff., ist die Entwicklung von den frühen Anfangsartikeln der
   Summa zum art. 34 der Weg von der Illuminationslehre zu einer mehr und mehr aristote-
   lisierenden Wahrheitsauffassung.

[16] Vgl. Heinrich von Gent, *Summa*, art. 34 q. 5, in: *Opera omnia* XXVII, hrsg. von R. Macken, Leuven 1991, 210: „res igitur ipsa, in quantum est in intelligentia obiective actu movens
   ipsam, perfectius habet rationem veritatis, quam secundum quod est secundum se in sua essentia extra. Quare […] dicitur vera veritate ipsius rei ut est obiective in ipsa, hoc igitur
   modo dicendum est quod veritas perfectius habet esse in intelligentia quam in ipsa essentia."

[17] Heinrich von Gent, *Summa*, art. 34 q. 5, 214: „quoniam veritas rei in anima est perfecta veritas, sed esse in eadem est diminutum esse, esse vero in re extra est perfectum esse et di-
   minuta veritas". – Diese Rangordnung gilt auch im Hinblick auf das Verhältnis der göttlichen Wesenheit und des göttlichen Erkennens, obwohl in diesem Zusammenhang
   Heinrich den Begriff des „Verminderten" vermeidet: ebd. q. 5, 227. 236.

[18] Heinrich von Gent, *Summa*, art. 34 q. 3, 191–192.

wird, während das Objekt der Erkenntnis als das thematisch Erkannte, und das heißt: auf objektive Weise im Erkennenden ist.[19]

Die Selbstmanifestation des Seienden im Intellekt ist erst vollendet, wenn dieser die Sache in einem Satz, in der sog. zweiten Erkenntnis erkennt. Ohne diese zweite Erkenntnis, in der der Intellekt zu einem Urteil über die Sache kommt, ist die menschliche Dingerkenntnis nicht vollkommen.[20] Das Resultat dieser zweiten Erkenntnis nennt Heinrich das Wort. In jedem Erkenntnisakt wird ein Wort gebildet.[21] Das Wort ist nach Heinrich der distinkte, diskrete oder erklärende Begriff der Sache, der sie so offenbar macht und darstellt, wie sie in sich ist. „Wort" in diesem Sinne ist ausschließlich nur das Resultat jenes Erkenntnisaktes, den Heinrich „Sprechen" nennt und vom „Erkennen" unterscheidet. Während durch das Erkennen das Objekt in seiner Allgemeinheit rein passiv rezipiert wird, beginnt mit dem Sprechen des Intellekts seine Aktivität. Aus der gewissermaßen bloß betrachtenden Tätigkeit des Intellekts wird die „produktive" Tätigkeit, die in der Explikation des durch das einfache Erkennen Aufgenommenen besteht.[22] Die Explikation selbst ist nichts anderes als das „komplexe Wort", d.h. der Satz oder das Urteil, das nach Heinrich nicht nur ein Wissen über die Sache darstellt, sondern auch ein Wissen darüber enthält, daß man die Sache erkennt. Deswegen kommt dem komplexen Wort im Unterschied zum einfachen Erkennen eine reflexive Struktur zu.[23] Wenn das komplexe Wort aber den Charakter der Explikation hat, dann kann es nicht unähnlich sein jenem konfusen ersten Begriff, der wie der dazugehörige Akt des Erkennens als Implikat und Voraussetzung miteingeht in den „Akt des Manifestierens" (*actus manifestandi*), so daß das aus dem Akt des „Sprechens" hervorgehende Wort die Darstellung und Offenlegung des schon unvollkommen Erkannten ist, nämlich der *notitia simplex*.[24]

---

[19] Heinrich von Gent, *Summa*, art. 34 q. 2, 184.

[20] Heinrich von Gent, *Summa*, art. 1 q. 2, fol. 5D: „In cognitione autem secunda qua scitur sive cognoscitur veritas ipsius rei sine qua non est hominis cognitio perfecta de re, cognitio et iudicium intellectus omnino excedunt cognitionem et iudicium sensus: quia [...] intellectus veritatem rei non cognoscit nisi componendo et dividendo."

[21] Heinrich von Gent, *Quodlibeta* II 6, in: *Opera omnia* VI, hrsg. von R. Wielockx, Leuven 1983, 32,67: „Dicendum igitur quod in omni actu intelligendi, quantumcumque modicus sit, necesse est formare verbum."

[22] Heinrich von Gent, *Summa*, art. 54 q. 9, fol. 105E: „Primo modo eius operatio non est nisi intelligere: et consistit in speculatione atque perficitur modo passionis [...] Secundo autem modo eius operatio consistit in productione."

[23] Heinrich von Gent, *Summa*, art. 54 q. 9 fol. 104C: „Quia notitia secunda, quae est in verbo, non solum scit et intelligit rem, sed sic scit et intelligit eam ut sciat se scire et intelligere eam intellectu intelligendi secundo reflexo super actum intelligendi sive sciendi primum." Zu den beiden Bedeutungen des Begriffs *notitia* vgl. auch J. V. Brown, 1981, bes. 995ff. Zu Heinrichs Lehre vom einfachen und komplexen Wort vgl. auch Th. Kobusch, 1987, 93f.

[24] Heinrich von Gent, *Summa*, art. 40 q. 7, in: *Opera omnia* XXVIII, hrsg. von G. A. Wilson, Leuven 1994, 286: „[...] dicere, quo format in se conceptum simillimum illi quod est intel-

Insofern das komplexe Wort, d.h. der Satz, die eigentliche Explikation oder Manifestation der Sache darstellt, ist es der Träger der Wahrheit. Wort und Wahrheit sind eng miteinander verbunden. Beide haben einen reflexiven Charakter. Die Wahrheit besteht ja aus einem reflexiven Vergleich bei einer aktuellen Erkenntnis, die das Erfassen des „Wahren", d.h. der beiden Glieder des Vergleichs notwendig voraussetzt. Wie die Wahrheit eines Bildes, das Cäsar darstellt, niemals erkannt werden kann, wenn nicht beide, Cäsar und das Bild, gesehen werden, so kann auch niemals ohne das Erfassen der beiden wahren Gegenstände des einfachen Erkennens Übereinstimmung durch den urteilenden Intellekt festgestellt werden.

> „Dieses Wahre aber, zwischen dem ein Vergleich dieser Art angestellt werden muß, und das sich so entsprechen muß, sind die Sache selbst, die die wahre Sache außerhalb in ihrer Wesenheit und Natur ist, und der Intellekt selbst, der wahr ist aufgrund des wahren Begriffs jener Sache."

Der Vorgang des Vergleichs ist so zu denken, daß der Intellekt quasi zusieht,

> „ob der Begriff im Intellekt weder mehr noch weniger enthält, als die Natur der Sache außerhalb enthält [...], so daß, wenn der Intellekt findet, daß der Begriff davon weder mehr noch weniger enthält, als die Natur der äußeren Sache enthält, er urteilt, daß der Begriff des Intellekts wahr ist [...]."[25]

Heinrich von Gent hat die Wahrheit deswegen auch als die Übereinstimmung der Erkenntnis mit der äußeren Sache als ihrem „ersten Urbild" definiert.[26] Es kann keinen Zweifel darüber geben, daß Heinrich hier die äußere Sache meint, insofern sie in Form eines allgemeinen Erscheinungsbildes im Intellekt ist. Auch sonst kann Heinrich die Wahrheit einer Sache als die Gleichförmigkeit des über sie gebildeten Begriffs, d.h. eines Wortes, mit dem „Urbild" der Sache bestimmen, das nichts anderes ist als die von der Sache verursachte *species intelligibilis*.[27] Nun spricht Heinrich aber auch in dem hier vor allem zugrunde gelegten Art. 34 der *Summa* von der göttlichen Wesenheit als dem „ersten Urbild" der Sache. An anderen Stellen seines früheren Werkes ist von zwei Urbildern und infolgedessen auch von zwei Wahrheiten die Rede. Diese verwirrende Redeweise hat die Forschung intensiv beschäftigt.[28] Das eine Urbild ist das von der Sache selbst verursachte, abstraktiv gewonnene allgemeine Erkenntnisbild, das andere ist die

---

lectum in simplici intellectu, qui est declarativus et manifestativus illius et ideo verbum illius dicitur."

[25] Heinrich von Gent, *Summa*, art. 34 q. 5, 219–220.

[26] Heinrich von Gent, *Summa*, art. 34 q. 5, 206.

[27] Heinrich von Gent, *Summa* I a. 1 q. 1, fol. 5 rE: „[...] aspiciendo ad exemplar acceptum ab ipsa ut ad rationem cognoscendi in ipso cognoscente, bene potest aliquo modo veritas ipsius rei cognosci formando conceptum mentis de re conformem illi exemplari [...]."

[28] Vgl. z.B. Ch. B. Schmitt, 1963, 236–239; St. P. Marrone, 1983, 264ff.; R. Pasnau, 1995, bes. 57ff.; Chr. Kann, 2001, 49ff.

in der göttlichen Kunst grundgelegte ideale Bestimmtheit der Dinge, die dem menschlichen Geist „eingedrückt" ist.[29] Wie das spätere *Quodlibet* IX 15 erläutert, handelt es sich bei der Erleuchtung des Geistes durch das ewige Licht um ein apriorisches Erkennen der Urbilder.[30] Soll die reine Wahrheit der Dinge erkannt werden, so muß unverzichtbar auf dieses apriori Erkannte, das niemals als objektiv Erkanntes, sondern nur als *ratio cognoscendi* dem menschlichen Intellekt präsent sein kann, Bezug genommen werden. Andererseits bedarf unser Intellekt in *statu huius vitae* zur Bildung eines Begriffs oder Satzes, also dessen, was als Erkanntes objektiv im Intellekt sein könnte, immer auch des von der Sache herstammenden, vom Phantasma abstrahierten Urbildes.[31] Beide Bilder gehen aber als notwendige Bedingungen und Erkenntnisgründe mit ein in das „Wort der Wahrheit", d.h. in das die Wahrheit der Sache erkennende Urteil. Die Wahrheit ist somit auch die erkannte Gleichförmigkeit der beiden Bilder.[32]

3.   Duns Scotus: Reflexiv erkannte Übereinstimmung

Duns Scotus benutzt die Gelegenheit der Kommentierung des VI. Buches der aristotelischen Metaphysik, um deutlich zu machen, daß die Wahrheit in den Dingen, das transzendentale Wahre eingeschlossen, zum Gegenstand der Metaphysik gehört, während die Wahrheit im Intellekt jenes bloß logische, verringerte Seiende ist, das nach Aristoteles aus dem Gegenstandsbereich der Metaphysik ausgeschlossen ist. Die Wahrheit der zweiten Tätigkeit des Intellekts, d.h. die Satzwahrheit – die von der „Begriffswahrheit" (*conceptus simpliciter simplex*) der ersten Tätigkeit zu unterscheiden ist – ist im Sinne der Adäquation bzw. der Konformität zu verstehen. Nur die Satzwahrheit kann nach Scotus im objektiven Sinne im Intellekt sein,

---

[29] Heinrich von Gent, *Summa* I a. 1 q. 2, fol. 5 rE: „Primum exemplar rei est species eius universalis apud animam existens, per quam acquirit notitiam omnium suppositorum eius, et est causata a re. Secundum exemplar est ars divina continens omnium rerum ideales rationes [...]." Ders., *Summa* I a. 1 q. 3, fol. 10F: „[...] proxima et perfecta ratio cognoscendi syncera, veritatem de re [...] est divina essentia inquantum est ars sive exemplar rerum imprimens ipsi menti verbum simillimum veritati rei extra per hoc quod ipsa continens est in se ideas et regulas aeternas expressivas omnium rerum similitudines, quas imprimit conceptibus mentis."

[30] Heinrich von Gent, *Quodlibet* IX 15, *Opera omnia* XIII, hrsg. von R. Macken, Leuven 1983, 265,26: „[...] sed de actu intelligendi qui praecedit omnem actum intelligendi ab exteriori, quem operatur in mente illustratio sola lucis aeternae, [...]."

[31] Heinrich von Gent, *Summa* I a. 1 q. 3, fol. 10F: „Et nota quod licet talem conceptum perfectae similitudinis in mente format solummodo divinum exemplar: Quod est causa rei: cum hoc tamen ad conceptus formationem necessarium est exemplar acceptum a re: ut est species et forma rei a phantasmate accepta. In mente sine illa enim nihil de re quacumque concipere potest intellectus noster in tali statu vitae in quali sumus."

[32] Vgl. Heinrich von Gent, *Summa* I a. 1 q. 3, fol. 10 G.

indem der Intellekt in der Reflexion den Erkenntnisakt mit dem Objekt vergleicht und die Übereinstimmung als solche auch erfaßt. Wenn die Übereinstimmung zwischen dem Erkenntnisakt und dem Objekt zwar besteht, aber nicht als solche auch erkannt wird, hat die Wahrheit den Seinsmodus einer Form (formaliter), nicht aber des objektiven Seins.[33] Das sagt Duns Scotus gegen den Einwand, daß, wenn die Wahrheit tatsächlich in der Übereinstimmung der Erkenntnis des Satzes mit dem Sein der Glieder des Satzes bestehen soll, die Feststellung der Übereinstimmung auch wieder in einem Satz gemacht werden müßte, dessen Wahrheit wieder in einem Satz und so ins Unendliche festgestellt werden müsste.[34] Die Reflexion des Intellekts ist jedoch niemals gewissermaßen wahrheitsstiftend, sondern die Wahrheit der Sache ist in jedem Falle dem Intellekt vorgegeben. Auch im Falle des komplexen Begriffs, d.h. des Satzes, drückt das „Ist", das in jedem Satz enthalten ist, das in den Gliedern des Satzes virtuell enthaltene Verhältnis in der Sachwelt aus.[35] Im Falle der Prinzipien, die, sobald sie erfaßt werden, immer sofort als wahr erkannt werden, wird der reflektierende Akt, durch den die Konformität des Erkenntnisaktes mit dem Sein des Zusammengesetzten erfaßt wird, unbewußt und zeitgleich mit dem Akt der Zusammensetzung des Satzes vollzogen, andernfalls zeitlich später. Dieses Sein des Zusammengesetzten ist das reale Verhältnis der Dinge zueinander, das virtuell in den Gliedern des Zusammengesetzten besteht, sei es von ihrer Natur her wie im Falle der Prinzipien, sei es, daß sie inklusiverweise auf Früheres Bezug nehmen, wie im Falle der Konklusion, oder, wie im Falle der „kontingenten Sätze", daß es durch eine äußere Ursache hergestellt wird. Duns Scotus hat vor dem Hintergrund dieser im Metaphysikkommentar entfalteten Wahrheitsproblematik später die Rede Heinrichs von Gent von der „gewissen Wahrheit" aufgenommen und sie im Hinblick auf die Erkenntnis der Prinzipien, die Erfahrungserkenntnis und die Erkenntnis der eigenen intellektiven und affektiven Akte erläutert, jedoch ohne die augustinische Lehre von einem besonderen apriorischen Licht ins Spiel zu bringen.[36]

4.   Hervaeus Natalis: Konformität des zweimal Erkannten

Hervaeus Natalis, der von 1303 an in Paris lehrt, hat den thomanischen Grundgedanken von dem in der Seele des Menschen und nicht in der äu-

---

[33] Ioannes Duns Scotus, *Quaestiones super libros Metaphysicorum Aristotelis* VI 3, nn. 36–37 (s. Anm. 1), 69.

[34] Ioannes Duns Scotus, *Quaestiones super libros Metaphysicorum Aristotelis* VI 3 n. 40, p. 70.

[35] Ioannes Duns Scotus, *Quaestiones super libros Metaphysicorum Aristotelis* VI 3 n. 48, p. 73.

[36] Vgl. z.B. Ioannes Duns Scotus, *Lectura in Librum Primum Sententiarum* d. 3 p. 1 q. 3 nn. 172ff., ed. Vat., in: *Opera omnia* XVI, 1960, 292ff.

ßeren Sache vollendeten Sein der Wahrheit aufgenommen und gegenüber
verschiedenen Positionen verteidigt,[37] die einerseits die Wahrheit als die den
Intellekt bewegende Seiendheit, also in ontologischem Sinne, begreifen
oder andererseits als die Richtigkeit des Erkenntnisaktes. Beide sind falsch.
Jene verkennen, daß die Wahrheit ein aktuelles Erkennen notwendig voraussetzt, diese aber, daß es bei der Wahrheit nicht um die Rechtheit des Bezeichnenden, sondern des Bezeichneten, also um das Objekt der Erkenntnis, geht.[38] Andere kommen der Wahrheit schon viel näher, wenn sie sie als
eine gedachte Relation begreifen. Doch gilt es auch hier, genau zu benennen, was mit der Relation der Konformität gemeint ist. Die Wahrheit kann
nicht darin bestehen, daß der Erkenntnisakt so ist, wie die Sache selbst ist,
denn das ist aufgrund des ganz verschiedenen ontologischen Status unmöglich. Was Wahrheit im Sinne der Adäquationstheorie hier besagen soll, wird
nur deutlich, wenn man sich vor Augen hält, daß ein Vergleich durchgeführt
wird. Danach besteht die Wahrheit darin, daß eine Entsprechung zwischen
dem, was die Sache ist und was ihr in der Erkenntnis zugeteilt bzw. was von
ihr erkannt wird, festgestellt wird. Hervaeus hat ausdrücklich dies als Kennzeichen der Satzerkenntnis festgehalten, daß in ihr die Konformität mit der
Sache nicht nur faktisch „folgt" wie im Falle des einfachen Erfassens, sondern daß die Konformität bzw. Nichtkonformität mit der Sache, also Wahrheit oder Falschheit mit dem Satz selbst, auch miterkannt werden.[39] In dem
Satz „Der Mensch ist weiß" wird so, wenn er wahr ist, das, was vom Menschen erkannt wird, nämlich sein Weißsein, in seiner Entsprechung zu dem,
was ihm in der äußeren Wirklichkeit zukommt, erkannt. „So daß", wie
Hervaeus konsequenterweise bemerkt, „dieselbe Sache zweimal erkannt
wird", einmal wie sie in Wirklichkeit ist, und zum anderen, was von ihr erkannt wird. Wird aber eine Diskrepanz zwischen dem, was die Sache wirklich ist, bzw. wie sie in ihrem wirklichen Sein erkannt wird, und dem ihr im
Satz Zugeteilten erkannt, dann haben wir es mit einem falschen Satz zu tun,
etwa wenn ich sage und es nicht metaphorisch meine: Der Mensch ist ein
Esel. Doch ob Wahrheit oder Falschheit – sie sind beide nur als erkannte
und somit *entia rationis*. Die Satzwahrheit ist in diesem Sinne die eigentliche
Wahrheit. „Aber die Konformität der Sache selbst mit dem, was von ihr
erfaßt oder bezeichnet wird, ist im eigentlichen Sinne die Wahrheit, die
nur ein Gedankending oder eine zweite Intention ist, die der Sache zukommt, insofern sie objektiv im Intellekt ist."[40] Hervaeus hat von der
Wahrheit im eigentlichen Sinne die „fundamentale" oder „materiale" Wahr-

---

[37] Hervaeus Natalis, *Commentaria in quatuor Libros Sententiarum* I d. 19 q. 3, Paris 1647, ND
   Farnborough Hants, England 1966, 105 aB: „Sed ista positio licet sit vera quantum ad hoc
   quod dicit quod veritas est ens in anima sicut velle et consimilia, [...]."
[38] Hervaeus Natalis, *Commentaria in quatuor Libros Sententiarum* 105 bB-C.
[39] Hervaeus Natalis, *Commentaria in quatuor Libros Sententiarum* d. 19 q. 3, 106 bC-D.
[40] Hervaeus Natalis, *Commentaria in quatuor Libros Sententiarum* 106 aB.

heit unterschieden, die als die Wahrheit in der Sache selbst das Fundament der Wahrheit der Konformität darstellt. Die Satzwahrheit, also die Wahrheit im eigentlichen Sinne, ist auch dem Seinsmodus nach von der Sachwahrheit unterschieden. Denn während die Wahrheit im Sinne der Sachwahrheit einer äußeren Sache als eine Bestimmung zukommt, hat die in einem Satz ausgedrückte Wahrheit der Konformität ihr Sein allein durch das Erkennen des menschlichen Intellekts. Das Sein des Erkannten, insofern es als Erkanntes im Erkennenden ist, heißt aber seit Heinrich von Gent das objektive Sein. Hervaeus hat ja die thomanische Unterscheidung zwischen dem Insein des Erkannten im Intellekt und dem akzidentellen Insein im Intellekt aufgegriffen und dementsprechend das objektive und das subjektive Sein des *ens rationis* unterschieden.[41] In diesem Sinne hat auch die Wahrheit die Seinsweise des objektiven Seins. Wenn Hervaeus der Wahrheit den Modus des objektiven Seins zuschreibt, will er sie jedoch nicht nur von allen extramental gegebenen Dingen und Entitäten unterscheiden, sondern auch vom Erkenntnisakt selbst. Denn es ist der Satz oder der Begriff im Modus des objektiven Seins, der in einem repräsentativen Sinne „wahr" genannt werden kann. Wofür er aber steht, was er repräsentiert, ist nicht der Erkenntnisakt, sondern sein Objekt. Deswegen ist das durch den Satz Repräsentierte das eigentlich Wahre.[42] Die erkannte Sache als solche ist es – und nicht der Erkenntnisakt –, der die Wahrheit zukommt. Wahrheit ist somit das jeweils miterkannte Verhältnis der Konformität der äußeren Sache mit sich, insofern sie erkannt ist.[43] Allerdings ist sie ein durch das reflexive Erkennen Erkanntes. Deswegen steht sie auf gleicher Stufe wie die zweiten Intentionen, die ja auch Reflexionsbegriffe sind.[44] Wie diese nämlich nicht etwas Sachhaltiges in einem extramentalen Subjekt setzen, sondern der Sache, insofern sie objektiv im Intellekt ist, durch eine erkenntnismäßige „Setzung" etwas zuteilen oder wegnehmen, so kommt auch jene Konformität, die Wahrheit genannt wird, der erkannten Sache zu, insofern sie als erkannte im Erkennenden, und das heißt, insofern sie objektiv im Intellekt ist.

---

[41] Vgl. zu Hervaeus' Lehre vom *ens rationis* Th. Kobusch, 1987, 136 ff.

[42] Vgl. Hervaeus Natalis, *Quolibeta*, ND Ridgewood, New Jersey 1966, III q. 1, 69 va: „sed sicut ostensum est propositio et conceptus mentis dicuntur vere repraesentative. Ergo illud quod est repraesentatum per ipsas est verum formaliter. Sed illud quod est praesentatum per ipsos est obiectum intellectus. Ergo veritas formaliter convenit obiecto intellectus non in esse reali [...] ergo in esse obiectivo [...] sed illud quod intelligitur per actum intelligendi non est actus intelligendi sed eius obiectum. Ergo illud quod repraesentatur per propositionem est obiectum intellectus et non ipsa actus." Vgl. auch die Transkription bei J. Pinborg, 1972, 204.

[43] Vgl. Hervaeus Natalis, *Quolibeta* III q. 1, 69 vb: „ergo veritas formaliter consistit in conformitate rei secundum quod est ad seipsam secundum quod intellecta."

[44] Hervaeus Natalis, *Commentaria in quatuor Libros Sententiarum* d. 19 q. 3, 106bB: „Ideo dicendum est aliter quod veritas ut dictum est, est ens rationis pertinens ad intentiones secundas." Vgl. Hervaeus Natalis, *Quolibeta* III q. 1, 69 vb: „[...] sive consimilia quaedam consequuntur rem ut est obiective in intellectu enunciativo sicut est oppositio, contradictio, contrarietas, veritas et falsitas."

„Und deswegen wird von solchem wie der Wahrheit und dem Allgemeinen gesagt, es sei im Intellekt, nicht weil sie irgendeine im Intellekt als einem Subjekt
existierende Sache meinten, sondern weil sie den Dingen, nur insofern sie objektiv im Intellekt sind, zukommen."[45]

Indem die Wahrheit als ein *ens in anima* bestimmt wird, dem die Seinsweise
des objektiven und nicht des subjektiven Seins zukommt, wird sie, wie die
zweiten Intentionen insgesamt, von Hervaeus auch als außerhalb der Kate-
gorienordnung stehend angesehen.[46] Dieser Gedanke von der Extrapädi-
kamentalität des objektiven Seins, der Schule gemacht hat und bei Durandus, Aureoli (in kritischer Absicht) und Ockham wiederzuerkennen ist,[47]
ist von fundamentaler Wichtigkeit für das Verständnis des ontologischen
Charakters der Wahrheit, wird doch so am deutlichsten ausgedrückt, daß
die Wahrheit alles Dinghaften entkleidet ist. Die Wahrheit ist vielmehr eine
besondere Verhältnisbezeichnung. Sie bezeichnet das Verhältnis der Konformität, die zwischen der Sache und jener Bestimmung („dem, was von ihr
erkannt wird") besteht, welche ihr im Modus des objektiven Seins durch
den „aussagenden" (*enunciativo*) Intellekt zugeteilt wird.[48]

5.   Durandus a Sancto Porciano:
Wahrheit als zweite Intention

Durandus a Sancto Porciano hat die Wahrheitsproblematik von Hervaeus
aufgenommen. Jedermann weiß, so sagt er, daß die Wahrheit die Übereinstimmung, d.h. die Konformität oder Angleichung des Intellekts an die
Sache, ist. Aber wie das zu verstehen ist, das ist das Problem. Offenkundig
nicht in einem seinsmäßigen Sinne, denn was gäbe es für eine größere Verschiedenheit und somit Difformität als zwischen der äußeren Sache, die
körperlich ist und dem Intellekt, der ein geistiges Sein hat![49] Die Konformität der äußeren Sache mit dem Intellekt kann überhaupt nur dann sinn-

---

[45] Hervaeus Natalis, *Commentaria in quatuor Libros Sententiarum* d. 19 q. 3, 106 bB-C.
[46] Vgl. Hervaeus Natalis, *Commentaria in quatuor Libros Sententiarum* d. 19 q. 3, 105 aD–bA:
    „[...] Philosophus 6. Metaph. dividit ens secundum animam et vocat ens secundum ani-
    mam secundas intentiones, ut velle et consimilia contra ens quod dividitur in decem prae-
    dicamenta."
[47] Zum Extraprädikamentalen bei Durandus vgl. Th. Kobusch, 1987, 486–487. Zu Aureoli
    s. meinen in Anm. 11 genannten Aufsatz, 148 ff. Zu Ockham vgl. Th. Kobusch, 1987,
    158.
[48] Vgl. Hervaeus Natalis, *Quolibeta* III q. 1, 69 rb: „Et ideo est secunda opinio principalis:
    quae ponit quod veritas est quaedam conformitas rei ad id quod de ea intelligitur conse-
    quens rem ut est obiective in intellectu enunciativo." Vgl. auch J. Pinborg, 1972, 203.
[49] Durandus a Sancto Porciano, *In Petri Lombardi Sententias Theologicas Commentariorum
    libri* IV, Venetiis 1571, ND Ridgewood, New Jersey 1964, I d. 19 q. 5 n. 8 (66ra).

voll gedacht werden, wenn eine aktuelle Erkenntnis durch den Intellekt in Rechnung gestellt wird, d. h. wenn die Konformität sich auf das subjektive oder das objektive Element im Intellekt bezieht. Durandus hat die Unterscheidung des subjektiven und des objektiven intramentalen Seins von Hervaeus übernommen. Wie dieser führt er die Annahme bestimmter Zeitgenossen ad absurdum, die das *ens rationis* oder *ens in anima* allein im subjektiven Sinne begreifen und somit ausschließlich als Erkenntnisakt oder Species oder Habitus. Solche Leute wissen nicht, was sie sagen. Denn sie sagen *ens rationis*, aber sie meinen *ens reale*. Denn wenn schon jenes, was im körperlichen Bereich, wie z. B die Farbe oder die quantitative Bestimmung, einer Sache als ihrem Subjekt inhäriert, real ist, um wieviel mehr hier im geistigen. Die Erkenntnisakte – darüber kann es keinen Zweifel geben – sind, insofern sie subjektiv in der Seele sind, *entia realia*. Diejenigen, die die *entia realia* von den *entia rationis* unterscheiden wollen und dabei nur das subjektiv in der Seele Seiende als *entia rationis* verstehen, unterscheiden also in Wirklichkeit und unsinnigerweise *entia realia* von *entia realia*. Deswegen muß, wenn ein Sinn in dieser Unterscheidung stecken soll, das *ens rationis* als das Erkannte im Erkennenden oder als das objektive Sein verstanden werden. Durandus stellt deswegen der kritisierten Ansicht über das *ens rationis* seine eigene gegenüber, die er für „wahrer" hält und die im ganzen der Ansicht des Hervaeus Natalis entspricht.[50] Nach dieser Ansicht sind die *entia rationis* Bestimmungen und Benennungen, die der Sache, allein insofern sie erkannt und als erkannte im Erkennenden und somit in ihm objektiv ist, zugeteilt werden. Das sind die Bestimmungen des Universalen, der Gattung, der Species, also die zweiten Intentionen, die selbst nur als erkannte sind, aber auch nur schon Erkanntem zukommen können.[51]

Im Lichte dieser allgemeinen Lehre vom Gedankending muß nach Durandus auch die Wahrheitsdefinition verstanden werden, nach der die Wahrheit die Adäquation oder Konformität der Sache und des Intellekts ist. Auch hier gilt, daß, wenn die Konformität auf das subjektive intramentale Sein, also den Erkenntnisakt oder die Repräsentation durch eine *species* bezogen würde, der Gedanke in unerträgliche Widersprüche geführt würde. Was als wichtiges Argument hinzukommt, ist, daß im Gedanken der Repräsentation selbst eine Objektbezogenheit implizit enthalten ist, weil

---

50 Durandus a Sancto Porciano, *In Sent.* I d. 19 q. 5, nn. 4–7 (65vb – 66ra).

51 Durandus a Sancto Porciano, *In Sent.* I d. 19 q. 5, n. 7: „Alia est opinio quam credo veriorem quod ens rationis non est aliud quam denominatio obiecti ab actu rationis secundum ea quae attribuntur rei solum ut cognita est, verbi gratia esse universale, esse genus, vel speciem dicuntur entia rationis quia talia dicuntur de re tantum ut est obiective cognita ita quod ens rationis non est penitus nihil, nec dicitur ens rationis quia sit in anima subiective sed quia est denominatio rei ab actu rationis secundum ea quae conveniunt ei solum ut est cognita."

„die Konformität beim Repräsentieren oder Erkennen darin besteht, daß das
Repräsentierende oder Erkennende vorstellt oder erkennt, daß die Sache so ist,
wie sie ist, aber eine solche Konformität wird nur bei dem bemerkt, was sich in
objektiver Weise zum Intellekt verhält."[52]

Die Wahrheit gehört also auch zu dem, was im Modus des objektiven Seins
im Intellekt ist. Aber sie ist kein primär und eigentlich erkanntes Objekt, so
wie das in einem Satz Erkannte selbst. Sondern sie stellt gewissermaßen
nur einen Modus dar, der der Sache, allein insofern sie erkannt ist, zukommt.[53] In dieser Hinsicht ist die Wahrheit eine zweite Intention, d.h. ein
Reflexionsbegriff. Allerdings müssen zweite Intentionen danach unterschieden werden, welchem Erkenntnisakt sie folgen. So kommen die Bestimmungen der Gattung oder der Species der Sache zu, insofern sie durch
den ersten Akt, das einfache Erfassen, d.h. den Begriff, erkannt wird. Die
Bestimmungen der Affirmation oder Negation, aber auch der Wahrheit
oder Falschheit dagegen kommen ihr als in einem Aussagesatz erkannter
zu. Schließlich gibt es nach der scholastischen Lehre logische Bestimmungen wie das Antecedens oder Consequens, den Syllogismus und dgl., die
der Sache zukommen, insofern sie durch den dritten Erkenntnisakt objektiv im diskursiven Verstand ist. Wir haben damit dieselbe Wahrheitsvorstel-
lung, die uns auch schon bei Hervaeus begegnete.[54] Wahrheit im eigentlichen Sinne (formaliter), die, wie bei Hervaeus, von der „fundamentalen"
bzw. „materialen" Wahrheit in den Dingen selbst zu unterscheiden ist,[55] ist
danach eine Eigenschaft des Objekts des Intellekts, welches durch einen
wahren Aussagesatz bezeichnet wird. Da aber ein wahrer Satz nur das bezeichnen kann, was der Intellekt in einer Aussage als sein Objekt erfaßt, ist
evident, daß die Wahrheit die Konformität, ja sogar die Identität des in der
Aussage von der Sache Erfaßten mit der Seiendheit der Sache selbst darstellt. Die Wahrheit ist also eine Relation, die Relation einer identischen
Sache zu sich selbst, nämlich im Modus des Erkanntseins und des realen
Seins.[56] Hält man sich vor Augen, daß Durandus das *ens reale* formal als das
bestimmt hat, was sein Sein in der äußeren Sache ganz ohne die Tätigkeit
des Intellekts hat, und entsprechend das *ens rationis* als die durch den Intel-

---

[52] Durandus a Sancto Porciano, *In Sent.* I d. 19 q. 5 n. 12 (66ra–b).

[53] Durandus a Sancto Porciano, *In Sent.* I d. 19 q. 6 n. 11(66vb): „Relinquitur ergo tertium
quod veritas sit in intellectu obiective non quidem sicut obiectum cognitum principaliter
sed ut quidam modus conveniens rei solum ut est cognita."

[54] Durandus a Sancto Porciano, *In Sent.* d. 19 q. 6 n. 11 (66vb). Fast wörtlich gleich schon
Hervaeus Natalis, *Quodlibeta* III q. 1, fol. 69vb.

[55] Durandus a Sancto Porciano, *In Sent.* d. 19 q. 6 n. 9 (66vb).

[56] Durandus a Sancto Porciano, *In Sent.* I d. 19 q. 5 n. 13 (66rb): „[…] ergo veritas est formaliter condicio obiecti intellectus et non alicuius existentis subiective in intellectu […] et sic
patet quod veritas est conformitas intellectus ad rem intellectam, inquantum id quod de re
enunciative apprehenditur est conforme vel potius idem cum entitate rei et sic est relatio
eiusdem ad seipsum secundum esse intellectum et esse reale." Ähnlich ebd. n. 14.

lekt konstituierte Seiendheit,[57] dann versteht man, als was hier Wahrheit begriffen wird. Sie ist die durch den Intellekt entdeckte Übereinstimmung zwischen dem von ihm unabhängigen Sein bzw. dem, was ihm als unabhängig von ihm selbst erscheint, und dem von ihm konstituierten Sein, dem Begriff oder Satz.

6. Petrus Aureoli: Abgesang

Ehe das 14. Jahrhundert, von Ockham an, die Adäquationstheorie der Wahrheit gar nicht mehr erwähnt und statt dessen den sog. propositionalen Wahrheitsbegriff propagiert, hat Petrus Aureoli den Abgesang dieser Theorie eingeläutet. Er hat alle Variationen dieses Themas kritisiert. Seine Kritik trifft das Mark dieser Theorie. Denn sie sucht zu zeigen – ohne daß die Argumente hier im einzelnen dargelegt werden können –, daß die Wahrheit nicht in einer Beziehung bestehen kann, weder in einer Konformität, die den Dingen im Verhältnis zum göttlichen Denken zukommen könnte, noch in der Konformität des Erkenntnisaktes des menschlichen Intellekts zur äußeren Sache. Sie kann auch nicht als zweite Intention gedacht werden, die die Übereinstimmung der Sache als erkannter mit sich selbst, insofern sie extramental existiert, feststellte, schließlich auch nicht im Sinne der Selbstmanifestierung der Sache gegenüber einem möglichen Intellekt. Kurzum: Der Begriff der Wahrheit beinhaltet überhaupt nicht so etwas wie ein Verhältnis, keine Übereinstimmung, nicht Angleichung oder Gleichförmigkeit. Wahrheit meint nach Aureoli – wenn man so sagen kann – geradezu das Gegenteil davon: Wahrheit bezeichnet die unvermischte Reinheit der Wesenheit, ihre Lauterkeit und Absonderung, z.B. die Echtheit des Goldes oder des Silbers. Sie wird nach Aureoli am deutlichsten durch das „Ist"-Sagen ausgedrückt. Der Satz „der Stein ist" drückt nicht eine Bestimmtheit aus, die dem Stein noch hinzugefügt würde, sondern drückt die „Setzung" der Wesenheit des Steines in der Naturwirklichkeit, d.h. als extramentales Sein, aus, und das macht seine „reine Wahrheit" aus.[58] Gleichwohl ist die extramentale Existenz einer Sache nicht eigentlich ihre Wahrheit. Denn so erscheint die Wesenheit der Sache nicht in ihrer Lauterkeit, vielmehr ist sie vermischt mit akzidentellen Bestimmtheiten aller Art. Wahr

---

[57] Vgl. Durandus a Sancto Porciano, *Quolibeta Avenionesia Tria*, hrsg. von P. T. Stella, Zürich 1965, 47: „Ens autem uno modo accipitur pro ente, quod habet esse in re extra, circumscripta omni operatione intellectus; et istud vocatur ens reale. Alio modo, dicitur ens illud, quod non habet aliquam entitatem nisi per operationem; [...]."

[58] Petrus Aureoli, *Scriptum super Primum Sententiarum* d. 8 s. 21 n. 78, ed. E. M. Buytaert, St. Bonaventure 1956, 905: „Sed dicendo sic: lapis est, li ‚est' nihil aliud ponit, nisi quod affirmat lapideitatem.", n. 80; p. 906: „[...] quod positio lapidis est pura affirmatio eius et pura veritas, [...], n. 86, 909: „[...]cum dicitur ‚lapis est', quod li ‚est' significat affirmationem eiusdem rei, sive veritatem et positionem [...]."

kann aber auch sie genannt werden, weil sie „teilhat" an dem washeitlichen Sein oder – wie Aureoli auch sagt – weil sie die quiditative Bestimmtheit der Sache „berührt". Nach Aureoli ist die Gesamtwirklichkeit ein Stufenreich der Wahrheit, je nach dem Grad der Partizipation an der reinen Wesenheit der Sache. Diese aber ist in der Welt des endlichen Seins nicht in ihrer subsistierenden Form vorhanden, sondern nur im Modus des abstraktiven Begriffs, also im Modus des objektiven Seins. „Keine Washeit aber ist subsistierend und hat auch kein Sein, es sei denn im Intellekt auf objektive Weise, weil keine Wahrheit rein und lauter ist außer objektiv im Intellekt, die erste Wahrheit ausgenommen."[59] Aureoli hat so der alten Lehre von der Wahrheit als der washeitlichen Bestimmtheit der Sache einen besonderen Akzent verliehen, indem er gleichwohl den Intellekt als den eigentlichen „Ort" der Wahrheit ausmacht. „Deswegen sagen wir" – und das ist das einzige Zugeständnis gegenüber der Position des Heinrich von Gent – „daß die Wahrheit im Intellekt auf objektive Weise ist, und diese ist die lautere Wahrheit, die der Intellekt anschaut."[60] Die Wahrheit ist also die Wesenheit der Sache, insofern sie erkannt ist. Da aber das, was der Intellekt von der Sache erkennt, auch ihre Erscheinung genannt werden kann, ist die Wahrheit die „objektive Erscheinung" der Sache,[61] von der alles Wahre sonst in der Welt abgeleitet ist.

Literaturverzeichnis

Primärliteratur

Ammonius, *In Aristotelis librum de interpretatione Commentaria*, CAG 4/5, hrsg. von A. Busse, Berlin 1897.

Durandus a Sancto Porciano, *In Petri Lombardi Sententias Theologicas Commentariorum libri* IV, Venetiis 1571, ND: Ridgewood, New Jersey 1964.

Durandus a Sancto Porciano, *Quolibeta Avenionesia Tria*, hrsg. von P. T. Stella, Zürich 1965.

Elias, *In Aristotelis Categorias Comm.*, CAG 18/1, hrsg. von A. Busse, Berlin 1900.

Gottfried von Fontaines, *Quodlibeta* V–VII, hrsg. von M. de Wulf und J. Hoffmans (*Les Philosophes Belges* III), Louvain 1914.

---

[59] Petrus Aureoli, *Commentum in primum librum Sententiarum*, d. 19 ebd. 494 bF. Zum Begriff der „Stufen" der Wahrheit ebd. 493 aA, zur „Berührung" ebd. 494 bD-E.

[60] Petrus Aureoli, *Commentum in primum librum Sententiarum* d. 19, ebd. 493 bC. Vgl. auch 492 bD: „ergo ratio veritatis videtur consistere in quadam puritate et segregatione et impermixtione cuiuslibet extranei." Zur Ablehnung des Begriffs der Konformität als eines Relationsbegriffs vgl. ebd., n. 94, 548. Was Aureoli selbst mit dem Konformitätsbegriff im Sinne eines Bildes meint, hat D. G. Denery, 1998, 44, erläutert: „It is the thing's presence [...] it's appearance which makes an appearance true."

[61] Petrus Aureoli, *Scriptum super Primum Sententiarum* d. 2 s. 10 n. 143, hrsg. von E. M. Buytaert, St. Bonaventure 1956, 564: „[...] in quantum res in esse formato positae sive obiectiva apparentia rerum veritas appellatur." Vgl. auch n. 91; p. 548.

Heinrich von Gent, *Quodlibeta* II, in: *Opera omnia* VI, hrsg. von R. Wielockx, Leuven 1983.

Heinrich von Gent, *Quodlibeta* IX, in: *Opera omnia* XIII, hrsg. von R. Macken, Leuven 1983.

Heinrich von Gent, *Summa*, art. XXXI–XXXIV, in: *Opera omnia* XXVII, hrsg. von R. Macken, Leuven 1991.

Heinrich von Gent, *Summa quaestionum ordinarium*, Paris 1520, ND: New York 1953.

Hervaeus Natalis, *In quatuor Libros Sententiarum commentaria*, Paris 1647, ND: Farnborough Hants, England 1966.

Hervaeus Natalis, *Quolibeta*, ND: Ridgewood, New Jersey 1966.

Ioannes Duns Scotus, *Lectura in Librum Primum Sententiarum*, d. 1–7, ed. Vat., in: *Opera omnia* XVI, 1960.

Ioannes Duns Scotus, *Quaestiones super Libros Metaphysicorum Aristotelis*, Libri VI–IX, in: *Opera philosophica* IV, hrsg. von R. Andrews / G. Etzkorn / G. Gál / R. Green / F. Kelley / G. Marcil / T. Noone / R. Wood, St. Bonaventure, New York 1997.

Kant, Immanuel, *Logik*, in: *Schriften zur Metaphysik und Logik* 2 (Werkausgabe VI), hrsg. von W. Weischedel, Frankfurt am Main 1977.

Petrus Aureoli, *Commentum in primum librum Sententiarum*, hrsg. Rom 1596, ND: Frankfurt am Main.

Petrus Aureoli, *Scriptum super Primum Sententiarum*, 2 Bde., hrsg. von E. M. Buytaert, St. Bonaventure 1952/1956.

Philoponos, *In Aristotelis Categorias commentaria*, CAG 13/1, hrsg. von A. Busse, Berlin 1898.

Proklos, *In Platonis Cratylum commentaria*, hrsg. von G. Pasquali, Leipzig 1908.

Proklos, *In Platonis Timaeum commentaria*, hrsg. von E. Diehl, Leipzig 1904.

Theon von Smyrna, *Expositio rerum mathematicarum*, hrsg. von E. Hiller, Leipzig 1878.

Thomas von Aquin, *Quaestiones disputatae De veritate*, 3 Bde., Ed. Leon. 22, Rom 1970–1976.

Thomas von Aquin, *Summa Theologiae* I, 2 Bde., Ed. Leon. 4–5, 1888–1889.

Sekundärliteratur

Brown, J. V., 1981, *The Meaning of Notitia in Henry of Ghent*, in: *Sprache und Erkenntnis im Mittelalter* (Miscellanea Mediaevalia 13/2), hrsg. von W. Kluxen u. a., Berlin / New York, 992–998.

Denery, D. G., 1998, „The Appearance of Reality: Peter Aureol and the Experience of Perceptual Error", *Franciscan Studies*, 55, 27–52.

Kann, Chr., 1999, „Wahrheit als *Adaequatio*: Bedeutung, Deutung, Klassifikation", in: *Rech. de Théol. et Phil. Méd.*, 66, 209–224.

Kann, Chr., 2001, *Skepsis, Wahrheit, Illumination. Bemerkungen zur Erkenntnislehre Heinrichs von Gent*, in: *Nach der Verurteilung von 1277. Philosophie und Theologie an der Universität von Paris im letzten Viertel des 13. Jahrhunderts*, hrsg. von J. A. Aertsen / K. Emery / A. Speer, Berlin / New York, 38–58.

Kobusch, Theo, 1987, *Sein und Sprache. Historische Grundlegung einer Ontologie der Sprache*, Leiden / New York / Kopenhagen / Köln.

Kobusch, Theo, 2004, „Begriff und Sache. Die Funktion des menschlichen Intellekts in der mittelalterlichen Philosophie", *Internationale Zeitschrift für Philosophie*, 2, 140-157.

Kobusch, Theo, 2005, Art. „Wahrheit c. Spätmittelalter", *Historisches Wörterbuch der Philosophie* Bd. 12, hrsg. von G. Gabriel, Basel, 68-72.

Marrone, St. P., 1983, „Matthew of Aquasparta, Henry of Ghent and Augustinian Epistemology after Bonaventure", *Franziskanische Studien*, 65, 252-290.

Marrone, St. P., 2001, *The Light of Thy Countenance. Science and Knowledge of God in the Thirteenth Century*, Vol. II, Leiden / Boston / Köln.

Oeing-Hanhoff, L., 1963, „Wesen und Formen der Abstraktion nach Thomas von Aquin", *Philosophisches Jahrbuch*, 71, 14-37.

Oeing-Hanhoff, L., 1977, *Sprache und Metaphysik*, in: *Metaphysik*, hrsg. von G. Jánoska und F. Kauz, Darmstadt, 296-324.

Pasnau, R., 1995, „Henry of Ghent and the Twilight of Divine Illumination", *Review of Metaphysics*, 49, 49-75.

Pinborg, J., 1972, *Logik und Semantik im Mittelalter. Ein Überblick* (problemata 10), Stuttgart-Bad Cannstatt.

Schmitt, Ch. B., 1963, „Henry of Ghent, Duns Scotus and Gianfrancesco Pico on Illumination", *Medieval Studies*, 25, 231-258.

Robert Grosseteste zur Wahrheitsfrage

Walter Senner, OP (Paris)

1. Biographisches

Robert Grosseteste kommt aus einfachen Verhältnissen. Um 1170 wurde er in Langtoft bei Stowe in der englischen Grafschaft Suffolk geboren. Über die ersten gut fünfzig Jahre seines Lebens wissen wir nur Ungefähres: er trat wohl als junger Mann zunächst in den Dienst des Bischofs von Hereford, dem seine Rechts- und medizinischen Kenntnisse gerühmt wurden,[1] und erwarb eine ungewöhnlich hohe Bildung in Philosophie – besonders den *Naturalia* – und Theologie. Erst 1225 ist er als Diakon der Diözese Lincoln nachgewiesen, ein Zeitpunkt, zu dem er bereits als Kanzler der 1214 gegründeten Universität Oxford amtiert haben mußte.[2] Ab 1229/30 hielt er auf Bitten der Franziskaner Vorlesungen in ihrem neuen Oxforder Studienhaus, wo Alexander von Hales, der spätere Pariser Professor, sein Sozius war.[3] Grosseteste blieb den Minderbrüdern immer herzlich verbunden und vermachte ihnen seine Bücher.[4] 1235 wurde er zum Bischof von Lincoln gewählt. 1245 nahm er am ersten Konzil von Lyon teil, wo er besonders für eine striktere Fassung der oft vernachlässigten seelsorglichen Pflichten des Klerus eintrat.[5] Am 8. Oktober 1253 starb Robert Grosseteste im Ruf eines heiligmäßigen Lebens.

2. Philosophie

Über Roberts frühen Unterricht der *artes* wissen wir wenig: fast alle erhaltenen philosophischen Schriften gehören späteren Jahren ab etwa 1220 an.[6] Auch seine zu seiner Zeit äußerst seltenen Griechisch-Kenntnisse hat er als älterer Mann erworben.[7] Als Proprium und Kern der Philosophie Grossetestes gilt seine Lichtmetaphysik,[8] durch die er „die Einheit aller Dinge und

---

[1] J. McEvoy, 2000, 21; Prof. McEvoy herzlichen Dank für die kritische Durchsicht dieses Artikels.

[2] J. McEvoy, 2000, 26–29.

[3] M. Robson, 2003, 297–300.

[4] R. W. Hunt, 1955, 130–132.

[5] J. McEvoy, 2000, 31–41.

[6] J. McEvoy, 1982, 519; eine neuere Zusammenstellung der verfügbaren Editionen (ohne Datierung der Werke): J. McEvoy, 2000, 208–210.

[7] J. McEvoy, 2000, 113–122.

[8] A. C. Crombie, 1953, 128–151; J. McEvoy, 1982, 450f.; P. Rossi, in: Roberto Grossatesta, *Metafisica della luce*, hrsg. von Pietro Rossi, Milano 1986, 7; J. McEvoy, 2000, 87–95; S. Gieben, 2003, 226.

die Einheit der Theologie mit Naturwissenschaft und Alltagserfahrung"[9]
konzipieren konnte. Das Licht ist in Grossetestes spekulativer Ausdeutung
der Schöpfungserzählung in der biblischen *Genesis* das Ersterschaffene.[10]
Die Sonne ist das „Herz" der Wärme und damit der physischen Welt, die
hauptsächlichste Wirkursache und Prinzip der Einheit ihrer natürlichen
Vorgänge.[11] Jede Kreatur ist in etwa von der Art des Lichtes – und damit ein
Aufweis des Schöpfers.[12] Dessen ursprüngliches Licht scheint unmittelbar
auf jede Wahrheit und weist die Wahrheit auf.[13] Grosstestes Lichtspekulation wurde durch eine Zusammenfassung seines Schülers und Mitarbeiters
Adam Marsh Bonaventura bekannt und so in der franziskanischen Schul-
tradition weitervermittelt.[14]

Ein besonders aufschlußreiches Zeugnis für Grossetestes Arbeitsweise
ist in einer Abschrift auf uns gekommen: die *Tabula*, eine systematisch geordnete Schlagwortsammlung mit Literaturverweisen.[15] Dort findet sich
veritas in dem ersten von neun Teilen, „Über Gott", zwischen „Daß Gott
ist – und in höchster Weise" und „Über die Vorsehung".[16] Der Eintrag enthält in seiner ursprünglichen Form 20 Verweise auf Stellen in Werken des
hl. Augustinus, einen auf Gregors des Großen *Moralia in Iob* und einen auf
Bernardus epistola. Später zugefügt sind je ein Verweis auf Cicero, *De immortalitate animae*, die Briefe Senecas und Aristoteles, *Metaphysica* I,1.[17] Da
diese Verweise sich nur zum geringen Teil mit den in *De veritate* genannten
Quellen decken, steht zu vermuten, daß die *Tabula* erst später angelegt
wurde.

Der Traktat *De veritate* ist wahrscheinlich etwa 1225–1230 entstanden.[18]
In der sonst bei Robert nur selten zu findenden Quaestionenform[19] „stellt
er einen Versuch Grossetestes dar, das Konzept von ‚Wahrheit' sowohl in
seiner ontologischen als auch seiner noëtischen Bedeutung zu definieren,

---

[9] R. W. Southern, 1986, 218f.

[10] Robertus Grosseteste, *De luce*, in: *Die philosophischen Werke des Robert Grosseteste, Bischofs von Lincoln*, hrsg. von Ludwig Baur, Münster/Wf. 1912, 52,17–21; ders., *Hexaëmeron* (II,5,5), hrsg. von Richard C. Dales und Servus Gieben, Oxford 1982, 92,3–24; cf. K. Hed-wig, 1980, 134–136; J. McEvoy, 2000, 87–95.

[11] J. McEvoy, 1974, n. 15, 76,7–10.

[12] Robertus Grosseteste, *Hexaëmeron*, 8,7f.; cf. K. Hedwig, 1980, 146–150.

[13] Robertus Grosseteste, *Commentarius in Hierarchiam Caelestem* (ungedruckt), zit. nach J. McEvoy, 1982, 107, n. 112.

[14] S. Gieben, 1993, passim.

[15] Edition durch Philipp W. Rosemann in: Robertus Grosseteste, *Opera Roberti Grosseteste Lincolniensis*, vol. 1, Turnhout 1995 (Corpus Christianorum, continuatio mediaevalis 130), 233–320. Bereits R. W. Hunt, 1955, 122–125, wies auf Roberts Annotationen in von ihm benutzten Büchern und auf die *Tabula* hin.

[16] Robertus Grosseteste, *Opera*, vol. 1, 245.

[17] Robertus Grosseteste, *Opera*, vol. 1, 268.

[18] J. McEvoy, 1982, 230.

[19] Pietro Rossi in: Roberto Grossatesta, *Metafisica della luce*, 209.

und [der noch nicht einmal ein ganzes Blatt umfassende Traktat] *De veritate praedicationis* erweitert die Diskussion um eine besondere Schwierigkeit, nämlich die der *futura contingentia*. In Stil, Geist und Inhalt sind beide Traktate in den Augustinismus eingetaucht".[20]

Ausgehend von „Ich bin der Weg, die Wahrheit und das Leben" (Joh 14,6) fragt Grosseteste „ob es neben ihr [sc. Gott als der ersten Wahrheit] noch eine andere Wahrheit gebe".[21] Er nennt zunächst sieben Argumente für diese These, von denen sich sechs auf die Vielheit der wahren Aussagen, Dinge und Taten gründen, während Gott doch Einer ist. Für eines dieser Argumente wird ein Vers aus dem Johannesevangelium (3,21) angeführt, für zwei weitere Stellen aus verschiedenen Werken Augustins. Gegründet auf Augustins *Liber de mendacio*[22] wird als siebtes Argument eine doppelte Wahrheit (*duplex veritas*) genannt – „die eine in der Kontemplation, die andere in der Aussage".[23] Es folgen – nach dem durch Joh 16,13 bekräftigten Evangelienzitat zu Beginn – drei weitere Argumente gegen eine Vielheit von Wahrheiten. Anselm [von Canterbury] schließt, „daß die Wahrheit alles Wahren einzig und die höchste Wahrheit ist".[24] Daß es *eine* höchste Wahrheit ist, der alle wahren Aussagen – auch über vergängliches Geschaffenes – zugrundeliegen, wird von Augustinus bestätigt,[25] der auch definiert, daß „Wahrheit ist, was das aufzeigt, was ist (*veritas est, quae ostendit id quod est*)".[26] Da aber nur das Licht der höchsten Wahrheit dem Blick des Geistes das Sein des Seienden (*esse alicuius rei*) aufzeigen kann, gibt es letztlich keine andere Wahrheit als diese höchste Wahrheit.[27] Damit ist Robert bei seiner eigenen Lichtnoëtik angelangt. Die Kernaussage, „daß das Licht der höchsten Wahrheit und nichts anderes dem Auge des Geistes das zeigt, was ist"[28] bekräftigt er mit fünf Argumenten aus Werken des hl. Augustinus – wohl auch, weil er sich zuvor für die Gegenthese vor allem auf diesen Kirchenvater berufen hat. Ein Nebeneinander dieses Lichtes und eines anderen Wahr-

---

[20] J. McEvoy, 1982, 230.

[21] Robertus Grosseteste, *De veritate*, in: ders., *Die philosophischen Werke*, 130,2 ff.

[22] Augustinus, *Liber de mendacio*, c. XX/41, in: ders., *Opera*, sect. V, pars 3, ex rec. Joseph Zycha, Wien 1900, 461,26–462,1: Es geht dort allerdings nicht um *contemplatio* im Sinn von geistlicher Betrachtung, sondern um die (nicht ausgesprochene) *veritas cordis* und die *veritas oris*, cf. ebd., c. XVI/31: a.a.O., 461,26–462,1, 450,6–11.

[23] Robertus Grosseteste, *De veritate*, 131,18–132,11.

[24] Robertus Grosseteste, *De veritate*, 132,13 f. Anselm von Canterbury, *De veritate*, c. 13, in: ders., *Opera omnia*, hrsg. von F. S. Schmitt, Nachdruck, Stuttgart-Bad Cannstatt 1968, vol. 1, 199,12–29.

[25] Robertus Grosseteste, *De veritate*, 132,17–28. Augustinus, *De libero arbitrio* – Baur gibt II,8 an (PL 32,1252), das sinngemäße Zitat ist aber eher II,10, n. 142 (in der Ausgabe von W. M. Green, Turnhout 1970: 256,16–20).

[26] Robertus Grosseteste, *De veritate*, 132,33 f. Augustinus, *De vera religione*, c. 36 (in der Ausgabe von K.-D. Daur, Turnhout 1962: 230,23 f.).

[27] Robertus Grosseteste, *De veritate*, 133,4 f.

[28] Robertus Grosseteste, *De veritate*, 133,6 f.

heitsgrundes für denselben Gegenstand der Erkenntnis ist nicht denkbar, da dieses erste Licht genügt.[29] Zur Definition der Aussagenwahrheit wird der *Philosophus* angeführt: „Und diese Wahrheit ist nichts anderes, als daß es sich mit der bezeichneten Sache so verhält, wie die Rede sagt."[30] Bedeutungsgleich sind die beiden, unbestimmten *aliqui* zugeschriebenen Aussagen „Wahrheit ist Angleichung der Rede und der Sache" und „Angleichung der Sache an den Verstand".[31] Die Rede von der ‚Rede' verbessert Grosseteste sogleich im Sinne eines Exemplarismus: „Da die Rede, die innerlich schweigt, wahrer ist, als die, die äußerlich schallt – nämlich das Konzept des Verstandes wahrer ist als die tönende Rede – ist die Wahrheit eher Angleichung der inneren Rede als der äußeren, sodaß, wenn diese innere Rede ihre Angleichung an die Sache ist, sie nicht nur wahre Rede ist, sondern die Wahrheit selbst."[32] Die „Rede des Vaters" (*sermo Patris*), das innere Wort Gottes, ist nach der eben genannten Definition am meisten der Sache angeglichen, die sie spricht; sie ist selbst Angleichung an sie und somit im höchsten Maße Wahrheit – „sie kann nicht anders sein als sprechend, sich angleichend an das, wovon sie spricht: Wahrheit".[33] In den Dingen, von denen die „Rede des Vaters" spricht, ist eine Gleichförmigkeit (*conformitas*) mit dem, was sie über sie sagt, die ihre Rechtheit ausmacht: „recht ist ein Ding und wie es sein soll, insoweit es diesem Wort [der ‚Rede des Vaters'] gleichförmig ist [...] die Wahrheit der Dinge ist also [...] ihre Rechtheit und Gleichförmigkeit mit dem Wort, das sie in Ewigkeit spricht".[34] Diese Rechtheit ist nur für den Geist erfaßbar – und damit ist Robert bei der Wahrheitsdefinition Anselms, „Wahrheit ist nur mit dem Geist erfaßbare Rechtheit".[35] Ein kurzer Exkurs über die Falschheit als den bloßen Schein leitet eine weitere Überlegung ein: Von Dingen, die verschiedene Eigenschaften haben – und diese nicht immer –, läßt sich sagen, sie seien wahr bzw. falsch. Falsches ist aber immer auf das Wahre gegründet, dessen Fehlform es ist, wie das Schlechte auf das Gute.[36] Wahr ist, dessen Sein seinem Ideal in dem ewigen Wort gleichförmig ist.[37]

Was aber, wenn es in Gott Falschheit gäbe? Dann gäbe es nichts, denn ohne das wahre Urbild ist kein Abbild, keine Ähnlichkeit möglich. Das

---

[29] Robertus Grosseteste, *De veritate*, 134,6–16.

[30] Robertus Grosseteste, *De veritate*, 134,18f.; cf. Aristoteles, *Metaphysik* (IV,7: 1011b26–28), übers. und eingel. von Thomas A. Slezák, Berlin 2003, 67. Die genaueste Entsprechung ist Anselm von Canterbury, *De veritate*, c. 2, in: ders., *Opera omnia*, vol. 1, 177,10–12).

[31] Robertus Grosseteste, *De veritate*, 134,20f.

[32] Robertus Grosseteste, *De veritate*, 134,23–26. Daß Robert hier den *coniunctivus irrealis* verwendet, ist keine Verneinung, sondern Kennzeichnung als Hypothese.

[33] Robertus Grosseteste, *De veritate*, 134,32f.; cf. S. Oliver, 2004, 160.

[34] Robertus Grosseteste, *De veritate*, 134,30–135,6.

[35] Robertus Grosseteste, *De veritate*, 135,8f.; cf. Anselm von Canterbury, *De veritate*, c. 11, in: ders., *Opera omnia*, vol. 2, 191,19f.

[36] Robertus Grosseteste, *De veritate*, 135,25 – 136,14.

[37] Robertus Grosseteste, *De veritate*, 136,15f.

wäre absurd, und da Grosseteste in seiner Zeit keine *auctoritas* kennt, die
so etwas vertritt, kann er sich ein weiteres Eingehen auf diese Hypothese
sparen.[38]

Gott ist in keiner Weise falsch; er selbst ist ja das nicht mehr weiter über-
steigbare Urbild, der Sohn wie der Vater sind „volle Wahrheit und Licht".[39]
Grosseteste ist nun wieder bei der ihm eigentümlichen Lichtnoëtik angelangt: „alle geschaffene Wahrheit wird nur im Licht der höchsten Wahrheit
geschaut".[40] „Auch die geschaffene Wahrheit zeigt das auf, was ist; jedoch
nicht in ihrem eigenen Licht, sondern im Licht der höchsten Wahrheit".[41]
Wie im physischen Bereich die Farben eines Körpers nur im Licht der
Sonne leuchten, so wird im geistigen Bereich „keine Wahrheit geschaut, es
sei denn im Licht der höchsten Wahrheit"[42] – eine Analogie, keine Metapher. Auch viele sittlich nicht Reine (*immundi*) sehen die höchste Wahrheit,
doch viele sind sich darüber nicht im Klaren, wie jemand, der farbige Körper im Licht der Sonne sieht, seinen Blick aber niemals auf die Sonne selbst
wendet, nicht weiß, daß er nicht nur die farbigen Körper sieht, sondern
auch das, was sie zum Glänzen bringt.[43] „Die reinen Herzens (*mundicordes*)
sind und die „vollständig Gereinigten" (*perfecte purgati*) erschauen das Licht
der Wahrheit".[44]

Auf diesem Hintergrund der einen und ewigen höchsten Wahrheit, in
deren Licht das einzelne Wahre als deren Bild und Widerschein mit dem geistigen Auge geschaut werden kann, ist Augustins Aussage für Robert zu
verstehen, es gebe vielfache Wahrheit der Dinge.[45] Denn wenn es auch vieles Wahres gibt, so nur eine Wahrheit, aus der alles dies wahr ist. „So wie die
Wahrheit des Dinges nur im Licht der höchsten Wahrheit erkannt werden
kann, so kann erst recht nichts ohne die Bedeutung der höchsten Wahrheit
durch den Namen ‚Wahrheit' bezeichnet werden".[46] Diese eine, ewige und
notwendige Wahrheit ist auch Grundlage der ganzen Logik, denn ohne sie
wären weder bejahende noch verneinende Aussagen möglich.[47] Damit ergibt sich die Frage, ob dann nicht jedes Wahre bzw. jede wahre Aussage
ewig sein muß. In der Tat gibt es für Robert ewig wahre Aussagen: nicht

---

[38] Robertus Grosseteste, *De veritate*, 136,20–29.
[39] Robertus Grosseteste, *De veritate*, 136,34f.
[40] Robertus Grosseteste, *De veritate*, 137,3f.
[41] Robertus Grosseteste, *De veritate*, 137,23f.
[42] Robertus Grosseteste, *De veritate*, 138, 3f. Daß es sich hier nicht lediglich um eine subjektive Illuminationslehre, eine Metaphorik handelt, sondern daß Robert Grosseteste hierin
die grundlegende ontische und Erkenntnis-Struktur sieht, betont J. McEvoy, 1982, 322f.
mit Textbelegen.
[43] Robertus Grosseteste, *De veritate*, 138, 11–17; cf. S. Oliver, 2004, 161.
[44] Robertus Grosseteste, *De veritate*, 138,18f.; cf. o. das 5. Argument, 131,3–7.
[45] Robertus Grosseteste, *De veritate*, 138,24f.; cf. 139,12f.
[46] Robertus Grosseteste, *De veritate*, 139,8–10.
[47] Robertus Grosseteste, *De veritate*, 139,21–23.

nur *per se* logisch notwendige der Art „7 + 3 = 10"[48] oder „Weißes kann
nicht schwarz sein", sondern auch *per accidens* über Einzeldinge wie „Sokrates wird gelobt". Das impliziert dann freilich nicht, daß Sokrates ewig
wäre.[49] Eine notwendig ewig wahre Aussage ist z.B. „Sokrates ist von Gott
gekannt", denn Gott weiß alles von Ewigkeit „und die Wahrheit einer solchen Aussage erfordert auch nichts außer Gottes Existenz"[50] – eine Auffassung, die sich nur dann verstehen läßt, wenn Gott als Exemplarursache gedacht wird, die bereits für einen nur gedachten Sokrates notwendige
Voraussetzung ist – und erst recht für einen in Zeit und Raum existierenden. Dementsprechend schließt die Lösung Grossetestes, „daß das Aussagbare nicht anderes ist, als die ewigen Gehalte (*rationes*) der Dinge im göttlichen Geist".[51]

Eine letzte Zweifelsfrage gibt Gelegenheit, das zu vertiefen. „Wenn
Wahrheit und Sein dasselbe sind, da die Wahrheit, wie Augustinus sagt, ,das
ist, was ist', wird dann nicht – wie jede Wahrheit nur im Licht der höchsten
Wahrheit geschaut werden kann – daß etwas ist (*aliquid esse*) nur im höchsten Sein geschaut?"[52] Die Frage ist rhetorisch. Durch ein Beispiel versucht
Grosseteste seine Auffassung zu veranschaulichen: Wasser ist flüssig, hat
aus sich keine bestimmte Form, sondern paßt sich der Form seines Behäl-
ters an. So ist auch jedes Geschöpf ohne seinen Schöpfer labil: „jedes Geschöpf würde, sich selbst überlassen, wie es aus Nichts geschaffen ist, auch
ins Nichts zurückfallen".[53] „Nichts können wir in Wahrheit von irgend etwas Geschaffenem wissen, wenn es nicht im Geist als vom ewigen Wort getragen geschaut wird. Und so wird in jedem Sein, das in einem Anhängen
an das erste Sein besteht, in irgendeiner Weise das erste Sein geschaut, auch
wenn das nicht bewußt wird".[54] Robert unterscheidet hier zwei Arten von
Erkenntnis: die direkte (*in se*) und die im Vorbild und in Ähnlichkeit (*in exemplari vel similitudine sua*). Während bei Einzeldingen die direkte Erkenntnis deutlicher ist als die durch *ihre* Ähnlichkeit oder *ihr* Vorbild, ist die
Erkenntnis im Licht des göttlichen Urbildes und des Sachgehaltes (*ratio*)
von Einzeldingen in *ihm* erleuchteter, gewisser und reiner als die direkte.[55]
So ist Wahrheit zuerst und zutiefst hierin zu erkennen. Für Wahrheit in der
Erkenntnis von Einzeldingen gilt die Übereinstimmung mit dem jeweiligen
begrifflichen Gehalt – der, erinnern wir uns, in der Rechtheit, der Entsprechung zu Gottes Ideen besteht. Die Wahrheit einer Aussage ist also die Zuschreibung „es ist" für das, was ist, und „es ist nicht" für das, was nicht ist.

---

[48] Robertus Grosseteste, *De veritate*, 132,20–27.
[49] Robertus Grosseteste, *De veritate*, 140,13–23.
[50] Robertus Grosseteste, *De veritate*, 140,27–141,10; Zitat 141,5f.
[51] Robertus Grosseteste, *De veritate*, 141,12f.
[52] Robertus Grosseteste, *De veritate*, 141,13–16.
[53] Robertus Grosseteste, *De veritate*, 141,18–26; Zitat Z. 25f.; dazu cf. J. McEvoy, 1982, 322.
[54] Robertus Grosseteste, *De veritate*, 141,33–142,3.
[55] Robertus Grosseteste, *De veritate*, 142,13–20.

Deshalb haftet dem Terminus „Wahrheit" eine gewisse Ambiguität an: „sie ist eine in allem Wahren und doch durch Anpassung (*per appropriationem*) [an den jeweiligen Sachverhalt] diversifiziert in den einzelnen [Wahren]".[56] Zwar findet sich in dieser Schlußbemerkung ein aristotelischer Zug, und Robert beruft sich auch einmal direkt auf den *Philosophus*,[57] eine Auseinandersetzung mit seiner Wahrheitskonzeption ist damit jedoch noch nicht gegeben. Die Quellen sind zuerst Augustinus und dann Anselm von Canterbury[58] – und ungenannt bleibend die im lateinischen Westen durch Johannes Scotus Eriugena vermittelte Tradition der Lichtmetaphysik und -noëtik. *De veritate* hat zwar keine weite handschriftliche Verbreitung erfahren, der Pariser Franziskanertheologe Guibertus de Tornaco hat aber ganze Passagen in sein *Rudimentum doctrinae* aufgenommen.[59] Zumindest auf diese Weise, wahrscheinlich aber auch durch Alexander von Hales vermittelt, hat dieses Werk Robert Grossetestes auf die Pariser Franziskanerschule eingewirkt.

Im Kurztraktat *De veritate propositionis*[60] nimmt Robert Grosseteste das Problem der Wahrheit von nicht notwendig (kontingenten) Seienden wieder auf, zugespitzt auf die Zukünftigen (*futura contingentia*). Die schon in *De veritate* gegebene Antwort wird hier nuanciert: „Auch wenn die Wahrheit des Satzes ‚Es gibt den Antichrist' zutreffend ausgesagt wird, so folgt daraus nicht, daß er notwendigerweise jetzt sein müsse".[61] Über Zukünftiges kann von der bejahenden Aussage keine verneinende abgeleitet werden: entweder deshalb, weil es notwendig ist und so nie verneint werden kann, oder deshalb, weil es noch unbekannt ist und so unter den gegenwärtigen Umständen nicht verneint werden kann.[62]

In dem zwischen 1220 und 1230 entstandene Kommentar zur *Analytica posteriora* des Aristoteles[63] teilt Robert Grosseteste dem *intellectus* – von *intelligentia*, der höchsten Seelenkraft, unterschieden – die Erkenntnis der unbeweisbaren, gleichwohl evidenten ersten Prinzipien der wissenschaftlichen Erkenntnis zu. Sie gehört zu einer höheren Ordnung als die Wissenschaften selbst, deren Prinzipien aus diesen ersten abgeleitet sind.[64] Dieses

---

[56] Robertus Grosseteste, *De veritate*, 143,6–8.
[57] Robertus Grosseteste, *De veritate*, 134,18; vgl. Anm. 30.
[58] J. McEvoy, 1982, 230.
[59] St. P. Marrone, 1983, 142.
[60] Robertus Grosseteste, *De veritate propositionis*, in: ders., *Die philosophischen Werke*, 143–145.
[61] Robertus Grosseteste, *De veritate propositionis*, 144,23–25.
[62] Robertus Grosseteste, *De veritate propositionis*, 145,10–13.
[63] Robertus Grosseteste, *Commentarius in Posteriorum Analyticorum libros*, hrsg. von Pietro Rossi, Firenze 1981. Dieses Werk wurde nicht nur handschriftlich verbreitet, sondern auch durch einen Frühdruck, Venedig 1514; cf. J. McEvoy, 1982, 512–514 u. 501; ders., 2000, 81–85.
[64] Robertus Grosseteste, *Commentarius in Posteriorum Analyticorum libros*, 103,91–94; cf. J. McEvoy, 1982, 309.

Wissen um die ersten Prinzipien ist nicht eingeboren; es resultiert aus
unmittelbarer Erkenntnis, so wie der Gesichtssinn das Sichtbare auffaßt.[65]
Mit diesem Vergleich ist ein Hinweis gegeben, daß diese erklärungsbedürf-
tige Auffassung Grossetestes im Kontext seiner Lichtnoëtik zu sehen ist. In
einem weiteren Sinn ist *intellectus* die Fähigkeit der Seele, allgemeine Ideen
aus konkreten Sinneseindrücken zu abstrahieren.[66] Das ist dann das Feld
der einzelnen Wissenschaften, in denen die Gründe der untersuchten Phänomene in einem deduktiven Beweisverfahren aus den vom Intellekt unmittelbar erkannten Prinzipien abgeleitet werden.[67] Diese Wahrheitserkenntnis aus durch Beweise erhobenen notwendigen Gründen ist das
Charakteristikum von Wissenschaft.[68] Wo es keine notwendig wahren und
unveränderlichen Gegenstände gibt, ist Wissenschaft im strikten Sinn – und
damit eine sichere Wahrheitserkenntnis – nicht möglich, es bleibt nur eine
Wahrscheinlichkeit, die *ars*, Kunst im Sinn von Handwerk, charakterisiert.[69] Steven P. Marrone sah im Kommentar zur Zweiten Analytik einen
grundlegenden Paradigmenwandel in Grossetestes Wahrheitsbegriff: „er
räumte Gott und den göttlichen Gründen in seiner formellen Definition
keinen Platz mehr ein. Statt dessen gründete er einfache Wahrheit vollständig in der existierenden Welt geschaffener Realität".[70] Abgesehen davon,
daß sich in diesem Kommentar, ebensowenig wie im Aristoteles-Text, keine
Definition von Wahrheit findet, scheint der Wissenschaftshistoriker übersehen zu haben, daß Robert, wie andere Scholastiker auch, die Kommentierung des *Philosophus* nicht zum Ort der Darlegung der eigenen Philosophie – und erst recht Theologie – macht.

3.   Theologie

Das theologische Hauptwerk Robert Grossetestes ist das *Hexaëmeron*,
seine Auslegung des Sechstagewerks der Schöpfung. Die Editoren der kritischen Ausgabe setzen es zu einer Zeit an, als der Magister begonnen hatte,
Griechisch zu lernen: etwa 1232–1235.[71] Zu Beginn des *Hexaëmeron* finden
wir eine Darlegung von Gegenstand und Ziel der Theologie. Sie wird nicht,

---

[65] Robertus Grosseteste, *Commentarius in Posteriorum Analyticorum libros*, 157,255–158,266.
[66] Robertus Grosseteste, *Commentarius in Posteriorum Analyticorum libros*, 266, 147–153.
[67] Robertus Grosseteste, *Commentarius in Posteriorum Analyticorum libros*, 100, 40–101,46; cf.
A. C. Crombie, 1953, 52–56; J. McEvoy, 1982, 310.
[68] Robertus Grosseteste, *Commentarius in Posteriorum Analyticorum libros*, 99,14–16.
[69] Robertus Grosseteste, *Commentarius in Posteriorum Analyticorum libros*, 171,42–172,50.
[70] S. P. Marrone, 1983, 160f. Robertus Grosseteste, *Commentarius in Posteriorum Analyticorum libros*, 305,43–45; worauf er sich beruft, ist eine allgemeine Begriffsbestimmung von
diffinitio und *demonstratio*.
[71] Richard C. Dales und Servus Gieben in: Robertus Grosseteste, *Hexaëmeron*, XIII f. Zuvor
bereits: B. Smalley, 1955, 78f.

wie die weltlichen Wissenschaften, *scientia* genannt, sondern *sapientia* – Weisheit.[72] Ihr Gegenstand ist nicht aus evidenten Wahrheiten gewonnen, sondern aus dem Glauben, da er nicht irgendein spezielles Seiendes ist, sondern die unbegrenzte Totalität – gleichwohl Einheit.[73] Diese läßt sich auch fassen als der ganze Christus (*Christus integer*), das fleischgewordene Wort, mit seinem Körper, der Kirche, in der Einheit mit dem Vater.[74] Glaubenssätze (*credibilia*) können eine Wahrscheinlichkeit besitzen, die sie akzeptabel macht, oder nur auf Hören der Autorität [der Offenbarung] begründet sein. Die zweite Art ist aufgrund von Gottes Wahrheitsgarantie die eigentliche, angemessene, besonders bei den Propheten und erst recht bei Christus, dem Sohn. Keine Wahrheit ist besser bekannt als die des Glaubens, da sie durch die höchste Autorität verbürgt ist.[75]

Von näherem Interesse ist in dem hier gegebenen Zusammenhang besonders die Ausdeutung von Genesis 1,3: „und Gott sprach: es werde Licht". Nach eingehender Darlegung der von verschiedenen Kirchenvätern vertretenen Meinungen, ob dieses erste Licht körperlicher oder rein geistiger Art gewesen sei, kommt Grosseteste zu seiner eigenen Lösung. Das von Gott ausgehende Licht ist in der Schöpfung zunächst die Natur der ihm zugewandten Engel; er hat es zum Preis und zur Festigung der Seligkeit gemacht, während die gefallenen Engel der Strafe der ewigen Finsternis verfallen sind.[76] Das geistliche Licht in der Kirche, wie in jeder heiligen Seele, macht fähig, sich – durch die *intelligencia* von Phantasievorstellungen (*phantasmata*) gereinigt – zur Kontemplation des dreifaltigen Gottes zu erheben, durch den *intellectus* zur Schau der geistigen und unkörperlichen Kreaturen (der Engel) zu gelangen, und durch den Glauben das zu erkennen, was im Zeitlichen auf das Heil des Menschengeschlechts hingeordnet ist.[77] Finsternis hingegen ist da, wo die Einsicht (*intelligencia*) in das Göttliche, der *intellectus* des Geistlichen oder der Glaube an die Sakramente durch Unkenntnis oder Irrtum verdunkelt sind.[78] Das die Menschen erleuchtende Licht ist sowohl Erkenntnis der Wahrheit als auch – in dieser Erkenntnis – Bewegung der Liebe zu guten Werken[79] (allegorisch gefaßt als morgendliche kontemplative Schau der Wahrheit und abendlicher Abstieg

---

[72] Robertus Grosseteste, *Hexaëmeron*, 49,3f.; cf. J. McEvoy, 2000, 124f.

[73] Robertus Grosseteste, *Hexaëmeron*, 50,28–51,3.

[74] Robertus Grosseteste, *Hexaëmeron*, 49,5–11; nach Joh 17,20f.; für die nähere Beschreibung dieser Einheit liegen zwei verschiedene Redaktionen vor: *Hexaëmeron*, 50,4–25.

[75] Robertus Grosseteste, *Hexaëmeron*, 51,12–33; cf. J. McEvoy, 2000, 126.

[76] Robertus Grosseteste, *Hexaëmeron*, 92,31f.; 95,17–22. K. Hedwig, 1980, 130, weist darauf hin, daß Grosseteste – gegen Ambrosius, Augustinus und Johannes Damascenus – mit dieser Auslegung Basilius dem Großen (cf. PG 30, Sp. 889C) folgt.

[77] Robertus Grosseteste, *Hexaëmeron*, 96,19–25.

[78] Robertus Grosseteste, *Hexaëmeron*, 96,25–30.

[79] Robertus Grosseteste, *Hexaëmeron*, 96,31–33.

zur Aktion[80]). Anschließend wendet sich Robert wieder dem körperlichen Licht zu und vertröstet gegen Schluß des Kapitels seine Leser(innen) darauf, „daß sich mit Gottes Hilfe später die Gelegenheit ergeben werde, über das Licht etwas nach geistlicher Einsicht zu sagen"[81] – ein Versprechen, zu dessen Einlösung Grosseteste nicht mehr gekommen ist.

Den pastoral-praktischen Zwecken gewidmeten Traktat „Über die zehn Gebote" (De decem mandatis) verfaßte Robert Grosseteste wahrscheinlich in den frühen dreißiger Jahren.[82] Bei der Behandlung des achten Gebotes „Du sollst nicht falsches Zeugnis geben" (Ex 20,16) geht er näher auf die Lüge (mendacium) ein, die als „Verleugnung der Wahrheit und Nachahmung des Teufels" charakterisiert wird.[83] Wer lügt, mißbraucht die Rede, die den Menschen dazu gegeben ist, die Hörenden das Licht der Wahrheit schauen zu lassen oder den Eifer der Liebe zu entzünden.[84] Er hat die Schlange (die Eva im Paradies zum Sündenfall verführte – Gen 3,1–7), nicht Christus, der die Wahrheit ist.[85] Wer die Wahrheit verläßt, verläßt den Weg und geht dem Untergang entgegen. Damit wird das strikte Lügenverbot der christlichen Tradition begründet: „Aus keinem Grund, für keinen Vorteil oder sonst irgendeinen Nutzen darf man lügen."[86]

Im Kommentar zur Ecclesiastica hierarchia des Pseudo-Dionysius Areopagita kommt die Lichtnoëtik Grossetestes deutlich zum Ausdruck: „Das erleuchtende Feuer trägt den Stempel der Gottheit, die unmittelbar (indistanter) auf jede Wahrheit und jedes geistige Auge ausstrahlt, und offenbart dem geistigen Auge die Wahrheit."[87] Weniger bildlich nennt Robert die Fähigkeit zu dieser Erkenntnis, die höchste der Seele – den Wortgebrauch des Pseudo-Areopagiten aufnehmend, intelligentia. Mit von Aristoteles, von Augustinus und von Avicenna entlehnten Termini baut Grosseteste darauf eine Noëtik, in der die intelligentiam – die Funktion des aristotelischen intellectus agens einnehmend, den niederen Seelenkräften das Licht der Erkenntnis vermittelt. In der späten Predigt Ecclesia sancta unterstreicht er, daß intelligentia – auch und gerade als Fähigkeit zur Gottesschau – nicht nur intellektiv ist, sondern auch affektiv: Liebe, die das Geliebte sucht, ihren Ursprung und Grund.[88]

---

[80] Robertus Grosseteste, Hexaëmeron, 97,17–19.

[81] Robertus Grosseteste, Hexaëmeron, 100,17–20. Dies ist umso eigenartiger als Grosseteste im Allgemeinen das körperliche Licht als Analogat des grundlegenderen geistlichen Lichtes sieht. A. C. Crombie, 1953, 128f.; J. McEvoy, 1982, 152.

[82] So die Herausgeber R. C. Dales und E. B. King in: Robertus Grosseteste, De decem mandatis, Oxford 1987, VII.

[83] Robertus Grosseteste, De decem mandatis, 82,14f.; cf. J. McEvoy, 1982, 310.

[84] Robertus Grosseteste, De decem mandatis, 82,15–18.

[85] Robertus Grosseteste, De decem mandatis, 83,12–14.

[86] Robertus Grosseteste, De decem mandatis, 83,19f.

[87] Zit. nach J. McEvoy, 1982, 107, n. 112. Zu Robert Grossetestes Kommentar der Ecclesiastica Hierarchia des Pseudo-Dionysius Areopagita s. dort, 469–471.

[88] J. McEvoy, 1982, 307.

Pseudo-Dionysius Areopagita hatte die Unerkennbarkeit des Wesens Gottes durch jeden geschaffenen (und damit endlichen) Intellekt betont. Johannes Scotus Eriugena sah in seinem *Periphyseon* – Grosseteste zumindest teilweise bekannt – eine Möglichkeit zu einer, wenngleich nicht diskursiven, Erkenntnis Gottes – ob auch des göttlichen Wesens? – in der gnadenhaften Gottesschau (*theophania*).[89] Dagegen wandte sich heftig Hugo von St. Viktor in seinem Kommentar zur *Caelestis hierarchia* des Areopagiten.[90] Robert Grosseteste kann dank seiner eingehenden Griechisch-Kenntnisse dem Text des Pseudo-Dionysius dicht folgen, ohne sich dabei von den „klassisch westlichen" Auffassungen Augustins und Gregors des Großen zu entfernen.[91] Von Natur aus ist das Verstehen (*comprehendi*) des göttlichen Wesens dem Menschen möglich, schließlich hat es der *Mensch* Jesus mit seiner menschlichen Einsichtsfähigkeit (*humana intelligentia*) ohne irgendein Vermittelndes so, wie es in sich ist, verstanden (*intellexit*). Mit Hilfe des göttlichen Lichtes könnte diese Fähigkeit (*potentia*) in Wirklichkeit überführt werden (*in actum prorumpere*) – wenn sie nicht (bei den hier auf Erden lebenden Menschen) vermindert, ganz geschwunden, durch die Verbindung mit dem Fleisch verdorben oder durch ungeordnetes Begehren gefesselt wäre. Erst in der himmlischen Schau werden wir Gott von Angesicht zu Angesicht sehen und erkennen.[92] Robert schickt aber gleich zwei Kautelen hinterher: (1) Gott erkennen, wie er ist, und sein Wesen schauen bedeutet nicht, daß der höchste geschaffene Verstand (*intelligentia creata*) das göttliche Wesen völlig durchdränge. (2) Die menschliche *intelligentia* Jesu ist nicht einfachhin menschlich, sondern gottmenschlich (*theandrica*) und übersteigt so übernatürlicherweise jeden geschaffenen Verstand.[93] Damit sind die zunächst so kühn klingenden Aussagen über die Möglichkeit, Gottes Wesen in diesem Leben zu schauen, zwar nicht grundsätzlich, aber doch weitgehend zurückgenommen. Momente mystischer Schau des göttlichen Wesens möchte Grosseteste bei besonders Begnadeten aber nicht ausschließen – das gehört jedoch nicht mehr zum normalen menschlichen Leben sondern steht über ihm.[94] Um 1240-1243 hat Robert Grosseteste *De Mystica theologia* des Pseudo-Dionysius übersetzt und kommentiert.[95] Die Kernaussage des Pseudo-

---

[89] Johannes Scotus Eriugena, *Periphyseon*, hrsg. von Edouard Jeauneau, l. I, Turnhout 1996, 140, 453–471 par. Eine *visio per essentiam* wird nicht *expressis verbis* behauptet; es sind außerdem vier verschiedene Versionen dieser Textstelle überliefert. Hierzu auch J. McEvoy, 1982, 244f.

[90] Hugo de S. Victore, *Commentarius in Hierarchiam Caelestem S. Dionysii Areopagitae*, Paris 1854, Sp. 955A.

[91] H.-F. Dondaine, 1952, 89f.

[92] H.-F. Dondaine, 1952, 124,24–125,37. Dondaine gibt Grosseteste, *Super Dionysii De caelesti hierarchia*, c. 4, wieder.

[93] H.-F. Dondaine, 1952, 125,38–54.

[94] H.-F. Dondaine, 1952, 125,34–70; cf. St. P. Marrone, 1983, 151f.

[95] J. McEvoy in: *Mystical theology: the glosses by Thomas Gallus and the commentary of Robert Grosseteste on De Mystica Theologia*, hrsg., übers. und eingel. von J. McEvoy, Leuven 2003, 56.

Areopagiten im ersten Kapitel wird Wort für Wort ausgelegt: Von Gott als
erste Ursache gibt es wegen seines allem übersubstantiell (*supersubstantiali-
ter*) übergeordneten Seins weder Rede – daß jemand sagen könnte, wie er
ist (*ut est*) – noch gibt es eine Einsicht in Gott – daß jemand ihn erkennen
könnte, wie er ist und was er ist (*quid est*), d.h. ohne Symbole und Bilder
gemäß seiner unverhüllten Übererscheinung (*superapparitionem*).[96] Pseudo-
Dionysius gebraucht die der Lichtmetaphysik Grossetestes entgegengesetzte Analogie, um mystische Erfahrung zu beschreiben, die nur denen
zuteil wird, die alles Unreine – Irdische – hinter sich lassen, worin ihm Robert ebenfalls wörtlich folgt: „Die zur mystischen Erfahrung Gelangenden
‚übersteigen den Aufstieg' (*superascendunt ascensionem*) [...] und lassen alle
göttlichen Lichter hinter sich, die die Auffassungskräfte darstellen, mit denen sie selbst handeln könnten, mit denen sie schauen könnten; und sie lassen die himmlischen Töne und Reden hinter sich – das sind die geistlichen
Belehrungen durch die Engel oder die, die aus der Heiligen Schrift gewonnen werden können –, und sie gehen in die Finsternis ein – das ist die Unkenntnis von allem in dieser Erfahrung –, wo er [Gott], der jenseits von allem ist, wahrhaft existiert, wie die Redeversuche (*eloquia*) sagen; nur dort
wird er [Gott] wahrhaft und bleibend gefunden, und wie er dort gefunden
wird, ist für Menschen unaussprechlich; und deshalb heißt es treffend:
‚ohne Rede'."[97] Robert folgt der Finsternis-Analogie – nicht weil er seine
Lichtmetaphysik und -noëtik aufgegeben hätte, auch nicht nur, weil die
Kommentierung es erfordert, sondern weil Gott, die erste und höchste
Wahrheit, auf dem Weg menschlicher Erkenntnis in dieser Welt nicht direkt
geschaut werden kann.

4.   Fazit

Robert Grossetestes Werk zeigt eine erstaunliche Weite der Thematik, eine
in seinen Altersjahren immer breitere und durch außergewöhnliche Sprachkenntnisse solidere Quellenbasis und, dank seiner Lichtmetaphysik und
-noëtik, eine bewundernswerte Geschlossenheit und Integrationskraft.
Auch die Wahrheitsfrage ist in dieser Perspektive von Gott als ihrem Urgrund her gesehen. Obwohl er die aristotelische Wissenschaftslehre rezi-
pierte und integrierte, standen die aristotelischen Definitionen von Wahrheit
nicht im Zentrum seines Interesses, so daß er verschiedene inkongruente,
meist von Augustinus und Anselm übernommene, nebeneinander stellt.
Das Fehlen einer abschließenden, im *Hexaëmeron* in Aussicht gestellten,

---

[96] Zu *De mystica theologia*, c. 1, com. 3: *Mystical theology: [...] the commentary of Robert Grosseteste on De Mystica Theologia*, 76. (Pseudo-Dionysius in Grossetestes Übers.: ebd., 74).
[97] Ebd. S. Oliver, 2004, 164f. versucht – diesen Text offenbar nicht kennend – die mystische
Erfahrung als der *intelligentia* der Engel entsprechend zu erklären.

synthetischen Darstellung des geistlichen Lichtes läßt eine genauere Einordnung der späteren Aussagen zur Wahrheit, gerade auch im Kontext mystischer Erfahrung im Dunkel des nicht mehr Aussagbaren, wo Gott wahrhaft (*vere*) ist, nicht zu.

Literaturverzeichnis

Primärliteratur

Anselm von Canterbury, *Opera omnia*, hrsg. von Franciscus S. Schmitt, Nachdr., Stuttgart-Bad Cannstatt 1968.
Aristoteles, *Metaphysik*, übers. und eingel. von Thomas A. Slezák, Berlin 2003.
Augustinus, *De libero arbitrio*, hrsg. von W. M. Green, Turnhout 1970 (CCL 29).
Augustinus, *De vera religione*, hrsg. von K.-D. Daur, Turnhout 1962 (CCL 32).
Augustinus, *Opera*, sect. V, pars 3, ex rec. Joseph Zycha, Wien 1900 (CSEL 41).
Hugo de S. Victore, *Commentarius in Hierarchiam Caelestem S. Dionysii Areopagitae*, Paris 1854 (PL 175, Sp. 923–1154).
Johannes Scotus Eriugena, *Periphyseon*, hrsg. von Edouard Jeauneau, l. I, Turnhout 1996 (CCM 160).
Robertus Grosseteste, *Commentarius in Posteriorum Analyticorum libros*, hrsg. von Pietro Rossi, Firenze 1981 (Bibliotheca Seraphico-Capuccina 69).
Robertus Grosseteste, *De decem mandatis*, hrsg. von Richard C. Dales und Edward B. King, Oxford 1987 (Auctores Britannici medii aevi 10).
Robertus Grosseteste, *De veritate*, in: ders., *Die philosophischen Werke*, hrsg. von L. Baur, Münster/Wf. 1912 (BGPhMA 9).
Robert Grosseteste, *Die philosophischen Werke des Robert Grosseteste, Bischofs von Lincoln*, hrsg. von Ludwig Baur, Münster/Wf. 1912 (BGPhMA 9).
Robertus Grosseteste, *Hexaëmeron*, hrsg. von Richard C. Dales und Servus Gieben, Oxford 1982 (Auctores Britannici medii aevi 6).
Roberto Grossatesta, *Metafisica della luce*, hrsg. von Pietro Rossi, Milano 1986.
Robert Grosseteste, *Mystical theology: the glosses by Thomas Gallus and the commentary of Robert Grosseteste on De Mystica Theologia*, hrsg., übers. und eingel. von James McEvoy, Leuven 2003 (Dallas medieval texts and translations 3).
Robertus Grosseteste, *Opera Roberti Grosseteste Lincoliensis*, vol. 1, Turnhout 1995 (CCM 130).

Sekundärliteratur

Callus, Daniel A., (Hrsg.), 1955, *Robert Grosseteste: scholar and bishop*, Oxford.
Crombie, Alistair C., 1953, *Robert Grosseteste and the origins of experimental science 1100–1700*, Oxford.
Dondaine, Henri-François, 1952, „L'objet et le ‚medium' de la vision béatifique chez les théologiens du XIIIe siècle", *Recherches de théologie ancienne et médiévale*, 19, 60–130.

Gieben, Servus, 1993, *Robert Grosseteste and Adam Marsh on light in a summary attributed to St. Bonaventure.*

Gieben, Servus, 2003, *Grosseteste and universal science*, in: Maura O'Carroll (Hrsg.), *Robert Grosseteste and the beginnings of a British theological tradition*, Rom, 219–238.

Hedwig, Klaus, 1980, *Sphaera lucis. Studien zur Intelligibilität des Seienden im Kontext der mittelalterlichen Lichtspekulation*, Münster/Wf. (BGPhThMA, NF 18).

Hunt, Richard W., 1955, *The library of Robert Grosseteste*, in: Daniel A. Callus (Hrsg.), *Robert Grosseteste: scholar and bishop, essays in commemoration of the 7th centenary of his death*, Oxford, 121–145.

Marrone, Steven P., 1983, *William of Auvergne and Robert Grosseteste, new ideas of truth in the early thirteenth century*, Princeton NJ.

McEvoy, James, 1974, „The sun as res and signum: Grosseteste's commentary on Ecclesiasticus ch. 43, vv. 1–5", *RthAM*, 41, 38–91.

McEvoy, James, 1982, *The philosophy of Robert Grosseteste*, Oxford, rev. ed. 1986.

McEvoy, James, 2000, *Robert Grosseteste*, Oxford (Great medieval thinkers).

O'Carroll, Maura (Hrsg.), 2003, *Robert Grosseteste and the beginnings of a British theological tradition*, Rom.

Oliver, Simon, 2004, „Robert Grosseteste on light, truth and experimentum", *Vivarium*, 42, 151–180.

Robson, Michael, 2003, *Robert Grosseteste and the Greyfriars in the diocese of Lincoln*, in: Maura O'Carroll (Hrsg.), *Robert Grosseteste and the beginnings of a British theological tradition*, Rom, 289–317.

Smalley, Beryll, 1955, *The biblical scholar*, in: Daniel A. Callus (Hrsg.), *Robert Grosseteste: scholar and bishop*, Oxford, 70–97.

Southern, Richard W., 1986, *Robert Grosseteste, the growth of an English mind in medieval Europe*, Oxford.

Wahrheitsverständnis bei Bonaventura

Marianne Schlosser (Wien)

„Beatitudo est gaudium de veritate" – „Glückseligkeit besteht in der Freude an der Wahrheit" (vgl. Augustinus, *Confessiones*, X, 23, 33). Bonaventura, der gerade in der Wahrheitsauffassung Augustinus viel verdankt, zitiert dieses Wort mit Überzeugung. „Wahrheit" ist für sein ganzes Denken zentral.[1] Im folgenden soll das Augenmerk auf die philosophischen oder besser: fundamentaltheologischen Aspekte der Wahrheitsfrage in Bonaventuras Werk gerichtet werden, wobei freilich zu berücksichtigen ist, daß diese nicht einfach aus ihren heilsgeschichtlichen und christologischen Bezügen herausgelöst werden können.

Unter Bonaventuras Werken findet sich keines, welches die Wahrheitsfrage und ihre philosophische Reflexion explizit zum Gegenstand macht. Der Ort dieser Reflexion sind theologische Fragestellungen: Innerhalb der Gotteslehre wird nach der „Wahrheit des Seins Gottes" gefragt, und inwieweit diese Wahrheit erkannt werden kann.[2] Daraus ergibt sich sofort die Frage nach der Wahrheitsfähigkeit des Menschen, also dem Verhältnis des geschaffenen Geistes zur Wahrheit.[3] Damit wiederum ist die Frage verknüpft, wie sich das Geschaffene, die „Wahrheit der Geschöpfe", zur ungeschaffenen Wahrheit des Schöpfers und seiner Erkenntnis von ihnen verhält.[4] Alle drei Komplexe: Gotteslehre, Erkenntnistheorie bzw. Anthropologie und Schöpfungslehre sind eng miteinander verflochten.

---

[1] Der „Strahl der Wahrheit" berührt die philosophischen Disziplinen der Metaphysik (*veritas rerum*) wie der Sprachphilosophie (*veritas vocum*) und der Ethik (*veritas morum*). Dazu A. Speer, 1987.

[2] Haupttexte: aus dem Sentenzenkommentar des Bonaventura: *I Sent.* dist. 3, 1, 1, 1; dist. 8, 1, 1, 1.2 (in: ders., *Opera omnia*, 10 vol., Quaracchi 1882–1902, Bd. I); *Quaestiones disputatae De Mysterio Trinitatis* I, 1; III, 1 (*Opera omnia*, Bd. V); deutsche Übersetzung: Bonaventura, *Über den Grund der Gewißheit. Ausgewählte Texte*, übersetzt und mit Erläuterungen versehen von M. Schlosser, Weinheim 1991.

[3] Der ausgereifteste Text dazu, *Quaestiones disputatae De Scientia Christi*, q. 4 (*Opera omnia* Bd. V), erläutert dies am Paradigma Christi, des vollkommenen Menschen; deutsch: Bonaventura, *Über den Grund der Gewißheit* (s. Anm. 2); ders., *Quaestiones disputatae De scientia Christi – Vom Wissen Christi*, übersetzt, kommentiert und eingeleitet von A. Speer, Hamburg 1992.

[4] Vgl. Bonaventura, *I Sent.* dist. 35, 1; ders., *Sc. Chr.* qq. 1–3.

1.   Die Wahrheit des Seins Gottes – „Wahrheit" als Eigenschaft Gottes

In dem zentralen Text des I. Buches des Sentenzenkommentars, dist. 8, p. 1 a. 1 q. 1[5] wird die Frage gestellt, ob „Wahrheit" bzw. „Wahr-Sein" das Sein Gottes kennzeichnet, und ob in ihm diese Eigenschaft in solchem Grade wirklich ist (*in summo*), daß Gottes Nicht-Sein nicht gedacht werden kann. Der erste Teil der Frage schließt ein, ob „Wahrheit" allein Gottes Eigenschaft sei, bzw. wie sich Wahrheit Gottes und Wahrheit des Geschaffenen verhalten. Mit der zweiten Frage („Ist es eine unbezweifelbare Wahrheit, daß Gott ist?") nimmt Bonaventura das Anselmische Argument auf.

Bonaventura führt aus, daß von „Wahrheit" unter mehreren Hinsichten die Rede sein kann: (1) Wahr ist etwas in dem Maß, wie es *wirklich* ist (also nicht bloß *möglich*); (2) Wahrheit bezeichnet die Relation eines Abbildes zu seinem Ursprung (nämlich der höchsten Wahrheit), also die Vollkommenheit der *Repräsentation*; (3) Wahrheit ist der Grund, wodurch etwas erkennbar ist *(ratio intelligendi)*.[6]

Ebenso vielfältig ist der Gegensatz zur „Wahrheit", wobei hier nicht nur die einfache Verneinung *(privatio: „falsitas")* der genannten Aspekte denkbar ist, sondern auch die „Vermischung" *(permixtio)* mit Nicht-Sein. Wahrheit im vollkommenen, „reinen" Sinn schließt in sich Dauerhaftigkeit, Ewigkeit, vollkommenes Wirklich-Sein ohne passive Möglichkeit. Wahr in diesem Sinne ist nur Gottes Sein, weil es jede Vermischung mit Nicht-Sein abweist. Alles Geschaffene dagegen, das nicht notwendig, sondern aus Nichts geschaffen ist, ist vermischt mit Nicht-Sein, gekennzeichnet durch einen Mangel an Sein und Sinn. Der Gegensatz zur „veritas" ist hier „vanitas":[7] Das kontingent Seiende besitzt keine befriedigende Erklärung in sich selbst, da es seinen letzten Grund – und ebenso sein letztes Ziel – nicht in sich selbst hat. Ohne Bezug zur göttlichen Wahrheit, in der es gründet, widerstrebt es schlechthinniger Intelligibilität.

„Wahrheit" ist auch deswegen in Gott vollkommen, weil er allein sich vollkommen selbst ausdrücken kann *(expressio)*: Der Sohn ist der vollkommene Ausdruck *(expressio, similitudo)* des Vaters. Hier ist das Bild nicht weniger als das Abgebildete, sondern „coaequalis". Wenngleich

---

[5] Bonaventura, *Über den Grund der Gewißheit*, 60–89.
[6] So auch: Bonaventura, *I Sent.* dist. 3, dub. 4 (I 79b); ders., *Sc. Chr.* 2 ad 9 (V 10a): Wahrheit habe grundsätzlich zwei Implikationen, „zum einen ist sie das Gleiche wie das Sein, das eine Sache hat (*entitas rei*) – so nennt Augustinus in den *Soliloquien* ‚wahr dasjenige, was ist' (*verum est id quod est*). Zum andern ist in der geistigen Erkenntnis Wahrheit ein Licht, das etwas ausdrückt (*lux expressiva*) – so schreibt Anselm in *De veritate*, Wahrheit sei eine Richtigkeit, die allein im Geist wahrgenommen werde". Vgl. auch *I Sent.* dist. 8, 1,1,1 ad 4.
[7] Vgl. Bonaventura, *Commentarius In Ecclesiasten*, Prooemium q. 2 (VI 7a); I, vv. 8–11 (VI 15b).

„Wahrheit" eine Eigenschaft des Wesens Gottes ist, so wird sie doch in besonderer Weise der Zweiten göttlichen Person zugeschrieben (appropriiert), weil diese nach dem Zeugnis der Offenbarung (Joh 1,1ff.) das wesensgleiche „Wort" des Vaters ist; Wort aber ist der primäre Ausdruck von Wahrheit.

Unvermischt „wahr" ist Gottes Sein schließlich auch, insofern er in höchstem Maß erkennbar ist: Er ist reines Licht, reine Intelligibilität.[8]

2. Wahrheit der geschaffenen Dinge

Als „Wort" und „Wahrheit" ist der Ewige Sohn die Exemplarursache alles Geschaffenen. Er enthält als „ewige Kunst" *(ars aeterna)* den ganzen Schöpfungsplan, in ihm hat alles Geschaffene seinen Erkenntnis- und Seinsgrund *(rationes aeternae)*. Das heißt: Jedes einzelne Geschöpf wie auch die allgemeinen Gesetzmäßigkeiten des Geschaffenen sind „wahr", insofern sie von der ewigen Wahrheit, dem Schöpfer, erkannt sind. Er erkennt sie nicht nachträglich durch ein abstrahiertes Erkenntnisbild *(similitudo)* – wie der menschliche Geist die Dinge erkennt – sondern hat sie durch ihr Urbild *(similitudo, idea)* gegenwärtig.[9] Die Definition der Wahrheit als „adaequatio rei et intellectus" versteht Bonaventura also in Hinsicht auf die Erkenntnis des Schöpfers („illius intellectus dico, qui est causa rei, non intellectus mei", *Hex.* III, 8). „Wahrheit der Dinge" besagt nicht, daß die Wahrheit als Gottes Eigenschaft die Eigenschaft des Geschaffenen würde – ebensowenig wie die Gutheit Gottes, wodurch das Geschaffene gut ist, seine Form würde, sondern auf die Seinsordnung *(ordo)* des Geschaffenen und seine Hinordnung auf das *summum bonum* verweist – sondern eine Abbild-Beziehung zur Exemplarursache. In dem Maß wie das Geschaffene in der *adaequatio* zu seinem Urbild steht, d.h. ihm entspricht oder gleichkommt, ist es „wahr", ist es „Ausdruck" und Verweis auf die Wahrheit des Schöpfers.[10] Weil aber nichts Geschaffenes seiner Idee in Gott vollständig gleichkommt, ist seine Expressivität immer auch defizitär.[11] Die Wahrheit des Geschaffenen *(veri-*

---

[8] Bonaventura, *I Sent.* dist. 3, 1, 1, 1: „Gott ist in sich, als das höchste Licht, auch in höchstem Maß erkennbar" (dt.: ders., *Über den Grund der Gewißheit*, 31).

[9] Bonaventura, *I Sent.* dist. 36, 3, 2 (629b); *I Sent.* dist. 3, 1 dub. 3; *I Sent.* dist. 39, 2, 1 ad 3 (693); ders., *Collationes in Hexaemeron* III, 4. 8 (V 343b. 344b).

[10] Bonaventura, *I Sent.* dist. 8, 1, 1, 1 (dt.: ders., *Über den Grund der Gewißheit*, 73): „In der Aussage: Alles ist wahr durch die ungeschaffene Wahrheit, bezeichnet der Ablativ (‚durch') die formgebende Exemplarursache *(causam formalem exemplarem)*. Alles nämlich ist wahr und wesentlich dazu bestimmt, sich auszudrücken, durch den Ausdruck jenes höchsten Lichtes *(per expressionem illius summi luminis)*. Wenn dessen Einfließen aufhörte, würde alles übrige aufhören, wahr zu sein."

[11] Bonaventura, *I Sent.* dist. 35, 1 ad 3 (602a): Das (abstrahierte) Erkenntnisbild, das seine Ursache in der Wahrheit einer Sache hat, drückt – als abgeleitet – diese nie so vollkommen aus, wie wenn die Sache selbst dem Erkenntnisvermögen gegenwärtig wäre (was nicht möglich

tas in re, in proprio genere) wird vom menschlichen Intellekt (*in anima*) erfaßt mittels eines Erkenntnisbildes. Soll aber eine Sache auf bestmögliche Weise erkannt werden, so müßte sie in *Arte aeterna* erkannt werden, wo sie „wahrer" ist als in ihrer Verwirklichung, und selbstverständlich auch wahrer als in dem vom Menschen gebildeten Erkenntnisbild.[12]

3. „Illumination": Die Berührung der ewigen Wahrheit im Akt der Gewißheitserkenntnis

In der Tat nimmt Bonaventura an, daß die ewige Wahrheit Erkenntnisgrund (*ut regulans et ratio motiva*) für den menschlichen Intellekt ist, allerdings in diesem irdischen Leben (*in statu viatoris*) für gewöhnlich *weder alleiniger, noch vollständiger, noch klarer* Erkenntnisgrund.[13] Die Schau des Geschaffenen in Gott ist vielmehr eine Stufe der gnadenhaften Kontemplation (die sich in der Glorie des Himmels vollendet) und übersteigt die natürliche Erkenntnis. In der *cognitio certitudinalis*, der philosophischen Gewißheitserkenntnis, werden dagegen die *rationes aeternae* zusammen mit den *rationes creatae* berührt, ohne daß sie selbst zum Gegenstand würden.[14] So unumgänglich notwendig die Berührung der *rationes aeternae* für die Gewinnung von Einsicht ist, so entschieden hält Bonaventura daran fest, daß sie nicht der einzige Erkenntnisgrund sind.[15] Ja, die Tatsache der Berührung selbst wird nur von denen erkannt, die über die letzten Prinzipien ihrer Erkenntnis reflektieren.[16]

Der geschaffene Geist ist auf die Wahrheit bezogen, worunter Bonaventura mit Augustinus nicht eine abstrakte Größe gewissermaßen zwischen Gott und Geschöpf meint, sondern Gott selbst. Diese dauernde Verbundenheit des geschaffenen Geistes mit Gott, insofern er als die ewige Wahrheit der Grund aller Intelligibilität ist, hat man mit dem Begriff der Illumi-

---

ist). Das Erkenntnisbild Gottes dagegen geht der Sache voraus und drückt sie besser aus als diese sich selbst. Daß eine Sache Ausdruck sein kann, empfängt sie von ihrer „ratio" in Gott: „haec similitudo melius exprimit rem quam ipsa res [...] quia res ipsa accipit rationem expressionis ab illa."

[12] Z.B. Bonaventura, *Breviloquium*, Prolog § 4; II, 12 (V 205a; 230b. Ins Dt. übertragen, eingeleitet und mit einem Glossar versehen von M. Schlosser, Einsiedeln 2002, 28f.; 114).

[13] Bonaventura, *Sc. Chr.* q. 4; ders., *Sermo theologicus* IV: „Einer ist euer Lehrer, Christus", n. 18 (dt.: *Über den Grund der Gewißheit*, 230–235).

[14] Bonaventura, *Sc. Chr.* q. 4 ad 2: „Derjenige, der Wissen erwirbt, berührt die ewigen Gründe anders als der Weise (i. e. der Kontemplative). Den Wissenden bewegen sie (sie befördern seinen Erkenntnisvollzug), der Weise ruht in ihnen." Vgl. ebd., ad 19. ad 23–26.

[15] Er verbindet die augustinische Illuminationstheorie mit der Abstraktionslehre des Aristoteles: *Sermo theologicus* IV, 18 (dt.: *Über den Grund der Gewißheit*, 231–233).

[16] Bonaventura nennt das: die „plena resolutio" vollziehen; vgl. *Itinerarium* III, 4; V, 3–6 (dt.: ders., *Itinerarium mentis in Deum – Der Pilgerweg des Menschen zu Gott*, lat.-dt., übersetzt und erläutert von M. Schlosser, Hamburg 2004, 61; 81–87).

nation umschrieben.[17] Das „Einstrahlen der *rationes aeternae*" in den Geist des Menschen, ihr „Berührtwerden" im Erkenntnisakt, meint nicht eine dann und wann gegebene Erleuchtung von Gott her, sondern eine Verankerung der geschöpflichen Erkenntnis in der Wahrheit selbst. Darum begründet sie Bonaventura mit Vorliebe durch das Psalm-Zitat: „Das Licht deines Angesichtes ist über uns gesiegelt" (Ps 4,7).

Eindeutiger als Augustinus bestimmt Bonaventura die Illumination als eine „natürliche", mit dem Sein des geistbegabten Geschöpfes gegebene Befähigung zur wahren und gewissen Erkenntnis (*cognitio certitudinalis*). Gewisse Erkenntnis ist nämlich mit Unwandelbarkeit verknüpft, die weder der geschaffene Intellekt noch die geschaffenen Dinge verbürgen können.[18] Darum lehnt Bonaventura auch die Theorie ab, der Intellekt empfange einen Einfluß des Ewigen Lichtes im Sinne einer Disposition; denn die Gewißheit einer Einsicht kann nicht im prinzipiell wandelbaren Intellekt gründen, sondern nur in „Regeln, die höher stehen als der Intellekt". Dies bedeutet keine Abwertung der natürlichen Vernunft, sondern ihren eigentlichen Adel (*nobilitas*): „Illumination" ist die Art, wie der Schöpfer dem geistbegabten Geschöpf als seinem Abbild (*imago Dei*) gegenwärtig ist und die ihm eigentümlichen geistigen Vollzüge unterstützt (*cooperatio*). Die zentrale theologisch-anthropologische Aussage von der Gottebenbildlichkeit des Menschen ist also mit der Wahrheitsfähigkeit verknüpft: Gottebenbildlichkeit besagt eine bestimmte Seinsstufe, eine daraus folgende Relation zu Gott und, wiederum darin wurzelnd, die Fähigkeit zu bestimmten Akten.[19] Ist Gott als Erster Ursprung in jedem Seienden gegenwärtig und wirkend, insofern er es im Sein erhält, so ist er als *summa veritas* und *summum bonum* jedem geistig Seienden gegenwärtig als Maßstab für dessen Erkennen und Streben. Dem entsprechend bezieht sich die Illumination nicht nur auf die spekulative, theoretische Erkenntnis, sondern auch auf ethische Einsichten.[20]

---

[17] Der Mensch ist nicht nur, wie alles andere, durch das Wort Gottes (die Wahrheit, den Sohn) erschaffen, sondern auch „auf ihn hin", d. h., ihn zu erkennen.

[18] Bonaventura, *Sc. Chr.* q. 4 (dt.: *Über den Grund der Gewissheit*, 191): „Daß aber unser Geist in der Gewißheitserkenntnis in bestimmter Weise jene Regeln und unwandelbaren Gründe berührt, erfordert notwendig der hohe Rang der Erkenntnis und die Würde des Erkennenden. Der hohe Rang der Erkenntnis, so möchte ich betonen, weil es keine Gewißheitserkenntnis geben kann, ohne daß von seiten des Wißbaren Unwandelbarkeit, von seiten des Wissenden aber Unfehlbarkeit gegeben ist […]."

[19] Die dritte und höchste Stufe wird erreicht, wenn das geistige Geschöpf in der Gnade neu geschaffen wird und Gottes Gegenwart die Akte der übernatürlichen Tugenden Glaube, Hoffnung und Liebe ermöglicht: *Sermo theologicus* IV, 16 (dt.: *Über den Grund der Gewißheit*, 229); *Itinerarium* IV (dt. Ausgabe, 67–79).

[20] Besonders deutlich dazu: Bonaventura, *Itinerarium* III, 2–4 (dt. Ausgabe, 53–61).

4.   „Unbezweifelbare Wahrheit Gottes"

Diese Gegenwärtigkeit der Wahrheit selbst bildet das Fundament für Bonaventuras Fassung des Anselmischen Arguments. Gott muß weniger im
strengen Sinn bewiesen, als vielmehr aufgewiesen werden.

> „Die Wahrheit des göttlichen Seins ist sowohl in sich wie im Beweisgang einsichtig
> (*evidens in se et in probando*). Es ist in sich einsichtig, weil es sich in diesem Fall ge-
> nauso verhält wie in der Erkenntnis ‚erster Sätze', die wir erkennen, insofern wir
> ihre Termini erkennen; solche Sätze sind durch sich selbst einleuchtend, weil die
> Begründung für die Satzaussage im Subjekt liegt. Denn Gott bzw. die höchste
> Wahrheit ist das Sein selbst, über das hinaus nichts Besseres gedacht werden kann;
> es kann daher nicht nicht-sein und auch nicht als nichtseiend gedacht werden. […]
> Das Sein der Wahrheit Gottes läßt sich aber auch an jeder Wahrheit und jedem
> geschaffenen Wesen aufweisen und erschließen. Wenn es nämlich etwas durch
> Teilhabe und von einem Anderen her Seiendes gibt, dann auch etwas, das von
> seinem Wesen her und nicht von einem Anderen her seiend ist. Diese Wahrheit
> kann jede richtig arbeitende Vernunft (*intelligentia recta*) aufzeigen und erschlie-
> ßen, weil jeder Seele die Kenntnis von ihr eingeprägt ist, und jede Erkenntnis
> durch sie geschieht. Des weiteren läßt sie sich aus jedem affirmativen Satz erwei-
> sen und schließen; denn jeder solche Satz setzt etwas, und indem er das tut, wird
> Wahres gesetzt. Damit aber wird Wahrheit gesetzt, welche die Ursache alles
> Wahren ist."[21]

Wenngleich Bonaventura mit Anselm von Canterbury überzeugt ist, daß
Gottes Sein nicht bezweifelt werden könne, solange man es wirklich denkt
(und nicht nur rein äußerlich Begriffe zu einem Satz verbindet), ja mit Johannes Damascenus festhält, daß das Dasein Gottes eine angeborene Gewißheit (*notitia innata, inserta, impressa*) sei, so verkennt er doch keineswegs, daß aufgrund einer Defizienz der menschlichen Vernunft diese an
sich sonnenklare Wahrheit nicht hinreichend erfaßt werde.[22]

Worin liegt dieses „Versagen" begründet? Zum einen darin, daß das Ungeschaffene und das Geschaffene kein gemeinsames Maß haben. Die Wahrheit Gottes oder sein Sein können von einem geschaffenen Geist nicht begriffen, das heißt: vollständig erfaßt werden. Dies würde nämlich bedeuten,
daß ein Geschöpf die Erkenntnis Gottes von sich selbst hätte, also die ungeschaffene Wahrheit bzw. der ewige Sohn selbst wäre.[23]

Diese Art von Unfähigkeit wird sichtbar, wenn eine Aussage über Gott
per modum complexionis gemacht wird, obwohl eine *veritas incomplexa* be-

---

[21] Bonaventura, *I Sent.* dist. 8, 1, 1, 2 (dt.: *Über den Grund der Gewißheit*, 85–87). *Myst. Trin.*
I, 1 (ebd., 111–113) nennt ebenfalls diese drei Aspekte: Die höchste Wahrheit präsentiert
sich als in sich konsistent, und sie ist aufweisbar aufgrund der Kontingenz alles anderen Seienden, dessen Bedingtheit ohne den Hintergrund des absoluten Seins nicht erfaßt und beurteilt würde.

[22] Bonaventura, *I Sent.* dist. 3, 1, 1, 2 ad 2: „wie das Auge des Nachtvogels zur Sonne".

[23] Bonaventura, *I Sent.* dist. 3, 1, 1, 1 ad 1; *Sc. Chr.* q. 6 (V 35a), ebd. ad 17.18 (43ab).

zeichnet werden soll; d. h., wenn in der Weise der Zusammensetzung (Subjekt und Prädikat im Satz, oder mehrere Sätze) eine einfache, nicht zusammengesetzte Wahrheit ausgesagt werden muß. Dies bedeutet aber nicht, daß eine solche Aussage unrichtig oder belanglos wäre; denn der Intellekt hat ein Verständnis davon, daß und warum sie unzureichend ist: er erkennt seine eigene Unzulänglichkeit. Die Wahrheit Gottes ist größer als die menschliche Erkenntnis davon, und diese Erkenntnis übertrifft ihrerseits noch einmal die Möglichkeiten der Aussage.[24]

Daß ein umfassendes Begreifen nicht möglich ist, würde Bonaventura jedoch nicht eigentlich als Defizienz betrachten. Die Wahrheit Gottes kann von einem geschaffenen Geist zwar nicht ausgeschöpft werden, sie ist aber kein unzugängliches Dunkel, sondern stärkt den erkennenden Geist gerade im Vollzug zu Wachstum in der Erkenntnis: wie ein Gewicht, das mit zunehmender Schwere auch wachsende Tragkraft verliehe. Die eigentliche Schwäche liegt vielmehr nicht in einer prinzipiellen Unfähigkeit der Vernunft, sondern ist sekundär. Letzten Endes hängt sie mit dem Willen (*affectus*) zusammen.

> „Das Erkenntnisvermögen hat nämlich in sich selbst, so wie es geschaffen ist, ein Licht, das ausreicht, jenen Zweifel (ob Gott ist), weit von sich zu weisen [...]. Im Fall des Toren versagt das Erkenntnisvermögen eher freiwillig als zwangsweise [...].“[25]

Wenn daher die Frage gestellt wird, ob jemand die Wahrheit hassen könne, so muß die Antwort lauten: Die Wahrheit *an sich* kann nicht gehaßt werden; Bonaventura zitiert das bekannte Wort des Aristoteles: es streben vielmehr alle Menschen danach zu wissen und wollen nicht getäuscht werden. Insofern die Wahrheit jedoch zuweilen Konsequenzen hat, die man ablehnt, oder von jemandem vorgebracht wird, den man verabscheut, kann die Wahrheit *unter bestimmter Hinsicht* gehaßt werden.[26]

---

[24] Bonaventura, *Myst. Trin.* III, 1 (dt.: *Über den Grund der Gewißheit*, 139–141): „Daher erkennt unser Erkenntnisvermögen, wenn es Gott erkennt, durchaus, daß es in ihm nur Einfachheit und keine Zusammensetzung oder Individuation gibt, doch er erkennt dies auf die Weise der Unterscheidung von ‚quo est‘ und ‚quod est‘ [Sein und Seinsprinzip]. Trotzdem wird die Erkenntnis nicht falsch, denn er gebraucht diese Erkenntnisweise ja nicht, als entspräche sie der Wirklichkeit des Gegenstandes, noch wird die Erkenntnis belanglos, denn ihr entspricht in der Tat etwas auf seiten Gottes, freilich in ihm nichts Verschiedenes. Es gibt nämlich wirklich in Gott das Wesen und den Träger [Hypostase], aber sie sind eins. Es gibt wirklich Willen und Macht, sie sind jedoch nicht mehrere Eigenschaften, sondern werden durch Mehreres erkannt. Daher kommt es, daß er nach Augustinus ‚tiefer wahr ist, als er erkannt wird, und mit tieferer Wahrheit erkannt wird, als man von ihm sprechen kann‘ [...].“ Vgl. auch II, 2 ad 15; *I Sent.* dist. 34, 2 (I 590ab).

[25] Bonaventura, *Myst. Trin.* I, 1 ad 1.2.3 (dt.: *Über den Grund der Gewißheit*, 115).

[26] Bonaventura, *II Sent.* dist. 43, 3, 2 ad4 (II 995b).

5.   Christus-Veritas

Damit ist zugleich der heilsgeschichtliche und christologische Bezugsrahmen für Bonaventuras Wahrheitsverständnis angesprochen.[27]

Wie Augustinus und Anselm von Canterbury traut Bonaventura der menschlichen Vernunft Gewaltiges zu; denn sie ist wesenhaft und unverlierbar auf Gottes Wahrheit ausgerichtet. Aber wie viel der Mensch tatsächlich erkennt, ist nicht unabhängig von seiner Einstellung zur Wahrheit und von der Reinheit seines Willens.[28] Die Wahrheit muß geliebt, ihr muß im Tun entsprochen werden. Darum ist „veritas" auch die Bezeichnung einer Tugend: der Wahrhaftigkeit in der Rede.[29]

Die Gottebenbildlichkeit und damit die Wahrheitsfähigkeit können nicht zerstört, wohl aber entstellt und verletzt werden; denn sie enthalten die Berufung zu einer Beziehung, die auch vollzogen werden muß. Die Sünde, als Abwendung vom *summum bonum*, paradigmatisch und folgenreich an der Wurzel der Menschheitsgeschichte, schafft eine paradoxe Situation: Der Mensch kann sich vom Maßstab der Wahrheit, die Gott selbst ist, nicht emanzipieren, und kann sich doch in eine Blindheit verstricken, die ihm nahezu alle existentielle Wahrheit verstellt. Aufgrund der postlapsarischen Schwächung der Seelenkräfte wie auch persönlichen Versagens vor dem Anspruch der Wahrheit liegen de facto manche Schatten über der Gottesvorstellung, obwohl das „angeborene Licht" (*lumen naturale*) stets in die richtige Richtung weist. Um tatsächlich und hinreichend die Wahrheit Gottes zu erkennen, muß das natürliche Licht noch einmal unterstützt werden: durch die Offenbarung Gottes in Christus und das innere Licht der Gnade (*lumen supernaturale*),[30] das den Menschen befähigt, „Gott als der Ersten Wahrheit Glauben zu schenken".[31]

Der Logos, die zweite Person der göttlichen Dreifaltigkeit, ist als „Wort des Vaters" sein unübertrefflicher, wesensgleicher Ausdruck (*expressio*); der Sohn ist die göttliche „Wahrheit". Es ist diese Person, die Mensch wird; das fleischgewordene Wort sagt von sich: „Ich bin die Wahrheit". Die Person Christi steht für Bonaventura im Zentrum aller Erkenntnis und Weisheit,

---

[27] In unübertrefflicher Kürze faßt *Sermo theologicus* IV die Dimensionen der „Wahrheit" diesbezüglich zusammen: Christus ist Lehrer der *Wahrheit des Glaubens*, die sowohl Glaube wie christliches Handeln umfaßt (z.B. *III Sent.* dist. 38, 6 ad 4 [853]), er ist die Wahrheit, welche die Gewißheit verbürgt (*Illuminatio*), und der Lehrer der *kontemplativen Erkenntnis*.

[28] Pilatus bekam keine Antwort auf seine Frage „Was ist Wahrheit?", weil er keine erwartete: vgl. Bonaventura, *Commentarius In Joannem* 18,38 n. 66 (VI 488).

[29] Z.B. Bonaventura, *III Sent.* dist. 39, 1, 2 ad 3 (III 864).

[30] Bonaventura, *Myst. Trin.* I, 2. Dazu M. Schlosser, 2000, 109–131.

[31] Bonaventura, *III Sent.* dist. 24, 1, 2 (513a): „Der Glaube vertraut der göttlichen Wahrheit an sich (*Veritas increata* als *obiectum, quod habet rationem motivi*), glaubt ihr aber auch in dem, was sie spricht; und darunter sind viele geschaffene Wahrheiten." Vgl. *III Sent.* dist. 23, 1, 1 ad 3 (III 472).

sei es über Gott, sei es über die geschaffene Welt und besonders den Menschen. In spezieller Bedeutung ist der Menschgewordene „Wahrheit", weil er alle Vorausbilder *(umbra, figura)* der Offenbarungsgeschichte erfüllt und überbietet.[32] Die Offenbarung der Wahrheit geschieht im Wort der Verkündigung, aber auch durch die ganze Person „des Wortes": durch das Leben Christi. Sie wendet sich nicht nur an den Intellekt des Menschen, sondern will ihn gänzlich „umgestalten".[33] War bereits im Bereich der philosophischen Wahrheitsfindung die Lauterkeit des *affectus* von Bedeutung, so gilt dies noch mehr von der Glaubenswahrheit.[34] Diese Wahrheit anzunehmen, heißt, die Person Christi zu lieben. Daher ist es nicht überraschend, daß der Seraphische Lehrer die Betrachtung des Kreuzes als „Weg zum Lichtglanz der Wahrheit" bezeichnet. Wird das Kreuz von der Voraussetzung des Glaubens her verstanden, dann offenbart es die Wahrheit über Gott, Welt und Mensch.[35]

Der Gläubige „urteilt" nicht nur „mit der Wahrheit", wie es seinem Wesen als Gottes Ebenbild entspricht, sondern erfaßt das ewige Licht über seinem Geist als das ihm zugewandte Angesicht Gottes.

Literaturverzeichnis

Primärliteratur

Bonaventura, *Breviloquium*, übertragen, eingeleitet und mit einem Glossar versehen von M. Schlosser, Einsiedeln 2002 (Christliche Meister 52).

Bonaventura, *De triplici via – Über den dreifachen Weg*, übersetzt und eingeleitet von M. Schlosser, Freiburg 1993 (Fontes christiani 14).

Bonaventura, *Itinerarium mentis in Deum – Der Pilgerweg des Menschen zu Gott*, lat.-dt., übersetzt und erläutert von M. Schlosser, Hamburg 2004 (Theologie der Spiritualität. Quellentexte 3).

Bonaventura, *Opera omnia*, 10 vol., Quaracchi 1882–1902.

Bonaventura, *Quaestiones disputatae De scientia Christi – Vom Wissen Christi*, übersetzt, kommentiert und eingeleitet von A. Speer, Hamburg 1992.

Bonaventura, *Über den Grund der Gewißheit. Ausgewählte Texte*, übersetzt und mit Erläuterungen versehen von M. Schlosser, Weinheim 1991 (Collegia Philosophische Texte).

---

[32] Z. B. Bonaventura, *In Ioann.* 21,8 n.12 (VI 521a).

[33] Ein Beispiel von vielen: „Die Wahrheit muß leben: im Herzen und im Munde, und sie muß Frucht bringen im Werk": Bonaventura, *3. Predigt zum 2. So. n. Epiphanie* (IX 183).

[34] Über das, was die Wahrheit des Lebens *(veritas vitae)* anbelangt, urteilt die Vernunft nicht ohne den Willen *(ratio non iudicat sine voluntate)*: Bonaventura, *II Sent.* dist. 23, 2, 2 ad 1 (II 541).

[35] Bonaventura, *De triplici via – Über den dreifachen Weg* III, 3 (in der dt. Ausgabe – übersetzt und eingeleitet und mit einem Glossar versehen von M. Schlosser, Freiburg 1993 – 143–151).

Sekundärliteratur

Bérubé, C., 1974, *De la théologie de l'image à la philosophie de l'objet de l'intelligence chez St. Bonaventure*, in: *San Bonaventura 1274–1974. Volumen commemorativum anni septies centenarii a morte S. Bonaventurae doctoris seraphici, cura et studio Commissionis internationalis Bonaventurianae*, 5 vol., Grottaferrata / Roma, III, 161–200.

Delio, I., 2001, *Simply Bonaventure. An Introduction to His Life, Thought and Writings*, New York.

Dettloff, W., 1967, *Heilswahrheit und Weltweisheit. Zur Stellung der Philosophie bei den Franziskanertheologen der Hochscholastik*, in: L. Scheffczyk/ W. Dettloff/ R. Heinzmann (Hrsg.), *Wahrheit und Verkündigung, Festschrift für Michael Schmaus zum 70. Geburtstag*, München / Paderborn / Wien.

Gilson, Et., 1960, *Die Philosophie des hl. Bonaventura*, übersetzt von A. Schlüter, Köln.

Quinn, J., 1973, *The Historical Constitution of St. Bonaventure's Philosophy*, Toronto.

Schlosser, M., 2000, *Bonaventura begegnen*, Augsburg.

Speer, A., 1987, *Triplex veritas. Wahrheitsverständnis und philosophische Denkform Bonaventuras*, Werl (Franziskanische Forschungen 32).

Weiterführende Bibliographie

Bibliographia Franciscana, Roma (Istituto Storico dei Cappuccini).

Satz, Seele und Sachverhalt. Der propositionale Wahrheitsbegriff im Spätmittelalter

Dominik Perler (Berlin)

1.   Wahrheit als Eigenschaft von Sätzen

Was ist unter ‚Wahrheit‘ oder ‚wahr‘ zu verstehen? Zahlreiche Philosophen des 14. und 15. Jahrhunderts gaben auf diese Frage eine ebenso klare wie eindeutige Anwort: ‚Wahr‘ ist ein Prädikat, das einen Satz (*propositio*)[1] bzw. eine Aussage (*enuntiatio*) mit Bezug auf deren Verhältnis zu einem Sachverhalt charakterisiert. So hält Wilhelm von Ockham fest:

> „Aber ‚wahr‘ und ‚falsch‘ sind gewisse Ausdrücke, die von einer Aussage prädiziert werden können und etwas seitens der Sache konnotieren. Daher wird eine Aussage wahr genannt, weil sie das So-sein seitens der Sache, wie es ist, bezeichnet. Und eine Aussage wird ohne jede Veränderung seitens der Aussage zuerst wahr und dann falsch genannt, weil sie zuerst so bezeichnet, wie es sich seitens der Sache verhält, und dann aufgrund einer Veränderung der Sache so bezeichnet, wie es sich seitens der Sache nicht verhält."[2]

Ähnlich betont auch Johannes Buridan, nur auf Sätze könne das Prädikat ‚wahr‘ angewendet werden. Prägnant hält er fest: „Jeder Satz ist nämlich wahr oder falsch, und alles Wahre oder Falsche ist ein Satz."[3] Paulus Venetus, der Autor des umfangreichsten Logik-Handbuches des Spätmittelalters, bemüht sich nicht einmal um eine genaue Erklärung des Ausdrucks ‚wahr‘. Er hält es für selbstverständlich, daß dieser Ausdruck nur auf Sätze

---

[1] Unter einer *propositio* ist im strengen Sinn ein Aussagesatz im Gegensatz zu einem Frage- oder Wunschsatz zu verstehen. Da im Folgenden ausschließlich von Aussagesätzen die Rede ist, werde ich in abgekürzter Form immer von Sätzen sprechen.

[2] Wilhelm von Ockham, *Expositio in librum Praedicamentorum Aristotelis*, in: ders., *Opera philosophica* II, hrsg. von G. Gál, St. Bonaventure, N. Y. 1978, 201: „Sed verum et falsum sunt quaedam praedicabilia de oratione, connotantia aliquid a parte rei. Unde dicitur oratio vera quia significat sic esse a parte rei sicut est, et ideo sine omni mutatione a parte orationis, ex hoc ipso quod primo significat sicut est a parte rei, et postea, propter mutationem rei, significat sicut non est a parte rei, dicitur oratio primo vera et postea falsa." Vgl. auch ders., *Summa Logicae*, in: ders., *Opera philosophica* I, hrsg. von Ph. Boehner u.a., St. Bonaventure, N. Y. 1974, 131, und ders., *Expositio in librum Perihermeneias Aristotelis*, in: ders., *Opera philosophica* II, hrsg. von A. Gambatese und S. Brown, St. Bonaventure, N. Y. 1978, 376. (Sämtliche Übersetzungen aus dem Lateinischen stammen vom Verfasser.)

[3] J. Buridan, „Tractatus de suppositionibus", hrsg. von M. E. Reina, *Rivista critica di storia della filosofia*, 1957, 182: „Omnis enim propositio est vera vel falsa et omne verum vel falsum est propositio."

angewendet werden kann, und geht sogleich dazu über, im Detail zu erläutern, unter welchen Bedingungen verschiedene Arten von Sätzen wahr
sind.[4]

Dieses methodische Vorgehen verdeutlicht, daß die spätmittelalterlichen
Autoren von einem propositionalen Wahrheitsverständnis ausgingen.[5] Nur
im Hinblick auf Sätze ist es ihrer Ansicht nach überhaupt sinnvoll, von
Wahrheit oder Wahrsein zu sprechen. Ein solcher Erklärungsansatz mag
auf den ersten Blick vielleicht trivial erscheinen, er erweist sich bei genauerer Betrachtung aber als komplex und wirft zahlreiche Probleme auf. Zunächst stellt sich die simple, aber zentrale Frage, warum denn nur Sätze
wahr oder falsch sein sollen. Warum können wir nicht von wahren Eindrücken, wahren Vorstellungen oder sogar von wahren Dingen sprechen –
von Dingen, die wahr sind, insofern als sie sich genau so zeigen, wie sie
sind? Zur Klärung dieser grundlegenden Frage werde ich mich zunächst
der Begründung der propositionalen Wahrheitsauffassung zuwenden (Abschnitt II). Schließt man sich dieser Auffassung an, stellt sich sogleich die
weitere Frage, was hier unter einem wahren Satz zu verstehen ist: einfach
eine syntaktisch geordnete Ansammlung von Wörtern oder eine besondere
semantische Einheit, die auch in unserem Geist verankert ist? Zur Beantwortung dieser Frage werde ich das Verhältnis von gesprochenen und mentalen Sätzen näher betrachten (Abschnitt III). Da offensichtlich nicht alle
Sätze wahr sind, muß spezifiziert werden, unter welchen Bedingungen bestimmte Aussagen wahr und andere falsch sind. Ich werde mich daher der
Frage nach den Wahrheitsbedingungen (Abschnitt IV) zuwenden. Schließlich werde ich das Problem der Wahrmacher (Abschnitt V) eingehender untersuchen.[6] Ockhams Behauptung, daß ein wahrer Satz „das So-sein seitens
der Sache, wie es ist" bezeichnet, bedarf nämlich einer Erläuterung. Worum
handelt es sich bei diesem So-sein? In welcher Relation steht es zu einzelnen Gegenständen? Und wie ist es zu verstehen, daß dieses So-sein einen
Satz wahr macht?

Diese Fragen verdeutlichen, daß das propositionale Wahrheitsverständnis keineswegs so harmlos ist, wie es auf den ersten Blick erscheint. Es wirft
Probleme auf, die in Kernbereiche der Logik und der Sprachphilosophie
führen, aber auch in die Philosophie des Geistes und in die Metaphysik hin-

---

[4] Vgl. Paulus Venetus, *Logica magna. Secunda pars: Tractatus de veritate et falsitate propositionis*, hrsg. von F. del Punta, Oxford 1978, 4 ff.

[5] Wenn ich im Folgenden von spätmittelalterlichen Autoren spreche, beziehe ich mich auf
eine Gruppe von Autoren, die sich an der aristotelischen Logik orientierten und zwischen
1317 (Beginn der Lehrtätigkeit Ockhams) und 1429 (Tod des Paulus Venetus) in Oxford,
Paris und teilweise auch in Oberitalien lehrten. Vgl. zu diesem intellektuellen Milieu W. J.
Courtenay, 1987; Z. Kaluza, 1988; J. Biard, 1989.

[6] Der Ausdruck ‚Wahrmacher' stammt aus der neueren Diskussion (vgl. K. Mulligan / P. Simons / S. Smith, 1987), charakterisiert aber genau das ontologische Problem, das die spätmittelalterlichen Philosophen diskutierten.

ein reichen. Die besondere Leistung der spätmittelalterlichen Autoren zeigt sich darin, daß sie sämtliche Bereiche in den Blick nahmen und das Wahrheitsproblem als ein Grundlagenproblem der theoretischen Philosophie diskutierten.

2. Warum sind nur Sätze wahr?

Die These, daß das Prädikat ‚wahr' von Sätzen ausgesagt wird, scheint auf den ersten Blick nicht besonders originell zu sein. Aristoteles hatte ja bereits betont, nicht im Hinblick auf einzelne Wörter oder Wortkombinationen, sondern nur mit Bezug auf bejahende oder verneinende Aussagen könne von Wahrheit gesprochen werden.[7] Sämtliche mittelalterlichen Autoren in der aristotelischen Tradition wiederholten und kommentierten diese These.[8] Allerdings hielten zahlreiche Philosophen fest, die Satzwahrheit sei nur *eine* Form von Wahrheit, neben der noch andere zu berücksichtigen seien. Einige vertraten sogar die Auffassung, die Satzwahrheit setze andere Formen von Wahrheit voraus und sei ohne diese gar nicht möglich. Um die besondere Brisanz der von Ockham, Buridan und anderen spätmittelalterlichen Autoren vertretenen These, daß Wahrheit ausschließlich Sätzen zukommt, zu verstehen, muß deshalb näher betrachtet werden, aus welchen Gründen sie nicht-propositionale Wahrheitstheorien ablehnten.

Eine einflußreiche Wahrheitsauffassung, die nicht vom Satz, sondern vom Seienden ausgeht, findet sich bei Thomas von Aquin. In *De veritate* behauptet er, man müsse zur Erklärung von Wahrheit bei der Frage ansetzen, was denn die allgemeinen „Seinsweisen" (*modi entis*) seien. Genau diese Frage versucht er zu beantworten, indem er feststellt, es gebe über die kategorialen Seinsweisen hinaus – d.h. die Existenz einer Entität als Substanz, Qualität, Quantität usw. – noch allgemeinere, transkategoriale Seinsweisen. Zu diesen gehöre die Hinordnung eines Seienden auf ein anderes und die Gleichförmigkeit mit diesem. Wenn man von Wahrheit spreche, drücke man nichts anderes als diese allgemeinste Seinsweise aus: die Gleichförmigkeit oder Übereinstimmung eines Seienden mit einem anderen Seienden, nämlich mit dem Verstand. Diese Überlegung führt Thomas zur berühmten Feststellung, unter Wahrheit sei nichts anderes als „die Gleichförmigkeit oder Angleichung eines Gegenstandes an den Verstand" zu verstehen.[9] Freilich räumt Thomas ein, daß auch mit Bezug auf Sätze von

---

[7] Vgl. Aristoteles, *Peri hermeneias*, übers. von H. Weidemann, Berlin 1994, 1 (16a13–18) und 4 (17a2–3).

[8] Sie führten diese Diskussionen vor allem in den Kommentaren zu *Peri hermeneias*. Vgl. den Überblick von H. Weidemann in: Aristoteles, *Peri hermeneias*, 76–87.

[9] Vgl. Thomas von Aquin, *Quaestiones disputatae de veritate*, Leonina XXII, vol. I/2, Rom 1970, 6; dazu J. A. Aertsen, 1996, 253–256.

Wahrheit gesprochen werden kann.[10] Aber die propositionale Wahrheit setzt die ontologische immer voraus; denn erst *nachdem* eine Angleichung eines Gegenstandes an den Verstand stattgefunden hat, kann dieser Sätze bilden, die mit dem Gegenstand übereinstimmen und dadurch wahr sind.

Natürlich ist die thomasische Wahrheitstheorie viel komplexer und reichhaltiger, als sie in dieser gerafften Darstellung erscheint,[11] aber bereits die kurz skizzierten Grundthesen verdeutlichen, daß sie auf bestimmten metaphysischen Voraussetzungen beruht. Genau diese Voraussetzungen lehnten die spätmittelalterlichen Autoren ab und distanzierten sich dadurch von einer nicht-propositionalen Wahrheitsauffassung. Ihre Kritik richtete sich vor allem gegen drei implizite Annahmen.

Erstens geht Thomas wie selbstverständlich davon aus, daß wir allgemeine „Seinsweisen" bestimmen können, zu denen auch der Modus des Übereinstimmens mit dem Verstand gehört. Damit setzt er die metaphysische Prämisse voraus, daß es transzendentale Bestimmungen des Seienden gibt, d. h. Bestimmungen oder Charakteristika, die über die kategorialen Bestimmungen hinausgehen (sie also „transzendieren") und im Seienden selbst vorzufinden sind.[12] Sie werden nicht einfach von uns Menschen auf das Seiende projiziert und sind deshalb – modern ausgedrückt – nicht einfach subjektive Aspekte, sondern objektive Gegebenheiten in der Welt. Doch wie, so fragt Ockham lapidar, können wir denn wissen, daß es tatsächlich solche objektiven „Seinsweisen" gibt?[13] Alles, was wir in der Welt feststellen können, sind konkrete Gegenstände mit konkreten Eigenschaften. Wenn man diesen Gegenständen nicht von vornherein eine bestimmte Struktur zuschreiben will, muß man sie zunächst in ihrer Individualität beschreiben – als Gegenstände, die uns in bestimmten Situationen auf bestimmte Weise präsent sind und über die wir dann konkrete Sätze äußern. Es wäre unzulässig, in einer Analyse des Wahrheitsproblems von Anfang an eine Theorie der transzendentalen Bestimmungen anzunehmen.[14]

Zweitens setzt Thomas in seiner Wahrheitskonzeption voraus, daß es eine Gleichförmigkeit zwischen einem Gegenstand und dem Verstand ge-

---

[10] Vgl. Thomas von Aquin, *Quaestiones disputatae de veritate*, 6, und ausführlich ders., *Expositio libri Peryermenias*, Leonina I*/1, Rom 1989, 14–18.

[11] Vgl. eine ausführliche Darstellung in Kap. 5 in diesem Band.

[12] Seine Wahrheitstheorie ist daher Bestandteil einer Theorie der Transzendentalien. Vgl. J. A. Aertsen, 1992, und ders., 1996, 256–274.

[13] An mehreren Stellen bestreitet er sogar, daß es *modi* oder *passiones* als reale Bestandteile der Dinge gibt. Vgl. Wilhelm von Ockham, *Summa Logicae*, 104–105; ders. *Scriptum in primum librum Sententiarum. Distinctiones II–III*, in: *Opera theologica* II, hrsg. von S. Brown, St. Bonaventure, N. Y. 1970, 321; ders., *Quodlibeta septem*, in: ders., *Opera theologica* IX, hrsg. von J. C. Wey, St. Bonaventure, N. Y. 1980, 550; dazu M. Adams McCord, 1989.

[14] Dies schließt freilich nicht aus, daß eine solche Theorie entwickelt werden kann; Ockham berücksichtigt sie ausdrücklich in seiner Erläuterung des Grundbegriffs ‚ens' (vgl. D. Perler, 2003). Ausgeschlossen ist lediglich, daß die metaphysischen Annahmen einer solchen Theorie die Grundlage für eine Wahrheitstheorie bilden.

ben kann. Der Verstand kann sich seiner Ansicht nach nämlich an einen Gegenstand „assimilieren", indem er dessen Form aufnimmt.[15] Die Rede von einer Gleichförmigkeit (*conformitas*) ist daher in einem wörtlichen Sinn zu verstehen: Der Intellekt kann über genau jene Form verfügen, die auch den konkreten Gegenstand prägt und ihm eine bestimmte Struktur verleiht. Dies setzt allerdings voraus, daß es universale Formen gibt, die an verschiedenen Orten – im Intellekt und in der materiellen Welt – instantiiert sein können. Kurzum: Die Rede von Gleichförmigkeit baut auf einem Universalienrealismus auf. Doch diese metaphysische Position ist keineswegs selbstverständlich. „Jeder beliebige singuläre Gegenstand ist durch sich selbst singulär", hält der Nominalist Ockham ihr entgegen.[16] Auch Buridan insistiert darauf, daß in der Welt nur individuelle Entitäten existieren.[17] Es gibt keine universalen Formen und daher auch keine mehrfache Instantiierung derartiger Entitäten. Somit ist es unzulässig, von der Präsenz einer Form in einem materiellen Gegenstand und im Verstand zu sprechen. Vielmehr muß man untersuchen, wie der Intellekt auf Individuelles Bezug nehmen kann, indem er Sätze (die natürlich ebenfalls individuelle Vorkommnisse sind) darüber bildet.

Schließlich ist ein dritter Punkt zu beachten. Thomas geht davon aus, daß es vor dem Äußern eines Satzes schon so etwas wie eine vorsprachliche Wahrheit gibt. Aber wie ist dies möglich? Erst wenn ein Satz gebildet und ein Urteil ausgedrückt wird, stellt sich die Wahrheitsfrage, denn erst ein Satz – nicht ein Wort oder eine einzelne Vorstellung – bezieht sich auf einen bestimmten Sachverhalt und behauptet, daß er der Fall ist oder nicht. Vor der Bildung eines Satzes ist noch gar kein Sachverhalt identifiziert und noch keine Behauptung über sein Bestehen oder Nicht-Bestehen gemacht worden. Oder verkürzt ausgedrückt: Erst mit einem Satz wird *daß p* von *daß nicht p* unterschieden und behauptet. Wer eine vorsprachliche Wahrheit annimmt, müßte zunächst zeigen, wie ohne einen Satz überhaupt eine Unterscheidung zwischen bestehenden und nichtbestehenden Sachverhalten und damit auch die Unterscheidung wahr/falsch getroffen werden kann. Da ein solcher Nachweis kaum erbracht werden kann, ist es für Ockham – ähnlich wie für heutige Autoren in der analytischen Tradition[18] – klar, daß es nur auf der Satzebene möglich ist, von Wahrheit zu sprechen.[19]

---

[15] Er geht vom Grundsatz aus, daß „sich jede Erkenntnis durch eine Assimilation des Erkennenden an den erkannten Gegenstand vollzieht" (Thomas von Aquin, *Quaestiones disputatae de veritate*, 5). Vgl. eine Analyse in D. Perler, 2002a, 31–105.

[16] Wilhelm von Ockham, *Scriptum in primum librum Sententiarum*, 196: „[…] quaelibet res singularis se ipsa est singularis." Zu dieser Grundthese einer Individualontologie vgl. M. Adams McCord, 1987, 13–69; C. Michon, 1994, 299–332.

[17] Vgl. P. King, 2001 (mit Belegen).

[18] So etwa G. Patzig, 1981.

[19] Vgl. Wilhelm von Ockham, *Expositio in librum Perihermeneias Aristotelis*, 394.

Die drei Argumente verdeutlichen, daß das propositionale Wahrheitsverständnis keineswegs trivial ist und auch nicht bloß eine Wiederholung der aristotelischen Auffassung darstellt. Es beruht auf einer Auseinandersetzung mit fragwürdigen Voraussetzungen früherer Theorien und versucht, diese durch eine metaphysisch weniger belastete Theorie zu ersetzen.

3.   Konventionelle und mentale Sätze

Wenn ausschließlich Sätze wahr oder falsch sind, stellt sich die Frage, was denn eine bestimmte Aneinanderreihung von Laut- oder Schriftzeichen zu einem Satz macht und dazu befähigt, einen Wahrheitswert zu haben. Warum ist etwa ‚Sokrates ist Grieche‘ ein Satz mit einem Wahrheitswert, ‚Ist kann wenn Grieche‘ hingegen nicht? Die spätmittelalterlichen Autoren beantworteten diese Frage, indem sie zunächst auf die syntaktische Wohlgeformtheit als notwendige Bedingung hinwiesen: Nur eine Wortfolge mit einer bestimmten Struktur – normalerweise mit einer prädikativen Struktur[20] – kann ein wahrer oder falscher Satz sein. Zudem verwiesen sie auf den semantischen Gehalt als eine zweite notwendige Bedingung. Nur wenn Subjekts- und Prädikatsausdruck eine Bezeichnung (*significatio*) haben, hat auch der ganze Satz eine Bezeichnung, und nur dann kann er wahr oder falsch sein. Diesen beiden Bedingungen fügten sie noch eine dritte hinzu: Einem gesprochenen oder geschriebenen Satz muß jeweils ein mentaler Satz zugrunde liegen.[21] Genau dieser ist die primäre syntaktisch-semantische Einheit, die über einen Wahrheitswert verfügt. Konkret heißt dies: Wenn ‚Sokrates ist Grieche‘ einfach als eine Lautfolge gemurmelt oder mit Kreide an die Wandtafel gemalt wird, ohne daß jemand ‚Sokrates ist Grieche‘ denkt, liegt streng genommen kein wahrer Satz vor. Es muß einen entsprechenden mentalen Satz geben, denn der gesprochene oder geschriebene Satz ist nur derivativ ein Satz und damit auch nur derivativ ein Wahrheitsträger.

Doch was ist unter einem mentalen Satz zu verstehen? Ockham und eine Reihe von ockhamistischen Autoren beantworteten diese Frage, indem sie zunächst festhielten, daß ein mentaler Satz genau wie ein gesprochener oder geschriebener eine prädikative Struktur aufweist, ja daß er sich sogar aus einzelnen Termini zusammensetzt, die verschiedenen grammatischen

---

[20] Ausnahmen stellen lediglich Ein-Wort-Sätze wie etwa ‚*Pluit*‘ (‚Es regnet‘) dar. Auch Relationsaussagen wurden im Spätmittelalter als prädikative Aussagen aufgefaßt; vgl. M. G. Henninger, 1989.

[21] Vgl. Wilhelm von Ockham, *Summa Logicae*, 7; J. Buridan, *Compendium totius Logicae*, hrsg. von J. Dorp, Venedig 1499 (Nachdruck Frankfurt am Main 1965), tract. I: „De oratione“ (ohne Paginierung).

Kategorien (Substantiv, Adjektiv, Verb usw.) zugeordnet werden können.[22] Zudem betonten sie, daß der mentale Satz eine natürliche Bezeichnung hat und für alle Sprecher gleich ist, während der gesprochene oder geschriebene Satz lediglich eine konventionelle Bezeichnung aufweist und je nach Sprecher oder Sprachgruppe variieren kann. Für das genannte Beispiel bedeutet dies: Der Sachverhalt, daß Sokrates Grieche ist, wird in den verschiedenen natürlichen Sprachen mit unterschiedlichen Sätzen (‚Sokrates ist Grieche‘, ‚Socrates is Greek‘ usw.) ausgedrückt, die jederzeit per Konvention geändert werden können. Der mentale Satz hingegen ist bei allen Sprechern gleich und kann nicht verändert werden, weil er auf natürliche Weise entstanden ist und den Sachverhalt auch auf natürliche Weise bezeichnet. Wenn wir nämlich von Sokrates erfahren, können wir gar nicht anders, als einen mentalen Subjektsausdruck zu bilden, der ihn bezeichnet, und wenn wir dann lernen, daß er Grieche ist, können wir ebenfalls nicht anders, als einen mentalen Prädikatsausdruck zu bilden. Diesen fügen wir dem mentalen Subjektsausdruck hinzu und erhalten so einen ganzen Satz.

Unter Ockhams Nachfolgern war es freilich umstritten, ob mentale Sätze tatsächlich auf derart natürliche Weise, ohne Anwendung irgendeiner Konvention, gebildet werden können.[23] Ebenso umstritten war, ob sie in ihrer Struktur den gesprochenen und geschriebenen tatsächlich vollkommen gleichen. Muß man etwa annehmen, daß mentale Sätze nicht nur kategorematische Termini wie ‚Sokrates‘ oder ‚Grieche‘ enthalten, sondern auch synkategorematische Termini wie ‚wenn‘ und ‚auch‘? Und muß man davon ausgehen, daß mentale Sätze auch synonyme oder äquivoke Termini enthalten? Bis weit in das 16. Jahrhundert hinein wurde eine lebhafte Debatte über diese Fragen geführt,[24] doch ein entscheidender Punkt blieb in dieser Kontroverse unangetastet: Wahrheit ist primär auf der Ebene der *mentalen* Sätze zu bestimmen, wie auch immer diese Ebene im Detail beschrieben werden mag. Mit dieser These knüpften die spätmittelalterlichen Autoren an die traditionelle Lehre von der Übereinstimmung des Intellekts mit den Gegenständen an, unterzogen sie aber einer sprachphilosophischen Transformation. Die Übereinstimmung erfolgt ihrer Ansicht nach nämlich nicht dadurch, daß der Intellekt universale Formen aufnimmt und sich somit an Gegenstände „assimiliert", sondern einzig und allein dadurch, daß er mentale Sätze bildet, die sich auf Gegenstände und Sachverhalte beziehen. Die Relation zwischen dem Intellekt und den Gegen-

---

[22] Vgl. Wilhelm von Ockham, *Quodlibeta septem*, 508–518; J. Buridan, *Sophismata*, hrsg. von T. K. Scott, Stuttgart-Bad Cannstatt 1977, 25–28; dazu D. Perler, 1992, 169–208. Zur ockhamistischen Tradition vgl. C. Panaccio, 1999, 279–303.

[23] So behauptete der Oxforder Autor Crathorn, mentale Sätze könnten nur in Anlehnung an gesprochene und geschriebene gebildet werden und seien diesen daher untergeordnet; vgl. D. Perler, 1997.

[24] Vgl. zu diesen Kontroversen E. J. Ashworth, 1982; C. Panaccio, 1996; D. Perler, 2002b.

ständen ist also rein *semantischer* Natur, ohne daß ein Prozess der Angleichung erforderlich ist. Es ist somit keine Ähnlichkeit oder Gleichförmigkeit
von Entitäten im Intellekt und außerhalb des Intellekts notwendig. Mentale
Sätze gleichen den Gegenständen in der Welt nicht, sondern sind Zeichen,
die eine eigene Struktur aufweisen.[25]

Mit einem solchen Erklärungsansatz konnten Ockham, Buridan und andere Autoren natürlich universalienrealistische Annahmen vermeiden; es
gibt ja nur individuelle mentale Sätze, die sich auf individuelle Gegenstände
und Sachverhalte beziehen. Indem diese Philosophen darauf insistierten,
daß die mentalen Sätze auf natürliche Weise entstehen, konnten sie zudem
auf elegante Weise das Problem der Bezugnahme erklären. Wenn nämlich
gefragt wird, warum sich ein mentaler Satz wie ‚Sokrates ist Grieche' überhaupt auf etwas bezieht, lautet die simple Antwort: weil dieser mentale Satz
nicht zufällig oder willkürlich entstanden ist, sondern aufgrund einer natürlichen Relation zu Sokrates. Wir haben nämlich in Büchern über Sokrates
gelesen, und die Autoren der Bücher haben ihn vielleicht sogar gesehen
oder – wie im Falle Platons – mit ihm diskutiert. Es gibt also so etwas wie
eine natürliche Kausalkette, die vom Satz zu Sokrates zurückführt. Genau
diese Kette garantiert, daß der mentale Satz gleichsam in der Welt verankert
ist. Und da der mentale Satz immer die Grundlage für die gesprochenen
und geschriebenen Sätze bildet, garantiert die Kausalkette auch, daß die
konventionellen Sätze eine Verankerung in der Welt haben.

Schließlich hat der Rekurs auf mentale Sätze noch einen weiteren Vorteil. Bezugnahme läßt sich damit ohne Rekurs auf innere Bilder, Vorstellungen oder Ähnliches erklären. Ockham betont nämlich, daß sich ein mentaler Satz *direkt* auf einen Sachverhalt bezieht.[26] Wenn ich ‚Sokrates ist
Grieche' denke, verweise ich nicht zuerst auf eine innere Repräsentation
oder auf ein immaterielles Bild, das ich dann mit etwas Materiellem ver-
knüpfe. Vielmehr beziehe ich mich direkt auf den Sachverhalt, daß Sokrates Grieche ist. Der Grund für diese direkte Bezugnahme liegt darin, daß
die mentalen Termini, aus denen sich der Satz zusammensetzt, ihrerseits
eine *direkte* Bezugnahme haben. Ockham zufolge ist es überflüssig, irgend-
welche vermittelnde Entitäten anzunehmen. Dies hat natürlich Konsequenzen für das Wahrheitsproblem: Wenn ‚Sokrates ist Grieche' wahr ist,
so nicht, weil dieser Satz mit einer inneren Repräsentation übereinstimmt
oder – wie die Ideentheoretiker der frühen Neuzeit behaupteten – adäquat
eine Verbindung von Ideen ausdrückt. Der mentale Satz ist vielmehr wahr,

---

[25] J. Biard, 1989, 125–126, nennt diese Abwendung von einem Abbildmodell und Zuwendung zu einem Zeichenmodell zu Recht die „ockhamistische Wende" im 14. Jahrhundert.

[26] Diesen Standpunkt vertritt er zumindest in seiner späten Theorie, in der er innere Gegenstände mit einem „intentionalen Sein" ablehnt. Vgl. Wilhelm von Ockham, *Expositio in
librum Perihermeneias Aristotelis*, 351–358; dazu M. Adams McCord, 1987, 83–107; D. Perler, 2002a, 322–342.

weil er direkt mit dem übereinstimmt, was in der Welt der Fall ist: daß
Sokrates Grieche ist.

Diese Auffassung von mentalen Sätzen blieb im Spätmittelalter allerdings
nicht unangefochten. Verschiedene Autoren (etwa Johannes Reading oder
Gregor von Rimini) argumentierten, die Entstehung mentaler Sätze sei
doch nur möglich, wenn vorher bestimmte mentale Entitäten (sog. „intelligible Species") gebildet werden.[27] Es sei unplausibel, eine unvermittelte
Beziehung zwischen Sätzen und Sachverhalten anzunehmen. Andere Philosophen (unter ihnen Ockhams Zeitgenosse Walter Burley) hielten fest,
der Rekurs auf mentale Sätze erfordere nicht unbedingt eine Beschränkung
auf individuelle Entitäten. Selbst wenn man zustimme, daß nur mentale
Sätze primäre Wahrheitsträger sind, müsse man immer noch untersuchen,
worauf sich diese Sätze jeweils beziehen. Dabei könne sich herausstellen,
daß das Bezugsobjekt – der jeweilige Sachverhalt – etwas Komplexes ist,
was sich aus individuellen Substanzen und allgemeinen Formen (z.B. aus
dem individuellen Sokrates und der Form des Grieche-seins) zusammensetzt.[28] Und natürlich ist Ockhams Theorie der mentalen Sätze nicht völlig
voraussetzungsfrei, auch wenn sie auf universalienrealistische Annahmen
verzichtet. Eine gewichtige Annahme liegt in der Intellekttheorie. Der Intellekt wird nämlich – ähnlich wie in heutigen Theorien der mentalen Sprache[29] – als eine „semantische Maschine" aufgefaßt, die von sich aus in der
Lage ist, bei angemessenen natürlichen Inputs mentale Sätze als Outputs zu
liefern, noch dazu Sätze, die nach bestimmten syntaktischen Regeln gebildet werden. Nur mit solchen Sätzen können Urteile über das, was der Fall
ist, gefällt werden, und nur mit ihnen ist somit ein Weltbezug möglich.

4.   Unter welchen Bedingungen ist ein Satz wahr?

Ockhams These, daß wir uns mit mentalen Sätzen auf Sachverhalte in der
Welt beziehen, könnte sogleich zu einem Einwand Anlaß geben. Es trifft
zwar zu, so könnte man erwidern, daß wir Sätze wie ‚Sokrates ist Grieche‘
oder ‚Der Mensch ist ein Lebewesen‘ produzieren können, die sich auf etwas in der Welt beziehen. Aber wir können ja ebenso gut Sätze wie ‚Sokrates ist Amerikaner‘ oder ‚Der Mensch hat Flügel‘ hervorbringen (und zwar
auf „natürliche" Weise, indem wir auf die Menge der mentalen Termini zurückgreifen), für die offensichtlich nicht gilt, daß sie sich auf etwas in der
Welt beziehen. Wie kann Ockham den fundamentalen Unterschied zwischen diesen beiden Arten von Sätzen und damit die Differenz zwischen
Wahrheit und Falschheit erklären?

---

[27] Vgl. einen Überblick in L. Spruit, 1994, 256–351.
[28] Vgl. A. Conti, 2000 (mit Belegen).
[29] Vgl. prägnant J. Fodor, 1987, 135–154.

Ockham beantwortet diese nahe liegende Frage, indem er auf die Theorie der Supposition (*suppositio*) zurückgreift.[30] Wenn wir einen Satz untersuchen, müssen wir nämlich nicht nur fragen, ob seine Termini überhaupt eine Bezeichnung haben, sondern auch, wofür sie an Subjekt- oder Prädikatstelle stehen – technisch ausgedrückt: wofür sie im Satz supponieren. Für den ganzen Satz gilt, daß er nur dann wahr ist, wenn die Termini an Subjekt- und Prädikatstelle für dasselbe supponieren.[31] Konkret heißt dies: ‚Sokrates ist Grieche' ist nur dann wahr, wenn ‚Sokrates' und ‚Grieche' für dasselbe Ding stehen, nämlich für den Griechen Sokrates. Dies ist die sog. *Identitätsbedingung* für die Prädikation.[32] Auf den ersten Blick scheint diese Bedingung nicht besonders interessant zu sein. Wofür sollten die Termini denn sonst stehen? Eine nähere Betrachtung zeigt indessen, daß sich hinter der scheinbar lapidaren Bedingung ein metaphysisches Problem verbirgt. Ockham hält in seiner Erläuterung der Bedingung nämlich fest, es sei nicht erforderlich, „daß das Prädikat seitens der Sache im Subjekt ist oder real dem Subjekt innewohnt, auch nicht daß es seitens der Sache außerhalb der Seele mit dem Subjekt vereinigt wird [...]"[33] Damit betont Ockham, daß für die Wahrheit von ‚Sokrates ist Grieche' nicht erforderlich ist, daß es „seitens der Sache" – also in der materiellen Welt – eine besondere Entität wie etwa die Griechenartigkeit gibt, die dem individuellen Sokrates innewohnt oder irgendwie mit ihm vereinigt wird. Hier wird nicht eine individuelle Entität (Sokrates) mit einer allgemeinen (Griechenartigkeit) verbunden. In der Welt gibt es nur den individuellen Sokrates mit seiner individuellen Eigenschaft, Grieche zu sein. Daher müßte der Prädikatsausdruck streng genommen mit einem Index (z.B. ‚Sokrates ist Grieche$_S$') versehen werden. So würde deutlich, daß die individuelle Eigenschaft, für die das Prädikat hier steht, von jener zu unterscheiden ist, von der in Aussagen über Platon und andere Griechen die Rede ist. Es handelt sich dabei um eine individuelle Eigenschaft, die gleichsam in Sokrates drinsteckt.[34]

---

[30] Diese Theorie hat ihren Ursprung in der terministischen Logik des frühen 13. Jahrhunderts (vgl. einen Überblick in P. V. Spade, 1982). Sie wird nicht nur von Ockham aufgegriffen (vgl. Wilhelm von Ockham, *Summa Logicae*, 193–238), sondern auch von Buridan, Paulus Venetus und den meisten anderen spätmittelalterlichen Autoren.

[31] Dies ist die Bedingung für den einfachsten kategorischen Satz. Vgl. Wilhelm von Ockham, *Summa Logicae*, 250; ebenso J. Buridan, *Sophismata*, 42.

[32] Vgl. ausführlich M. Adams McCord, 1987, 385–435; D. Perler, 1992, 109–157.

[33] Wilhelm von Ockham, *Summa Logicae*, 249: „[...] non requiritur [...] quod praedicatum ex parte rei sit in subiecto vel insit realiter subecto, nec quod uniatur a parte rei extra animam ipsi subiecto [...]".

[34] Freilich steckt sie nur als *akzidentelle* Eigenschaft in ihm; Sokrates hätte die Zugehörigkeit zur athenischen Polis ja auch verlieren können. Sie unterscheidet sich somit von einer *essentiellen* Eigenschaft wie Menschsein, ohne die Sokrates gar nicht existieren konnte. Für beide Arten von Eigenschaften gilt jedoch, daß sie nicht allgemeine Entitäten sind, die einer individuellen Substanz hinzugefügt werden.

Damit widersetzt sich Ockham einer Prädikationstheorie, die zu seiner Zeit weit verbreitet war und von seinem Zeitgenossen Walter Burley vertreten wurde. Burley zufolge gilt die *Inhärenzbedingung* für wahre Sätze. Das heißt: Ein Satz ist nur dann wahr, wenn das Prädikat für eine allgemeine Entität steht, die dem Gegenstand innewohnt, für den der Subjektsausdruck steht.[35] Eine solche Bedingung setzt natürlich voraus, daß es allgemeine Entitäten gibt, die Individuen inhärieren können. Ebenso beruht sie auf der Prämisse, daß ein und dieselbe allgemeine Entität mehreren Individuen inhärieren kann und somit – modern ausgedrückt – mehrfach instantiiert sein kann. So ist es ein und dieselbe Entität, für die der Prädikatsausdruck in ‚Sokrates ist Grieche' und ‚Platon ist Grieche' supponiert, und beide Sätze sind wahr, weil diese Entität – die Griechenartigkeit – in beiden Individuen instantiiert ist.

Der Kontrast zwischen Ockhams und Burleys Position zeigt, daß sich hinter der Diskussion über Wahrheitsbedingungen ein metaphysischer Grundlagenstreit verbirgt: Welche Arten von Entitäten müssen angenommen werden, damit die Wahrheit von Sätzen erklärt werden kann? Ockhams und Burleys Antworten auf diese Frage sind allerdings nicht die einzigen Lösungsvorschläge im Spätmittelalter. Im späten 14. Jahrhundert skizzierte Vinzenz Ferrer eine weitere Lösung, indem er von der These ausging, daß streng genommen nur der Subjektsausdruck für etwas supponiert. Der Prädikatsausdruck hat keine Supposition, sondern dient lediglich dazu, die Supposition des Subjektsausdrucks zu spezifizieren.[36] So spezifiziert der Prädikatsausdruck im Satz ‚Sokrates ist Grieche' den Subjektsausdruck derart, daß dieser nicht für einen beliebigen Sokrates steht, sondern genau für jenen, der Grieche ist. In dieser Erklärung, die auf eine Asymmetrie der Funktionsweise von Subjekts- und Prädikatsausdruck verweist, lassen sich die ersten Ansätze zu einer Prädikationsanalyse erkennen, die den Prädikatsausdruck als einen ungesättigten Ausdruck auffaßt. Denn ‚ … ist Grieche' verweist an sich nicht auf einen Gegenstand, sondern ist ein Ausdruck mit einer offenen Stelle. Sobald diese Stelle mit ‚Sokrates' gefüllt (oder modern gesprochen: gesättigt) wird, steht fest, daß auf Sokrates Bezug genommen wird, und zwar insofern er Grieche ist. Freilich ist auch Ferrers Position nicht ohne metaphysische Voraussetzungen. Die Spezifizierung des Subjektsausdrucks erfolgt seiner Ansicht nach nämlich immer im Hinblick auf eine universale Form, durch die ein Individuum geprägt oder strukturiert wird. Somit beruht seine Prädikationsanalyse auf einem Universalienrealismus, wenn auch nur auf einem

---

[35] Vgl. W. Burley, „Walter Burley's Treatise *De suppositionibus* and its Influence on William of Ockham", hrsg. von S. F. Brown, *Franciscan Studies*, 32 (1972), 55–56. In späteren Schriften übernimmt Burley allerdings die Identitätsbedingung; vgl. A. de Libera, 2002, 134.

[36] Vgl. V. Ferrer, *Tractatus de suppositionibus*, hrsg. von J. A. Trentman, Stuttgart-Bad Cannstatt 1977, 94–96.

gemäßigten Realismus.[37] Er betont nämlich, daß die universale Form nicht an sich existiert und daher nicht an sich ein besonderer Gegenstand ist, für den der Prädikatsausdruck supponieren könnte. Sie existiert vielmehr in instantiierter Form in einem Individuum. So gibt es nicht das Grieche-sein an sich, sondern nur das Grieche-sein von Sokrates oder von Platon; genau dieses spezifiziert jeweils ein Individuum.

Die bislang dargestellten Analysen von Wahrheitsbedingungen bezogen sich ausnahmslos auf Aussagen in extensionalen Kontexten. Eine besondere Innovation der spätmittelalterlichen Autoren besteht indessen darin, daß sie auch intensionale Kontexte berücksichtigten. Dabei handelt es sich um Kontexte, die durch epistemische Ausdrücke wie ‚Ich glaube, daß …‘, ‚Sie erkennt, daß …‘ oder ‚Er weiß, daß …‘ geschaffen werden. Buridan geht explizit auf solche Kontexte ein und hält fest, daß hier besondere Wahrheitsbedingungen gelten.[38] Wenn wir nämlich die wahre Aussage ‚Peter weiß, daß Sokrates kommt‘ äußern, folgt daraus nicht, daß auch ‚Peter weiß, daß der Lehrer Platons kommt‘ wahr ist. Obwohl Sokrates in der Tat der Lehrer Platons ist, könnte es ja gut sein, daß Peter dies nicht weiß. In der heutigen Sprachphilosophie wird diese Tatsache mit Hinweis auf die Regel erklärt, daß koextensionale Ausdrücke (also ‚Sokrates‘ und ‚Lehrer Platons‘) in intensionalen Kontexten nicht *salva veritate* ausgetauscht werden können. Diese besonderen Kontexte blockieren einen Austausch, der in extensionalen Kontexten ohne weiteres möglich ist.[39] Wie erklärt Buridan den Unterschied zwischen den beiden Kontexten? Er verweist darauf, daß in Kontexten, die durch epistemische Verben gebildet werden, besondere Aspekte (*rationes*) benannt werden, die nicht beliebig durch andere Aspekte ersetzt werden können, auch wenn diese auf ein und denselben Gegenstand zutreffen.[40] Wenn jemand erkennt oder weiß, daß etwas der Fall ist, weiß er nämlich nur, daß etwas unter einem bestimmten Aspekt der Fall ist. Daher muß bei einer Analyse des Satzes, durch den der jeweilige Wissensinhalt ausgedrückt wird, nicht nur die Supposition der verwendeten Ausdrücke berücksichtigt werden, sondern auch die Benennung (*appellatio*), die den jeweiligen Aspekt angibt. Wenn nun aus ‚Peter weiß, daß Sokrates kommt‘ nicht einfach ‚Peter weiß, daß der Lehrer Platons kommt‘ folgt, so liegt dies daran, daß hier zwei unterschiedliche Benennungen vorliegen. Damit liefert Buridan eine semantische Erklärung für die genannte Regel, daß keine Substitution *salva veritate* möglich ist: Die Substitution wird blockiert, weil ein und derselbe Gegenstand unter verschiedenen Aspekten benannt wird. Buridan macht aber noch auf einen allgemeineren Punkt aufmerksam. Wenn wir epistemische Sätze untersuchen und nach den Bedingungen fragen, die

---

[37] Er nennt sie selber eine „Mittelposition"; vgl. V. Ferrer, *Tractatus de suppositionibus*, 87.
[38] Vgl. J. Buridan, *Sophismata*, 73–75; ausführlich dazu J. Biard, 1988.
[39] Vgl. K. Taylor 1998, 189–192.
[40] Vgl. J. Buridan, *Sophismata*, 73.

erfüllt sein müssen, damit sie wahr sind, dürfen wir uns nicht auf jene Bedingungen beschränken, die angeben, *wofür* die Termini dieser Sätze stehen müssen. Mindestens so wichtig ist es auch, jene Bedingungen zu formulieren, die angeben, *wie* – d. h. unter welchem Aspekt – die Termini etwas benennen. Solche Sätze drücken nämlich nicht nur aus, was wir wissen, sondern auch in welcher Hinsicht wir etwas wissen.

5.　Was macht einen Satz wahr?

Die spätmittelalterlichen Autoren gingen einhellig von der These aus, daß sich nur dann Wahrheitsbedingungen für einen Satz formulieren lassen, wenn es auch etwas gibt, was in der Welt – nicht bloß in der Sprache – dem Satz entspricht und ihn wahr macht.[41] Dies scheint auf den ersten Blick eine Trivialität zu sein. Ist es nicht selbstverständlich, daß es etwas geben muß, was einen Satz wie ‚Sokrates ist Grieche‘ wahr macht? Dieser Satz ist ja nicht als eine bloße Ansammlung von Lauten, Schriftzeichen oder mentalen Zuständen wahr. Eine solche Feststellung wirft allerdings sogleich eine ontologische Frage auf: Was ist dieses „etwas“, das einen Satz wahr macht? Die vielfältigen Versuche, diese scheinbar harmlose Frage zu beantworten, beschäftigten die Philosophen während des ganzen 14. und 15. Jahrhunderts.

Die einfachste und auf den ersten Blick evidente Antwort wurde von Richard Brinkley im Rahmen der *res*-Theorie formuliert:[42] Die Dinge (*res*), die durch Subjekts- und Prädikatsausdruck bezeichnet werden, machen einen Satz wahr. So wird ‚Sokrates ist Grieche‘ durch Sokrates und seine Eigenschaft, Grieche zu sein, wahr gemacht. Diese Antwort hat zweifellos den Vorteil, daß sie sparsame ontologische Annahmen macht, denn sie führt nicht besondere Entitäten als Wahrmacher ein. Bei näherer Betrachtung zeigt sich aber, daß sie ein schwerwiegendes Defizit aufweist. Es ist nämlich nicht nur eine Aneinanderreihung von Substanzen und Eigenschaften, die einen Satz wahr macht, sondern die spezifische Verbindung dieser Entitäten in einem Sachverhalt. So machen nicht Sokrates (Substanz) plus Grieche-sein (Eigenschaft) den genannten Satz wahr. Vielmehr ist es der Sachverhalt, daß Sokrates Grieche ist, der den Satz wahr macht. Daher ist es unzulässig, einfach ein Konglomerat von Einzeldingen als Wahrmacher zu bestimmen. Zudem ergibt sich ein Problem, wenn nicht nur die Wahr-

---

[41] Ausnahmen stellen natürlich metasprachliche Sätze dar, die nur auf sprachliche Gegenstände Bezug nehmen. Sie wurden als Sätze „zweiter Einsetzung“ diskutiert; vgl. Wilhelm von Ockham, *Summa Logicae*, 39.

[42] Vgl. R. Brinkley, *Summa nova de logica. De significato propositionis*, in: M. J. Fitzgerald (Hrsg.), *Richard Brinkley's Theory of Sentential Reference*, Leiden 1987, 35. Vor Brinkley formulierte sie bereits Walter Chatton; vgl. D. Perler, 1992, 308–314.

heit, sondern auch die Falschheit eines Satzes erklärt werden soll. Was macht etwa den Satz ‚Sokrates ist Franzose' falsch? Offensichtlich nicht einfach Sokrates und die Eigenschaft, Franzose zu sein, sondern die Tatsache, daß Sokrates diese Eigenschaft nicht hat. Genau diese Tatsache – eine nicht bestehende Verbindung von einer Substanz und einer Eigenschaft – wird in der *res*-Theorie, die einfach auf einzelne Entitäten verweist, nicht berücksichtigt.

Brinkleys Zeitgenosse Richard Billingham erkannte dieses Problem und präsentierte deshalb einen anderen Lösungsvorschlag: die Modus-Theorie.[43] Dieser Theorie zufolge ist es nicht einfach eine Ansammlung von Dingen, sondern eine bestimmte Art und Weise (*modus*), wie die Dinge existieren und beschaffen sind, die einen Satz wahr macht. So ist es die Art und Weise, als Grieche zu existieren, die ‚Sokrates ist Grieche' wahr macht. Diese Erklärung weist den unbestrittenen Vorteil auf, daß sie die besondere Verbindung von Substanz und Eigenschaft berücksichtigt. Sie wirft aber eine neue Frage auf: Was ist der Modus bzw. die „Art und Weise" ontologisch gesehen? Billingham beantwortete diese Frage, indem er betonte, der Modus einer Sache sei eine eigene Art von Entität, die man von den Sachen selbst – den Substanzen und Eigenschaften – unterscheiden müsse: „[…] was durch einen wahren Satz bezeichnet wird, ist nur der Modus einer Sache (*modus rei*), sodaß das durch den Satz ‚Gott existiert' Bezeichnete nicht eine Sache ist, auch nicht mehrere Sachen, sondern nur der Modus einer Sache."[44] Diese Position wirft allerdings nicht nur das Problem auf, daß nun eine großzügige Ontologie angenommen werden muß, die neben den Substanzen und Eigenschaften noch Modi als besondere Entitäten zuläßt. Sie wirft auch die Frage auf, wie sich denn die Modi zu den Substanzen und Eigenschaften verhalten. Offensichtlich sind Modi nicht „frei schwebende" Entitäten, sondern stets Modi dieser oder jener Sache. Also müssen sie in den Substanzen und Eigenschaften verankert sein. Doch wie sind sie in ihnen verankert: Existieren sie in den Substanzen und Eigenschaften (modern gesprochen: inhärieren sie in ihnen), oder existieren sie auf ihrer Grundlage (supervenieren sie auf ihnen)? Muß man etwa annehmen, daß es – um Billinghams Beispiel aufzugreifen – nicht nur Gott gibt, sondern auch den Modus, daß Gott existiert, der irgendwie in Gott verankert ist? Zudem stellt sich ein weiteres Problem, auf das bereits Paulus Venetus hingewiesen hat.[45] Wenn es sich beim Modus nicht um eine „frei schwebende" Entität handelt,

---

[43] Dargestellt in R. Brinkley, *Summa nova de logica. De significato propositionis*, 52–54, und Paulus Venetus, *Logica magna. Secunda pars*, 80–84.

[44] Vgl. R. Brinkley, *Summa nova de logica. De significato propositionis*, 52: „[…] significatum propositionis verae est tantum modus rei, ita quod istius propositionis ‚Deus est' significatum non est aliqua res, nec etiam est aliquae res, sed tantum modus rei."

[45] Vgl. Paulus Venetus, *Logica magna. Secunda pars*, 80–84; dazu M. Adams McCord, 1985, 184, 181.

muß ein Modus immer der Modus einer bestimmten Sache sein. Dies bedeutet aber, daß die Bezugnahme auf einen Modus immer die Existenz
einer bestimmten Sache voraussetzt. Wie kann es dann noch wahre Sätze
über Nicht-Existierendes geben? Wie kann etwa der wahre Satz ‚Es gibt
keine Chimären' etwas bezeichnen? Es existieren doch keine Chimären als
Grundlage für irgendeinen Modus. Freilich könnte man nun die Modus-
Theorie verteidigen, indem man die problematische These aufgibt, daß ein
Modus eine besondere inhärierende oder supervenierende Entität ist. Ein
Modus, so könnte man sagen, ist einfach die Art und Weise, wie eine Sache
existiert und beschaffen ist.[46] Diese ontologisch sparsame Lösung ist aber
ebenfalls nicht unproblematisch. Zunächst stellt sich die Frage, was denn
noch der Unterschied zwischen einer Sache und dem Modus sein soll,
wenn hier kein ontologischer Unterschied eingeführt werden soll. Worin
unterscheidet sich etwa Gott vom Modus, daß Gott existiert, wenn es sich
hier um ein und dieselbe Entität handeln soll? Zweitens kann gefragt werden, wie der Modus verstanden werden soll, wenn ein Satz eine Verbindung von Substanz und Eigenschaft bezeichnet. Was ist etwa der Modus,
daß Sokrates Grieche ist, im Vergleich zur Substanz Sokrates und zur
Eigenschaft Grieche-sein, wenn er nicht eine besondere Entität oder eine
zusätzliche Eigenschaft ist? Wählt man eine ontologisch sparsame Lösung,
fällt es schwer einzusehen, wie sich der Modus von den Substanzen und
Eigenschaften unterscheiden läßt.

Angesichts dieser Schwierigkeit könnte man einen weiteren Antwortver-
such unternehmen. Streng genommen ist es nicht eine besondere Entität in
der Welt, die einen Satz wahr macht, sondern nur eine Zusammensetzung
von mentalen Termini, ein *complexum*, das durch eine propositionale Wendung wie ‚daß Sokrates Grieche ist' ausgedrückt wird. Diese *complexum*-
Theorie, wie sie im 14. Jahrhundert zuerst von Robert Holcot und später
von Wilhelm Bermingham vertreten wurde,[47] versucht einen Mittelweg
zwischen den genannten Positionen zu finden. Einerseits führt sie neben
den Substanzen und Eigenschaften nicht Modi als zusätzliche Entitäten ein
und ist daher ontologisch sparsam; andererseits berücksichtigt sie die Tatsache, daß ein Satz eine komplexe Einheit ausdrückt, und beruft sich deshalb auf eine Einheit als Wahrmacher. Die Hauptschwierigkeit besteht allerdings darin, daß diese Einheit nur als etwas Mentales bestimmt wird. Dies
widerspricht der Ausgangsthese, daß es doch etwas in der Welt geben muß,
was für die Wahrheit eines Satzes verantwortlich ist. Wird dieser Grundsatz

---

[46] Diese Erklärung findet sich ansatzweise bereits bei Ockham; vgl. M. Adams McCord,
1985.
[47] Vgl. R. Holcot, „Conferentiae", in: F. Hoffmann (Hrsg.), *Die „Conferentiae" des Robert
Holcot O.P. und die akademischen Auseinandersetzungen an der Universität Oxford
1330–1332*, Münster 1993, 67–82; Berminghams Position wird in R. Brinkley, *Summa nova
de logica*, 74–80, dargestellt.

aufgegeben, droht die Gefahr des Mentalismus oder gar des Idealismus. Ob ein Satz wahr oder falsch ist, hängt nur von etwas Komplexem im Geist ab, nicht von einem Sachverhalt in der materiellen Welt. Da jeder Mensch nur einen Zugang zu etwas Komplexem in seinem eigenen Geist hat, droht zudem die Gefahr eines Solipsismus. Wenn ich etwa ‚Sokrates ist Grieche‘ äußere, macht etwas Komplexes in *meinem* Geist diesen Satz wahr; wenn mein Nachbar ihn äußert, macht ihn etwas Komplexes in *seinem* Geist wahr. Schließlich stellt sich die grundsätzliche Frage, ob mit dem Rekurs auf etwas Mentales die Frage nach den Wahrmachern nicht einfach verschoben wird. Wenn nämlich jedem gesprochenen und geschriebenen Satz ein mentaler zugrunde liegt, taucht wieder die Frage auf, wodurch denn dieser wahr gemacht wird. Diese Funktion kann kaum etwas erfüllen, was selber mental ist (abgesehen von Sätzen, die ausschließlich von mentalen Vorgängen handeln), weil wir dann nie den Bereich des Mentalen verlassen. Wenn ein mentaler Satz durch etwas wahr gemacht wird, muß dieses „etwas" außerhalb des Geistes liegen.

Angesichts dieser Schwierigkeiten ist es nicht erstaunlich, daß die *complexum*-Theorie auf energischen Widerstand stieß.[48] Wer einfach auf mentale Wahrmacher rekurriert, wirft mehr Probleme auf, als er zu lösen vermag. Doch wie sind die Wahrmacher dann zu erklären? Die beiden komplexesten und anspruchsvollsten Lösungsvorschläge stammen von Walter Burley und Gregor von Rimini. Walter Burley weist darauf hin, daß es neben dem gesprochenen, dem geschriebenen und dem mentalen Satz noch eine *propositio in re* geben muß.[49] Genau diese macht die drei anderen Typen von Sätzen wahr. Dabei handelt es sich nicht um etwas Sprachliches, sondern um einen Sachverhalt in der Welt, jedoch nicht einfach um einen Sachverhalt, der an sich existiert, sondern der durch einen bestimmten Satz identifiziert und aus einer Menge möglicher Sachverhalte herausgegriffen wird. Ihm entspricht im Geist des Sprechers ein propositionales Objekt, das ihn vergegenwärtigt. Konkret heißt dies: ‚Sokrates ist Grieche‘ wird durch den Sachverhalt Daß-Sokrates-Grieche-ist wahr gemacht. Dieser Sachverhalt existiert in der materiellen Welt, nicht bloß im Reich des Mentalen, jedoch nicht als eine besondere Entität (etwa als etwas Supervenierendes), sondern als die Verbindung von Substanz und Eigenschaft, die durch den Satz als Einheit bestimmt wird.[50] Dem Sprecher gelingt es, diese besondere

---

[48] Zunächst kritisierte sie Crathorn, auf den R. Holcot, „Conferentiae", zu antworten versuchte, und später Paulus Venetus, *Logica magna. Secunda pars*, 86–88.

[49] Vgl. W. Burley, *Super artem veterem Porphyrii et Aristotelis*, Venedig 1497 (Nachdruck Frankfurt am Main 1967), fol. 16ra–rb; ein Verzeichnis weiterer Stellen bietet L. Cesalli, 2001, 196.

[50] Die Bestimmung dieser Einheit erfolgt durch die Kopula, die angibt, daß die durch Subjekts- und Prädikatsausdruck bezeichneten Gegenstände miteinander verknüpft sind; vgl. A. de Libera, 2002, 130–137. Da Burley Universalienrealist ist, nimmt er an, daß die Verknüpfung nicht einfach eine raumzeitliche ist, sondern – modern gesprochen – eine Instan-

Einheit zu erfassen, weil er in seinem Geist über ein mentales Korrelat für den Sachverhalt verfügt – über ein Korrelat, das ihm als propositionales Objekt unmittelbar präsent ist.

Dieser Erklärungsansatz läßt sich als ein „propositionaler Realismus"[51] charakterisieren, denn er bestimmt etwas Reales in der Welt als Wahrmacher. Die besondere Pointe besteht darin, daß dieses Reale – der Sachverhalt – mit Bezug auf einen konkreten Satz bestimmt wird. Bildlich gesprochen könnte man sagen, daß wir mit der Äußerung von Sätzen so etwas wie ein Netz auswerfen, mit dem wir die Wirklichkeit in Sachverhalte aufteilen. Erst dieses Netz strukturiert die Wirklichkeit, und daher können wir auch nur mit Verweis auf dieses Netz angeben, was es in der Wirklichkeit überhaupt gibt.

Noch einen Schritt weiter geht Gregor von Rimini in seiner Erklärung der Wahrmacher. Wie Walter Burley setzt auch er bei der These an, daß wir nur mit Bezug auf einen konkreten Satz von einem Sachverhalt sprechen können. Ein Sachverhalt ist seiner Ansicht nach nichts anderes als das durch einen Satz „komplex Bezeichenbare" (*complexe significabile*).[52] Im Gegensatz zu Burley behauptet Gregor von Rimini aber, daß darunter eine besondere Art von Entität zu verstehen ist, die nicht einfach mit einzelnen Gegenständen oder der Verbindung solcher Gegenstände gleichgesetzt werden darf. Seiner Auffassung nach müssen drei Arten von Entitäten unterschieden werden: (1) existierende Gegenstände (z.B. Peter), die durch einzelne Termini bezeichnet werden, (2) bestehende Sachverhalte (z.B. Daß-Peter-ein-Mensch-ist) und (3) nicht bestehende Sachverhalte (z.B. Daß-Peter-Flügel-hat).[53] Das „komplex Bezeichenbare" für einen Satz ist nichts anderes als eine Entität des Typs (2) oder (3). Mit diesem Verweis auf komplexe Entitäten gelingt es Gregor von Rimini nicht nur, die Wahrheit, sondern auch die Falschheit gewisser Sätze zu erklären. Wenn nämlich gefragt wird, warum der Satz ‚Peter hat Flügel' falsch ist, muß die Antwort lauten: weil er Daß-Peter-Flügel-hat, also eine Entität des Typs (3), bezeichnet. Dieser nicht bestehende Sachverhalt gehört ebenso zur Wirklichkeit wie ein bestehender Sachverhalt.

Damit präsentiert Gregor von Rimini natürlich nicht nur eine Theorie der Wahrmacher, sondern auch eine Theorie der Falschmacher. Es gelingt ihm, für alle Sätze so etwas wie eine Verankerung in der Wirklichkeit zu finden.

---

tiierungsrelation: Sokrates (eine individuelle Entität) instantiiert das Grieche-sein (eine universale Entität).

[51] Vgl. L. Cesalli, 2001.

[52] Bereits A. Wodeham, *Lectura secunda in librum primum Sententiarum*, hrsg. von R. Wood, Bd. I, St. Bonaventure, N. Y. 1990, 194–195, führte diesen Terminus technicus ein; vgl. E. Karger, 1995.

[53] Vgl. Gregor von Rimini, *Lectura super primum et secundum Sententiarum*, hrsg. A. D. Trapp und V. Marcolino, Bd. 1, Berlin / New York 1981, 8–9; für eine schematische Darstellung der zugrunde liegenden Ontologie siehe D. Perler, 1994, 155.

Allerdings verpflichtet er sich mit seinem Erklärungsansatz auf eine großzügige Ontologie, denn er ist gezwungen, nicht nur mentale und materielle Gegenstände zuzulassen, sondern auch Sachverhalte als Entitäten *sui generis*. Deren Existenz muß selbst dann angenommen werden, wenn es – wie im Fall von Daß-Peter-Flügel-hat – kein unmittelbares Fundament und keine Entsprechung in der materiellen Welt gibt. Angesichts dieser ontologischen Konsequenzen ist es nicht erstaunlich, daß Gregor von Riminis Theorie im Spätmittelalter ebenso umstritten war wie die übrigen Lösungsvorschläge.[54]

Die Kontroverse rund um das Sachverhaltsproblem verdeutlicht, daß die spätmittelalterlichen Autoren über ein ausgeprägtes Problembewußtsein für die ontologischen Aspekte einer Wahrheitstheorie verfügten. Sie erkannten, daß selbst dann, wenn ein propositionaler Wahrheitsbegriff als Ausgangspunkt gewählt wird, eine reine Satzanalyse (etwa im Rahmen einer formalen Semantik) nicht ausreicht. Es muß nämlich nicht nur untersucht werden, welche semantische Funktion ganze Sätze und ihre Termini besitzen. Stets muß auch geprüft werden, wie Sätze überhaupt mit der Wirklichkeit verbunden sind und durch sie wahr gemacht werden können. Und für eine solche Prüfung ist es entscheidend, daß erläutert wird, was hier unter „Wirklichkeit" überhaupt zu verstehen ist. Mit diesem Erklärungsansatz legten die spätmittelalterlichen Philosophen die Grundlage für Debatten, die im 20. Jahrhundert wieder aufgenommen wurden und immer noch von systematischer Bedeutung sind.[55]

Literaturverzeichnis

Primärliteratur

Aristoteles, *Peri hermeneias*, übers. von H. Weidemann, Berlin 1994.

Brinkley, Richard, *Summa nova de logica. De significato propositionis*, in: M. J. Fitzgerald (Hrsg.), *Richards Brinkley's Theory of Sentential Reference*, Leiden 1987.

Buridan, Johannes, *Compendium totius Logicae*, hrsg. von J. Dorp, Venedig 1499 (Nachdruck Frankfurt am Main 1965).

Buridan, Johannes, *Sophismata*, hrsg. von T. K. Scott, Stuttgart-Bad Cannstatt 1977.

Buridan, Johannes, „Tractatus de suppositionibus", hrsg. von M. E. Reina, *Rivista critica di storia della filosofia*, 12 (1957), 175–352.

Burley, Walter, *Super artem veterem Porphyrii et Aristotelis*, Venedig 1497 (Nachdruck Frankfurt am Main 1967).

---

[54] Eine ausführliche Kritik formuliert Paulus Venetus, *Logica magna. Secunda pars*, 94–104; vgl. A. Conti, 1996, 257–293. Zur Kritik im 14. Jahrhundert vgl. A. de Libera, 2002, 177–226; im 16. Jahrhundert vgl. E. J. Ashworth, 1978.

[55] Vgl. zur Relevanz für die modernen Debatten, die von der österreichischen Schule des frühen 20. Jhs. (etwa bei Reinach und Marty) bis zur gegenwärtigen „neuen Ontologie" reichen, K. Mulligan / P. Simons / B. Smith, 1987, und A. de Libera, 2002.

Burley, Walter, „Walter Burley's Treatise *De suppositionibus* and its Influence on William of Ockham", hrsg. von S. F. Brown, *Franciscan Studies*, 32 (1972), 15–64.

Ferrer, Vinzenz, *Tractatus de suppositionibus*, hrsg. von J. A. Trentman, Stuttgart-Bad Cannstatt 1977.

Gregor von Rimini, *Lectura super primum et secundum Sententiarum*, hrsg. von A. D. Trapp und V. Marcolino, Bd. 1, Berlin / New York 1981.

Holcot, Robert, „Conferentiae", in: F. Hoffmann (Hrsg.), *Die „Conferentiae" des Robert Holcot O.P. und die akademischen Auseinandersetzungen an der Universität Oxford 1330–1332*, Münster 1993.

Paulus Venetus, *Logica magna. Secunda pars: Tractatus de veritate et falsitate propositionis*, hrsg. von F. del Punta, Oxford 1978.

Thomas von Aquin, *Expositio libri Peryermenias*, Leonina I*/1, Rom 1989.

Thomas von Aquin, *Quaestiones disputatae de veritate*, Leonina XXII, vol. I/2, Rom 1970.

Wilhelm von Ockham, *Expositio in librum Perihermeneias Aristotelis*, in: ders., *Opera philosophica* II, hrsg. von A. Gambatese und S. Brown, St. Bonaventure, N. Y. 1978.

Wilhelm von Ockham, *Expositio in librum Praedicamentorum Aristotelis*, in: ders., *Opera philosophica* II, hrsg. von G. Gál, St. Bonaventure, N. Y. 1978.

Wilhelm von Ockham, *Quodlibeta septem*, in: ders., *Opera theologica* IX, hrsg. von J. C. Wey, St. Bonaventure, N. Y. 1980.

Wilhelm von Ockham, *Scriptum in primum librum Sententiarum. Distinctiones II–III*, in: ders., *Opera theologica* II, hrsg. von S. Brown, St. Bonaventure, N. Y. 1970.

Wilhelm von Ockham, *Summa Logicae*, in: ders., *Opera philosophica* I, hrsg. von Ph. Boehner u.a., St. Bonaventure, N. Y. 1974.

Wodeham, Adam, *Lectura secunda in librum primum Sententiarum*, hrsg. von R. Wood, Bd. I, St. Bonaventure, N. Y. 1990.

Sekundärliteratur

Adams McCord, Marilyn, 1985, *Things Versus ‚Hows‘, or Ockham on Predication and Ontology*, in: J. Bogen / H. E. McGuire (Hrsg.), *How Things Are. Studies in Predication and the History of Philosophy and Science*, Dordrecht, 175–188.

Adams McCord, Marilyn, 1987, *William Ockham*, 2 Bde., Notre Dame.

Adams McCord, Marilyn, 1989, „Ockham on Truth", *Medioevo*, 15, 143–172.

Aertsen, Jan A., 1992, „Truth as Transcendental in Thomas Aquinas", *Topoi*, 11, 159–171.

Aertsen, Jan A., 1996, *Medieval Philosophy and the Transcendentals*, Leiden.

Ashworth, E. Jennifer, 1978, „Theories of the Proposition. Some Early Sixteenth Century Discussions", *Franciscan Studies*, 38, 81–121.

Ashworth, E. Jennifer, 1982, „The Structure of Mental Language: Some Problems Discussed by Early Sixteenth Century Logicians", *Vivarium*, 20, 59–83.

Biard, Joël, 1988, *Le cheval de Buridan. Logique et philosophie du langage dans l'analyse d'un verbe intentionnel*, in: O. Pluta (Hrsg.), *Die Philosophie im 14. und 15. Jahrhundert*, Amsterdam, 119–137.

Biard, Joël, 1989, *Logique et théorie du signe au XIVᵉ siècle*, Paris.

Cesalli, Laurent, 2001, „Le réalisme propositionnel de Walter Burley", *Archives d'histoire doctrinale et littéraire du Moyen Age*, 68, 155–221.

Conti, Alessandro, 1996, *Essenza e verità. Forme e strutture del reale in Paolo Veneto e nel pensiero filosofico del tardo medioevo*, Rom.

Conti, Alessandro, 2000, „Significato e verità in Walter Burley", *Documenti e studi sulla tradizione filosofica medievale*, 11, 317–350.

Courtenay, William J., 1987, *Schools & Scholars in Fourteenth-Century England*, Princeton.

De Libera, Alain, 2002, *La référence vide. Théories de la proposition*, Paris.

Fodor, Jerry, 1987, *Psychosemantics. The Problem of Meaning in the Philosophy of Mind*, Cambridge, Mass. / London.

Henninger, Mark G., 1989, *Relations. Medieval Theories 1250–1325*, Oxford.

Kaluza, Zénon, 1988, *Les querelles doctrinales à Paris. Nominalistes et réalistes aux confins du XIVᵉ et du XVᵉ siècles*, Bergamo.

Karger, Elizabeth, 1995, „William of Ockham, Walter Chatton and Adam Wodeham on the Objects of Knowledge and Belief", *Vivarium*, 33, 171–196.

King, Peter, 2001, *John Buridan's Solution to the Problem of Universals*, in: J. M. M. H. Thijssen / J. Zupko (Hrsg.), *The Metaphysics and Natural Philosophy of John Buridan*, Leiden, 1–27.

Michon, Cyrille, 1994, *Nominalisme. La théorie de la signification d'Occam*, Paris.

Mulligan, Kevin / Simons, Peter / Smith, Barry, 1987, *Wahrmacher*, in: L. B. Puntel (Hrsg.), *Der Wahrheitsbegriff. Neue Erklärungsversuche*, Darmstadt, 210–255.

Panaccio, Claude, 1996, „Le langage mental en discussion", *Les Études philosophiques*, 3, 323–339.

Panaccio, Claude, 1999, *Le discours intérieur de Platon à Guillaume d'Ockham*, Paris.

Patzig, Günther, 1981, *Satz und Tatsache*, in: ders., *Sprache und Logik*, Göttingen, 39–76.

Perler, Dominik, 1992, *Der propositionale Wahrheitsbegriff im 14. Jahrhundert*, Berlin / New York.

Perler, Dominik, 1994, „Late Medieval Ontologies of Fact", *The Monist*, 77, 149–169.

Perler, Dominik, 1997, *Crathorn on Mental Language*, in: C. Marmo (Hrsg.), *Vestigia, Imagines, Verba. Semiotics and Logic in Medieval Theological Texts (XIIth-XIVth Century)*, Turnhout, 337–354.

Perler, Dominik, 2002a, *Theorien der Intentionalität im Mittelalter*, Frankfurt am Main.

Perler, Dominik, 2002b, *Diskussionen über mentale Sprache im 16. Jahrhundert*, in: E. Kessler / I. Maclean (Hrsg.), *Res et verba in der Renaissance*, Wiesbaden, 29–51.

Perler, Dominik, 2003, *Ockhams Transformation der Transzendentalien*, in: W. Goris / M. Pickavé (Hrsg.), *Die Logik des Transzendentalen*, Berlin / New York (im Druck).

Spade, Paul V., 1982, *The Semantics of Terms*, in: N. Kretzmann / A. Kenny / J. Pinborg, *The Cambridge History of Later Medieval Philosophy*, Cambridge / New York, 188–196.

Spruit, Leen, 1994, *Species Intelligibilis: From Perception to Knowledge*, Bd. 1, Leiden.

Taylor, Kenneth, 1998, *Truth and Meaning. An Introduction to the Philosophy of Language*, Oxford.

Varietas veritatis.
Perspektiven des Wahrheitsbegriffs in der Philosophie der Renaissance

Sabrina Ebbersmeyer (München)

Einleitung

Das Problem der Wahrheit wird in der Renaissance, d.h. hier etwa in der Zeit von 1350–1630, auf eine spezifische Weise thematisiert, für die nicht allein innerphilosophische Entwicklungen, sondern vor allem auch historische Umstände verantwortlich sind, wie das Entstehen einer neuen intellektuellen Gruppe, der Humanisten, und die Vervielfältigung und Verfügbarkeit des Wissens durch verstärkten kulturellen Austausch, verbesserte Sprachkenntnisse sowie zunehmende Editions- und Übersetzungsarbeiten. Um der Deutlichkeit willen werden im folgenden fünf miteinander verwobene Themenkomplexe unterschieden, die jeweils zum spezifischen Profil der Diskussion um den Begriff der Wahrheit in der Renaissance beitragen.

(1) Mit dem Beginn der humanistischen Bewegung wird der Begriff der Wahrheit zunächst in Hinsicht auf Ethik und Moralphilosophie perspektiviert, häufig in polemischer Abgrenzung von der theoriestarken und als begriffslastig empfundenen Philosophie an den Universitäten. (2) Die Aufwertung der Praxis und die Emphase auf die Umsetzung von eingesehenen Wahrheiten zeitigen auch Effekte für das Logikverständnis und führen zu einer veränderten Vorstellung von den logischen und semantischen Bedingungen, die die Wahrheit von Aussagen betreffen, in der Rhetorik und Grammatik eine besondere Funktion einnehmen. (3) Die Vervielfältigung des Wissens und die damit einhergehende Aufspaltung der philosophischen Lehren und Richtungen führt zu einer Verunsicherung hinsichtlich der Wahrheiterkenntnis, die schließlich wiederum die Entwicklung unterschiedlicher Strategien evoziert, mit dieser Vielfalt umzugehen, ohne den Begriff der Wahrheit aufzugeben. (4) Das Erbe der bereits mittelalterlichen Diskussion um die Bestimmung des Verhältnisses von philosophischer und theologischer Wahrheit erhält in der Naturphilosophie um 1600 neue Brisanz und gehört zudem zu den grundlegenden Problemen, die das Selbstverständnis der Reformation betreffen. (5) Schließlich führt die Neubewertung der Mathematik, der Erfahrung und der Tätigkeit zu einer weitreichenden und folgenschweren Neubestimmung der Wahrheit innerhalb der Naturbetrachtung.

1. Wahrheit und Moralphilosophie

Auf den ersten Blick hat es den Anschein, als spiele der Begriff der Wahrheit
im Denken der frühen Humanisten nur eine nebensächliche Rolle. Die
Humanisten, die sich erst gegen Ende des 14. und am Anfang des 15. Jahrhunderts als intellektuelle Gruppe konstituieren, sind in der Regel keine
professionellen Philosophen. Die theoretischen Wissenschaften, Physik,
Mathematik und Metaphysik, in denen der Wahrheitsbegriff traditionell
eine größere Bedeutung als in den praktischen hat, erhalten von Autoren
wie Petrarca, Salutati oder Leonardo Bruni keine große Aufmerksamkeit.
Sie wenden sich vielmehr der Moralphilosophie zu. In geradezu polemischer Absicht wird der Begriff des Wahren häufig gegen den des Guten,
Nützlichen und Wahrscheinlichen ausgespielt. Bei genauerer Betrachtung
zeigt sich jedoch, daß die konstatierte Problemlage neue Deutungsmuster
und Umgangsstrategien mit dem Wahrheitsbegriff evozieren und in der
Folge zu einer Aufwertung von Aspekten des Wahrheitsbegriffs führen, die
in der aristotelisch geprägten Schulphilosophie vernachlässigt wurden.

Einer der ersten, der sich zu dem Problem der Wahrheit aus humanisti-
scher Perspektive äußert, ist Francesco Petrarca. In der Invektive *De sui
ipsius et multorum ignorantia* stellt Petrarca einen bestimmten Begriff von
Wahrheit in Frage, ohne sich vollends vom Konzept der Wahrheit zu
verabschieden. Er befragt die reine Wahrheitssuche um ihrer Selbst willen
(*theoria*) nach ihrer Legitimation und ihrem Nutzen. Wissen wird von Petrarca einem bestimmten Zweck untergeordnet, nämlich den Wissenden
gut zu machen.[1] Theoretisches Wissen, wie es in der aristotelisch geprägten
Schulphilosophie tradiert wird, ist für Petrarca nicht nur unzuverlässig,
sondern vor allem auch nutzlos in Hinsicht auf das glückliche Leben:
„Wenn es schließlich auch wahr wäre, trüge es nichts zu einem glücklichen
Leben bei."[2] Hinzu kommt, nach Petrarca, daß die Erkenntnis des Wahren
nicht bloß glücksneutral ist, sondern uns sogar bisweilen ins Unglück stür-
zen kann. Daher schließt er: „Besser aber ist es, das Gute zu wollen als das
Wahre zu erkennen. Ersteres nämlich entbehrt nie des Lohnes, letzteres ist
oft auch mit Schuld verbunden und läßt keine Entschuldigung zu."[3]

Darüber hinaus ist das Ziel, die Wahrheit zu erkennen, für Petrarca selbst
fragwürdig geworden. Die Vielzahl der philosophischen Meinungen und
Sekten zeige an, daß diese nicht im Besitz der Wahrheit gewesen sein kön-

---

[1] Francesco Petrarca, *Über seine und vieler anderer Unwissenheit / De sui ipsius et multorum
ignorantia* (dt./lat.), hrsg. von A. Buck, Hamburg 1993, 28.

[2] Francesco Petrarca, *De sui ipsius et multorum ignorantia*, 22: „quamvis vera essent, nichil penitus ad beatam vitam".

[3] Francesco Petrarca, *De sui ipsius et multorum ignorantia*, 108 f.: „Satius est autem bonum
velle quam verum nosse. Illud enim merito nunquam caret, hoc sepe etiam culpam habet,
excusationem non habet."

nen. So verzichtet Petrarca auf die theoretische philosophische Spekulation und hält die Wahrheit einzig durch den Glauben für gesichert. Immer die Wahrheit gesagt haben nur die wahren Philosophen, worunter Petrarca christliche Autoren versteht.[4] Die Wahrheit des Glaubens wird freilich nicht durch theoretische Einsichten gewonnen, sondern durch ein affektives und rückhaltloses Zustimmen zu den durch Offenbarung gesicherten göttlichen Wahrheiten. Wo es um die höchste Wahrheit geht, die für Petrarca mit der Religion identisch ist, da versteht er sich selbst nicht als Philosoph, sondern als Christ.[5]

Mit dieser Einsicht sind für Petrarca auch die gängigen Methoden der Erkenntnissicherung obsolet geworden. Er verzichtet deshalb darauf, Abhandlungen zu verfassen, in denen er allgemeine und methodisch gesicherte Wahrheiten von bestimmten Dingen darlegen würde. Dies bedeutet nun nicht, daß sich Petrarca von allen intellektuellen Unternehmungen zurückgezogen hätte. Sein Skeptizismus führt ihn dazu, sich den Dingen zuzuwenden, die für ihn unbezweifelbar sind: den Dokumenten der historischen Überlieferung.

Deutlich zeigt sich dieses Programm in seiner Exemplasammlung *Rerum memorandarum libri*. Petrarca führt hier Exempla auf, die er nach bestimmten Tugenden anordnet. Exempla bieten Orientierung und Hinweise für richtiges Verhalten, ohne mit dem Anspruch einer absoluten, umfassenden, allgemeinen Wahrheit aufzutreten. Der Wahrheitsanspruch eines historischen Faktums ist limitiert, es behauptet einzig, daß sich etwas zu einer bestimmten Zeit ereignet habe. Und mehr zu wollen hält Petrarca angesichts unserer erkenntnistheoretischen Situation auch nicht für angemessen:

„Uns aber gefällt so weit die maßvolle Sitte der Akademie: dem Wahrscheinlichen zu folgen, wo wir nicht darüber hinaus gelangen, nichts unbesonnen zu verdammen, nichts schamlos zu behaupten. Die Wahrheit mag an ihren Orten bleiben, wir machen mit Beispielen weiter."[6]

Die Zuwendung zu Exempla und zu historischen Fakten wird in den nachfolgenden Jahrzehnten zu einem Signum der humanistischen Gelehrsamkeit. Das Interesse an wirklichen und authentischen Wahrheiten schlägt sich zudem in der Formenwahl nieder: literarische Formen, die Authentizität

---

[4] Francesco Petrarca, *De sui ipsius et multorum ignorantia*, 100 ff.: „Quod si faciunt, sciunt philosophos multa mentitos, eos dico qui philosophi dicuntur; veri enim philosophi vera omnia loqui solent. Horum tamen ex numero nec Aristotiles certe, nec Plato est, quem ex omni prisca illa philosophorum acie ad verum propius accessisse nostri dixere philosophi."

[5] Francesco Petrarca, *De sui ipsius et multorum ignorantia*, 124: „At ubi de religione, id est de summa veritate et de vera felicitate deque eterna salute cogitandum incidit aut loquendum non ciceronianus certe nec platonicus, sed cristianus sum."

[6] Francesco Petrarca, *Rerum memorandarum libri*, hrsg. von G. Billanovich, Florenz 1943, (IV, 31), 214: „Nobis autem eatenus modestus Achademie mos placeat: veresimilia sequi ubi ultra non attingimus, nichil temere dampnare, nichil impudenter asserere. Veritas ergo suis locis maneat; nos ad exempla pergamus."

suggerieren, wie Brief, Invektive, historischer Dialog etc. werden von Petrarca und seinen Nachfolgern bevorzugt.[7]

Das Verhältnis von Wahrem und Gutem wird auch von nachfolgenden Humanisten thematisiert. So von Coluccio Salutati, der sich in seinem Werk *De nobilitate legum et medicinae* gegen die aristotelische Vorstellung wendet, daß das Ziel des Menschen in der Spekulation des Wahren liege. Dies ist für ihn zumal deshalb unsinnig, weil dieses Ziel niemals von einem Menschen erreicht und er folglich niemals glücklich werden könne:

> „Denn mag auch der Philosoph ausführen, daß das Ziel des Menschen die Spekulation des Wahren sei, so kann doch dieser Satz keine Wahrheit haben, weil diese Sehnsucht nicht erfüllt werden kann."[8]

Der Weg zum letzten Glück führt daher nicht über Erkenntnisse, sondern über Taten.[9] Außerdem könne die Wahrheit nicht das letzte Glück des Menschen bilden, da wir die Wahrheit wegen etwas anderem, was unser Wille bestimmt, auswählen.[10] So schneidet das Wahre im direkten sachlichen Vergleich schlechter als das Gute ab, denn das Gute geht über den Begriff des Wahren hinaus[11]:

> „Da also das Gute über das Wahre hinausgeht – denn einerseits kann das Wahre von Natur mit dem Schlechten aus Schuld zusammenfallen, und das kann wiederum nur in einem natürlichen Guten gefunden werden, und andererseits kann es kein moralisches Gutes geben, wenn es nicht zugleich von Natur aus ein Wahres ist –, so muß es als sicher gelten, daß das moralisch Gute ein weiterreichendes Gutes ist als das Wahre."[12]

Weniger polemisch äußert sich Salutati über die Wahrheit in einem Brief an Francesco de' Pizolpassi, in dem er sich der grundlegenden Bedeutung der

---

[7] Es sei damit nicht geleugnet, daß nicht auch traditionelle Formen im Humanismus ihre Anwendung finden, wie das Auftreten der personifizierten Wahrheit als Sprecherin in Dialogen, vgl. z.B. Francesco Petrarca, *Secretum*, in: *Prose*, hrsg. von G. Martellotti u.a., Mailand / Neapel 1955, 22–215, und Mapheus Vegius, *Dialogus inter Alithiam et Philalitem*, Köln 1470. – Zu der Wahrheit in Petrarcas Dialog vgl. auch J. Küpper, 1991.

[8] Coluccio Salutati, *Vom Vorrang der Jurisprudenz oder der Medizin / De nobilitate legum et medicinae*, übers. von P. M. Schenkel, München 1990, 164f.: „Nam, licet Philosophus disputet finem hominis esse speculationem veritatis, non potest hoc dictum veritatem habere, quoniam hoc desiderium non potest impleri." Vgl. auch ebd., 180 und 246.

[9] Coluccio Salutati, *De nobilitate legum et medicinae*, 246.

[10] Coluccio Salutati, *De nobilitate legum et medicinae*, 246–248: „Quibus sine dubitatione concluditur, nec scire nostrum nec investigatam, etiam si possibile sit, rerum omnium veritatem, ultimam esse felicitatem hominis, quandoquidem hanc illudque possumus propter aliud quod voluerimus exoptare."

[11] Coluccio Salutati, *De nobilitate legum et medicinae*, 258f.: „Bonum etenim ultra veritatis et entis transgreditur rationem."

[12] Coluccio Salutati, *De nobilitate legum et medicinae*, 34f.: „Ut cum bonum progrediatur ultra verum, quoniam verum quod est nature potest cum malo culpe concurrere, quod quidem reperiri nequit nisi in natura bona, nec bonum potest esse moraliter nisi naturaliter sit et verum, certum esse debet morale bonum ultimatius bonum esse quam verum."

Wahrheit für verschiedene Lebensformen zuwendet.[13] Ein tugendhaftes Leben kann ohne kontinuierlichen Gebrauch der Wahrheit nicht aufrechterhalten bleiben.[14] Für das kontemplative Leben hat vor allem die Wahrheit der Aussagen eine fundamentale Bedeutung, da man ohne den Gebrauch der Wahrheit weder lehren noch belehrt werden könne.[15] Besonders entscheidend ist die Wahrheit jedoch nach Salutati für das tätige Leben: die Wahrheit garantiert das Bestehen der menschlichen Gemeinschaft, da wir ohne sie keinen verbindlichen Umgang miteinander betreiben könnten: „glaube mir, mit Notwendigkeit wird die menschliche Gemeinschaft aufgehoben, wenn die Wahrheit ganz und gar aufgehoben wird."[16] Deshalb bedürfen wir zum Leben weniger des Nutzens des Brotes als des Nutzens der Wahrheit.[17]

Diese grundlegende Bedeutung der Wahrheit für das tätige Leben in der Gemeinschaft wird rund hundert Jahre später von Giovanni Pontano aufgegriffen. In seiner 1499 entstandenen Schrift *De sermone* befaßt sich Pontano mit den Tugenden und den Lastern, die der Sprache zukommen.[18] Dabei bezieht er sich nicht auf die oratorische oder die poetische, sondern auf die alltägliche und bürgerliche Redeweise.[19] Es geht Pontano also nicht um bestimmte Redetechniken, sondern um das Verständnis der angemessenen alltäglichen Sprache der Menschen untereinander.[20] Für diese Sprachsphäre nun hält Pontano neben der Unterhaltsamkeit (*urbanitas*) die Wahrheit (*veritas*) für eine zentrale Eigenschaft. Denn sie erst ermöglicht es, daß wir uns mit Taten und Handlungen sinnvoll aufeinander beziehen können, wüßte man doch sonst nie, ob man sich auf etwas verlassen könnte oder nicht, und jedes absichtliche Handeln wäre sinnlos.[21] Wahrheit fungiert daher als ein Gemeinschaft stiftendes Band der Gesellschaft.[22]

---

[13] Coluccio Salutati, *Epistolario*, 4 Bde., hrsg. von F. Novati, Rom 1891–1911, III, 437–451.

[14] Coluccio Salutati, *Epistolario*, III, 441.

[15] Coluccio Salutati, *Epistolario*, III, 444.

[16] Coluccio Salutati, *Epistolario*, III, 444: „crede michi, tollatur homana societas necessarium est, si sustuleris omnimodo veritatem."

[17] Coluccio Salutati, *Epistolario*, III, 444: „nos usu panis ad vitam minus quam usu veritatis, si cuncta perspeceris, indigere."

[18] Giovanni Pontano, *De sermone libri sex*, hrsg. von S. Lupi und A. Risicato, Lucani 1954, (I, prooemium), 1.

[19] Giovanni Pontano, *De sermone libri sex*, (I, prooemium), 1f.

[20] Giovanni Pontano, *De sermone libri sex*, (I, 3), 5.

[21] Giovanni Pontano, *De sermone libri sex*, (I, 7), 8: „altera [= veritas] vero quae hominem ipsum ita constituat, ut per eam constet humana conciliatio vigeatque in civitate fides, penes quam actionum nostrarum omnium ac negociationum vinculum existat ac promissorum dictorumque observatio."

[22] Giovanni Pontano, *De sermone libri sex*, (II, 2), 54: „Quando autem virtus omnis gratuita est ac per se expetitur veracitasque ipsa est cum primis etiam laudabilis ac percommoda et retinendae et amplificandae hominum societati, nimirum veraces ipsi propter solam veritatem veri sunt ipsius studiosi; eamque tum propter se ipsam colunt, tum quod vinculum

Die Ausrichtung an der Wahrheit zeigt sich im Handeln und Sprechen der Menschen als eine Tugend, nämlich als Wahrhaftigkeit (*veracitas*). Pontano kann sich bei seiner Deutung der Wahrhaftigkeit an Aristoteles orientieren, der diese Tugend im 4. Buch der *Nikomachischen Ethik* kurz abhandelt.[23] Gemäß dem aristotelischen Tugendschema begreift Pontano die Wahrhaftigkeit als eine Mitte (*mediocritas*) zwischen zwei Extremen, nämlich Prahlerei und Maskierung.[24] Den Wahrhaftigen charakterisiert Pontano wie folgt:

> „Die Pflicht der Wahrhaftigen ist es, das Wahre und Erkannte von sich nicht insgeheim, sondern frei und offen zu sagen, wo es notwendig ist, und sich nichts, was höher als seines ist, zu erfinden oder abzuziehen: sondern alles maßvoll zu sagen."[25]

Pontano ist sich durchaus bewußt, daß der Begriff von Wahrheit, den er in *De sermone* verwendet, ein anderer ist als der, der in der Mathematik, der Naturphilosophie oder in der Rechtssprechung verwendet wird, wo es um die Bildung korrekter Syllogismen und um die Erforschung der Ursachen von Dingen geht.[26] Wahrheit als Wahrhaftigkeit hat ihren Sitz in der Haltung und der Gewohnheit des Menschen und zeigt sich in seinem Reden und Handeln.

Problematisch und ethisch brisant wird die Wahrhaftigkeit als Tugend, wenn man sich wie Pontano die Frage stellt, ob es dem Wahrhaftigen nicht bisweilen erlaubt sei, von der Wahrheit abzuweichen, ein Verhalten, das man nicht nur bei Medizinern und weltlichen Führern, sondern auch bei Geistlichen beobachten könne.[27] Pontano ist der Ansicht, daß es in diesen Fällen einzig auf die Absicht (*propositum*) des Handelnden ankomme: be-

---

eam humanae societatis vel maxime tenax esse intelligunt, ad quam colendam natos se esse sciunt."

[23] Aristoteles, *Nikomachische Ethik*, (IV, 13), 1127a14–b32.

[24] Giovanni Pontano, *De sermone libri sex*, (II, 1), 51: „Itaque ut veritati mendacium, sic mendax adversatur veraci veracitatique mendacitas. Sed verax unus ipse quidem dumtaxat est et simplex, mendax vero duplex. Nam e numero mendacium alii, ut dictum est, ostentatores sunt ac simulatores, alii dissimulatores."

[25] Giovanni Pontano, *De sermone libri sex*, (II, 2), 54: „veraces viri officium est vera ac cognita de se nequaquam dissimulanter sed libere atque aperte, ubi opus fuerit, loqui nihilque supra quam suum est sibi aut accersite affingere aut subductim detrahere: modeste tamen omnia."

[26] Giovanni Pontano, *De sermone libri sex*, (I, 13), 20: „Loquimur autem de veritate hoc in loco, non illa quidem quae a physicis quaeritur aut mathematicis quae ve versetur circa certitudinem syllogismorum in ipsisque disputationibus, quae sunt de rerum natura deque disciplinis atque scientiis hominum ac facultatibus, verum de veritate ea, quae nihil in sermonibus atque in oratione, nihil etiam in moribus inesse fictum, fallax, fucatum indicet, nihil quod simulatum, adulatorium, mendax, gloriosum, vanum quodque supra vires appareat supraque facultates ipsas aut veri fines excedat captus ve nostri terminos." Vgl. ebd., (II, 2), 52f.

[27] Giovanni Pontano, *De sermone libri sex*, (II, 2), 58.

absichtigt er, einer guten Sache zu nützen und eine Gefahr abzuwenden, so kann eine Lüge auch für einen wahrhaftigen Menschen durchaus gerecht-fertigt sein.[28]

2. Rhetorische und grammatische Wahrheit versus logische Wahrheit

In der ersten Hälfte des 15. Jahrhunderts wendet sich Lorenzo Valla aus hu-manistischer Perspektive der Dialektik zu. Mit seinem Werk *Repastinatio Dialectice et Philosophie* unternimmt er den Versuch, die aristotelisch ge-prägte Logik zu reformieren, indem er sich bei seiner Argumentation auf den Sprachgebrauch sowie auf grammatikalische und rhetorische Überle-gungen stützt.

Der Ort in der Dialektik, an dem sich Valla explizit mit dem Begriff der Wahrheit auseinandersetzt, ist seine Kritik an den Transzendentalien. Von den bekannten sechs Transzendentalien (*unum, verum, bonum, ens, ali-quid, res*) läßt er nur *res* (Sache) zu. Die anderen Begriffe untersucht er auf ihre grammatische Form und entlarvt sie als ungeeignet, um von allen Dingen ausgesagt zu werden. Explizit wendet sich Valla gegen ein ontolo-gisches Verständnis des Wahrheitsbegriffs. Wahrheit ist kein Begriff, der sich auf die Dinge anwenden läßt, denn nicht die Dinge sind wahr oder falsch, sondern wir beziehen uns mit wahr und falsch auf die Seele des Sprechenden:

> „Wenn wir von etwas behaupten, es sei wahr oder falsch, so bezieht sich das si-cherlich auf die Seele des Sprechenden, weil in ihr Wahrheit und Unwahrheit ist. Denn falsches Brot, falscher Wein und ein falscher Prophet sind keineswegs Brot, Wein und Prophet; und wahres Brot, wahrer Wein und ein wahrer Prophet sind unserer Meinung nach nichts anderes als Brot, Wein und Prophet. Also ist in uns, d.h. in unserer Seele, Wahrheit und Unwahrheit."[29]

Den Begriff der Wahrheit auf Dinge anzuwenden, hält Valla für redundant. Wahrheit bezieht sich für ihn immer auf die Kenntnis einer Sache und be-zeichnet ein Vermögen der Seele – das Licht der Seele – welches seinen Sitz in uns hat:

---

[28] Giovanni Pontano, *De sermone libri sex*, (II, 2), 58: „nec tamen illi ex eo aut mendaces ha-bentur aut minus veredici, quando neque propositum eorum est aut mentiri aut fallere, verum et proesse ea ratione et pericula avertere: quod omnino prudentium est hominum munus atque officium."

[29] Lorenzo Valla, *Repastinatio dialectice et philosophia*, hrsg. von G. Zippel, Padua 1982, (I, 2, 29), 19f.: „Certe cum quid verum falsumque esse affirmamus, id ad animum loquentis re-fertur, quod in eo veritas sit aut falsitas. Nam falsus panis et falsum vinum et falsus propheta nequaquam est panis, vinum, propheta; et verum panis, verum vinum, verus propheta non aliud est quam panis, vinum, propheta, ut nos sentimus."

„Das ‚Wahre' oder die ‚Wahrheit' ist im eigentlichen Sinne das Wissen oder die Kenntnis einer jeglichen Sache und gleichsam das Licht der Seele, das sich auch auf die Sinne erstreckt."[30]

Nur im übertragenden Sinne ist es zulässig und im Sprachgebrauch üblich, Gesten oder Dingen Wahrheit zuzuschreiben, wie „schläft jener in Wahrheit oder simuliert er?" oder „ich habe die Wahrheit der Sache herausgefunden".[31]

Abgesehen von dieser Diskussion von „wahr" als Transzendental stellt sich das Problem der Wahrheit in Vallas Dialektik noch auf eine andere, grundsätzlichere Art. Woran können wir uns orientieren, um herauszufinden, ob wir wahr sprechen oder nicht? Diese von Valla nicht explizit gestellte Frage durchzieht das gesamte Werk. Wahr sprechen wir dann, wenn wir die Worte auf richtige Weise miteinander verknüpfen. Um dies zu erreichen, müssen wir die Worte nach Valla erst einmal in ihrem richtigen grammatischen Gebrauch verwenden. Wo dieser mißachtet wird, kann die Wahrheit nicht gefunden werden. Sichere Orientierung für die richtige Verwendungsweise der Wörter bieten die überlieferten Texte von klassischen Autoren aus der Zeit zwischen Cicero und Quintilian. Die Methode der Philosophen hingegen, eine möglichst exakte Terminologie festzulegen, die es ermöglicht, eindeutige Zuordnungen zu treffen, hält Valla für ungeeignet, da sie vom Sprachgebrauch abweicht und unverständlich wird.[32] Bei seiner Kritik an dem Sprachgebrauch der Philosophen stützt sich Valla gelegentlich auf den alltäglichen Sprachgebrauch der Menschen,[33] doch der Sprachgebrauch, den Valla für die Richtigkeit des Sprechens reklamiert, ist der von Cicero und Quintilian.[34]

Ob Valla mit seiner Dialektik eine für seine Zeit revolutionäre Theorie der Wahrheit aufgestellt hat, ist umstritten. Während einige Forscher dazu neigen, Valla eine Position zuzuschreiben, in der die Korrespondenztheorie der Wahrheit aufgegeben ist und Wahrheit als das reine Produkt eines sprachlichen Diskurses angesehen wird,[35] halten andere dafür, daß

---

[30] Lorenzo Valla, *Repastinatio dialectice et philosophia*, (I, 2, 28), 19: „‚Verum' sive ‚veritas' est proprie scientia sive notitia cuiuscunque rei, et quasi lux animi, que ad sensus quoque se porrigit. Hanc lucem esse volo ipsius animi."

[31] Lorenzo Valla, *Repastinatio dialectice et philosophia*, (I, 2, 31), 20.

[32] Daß der Sprachrsgebrauch sich jedoch gelegentlich von der Wahrheit einer Sache unterscheiden kann, ist ihm durchaus bewußt, vgl. etwa Lorenzo Valla, *Repastinatio dialectice et philosophia*, (I, 6, 16), 46: „Ergo ut et veritati et consuetudini suam cuique partem tribuamus [...]."

[33] So bei seiner Kritik an der Verwendung von „unum" als Transzendental: Lorenzo Valla, *Repastinatio dialectice et philosophia*, (I, 2, 25), 18. Vgl. auch ebd., (I, 3, 15), 26; ebd., (I, 8, 1), 50; ebd., (II, 10, 6), 217; ebd., (II, 10, 14), 219.

[34] Lorenzo Valla, *Repastinatio dialectice et philosophia*, (I, 7, 11), 386: „Sed aliud est loqui ad legem ipsam veritatis, aliud ad consuetudinem popularem et pene omni generi hominum communem."

[35] Vgl. R. Waswo, 1987, 101; Ders., 1989, 329f. und H. B. Gerl, 1974, 218f.

Valla durchaus am traditionellen Modell festhält.[36] Wie man diese Frage auch beantwortet, man muß zugestehen, daß Vallas Konzeption der Wahrheit in ein Denken eingebettet ist, das als grundsätzliche Orientierungspunkte und Parameter rhetorische und grammatische Strukturen gewählt hat.

Die von Valla eingeführte Perspektive auf die Logik mit ihrer Orientierung an Rhetorik und Grammatik wird von Mario Nizolio aufgegriffen. Nizolio beginnt sein Werk *De veris principiis et vera ratione philosophandi contra pseudophilosophos* mit der Aufstellung von „allgemeinen Prinzipien der Wahrheitssuche", worunter er „bestimmte Regeln, Grundsätze, Lehren und Richtlinien" versteht, die sich auf „das Erforschen der Wahrheit beziehen".[37] Explizit kritisiert er das aristotelische Regelwerk, das jener in seinen logischen und metaphysischen Schriften entwickelt hatte, und das seither eifrig kommentiert wurde.

Im Kontrast zum aristotelischen Programm und mit Bezug auf die humanistische rhetorische Tradition stellt Nizolio folgende fünf allgemeine Prinzipien der Wahrheitssuche auf: Die drei ersten beziehen sich auf die Kenntnis erstens der griechischen und lateinischen Sprache, zweitens der Grammatik und Rhetorik und drittens der griechischen und lateinischen Autoren und der Volkssprache. Mit diesen drei Prinzipien wendet er sich gegen die Vernachlässigung der Sprache und gegen ihre Technisierung in der Schulkommentierung der aristotelischen Dialektik und Metaphysik. Viertens setzt Nizolio gegen die Autoritätsgläubigkeit seiner Zeitgenossen auf den Gebrauch der eigenen Verstandeskräfte.[38] Das fünfte und letzte Prinzip besteht schließlich darin, „daß jeder, der sich um richtiges Philosophieren bemüht, sich beim Philosophieren besonders davor hüte und alles vermeide, was ihn der allgemein anerkannten und bekannten Redeweise der Gelehrten entfremdet".[39]

Wiederholt argumentiert Nizolio gegen die einseitige Ausrichtung der Dialektiker und Metaphysiker auf die theoretischen Aspekte der Wahrheit, ohne den Nutzen, die Notwendigkeit und Angemessenheit der Dinge zu beachten:

> „Denn die Dialektiker und Metaphysiker scheinen sich nur um die Wahrheit zu kümmern, behaupten sie doch, Dialektik sei die Kunst, wahr von falsch zu unterscheiden, und das Ziel der Metaphysik sei die Wahrheit; und das, obgleich sich bei beiden nicht nur Wahres, sondern auch Lügnerisches und Falsches findet. Sie scheinen sich, wie ich sagte, einzig um die Wahrheit zu kümmern, und schenken dem Nutzen, der Notwendigkeit und der Angemes-

---

[36] Vgl. P. Mack, 1993, und J. Monfasani, 1989, 315 f.
[37] Mario Nizolio, *De veris principiis et vera ratione philosophandi contra pseudophilosophos libri IV*, hrsg. von Q. Breen, Rom 1956, I, 21: „principia generalia veritatis investigandi".
[38] Mario Nizolio, *De veris principiis*, I, 26 f.
[39] Mario Nizolio, *De veris principiis*, I, 28.

senheit der Gegenstände entweder keine oder nur sehr verzerrte Aufmerksamkeit."[40]

Die für Valla, Nizolio und viele andere Humanisten charakteristische Reaktivierung und Reetablierung der klassischen lateinischen Sprache führt zu einem veränderten Verständnis von den Bedingungen, die für wahres Sprechen zu gelten haben. Die Orientierung am klassischen Latein ist für sie nicht eine Frage des Ornaments und Sprache nicht nur ein bloßes Vehikel der Kommunikation, sondern sie ist zugleich Ausdrucksmittel der ethischen Gesinnung und Garant der wahren Rede. Damit wird die Wahrheitsfrage an den Sprachgebrauch rückgebunden und als von grammatischen und rhetorischen Regeln abhängig gedacht.

3.   Reaktionen auf die Vielfalt der Wahrheit

Bei vielen Autoren der Renaissance zeigt sich die Tendenz, die Unerkennbarkeit der Wahrheit anzuerkennen und sich auf neue Weise der Vielfalt der philosophischen Meinungen und der sinnlichen Verfaßtheit der Welt zuzuwenden. Im folgenden seien einige dieser Positionen vorgestellt, zunächst solche (a), die in platonischer, dann diejenigen (b), die in skeptischer Tradition stehen.

(a) Das Denken von Nicolaus Cusanus kreist um die Einsicht in die Unerkennbarkeit der Wahrheit. Diese teile sich zwar dem Sein mit und sei auch dem Denken ein Stück weit zugänglich, bleibe aber letztlich unerkennbar. Mit Bezug auf die platonische Ideenlehre und Abbildtheorie[41] stellt Cusanus eine dreifache Stufung des Wahren, das durch den Geist erkannt wird, vor: 1. die immer bleibende Wahrheit, die alles das ist, was sein kann („veritas est omne id, quod esse potest"), 2. das Wahre als das bleibende Abbild der ewigen Wahrheit, das intellektuell erfaßt wird („verum est aeternae veritatis perpetua similitudo intellectualiter participata") und schließlich 3. das Wahrscheinliche als das zeitliche Abbild des erkennbaren Wahren („veresimile vero est ipsius intelligibilis veri temporalis similitudo").[42] Wie auch Platon

---

[40] Mario Nizolio, *De veris principiis*, I, 24 „Dialectici enim et Metaphysici de veritate solum videntur esse soliciti, quippe qui dicunt Dialecticam esse artem discernendi verum a falso, et Metaphysicae finem esse veritatem, cum tamen in utraque parte non omnino verum dicere, sed in plerisque mendaces ac falsi esse reperiantur: de veritate inquam tantummodo soliciti esse apparent de utilitate vero et de necessitate et de pertinentia rerum, quas tractant, vel nullam prorsus vel perversam susceperunt cogitationem." (Dt. in: Mario Nizolio, *Vier Bücher über die wahren Prinzipien und die wahre philosophische Methode gegen die Pseudophilosophen*, übers. von K. Thieme, München 1980, 42; die Übersetzung wurde von mir leicht abgewandelt.)

[41] Vgl. Platon, *Timaios*, 29b–d; *Parmenides*, 132c–d.

[42] Nicolaus Cusanus, *De venatione sapientiae* 36, in: *Opera omnia*, Leipzig / Hamburg 1932ff., XII, 99f.

versteht Cusanus das Verhältnis vom Urbild der Wahrheit (*exemplar*) und ihrem weltlichen Abbild (*imago*) als Teilhabe (*participatio*).[43] Die genaue Wahrheit bleibt für den menschlichen Geist, der nur durch Ähnlichkeit erkennt, unerkennbar;[44] das Verhältnis des Geistes zur Wahrheit beschreibt Cusanus durch das Bild eines einem Kreis eingeschriebenen Vielecks.[45] Für den Verstand ist selbst die Wahrheit der Vernunft nicht erreichbar,[46] daher auch nicht diskursiv explizierbar, sondern nur in intuitiver Schau zu erfassen.[47] Mit einer Unzahl von Bildern, Metaphern und von ihm selbst geschaffenen Analogien verleiht Cusanus immer wieder der Erkenntnis Ausdruck, daß sich die Wahrheit den endlichen Geistern in ihrer Mannigfaltigkeit (*varietas*) darbietet.

Giovanni Pico della Mirandola bezieht angesichts der Vielfalt der philosophischen und theologischen Lehrmeinungen eine eigenwillige und radikale Stellung. Im Jahr 1486 nimmt er es sich vor, neunhundert von ihm selbst aufgestellte Thesen in Rom öffentlich zu disputieren, und zwar über alle Bereiche der Philosophie, Theologie, Magie und Kabbala, wobei er sich auf Texte der griechischen und römischen Antike sowie des arabischen, lateinischen und hebräischen Mittelalters bezieht. Pico reagiert mit diesem Unternehmen auf die Vervielfältigung und Variation des Wissens, welche aufgrund von neuen Quellen, besseren Sprachkenntnissen und verstärktem kulturellen Austausch möglich wurde.[48] Diese Vielfalt hält er nun nicht für eine Gefahr für die Wahrheit, sondern für ein schlagendes Indiz für ihre Größe. Er ist der Ansicht, daß die vielen Irrtümer der philosophischen Schulen die „Wahrheit festige, nicht schwäche" und bewirke, daß „der Glanz der Wahrheit" umso stärker leuchtet.[49] Die Widersprüche unter den philosophischen Schulen wertet Pico daher nicht als Gefahr für die Wahrheit, sondern als einen Bewährungsspielraum für ihre Kraft.

Giordano Bruno beschreibt und analysiert in dem Dialog *Degli eroici furori* den Seelenzustand des Weisheitsjägers, der mit dem Bewußtsein der

---

[43] Nicolaus Cusanus, *Idiota de sapientia* II, in: *Opera omnia*, V, 32.

[44] Nicolaus Cusanus, *De docta ignorantia* (I, 3), in: *Opera omnia*, I, 8f.„Non potest igitur finitus intellectus rerum veritatem per similitudinem praecise attingere."

[45] Nicolaus Cusanus, *De docta ignorantia* (I, 3), in: *Opera omnia*, I, 8f.

[46] Nicolaus Cusanus, *De coniecturis* (II, 16), in: *Opera omnia*, III, 170: „Veritas intellectualis per rationem in sua praecisione est inattingibilis."

[47] Nicolaus Cusanus, *De coniecturis* (II,16), in: *Opera omnia*, III,168.

[48] Vgl. Giovanni Pico della Mirandola, *De hominis dignitate*, in: *De hominis dignitate, Heptaplus, de ente et uno [...]*, hrsg. von E. Garin, Florenz 1942, 141.

[49] Giovanni Pico della Mirandola, *De hominis dignitate*, 142: „Accedit quod, si qua est secta quae veriora incessat dogmata et bonas causas ingenii calumnia ludificetur, ea veritatem firmat, non infirmat, et velut motu quassatam flammam, excitat, non extinguit. Hac ego ratione motus, non unius modo (ut quibusdam placebat), sed omnigenae doctrinae placita in medium afferre volui, ut hac complurium sectarum collatione ac multifariae discussione philosophiae, ille veritatis fulgor, cuius Plato meminit in *Epistulis*, animis nostris quasi sol oriens ex altro clarius illucesceret."

Unerreichbarkeit seines Zieles konfrontiert ist und diese Einsicht nicht abschwächt, sondern in ihrer schmerzhaften Paradoxalität erlebt und beschreibt. Bruno kennt zwei Arten von Wahrheit, eine himmlische absolute und eine irdische.[50] Wer die Wahrheit sucht, müsse über die Erforschung der körperlichen Dinge hinausgehen,[51] denn die absolute und überirdische Wahrheit sei das eigentliche Ziel des Philosophen; sie werde gesucht und gejagt, jedoch in dem Bewußtsein, daß sie dem Menschen unerkennbar bleibe: „Diese Wahrheit wird wie eine unzugängliche Sache gesucht, wie ein Objekt, dem nicht nur nichts entgegengesetzt, sondern das auch nicht verstanden werden kann."[52]

(b) Als Reaktion auf die durch die Vielfalt erlebte Verunsicherung entwickelt sich in der Renaissance eine grundlegende Skepsis an der Erkennbarkeit von Wahrheit überhaupt. Gianfrancesco Pico della Mirandola setzt sich als einer der ersten Philosophen seit der Antike mit Sextus Empiricus auseinander, nimmt dessen Argumentation auf und stellt die Frage nach einem Kriterium der Wahrheit (veritatis kritéerion).[53] Keine der überlieferten philosophischen Schulen könne der skeptischen Kritik standhalten, einzig „die Kraft der christlichen Wahrheit" vermöge dies zu leisten.[54] Denn während alle menschliche Philosophie von Sinneseindrücken und Vorstellungen abhängig bleibe und dadurch unsicher sei, sei göttliches Wissen durch Offenbarung auf uns gekommen und unanfechtbar.

Die skeptische Haltung von Francisco Sanchez formuliert sich als umfassende Kritik an der scholastisch-aristotelischen Logik. Für Sanchez können wir keine größere Gewißheit der Wahrheit erreichen als die Übereinstimmung der Gelehrten.[55] Damit scheint die Erkenntnis der Wahrheit geradezu unmöglich zu sein; dieser Eindruck verschärft sich noch angesichts der Machtlosigkeit der Wahrheit gegenüber Strategien, Fallen und Lügen.[56] Gerade die aristotelische Logik, in der es bisweilen möglich ist, aus falschen Prämissen wahre Schlüsse zu ziehen, zeige, daß es kein zuverlässiges Kri-

---

[50] Giordano Bruno, *Spaccio de la bestia trionfante*, 2, in: *Dialoghi italiani*, hrsg. von G. Gentile und G. Aquilecchia, 3. Aufl., Florenz 1958, 649. Ders., *Cabala del cavallo pegaseo* 1, in: *Dialoghi italiani*, 872.

[51] Giordano Bruno, *De gli eroici furori* II, 2, in: *Dialoghi italiani*, 1121.

[52] Giordano Bruno, *De gli eroici furori* II, 2, in: *Dialoghi italiani*, 1123: „Questa verità è cercata come cosa inaccessibile, come oggetto inobiettabile, non sol che incomprensibile."

[53] Gianfrancesco Pico della Mirandola, *Examen vanitatis doctrinae gentium et veritatis Christianae disciplinae*, Mirandola 1520, (II, 1), 537. Vgl. Ch. B. Schmitt, 1967.

[54] Gianfrancesco Pico della Mirandola, *Examen*, (II, 20) 559 und (II, 37) 597: „divinae veritatis vis".

[55] Francisco Sanchez, *Quod Nihil Scitur*, in: *Opera Philosophica*, hrsg. von J. De Carvalho, Coimbra 1955, 44: „Atqui maximum veritatis, proindeque et scientiae alicuius, certitudinis iudicium est doctorum concordantia. Veritas enim semper sibi constat."

[56] Francisco Sanchez, *Quod Nihil Scitur*, 46.

terium zum Unterscheiden von wahr und falsch gebe.[57] Zwar ist die Wahrheit für den Menschen nicht zu erkennen, es bleiben ihm aber unter dieser Prämisse immerhin „zwei Mittel, die Wahrheit zu suchen", nämlich „die Erfahrung und das Urteil".[58]

Michel de Montaigne steht mit seiner skeptischen Haltung zur Erkenntnis der Wahrheit in sokratischer Tradition: bei der Wahrheitssuche kommen wir nicht weiter als bis zur Einsicht in die eigene Unwissenheit.[59] Seine Schriften verfaßt er deshalb „nicht, um die Wahrheit zu behaupten, sondern um sie zu suchen".[60] Trotz des tiefen Zweifels an der Erkennbarkeit der Wahrheit erhält die ethische Dimension des Begriffs eine außerordentliche und emphatische Bedeutung: „Der hauptsächlichste Zug der Korruption der Sitten ist die Verbannung der Wahrheit."[61] Die Wahrheit der Dinge tritt bei Montaigne in den Hintergrund, zentral wird die intellektuelle Redlichkeit des einzelnen.[62] Auch wenn Montaigne sich wegen der Vielfalt und des Wechsels in den Wahrnehmungs- und Erscheinungsweisen der Dinge gelegentlich widerspricht, so ist die Wahrheit für ihn doch eine: „Es kann vorkommen, daß ich mir gegebenenfalls widerspreche, aber der Wahrheit [...] widerspreche ich nicht."[63]

Pascal kennt die Erfahrung der Ungewißheit der Wahrheit und hält sie für ein Signum seiner Zeit;[64] er tritt dafür ein, daß die Wahrheit dennoch gesucht und vor allem geliebt werden sollte.[65] Zentral wird für Pascal die Wahrheitssuche nicht mit der Vernunft, sondern mit dem Herzen, welches die Möglichkeit hat, die Wahrheit dort zu erkennen, wohin die Vernunft nicht ausgreifen kann, nämlich auf die Wahrheit der ersten Prinzipien.[66]

---

[57] Francisco Sanchez, *Quod Nihil Scitur*, 46: „Et hic promouit ille syllogistica sua scientia, in qua optima consequentia ex falso quandoque verum sequitur. Sic verum nunc cum vero, nunc cum falso mixtum non discernitur: sed nunc verum falsum apparet, nunc falsum verum."

[58] Francisco Sanchez, *Quod Nihil Scitur*, 48: „Duo sunt inueniendae veritatis media [...] experimentum, iudiciumque."

[59] Michel de Montaigne, *Essais* (1580, ²1588), in: *Oevres complètes*, hrsg. von A. Thibaudet und M. Rat, Paris 1962, (II,12), 527.

[60] Michel de Montaigne, *Essais* (I, 56), 302: „non pour establir la verité, mais pour la chercher".

[61] Michel de Montaigne, *Essais* (II, 18), 649: „Le premier traict de la corruption des moeurs, c'est le bannissement de la verité."

[62] Michel de Montaigne, *Essais* (III, 5), 863: „J'advoue la verité lorsque' elle me nuit de mesme que si elle me sert."

[63] Michel de Montaigne, *Essais* (III, 2), 782: „Tant y a que je me contredits bien à l'aventure, mais la vérité [...] je ne la contredy point."

[64] Blaise Pascal, *Pensées* (270), in: *Œvres complètes*, hrsg. von J. Chevalier, Paris 1954, 1158. Vgl. Auch *Pensées* (793), 1331.

[65] Blaise Pascal, *Pensées* (248), 1154; (453), 1217; (793), 1331.

[66] Blaise Pascal, *Pensées* (479), 1221.

4.   Verhältnis von philosophischer und theologischer Wahrheit

Die das gesamte Mittelalter durchziehende Auseinandersetzung um die Kompetenzbereiche von Philosophie und Theologie wird spätestens mit der Verurteilung von 1277 zu einem offenen Konflikt, dessen Effekte auch in der Renaissance noch deutlich spürbar sind.[67] Die Bestimmung des Verhältnisses von Glaube und Vernunft führt zur Problematik der sogenannten doppelten Wahrheit.

Der Paduaner Naturphilosoph Pietro Pomponazzi meint zum einen, daß nur der Glaube Wahrheit besitze.[68] Doch an anderer Stelle reklamiert Pomponazzi die Wahrheit für die Philosophen, denn sie „wollen die Wahrheit sagen".[69] Die Frage konkretisiert sich an einem für die Zeit brisanten Thema, dem der Frage nach der Unsterblichkeit der Seele. In seinem Werk *De immortalitate animae* argumentiert Pomponazzi dafür, daß die religiösen Gesetzgeber „angesichts der menschlichen Neigung zum Bösen und im Blick auf das Allgemeinwohl" die Lehre von der Unsterblichkeit der Seele eingeführt hätten, „ohne sich freilich um die Wahrheit zu kümmern, sondern nur darum, ein geeignetes Mittel in der Hand zu haben, um die Menschen sich der Tugend zuwenden zu lassen".[70] Auch in seiner *Apologia*, die als Antwort auf seine Kritiker verfaßt ist, wiederholt Pomponazzi seine Ansicht bezüglich der Unsterblichkeitsdoktrin, wenn auch weniger pronunziert:

> „Dies sind unvernünftige Aussagen, die den Philosophen nicht angemessen erscheinen, sondern eher den Dichtern, gewöhnlichen Menschen und sogar den Gesetzgebern, die sich nicht um die Wahrheit kümmern, sondern darum, den Menschen gut zu machen."[71]

Bezüglich der Frage nach der Wahrheit in Theologie und Philosophie schließt sich Pomponazzi der averroistischen Position an, daß apodiktische nur in der Philosophie, in der Theologie hingegen nur wahrscheinliche Wahrheit zu finden sei. Im Kommentar zum Prolog zum dritten Buch der Physik von Averroes schreibt er: „Das Ziel der Philosophie ist es, Wahres zu

---

[67] Vgl. u.a. K. Flasch, 1989.

[68] Pietro Pomponazzi, *De naturalium effectum admirandorum causis seu de incantationibus*, Basel 1556, 340ff.

[69] „Phylosophi volunt dicere veritatem: honor in se ipso est", zitiert nach B. Nardi, 1951, 374.

[70] Pietro Pomponazzi, *Tractatus de immortalitate animae XIV*, in: *Tractatus acutissimi, utillimi et mere peripatetici [...]*, Venedig 1525, 49vb: „Respiciens legislator pronitatem virorum ad malum, intendens communi bono sanxit animam esse immortalem, non curans de veritate, sed tantum de probitate, ut inducat homines ad virtutem."

[71] Pietro Pomponazzi, *Apologiae libri tres* I, 3f., in: *Tractatus acutissimi, utillimi et mere peripatetici [...]*, 61vb: „Quare cum haec sint tam irrationabiliter dicta, non videntur convenire hominibus se philosophiae tradentibus, sed magis poetis, viris vulgaribus, et etiam legislatoribus non curantibus de veritate, sed bonum constituere hominem, et morigeratum."

lehren; die Wahrheit ist das Ziel der Philosophie. Das Ziel des Gesetzgebers ist weder Wahres noch Falsches, sondern zum Guten gewillt machen."[72]

Trotz dieser Emphase, mit der Pomponazzi für die Kompetenz der Philosophen bezüglich der Wahrheit eintritt, sieht er sich immer wieder gezwungen, am Beginn oder Ende eines Werkes auf die Überlegenheit des Glaubens hinzuweisen, wodurch er einer formalen Anklage wegen Häresie entging. So auch in *De immortalitate*:

> „Wenn daher einige Argumente die Sterblichkeit der Seele zu beweisen scheinen, sind sie falsch und Scheinbeweise, da das erste Licht und die erste Wahrheit das Gegenteil erweisen."[73]

Das Verhältnis von Glaubenswahrheit zu philosophischer Wahrheit ist ebenfalls ein zentrales Thema in der Reformation. Martin Luther spricht sich gegen die Anwendung philosophischer Methoden auf Glaubenssätze zum Erweis der Wahrheit aus.[74] In seiner *Disputation über Johannes 1,14* versucht Luther den Grundsatz der Pariser Theologen „idem esse verum in theologia et philosophia" zu widerlegen.[75] Für Luther müssen Theologie und Philosophie getrennt voneinander behandelt werden, sonst wären theologische Glaubensinhalte von dem Urteil der Vernunft abhängig. Da es innerhalb der Philosophie möglich sei, daß etwas in einer Disziplin wahr ist, was in einer anderen falsch ist,[76] darf die Wahrheit der Theologie nicht als von dem Wahrheitsbegriff der Philosophie abhängig gedacht werden.

Trotz aller Verbundenheit mit Luther hält Melanchthon dafür, daß die Theologie der Philosophie bedürfe, da letztere die Wahrheit methodisch auf einem geordneten Weg sucht und offenbart.[77] In Ablehung der scholastischen Tradition der Disputation, erhofft sich Melanchthon jedoch Hilfe nur von der Philosophie, die sich „bemüht, nicht zu streiten, sondern die Wahrheit zu suchen".[78]

---

[72] „Finis phylosophie est docere verum; veritas est finis phylosophie. Finis legis latoris nec est verus nec falsus: est facere bonum morigeratum", zitiert nach B. Nardi, 1951, 374.

[73] Pietro Pomponazzi, *Tractatus de immortalitate animae XV*, in: *Tractatus acutissimi, utillimi et mere peripatetici [...]*, 51va: „Quare si quae rationes probare videntur mortalitatem animae, sunt falsae et apparentes, cum prima lux et prima veritas ostendant oppositum."

[74] Martin Luther, *Disputatio contra scholasticam theologiam* (1517), in: *Werke. Kritische Gesamtausgabe*, hrsg. von H. Böhlau, Weimar 1883ff., I, 226.

[75] Martin Luther, *Disputation über Johannes 1,14*, in: *Werke, Kritische Gesamtausgabe*, hrsg. von H. Böhlau, Weimar 1883ff., 39 II, 1–33.

[76] „Aliquid est verum in una parte philosophiae, quod tamen falsum est in alia parte philosophiae", These 36, in: Martin Luther, *Disputation über Johannes 1,14*, 2.5.

[77] Philipp Melanchthon, *Opera quae super sunt omnia*, 28 Bde., hrsg. von C. G. Bretschneider und H. E. Bindseil, Halle / Braunschweig 1834–1860, XI, 280–282: „Nemo enim fieri artifex methodi potest, nisi bene et rite assuefactus in Philosophia, et quidem in hoc uno genere Philosophiae, quod alienum est a Sophistica, quod veritatem ordine et recta via inquirit et patefacit."

[78] Philipp Melanchthon, *Opera*, XI, 283: „quae studium habeat non rixandi, sed inquirendae veritatis".

5.   Neue Wege zur Erforschung der Wahrheit der Natur

Die Frage nach der Wahrheit in der frühneuzeitlichen Naturbetrachtung
findet ihren Brennpunkt in der Frage nach dem Wahrheitsstatus des kopernikanischen Weltbildes. Das eigentlich von Ossiander verfaßte Vorwort zu
Copernicus' *De Revolutionibus* enthält die Behauptung, die Hypothesen
müßten nicht wahr sein, sondern nur eine mit der Beobachtung übereinstimmende Berechnung ermöglichen, wobei hier ein Wahrheitsbegriff
zugrundegelegt wird, der von der Kenntnis der Ursachen ausgeht.[79] In
England wurde das Vorwort von Ossiander durch Thomas Digges kritisch
rezipiert. Er meint, es handele sich bei den Thesen nicht um bloße Berechnungen, sondern sie seien „philosophisch wahr".[80]

Es ist Galileo Galilei, der den neuzeitlichen Begriff der Wahrheit in der
Naturbetrachtung etabliert. Er ist der Überzeugung, daß die Mathematik
nicht nur bloße Berechnungen liefert, sondern zugleich die Sprache zum
Verständnis der Natur.[81] Von diesem Standpunkt aus vertritt er die Auffassung, daß die kopernikanischen Thesen nicht bloße Hypothesen seien,
sondern als physikalisch wahr zu gelten haben.[82]

Galilei kritisiert explizit die Methode der aristotelischen Schulphilosophie, die die Wahrheit durch Textvergleiche statt durch die Untersuchung
der Naturphänomene zu ergründen versucht:

> „Diese Gattung von Menschen glaubt nämlich, die Philosophie sei ein Buch wie
> die *Äneis* oder die *Odyssee* und man müsse das Wahre nicht in der Welt oder in
> der Natur suchen, sondern in der Konfrontation der Texte (um ihre eigenen
> Worte zu gebrauchen).[83]

Nicht im Aufstellen von Kausalketten komme man der Erkenntnis von der
Natur näher, sondern die höchste Wahrheit bestehe darin, daß sie allen ein-
zelnen Phänomenen entspricht: „und man kann und sollte keine größere
Wahrheit in einer Position suchen, als die Antwort auf alle Einzelheiten der
Erscheinungen."[84]

Auch Francis Bacon setzt sich kritisch mit der traditionellen Wahrheitssuche auseinander, die zwar von den Sinneserkenntnissen ausgeht, dann

---

[79] Nicolaus Copernicus, *De revolutionibus*, in: *Gesamtausgabe*, Bd. II, hrsg. von H. M.
Nobis, Berlin 1984, 537.

[80] Thomas Digges, *A Perfit Description of the Caelestiall orbes*, London 1576 (Neudruck 1934).

[81] Galileo Galilei, *Il Saggiatore* § 6, in: *Opere*, hrsg. von A. Favaro, Florenz 1968, VI, 232.

[82] Galileo Galilei, *Consideratione circa l'opinione copernicane*, in: *Opere*, V, 351–363.

[83] „Putat enim hoc hominum genus philosophiam esse librum quedam veluti Eneida, et Odis-
sea: vera autem non in mundo, aut in natura, sen in confrontatione textuum (utor illorum
verbis) esse querenda." Brief von Galilei an Kepler vom 19. August 1610, in: Johannes Kepler, *Gesammelte* Werke, Bd. 16, hrsg. von M. Caspar, München 1954, 329.

[84] „Nè altra maggior verità si può e si deve ricercar in una posizione che il risponder a tutte
le particolare apparenzi." Brief von Galilei an Bellarmin (1615), zitiert nach E. Cassirer, 1991,
I, 411.

aber von allgemeinen Sätzen auf mittlere Sätze schließt. Bacon hingegen propagiert einen schrittweisen Aufstieg der Erkenntnis von den Sinnesdaten bis hin zu allgemeinen Sätzen:

> „Zwei Wege zur Erforschung und Entdeckung der Wahrheit sind vorhanden und gangbar. Der eine führt von den Sinnen und dem Einzelnen zu den allgemeinsten Sätzen, und aus diesen obersten Sätzen und ihren unerschütterlichen Wahrheiten bestimmt und erschließt er die mittleren Sätze. Dieser Weg ist jetzt gebräuchlich. Auf dem anderen ermittelt man von den Sinnen und vom Einzelnen ausgehend die Sätze, indem man stetig und stufenweise aufsteigt, so daß man erst auf dem Gipfel zu den allgemeinsten Sätzen gelangt; dieser Weg ist der wahre, aber so gut wie nicht begangene."[85]

In einer Wendung gegen die Autoritätsgläubigkeit seiner Zeit, erkennt Bacon nur die Natur und Erfahrung für die Erkenntnis der Wahrheit als notwendig an.[86] Ziel der Wissenschaften sei nicht die Betrachtung der Wahrheit (*contemplatio veritatis*), sondern der Nutzen (*utilitas*). Denn Nutzen und Wahrheit kommen unter den Bedingungen der Endlichkeit überein und unterscheiden sich nicht:

> „Daher sind hier Wahrheit und Nutzen dieselben Dinge. Die Werke selbst sind höher einzuschätzen, weil sie Pfänder der Wahrheit sind und nicht so sehr der erwähnten Annehmlichkeiten des Lebens wegen."[87]

Dieses neue Wissenschaftsverständnis hat bei Bacon auch Auswirkungen auf die Form: Bacon schließt sich hier „den ältesten Erforschern der Wahrheit" an, die ihre Ergebnisse in Form von Aphorismen präsentiert und auf unnötigen Putz und Vorspiegelung universellen Wissens verzichtet hätten.[88]

---

[85] Francis Bacon, *Novum Organon* (1, 19), in: *The works of Francis Bacon*, hrsg. von Spedding, Ellis und Heath, London 1857–1874, Neudruck: Stuttgart 1963, I, 159: „Duae viae sunt, atque esse possunt, ad inquirendam et inveniendam veritatem. Altera a sensu et particularibus advolat maxime generalia, atque ex iis principiis eorumque immota veritate judicat et invenit axiomata media; atque haec via in usu est: altera a sensu et particularibus excitat axiomata, ascendendo continenter et gradatim, ut ultimo loco perveniatur ad maxime generalia; quae via vera est, sed intentata." (Dt.: Francis Bacon, *Neues Organon*, 2 Bde. (dt./lat.), hrsg. von W. Krohn, Hamburg 1990, 89). Vgl. auch *Novum Organon* (1, 22), I, 160.

[86] Francis Bacon, *Novum Organon* (1, 56), I, 170: „Veritas autem non a felicitate temporis alicujus, quae res varia est, sed a lumine naturae et experientia, quod aeternum est, petenda est."

[87] Francis Bacon, *Novum Organon* (1, 124), I, 217 f.: „Itaque ipsissimae res sunt (in hoc genere) veritas et utilitas: atque opera ipsa pluris facienda sunt, quatenus sunt veritatis pignora, quam propter vitae commoda." (Dt.: *Neues Organon*, 259).

[88] Francis Bacon, *Novum Organon* (1, 86), I, 193 f.

Fazit

Die untersuchten Texte haben gezeigt, daß die reine Wahrheitserkenntnis um ihrer selbst willen sowie das Ideal einer allgemeingültigen, verbindlichen und gesicherten Wahrheit in der Renaissance mehr und mehr in den Hintergrund tritt. Die Verabschiedung von diesem Wahrheitsbegriff zeigt sich in Ethik, Sprach- und Naturphilosophie jedoch unterschiedlich.

In moralphilosophischen Überlegungen setzt sich die Einsicht durch, daß das bloße Erkennen des Wahren nicht ausreiche. Gutes zu tun wird gegenüber der Wahrheitserkenntnis aufgewertet. Mit der stärkeren Beachtung des eigenen Tuns rückt auch die Tugend der Wahrhaftigkeit in den Vordergrund. Die sprachphilosophischen Ansätze von Valla und Nizolio werten den Sprachgebrauch sowie die Kenntnis und die Verwendung des klassischen Lateins auf, welche als notwendige Bedingungen für wahres Sprechen angesehen werden.[89] In der Naturbetrachtung verschieben sich die Parameter der Wahrheitserkenntnis dahingehend, daß das bloße Textstudium zugunsten der Untersuchung von empirischen Phänomenen mehr und mehr aufgegeben wird.

Auf allen drei Gebieten zeigt sich jedoch, daß sich die Denker von den aristotelischen-scholastischen Vorgaben des Wahrheitsbegriffs und der Erkenntnisgewinnung ablösen. Der Wahrheit nähert man sich nicht durch Kontemplation und abgeschiedenes Bücherstudium, sondern durch Tätigsein und einen möglichst unverstellten Zugang zu den Dingen selbst.

Literaturverzeichnis

Primärliteratur

Aristoteles, *Nikomachische Ethik*, übers. von E. Rolfes, hrsg. von G. Bien, Hamburg 1985.

Bacon, Francis, *Neues Organon*, 2 Bde. (dt./lat.), hrsg. von W. Krohn, Hamburg 1990.

Bacon, Francis, *The works of Francis Bacon*, hrsg. von Spedding, Ellis und Heath, London 1857–1874, Neudruck: Stuttgart 1963.

Bruno, Giordano, *Dialoghi italiani*, hrsg. von G. Gentile und G. Aquilecchia, Florenz ³1958.

Copernicus, Nicolaus, *De revolutionibus*, in: *Gesamtausgabe*, Bd. II, hrsg. von H. M Nobis, Berlin 1984.

---

[89] Diese Einsicht, die in Studien zu einzelnen Autoren schon seit langem vertreten wird, wurde jüngst von Ann Moss mit genereller Gültigkeit für die humanistische Bewegung allgemein formuliert: „Truth, after all, according to their theory, was to be detected in the ways words are used, and the ways words are used were to be explored in the actual usage of masters of language, whose practice was analysed, absorbed, and imitated by students of grammer and rhetoric" (A. Moss, 2003, 274).

Digges, Thomas, *A Perfit Description of the Caelestiall orbes*, London 1576, Neudruck: [Johnson / Larkey] 1934.

Galilei, Galileo, *Opere*, hrsg. von A. Favaro, Florenz 1968.

Kepler, Johannes, *Gesammelte Werke*, Bd. 16, hrsg. von M. Caspar, München 1954.

Luther, Martin, *Werke, Kritische Gesamtausgabe*, hrsg. von H. Böhlau, Weimar 1883 ff.

Melanchthon, Philipp, *Opera quae super sunt omnia*, 28 Bde., hrsg. von C. G. Bretschneider und H. E. Bindseil, Halle / Braunschweig 1834–1860.

Montaigne, Michel de, *Essais*, (1580, ²1588), in: *Oevres complètes*, hrsg. von A. Thibaudet und M. Rat, Paris 1962.

Nicolaus Cusanus, *Opera omnia*, Leipzig / Hamburg 1932 ff.

Nizolio, Mario, *De veris principiis et vera ratione philosophandi contra pseudophilosophos libri IV*, hrsg. von Q. Breen, Rom 1956.

Nizolio, Mario, *Vier Bücher über die wahren Prinzipien und die wahre philosophische Methode gegen die Pseudophilosophen*, übers. von K. Thieme, München 1980.

Pascal, Blaise, *Œvres complètes*, hrsg. von J. Chevalier, Paris 1954.

Petrarca, Francesco, *Prose*, hrsg. von G. Martellotti u.a., Mailand / Neapel 1955.

Petrarca, Francesco, *Rerum memorandarum libri*, hrsg. von G. Billanovich, Florenz 1943.

Petrarca, Francesco, *Über seine und vieler anderer Unwissenheit. De sui ipsius et multorum ignorantia*, (dt./lat.), hrsg. von A. Buck, Hamburg 1993.

Pico della Mirandola, Gianfrancesco, *Examen vanitatis doctrinae gentium et veritatis Christianiae disciplinae*, Mirandola 1520.

Pico della Mirandola, Giovanni, *De hominis dignitate*, in: *De hominis dignitate, Heptaplus, de ente et uno [...]*, hrsg. von E. Garin, Florenz 1942.

Pomponazzi, Pietro, *De naturalium effectum admirandorum causis seu de incantationibus*, Basel 1556.

Pomponazzi, Pietro, *Tractatus de immortalitate animae*, in: *Tractatus acutissimi, utillimi et mere peripatetici [...]*, Venedig 1525.

Pontano, Giovanni, *De sermone libri sex*, hrsg. von S. Lupi und A. Risicato, Lucani 1954.

Salutati, Coluccio, *Epistolario*, 4 Bde., hrsg. von F. Novati, Rom 1891–1911.

Salutati, Coluccio, *Vom Vorrang der Jurisprudenz oder der Medizin / De nobilitate legum et medicinae*, übers. von P. M. Schenkel, München 1990.

Sanchez, Francisco, *Quod Nihil Scitur*, in: *Opera Philosophica*, hrsg. von J. De Carvalho, Coimbra 1955.

Valla, Lorenzo, *De vero falsoque bono*, hrsg. von M. de Panizza Lorch, Bari 1970.

Valla, Lorenzo, *Repastinatio dialectice et philosophia*, hrsg. von G. Zippel, Padua 1982.

Vegius, Mapheus, *Dialogus inter Alithiam et Philalitem*, Köln 1470.

Sekundärliteratur

Cassirer, Ernst, ³1991, *Das Erkenntnisproblem in der Philosophie und Wissenschaft der neueren Zeit*, 2 Bde., Darmstadt.

Flasch, Kurt, 1989, *Aufklärung im Mittelalter? Die Verurteilung von 1277*, Mainz.

Gerl, Hannah Barbara, 1974, *Lorenzo Valla – Rhetorik als Philosophie*, München.

Giard, Luce, 1982, „Lorenzo Valla: La Langue comme lieu du vrai", *Histoire, Epistémologie, Langage*, 4, 5–19.

Hägglund, Bengt, 1955, *Theologie und Philosophie bei Luther und in der occamistischen Tradition. Luthers Stellung zur Theorie von der doppelten Wahrheit*, Lund.

Janik, Linda Gardiner, 1973, *The Concept of Truth in the Historical Theory of the Italian Renaissance*, Brandeis University.

Küpper, Joachim, 1991, „Das Schweigen der Veritas. Zur Kontingenz von Pluralisierungsprozessen in der Frührenaissance (Francesco Petrarca, *Secretum*)", *Poetica. Zeitschrift für Sprach- und Literaturwissenschaft*, 23, 425–475.

Mack, Peter, 1993, *Renaissance Argument. Valla and Agricola in the Traditions of Rhetoric and Dialectic*, Leiden.

Monfasani, John, 1989, „Was Lorenzo Valla an Ordinary Language Philosopher?", *Journal of the History of Ideas*, 50, 309–323.

Moss, Ann, 2003, *Renaissance Truth and the Latin Language Turn*, Oxford.

Nardi, Bruno, 1951, „Le Opere Inedite del Pomponazzi: Filosofia e Religione", *Giornale Critico della Filosofia Italiana*, 30, 363–381.

Pine, Martin, 1968, „Pomponazzi and the Problem of ‚Double Truth'", *Journal of the History of Ideas*, 29, 163–176.

Rossi, P., 1970, *Truth and Utility in the Science of Francis Bacon*, in: *Philosophy, Technology and the Arts in the Early Modern Era*, New York.

Schmitt, Charles B., 1967, *Gianfrancesco Pico della Mirandola (1469–1533) and his critique of Aristotle*, The Hague.

Schmitt, Charles B., 1972, *Cicero Scepticus. a Study of the Influence of the Academica in the Renaissance*, The Hague.

Stever Granvelle, Sarah, 1989, „A new Theory of Truth", *Journal of the History of Ideas*, 50, 332–336.

Trinkhaus, Charles, 1983, *Truth in Rhetoric and Anthropology*, in: James J. Murphy (Hrsg.), *Renaissance Eloquence*, Berkeley, 207–220.

Waswo, Richard, 1987, *Language and Meaning in the Renaissance*, Princeton.

Waswo, Richard, 1989, „Motives of Misreading", *Journal of the History of Ideas*, 50, 323–332.

Wahrheitsbegriffe von Descartes bis Kant

Michael Albrecht (Trier)

1.   Einleitung

Aus der bunten Vielfalt an Wahrheitsauffassungen, die im Zeitraum von
Descartes bis Kant vertreten wurden, greift der folgende Abriß einerseits
die Anschauungen der großen Denker heraus (auch wenn sich bei weniger
bekannten Autoren manches thematisch Interessante findet) und sucht andererseits besonders nach Ansätzen einer Kohärenztheorie der Wahrheit,
ist dies doch eine in der neueren Forschung beliebte Fragestellung. Gemäß
der Kohärenztheorie ist eine Aussage dann wahr, wenn sie das Glied eines
umfassenden sinnvollen Zusammenhanges sich wechselseitig stützender
gehaltvoller Aussagen ist – im Gegensatz zur Korrespondenztheorie, der-
zufolge Aussagen dann wahr sind, wenn sie den Sachen entsprechen. Dies
wird im behandelten Zeitraum meist als ‚logische' Wahrheitsbedeutung bezeichnet, der ein ‚transzendentaler' Wahrheitsbegriff überzuordnen sei
(auch wenn dabei nicht mehr das scholastische Verständnis von Transzendenz in seiner Fülle aufrecht erhalten wird). Allerdings werden auch noch
mehrere andere Auffassungen vertreten, teils in Weiterführung älterer Lehren, teils in neuer Konzeption.

2.   Descartes und Herbert von Cherbury in der Diskussion

Wie die meisten anderen prominenten Philosophen des 17. und 18. Jahrhunderts interessierte sich auch Descartes[1] nur am Rande für den Begriff der
Wahrheit. Das liegt daran, daß für Descartes das Erkenntnisproblem zum
Schlüssel der Philosophie wurde. Die Lösung dieses Problems liefert auch
die Antwort auf die Wahrheitsfrage. Selbstverständlich erhob die Erkenntnistheorie den Anspruch, zur Wahrheit des Erkennens vorzustoßen, doch
dafür war eine Erörterung des *Begriffs* der Wahrheit nicht wichtig. Was angestrebt wurde, war Evidenz oder Gewißheit.[2] Die Wahrheit wurde der
Gewißheit nachgeordnet. Sobald die Gewißheit errungen ist, ergibt sich

---

[1] Literatur zum hier behandelten Zeitraum bzw. zu mehreren Autoren: F. Meier, 1897;
H. Heimsoeth, 1912 u. 1914; R. Strehlow, 1914; W. Risse, 1970; J. Möller, 1971; M. Flei-
scher, 1984. – Literatur zu Descartes: W. Röd, 1962; Ch. Link, 1978; H. Röttges, 1995;
D. Perler, 1996.

[2] Vgl. die Artikel *‚Evidenz'* und *‚Gewißheit'* im *Historischen Wörterbuch der Philosophie*
[HWP], Bd. 2, Sp. 829–832; Bd. 3, Sp. 592–594 (W. Halbfaß).

von selbst, was Wahrheit ist. Gewißheit wird nun aber dadurch erreicht, daß ich etwas deutlich erkenne. Folglich lautet Descartes' „Regel der Wahrheit": „Wahr ist alles, was ich sehr [ganz?] klar und deutlich erkenne" („illud omne esse verum, quod valde clare & distincte percipio").[3] An dieser aufschlußreichen Bestimmung der Wahrheit fallen vier Aspekte auf: Erstens geht es hier trotz des Wortlautes, der Klarheit und Deutlichkeit verlangt, eigentlich nur um die Deutlichkeit, impliziert sie doch die Klarheit.[4] Zweitens gibt es Grade der Deutlichkeit – und damit Grade der Wahrheit. Je deutlicher etwas erkannt wird, um so wahrer ist es. So ist z.B. die Gottesidee im höchsten Grade wahr („maxime vera"), weil sie im höchsten Grade klar und deutlich ist („maxime clara et distincta").[5] Wahrheit gibt es aber schon unterhalb dieser Stufe des Erkennens. Daß ich bin und denke: das erkenne ich deutlich, also gewiß – und damit ist es wahr.[6] Drittens könnte man die Deutlichkeit als Wahrheitskriterium bezeichnen, und zwar als einziges. Viertens handelt es sich bei dem hier gemeinten Erkennen um den menschlichen Erkenntnisprozeß. Der menschliche Verstand erweist sich damit als Ort der Wahrheit.[7] Daß der Mensch sich auch irren kann, versteht sich von selbst.

Glücklicherweise wurde Descartes von Marin Mersenne genötigt, zu Herberts Schrift *De veritate* (1624) Stellung zu nehmen, denn wir verdanken dieser Beurteilung, die Descartes 1639 endlich abgab,[8] vier maßgebliche Äußerungen zum Wahrheitsbegriff. Erstens braucht dieser Begriff keine Erklärung oder Definition, handelt es sich doch um einen Begriff, der von sich aus einsichtig ist, der „transcendentalement claire" ist. Anders gesagt: Wo sich Gewißheit eingestellt hat, bleibt kein Raum mehr für Zweifel. Zweitens wäre es vergeblich, wollte man die Wahrheit auf logische Weise zu definieren versuchen. Eine solche Definition müßte ja beanspruchen, wahr zu sein. Sie wäre damit zirkulär, könnte man doch ihre Wahrheit nur anhand der Definition selbst überprüfen. Drittens weist Descartes darauf hin, daß er die Wahrheit im ,lumen naturale'[9] des Menschen verankert sieht, d.h. der Mensch verfügt von Natur aus über das Licht (der Vernunft bzw. des Verstandes). Sich dieses Lichtes nicht richtig zu bedienen, ist alltäglich und verbreitet, aber das ,lumen naturale' bietet gleichwohl jedem Menschen die Möglichkeit, sich von ihm zur vollkommenen Gewißheit führen zu lassen. Viertens gibt Descartes hier eine Nominaldefinition der

---

[3] René Descartes, *Œuvres*, publiées par Ch. Adam et P. Tannery [im folgenden zitiert als: AT], Paris ¹1897–1913; 1964–1974, Bd. 7, 35, vgl. 58, 65, 69f., 144; Bd. 6, 18, 33.

[4] Vgl. den Artikel ,*Klar und deutlich*' im HWP, Bd. 4, Sp. 846–848 (G. Gabriel).

[5] René Descartes, AT Bd. 7, 46f.

[6] René Descartes, AT Bd. 7, 27. Die Gewißheit des Selbst ist zugleich der Maßstab für das übrige Erkennen: AT Bd. 10, 526.

[7] René Descartes, AT Bd. 10, 396.

[8] René Descartes, AT Bd. 2, 596–599.

[9] Vgl. den Artikel im HWP, Bd. 5, Sp. 549f.

Wahrheit: Sie ist die Übereinstimmung des Denkens mit dem Gegenstand
(„conformité de la pensée avec l'objet"). Diese Übereinstimmung fordert
nicht (nicht *mehr*, wenn man an die Scholastik zurückdenkt), daß sich das
menschliche Erkennen den Dingen, *weil* sie von Gott geschaffen sind,
anzupassen hätte. Weder kann der menschliche Intellekt sich den Dingen
angleichen, von denen er seine Vorstellungen bildet und über die er seine
Urteile fällt, noch ist in den Dingen ihre Erkennbarkeit schon angelegt. Für
beide Seiten bedeutet die festgestellte Übereinstimmung ein äußeres Verhältnis.[10]

Dennoch muß Gott den Wahrheitsgehalt des menschlichen Erkennens
garantieren.[11] Ohne einen Gott, der nicht betrügerisch, sondern wahrhaftig ist, könnte nicht gesichert werden, daß die menschliche Gewißheit nicht bloße Chimären betrifft und nicht bloß geträumt ist.[12] Daß die
Gewißheit zugleich Wahrheit mit sich führt, verdankt sich der Tatsache,
daß alles Sein von Gott stammt. Nur deswegen betrifft die Übereinstimmung von Denken und Gegenstand existierende Dinge. Insofern ist
Gott der Quell aller Wahrheit und insofern sind Sein und Wahrheit gleichbedeutend – Falschheit ist bloßes Nichtsein.[13] Dank der Existenz Gottes
sind wahre ‚Ideen' (Vorstellungen) notwendigerweise ‚Ideen' von realen
Dingen.[14]

Die Wahrheitstheorie Edward Herberts von Cherbury[15] ist ein komplizierter Stufenbau.[16] Die vier Stufen sind vier verschiedene, aufeinander
aufbauende Erfassungsweisen („acceptiones") der Wahrheit, wobei die ersten drei Stufen jeweils wieder von vier Bedingungen abhängig sind. Es
handelt sich um Übereinstimmungen oder Gleichförmigkeiten („conformitas"), und zwar 1) eines Dinges mit sich selbst („veritas rei"), 2) der
Erscheinung mit dem Ding („veritas apparentiae"), 3) der Vorstellung mit
der Erscheinung („veritas conceptus"), 4) der Vernunft mit dem Ding, seiner Erscheinung und seiner Vorstellung („veritas intellectus"). Diese
höchste Stufe der Übereinstimmung wird von der Vernunft vermöge der
ihr eigenen Allgemeinbegriffe vollzogen, die man auch als die spezifischen
‚Wahrheiten' der Vernunft bezeichnen kann. Die wahre Erkenntnis ist
dann erreicht, wenn sich unsere Erkenntnisvermögen vollständig mit
den Objekten decken. Dabei wird vorausgesetzt, daß der Mensch über
zahllose Erkenntnisvermögen verfügt, mit denen er dann imstande ist,
die Objekte, die ihnen entsprechen, zu erfassen. Für dieses Korrespon-

---

[10] D. Perler, 1996, 238 f.
[11] René Descartes, AT Bd. 6, 38; Bd. 7, 22, 71; Bd. 9/2, 10.
[12] Vgl. S. Carboncini, 1991.
[13] René Descartes, AT Bd. 5, 356.
[14] René Descartes, AT Bd. 7, 44; Bd. 9/1, 34.
[15] Literatur: C. Güttler, 1877; C. Stroppel, 2000.
[16] Edward Herbert von Cherbury, *De veritate*, hrsg. von G. Gawlick, Stuttgart-Bad Cannstatt 1966, 8–36.

denzverhältnis gebraucht Herbert auffälligerweise nicht die traditionellen Begriffe ‚adaequatio' oder ‚congruentia', sondern spricht von ‚conformitas' (wörtlich: ‚Gleichförmigkeit').[17]

Nicht nur Descartes lehnte Herberts Wahrheitstheorie ab, auch Pierre Gassendi tat dies, allerdings viel eingehender, wobei Herberts Schrift wieder und wieder zitiert wird. Der Form nach ist Gassendis Kritik ein langer Brief an Herbert, verfaßt im April 1634.[18] Gassendi verteidigt hier den Begriff der Kongruenz zwischen dem erkennenden Verstand und dem erkannten Ding. Fraglich sei erstens, wie weit man in die innere Natur eines Dinges eindringen muß, um dessen Wahrheit erkennen zu können, zweitens, ob die Unkenntnis der Wahrheit, die ja nicht die Lebensvollzüge betrifft, unerträglich wäre. Darum hilft es drittens weiter, wenn man sich mit der ‚Wahrheit der Erscheinung' begnügt, steht diese doch zweifelsfrei fest – ganz im Unterschied zur Wahrheit der nach dem Inneren suchenden Vernunft. Hier zeigt sich der (pyrrhonische) Skeptiker, der zwar nicht prinzipiell ausschließt, daß die menschliche Vernunft zu derartigen Wesenserkenntnissen vorstoßen kann, dies aber für faktisch nahezu unmöglich hält. Gassendi lehnte auch Herberts „Regel der Wahrheit", bestehend in der Übereinstimmung aller Menschen, mit dem skeptischen Argument ab, es gebe nichts, was überall und von allen akzeptiert würde.

In seiner (postumen) Logik unterschied Gassendi zwischen der Wahrheit der Existenz und der darauf beruhenden Wahrheit des Urteils, die in der Kongruenz besteht. Die Wahrheit der Existenz ist mit der Existenz selbst schon gegeben, so daß hier – anders als bei der Wahrheit des Urteils – kein Gegensatz denkbar ist. Ein Urteil kann falsch sein, eine existierende Sache insofern nicht, als sie ja dann nicht existieren würde. In diesem Sinne ist Wahrheit das, was als Sache existiert („Id, quod res existit").[19] – In Gassendis Erstlingswerk von 1624 findet sich eine kecke Definition, wann eine Aussage (‚propositio') wahr sei: Eine Proposition muß, um wahr zu sein, *identisch* sein. Der Satz ‚Platon ist ein Mensch' ist nur deswegen wahr, weil es im Begriff Platon schon enthalten ist, ein Mensch zu sein. Trotzdem ist jener Satz fruchtbarer als der tautologische Satz ‚Platon ist Platon', weil er im Prädikat auf Gemeinsamkeiten (und Unterschiede) mit anderen Menschen verweist.[20]

Herbert stieß bei Richard Burthogge (1678) auf Zustimmung, allerdings um den Preis einer Einbettung seiner Bestimmungen in traditionelles Gedankengut. Burthogge unterscheidet zwischen der logischen und der metaphysischen Wahrheit, wobei diese ganz im Sinne der augustinisch-

---

[17] C. Stroppel, 2000, 79, Anm. 39.
[18] Pierre Gassendi, *Opera Omnia*, Lyon 1658 (Nachdruck 1964), Bd. 3, 411 ff., bes. 412. Vgl. O. R. Bloch, 1971, 82 f.
[19] Pierre Gassendi, *Opera*, Bd. 1, 67 f.
[20] Pierre Gassendi, *Opera*, Bd. 3, 160.

scholastischen Tradition als die Übereinstimmung der Dinge mit den ihnen
zugrundeliegenden ‚Ideas‘ im Verstand Gottes definiert wird. Damit steht
die metaphysische Wahrheit als Tatsache fest, auch wenn sie vom Menschen nicht erkannt werden kann. Die logische Wahrheit besteht dagegen
aus der „objective Harmony" in den Dingen, sofern sie sich „in our Min-
des" spiegelt.[21]
　　Auch der Cartesianismus wurde in scholastische Bahnen gelenkt. Dies
geschah bei Johannes Clauberg, der aber die traditionellen Begriffe neu
faßte. Stimmt eine Aussage mit dem Ding überein, so liegt die *logische*
Wahrheit vor. Zusammen mit der *ethischen* Wahrheit (Wahrhaftigkeit) gehört die logische Wahrheit zur Wahrheit der Rede. Daneben gibt es die (un-
ausgesprochene) Wahrheit der Erkenntnis. Diese beiden Formen der Wahr-
heit gehören zur Wahrheit des Zeichens („veritas signi"), die von der
metaphysischen oder *transzendentalen* Wahrheit zu unterscheiden ist. Diese
besteht darin, daß ein Ding mit seiner „idea" bzw. seiner Definition übereinstimmt. Im Kern meinen also die logische und die transzendentale Bedeutung dasselbe. Letztere bringt allerdings in besonderer Weise zum Ausdruck, daß alle Dinge, so wie sie sind, auch wahr sind, stimmt doch *jedes*
Ding mit seiner „idea" überein.[22] Bei Clauberg wird der Begriff der metaphysischen oder transzendentalen Wahrheit also beibehalten, aber seines
traditionellen Inhaltes beraubt.

3.　　Hobbes und Spinoza

Hobbes[23] erklärte 1655, daß Dinge nicht wahr sein können, und wendet
sich damit von Grund auf gegen jedwede – scholastische oder cartesianische – ontologische Bedeutung der Wahrheit. Wahrheit kommt allein der
Sprache zu, genauer: der Proposition (Satz/Aussage). Diese ist dann wahr,
wenn sie die Namen auf vernünftige Weise miteinander verknüpft.[24] Daß
die Definitionen der Namen auf die Willkür der Erfinder der Sprache
zurückgehen, führt aber zu keinem skeptischen Relativismus. Schon die
Definitionen sind wahr, wenn sie übereinstimmend verwendet werden.[25]
Es ist also an der Zeit, sich nach dem Vorbild der Geometrie (der einzigen
Wissenschaft, die diesen Namen verdient) um die adäquate „nomencla-

[21] Richard Burthogge, *The Philosophical Writings*, hrsg. von M. W. Landes, Chicago / Lon-
　　don 1921, 33, 41.
[22] Johannes Clauberg, *Opera Omnia*, Amsterdam 1691 (Nachdruck 1968), Bd. 1, 337; Bd. 2,
　　651, 648f.; Bd. 1, 307f.
[23] Literatur: D. Krook, 1956; W. Hübener, 1977; M. Esfeld, 1995.
[24] Thomas Hobbes, *Critique du De mundo de Thomas White*, hrsg. von J. Jacquot und H. W.
　　Jones, Paris 1973, 395; ders., *De corpore*, in: *Opera latina*, hrsg. von W. Molesworth, Bd. 1,
　　London 1839 (Nachdruck 1966), 31f.
[25] Thomas Hobbes, *De corpore*, 316.

tura" der Dinge zu bemühen und dadurch der Philosophie eine feste Grundlage zu geben.[26]

Spinoza äußerte sich zum Begriff der Wahrheit in verschiedenen Schriften auf unterschiedliche Art und Weise. Stünde die Chronologie dieser Texte fest, so wäre eine entwicklungsgeschichtliche Analyse dieser Äußerungen denkbar. So aber bleiben viele Fragen offen. – Beginnt man mit der *Korte Verhandeling* (um 1660), dann steht eine traditionelle Auffassung am Anfang: Gott und die Wahrheit sind dasselbe, was auf Augustinus zurückgeht.[27] Unterhalb dieser Bedeutung von Wahrheit steht ihre logische Bedeutung: Eine Behauptung ist dann wahr, wenn sie mit dem gemeinten Ding übereinstimmt.[28] – Der nächste Text könnte *De intellectus emendatione* (1661/62?) sein. Er wäre damit als kohärenztheoretische Antwort auf die Korrespondenztheorie der logischen Wahrheit in der *Korte Verhandeling* zu lesen, heißt es doch jetzt: Nicht das Objekt verursacht die Form eines wahren Gedankens (,cogitatio'). Diese Form liegt vielmehr im Gedanken selbst, erzeugt von der Macht und Natur des Verstandes („ab ipsa intellectus potentia, & natura").[29] Die Aussage, daß Peter existiert, ist nur in Bezug auf denjenigen wahr, der mit Gewißheit weiß, daß Peter existiert. Weiß er dies nicht, so ist die Aussage falsch – auch wenn Peter tatsächlich existiert. Entscheidend für die Wahrheit einer Aussage ist also die „innere Benennung" (,denominatio intrinseca'), nicht die äußere (d. h. die Übereinstimmung einer Aussage mit einem Sachverhalt).[30]

In den 1663 erschienenen *Cogitata metaphysica* scheint Spinoza dagegen zur Korrespondenz zurückzukehren. Unbestreitbar ist, daß sich gleichzeitig der Einfluß von Hobbes geltend macht, wenn es heißt, der Ausdruck ,wahr' sei keine Bestimmung von Dingen, denn die Dinge erzählen uns nichts über sich. Es ist aber die Erzählung, in der die Wahrheit (bzw. ihr umgangssprachlicher Begriff) ihren Ursprung hat: Wenn die Erzählung eine Tatsache wiedergibt, die sich wirklich ereignet hat, ist sie wahr. Zwar ist diese Ansicht in der „Menge" beheimatet; gleichwohl ist auch die (philosophische) Idee nichts anderes als eine Erzählung.[31] Darum muß man dieses Wahrheitsverständnis als Korrespondenztheorie bezeichnen. Allerdings erhebt Spinoza dann die klar und deutlich erkannte Idee zum eigentlichen Ort der Wahrheit.[32] Diese Cartesianische Auffassung scheint sich an *De intellectus emendatione* anzuschließen. So gesehen, stehen in den

---

[26] Thomas Hobbes, *Critique du De mundo*, 201.

[27] Benedictus de Spinoza, *Opera*, hrsg. von C. Gebhardt, Heidelberg 1924–1926 (Nachdruck 1972f.), Bd. 1, 79.

[28] Benedictus de Spinoza, *Opera*, Bd. 1, 78.

[29] Benedictus de Spinoza, *Opera*, Bd. 2, 26f.

[30] Benedictus de Spinoza, *Opera*, Bd. 2, 26.

[31] Benedictus de Spinoza, *Opera*, Bd. 1, 246f.

[32] Benedictus de Spinoza, *Opera*, Bd. 1, 247.

Cogitata metaphysica zwei verschiedene Wahrheitsauffassungen nebeneinander.

Derselbe Befund scheint auf noch deutlichere Weise für die *Ethica* (fertiggestellt 1675) zuzutreffen, läßt sich diese Diskrepanz doch hier am Unterschied zwischen der ‚wahren' und der ‚adäquaten' Vorstellung (‚idea') sogar terminologisch festmachen. Eine wahre Idee bedeutet die Korrespondenz mit dem Gegenstand, eine adäquate Idee bedeutet dies gerade nicht. (Ob man diesbezüglich von Kohärenz sprechen kann, ist eine weitere Frage.) So heißt es einerseits: „Eine wahre Idee muß mit ihrem Gegenstand (‚ideato') übereinstimmen."[33] Und dieser Gegenstand ist kein bloß gedachtes Ding, sondern muß „notwendig in der Natur vorhanden sein".[34] Andererseits hat eine adäquate Idee alle Eigenschaften bzw. innerlichen Merkmale einer wahren Idee, aber ohne sich auf ein Objekt zu beziehen („sine relatione ad objectum"). Spinoza fährt fort: „Ich sage innerlich, um das auszuschließen, was äußerlich ist, nämlich die Übereinstimmung einer Idee mit ihrem Gegenstand."[35] Dieser Unterschied wird im Brief an Tschirnhaus so ausgedrückt:

> „Zwischen einer wahren und einer adäquaten Idee mache ich keinen Unterschied, außer daß sich das Wort ‚wahr' bloß auf die Übereinstimmung der Idee mit ihrem Gegenstand bezieht, das Wort ‚adäquat' dagegen auf die Natur der Idee an sich (in se ipsa), so daß es außer jener äußeren Beziehung tatsächlich keinen Unterschied zwischen einer wahren und einer adäquaten Idee gibt."[36]

Dieses merkwürdige Verhältnis zwischen der wahren und der adäquaten Idee ist von der Spinoza-Forschung[37] bislang nicht überzeugend geklärt oder aufgelöst worden. Denn wenn die adäquate Idee die Korrespondenz nicht nötig hat, weil sie auch ohne diese wahr ist, dann müßte doch für die adäquate Idee gelten, was ausdrücklich über die wahre Idee gesagt wird: Die Wahrheit ist die „norma" ihrer selbst; das Wahre ist „index sui".[38]

4. Locke

John Locke[39] unterscheidet (1690) zwischen der Wahrheit von Propositionen, der metaphysischen Wahrheit und der moralischen Wahrheit. Letztere liegt dann vor, wenn die Worte, die jemand gebraucht, seiner Überzeugung

---

[33] Benedictus de Spinoza, *Opera*, Bd. 2, 47 (I Ax. 6).
[34] Benedictus de Spinoza, *Opera*, Bd. 2, 71 (I 30 Dem.).
[35] Benedictus de Spinoza, *Opera*, Bd. 2, 85 (II Def. 4 u. Explicatio), vgl. 116 (II 34).
[36] Benedictus de Spinoza, *Opera*, Bd. 4, 270.
[37] R. Levêque, 1923; M. Gueroult, 1970; Th. C. Mark, 1972; G. Guest, 1990; E. Curley, 1994.
[38] Benedictus de Spinoza, *Opera*, Bd. 2, 124 (II 43 Dem.); Bd. 4, 320.
[39] Literatur: L. Krüger, 1973; R. Specht, 1983; R. W. Puster, 1991.

entsprechen. Im Gegensatz dazu steht die Lüge; auf die Übereinstimmung der Worte mit der Realität der Dinge kommt es hier nicht an. Die metaphysische Wahrheit kommt allen Dingen zu (nicht Worten oder Ideen) und besteht in deren realer Existenz.[40] Obwohl Lockes Formulierungen gelegentlich den Eindruck erwecken, als sei die metaphysische Wahrheit in der Relation zwischen dem Ding und seiner Idee begründet, müssen sie doch als Anknüpfung an Gassendis Wahrheit der Existenz interpretiert werden.[41] – Die Wahrheit von Propositionen (bzw. Urteilen) ist gemeint, wenn Wahrheit definiert wird als „das Vereinigen oder Trennen von Zeichen, und zwar so, wie die durch sie bezeichneten Dinge untereinander übereinstimmen oder nicht übereinstimmen."[42] Die Zeichen können nun entweder Worte oder Ideen sein, so daß es sowohl verbale Propositionen und damit eine verbale Wahrheit als auch mentale Propositionen und damit eine mentale Wahrheit gibt. Die verbale Wahrheit gründet in der Korrespondenz zwischen Worten und Ideen, die mentale Wahrheit in der Korrespondenz von Ideen untereinander. In beiden Fällen ist – im Unterschied zur metaphysischen Wahrheit – eine falsche Proposition möglich.

Lockes Unterscheidung zwischen verbaler und mentaler Wahrheit gibt in erster Linie dem Bestreben Ausdruck, die Wahrheit von der Fixierung auf Wörter zu befreien. Zwar stehen grundsätzlich die Wörter für Ideen, und diese stehen für die Dinge, doch damit ist die Wahrheit des Wissens bzw. der Proposition noch nicht gewährleistet.[43] Komplexe Ideen scheinen für uns *nur* durch Wörter greifbar zu sein, und die verbale Proposition scheitert, wenn die gemeinten Ideen nicht mit der Realität der Dinge übereinstimmen.[44] Inwieweit die mentale Wahrheit aber auf diese Korrespondenz überhaupt angewiesen ist, erscheint fraglich.[45] David Hume dürfte seine Auffassung (1739), es gebe zwei verschiedene Arten von Wahrheit, unter dem Einfluß von Locke gewonnen haben: Zum einen besteht die Wahrheit in der Übereinstimmung unserer Ideen von Objekten mit deren realer Existenz, zum anderen in den „proportions of ideas, consider'd as such".[46] Das scheint auf Lockes mentale Wahrheit zurückzugehen und eine kohärenztheoretische Alternative zur Korrespondenz zu etablieren.

---

[40] John Locke, *An Essay Concerning Human Understanding*, hrsg. von P. H. Nidditch, Oxford 1975, 578f. (4. 5. 11.).

[41] R. W. Puster, 1991.

[42] John Locke, *An Essay*, 574 (4. 5. 2.).

[43] John Locke, *An Essay*, 575 (4. 5. 4.).

[44] John Locke, *An Essay*, 577 (4. 5. 8.).

[45] L. Krüger, 1973, 139–146.

[46] David Hume, *A Treatise of Human Nature*, hrsg. von P. H. Nidditch, Oxford ²1978, 448. – Vgl. W. H. Walsh, 1972.

5. Leibniz

Weil er sich nicht auf die cartesische Evidenz verlassen wollte,[47] stützte Gottfried Wilhelm Leibniz[48] die Wahrheit auf die Gültigkeit der Logik. Die Grundlagen aller logischen Regeln sind der Satz vom (zu vermeidenden) Widerspruch und der Satz vom Grund. Sätze (Propositionen, Urteile) sind dann wahr, wenn sie „analytisch" bzw. „identisch" sind, denn dann wäre ihr kontradiktorisches Gegenteil falsch.[49] So garantiert der Satz vom Widerspruch die Wahrheit der identischen Sätze, während der Satz vom Grund es möglich macht, alle anderen wahren Sätze auf identische Sätze zurückzuführen.[50] Identisch ist ein Satz, dessen Prädikat im Subjekt ‚analytisch' enthalten ist: „Praedicatum inest subjecto."[51] Von Seiten des Prädikats liegt also eine vollständige Identität vor, während vom Subjektbegriff nur ein Teil mit dem Prädikat identisch ist.[52] Daraus folgt allerdings nicht, daß es jenseits der identischen Sätze keine Wahrheit geben könnte. Es gibt sehr wohl Wahrheiten, deren Verneinung keinen Widerspruch einschließt. In diesem Fall handelt es sich um kontingente oder Tatsachenwahrheiten, während die ewigen bzw. notwendigen Wahrheiten als Vernunftwahrheiten bezeichnet werden.[53]

Der Satz vom Widerspruch greift auch bei der Wahrheit eines Begriffs (Idee). Da es hier aber nicht mehr wie bei der Identität um ein formales Wahrheitskriterium geht, ist der wahre Begriff, weil er keinen Widerspruch einschließt, *möglich*: Das Wahre ist das Mögliche („idées [...] veritables, c'est à dire possibles").[54] Mit dieser Möglichkeit ist keine bloße Denkbarkeit gemeint. Die wahre Idee darf insofern Geltung für die Realität beanspruchen, als sie innerhalb der Realität möglich ist. Darum weiß sich Leibniz auch berechtigt, Hobbes zu widersprechen, dem er Relativismus unterstellt. Die Beziehung zwischen dem Zeichen und dem Bezeichneten, d.h. den Dingen, sei nicht willkürlich. Mögen die Zeichen selbst auch willkürlich sein, so besteht doch ein festes Verhältnis zu den Dingen, ein Verhältnis, in dem die Wahrheit gründet.[55] Sie liegt also eigentlich nicht in den

---

[47] Gottfried Wilhelm Leibniz, *Philosophische Schriften*, hrsg. von C. J. Gerhardt [im folgenden wird diese Ausgabe zitiert als: GP], Halle 1875–1890 (Neudruck 1960f.), Bd. 4, 425.
[48] Literatur: I. Pape, 1949; Ch. E. Jarret, 1978; R. Sleigh, 1982; E. Curley, 1988; J.-B. Rauzy, 2001.
[49] Gottfried Wilhelm Leibniz, GP, Bd. 7, 296, vgl. Bd. 4, 424f.
[50] H. Heimsoeth, 1912 u. 1914, 208f.
[51] Gottfried Wilhelm Leibniz, GP, Bd. 2, 56.
[52] I. Pape, 1949, 54; vgl. 152. Vgl. den Artikel ‚*Prädikation*' im HWP, Bd. 7, Sp. 1205 (H. Weidemann). Hobbes hatte dagegen in *De corpore* (wie Anm. 24) erklärt: Wenn das Prädikat das Subjekt in sich enthalte, sei der Satz wahr. Hobbes betrachtete also die Aussage von ihrem Umfang her, während Leibniz den Inhalt meinte.
[53] W. Risse, 1970, Bd. 2, 191.
[54] Gottfried Wilhelm Leibniz, GP, Bd. 3, 443.
[55] Gottfried Wilhelm Leibniz, GP, Bd. 7, 192; vgl. *Akademie-Ausgabe*, Reihe 6, Bd. 4A, 24.

Ideen, sondern in der „correspondence des propositions qui sont dans l'esprit, avec les choses".[56] Darum steht es nicht in unserem Belieben, ob die Definition eines Begriffs Realität enthält, genauer gesagt: die Möglichkeit der Sache enthält. Ist dies aber der Fall, ist die Definition, als Realdefinition, wahr.

Es dürfte also schwerfallen, Leibniz' Wahrheitstheorie die Korrespondenz absprechen zu wollen, auch wenn das vielschichtige Œuvre Gedanken enthält, die ihn angeblich zum „Pioneer of the Coherence Theory of Truth" machen.[57] Kohärenz wird von Leibniz tatsächlich gefordert, z.B. um reale von imaginären Phänomenen unterscheiden zu können.[58] Das muß aber nicht bedeuten, daß die Kohärenz definieren soll, was Wahrheit ist, auch wenn sie als deren Kriterium aufzufassen ist.[59]

6.   Vico

Auch Giambattista Vico lehnte Descartes' Theorie ab, Wahrheit sei an ihrer unmittelbaren Evidenz zu erkennen. Vico wendete sich der „ältesten Weisheit der Italer" zu,[60] genauer: Er rekonstruierte diese Lehre aufgrund des lateinischen Sprachgebrauchs und brachte sie mit der christlichen Religion in Übereinstimmung. Für seine Wahrheitstheorie gab Vico dem alten Begriff der Konversion eine Schlüsselfunktion. Dieser Begriff stammt aus der Logik, wo er die Umkehrung bzw. Vertauschung von Subjekt und Prädikat im Urteil bedeutet.[61] In der scholastischen Metaphysik drückte ‚convertere' die analoge Aussagbarkeit der sechs Transzendentalbegriffe aus, zu denen auch das Wahre gehört. Daran anknüpfend stellte Vico fest, daß „Wahres und Gemachtes ineinanderfallen" („verum et factum convertuntur").[62] Allerdings gilt dies sowohl im ursprünglichen als auch im eigentlichen und vollen Sinn nur von Gott, weil bei Gott der Akt des Erkennens gleichzeitig eine Einsicht in die Wahrheit und eine schöpferische Handlung ist. In Gott ist das *erste* Wahre, da er der erste Schöpfer ist; in ihm ist das *unendliche* Wahre, da er der Schöpfer von allem ist; in ihm ist das *genaueste* Wahre, weil ihm alle Elemente der Dinge gegenwärtig sind.[63] Der Schöpfung kommt

---

[56] Gottfried Wilhelm Leibniz, *Akad.-Ausg.*, Reihe 6, Bd. 6, 397f. Vgl. J.-B. Rauzy, 2001, 38, 56, 207.

[57] N. Rescher, 1979, 130.

[58] Gottfried Wilhelm Leibniz, GP, Bd. 7, 319ff.

[59] J.-B. Rauzy, 2001, 35f.

[60] So im Titel des Buches von 1710, s. Giambattista Vico, *Liber metaphysicus (De antiquissima Italorum sapientia liber primus)*, hrsg. von St. Otto und H. Viechtbauer, München 1979.

[61] F. Ueberweg, ²1865, 211ff.

[62] Giambattista Vico, *Liber metaphysicus*, 34f. – Literatur: St. Otto, 1977a; Ders., 1977b; Ph. Durst, 1977.

[63] Giambattista Vico, *Liber metaphysicus*, 36f.

deswegen Wahrheit zu, weil sie von Gott geschaffen ist. So kann aus dem von Gott Geschaffenen mittelbar auf die zugrundeliegende Wahrheit geschlossen werden.

Was für Gott gilt, läßt sich in eingeschränkter Weise auf den Menschen übertragen. Sofern der Mensch an der göttlichen Vernunft teilhat, ist er Gott in gewisser Weise ähnlich. Darum kann auch er Wahres schaffen, wenn auch nicht „absolute", sondern nur „ex hypothesi". Nur Gott kann im eigentlichen Sinn erschaffen (‚gignere'); der Mensch vermag bloß zu machen (‚facere').[64] Immerhin vermag der Mensch in der abstrakten Wissenschaft der Geometrie Dinge bzw. Sachverhalte zu produzieren, die deswegen wahr sind, weil sie – wie z.B. der Punkt und das Eine – vom Menschen gemacht sind, und für die nun in besonderem Maße gilt: Wahr ist, was der menschliche Geist als das Seine erkennt. Je konkreter die wissenschaftlichen Disziplinen werden, umso unsicherer gerät diese Erkenntnis. Vico bildet eine Abstufung von der Geometrie über die Arithmetik, die Mechanik hin zur Physik und der Moralphilosophie.[65] Die Anwendung dieses Denkmodells auf die Geschichte ist deswegen möglich, weil „die Welt der Völker bzw. die politische Welt" von Menschen geschaffen worden ist. Die Wissenschaft von der Geschichte verfährt ebenso wie die Geometrie: Sie erkennt hinter den konkreten Ereignissen die wiederkehrenden typischen Gesetzmäßigkeiten.[66]

7.   Tschirnhaus und Thomasius

In deutlicher Anlehnung an Descartes und in ebenso deutlicher Ablehnung der Korrespondenz zwischen Begriff und Ding[67] erklärt Ehrenfried Walther von Tschirnhaus (1687), die Wahrheit bestehe in dem, was gedacht werden kann („quod potest concipi"), die Falschheit in dem, was nicht gedacht werden kann.[68] Auch wenn damit gemäß der Erläuterung der Überschrift nur das ‚Kriterium' dieser Unterscheidung gemeint ist, so gibt es doch keine andere, gründlichere Definition der Wahrheit selbst als die eben zitierte. Aus ihr ergibt sich, daß die Norm oder Regel, durch die der Mensch das Wahre vom Falschen unterscheidet, in ihm selbst liegt. Beispiele für Vorstellungen, die nur als wahr gedacht werden können, sind: Ein heiler Stab ist größer als ein zerbrochener; alle Radien eines Kreises sind gleich; ein Körper bewegt

---

[64] Giambattista Vico, *Liber metaphysicus*, 38 f., 148 f.
[65] Giambattista Vico, *Liber metaphysicus*, 44 f.
[66] N. Erny, 1994, 42 ff.
[67] Ehrenfried Walther von Tschirnhaus, *Medicina mentis et corporis*, Leipzig ²1695 (Nachdruck 1964), 52.
[68] Ehrenfried Walther von Tschirnhaus, *Medicina mentis et corporis*, 35.

sich nur durch irgendeinen Beweger.[69] Auch wenn hier nicht von Evidenz oder Gewißheit die Rede ist, so ist das cartesische Erbe doch unübersehbar. Dies setzt sich in der Diskussion der Frage fort, ob man nicht Wahres für falsch halten könne und umgekehrt. Tschirnhaus hält das für durchaus möglich, aber für ungefährlich, weil korrigierbar. Sobald man nämlich eine weitere Erkenntnis aus der ersten ableite, stelle sich – da die neue Erkenntnis ja wieder gedacht werden müsse – heraus, ob die zugrundeliegende Behauptung wahr gewesen sei oder nicht. Wenn die abgeleitete Erkenntnis wahr ist, dann gilt das auch für die ursprüngliche; ist sie falsch, gilt Entsprechendes, und die ursprünglich für wahr gehaltene falsche Behauptung wird richtiggestellt. Anders gesagt: Da aus Wahrem nur Wahres, aus Falschem nur Falsches folgen kann, ergibt sich aus der jeweils neu durchzuführenden Probe der Denkbarkeit die sichere Korrektur, so daß ein irrtumsfreier Fortschritt gewährleistet ist.[70] Die Tatsache, daß wir einiges denken können, anderes nicht, ist also mehr als das Wahrheitskriterium: Es ist das einzige und allererste Prinzip hinsichtlich des Wahren und Falschen („ex unico & omnium primo circa verum & falsum principio"),[71] genauer gesagt: zur Bewahrheitung oder Ablehnung.

Demgegenüber[72] verteidigt Christian Thomasius die Korrespondenztheorie und lehnt die Alleinzuständigkeit des Intellekts für die Wahrheit ab. Die Wahrheit besteht in der Übereinstimmung der Gedanken mit der „Beschaffenheit der Dinge außer denen Gedancken".[73] Darum hat am Anfang die Erkenntnis der Sinne (die nicht betrügen können) zu stehen; sie sind das erste Kriterium der Wahrheit:[74] „Was der menschliche Verstand durch die Sinne erkennet, das ist wahr, und was denen Sinnen zu wieder ist, das ist falsch."[75] Nun liefern die Sinne – der passive Teil des Verstandes – nur Einzelheiten (‚individua'), die vom aktiven Teil durch Teilung und Zusammensetzung zu allgemeinen Begriffen (Ideen) geformt werden müssen. Darum gilt ebenfalls: „Was mit denen ideis, die der Menschliche Verstand von denen in die Sinne imprimirten Dingen macht, übereinkömmt, das ist wahr […]"[76] Da zum menschlichen Verstand beide ‚Hälften'[77] gehören, kann Thomasius sagen: „Was mit des Menschen Ver-

[69] Ehrenfried Walther von Tschirnhaus, *Medicina mentis et corporis*, 35.
[70] Ehrenfried Walther von Tschirnhaus, *Medicina mentis et corporis*, 35 f.
[71] Ehrenfried Walther von Tschirnhaus, *Medicina mentis et corporis*, 37, vgl. 40.
[72] Christian Thomasius, *Introductio ad philosophiam aulicam*, Halle 1688 (Nachdruck 1993), 127 f.
[73] Christian Thomasius, *Einleitung zu der Vernunfft-Lehre*, Halle 1691 (Nachdruck 1968), 139.
[74] Christian Thomasius, *Introductio ad philosophiam aulicam*, 134.
[75] Christian Thomasius, *Einleitung zu der Vernunfft-Lehre*, 157.
[76] Christian Thomasius, *Einleitung zu der Vernunfft-Lehre*, 176.
[77] Christian Thomasius, *Einleitung zu der Vernunfft-Lehre*, 168, vgl. 170: „Nihil est in intellectu, quod non prius fuerit in sensu."

nunfft [= Verstand] übereinstimmet, das ist wahr."[78] Mit dieser Aussage schließt er sich also – dem bloßen Wortlaut zum Trotz – keineswegs an Tschirnhaus an.[79]

Die bisher erörterte „congruentia"[80] der Gedanken mit den Dingen ergibt die logische Wahrheit, die zwar von der metaphysischen Wahrheit unterschieden wird,[81] doch so, daß diese unter die logische Wahrheit fällt.[82] Viel größeres Interesse gilt der neuartigen dritten Art der Wahrheit: der Wahrscheinlichkeit.[83] Der Unterschied besteht darin, daß man das eine Mal durch ‚Demonstration' zu sicherer Erkenntnis bzw. Wissenschaft gelangt, das andere Mal durch wahrscheinliche und topische Gründe zu einer bloßen Meinung. Zwei Arten der Wahrscheinlichkeit (‚verosimile') sind zu unterscheiden: die eine ist eine Art der Wahrheit, die andere kann eine Art des Falschen sein, weil sie in bloßer Wahrheitsähnlichkeit besteht.[84] Die erste Art der Wahrscheinlichkeit ist dagegen „ein Mittel, sich der absoluten Wahrheit zu nähern oder sie zu erreichen".[85]

8. Wolff, Wolffianismus, Kritiker Wolffs

Wie Clauberg behält Christian Wolff den Begriff der transzendentalen Wahrheit bei, setzt diese mit der metaphysischen Wahrheit gleich und entfernt sich inhaltlich von der Tradition (des Zusammenhangs der Transzendentalien), dies aber nun anders als Clauberg. Zwar kommt auch bei Wolff jedem Ding transzendentale Wahrheit zu, aber deswegen, weil es in jedem Ding eine innere Ordnung gibt. Wenn man diese Ordnung erkennt, so erkennt man den Grund der Möglichkeit eines Dinges und damit dessen Wahrheit. Die Wahrheit entspringt also dem Prinzip des zureichenden Grundes.[86] In der lateinischen *Ontologia* (1730) wird Wolff als zweite Quelle der Wahrheit das Prinzip des zu vermeidenden Widerspruchs ergänzen: Nur wenn es innerhalb der Wesensbestimmungen eines Seienden keinen Widerspruch gibt, ist dieses Seiende wahr.[87] Damit löst sich auch das cartesische Problem, welchen Status Dinge haben, die man sich im Traum

---

[78] Christian Thomasius, *Einleitung zu der Vernunfft-Lehre*, 155.

[79] So W. Risse, 1970, Bd. 2, 556.

[80] Christian Thomasius, *Introductio ad philosophiam aulicam*, 106.

[81] Christian Thomasius, *Introductio ad philosophiam aulicam*, 105 f.

[82] Christian Thomasius, *Introductio ad philosophiam aulicam*, 103.

[83] Christian Thomasius, *Introductio ad philosophiam aulicam*, 108.

[84] Christian Thomasius, *Introductio ad philosophiam aulicam*, 108.

[85] L. Cataldi Madonna, 1989, 119.

[86] Christian Wolff, *Deutsche Metaphysik*, [1]1719, Halle [11]1751 (Nachdruck 1983), § 142, 144; vgl. Ders., *Anmerkungen zur Deutschen Metaphysik*, [1]1724, Frankfurt am Main [4]1740 (Nachdruck 1983), § 43.

[87] Christian Wolff, *Philosophia prima, sive Ontologia*, [1]1729, Frankfurt am Main / Leipzig [2]1736 (Nachdruck 1962), § 498.

vorstellt. Diese Dinge können nicht mit den realen Dingen konkurrieren, weil im Traum sowohl der zureichende Grund als auch die Geltung des Widerspruchsprinzips fehlen. Daher mangelt es den Traumvorstellungen an Ordnung und damit an Wahrheit. Allerdings gibt es bei der Ordnung – und damit bei der Wahrheit – eine so weit gespreizte Bandbreite von Abstufungen, daß selbst in der Unordnung des Traumes noch Spuren von Ordnung – und damit von Wahrheit – zu finden sind.[88]

Die logische Wahrheit beruht auf der transzendentalen und besteht in der Wahrheit von Urteilen. Urteile sind dann wahr, wenn sie mit der gemeinten Sache übereinstimmen. Außer dieser Nominaldefinition der Wahrheit gibt es aber auch deren Realdefinition, die nicht nur mit der Sache übereinstimmt, sondern auch deren ‚Möglichkeit‘ enthält, weil (wie bei Leibniz) das Subjekt das Prädikat bestimmt. Wenn das Prädikat dem Subjekt zukommt, ist das Urteil (logisch) wahr.[89] – Die moralische Wahrheit ist, wie üblich, die Wahrhaftigkeit.[90] – Für die Wahrscheinlichkeit findet Wolff eine elegante Erklärung: Wahre Sätze stützen sich auf zureichende Gründe; was dagegen auf unzureichenden Gründen beruht, ist zwar nicht völlig unbegründet, aber auch nicht wahr – es ist wahrscheinlich.[91] Auch bei den wahrscheinlichen Sätzen (Hypothesen) gibt es Abstufungen. Ein Hypothese ist umso wahrscheinlicher, je mehr Phänomene durch sie erklärt werden. Zwar besteht diese Erklärung darin, einen Grund anzugeben, der unzureichend ist, aber dies kann ein Anlaß und ein Wegweiser sein, den zureichenden Grund zu finden und damit die Wahrheit.[92]

Die führenden Wolffianer übernahmen Wolffs Wahrheitstheorie nicht, sondern führten die Diskussion weiter. Den Anstoß gab Georg Bernhard Bilfinger schon 1725, indem er zwei Auffassungen der transzendentalen Wahrheit unterschied. Man könne sie (mit Wolff) als Ordnung definieren; dann handele es sich um die ‚veritas existendi‘. Man könne sie aber auch (mit der Tradition) als ‚veritas essendi‘ verstehen, die im Wesen und der Natur der Dinge liege. In diesem Fall frage man z. B. danach, ob es sich – so das klassische Beispiel – um wahres Gold handele. (Wenn alles vorhanden ist, was zum Wesen und zur Natur des Goldes erforderlich ist, dann handelt es sich um wahres Gold.) Im ersten Fall laute die Frage: Existiert das Ding in der Tat oder scheint das bloß so zu sein (z. B. im Traum)? Allerdings seien beide Auffassungen miteinander zu vereinbaren.[93] – Diese Gedanken fanden weiteste Verbreitung, weil Friedrich Christian Baumei-

---

[88] S. Carboncini, 1991; A. Bissinger, 1970, 162, Anm. 200.
[89] Christian Wolff, *Philosophia rationalis sive Logica*, [1]1728, Frankfurt am Main / Leipzig [3]1740 (Nachdruck 1983), § 505, 513, 516.
[90] Christian Wolff, *Ethica*, Bd. 5, Halle 1753 (Nachdruck 1973), § 522 ff.
[91] Christian Wolff, *Deutsche Metaphysik*, § 399.
[92] Christian Wolff, *Philosophia rationalis sive Logica*, Discursus praeliminaris § 127.
[93] Georg Bernhard Bilfinger, *Dilucidationes philosophicae*, Tübingen 1725 (Nachdruck 1982), § 152.

ster sie in seinen *Institutiones metaphysicae* ([1]1738, 14 weitere Auflagen) wiederholte.[94]

Alexander Gottlieb Baumgarten ging 1739 einen Schritt weiter und löste die Wolffianische Gleichsetzung von metaphysischer und transzendentaler Wahrheit auf: Die in der Ordnung als solcher bestehende Wahrheit ist die metaphysische; die auf der Ordnung der Wesensbestimmungen beruhende Wahrheit ist die transzendentale. Diese ist absolut notwendig, hat keinen Gegensatz und kann weder vermehrt noch vermindert werden. All dies gilt nicht für die metaphysische Wahrheit. Weil diese in der transzendentalen Wahrheit enthalten ist, kann Baumgarten die transzendentale Wahrheit auch als „notwendige metaphysische Wahrheit" bezeichnen.[95]

Georg Friedrich Meier machte (1755) auf die Gefahr der Äquivokation aufmerksam, d.h. die Verwechslung des Begriffs der Wahrheit mit der inhaltlichen Wahrheit, die auch im Plural auftritt: „Durch *Wahrheiten* (veritates) versteht man auch die wahre Erkentniß selbst"[96] im Unterschied zum Begriff der Wahrheit als „Beschaffenheit der Erkentniß".[97] Dieser Wortgebrauch liegt da vor, wo Meier ‚Wahrheit' und ‚Richtigkeit' als Synonyme verwendet.[98] Mit der ‚Richtigkeit' wäre ein Begriff gewonnen, der sich gegen den Plural sperrt und damit Äquivokationen ausschließt. Diese Gleichsetzung scheint ziemlich neu zu sein. Das *Deutsche Wörterbuch* kennt unter den Stichwörtern ‚richtig' und ‚Richtigkeit' die Bedeutung ‚wahr/Wahrheit' noch nicht. Der früheste einschlägige Beleg dafür, daß ‚Richtigkeit' die „Übereinstimmung mit dem Sachverhalt" bedeute (was aber nicht als Wahrheit bezeichnet wird), stammt von Schiller.[99] Die ‚Richtigkeit' würde also die logische Wahrheit bezeichnen, und tatsächlich übersetzt Frobesius „veritas logica" mit „die Richtigkeit der Gedanken".[100] (Leider kann die ‚Richtigkeit' aber die *metaphysische* Wahrheit nicht ersetzen. Was ‚richtig' ist, das ist gewiß nicht ‚falsch', muß aber nicht schon deswegen ‚wahr' sein.)

Christian August Crusius, der große Gegner Wolffs, hatte 1743 die Wahrheit zwar ganz korrespondenztheoretisch definiert, nämlich als Übereinstimmung der Gedanken mit den Dingen. Als Kriterium der Wahrheit benannte Crusius aber die Denkbarkeit („cogitabilitas"), allerdings nicht (wie bei Tschirnhaus) in der Weise, daß all das, was gedacht werden könne, wahr sei, sondern derart, daß alles, was nicht als falsch denkbar sei, wahr

---

[94] Friedrich Christian Baumeister, *Institutiones metaphysicae*, Wittenberg / Zerbst 1738 (Nachdruck 1988), § 197.
[95] Alexander Gottlieb Baumgarten, *Metaphysica*, [1]1739, Halle [7]1779 (Nachdruck 1963), § 89, 118, 163.
[96] Georg Friedrich Meier, *Auszug aus der Vernunftlehre*, Halle 1752, § 104.
[97] Georg Friedrich Meier, *Vernunftlehre*, Halle 1752, § 133.
[98] Georg Friedrich Meier, *Vernunftlehre*, § 119f., vgl. Ders., *Auszug aus der Vernunftlehre*, § 93f.
[99] J. und W. Grimm, *Deutsches Wörterbuch*, Bd. 8, Leipzig 1893, Sp. 896–900.
[100] J. N. Frobesius, *Christiani Wolffii […] Logica*, Helmstedt 1746 (Nachdruck 1980), Index.

sei.[101] Vielleicht steht die Logik, die Joachim Georg Darjes 1755 vorlegte, unter dem Einfluß von Crusius (bzw. Tschirnhaus). Für Darjes ist nämlich die Wahrheit in ihrer allgemeinen Bedeutung nur noch all das, was widerspruchsfrei denkbar ist.[102] Als Inhalte des Denkens werden dann allerdings Sachen und Ereignisse ("id, quod occurrit") vorausgesetzt.[103]

9.   Berkeley und die Folgen

George Berkeley, so sehr er auch kritisiert wurde, gab der Diskussion um den Begriff der Wahrheit wichtige Anregungen, obwohl er nicht auf diesen Begriff einging. Allerdings löste er das Problem, wie zutreffende Ideen von fiktiven Ideen ohne Rekurs auf eine real existierende Außenwelt (die Berkeley leugnete) unterschieden werden können, dadurch, daß er den fiktiven Ideen den Zusammenhang ("not being connected") mit der großen Menge unserer sonstigen Ideen absprach.[104] Dieser Anstoß ließ sich mit dem verknüpfen, was bei Locke und Hume als die mentale Art der Wahrheit aufgetreten war. Basedow dürfte also seine Kohärenztheorie der Wahrheit den britischen Autoren verdanken. Aber Johann Bernard Basedow scheint der erste (1764) gewesen zu sein, der diese Theorie auf den Punkt brachte: Wahrheit ist ein Wert (von Sätzen und Urteilen), der sich der "Uebereinstimmung oder [...] Aehnlichkeit der Gedanken" *untereinander* verdankt, keiner "Uebereinstimmung unsers Denkens und Redens mit den Sachen selbst".[105] In einer Logik-Vorlesung von 1772 wird auch Immanuel Kant sagen: "Die Wahrheit ist die Zusammenstimmung der Erkenntnisse vom Gegenstande mit sich selbst."[106]

Daß Berkeley jeder denkbaren Korrespondenz den Boden entzogen hatte, konnte aber auch dazu führen, daß die Wahrheit relativiert und psychologisiert wurde. So definierte James Beattie (1770) die Wahrheit als das, "which the constitution of my nature determines me to believe".[107] Die Gemütsverfassung kann sich aber ändern. Daher kann man das, was man für wahr hält, später für falsch halten, "but while belief continues, we think it

---

[101] Christian August Crusius, *De usu et limitibus principii rationis determinantis*, Leipzig [1]1743, § 27 (Nachdruck in: *Die philosophischen Hauptwerke*, Bd. IV/1, Hildesheim 1987, 233).

[102] Joachim Georg Darjes, *Via ad veritatem*, Jena 1755, 3.

[103] Joachim Georg Darjes, *Via ad veritatem*, 22.

[104] George Berkeley, *Three Dialogues between Hylas and Philonous*, in: *The Works*, hrsg. von A. A. Luce and Th. E. Jessop, Bd. 2, London / New York 1949 (Nachdruck 1979), 235. Vgl. R. L. Kirkham, 1998.

[105] Johann Bernhard Basedow, *Philalethie*, Altona 1764, Bd. 2, 92 f.

[106] Immanuel Kant, *Logik Philippi*, in: *Akademie-Ausgabe* [diese Ausgabe wird im folgenden zitiert als: AA], Bd. 24/1, 387.

[107] James Beattie, *An Essay on the Nature and Immutability of Truth*, Edinburgh 1770 (Nachdruck 1973), 30.

true".[108] Da man die Naturgesetze ganz genauso auf die subjektive Auffassung des Menschen zurückführen kann und da die Natur der Dinge auf den Naturgesetzen beruht, kann Beattie die Wahrheit gleichzeitig als Übereinstimmung der Propositionen mit der Natur der Dinge bestimmen, ohne damit die traditionelle Korrespondenz zu meinen.[109] – Ein deutscher Anhänger Berkeleys und Beatties war Johann Christian Lossius (1775): Wie die Schönheit, so ist auch die Wahrheit keine Eigenschaft der Dinge, sondern „nur etwas subjektivisches".[110] So gerät die Wahrheit ganz in die Zuständigkeit der Psychologie. Man hält eine „Vorstellung von dem Verhältnisse der Dinge auf uns" dann für wahr, wenn sich „das angenehme Gefühl, aus der Befriedigung des Hangs der Seele" einstellt, „sich in Absicht des Verstandes zu erweitern; oder [...] das angenehme Gefühl aus der Zusammenstimmung der Schwingungen der Fibern im Gehirne".[111]

10. Kant

Kant[112] behielt die Kohärenztheorie der Wahrheit nicht bei. Die „Übereinstimmung der Erkenntniß mit sich selbst" könnte nämlich sogar Lügen als wahr erscheinen lassen.[113] Aber auch die traditionelle Korrespondenztheorie, wie Kant sie in Meiers *Logik* vorfand, die ihm als Kompendium für die eigenen Vorlesungen diente, ist höchst angreifbar. Meier hatte von der „Uebereinstimmung" einer Erkenntnis „mit ihrem Gegenstande" gesprochen.[114] Diese logische Wahrheitsdefinition ist für Kant nicht einfach falsch, aber doch nur eine bloße „Worterklärung",[115] deren Fehler darin besteht, einen Zirkel (Diallele) zu enthalten. Die Skeptiker hätten dies schon immer den Logikern vorgeworfen: „Nun kan ich das obiect nur mit meiner Erkentnis vergleichen dadurch, daß ich es erkenne."[116] Ich müßte also „beurtheilen: ob meine Erkenntniß vom Object mit meiner Erkenntniß vom Object übereinstimme."[117] Dennoch ist die Korrespondenztheorie nicht einfach falsch. In der *Kritik der reinen Vernunft* heißt es: „Die Namenerklärung der Wahrheit [...] wird hier geschenkt und vorausgesetzt; man verlangt aber zu wissen, welches das allgemeine und sichere Kriterium der

---

[108] James Beattie, *An Essay*, 30.
[109] James Beattie, *An Essay*, 28 f.
[110] Johann Christian Lossius, *Physische Ursachen des Wahren*, Gotha 1775, 69.
[111] Johann Christian Lossius, *Physische Ursachen des Wahren*, 65 u. 58.
[112] Literatur: Th. Steinbüchel, 1913; M. Baum, 1983; Th. Nenon, 1986; R. Hanna, 1993; Th. Scheffer 1993; G. Schulz, 1993; L. J. Underwood, 2003.
[113] Immanuel Kant, *Wiener Logik*, AA Bd. 24/2, 822 f.
[114] Georg Friedrich Meier, *Auszug aus der Vernunftlehre*, § 99.
[115] Immanuel Kant, *Logik*, AA Bd. 9, 50.
[116] Immanuel Kant, *Reflexion 2143*, AA Bd. 16, 251.
[117] Immanuel Kant, *Logik*, AA Bd. 9, 50.

Wahrheit einer jeden Erkenntniß sei."[118] Die allgemeine Logik ist allerdings nicht imstande, ein brauchbares Wahrheitskriterium zu benennen, müßte dieses doch sowohl allgemein, d. h. unterschiedslos für alle Objekte gelten, als auch speziell, d. h. für ein bestimmtes Objekt. Damit entpuppt sich die Suche nach einem Wahrheitskriterium als in sich widersprüchlich. Die allgemeine Logik ist mit dieser Suche überfordert. Allerdings hält Kant fest, daß die Gesetze der allgemeinen Logik „die conditio sine qua non, mithin die negative Bedingung aller Wahrheit" sind.[119]

Die Suche nach einem Wahrheitskriterium kann also die Frage, was Wahrheit ist, nicht beantworten. Doch damit ist nicht das letzte Wort zu dieser Frage gesagt – ganz im Gegenteil! Innerhalb der *Kritik der reinen Vernunft* bildet die „Transzendentale Analytik" (die erste Abteilung der „Transzendentalen Logik") die eigentliche „Logik der Wahrheit".[120] Kant zielt damit auf seine Lehre von den Kategorien, d. h. den reinen Verstandesbegriffen, durch die allererst das Material der Anschauung zu „Gegenstände[n] der Erfahrung" geformt wird.[121] Es besteht also eine von den Kategorien gestiftete Korrespondenz zwischen ihnen und den Daten der Anschauung. Die Korrespondenz wird also durch Kants transzendentalphilosophische Wende in das erkennende Subjekt verlagert, dessen kategoriale Formung des Anschauungsmaterials den Grund der Wahrheit darstellt. In den Kategorien liegt die „transscendentale Wahrheit, die vor aller empirischen vorhergeht und sie möglich macht".[122] Diese empirische Wahrheit ist nichts anderes als die „Übereinstimmung unserer Begriffe mit dem Objecte".[123] Damit ist die ‚logische' Namenerklärung gerettet worden, indem sie auf eine ganz neue Basis gestellt wurde: Nur durch die Kategorien, so hat sich herausgestellt, wird Erfahrung möglich. Daran, daß die Kategorien „die Verhältnisse der Wahrnehmungen in jeder Erfahrung a priori ausdrücken, erkennt man ihre objective Realität, d. i. ihre transscendentale Wahrheit".[124]

Literaturverzeichnis

Baum, Manfred, 1983, *Wahrheit bei Kant und Hegel*, in: *Kant oder Hegel? Stuttgarter Hegel-Kongreß 1981*, hrsg. von D. Henrich, Stuttgart, 230–249.
Bissinger, Anton, 1970, *Die Struktur der Gotteserkenntnis. Studien zur Philosophie Christian Wolffs*, Bonn.

---

[118] Immanuel Kant, *Kritik der reinen Vernunft* [KrV], B 82, AA Bd. 3, 79.
[119] Immanuel Kant, *KrV*, B 84, AA Bd. 3, 80.
[120] Immanuel Kant, *KrV*, B 87, AA Bd. 3, 82.
[121] Immanuel Kant, *KrV*, B 126, AA Bd. 3, 105.
[122] Immanuel Kant, *KrV*, B 185, AA Bd. 3, 139. Kant gibt damit dem alten Begriff der transzendentalen Wahrheit eine ganz neue erkenntnistheoretische Bedeutung.
[123] Immanuel Kant, *KrV*, B 670, AA Bd. 3, 426.
[124] Immanuel Kant, *KrV*, B 269, AA Bd. 3, 187.

Bloch, Olivier René, 1971, *La Philosophie de Gassendi*, Den Haag.

Carboncini, Sonia, 1991, *Transzendentale Wahrheit und Traum. Christian Wolffs Antwort auf die Herausforderung durch den Cartesianischen Zweifel*, Stuttgart-Bad Cannstatt.

Cataldi Madonna, Luigi, 1989, *Wissenschafts- und Wahrscheinlichkeitsauffassung bei Thomasius*, in: *Christian Thomasius, 1655–1728*, hrsg. von W. Schneiders, Hamburg, 115–136.

Curley, Edwin, 1988, „Der Ursprung der Leibnizschen Wahrheitstheorie", *Studia Leibnitiana*, 20, 160–174.

Curley, Edwin, 1994, „Spinoza on Truth", *Australasian Journal of Philosophy*, 72, 1–16.

Durst, Philippa, 1977, *Giambattista Vicos „De Antiquissima Italorum Sapientia". Übersetzung und Interpretation im Zuge eines transzendentalphilosophischen Denkansatzes*, Phil. Diss., München.

Erny, Nicola, 1994, *Theorie und System der Neuen Wissenschaft von Giambattista Vico*, Würzburg.

Esfeld, Michael, 1995, *Mechanismus und Subjektivität in der Philosophie von Thomas Hobbes*, Stuttgart-Bad Cannstatt.

Fleischer, Margot, 1984, *Wahrheit und Wahrheitsgrund. Zum Wahrheitsproblem und seiner Geschichte*, Berlin / New York.

Gueroult, Martial, 1970, *La définition de la vérité chez Descartes et chez Spinoza*, in: Ders., *Études sur Descartes, Spinoza, Malebranche et Leibniz*, Hildesheim / New York, 55–63.

Guest, Gérard, 1990, Art. „Adéquation", *Encyclopédie philosophique universelle* II/1, Paris, 44–46.

Güttler, Carl, 1877, *Eduard Lord Herbert von Cherbury*, München.

Hanna, Robert, 1993, „The Trouble with Truth in Kant's Theory of Meaning", *History of Philosophy Quarterly*, 10, 1–20.

Heimsoeth, Heinz, 1912 u. 1914, *Die Methode der Erkenntnis bei Descartes und Leibniz*, Gießen.

Hübener, Wolfgang, 1977, „Ist Thomas Hobbes Ultranominalist gewesen?", *Studia Leibnitiana*, 9, 77–100.

Jarret, Charles E., 1978, *Leibniz on Truth and Contingency*, in: *New Essays on Rationalism and Empiricism*, hrsg. von Ch. E. Jarret, J. King-Farlow and F. J. Pelletier, Guelph, 83–100.

Kirkham, Richard L., 1998, Art. „Truth, Coherence Theory of", *Routledge Encyclopedia of Philosophy*, Vol. 8, London / New York, 470–472.

Krook, Dorothea, 1956, „Thomas Hobbes's Doctrine of Meaning and Truth", *Philosophy*, 31, 3–22.

Krüger, Lorenz, 1973, *Der Begriff des Empirismus. Erkenntnistheoretische Studien am Beispiel John Lockes*, Berlin / New York.

Levêque, Raphael, 1923, *Le problème de la vérité dans la philosophie de Spinoza*, Strasbourg.

Link, Christian, 1978, *Subjektivität und Wahrheit. Die Grundlegung der neuzeitlichen Metaphysik durch Descartes*, Stuttgart.

Mark, Thomas Carson, 1972, *Spinoza's Theory of Truth*, New York / London.

Meier, Friedrich, 1897, *Die Lehre vom Wahren und Falschen bei Descartes und bei Spinoza*, Phil. Diss., Leipzig.

Möller, Joseph, 1971, *Wahrheit als Problem. Traditionen – Theorien – Aporien*, München / Freiburg i. Br.

Nenon, Thomas, 1986, *Objektivität und endliche Erkenntnis. Kants transzendentalphilosophische Korrespondenztheorie der Wahrheit*, Freiburg i. Br. / München.

Otto, Stephan, 1977a, „Die transzendentaphilosophische Relevanz des Axioms ‚verum et factum convertuntur‘“, *Philosophisches Jahrbuch*, 84, 32–54.

Otto, Stephan, 1977b, „Faktizität und Transzendentalität der Geschichte“, *Zeitschrift für philosophische Forschung*, 31, 43–60.

Pape, Ingetrud, 1949, *Leibniz. Zugang und Deutung aus dem Wahrheitsproblem*, Stuttgart.

Perler, Dominik, 1996, *Repräsentation bei Descartes*, Frankfurt am Main.

Puster, Rolf W., 1991, *Britische Gassendi-Rezeption am Beispiel John Lockes*, Stuttgart-Bad Cannstatt.

Rauzy, Jean-Baptiste, 2001, *La Doctrine leibnizienne de la vérité*, Paris.

Rescher, Nicholas, 1979, *Leibniz. An Introduction to his Philosophy*, Oxford.

Risse, Wilhelm, 1970, *Die Logik der Neuzeit*, Bd. 2, Stuttgart-Bad Cannstatt.

Röd, Wolfgang, 1962, „Gewißheit und Wahrheit bei Descartes“, *Zeitschrift für philosophische Forschung*, 16, 342–362.

Röttges, Heinz, 1995, *Zweifel, Methode und Wahrheit bei Descartes*, in: *Denken der Individualität. Festschrift für Josef Simon zum 65. Geburtstag*, hrsg. von Th. S. Hoffmann und St. Majetschak, Berlin / New York, 105–120.

Scheffer, Thomas, 1993, *Kants Kriterium der Wahrheit*, Berlin / New York.

Schulz, Gudrun, 1993, *Veritas est adaequatio intellectus et rei. Untersuchungen zur Wahrheitslehre des Thomas von Aquin und zur Kritik Kants am überlieferten Wahrheitsbegriff*, Leiden.

Sleigh, Robert, 1982, *Truth and Sufficient Reason in the Philosophy of Leibniz*, in: *Leibniz. Critical and Interpretative Essays*, hrsg. von M. Hooker, Minneapolis, 209–242.

Specht, Rainer, 1983, *Über Wahrheit und Wissen bei Locke*, in: *Logisches Philosophieren. Festschrift für Albert Menne zum 60. Geburtstag*, hrsg. von U. Neemann und E. Walther-Klaus, Hildesheim, 135–152.

Steinbüchel, Theodor, 1913, *Das Wahrheitsproblem bei Kant*, in: *Studien zur Geschichte der Philosophie. Festgabe zum 60. Geburtstag Clemens Baeumker gewidmet*, Münster, 393–415.

Strehlow, Richard, 1914, *Der Wahrheitsbegriff*, Phil. Diss., Greifswald.

Stroppel, Clemens, 2000, *Edward Herbert von Cherbury. Wahrheit – Religion – Freiheit*, Tübingen.

Ueberweg, Friedrich, ²1865, *System der Logik*, Bonn.

Underwood, Lori J., 2003, *Kant's Correspondence Theory of Truth. An Analysis and Critique of Anglo-American Alternatives*, New York.

Walsh, William Henry, 1972, *Hume's Concept of Truth*, in: *Reason and Reality. Royal Institute of Philosophy Lectures 5, 1970–1971*, London, 99–116.

Das holistisch-systemische Wahrheitskonzept im deutschen Idealismus (Fichte – Hegel)

Rainer Schäfer (Heidelberg)

Einleitung

Wahrheit ist im Rahmen des deutschen Idealismus nicht einfach als Übereinstimmung von Vorstellung/Urteil im Subjekt und Gegenstand außerhalb des Subjekts zu bestimmen. Mit der Wahrheitsbestimmung als Adäquation oder Korrespondenz ist es problematisch, die subjektimmanente Wahrheit zu begründen, d.h. Urteile, die die Subjektivität über sich selbst und ihre eigenen Leistungen fällt, denn hier gibt es gar keine außerhalb des Subjekts befindliche Gegenständlichkeit, auf welche die Vorstellung oder das Urteil bezogen werden könnte. Daher wäre strenggenommen eine subjektimmanente Wahrheit nach der Adäquationstheorie der Wahrheit gar nicht möglich. Da Fichte, der frühe Schelling und der reife Hegel die Subjektivität zum Prinzip ihrer Philosophie machen, hätte eine solche Wahrheitskonzeption als Adäquation für den deutschen Idealismus eine fatale Folge: Die Wahrheit des Prinzips selbst wäre nicht bestimmbar. Die Adäquationstheorie der Wahrheit hat nach den deutschen Idealisten zwar eine gewisse Berechtigung, sie ist jedoch nur unter spezifischen Bedingungen und nur für spezifische Gegenstandsbereiche akzeptabel. Die Adäquationstheorie beschreibt eigentlich dasjenige, worin das Phänomen der aposteriorischen Wahrheit von Erfahrungsgegenständen besteht, macht aber nicht deutlich, wie das Phänomen dieser Art von Wahrheit überhaupt zustande kommen kann und welcher Typus von Wahrheit diesem vorangehen muß.

Den deutschen Idealisten geht es im Gefolge Kants um die transzendental-apriorischen „Bedingungen der Möglichkeit", d.h. um die inneren Voraussetzungen und Gründe einer Sache, sofern sie erfahrungsunabhängig, also nicht kontingent, sondern notwendig der Grund für die Erkennbarkeit von etwas sind. So auch bei der Wahrheit: Was sind die inneren Möglichkeitsbedingungen, unter denen es überhaupt so etwas wie Wahrheit geben kann?

Kant akzeptiert die Definition der Wahrheit als Adäquation von Vorstellung und Gegenstand als Selbstverständlichkeit, sie ist „geschenkt und vorausgesetzt".[1] In der *Kritik der reinen Vernunft* versucht Kant durch die Theorie der „synthetischen Urteile apriori" zu zeigen, daß inhaltlich erfüllte,

---

[1] Vgl. Immanuel Kant, *Kritik der reinen Vernunft*, hrsg. von R. Schmidt, Hamburg 1956, B 82.

informative, d. h. nichttautologische Aussagen über Gegenstände der Erfahrung generell und auch über deren selbst erfahrungsunabhängige Voraussetzungen möglich sind und daß die Wahrheit solcher Aussagen überprüfbar ist. Der Bereich des Apriori für mögliche Erkenntnis besteht in den regelhaften Strukturen der formalen Gegenstandskonstitution, die wiederum vom reinen Subjekt vollzogen werden. Sofern es hier um Probleme der Konstitution von Gegenständen geht, kann in diesem transzendentalen Bereich gar nicht von einem vorliegenden Gegenstand die Rede sein, der den Wissensstrukturen adäquat ist, da ja allererst dasjenige, was den Gegenstand (in formaler Hinsicht) ermöglicht, aufgefunden werden soll. Im Bereich transzendentalphilosophischer Untersuchungen muß also ein umfassenderer, ursprünglicherer Begriff von Wahrheit gelten als der der Adäquation von subjektimmanenter Vorstellung/Urteil und externem Gegenstand.

Fichte führt diesen transzendentalen Ansatz konsequent weiter, sofern nach ihm die Möglichkeitsbedingungen der Wahrheit darin bestehen, daß das Subjekt mit sich selbst übereinstimmt. Sofern die reine Subjektivität den Gegenstand konstituiert, ist auch die Wahrheit nicht mehr einfach in einer Relation des Subjekts zu einem ihm fremden, nicht zugehörigen Gegenstand begründbar. Wahrheit besteht für Fichte vielmehr darin, daß der subjektkonstituierte Gegenstand mit den Wissens- und Vollzugsstrukturen des Subjekts selbst übereinstimmt und sich durchgängig in diese Strukturen einfügen läßt; was letztlich und konsequent als Selbstübereinstimmung des Subjekts mit sich verstanden werden muß. Etwas ist wahr, sofern es sich als integrierender und integrierter Bestandteil in die thetisch-antithetisch-synthetische Ganzheit des Bewußtseinsgefüges einordnen läßt; dabei werden von Fichte Setzen, Entgegensetzen und Beziehen als die drei fundamentalen Tätigkeiten der Subjektivität konzipiert. Wahrheit ist insofern eine ganzheitlich orientierte Selbstübereinstimmung des Subjekts mit sich, seine innere „Harmonie".

Auch Schelling stellt in § 1 seines *Systems des transzendentalen Idealismus* eingangs fest, daß allgemein Wahrheit als Übereinstimmung zwischen Subjekt und Objekt verstanden wird. Dies ist allerdings nach Schelling noch nicht die Aufklärung des Phänomens der Wahrheit, vielmehr gilt es zu klären, wie überhaupt Subjekt und Objekt aufeinander- und zusammentreffen können angesichts ihrer zunächst scheinbar radikalen Andersartigkeit, denn das Subjekt ist das Vorstellende und das Objekt ist das Vorgestellte. Schellings Antwort auf das Problem besteht darin, daß er versucht, im Rahmen der Transzendentalphilosophie im Ausgang vom Subjekt eine Subjekt-Objekt-Einheit aufzuweisen, in der beides in ursprünglicher Weise miteinander vereinigt ist. Die Subjekt-Objekt-Einheit liegt nach Schellings damaliger Konzeption in der ästhetischen Selbstanschauung des (Kunst-)Genies in seinem Kunstprodukt vor.

Hegel differenziert zwischen Richtigkeit und Wahrheit: Richtigkeit liegt vor, wenn eine subjektimmanente Vorstellung mit einer externalistisch gedeuteten Gegenständlichkeit in einem Merkmal oder Prädikat übereinstimmt;[2] hier ist also nach Hegel eine naiv verstandene Adäquationstheorie der Wahrheit zu verorten. Wahrheit im eigentlichen Sinne bedeutet dagegen nach Hegel eine spekulative Identität von Subjektivität und Objektivität, die sich selbst begrifflich weiß. – In diesem Wissen besteht ein radikaler Unterschied zur Subjekt-Objekt-Einheit des Genies in Schellings *System des transzendentalen Idealismus*, wo das Genie die Identität von Subjekt und Objekt im Kunstwerk nicht mit begrifflicher Klarheit produziert, denn das Genie ist sich zwar dessen bewußt, daß es ein Objekt produziert, aber es ist hinsichtlich des Produkts selbst bewußtlos, dieses trennt das Genie nämlich als einen Gegenstand von sich ab, begreift ihn also nicht als sich selbst. – Die Identität bei Hegel geht über eine Übereinstimmung von äußerem Gegenstand und innerlicher Vorstellung bzw. von Gegenstandseigenschaft und Urteilsprädikat wesentlich hinaus, denn bei dieser Identität ist eine selbsttätige Objektivierung der Denkstrukturen des vernünftigen Subjekts zu begreifen, die eine vollumfassende, totale Ganzheit von Wissendem und Gewußtem ausmacht. Ganzheit ist diese Wahrheit, weil in ihr Subjekt und Objekt eine sich selbst begreifende Einheit bilden. Da alles, was ist, nur Subjekt oder Objekt sein kann, und weil deren Einheit die umfassende Ganzheit ist, kann Hegel in der „Vorrede" zur *Phänomenologie des Geistes* konsequent sagen: „Das Wahre ist das Ganze";[3] nämlich die vollumfassende, sich wissende und ergänzende Einheit von Subjektivität und Objektivität.

Über die Wahrheit als Adäquation hinausgehend, gibt es nach den deutschen Idealisten weitere Elemente, die für die Wahrheit mitbestimmend sind: Notwendigkeit, Allgemeingültigkeit, Identität und Objektivität. Diese Aspekte sind integrale Elemente der Wahrheit. In den folgenden Ausführungen werden wir uns auf die wahrheitsrelevanten Äußerungen Fichtes und Hegels konzentrieren, diese beiden Denker entwerfen zwei verschiedene Wahrheitskonzeptionen.

Bei dem frühen Fichte (1794–1799) findet sich in konsequenter Weiterführung Kants ein transzendentalphilosophischer Ansatz zur Erklärung des Phänomens der Wahrheit aus dem Prinzip der Subjektivität. Wahrheit wird in der Einheit des Subjekts fundiert: In dem grundsätzlichen Selbstsein, also in der Selbstidentität des Ich, liegt das Ursprungsgeschehen der Wahrheit, weil sich dort das Wissende selbst zum Gewußten macht; damit vollzieht sich eine ursprüngliche, immediate und unbezweifelbare Übereinstimmung, ja sogar Identität von (Ich-)Subjekt und (Ich-)Objekt, die nach

---

[2] Vgl. Georg Wilhelm Friedrich Hegel, *Wissenschaft der Logik. Zweiter Band. Die subjektive Logik (1816)*, in: Ders., *Werke*, hrsg. von E. Moldenhauer und K. M. Michel, Frankfurt am Main 1971, Bd. 6, 318 (im folgenden wird diese Ausgabe zitiert als: *HW*; die *Enzyklopädie (1830)* wird als *Enz.* mit entsprechendem Paragraphen zitiert; ebenso werden die *Grundlinien der Philosophie des Rechts* nach Paragraphen zitiert); vgl. zum Thema auch *Enz.* § 172 Anm.

[3] G. W. F. Hegel, *Phänomenologie des Geistes*, *HW* Bd. 3, 24.

Fichte als Paradigma der Wahrheit zu gelten hat. Von diesem Entwurf ist die Wahrheitskonzeption des späten Fichte (seit ca. 1800 ff.) zu unterscheiden. Wahrheit ist nach der veränderten späten Position Fichtes, z. B. in der *Wissenschaftslehre* (1804), in einer über das Selbstbewußtsein hinausgehenden höheren Einheit zu begründen, nämlich in derjenigen einfachen Einheit, die als das Eine/Sein auch die einheitliche Identität des Selbstbewußtseins begründet. Wahrheitstheoretisch gesehen, ist an dieser Form der Wissenschaftslehre besonders interessant, daß ihr gesamter erster Teil in einer „Wahrheits- bzw. Vernunftlehre" besteht, dort wird ein Aufstieg zum an und für sich Wahren vollzogen; den zweiten Teil dieser Wissenschaftslehre bildet eine „Erscheinungslehre", die die wissenschaftliche Phänomenologie des Absoluten expliziert.[4]

Bei Hegel können zwei verschiedene Wahrheitsbegriffe voneinander differenziert werden: Ein erster Wahrheitsbegriff gilt spezifisch für das noch vorwissenschaftliche Bewußtsein, das sich die spekulative Wissenschaft allererst aneignen will. Das „gewöhnliche" Bewußtsein muß sich aus seinem alltäglichen und geradehin gerichteten Für-wahr-Halten zu dem wissenschaftlich spekulativen Für-wahr-Halten erheben und sich damit auf den Standpunkt der Wissenschaft vorarbeiten. Dies ist ein Wahrheitsbegriff, der das Bewußtsein in das System hineinführt. Dieses Wahrheitskonzept expliziert die *Phänomenologie des Geistes* (1807); sie hat auf eine wissenschaftliche Weise das Bewußtsein zum Standpunkt der Wahrheit hinzuführen; daß es sich um eine wissenschaftliche Hinführung handelt, ist dem anfangenden, vorwissenschaftlichen Bewußtsein noch nicht bewußt. Hinsichtlich dieses Wahrheitsbegriffs ist die „Einleitung" aus der *Phänomenologie des Geistes* zu thematisieren. Im Kontext dieses Wahrheitsbegriffs zeigt sich, was nach Hegel Erfahrung ist.

Ein weiterer Wahrheitsbegriff zeigt sich dann bei Hegel als eine systemimmanente Wahrheit; diese ist in einem spekulativ-metaphysischen Horizont vernünftig als die sich objektivierende Ganzheit zu begreifen, die nur mittels des dialektisch-spekulativen Systems angemessen erfaßt werden kann. Hier befindet sich das Bewußtsein also auf dem Standpunkt spekulativen Wissens; es hat die *Phänomenologie* hinter sich gelassen, ist zum spekulativen Geist-Denken geworden und ist in das eigentliche System der Wissenschaft eingetreten. Das System selbst bildet die Darstellung der Wahrheit, weil das System das Ganze dessen, was ist, in seinem Zusammenhang expliziert.

Hinsichtlich dieser systemimmanenten Wahrheit stellt sich die Schwierigkeit, daß das Gesamtsystem die Wahrheit ist; somit gibt es konsequenterweise keinen spezifischen Ort, an dem Hegel diesen Wahrheitstypus eigens expliziert. In der Perspektive des holistisch-systemischen Wahrheits-

---

[4] Zur Wahrheitskonzeption des späten Fichte vgl. W. Janke, 1970, 301 ff. und auch ders., 1999.

begriffs Hegels wäre es also sogar eine Inkonsequenz, wenn es bei ihm eine eigene Wahrheitstheorie neben dem Gesamtsystem gäbe, denn wenn das System selbst die Darstellung der Wahrheit ist, darf es keine eigene Wahrheitstheorie neben dem System oder an einem spezifisch abgegrenzten Ort des Systems geben; eine spezifische Darstellung der Wahrheit könnte nur eine Verdopplung des Systems sein.[5]

Indem also die beiden Positionen Fichtes und Hegels einander gegenübergestellt werden, zeigen sich auch in systematischer Hinsicht grundlegende Unterschiede zwischen einer transzendental-kritischen und einer spekulativ-metaphysischen Bestimmung der Wahrheit.

1.   Fichtes transzendentale und subjektivitätstheoretische Konzeption der Wahrheit

Der frühe Fichte hat nicht eigens eine zusammenhängende Wahrheitstheorie erarbeitet; einzig der kleine, in Schillers *Horen* veröffentlichte Aufsatz *Ueber Belebung und Erhöhung des reinen Interesse für Wahrheit* von 1795 beschäftigt sich explizit mit dem Thema.[6] Fichtes Verständnis von Wahrheit in der frühen Lehre ist zunächst aus den verschiedenen Zusammenhängen, insbesondere aus der *Grundlage der gesamten Wissenschaftslehre* (1794/95) und der *Wissenschaftslehre nova methodo* (1796–99) zu rekonstruieren. Die von mir vertretene These besagt, daß Wahrheit sich nach dem frühen Fichte durch das einheitlich-synthetische Zusammenwirken verschiedener Aspekte der Subjektivität formal letztbegründet bestimmen läßt; diese Aspekte sind: Evidenz, Notwendigkeit, Allgemeingültigkeit, Denkzwang, objektive Gültigkeit, systematisch-ganzheitliche Zusammenstimmung/Kohärenz und einheitliche Spontaneität. Daran wird bereits deutlich, daß nach Fichte keine abstrakte Trennung von Wahrheit und Wahrheitserlebnis des Subjekts vorgenommen werden darf. Wahrheit, die nicht von einer (allgemeinen) Subjektivität erlebt wird, ist ein Widerspruch in sich. Gleichwohl darf bei-

---

[5] Insofern ist auch nicht auf die „Idee des Wahren" aus der *Wissenschaft der Logik* zurückzugreifen, um das spekulativ-metaphysische Wahrheitskonzept Hegels zu explizieren; zumal es dort spezifisch um die Begründung endlicher Wahrheitsansprüche geht, die in einem analytischen und synthetischen endlichen Erkennen bestehen; vgl. G. W. F. Hegel, *HW* Bd. 6, 498–541; vgl. hierzu auch R. Schäfer, 2002.

[6] Vgl. Johann Gottlieb Fichte, *Ueber Belebung und Erhöhung des reinen Interesse für Wahrheit*; in: *Werke*, hrsg. von I. H. Fichte, Berlin 1971, Bd. 8, 342–352 (im folgenden wird diese Ausgabe als *FW* zitiert); allerdings ist nicht die Wahrheit selbst das Thema dieser kleinen Arbeit Fichtes, sondern vor allem der Charakter eines rein vernünftigen Interesses, dessen Besonderheit darin besteht, allgemeingültig zu sein und sich in seiner Tätigkeit selbst zu beleben und sich selbst zu intensivieren, also keiner äußeren Anreize zu bedürfen. Aufgrund dessen ist der (intelligible) Trieb nach Wahrheit, im Unterschied zu sinnlichen Trieben, selbsterhöhend, und jedes Vernunftwesen verfügt über ihn; diese beiden Aspekte machen seinen Spontaneitätscharakter aus.

des aber auch nicht nivelliert werden, denn Wahrheit ist ein noematisches Korrelat des noetischen Wahrheitserlebnisses der Subjektivität. Zwischen Denkakt und Denkinhalt ist daher auch zu unterscheiden, sonst wäre eine psychologistische Position die unvermeidbare Konsequenz; ein Psychologismus kann aber die objektive Gültigkeit und die „an sich Geltung" von Wahrheit nicht aufklären, was durchaus Fichtes Ziel ist. Fichte bezeichnet die psychologistisch-solipsistische Position, welche die Wahrheit als von subjektiven Vollzügen produziert ansieht, als „dogmatischen Idealismus",[7] dem er seinen kritisch-transzendentalen Idealismus entgegenstellt. Mit dem dogmatischen Idealismus hat er wohl insbesondere die Philosophie Berkeleys vor Augen.

Nach Fichte ist die Philosophie Wissenschaftslehre. Aus methodischer Sicht gilt für die Wissenschaftslehre, daß ihre Beweise nur dann wahr sind, wenn sie entweder eine Herleitung aus anderen bereits feststehenden Sätzen und Grundsätzen sind, was Fichte als genetische bzw. apriorische Darstellung versteht oder wenn es sich um eine evidente, d.h. selbstgegebene und unmittelbar anschauliche Bestimmung handelt.[8] Dies ist eine methodische Bestimmung der Wahrheit, denn sie gilt für die Vorgehensweise der Wissenschaftslehre selbst. Diese methodische Wahrheitsbestimmung operiert mit dem aristotelischen Argument des zu vermeidenden unendlichen Regresses: Eine Begründung, die stetig ins Unendliche fundamentalere Begründungen liefert, wäre keine wirkliche Begründung, weil in ihr alles in nur relativer Weise gelten würde; die verschiedenen relativen Gründe bedürfen jedoch eines zureichenden Grundes, um ihre Geltung in festanknüpfender, sicherer Weise beanspruchen zu können. Daher hängt in methodischer Hinsicht die beweisfähige, vermittelte Wahrheit von einer selbst unbeweisbaren, unmittelbaren ersten Wahrheit ab, die einen eindeutigen Grund für die vermittelte Wahrheit darstellt. Die erste, unmittelbare Wahrheit ist direkt anschaulich und selbsterklärend, sie bedarf daher keiner Vermittlung. Dies kann als Evidenzwahrheit des Prinzips bezeichnet werden. In dieser wissenschaftsmethodischen Hinsicht kann für Fichte nur eine Letztbegründung systematisch Wahrheit garantieren. Die Beweisunbedürftigkeit der Evidenzwahrheit ist in Fichtes Sicht keine Schwäche des Prinzips, sondern daran zeigt sich dessen Unbezweifelbarkeit und Unhintergehbarkeit.[9]

Nach Fichte ist das Prinzip und die erste Wahrheit der Philosophie die Setzung des autonomen, selbsttätigen Ich. Damit muß auch die Bestim-

---

[7] Vgl. Johann Gottlieb Fichte, *Grundlage der gesamten Wissenschaftslehre*, in: *FW* Bd. 1, 147, 155f., 173, 178.

[8] Vgl. Johann Gottlieb Fichte, *Wissenschaftslehre nova methodo* (1798/99). *Nachschrift Krause*, hrsg. von E. Fuchs, Hamburg 1994, 27 (dieses Werk wird als *W.-L. nova methodo* zitiert).

[9] Zu dem Problem des Systemanfangs vgl. B. Zimmermann, 1969. Einen differenzierten Vergleich der beiden frühen Konzeptionen der *Grundlage der gesamten Wissenschaftslehre* (1794/95) und der *Wissenschaftslehre nova methodo* (1796–99) bietet C. Hanewald, 2001, bes. 215–274.

mung dessen, was Wahrheit bedeutet, aus dem Prinzip des Ich hergeleitet und bewiesen werden. Das Ich bildet eine ursprüngliche Einheit bzw. Identität. Nur das absolute Ich ist völlige Selbstidentität, sofern es reines Handeln, reine unbegrenzte Tätigkeit ist; was im „Ich bin" oder im „Ich = Ich" ausgedrückt wird. Als reine (Tat-)Handlung steht dem Ich nichts entgegen, das seine Selbsttätigkeit begrenzen oder determinierend aufheben könnte.

Von diesem absoluten Ich ist das endliche Ich zu unterscheiden. Das endliche Ich erreicht nach Fichte keine absolute Identität, d.h. vollständige Selbigkeit mit sich, sofern diese eine unbegrenzte Tätigkeit bedeutet, sondern das endliche Ich erreicht immer nur eine relative Identität mit sich, wenngleich es nach absoluter Selbstidentität strebt. Die relative Identität des endlichen Ich ergibt sich daraus, daß es sowohl aus deterministischen als auch aus frei-tätigen Momenten besteht. Mit den frei-tätigen Momenten partizipiert das endliche Ich am absoluten Ich. An diesem Partizipieren wird deutlich, daß das absolute Ich für das endliche Ich kein abstraktes Jenseits ist, sondern in ihm mitthematisch und auch latent beständig mitanwesend ist, vom endlichen Ich aber 〉zunächst und zumeist〈 nicht in völliger Reinheit thematisch erfaßt wird. Das deterministische Element des Ich ist als ursprüngliche Begrenztheit zu verstehen, d.h., das Ich fühlt sich in ursprünglicher Weise genötigt und findet sich in Passivität vor; dies zeigt sich z.B., wenn es im Vollzug eines Denkaktes einem Denkzwang unterliegt. Die Passivität erklärt sich daraus, daß derartige notwendige Vollzüge dem Ich unbewußt bleiben.[10] Deutlich wird das besonders bei kausalen Zusammenhängen: „Wenn die Sonne höher steigt, erwärmt sich der Stein." Dieser Zusammenhang erscheint dem endlichen Ich in seinem spezifischen Konnex zweier Bestimmungen als Gegebenheit, die nicht willkürlich umfingiert werden darf, soll der Sachverhalt wahrheitsgemäß erfaßt werden; der Tätigkeit der Ursache entspricht ein Leiden/Passivität der Wirkung. Insbesondere die hypothetische „Wenn-dann-Verknüpfung" von Gegebenem stellt einen Denkzwang für das Subjekt dar: Die passive Konsequenz setzt notwendig ein aktives Antezedens voraus, denn es folgt aus diesem; ohne diesen Zusammenhang müßte das Ich beständig grundlose Geschehnisse akzeptieren. Wenngleich die konditionale Verknüpfung nicht selbst im gegebenen Mannigfaltigen (steigende Sonne, Stein, zunehmende Wärme) enthalten ist, sondern vom Subjekt geleistet wird, ist sie dennoch keine willkürlich-freie Produktionsleistung des Subjekts (dies wäre die Position des dogmatischen Idealismus), vielmehr handelt es sich um eine Leistung, die ihm selbst als Vorgegebenheit erscheint, nämlich als eine Denkregel; wobei allerdings das Subjekt in einer unbewußt bleibenden Projektion das Produkt der Denkregel, nämlich die Verknüpfung eines Mannigfaltigen außer

---

[10] Vgl. Johann Gottlieb Fichte, *Grundlage der gesamten Wissenschaftslehre*, in: *FW* Bd. 1, 290.

sich selbst setzt, in eine vorhandene Welt, die sich aus derartigen Projektionsleistungen dann zu einem Universum synthetisiert.

Wahrheit hat also in gewisser Hinsicht den Charakter einer „Geltung an sich", die unabhängig vom einzelnen Subjekt gegeben ist. Dieses Phänomen der „Geltung an sich" muß auch vom Standpunkt der Wissenschaftslehre Fichtes erklärbar bleiben, obgleich sie doch das Subjekt zum alleinigen und konstitutiven Prinzip hat. Bestimmte Zusammenhänge muß das endliche Subjekt denken und hat nicht die Freiheit, sie nach Belieben umzufingieren. Dieses Erlebnis des Denkzwangs im Vollzug einer Denkregel ist also bereits ein wesentliches Element im Erleben von Wahrheit. Denn Wahrheit beansprucht gegenüber dem endlichen Subjekt unabhängige Geltung. Diese unabhängige Geltung artikuliert sich für das endliche Subjekt in dem regelhaften Denkzwang. Der Denkzwang ist aber nur erklärbar durch ein Sich-selbst-passiv-Setzen des Subjekts. Daher ist die „Geltung an sich" doch nicht völlig unabhängig vom Subjekt; sie hängt davon ab, daß sich das Subjekt selbst leidend bzw. passiv setzt; diese Setzung ist aber wiederum ein tätiger Akt, nämlich ein eingeschränkter und limitierter Akt. Nur durch diese Leistung des Subjekts bleibt erklärbar, inwiefern die „Geltung an sich" dennoch beständig immer eine „Geltung für" ein mögliches Subjekt ist, das diese Geltung vollziehen kann. Eine Geltung völlig ohne Bezug auf ein mögliches Subjekt, das sie erleben könnte, wäre keine Geltung. Denn eine wahre Geltung gilt nicht nur *von* einem bestimmten Zusammenhang, sondern auch *für* ein Subjekt, das in der Lage ist, regelhafte Bestimmungszusammenhänge aufzufassen.

Im endlichen Ich sind also immer Aktivität und Passivität gleichermaßen miterlebt, wenn ein Gegenstand wahrheitsgemäß vollzogen wird: „Aber ich kann nicht frei handeln, ehe ich für mich Ich bin, wenigstens die Möglichkeit da ist, Ich sein zu können; zu dieser Möglichkeit gehört, daß in meiner Natur eine Veränderung vorgehe, daß auf mich gewürkt, daß meine Natur afficirt werde; die Anlage kann im Ich liegen, man braucht nicht aus ihm herauszugehen. Im gemeinen Bewustsein muß sichs erklären, durch das Vorhandensein von etwas auser mir. Die Beschränktheit der Anschauung [...] bedeutet den Denkzwang, ein Objekt gerade so zu denken, in ihm findet Gefühl statt; ich fühle mich innerlich gezwungen, die Dinge gerade so zu denken. Aber bin ich gezwungen die Dinge so zu denken? Ich kann von ihnen abstrahieren oder ich kann sie auch anders denken, also findet kein Denkzwang statt. Aber dann stelle ich das Ding nicht der Wahrheit gemäß dar, aber soll meine Vorstellung dem Dinge gemäß sein, so findet Denkzwang statt. Aber was ist denn das für eine Wahrheit, an die meine Vorstellung gehalten werden soll? Es ist die Frage nach der Realität, die wir der Vorstellung zum Grunde legen; unser eigenes Sein in praktischer Rücksicht ist diese Wahrheit, es ist das unmittelbar bestimmte, wovon sich weiter kein Grund angeben läßt. Dieses unser eigenes Sein deuten wir durch ein Ding auser uns; dieses Ding auser uns ist seiner Wahrheit gemäß dargestellt, wenn es auf ein inneres Sein deutet. Aus einem Quantum Beschränktheit in mir, folgt dieses oder jenes Quantum Beschränktheit auser mir."[11] Hinsichtlich der Wahrheit hängt es von der Freiheit des Ich ab, ob überhaupt eine Verknüpfung von Vorstellungen und Urteilen vollzogen wird, die dann mit einem Gegenstand übereinstimmen kann; dagegen ist der gefühlte Denkzwang hinsichtlich der spezifischen Art von Verknüpfung, die vollzogen werden muß, determinierend, damit die Vorstellungsverknüpfung auch dem Gegenstand entspricht.[12]

Das Gefühl des Denkzwangs bildet bei Fichte jedoch keine naive Versinnlichung und naive Verunmittelbarung der Wahrheit theoretischer Vorstellungen, denn Gefühl hat in diesem Kontext die Bedeutung eines fundamentalen Wissens um die eigene Begrenztheit, mit dem Anspruch, daß diese Begrenztheit nicht sinnvoll abgeleugnet werden kann; es wäre absurd, sie vom endlichen Ich zu abstrahieren; insofern ist diese Begrenztheit, die sich im gefühlten Denkzwang dokumentiert, unhintergehbar und damit notwendig.

Zu diesen Aspekten des Wahrheitserlebnisses kommt nach Fichte hinzu, daß bei wahrheitsgemäßen Vorstellungsverknüpfungen die verschiedenen Vermögen des Subjekts zusammenarbeiten, eine Einheit bilden und nicht separiert sein dürfen. Allererst durch die einheitliche Zusammenarbeit der verschiedenen Fähigkeiten des Subjekts (Gefühl, sinnliche Anschauung, Empfindung, Verstand, Einbildungskraft, Urteilskraft, Vernunft, intellektuelle Anschauung etc.) resultiert eine wahrheitsgemäße Erkenntnis: „In der Wahrheit kommt sonach das Ich ungeteilt vor, gleichsam als ein System, wo aus einem alles andre nothwendig folgt. Aus dem Zustande des Gefühls, folgt eine gewiße Anschauung und dieß ist Wahrheit; wenn ich mir aber etwas erdichte, so geht der Zustand des Gefühls und der Anschauung jedes seinen eignen Weg, in sofern ist das ideale und das fühlende gleichsam voneinander gerißen, und dann ist in meiner Vorstellung keine Wahrheit, Wahrheit ist Übereinstimmung mit uns selbst, Harmonie. Dieser Begriff von Wahrheit möchte noch viel weiter reichen; unseren Vorstellungen von Gott, Sittlichkeit, Recht pp kommt ebensowohl objective Gültigkeit zu, wie unseren Vorstellungen von der Welt. Beiderlei gründet sich auf Gefühle. Der Unterschied unter denselben besteht darin, daß die Vorstellungen von der Welt sich auf ein Gefühl unserer Beschränktheit, die von

---

[11] Johann Gottlieb Fichte, W.-L. nova methodo, 96f.; theoretische Wahrheit ist also nach Fichte nicht von praktischem Streben abtrennbar; dies arbeitet besonders deutlich heraus H. Heimsoeth, 1923, bes. 79, 103, 132ff.; der hervorhebt, daß bei Fichte das Gefühl eine erste, unmittelbare Form theoretischen Wissens um die Begrenztheit des endlichen Ich ist; gleichwohl impliziert das Gefühl den Trieb, der wiederum eine rudimentäre Form des Strebens ist; und das Streben hat letztlich sein Fundament im Sollen des praktischen Ich. In diesem Kontext wird verständlich, weshalb nach Fichte die sinnlich-mannigfaltige Welt nur der materiale Realisationsaspekt des sittlichen Strebens ist.

[12] Vgl. Johann Gottlieb Fichte, W.-L. nova methodo, 98.

Gott pp auf ein Gefühl unseres Strebens gründen. Zwischen beiden liegt das Handeln."[13] Der Begriff des Handelns vermittelt nach Fichte als tertium comparationis zwischen der theoretischen und der praktischen Wahrheit; sowohl das unmittelbare theoretische Begrenztheitswissen als auch das beständige praktische Streben nach Aufhebung der Begrenzung sind Handlungen des nach Einheit strebenden Subjekts.

Eine spezifisch subjektivitätstheoretisch fundierte Wahrheitsbegründung theoretischer Vorstellungen und Urteile besteht also darin, daß eine Übereinstimmung zwischen demjenigen, was das Ich passiv erlebt bzw. erleidet, und den aktiven Ich-Vollzügen vorliegt. Dadurch, daß Aktivität und Passivität des Subjekts zusammenstimmen, wird Wahrheit als Übereinstimmung möglich. Denn wenn unter Wahrheit die Übereinstimmung des Objekts mit den Vorstellungen des Subjekts begriffen wird, dann folgt nach Fichte, daß das Objekt, weil es nichts anderes ist als die passiv und begrenzt erlebten Vollzüge des Subjekts, auch mit dessen aktiven Vollzügen zusammenstimmt, weil es in die Einheit des Bewußtseins aufgenommen wird. Eine Übereinstimmungswahrheit als Adäquation zwischen subjektimmanenten Gedanken und externem Ding an sich kann es nach Fichte gar nicht geben, weil es keine Dinge an sich im naiven Sinne eines Realismus oder Externalismus gibt. Zur Übereinstimmung sind vielmehr die aktive und passive Seite des Subjekts selbst zu bringen. Die Zusammenstimmung passiver und aktiver Ichvollzüge meint Fichte, wenn er im obigen Zitat davon spricht, daß bei wahrheitsgemäßen Vorstellungen Ideales und Fühlendes/Reales nicht auseinandergerissen sein dürfen. Dies bildet eine Rückkopplung intellektueller Fähigkeiten des Subjekts an seine sinnlichen Fähigkeiten; umgekehrt zeigt sich natürlich auch, daß sinnliche Fähigkeiten nicht ohne intellektuelle vorkommen. Die identische Einheitlichkeit des Subjekts bildet auch den konstitutiven Maßstab der Wahrheit: Wahrheit ist einheitliche, regelhaft vollzogene Zusammenstimmung. Daraus ergibt sich jedoch die Frage nach demjenigen, was zusammenstimmen soll. Dies sind die mannigfaltigen Vollzüge des Ich, von denen es beansprucht, daß sie gelten sollen. Diese Geltung läßt sich näher als Objektivität charakterisieren.

Nach Fichte ist Wahrheit nur in formaler Weise gegeben, nämlich als die Zusammenstimmung und Kohärenz all jener Bestimmungen, von denen die Subjektivität beansprucht, daß sie rechtmäßigerweise gelten. Umgekehrt läßt sich dann die Unwahrheit/Falschheit als eine formale Nichtzusammenstimmung, und das heißt als einen widersprüchlichen Zusammenhang im Gefüge von Geltungsansprüchen und Ichvollzügen verstehen. Daraus folgt für Fichte, daß Wahrheit eine rein im Subjekt und in dessen Wissensstrukturen, eine insbesondere im Urteilsvollzug liegende Bestim-

---

[13] Johann Gotlieb Fichte, *W.-L. nova methodo*, 106.

mung ist.[14] Deshalb ist Wahrheit in transzendentalphilosophischer Sicht eine rein formale Bestimmung; sie ist kein im Inhalt der Urteile befindliches Merkmal, sonst wäre es auch trivial, wahre von falschen Urteilen zu unterscheiden, man brauchte nur nach den inhaltlich feststellbaren Wahrheits- bzw. Falschheitsmerkzeichen in einem Urteil zu suchen. Derartige Merkzeichen gibt es aber im Inhalt von Urteilen und Vorstellungen über Gegenstände nicht. Wenn z. B. das begriffliche Urteil „Der Baum ist rot" falsch ist, dann gibt es in diesem Urteil, das der Verstand vollzieht, kein Merkmal oder Zeichen von Wahrheit oder Falschheit; erst die Anschauung des Baumes zeigt, daß er „grün" ist, und die Anschauung ist wiederum ein Vollzug des Subjekts. Sofern hier die Anschauung des Baumes und das Urteil über ihn nicht zusammenstimmen, muß nach Fichte mindestens eines von beiden falsch sein; wird dann das begriffliche Urteil korrigiert, ergibt sich die harmonische Zusammenstimmung der verschiedenen Vollzüge (Anschauung und begriffliches Urteil) im Subjekt.

Daher bekundet sich Wahrheit nicht im Inhalt, sondern in der Form von Urteilen. Die Form der Urteile besteht in ihrem Zusammenhang im Gesamtkontext des urteilenden Subjekts, also in der strukturellen Verwobenheit der Subjektvollzüge (und insbesondere der Urteile) miteinander. In diesem Sinne führt Fichte aus:

> „Die Wahrheit an sich aber ist bloß formal. Uebereinstimmung und Zusammenhang in allem, was wir annehmen, ist Wahrheit, sowie Widerspruch in unserem Denken Irrthum und Lüge ist. Alles im Menschen, mithin auch seine Wahrheit, steht unter diesem höchsten Gesetze: sey stets einig mit dir selbst! Heisst jenes Gesetz in der Anwendung auf unsere Handlungen überhaupt: handle so, daß die Art deines Handelns, deinem besten Wissen nach, ewiges Gesetz für alles dein Handeln seyn kann; so heisst daßelbe, wenn es insbesondere auf unser Urtheilen angewendet wird: urtheile so, daß du die Art deines jetzigen Urtheilens als ewiges Gesetz für dein gesammtes Urtheilen denken könntest. Wie du vernünftigerweise in allen Fällen kannst urtheilen wollen, so urtheile in diesem bestimmten Falle. Mache nie eine Ausnahme in deiner Folgerungsart."[15]

Die postulierte und vom Urteilenden anzustrebende Ausnahmslosigkeit bildet die Allgemeingültigkeit wahrer Urteile. An Fichtes Formulierung des formalen Wahrheitskriteriums in diesem Zitat wird auch die Engführung von theoretischem Wahrheitskriterium und praktischem kategorischem

---

[14] In dieser Hinsicht wendet sich Fichte ausdrücklich gegen die Adäquationstheorie der Wahrheit, sofern sie als Wahrheit die Übereinstimmung von subjektivem Urteil und Ding an sich versteht; vgl. *FW* Bd. 1, 482. Ein Ding an sich, das ohne die Relation auf ein urteilendes Subjekt existieren soll, das also im strengen (realistischen) Sinn *an sich* ist, kann es nach Fichte nicht geben, weil bereits die kategoriale Bestimmung der Existenz eines Dinges die synthesisleistende Einbildungskraft des Subjekts voraussetzt, wie auch spezifischere inhaltliche Bestimmungen eines Dinges eine Synthese des Subjekts und dessen Selbstsetzung voraussetzen.

[15] Johann Gottlieb Fichte, in: *FW* Bd. 8, 344 f.

Imperativ deutlich. Sowohl für die Theorie als auch für die sittliche Praxis gelten die Vernunftbestimmungen der regelhaften Allgemeingültigkeit und der gesetzmäßigen Einheitlichkeit.

Problematisch scheint an dieser Wahrheitstheorie zunächst, daß sie möglicherweise zu einem Urteils- bzw. Überzeugungskonservativismus führt, bei dem es kaum möglich ist, alte Überzeugungen als falsch zu entlarven; scheinbar muß an solchen Überzeugungen, um der Einheitlichkeit und Allgemeingültigkeit willen, festgehalten werden. Diese Konsequenz hat jedoch Fichtes Wahrheitstheorie gerade nicht: Eben weil das Wahrheitskriterium von bloß formaler Natur ist, kann es für den transzendentalphilosophisch Belehrten gar nicht das Festhaltenwollen an einer bestimmten inhaltlichen Überzeugung geben. Ein solches Festhaltenwollen ist nämlich immer an einem spezifischen Inhalt orientiert, d.h. an dem materiellen Gehalt einer bestimmten Überzeugung. Dem steht jedoch die rein formale Orientierung an Wahrheit entgegen, denn sie läßt sich nur von der Zusammenstimmung der verschiedenen Urteile und Überzeugungen untereinander leiten und ist daher immer zur Revision einer Überzeugung bereit, die die Einheit des Subjekts gefährdet.[16] Gerade die bloß formale Wahrheitstheorie ist also ein Mittel gegen den Urteilskonservativismus und gegen spezifisch einengende Perspektiven; vielmehr postuliert sie notwendig die Ausmerzung falscher Überzeugungen mittels des formalen Wahrheitskriteriums der Einstimmigkeit und Allgemeingültigkeit.

Weiterhin kann kritisch eingewendet werden, daß doch gerade die Ichvollzüge beständigem Wandel unterliegen, was der Allgemeingültigkeit und durchgängigen Gültigkeit der Wahrheit nicht gerecht zu werden scheint. Gegen dieses Argument ist jedoch differenzierend zu sagen: Sind auch die Inhalte des Bewußtseins wechselnd und müssen daher immerzu überprüft und notwendigenfalls revidiert werden, so ist dagegen die Form des Bewußtseins beständig, denn es kann gar keinen Inhalt geben, der zu ihrer Änderung oder Falsifikation führen würde, da sie ja nur formaler Natur ist; insofern ist auch das bloß formale Wahrheitskriterium beständig.

Bei Fichte ergibt sich die Formalität des Wahrheitskriteriums aus dessen Subjektimmanenz: Rein aus dem Subjekt heraus läßt sich jedoch der Inhalt eines wahren Urteils nicht feststellen, dazu bedarf es dann jeweils eines gegebenen Mannigfaltigen und einer spezifischen Affektion durch die Sinnlichkeit; die Form des Bewußtseins (Einheitlichkeit) gibt nur die regelhafte Ordnungsstruktur für die verschiedenen mannigfaltigen Urteile, und diese Ordnungsstruktur ist eben dann die Form des allgemeinen Bewußtseinslebens.

Eine weitere Problematik des subjektimmanenten, formalen Wahrheitskriteriums Fichtes scheint darin zu bestehen, daß hiermit möglicherweise

---

[16] Vgl. Johann Gottlieb Fichte, in: *FW* Bd. 8, 349.

doch eine solipsistische Psychologisierung der Wahrheit vorgenommen wird, welche die intersubjektive Gültigkeit und auch das intersubjektive Zustandekommen von Wahrheit außer acht läßt. Dazu sagt Fichte:

> „Die Frage ist gar nicht, ob wir mit anderen, sondern ob wir mit uns selbst übereinstimmend denken. Ist das letztere, so können wir des erstern ohne unser Zuthun, und ohne erst die Stimmen zu sammeln, bei allen denen gewiss seyn, die mit sich selbst in Uebereinstimmung stehen; denn das Wesen der Vernunft ist in allen vernünftigen Wesen Eins und ebendaßelbe. Wie andere denken, wissen wir nicht, und wir können davon nicht ausgehen. Wie wir denken sollen, wenn wir vernünftig denken wollen, können wir finden; und so, wie wir denken sollen, sollen alle vernünftigen Wesen denken. Alle Untersuchung muß von innen heraus, nicht von aussen herein, geschehen. Ich soll nicht denken, wie andere denken; sondern wie ich denken soll, so, soll ich annehmen, denken auch andere. – Mit denen übereinstimmend zu seyn, die es mit sich selbst nicht sind, wäre das wohl ein würdiges Ziel für ein vernünftiges Wesen?"[17]

Damit wird deutlich, daß das formale Wahrheitskriterium gerade nicht individualistisch ist, sondern von den allgemeinen Strukturen der vernünftigen Subjektivität überhaupt ausgeht; nämlich gerade nicht von den Denkstrukturen, die das individuelle Subjekt *hat*, sondern von denen, die es *haben soll*.

Wahrheit ist somit überindividuell, es gibt nicht viele, psychologistisch verstandene Wahrheiten, sondern nur eine unteilbare Wahrheit. Diese Wahrheit ist durch ihre Überindividualität unwillkürlich, d.h., sie hängt nicht vom Individualwillen des vereinzelt-wirklichen psychologischen Subjekts ab. Daraus ergibt sich der An-sich-Charakter der Wahrheit; aus der Perspektive des individuellen Subjekts erschafft sie sich scheinbar von selbst; die transzendentale, allgemeine Subjektivität weiß dagegen um sich selbst als den formalen Konstitutionsgrund der einheitlichen Wahrheit.[18]

Absolute Wahrheit erweist sich, sofern sie in völliger Selbstidentität besteht, für das endliche Ich als eine unendliche Aufgabe, deren methodisch systematische Annäherungsregel es hat – d. i. Abbau von Unzusammenhängigkeit und Unstimmigkeit unter den Ichvollzügen – die es aber inhaltlich nicht aktuell verwirklichen kann, weil das endliche Ich dann reine Formtätigkeit sein müßte und also gar keinen Inhalt mehr haben dürfte, der ihm als das zu Erkennende gegeben wäre. In diesem Sinn ist absolute Wahrheit nach Fichte eine unendliche Aufgabe, d.h. ein Ideal im transzendentalphilosophischen Sinn.

---

[17] Johann Gottlieb Fichte, in: *FW* Bd. 8, 351.
[18] Vgl. Johann Gottlieb Fichte, in: *FW* Bd. 4, 301, 447; vgl. auch *FW* Bd. 9, 231; wo Fichte sogar sagt, daß Wahrheit allein durch die Vernichtung des Selbst gegeben ist; dies heißt natürlich nicht, daß auch das reine Ich vernichtet werden müßte, dieses ist vielmehr wahrheitskonstituierend und gar nicht vernichtbar, vgl. *FW* Bd. 4, 169.

2.   Hegels holistisch-systemische Konzeption der Wahrheit

„Das Wahre ist das Ganze. Das Ganze aber ist nur das durch seine Entwicklung sich vollendende Wesen. Es ist vom Absoluten zu sagen, daß es wesentlich Resultat, daß es erst am Ende das ist, was es in Wahrheit ist; und hierin eben besteht seine Natur, Wirkliches, Subjekt, oder sich selbst Werden, zu sein."[19]

An diesem berühmten Zitat aus der „Vorrede" zur *Phänomenologie des Geistes* wird deutlich, daß nach Hegel nicht einzelne Aspekte der umfassend verstandenen Wirklichkeit Wahrheit beanspruchen dürfen, sondern nur deren vollständige begriffliche Einheit. Einzelne Aspekte der Wirklichkeit sind Momente bzw. Kristallisationspunkte in einer sich begrifflich vermittelnden Ganzheit. Dabei ist die vollständige Wirklichkeit das, was als Ganzheit ist, das Absolute. Insofern ist das Absolute das Wahre.[20] Das „Ganze" *hat* nicht Wahrheit in dem Sinne, daß das Ganze ein Element der Klasse des Wahren oder der wahren Gegenstände, Urteile oder Gedanken ist. Vielmehr ist das Ganze das Wahre; Ganzes und Wahres sind völlig umfangs- und inhaltsgleich. Das Ganze kann gar nicht Element einer umfassenderen Klasse sein, unter die es zu subsumieren wäre, sondern es ist selbst die umfassende Klasse von allem.

Im Gedanken der vollständigen Wirklichkeit ist der spekulative Begriff des Absoluten mitzudenken: Das Absolute ist kein der Wirklichkeit und den vielen Wirklichkeiten äußerliches Jenseits, das über die Wirklichkeit

---

[19] G. W. F. Hegel, *Phänomenologie des Geistes*, in: *HW* Bd. 3, 24; vgl. zum Thema auch: R. Aschenberg, 1976, 211–312, und M. Theunissen, 1989, 324–359. Theunissen stellt insbesondere den Wahrheitsbegriff des Bewußtseins in der „Einleitung" zur *Phänomenologie des Geistes* dar, der darin besteht, daß das Bewußtsein sein Wissen vom Gegenstand, wie er für es ist, mit dem Gegenstand, wie er an sich ist, in Übereinstimmung zu bringen sucht; bzw. das Bewußtsein geht auch den umgekehrten Weg: Der an sich seiende Gegenstand wird in Übereinstimmung mit dem Wissen des Bewußtseins gebracht. Diese beiden Wahrheitsformen der Übereinstimmung bilden allerdings einen spezifischen Wahrheitsbegriff, der für das endliche Bewußtsein und dessen defiziente Formen des Für-wahr-Haltens gilt, sofern das Bewußtsein noch nicht auf dem Standpunkt der spekulativen Wissenschaft ist; diese Art der Wahrheit muß sich nach Hegel in einen spekulativ-metaphysischen Wahrheitsbegriff selbst aufheben, der in der Selbstexplikation des absoluten Begriffs besteht und am Ende der *Phänomenologie des Geistes* mit dem „absoluten Wissen" erreicht wird. Die wahrhaft spekulative Selbstexplikation beginnt mit der Logik und vollendet sich mit den Realwissenschaften, der Philosophie der Natur und des Geistes. Die *Phänomenologie des Geistes* (1807) und deren Wahrheitsbegriff sind lediglich Hinführung des endlichen Bewußtseins zur spekulativen Selbstexplikation der Begriffswahrheit; diese expliziert Hegel z.B. in zahlreichen Passagen der „Vorrede" zur *Phänomenologie*, die ja eine „Vorrede" zum gesamten System ist und nicht nur zur *Phänomenologie*. Mit Hegels spezifischer Wahrheitskonzeption als Erfahrung des phänomenologischen Bewußtseins beschäftigt sich auch: M. Heidegger, 1963, 105–192. Vgl. hierzu auch W. Marx, 1971, und U. Claesges, 1981.

[20] Vgl. G. W. F. Hegel, *Phänomenologie des Geistes*, in: *HW* Bd. 3, 70; wo Hegel ausführt, daß „das Absolute allein wahr, oder das Wahre allein absolut ist".

erhaben wäre, sondern das, was die Wirklichkeit ist, bildet die differenzierende Selbstartikulation, Erscheinung und Selbstthematisierung des Absoluten.

> „Die Erscheinung ist das Entstehen und Vergehen, das selbst nicht entsteht und vergeht, sondern an sich ist, und die Wirklichkeit und Bewegung des Lebens der Wahrheit ausmacht. Das Wahre ist so der baccantische Taumel, an dem kein Glied nicht trunken ist, und weil jedes, indem es sich absondert, ebenso unmittelbar auflöst, – ist er ebenso die durchsichtige und einfache Ruhe."[21]

Mit diesem Zitat deutet sich eine erhebliche Aufwertung der Erscheinung gegenüber der platonischen Tradition an: Die Erscheinung ist dem Absoluten als seine Realisationsform wesentlich; die Erscheinung ist kein defizientes Abbild eines Urbildes. Nach platonischer Tradition hat eine Erscheinung einen geringeren ontologischen Rang gegenüber dem eigentlich Seienden (Ideen). Eine Erscheinung kann nur soweit Wahrheit beanspruchen, als sie an dem wahren Sein teilhat. Nach Hegel gilt dagegen: Das Erscheinen ist selbst eine Tätigkeit des Absoluten.

Das Ganze als Unendlichkeit steht der Endlichkeit bzw. der vereinzelt erscheinenden Gestalt nicht äußerlich gegenüber, denn dann wäre die Unendlichkeit durch die Endlichkeit begrenzt und wäre eine „schlechte Unendlichkeit". Die Unendlichkeit manifestiert sich kontinuierlich in der Endlichkeit. Umfassend vollständige Ganzheit ist somit nicht einseitig den begrenzten Teilaspekten entgegengesetzt, sondern realisiert sich in den vielen Wirklichkeiten, ist zugleich jedoch auch deren umfassende Vermittlung.[22] Die Ganzheit ist im Sinne dieser umfassenden Vermittlung daher auch von den einzelnen Momenten bzw. Teilaspekten der Wirklichkeit unterschieden. Der einzelne Teilaspekt ist nämlich noch nicht die vollständige Selbstvermittlung, denn in ihm sind andere Bestimmungen ausgeblendet bzw. unthematisch, und genau deswegen sind die Einzelmomente defizient. Für das Einzelmoment ist diese Seite des Unthematischen, d.h. des noch nicht explizit gesetzten Verweisungszusammenhangs auf anderes seiner selbst notwendig. Das Unthematischsein zahlreicher Aspekte ist also definitorisch für ein Einzelmoment und für die Endlichkeit. Umgekehrt kann dann geschlossen werden, daß es für das Ganze selbst keine unthematischen Momente mehr geben kann; das Ganze muß sich selbst vollständig in all seinen Wirklichkeitsaspekten thematisch erfassen. Dies geschieht auch z.B. am Ende der Logik bei der „absoluten Idee", indem diese schrittweise alle ihre einzelnen Aspekte selbstbezüglich thematisiert.

Trotz dieser Defizienz der erscheinenden Einzelaspekte gilt: Die Selbstvermittlung des Ganzen kann nur durch die Einzelmomente hindurch geschehen. So sind Ganzheit und Einzelmoment wechselseitig aufeinander

---

21 G. W. F. Hegel, *Phänomenologie des Geistes*, in: *HW* Bd. 3, 46.
22 Vgl. zu diesem Thema auch L. Lugarini, 1978, 19–36.

bezogen. Diese Wechselseitigkeit vermeidet bei Ganzheit und Einzelnem jeweils, daß sie einseitig und abstrakt sind: Die Ganzheit bereichert sich selbst mit der Konkretion, indem sie sich durch die Einzelmomente hindurch vermittelt, und umgekehrt hebt sich die Selbstisolation der Einzelmomente als bloßer Schein auf, indem sie über sich selbst zu immer höheren Vermittlungsstufen hinaustreiben und so zu Gliedern in der Kette des Ganzen werden. „Daß aber die Allgemeinheit wesentlich in sich konkret sei – und dies ist die Totalität – und nur so Wahrheit habe, ist einer der Hauptsätze der Philosophie."[23] Wahrheit ist daher in Hegels Sinn als Konkretion zu verstehen. Im Gegenzug gilt dann: Das Abstrakte ist die Unwahrheit, das Falsche. Abstraktion bedeutet eine unsachgemäße Ausblendung wesentlicher Aspekte. Allerdings ist die Einseitigkeit bzw. die Abstraktion nur dann die Unwahrheit, wenn an ihr beharrlich festgehalten wird. Wird die dialektische Selbstaufhebung des Abstrakten, Einseitigen zugelassen, dann verwandelt sich das Abstrakte selbst zu einem Moment des Prozesses der Wahrheitsrealisation. – So blendet z.B. die sinnliche Gewißheit als erste Bewußtseinsgestalt am Anfang der *Phänomenologie des Geistes* aus, daß sie auch wesentlich durch das Moment der Allgemeinheit in ihrer Bestimmung des konkret-sinnlichen „Dieses", „Jetzt" und „Hier" mitbestimmt wird und daß sie nicht nur auf das individuelle Einzelne vor sich ausgerichtet ist, das doch erklärtermaßen ihr einzig Für-wahr-Gehaltenes ist. Vielmehr muß die sinnliche Gewißheit feststellen, daß das Sinnlich-Individuelle nur mittels allgemeiner Bezugnahme (eben z.B. „Dieses") thematisiert werden kann. Wenn die einseitige Position der sinnlichen Gewißheit dies aber akzeptiert, hebt sie sich selbst auf und wird zur Wahrnehmung, die ein Ding nach seinen allgemeinen Eigenschaften bestimmt.[24] –

Allerdings muß das Einzelne bzw. das Einzelmoment, in dem sich das Ganze konkretisierend realisiert und bewahrheitet, auch gewisse Ansprüche erfüllen: So darf es sich nicht einfach um eine beliebige, völlig kontingente Einzelheit handeln, sondern es muß sich um eine solche Einzelheit handeln, die schon als in sich einheitliche und abschließbare ganzheitlich bestimmt ist. Die Einzelheit darf also nicht eine bloße Ansammlung von Mannigfaltigkeit sein, die radikal unzusammenhängend und unabschließbar wäre. Bei einer solchen bloßen, einseitigen, unabschließbaren, individualistischen Mannigfaltigkeit fehlt die Einheit des Begriffs. Ein Beispiel hierfür sind die berühmten, unzähligen Papageienarten, die unbegrenzt in empirischer Forschung um weitere, neu entdeckte Arten vermehrt werden können; eine derartige Kontingenzvielheit ist eine schlechte Unendlichkeit, d.h. eine bloß unbegrenzte Vermehrbarkeit und Vervielfältigungsmöglichkeit, die nicht zu einer abschließbaren Einheitlichkeit gelangt. Analog kann als weiteres Beispiel für eine solche schlechte Unendlichkeit auch an die

---

[23] G. W. F. Hegel, *Berliner Schriften* 1818–1831, *Rezension*, in: *HW* Bd. 11, 452.
[24] Vgl. G. W. F. Hegel, *Phänomenologie des Geistes*, in: *HW* Bd. 3, 88f.

Reihe der natürlichen Zahlen gedacht werden; was zeigt, daß sich das kontingente Verlaufen in eine bloße Mannigfaltigkeitsvielheit nicht bloß auf empirische Entitäten beschränkt. Hierzu würde Hegel wohl sagen, daß sich die Einheit des Begriffs in eine Mannigfaltigkeit verloren hat. Die Einzelheit, in der sich eine Begriffsganzheit realisiert, kann daher nur auf einer selbst bereits begrifflichen Ebene liegen. So kann Hegel z.B. sagen, daß sich biologische Gattungsprozesse auf der Ebene der Arten als Konkretisierungen realisieren, und er braucht nicht die wiederum unterhalb der Artgrenze liegenden Individuen bzw. die individuelleren Artspezifika als Realisationsformen des Ganzen darzustellen. Diese wären in Hegels Deutung wohl als kontingent vernachlässigbare Spezifikationen zu sehen. Das Einzelmoment, in dem sich das Ganze realisiert, muß also selbst auch schon eine Einheitsstruktur und eine in sich abgeschlossene Ganzheit bilden.

Die umfassende Vermittlung der Wirklichkeiten ist der Begriff bzw. die spekulative Subjektivität; die Subjektivität ist die einheitlich-ganzheitliche, analytisch-synthetische Wirklichkeit.[25] Wahrheit ist für Hegel also das Absolute in seiner wirklichen Selbstentfaltung. Die Selbstentfaltung ist eine selbstbezügliche Tätigkeit; daher ist das Absolute als Subjektivität zu bezeichnen: als der Begriff, der sich seine eigene Realität gibt. Hier zeigt sich Hegels spekulative Deutung der Adäquationswahrheit: Die Entsprechung von Begriff und Realität ist die Selbstverwirklichung der absoluten Subjektivität. „Wahrheit in der Philosophie heißt das, daß der Begriff der Realität entspreche."[26] Diese Entsprechung ist aber zwischen einem äußerlich verstandenen Gegenstand und einem davon abgetrennten Intellekt nicht begründbar, denn beides kann sich nicht identisch entsprechen. Eine solche Entsprechung von äußerem Gegenstand und einseitig innerlichem Intellekt wäre nach Hegel bloße Richtigkeit, aber noch keine Wahrheit. Die Entsprechung kann auch kein positivistisch vorliegendes Faktum sein und auch keine Relation zwischen positivistisch verstandenen Fakten. Denn vorliegende Fakten beziehen sich nicht von sich aus aufeinander. Die Entsprechung der Wahrheit setzt Beziehung, d.h. Intentionalität in einem weitesten und fundamentalen Sinne voraus, und Beziehung kann nur im Rahmen tätiger Vermittlung auftreten. Das heißt für Hegel: im Denken. Wahrheit als Adäquationsentsprechung impliziert Beziehung, und Beziehung impliziert wiederum eine Tätigkeit, die als solche nicht ohne ein Subjekt der Tätigkeit denkbar ist.

Da die Entsprechung als Beziehung allerdings eine Wissensrelation ist, muß das Subjekt der Tätigkeit ein selbstbezügliches Ich sein: Nur dort, wo sich der Wissende selbst zum Gegenstand des Wissens macht, d.h. im selbstbezüglichen Wissen, kann eine Entsprechung im strengsten Sinne der Identität bzw. Selbstidentität stattfinden; diese Entsprechung kann dann als

---

25 Vgl. zur fundamentalen Bedeutung der Subjektivität R. Schäfer, 2001, bes. 159 ff. und 219 ff.
26 G. W. F. Hegel, *Grundlinien der Philosophie des Rechts*, § 21 Zusatz.

Paradigma defizienterer und nur relativer Formen von Entsprechung und Wahrheit angesehen werden. Entsprechung ist eine Relation, die nicht statisch und nicht anonym vorliegen kann, sondern nur mittels Tätigkeit hergestellt zu werden vermag; und eine solche Tätigkeit, die eine Entsprechungsrelation herstellt, impliziert ein durchgängig mit sich identisches Subjekt, denn ohne ein solches könnten die beiden Relata gar nicht in ihrer Entsprechung konstatiert werden.

Wahrheit kann es daher nach Hegel nur im Denken geben: Das, worauf sich das Denken intentional richtet, ist ein Gedanke bzw. ein Gedankeninhalt. 1. sind für den Gedanken der Denkakt und der Denkende konstitutiv; gleichermaßen ist es 2. für den Denkenden aber konstitutiv, daß er einen Denkakt und einen Gedankeninhalt vollzieht, und 3. ist es für den Denkakt konstitutiv, daß es einerseits einen Denkenden und andererseits einen korrelierenden Gedankeninhalt gibt, sonst wäre es ein leeres Denken.[27] Diese wechselseitigen Konstitutionsbedingungen des Denkens sind nach Hegel nicht einfach als widersprüchlich abzutun, sondern sie bilden die Grundlage des Wahrheitsgeschehens. Die Logik wird zu einer zentralen Disziplin für die Darstellung der Wahrheit, denn die Logik stellt in einer systematischen Abfolge die reinen Denkstrukturen dar. In der Logik wird die Form und die Formtätigkeit des Denkens selbst zum Inhalt des Denkens. Für die Logik gilt daher:

> „Es ist in ihr nicht um ein Denken über etwas, das für sich außer dem Denken zugrunde läge, zu tun, um Formen, welche bloße Merkmale der Wahrheit abgeben sollten; sondern die notwendigen Formen und eigenen Bestimmungen des Denkens sind der Inhalt und die höchste Wahrheit selbst.“[28]

– Gleichwohl bedarf auch die in der Logik dargestellte reine Formtätigkeit des Denkens noch der weitergehenden Konkretisierung in den Realwissenschaften: Natur- und Geistesphilosophie. –

Denken ist als ein wechselseitiges Geschehen, das sich zwischen Denkendem, Denkakt und Gedanken bzw. Gedankeninhalt abspielt, eine Selbstthematisierung des Denkenden, denn indem der Denkende einen Gedankeninhalt oder den Denkakt thematisiert, thematisiert er sich selbst als konstitutives Element immer schon in ursprünglicher Weise mit. Denken ist daher in unhintergehbarer Weise selbstbezüglich und kann gar nicht ohne Selbstbezüglichkeit gedacht werden. Denken als bloß anonymes Geschehen zu konzipieren, ohne den Denkenden und den Denkakt mitzuberücksichtigen, ist eine einseitige Abstraktion; denn ein Denken verhält sich dann blind gegen die Fragen der eigenen Konstitution, wenn es sich als bloßes Ereignis oder als anonymes Geschehen beschreiben will. Wahrheit ist

---

[27] Vgl. G. W. F. Hegel, *Vorlesungen über die Geschichte der Philosophie* II., in: *HW* Bd. 19, 164 ff.

[28] G. W. F. Hegel, *Wissenschaft der Logik. Lehre vom Sein*, in: *HW* Bd. 5, 44.

Übereinstimmung im Denken, sofern Denken eine fundamentale Selbstthematisierung impliziert, die eine Selbstübereinstimmung ist. Denken ist
Selbstübereinstimmung, weil dasjenige, welches den Gedanken und den
Denkakt hat, sich selbst im Haben des Gedankens und des Denkakts als
konstitutives Fundament selbstbezüglich weiß. Insofern ist Denken immer
schon Übereinstimmung im strengsten Sinne, nämlich Selbstidentität.[29]

Damit ist nicht gesagt, daß es nur wahre Gedanken gibt; falsch ist ein
Gedanke dann, wenn er in nur einseitiger, abstrakter Weise bei sich selbst
stehenbleibt und sich zu fixieren versucht. Ein solcher einseitiger, falscher
Gedanke hebt sich nicht in dem dialektischen Fluß des über Einseitigkeiten
Hinaustreibens auf und ist dann nur in defizienter Weise ein Gedanke, nicht
im eigentlichen Sinne.

Das Hinaustreiben über eine einseitige Bestimmung ist auch der Grund
dafür, daß das Urteil nach Hegel nicht der primäre Ort der Wahrheit ist:
Das Urteil ist „nicht geschickt, spekulative Wahrheit auszudrücken";[30] vielmehr bildet eigentlich erst das Gesamtsystem den Ort der Wahrheit, ein
einzelnes Urteil treibt über sich selbst hinaus und kann eben nicht alle
Aspekte eines Sachverhalts angemessen darstellen; erst in der Kohärenz
aller Urteile kann Wahrheit liegen. In Hegels Holismus der Wahrheit
sind also die beiden Elemente der Kohärenz und der Selbstbezüglichkeit bzw. Selbstübereinstimmung miteinander verbunden. Die idealistische
Wahrheitstheorie ist daher nicht einfach dadurch abzutun oder zu kritisieren, daß sie nur eine einseitige selbstbezüglich-solipsistische Wahrheit des
Subjekts kenne. Allererst die zum System erweiterte kohärente Selbstbezüglichkeit des reinen Denkens der absoluten Subjektivität wird von Hegel
als Wahrheit im vollumfänglichen Sinn bestimmt; dies schließt von vornherein ein bloß psychologistisch-solipsistisch deformiertes Wahrheitsverständnis aus.

Das Absolute ist das Zugrundeliegende der Wirklichkeit und damit Substanz. Diese zugrundeliegende Substanz ist durch die Verwirklichungsbewe-
gung nicht bloß einseitig Zugrundeliegendes, sondern gleichermaßen auch
Subjekt, weil sie eine selbstbezügliche Tätigkeit ausübt. Unter Subjekt versteht Hegel die zwischen verschiedenen Bestimmungen verbindend vermittelnde und sich in der Vermittlung selbstbezüglich wissende Negationstätig-

---

[29] Von hieraus ist auch die Kritik E. Tugendhats, 1970, 91, abzuwehren, daß die idealistische
Formel der Wahrheit als Subjekt-Objekt-Einheit „irreführend", abstrakt an der Adäquationsformel orientiert und „unangemessen" sei, weil sie die Vorstellung einer Identität
von Geist und Sein nahelege, wo doch, wie Husserl gezeigt habe, die Glieder der Übereinstimmung als ausschließlich noematisch verstanden werden müßten. Dies ist sicherlich
Husserls Ansicht; sie ist aber auch schon Hegels und vor ihm Schellings und Fichtes Ansicht. Gerade das Verständnis des Seins als ausschließlich noematisches Korrelat ist idealistische Grundposition. Tugendhats Kritik trifft also zumindest die deutschen Idealisten
nicht.

[30] G. W. F. Hegel, *Wissenschaft der Logik. Lehre vom Sein*, in: *HW* Bd. 5, 93.

keit. Subjekt ist kein starr Vorliegendes, sondern ein sich in der Setzung verschiedener, zusammenhängender Bestimmungen selbst Bestimmendes. Diese Selbstbestimmung ist ein Negationsprozeß, d.h., eine Bestimmung wird gegen eine andere abgegrenzt, zugleich aber durch diese Negativität auch mit ihr zusammengeschlossen, mit ihr in positive Beziehung gesetzt (Negation der Negation); durch diese Negationsbewegung kann es zu den oben angesprochenen Einzelaspekten der konkreten Wirklichkeit kommen. Die Dialektik ist diese Vermittlungsbewegung. Die Subjektivität ist dadurch auch wieder Substanz, denn Substanz ist für Hegel das wesentliche, konkrete und allgemeine Wassein von Etwas.

Nach Hegel ist also nicht nur die Substanz als Subjekt, sondern auch umgekehrt das Subjekt als Substanz zu setzen. Erst die Einheitlichkeit beider Bewegungsrichtungen, also einerseits tätige Selbstdifferenzierung und andererseits Verwesentlichung, bilden die vermittelnde Wahrheit einer Bestimmung und deren aufhebenden Eingang in das Ganze. Damit erweist sich bei Hegel die substantielle Subjektivität aufgrund der ganzheitlichen Verwirklichung ihrer dialektischen Selbstbestimmung als die Wahrheit. Wahrheit ist methodisch-vernünftige Selbstverwirklichungstätigkeit.

Die Negativitätsbestimmungsbewegung der Subjektivität ist als positives Moment des Absoluten zu begreifen und nicht äußerlich von ihm abzuhalten;[31] weil sonst dessen Ganzheitscharakter verfehlt wäre: Eine Ganzheit des Absoluten, die sich gegenüber und äußerlich die Negativität abhalten würde und nur reine Position wäre, ist abstrakt und einseitig, also gerade nicht wirkliche Ganzheit, denn es gäbe dann etwas, was sie nicht selbst ist. Gerade durch dieses Abhalten der Negativität wäre das Absolute abstrakt negativ und nicht konkret negativ, denn es hielte die Negativität von sich (äußerlich-einseitig) ab. Ein rein positives Absolutes läßt sich also auch nicht vermittels der Trennungen (des endlich-einseitigen Verstandes) konsistent denken. Das Absolute zeichnet sich durch immanent-konkrete Negativität aus:

> „Die betrachtete Negativität macht nun den Wendungspunkt der Bewegung des Begriffes aus. Sie ist der einfache Punkt der negativen Beziehung auf sich, der innerste Quell aller Tätigkeit, lebendiger und geistiger Selbstbewegung, die dialektische Seele, die alles Wahre an ihm selbst hat, durch die es allein Wahres ist; denn auf dieser Subjektivität allein ruht das Aufheben des Gegensatzes zwischen Begriff und Realität und die Einheit, welche die Wahrheit ist.“[32]

Die Wahrheit ist die Aufhebung und Überwindung des Gegensatzes zwischen der Realität und dem eigentlichen, idealtypischen Wassein, dem Begriff. Die Entsprechung bzw. spekulative Adäquation, die in der Wahrheit

---

[31] Vgl. hierzu D. Henrich, 1976, 208–230; Henrich hat seine „Rekonstruktion“ der Negation weiterentwickelt in: ders., 1989, 213–229. Henrichs Deutung, daß Hegel mit der Negation und der „autonomen Negation“ eine immer wieder wiederholte Grundoperation konzipiere, kritisiert zu Recht R. Bubner, 1989, 121 f.

[32] G. W. F. Hegel, *Wissenschaft der Logik. Lehre vom Begriff*, in: *HW* Bd. 6, 563.

als Einheit von Begriff und Realität besteht, ist also eine selbstbezügliche Tätigkeit, nämlich die Aufhebungsbewegung der dialektischen Bedeutungsverschmelzung zweier einander auch ausschließender Bedeutungsaspekte einer umfassenderen Bedeutung. Bedeutungsverschmelzung meint hinsichtlich einer jeweiligen Bestimmung die in der Aufdeckung eines Widerspruchs gelegene und mitaufgedeckte Einheit voneinander verschiedener Bedeutungselemente. – Z.B. ist das Positive selbst auch negativ, weil es das Negative von sich ausschließt und weil es nur durch diesen Ausschluß positiv mit sich selbst identisch ist; weshalb der negierende Ausschluß wesentlich zum Positiven selbst gehört. Umgekehrt ist auch das Negative positiv, denn das Negative ist das Negative, sofern es mit sich selbst positiv identisch ist, sonst wäre das Negative gar nicht sinnvoll denkbar. Somit implizieren sich Positives und Negatives wechselseitig und immanent. Beide Bestimmungen sind prinzipiell nicht voneinander trennbar, sie bilden eine Einheit; den sich selbst setzenden Widerspruch, der in die Einheit des Grundes zurückgeht.[33] –

Die Entsprechung von Begriff und Realität, Subjekt und Objekt als tätige Selbstsetzung verwirklicht in logischer Hinsicht nach Hegel die Idee auf höchste Weise; sie ist daher Wahrheit im emphatischen Sinn: „Die Idee ist der adäquate Begriff, das objektive Wahre oder das Wahre als solches. Wenn irgend etwas Wahrheit hat, hat es sie durch seine Idee, oder etwas hat nur Wahrheit, insofern es Idee ist."[34] Trotz aller Emphase Hegels an dieser Stelle ist doch zugleich auch mitzuberücksichtigen, daß die reine Idee als Einheit von Subjekt und Objekt nur die logische Struktur der Wahrheit bildet; es bedarf noch deren konkreterer Verwirklichung. Die konkrete Verwirklichung der Idee als Subjekt-Objekt-Einheit wird in den Teilen der Realphilosophie, d. i. in der Naturphilosophie und in der Philosophie des Geistes als das Sich-Entäußern der Idee dargestellt. Die systematische Entfaltung ist der Idee als der Wahrheit notwendig, denn ohne Natur und konkreten Geist bliebe sie unerfüllt.

„Die wahre Gestalt, in welcher die Wahrheit existiert, kann allein das wissenschaftliche System derselben sein."[35] Die Existenz der absoluten selbstvermittelnden Subjektivität ist also das System der Wissenschaft. Damit sind das Wissen und die Wissenschaft kein dem Absoluten äußerliches Ereignis, das die Menschen veranstalten und das sie auch bleiben lassen könnten. Die Wissenschaftsphilosophie findet im Systemdenken Hegels eine Vollendung und höchste Aufgabe, sofern die Wahrheit nur in der systematisch durchgeführten Wissenschaft ihre Existenzverwirklichung hat.

---

[33] Vgl. hierzu G. W. F. Hegel, *Wissenschaft der Logik. Lehre vom Wesen*, in: *HW* Bd. 6, 55 ff.; vgl. hierzu erhellend und besonders intensiv argumentierend C. Iber, 1990, 239 ff.

[34] G. W. F. Hegel, *Wissenschaft der Logik. Lehre vom Begriff*, in: *HW* Bd. 6, 462; vgl. hierzu L. de Vos, 1996, 179–205 und R. Schäfer, 2001, 219 ff.

[35] G. W. F. Hegel, *Phänomenologie des Geistes*, in: *HW* Bd. 3, 14.

Die Existenzverwirklichung ist dem Absoluten – wie gesehen – wesentlich. Daher ist die Wissenschaft der Wahrheit als notwendiges Medium ihrer Erscheinung wesentlich. Ähnlich wie Fichte mit der Wissenschaftslehre, so will auch Hegel daran mitarbeiten, „daß die Philosophie der Wissenschaft näher komme, – dem Ziele, ihren Namen der Liebe zum Wissen ablegen zu können und wirkliches Wissen zu sein".[36]

Das System ist nicht nur eine äußerliche Darstellung der Wahrheit, sondern es ist das Selbstbewußtsein der dialektischen Denkbewegung der Wahrheit:

> „Die reine Wissenschaft setzt somit die Befreiung von dem Gegensatze des Bewußtseins voraus. Sie enthält den Gedanken, insofern er ebensosehr die Sache an sich selbst ist, oder die Sache an sich selbst, insofern sie ebensosehr der reine Gedanke ist. Als Wissenschaft ist die Wahrheit das reine sich entwickelnde Selbstbewußtsein und hat die Gestalt des Selbsts, daß das an und für sich Seiende gewußter Begriff, der Begriff als solcher aber das an und für sich Seiende ist. Dieses objektive Denken ist denn der Inhalt der reinen Wissenschaft. Sie ist daher so wenig formell, sie entbehrt so wenig der Materie zu einer wirklichen und wahren Erkenntnis, daß ihr Inhalt vielmehr allein das absolute Wahre oder, wenn man sich noch des Worts Materie bedienen wollte, die wahrhafte Materie ist – eine Materie aber, der die Form nicht ein Äußerliches ist, da diese Materie vielmehr der reine Gedanke, somit die absolute Form selbst ist. Die Logik ist sonach als das System der reinen Vernunft, als das Reich des reinen Gedankens zu fassen. Dieses Reich ist die Wahrheit, wie sie ohne Hülle an und für sich selbst ist. Man kann sich deswegen ausdrücken, daß dieser Inhalt die Darstellung Gottes ist, wie er in seinem ewigen Wesen vor der Erschaffung der Natur und eines endlichen Geistes ist."[37]

Literaturverzeichnis

Primärliteratur

Fichte, Johann Gottlieb, *Grundlage der gesamten Wissenschaftslehre*, in: *Werke*, hrsg. von I. H. Fichte, Berlin 1971, Bd. 1, 83–328.

Fichte, Johann Gottlieb, *Ueber Belebung und Erhöhung des reinen Interesses für Wahrheit*, in: *Werke*, Bd. 8, 342–352.

Fichte, Johann Gottlieb, *Wissenschaftslehre nova methodo* (1798/99). *Nachschrift Krause*, hrsg. von E. Fuchs, Hamburg 1994.

Hegel, Georg Wilhelm Friedrich, *Phänomenologie des Geistes*, in: *Werke*, hrsg. von E. Moldenhauer und K. M. Michel (Theorie-Werkausgabe in 20 Bänden), Frankfurt am Main 1971, Bd. 3.

Hegel, Georg Wilhelm Friedrich, *Wissenschaft der Logik*, in: *Werke*, Bde. 5 u. 6.

Hegel, Georg Wilhelm Friedrich, *Enzyklopädie der philosophischen Wissenschaften im Grundrisse* (1830), in: *Werke*, Bde. 8–10.

---

[36] G. W. F. Hegel, *Phänomenologie des Geistes*, in: *HW* Bd. 3, 14.
[37] G. W. F. Hegel, *Wissenschaft der Logik. Lehre vom Sein*, in: *HW* Bd. 5, 43f.

Kant, Immanuel, *Kritik der reinen Vernunft*, B-Auflage, hrsg. von R. Schmidt, Hamburg 1956.
Schelling, Friedrich Wilhelm Joseph, *System des transzendentalen Idealismus*, hrsg. von W. Schulz, Hamburg 1992.

Sekundärliteratur

Aschenberg, Reinhold, 1976, *Der Wahrheitsbegriff in Hegels „Phänomenologie des Geistes"*, in: *Die ontologische Option*, hrsg. von K. Hartmann, Berlin, 211–312.
Bubner, Rüdiger, 1989, *Die „Sache selbst" in Hegels System*, in: *Seminar: Dialektik in der Philosophie Hegels*, hrsg. von R.-P. Horstmann, Frankfurt am Main, 101–123.
Claesges, Ulrich, 1981, *Darstellung des erscheinenden Wissens*, Bonn.
Hanewald, Christian, 2001, *Apperzeption und Einbildungskraft. Die Auseinandersetzung mit der theoretischen Philosophie Kants in Fichtes früher Wissenschaftslehre*, Berlin / New York.
Heidegger, Martin, 1963, „Hegels Begriff der Erfahrung", in: ders., *Holzwege*, Frankfurt am Main, 105–192.
Heimsoeth, Heinz, 1923, *Fichte*, München.
Henrich, Dieter, 1976, *Hegels Grundoperation*, in: *Der Idealismus und seine Gegenwart* (FS Werner Marx), hrsg. von W. Guzzoni, Hamburg, 208–230.
Henrich, Dieter, 1989, *Formen der Negation in Hegels Logik*, in: *Seminar: Dialektik in der Philosophie Hegels*, hrsg. von R.-P. Horstmann, Frankfurt am Main, 213–229.
Iber, Christian, 1990, *Metaphysik absoluter Relationalität. Eine Studie zu den beiden ersten Kapiteln von Hegels Wesenslogik*, Berlin / New York.
Janke, Wolfgang, 1970, *Fichte. Sein und Reflexion – Grundlagen der kritischen Vernunft*, Berlin.
Janke, Wolfgang, 1999, „Der Grund aller Wahrheit. Über zwei Bemerkungen Fichtes zur Logik und Wissenschaftslehrte als Wahrheitsbegründungen", *Fichte-Studien*, 15, 17–30.
Lugarini, Luigi, 1978, „Die Bedeutung des Ganzen in der Hegelschen Logik", *Hegel-Studien*, Beiheft 18, 19–36.
Marx, Werner, 1971, *Hegels Phänomenologie des Geistes. Die Bestimmung ihrer Idee in „Vorrede" und „Einleitung"*, Frankfurt am Main.
Schäfer, Rainer, 2001, *Die Dialektik und ihre besonderen Formen in Hegels Logik*, Hamburg.
Schäfer, Rainer, 2002, „Hegels Ideenlehre und die dialektische Methode", in: *G. W. F. Hegel, Wissenschaft der Logik, Klassiker Auslegen* Bd. 27, hrsg. von A. F. Koch und F. Schick, Berlin, 243–264.
Theunissen, Michael, 1989, *Begriff und Realität. Hegels Aufhebung des metaphysischen Wahrheitsbegriffs*, in: *Seminar: Dialektik in der Philosophie Hegels*, hrsg. von Rolf-Peter Horstmann, Frankfurt am Main, 324–359.
Tugendhat, Ernst, 1970, *Der Wahrheitsbegriff bei Husserl und Heidegger*, Berlin.
Vos, Lu de, 1996, *Absolute Wahrheit? Zu Hegels spekulativem Wahrheitsverständnis*, in: *Skeptizismus und spekulatives Denken in der Philosophie Hegels*, hrsg. von H. F. Fulda / R.-P. Horstmann, Stuttgart, 179–205.
Zimmermann, Bruno, 1969, *Freiheit und Reflexion. Untersuchungen zum Problem des Anfangs des Philosophierens bei Joh. G. Fichte*, Diss. Köln.

Das Wahrheitsproblem im Historismus: Droysen und Dilthey

Hans-Ulrich Lessing (Bochum)

Am Anfang der systematisch angelegten Reflexion auf die Grundlagen, Methoden und Ziele der modernen geschichtswissenschaftlichen Forschung steht Johann Gustav Droysen (1808–1884). Mit seinen später berühmt gewordenen, postum veröffentlichten Vorlesungen über die Theorie der Geschichtswissenschaft[1] unternimmt der insbesondere durch seine Arbeiten zum Hellenismus und zur preußischen Geschichte hervorgetretene Historiker den ersten Versuch einer erkenntnistheoretisch-methodologischen Begründung der Historie als empirische Wissenschaft.

Mit diesem Kolleg wird Droysen nicht nur als bedeutender Theoretiker der Geschichtswissenschaft, sondern auch als entscheidener Vorläufer und Wegbereiter Wilhelm Diltheys (1833–1911) sichtbar, dessen philosophisches Lebenswerk dem Versuch gewidmet ist, die Geisteswissenschaften, die er als Wissenschaften der gesellschaftlich-geschichtlichen Wirklichkeit begriff, philosophisch zu begründen.

Gemeinsam ist Droysen und Dilthey neben ihrem Widerstand gegen positivistisches und spekulatives Denken vor allem die Einsicht in die Geschichtlichkeit des Menschen und seiner Werke, und dieses radikale Bewußtsein der Historizität bildet auch die Basis ihrer gleichgerichteten Bemühungen, die erkenntnistheoretischen und methodischen Grundlagen der Geschichtswissenschaft bzw. der Geisteswissenschaften im allgemeinen zu klären und ihren eigenständigen Status und ihre Unabhängigkeit von den Naturwissenschaften zu erweisen. Dabei zeigt sich allerdings, daß ihre Beschäftigung mit dem Wahrheitsproblem in ganz unterschiedliche Richungen geht.

1. Der Begriff einer „historischen Wahrheit" bei Droysen und Humboldt

Droysens *Historik* ist der umfassend vorgetragene Versuch einer „systematische[n] Darstellung des Gebietes und der Methode" der Geschichtswissenschaft.[2] Sie soll „das *Organon* für unsere Wissenschaft"[3] sein, „gleichsam

---

[1] Johann Gustav Droysen, *Historik. Rekonstruktion der ersten vollständigen Fassung der Vorlesungen* (1857), *Grundriß der Historik in der ersten handschriftlichen* (1857/58) *und in der letzten gedruckten Fassung* (1882), hrsg. von P. Leyh, Stuttgart-Bad Cannstatt 1977.

[2] Johann Gustav Droysen, *Historik*, 3.

[3] Johann Gustav Droysen, *Historik*, 44; vgl. auch 399 und 425.

die Wissenschaftslehre der Geschichte nach dem Fichteschen Ausdruck".
Aus dieser Bestimmung ergibt sich die genauere Aufgabenstellung der Hi-
storik-Vorlesung: sie hat eine Selbstreflexion, Aufklärung und Rechtfertigung der praktischen Arbeit des Historikers zu leisten.

Ein erster wichtiger Punkt dieser Selbstaufklärung der Geschichtswissenschaft betrifft den Charakter, das „Wesen" der Geschichtsforschung
selbst. Die Geschichtsforschung ist nach Droysen in erster Hinsicht empirische Wissenschaft; sie steht selbständig neben der anderen Form empirischen Wissens, der Naturwissenschaft. Ihre Aufgabe ist die „Erforschung
und Erkenntnis" der Menschenwelt. Und diese Menschenwelt ist „durch
und durch geschichtlicher Natur", was ihren spezifischen Unterschied von
der natürlichen Welt ausmacht.[4] Dieser besondere, wie Droysen sagt,
„morphologische", d. h. individuelle Charakter der von der Geschichtswissenschaft behandelten Objekte erfordert die „Notwendigkeit einer besonderen Methode für unsere Wissenschaft",[5] und diese besondere Methode ist
das Verstehen. Das Wesen der geschichtlichen Methode ist es daher, wie
Droysen definiert, *„forschend zu verstehen*, ist die Interpretation".[6]

Dieser hermeneutische Grundzug der Historie wird nun auch für die Bestimmung des Begriffs von historischer Wahrheit wichtig, dem in Droysens
Grundlegung der Geschichtswissenschaft eine besondere Bedeutung zukommt.

Wenn die Geschichte sich als eine Wissenschaft begreift, so verfährt sie
„in der Voraussetzung, daß das, was sie sucht, wahr sei, denn jede Wissenschaft, die empirischen so gut wie die spekulativen, sucht Wahrheit".[7] Ganz
in Übereinstimmung mit der korrespondenztheoretischen Tradition erläutert Droysen den geltenden und auch für seine weiteren Überlegungen
maßgeblichen Wahrheitsbegriff: „Der Begriff *wahr* hat immer ein Doppel-
tes in sich: *Wahr* heißt uns ein Sein, auf das sich unser Denken richtet, wenn
es mit dem *Gedanken* übereinstimmt, und *wahr* heißt uns der Gedanke,
welcher ein Sein faßt und darstellt, wie es ist. Kein wahres Sein, das nicht
von dem Denken erkannt werden kann und mit dem Gedanken übereinstimmt. Kein wahrer Gedanke, der nicht den Gegenstand in seinem Wesen
erfaßt und ausspricht. Die Wahrheit des Seins hat an dem Gedanken, die
Wahrheit des Gedankens an dem Sein ihre Kontrolle."[8]

Entscheidend für Droysens Bestimmung eines historischen Wahrheitsbegriffs wird die Entgegensetzung von Richtigkeit und Wahrheit. Historische Einzelheiten können richtig erfaßt werden, Wahrheit kommt aber
nur der Erkenntnis einer Totalität oder Idee zu. Das heißt mit anderen Wor-

---

[4] Johann Gustav Droysen, *Historik*, 15.
[5] Johann Gustav Droysen, *Historik*, 17; vgl. auch 20f.
[6] Johann Gustav Droysen, *Historik*, 22.
[7] Johann Gustav Droysen, *Historik*, 5.
[8] Johann Gustav Droysen, *Historik*, 5f.; vgl. auch 435.

ten, die Wahrheit eines Sachzusammenhangs übersteigt die bloße Fakten-
richtigkeit. Diesen Gedanken begründet Droysen unter Hinweis auf die
historische Praxis, indem er aufzeigt, daß das Verstehen „zunächst auf einzelnes gewandt" ist. Aber dies einzelne ist immer „Ausdruck einer Totalität",
die wir uns an diesem einzelnen „wie in einem Beispiel" zum Verständnis
bringen können. Wir verstehen – so Droysen – diese Totalität, die hinter
dem einzelnen Faktum steht und dieses konstituiert bzw. trägt, „in dem
Maß, als wir aus diesen peripherischen Einzelheiten den bestimmenden Mittelpunkt der Totalität zu gewinnen vermögen". Denn „als Einzelheiten
könnten wir sie nur in ihrer Richtigkeit erfassen; zur Totalität fortschreitend
finden wir ihre Wahrheit".[9]

Droysen begreift das Verstehen insofern konsequent als „ein Denken aus
dem Besonderen, ein Zurückschließen auf das im Besonderen ausgedrückte
Allgemeine, auf das im Morphologischen ausgeprägte Geistige",[10] und das
Wesentliche des historischen Denkens liegt nicht bloß darin, „daß man die
ihm vorliegenden Objekte kritisch reinigt und interpretierend versteht, sondern daß man das so Verstandene, d. h. die bestimmende Kraft, den Willen,
den Geist, die Idee sich vergegenwärtigt und durchdringt, daß man aus den
Richtigkeiten zur Wahrheit gelange".[11] Wahrheit ist somit die verstehende
Erfassung des den jeweiligen Ausdrücken Zugrundliegenden; Wahrheit
wird somit zu einem hermeneutischen Begriff.[12]

Das Ziel des historischen Denkens muß es also nach Droysen sein, zur
„historischen Wahrheit" zu gelangen. Dieser Weg führt, wie er immer wieder betont, „aus den Richtigkeiten zur Wahrheit". Die historische Wahrheit, die aus einer „Sammlung von Kenntnissen" erst Wissenschaft macht
und einer „tote[n] Masse historischer Gelehrsamkeit" Leben einhaucht, ist
die „Zurückführung auf den höheren Zusammenhang, in dem das Besondere wurde, für den und durch den es wurde".[13] In der ersten vollständigen
handschriftlichen Fassung vom Grundriß der Historik heißt es daher knapp
und prägnant: „Historisch denken heißt in den Wirklichkeiten ihre Wahrheit sehen."[14]

Der Fortgang von der einzelnen Richtigkeit zur (historischen) Wahrheit
kann auch über diese selbst noch hinausführen, indem sie in Richtung auf
umfassendere Wahrheiten transzendiert wird.[15]

Daß die (historische) Wahrheit keine realistische Abspiegelung eines
Objekts oder einer historischen Gestalt ist, sondern die – wie man sagen

---

[9] Johann Gustav Droysen, Historik, 28.
[10] Johann Gustav Droysen, Historik, 57.
[11] Johann Gustav Droysen, Historik, 59f.
[12] Vgl. H. Schnädelbach, 1974, 112.
[13] Johann Gustav Droysen, Historik, 60.
[14] Johann Gustav Droysen, Historik, 399; vgl. auch 425.
[15] Vgl. Johann Gustav Droysen, Historik, 61.

könnte – treffende Erfassung eines Wesenskern bzw. einer ideellen Einheit oder einer geistigen Mitte, wird auch an einer beiläufig gemachten Bemerkung klar, wo Droysen die photographische Ähnlichkeit als die „allerelendeste" bezeichnet, die zwar „richtig, aber nicht wahr" sei.[16]

Für die konkrete historische Forschungsarbeit bedeutet dieser spezifische Begriff einer historischen Wahrheit die Forderung, den hinter einer historischen Figur wie etwa Napoleon oder Luther stehenden *einen*, neuen Gedanken zu fassen, der ihre geschichtliche Bedeutung und Wirksamkeit ausmacht.[17]

Damit kann Droysen auch sagen, daß der durch die Interpretation herausgestellte Gedanke „die Wahrheit dieses Tatbestandes [ist]; und dieser Tatbestand ist die Wirklichkeit, die Erscheinungsform dieses Gedankens". Denn „in diesem Gedanken verstehen wir den Tatbestand und aus diesem Tatbestand verstehen wir den Gedanken".[18] Die historische Wahrheit ist also „der Gedanke, in dem sich die Tatsächlichkeiten als mit Recht zusammengefaßt, die Personen als bestimmt oder bestimmend zeigen und gleichsam rechtfertigen".[19]

Die so vollzogene Bestimmung der historischen Wahrheit impliziert notwendigerweise auch die Abweisung des Rufs nach Objektivität in der Geschichtsforschung. Da die Geschichtswissenschaft auf der interpretierenden Erschließung, der deutenden Zusammenschau von Fakten beruht, verbietet sich nach Droysen eine solche, in seinen Augen widersinnige, Forderung, denn „wirklich objektiv ist nur das Gedankenlose". Diejenigen, die vom Historiker verlangen, sich ganz zurückzunehmen, nur die Tatsachen selbst sprechen zu lassen, übersehen,

> „daß die Tatsachen überhaupt nicht sprechen außer durch den Mund dessen, der sie aufgefaßt und verstanden hat, daß die Tatsachen gar nicht als solche vorliegen, sondern entweder in Überresten, in denen *wir* sie als die bewirkenden Ursachen wiedererkennen, oder in der von Erinnerungen [...], die ja schon die subjektiven Momente, die man dem Historiker verbietet, in hohem Maße an sich tragen".[20]

Mit scharfen Worten attackiert Droysen daher jene „Art von eunuchischer Objektivität", die von manchen Vertretern der historischen Zunft zum Maßstab geschichtlicher Forschung erhoben werde:

> „Ich will nicht mehr, aber auch nicht weniger zu haben scheinen als die relative Wahrheit *meines* Standpunktes, wie mein Vaterland, meine religiöse, meine politische Überzeugung, meine Zeit mir zu haben gestattet. Der Historiker muß

---

[16] Johann Gustav Droysen, *Historik*, 87.
[17] Vgl. Johann Gustav Droysen, *Historik*, 208 f.
[18] Johann Gustav Droysen, *Historik*, 215.
[19] Johann Gustav Droysen, *Historik*, 230.
[20] Johann Gustav Droysen, *Historik*, 218.

den Mut haben, solche Beschränkungen zu bekennen, denn das Beschränkte und Besondere ist mehr und reicher als das Allgemeine. Die objektive Unparteilichkeit [...] ist unmenschlich. Mensch ist es vielmehr, parteilich zu sein."[21]

Das bedeutet nun aber natürlich nicht, daß historische Forschung zum Spielball subjektiver Willkür werden soll. Es bedeutet vielmehr, daß in der geschichtlichen Darstellung, die die Historiker von bestimmten Geschehnissen geben, nicht der „reale Verlauf" dieser Geschehnisse unmittelbar greifbar wird, sondern vielmehr ein „geistiges Gegenbild desselben, bedingt und gesammelt in dem Gedanken, den uns unsere Forschung ergeben hat".[22] Und das heißt andererseits auch, daß die erkannte historische Wahrheit „nur relativ die Wahrheit [ist]; es ist die Wahrheit, wie sie der Erzähler sieht, es ist die Wahrheit von seinem Standpunkt, seiner Einsicht, seiner Bildungsstufe aus; in einer verwandelten Zeit wird sie, kann sie anders erscheinen".[23] Mit seiner Unterscheidung von Richtigkeit und Wahrheit schließt sich Droysen eng an den von ihm sehr verehrten Wilhelm von Humboldt an, den er zum eigentlichen Begründer einer Historik erklärt.[24]

Humboldt hatte in seiner Akademieabhandlung *Über die Aufgabe des Geschichtschreibers* (1822),[25] wie er in einem Brief an Welcker (7. 5. 1821) schrieb, „zu entwickeln gesucht, wie es eigentlich keine historische Wahrheit in Erzählung weder einer einzelnen Thatsache, noch eines Zusammenhanges von Begebenheiten giebt, wenn man nicht bis zu der unsichtbaren Idee hinabsteigt, die sich in jedem Geschehenen offenbart".[26] Die Tatsachen der Geschichte sind nach Humboldt die „nackte[...] Absonderung des wirklich Geschehenen", durch die „noch kaum das Gerippe der Begebenheiten" zu gewinnen ist.[27] Das, was man durch diese erhält, ist allein die „nothwendige Grundlage der Geschichte, der Stoff zu derselben, aber nicht die Geschichte selbst", denn die „eigentliche, innere, in dem ursachlichen Zusammenhang gegründete Wahrheit" der Geschichte ist die Leistung des Historikers: „Die Wahrheit alles Geschehens beruht auf dem Hinzukommen jenes [...] unsichtbaren Theils jeder Thatsache, und diesen muß daher der Geschichtschreiber hinzufügen."[28] Die historische Arbeit ist folglich eine schöpferische Arbeit; sie besteht nach Humboldt darin, die gesammel-

---

21 Johann Gustav Droysen, *Historik*, 236.

22 Johann Gustav Droysen, *Historik*, 238.

23 Johann Gustav Droysen, *Historik*, 230 f.; vgl. auch 234 und 283.

24 Vgl. Johann Gustav Droysen, *Historik*, 52 f.; vgl. auch 399, 419 und 425.

25 Wilhelm von Humboldt, *Über die Aufgabe des Geschichtschreibers*, in: *Werke in fünf Bänden*, Bd. I: *Schriften zur Anthropologie und Geschichte*, hrsg. von A. Flitner und K. Giel, Darmstadt 1960, 3. Aufl. 1980, 585–606.

26 In: Wilhelm von Humboldt, *Werke in fünf Bänden*, Bd. V: *Kleine Schriften, Autobiographisches, Dichtungen, Briefe, Kommentare und Anmerkungen zu Band I–V*, hrsg. von A. Flitner und K. Giel, Darmstadt 1981, 362.

27 Wilhelm von Humboldt, *Über die Aufgabe des Geschichtschreibers*, 586.

28 Wilhelm von Humboldt, *Über die Aufgabe des Geschichtschreibers*, 586.

ten historischen Einzelheiten mit der Hilfe von „Ideen" zu einem sinnhaften Ganzen zu verarbeiten, womit die Leistung des Historikers eine Nähe und Verwandtschaft zum dichterischen Schaffen aufweist. Die historische Wahrheit ist in Humboldts Konzeption keine bloß empirische oder Tatsachenwahrheit mehr, sondern begreift diese vielmehr in sich. Die Geschichtserkenntnis offenbart sich damit als eine Verbindung von Tatsachenerkenntnis und Ideenerkenntnis, und erst durch die Kooperation dieser beiden Erkenntnisarten wird historische Wahrheit produziert.

2. Das Wahrheitsproblem in Diltheys Philosophie der Geisteswissenschaften

Anders als Droysen widmet Wilhelm Dilthey trotz einer deutlichen wissenschaftsphilosophischen und methodologischen Nähe zur geschichtstheoretischen Zielrichtung des Älteren überraschenderweise dem Wahrheitsproblem in seinem Grundlegungsprojekt der Geisteswissenschaften kaum unmittelbare Aufmerksamkeit. So spielt in Diltheys philosophischem Hauptwerk, dem ersten Band der *Einleitung in die Geisteswissenschaften* (1883), das Problem der Wahrheit keine entscheidende systematische Rolle.[29] Das zweite Buch der *Einleitung*, „Metaphysik als Grundlage der Geisteswissenschaften. Ihre Herrschaft und ihr Verfall", bietet als Vorbereitung der eigentlichen systematischen Grundlegung, die Diltheys Planung zufolge in den Büchern vier bis sechs des zweiten, allerdings nie fertiggestellten, Bandes der *Einleitung* erfolgen sollte, eine breit angelegte Darstellung der Geschichte der metaphysischen Begründung der Geisteswissenschaften von ihren griechischen Anfängen bis zur frühen Neuzeit. Das Ziel dieses Buches ist der historische und systematische Nachweis, daß eine metaphysische Begründung der Geisteswissenschaften nicht (mehr) möglich ist und von einer erkenntnistheoretischen Grundlegung abgelöst werden muß. Der Wahrheitsproblematik der systematischen und historischen Geisteswissenschaften kommt demzufolge in diesem Zusammenhang keine besondere Bedeutung zu.

Aber auch das erste einleitende, systematisch ausgerichtete Buch dieses Bandes, „Übersicht über den Zusammenhang der Einzelwissenschaften des Geistes, in welcher die Notwendigkeit einer grundlegenden Wissenschaft dargetan wird", skizziert zwar Intention, Umfang und Struktur der zu entwickelnden philosophischen Grundlegung der Geisteswissenschaften, erläutert ihre Genese, ihre Erkenntnisaufgabe, ihren Gegenstandsbereich und umreißt die Logik und das System der Geisteswissenschaften,

---

[29] Wilhelm Dilthey, *Einleitung in die Geisteswissenschaften. Versuch einer Grundlegung für das Studium der Gesellschaft und der Geschichte*, in: *Gesammelte Schriften* (im folgenden wird diese Ausgabe zitiert als *GS*), Bd. I, hrsg. von B. Groethuysen, Leipzig / Berlin 1922.

aber auch hier bleibt die Wahrheitsproblematik erstaunlicherweise völlig unberücksichtigt.

Der Begriff *Wahrheit* wird in diesem Zusammenhang, aber auch in anderen Texten,[30] von Dilthey primär als Synonym für wissenschaftliche Erkenntnisse bzw. Theorien benutzt. So bilden die „Wahrheiten" der Psychologie als der „erste[n] und elementarste[n] unter den Einzelwissenschaften des Geistes" die „Grundlage des weiteren Aufbaues" der Geisteswissenschaften.[31] Da aber die komplexe gesellschaftlich-geschichtliche Wirklichkeit – wie Dilthey plausibel zu machen sucht – nie als Ganze wissenschaftlich untersucht werden kann, sondern immer nur „Teilinhalte", die durch die „Kunstgriffe des Denkens", d. h. Analysis und Abstraktion,[32] aus der Gesamtwirklichkeit herausgelöst werden, erforscht werden können, so enthalten die „Wahrheiten" der Psychologie „nur einen aus dieser Wirklichkeit ausgelösten Teilinhalt und haben daher die Beziehung auf diese zur Voraussetzung".[33] Die Wahrheiten der einzelnen Geisteswissenschaften, deren hierarchischen Aufbau Dilthey im ersten Buch der *Einleitung* entwirft, besitzen daher nach seiner Theorie nur eine relative Gültigkeit.[34]

Dementsprechend bezeichnet Dilthey die Erkenntnisse der von ihm so genannten „Wissenschaften der Kultursysteme" (Wirtschaft, Recht, Religion, Kunst und Wissenschaft) im System der Geisteswissenschaften im Verhältnis zu den Resultaten der psychologischen Grundwissenschaft als „Wahrheiten zweiter Ordnung". Denn – so lautet Diltheys wissenschaftsphilosophische Grundthese – „die Tatsachen, welche die Systeme der Kultur bilden, können nur vermittels der Tatsachen, welche die psychologische Analyse erkennt, studiert werden".[35]

Die erkenntnistheoretische und auch methodologisch zentrale Frage nach den Bedingungen der Möglichkeit wahrer Sätze über die gesellschaftlich-geschichtliche Wirklichkeit wird von Dilthey weder im Kontext des ersten Bandes der *Einleitung* in expliziter Weise aufgeworfen oder gar behandelt noch in den Materialien, die Dilthey für den geplanten systematischen Teil des zweiten Bandes der *Einleitung in die Geisteswissenschaften* ausgearbeitet hatte und deren wichtigste im Band XIX der *Gesammelten Schriften* zusammengestellt sind. Auch in diesen Nachlaßtexten zum vierten, fünften

---

[30] Vgl. etwa Wilhelm Dilthey, *Ideen über eine beschreibende und zergliedernde Psychologie* (1894), in: *GS*, Bd. V: *Die geistige Welt. Einleitung in die Philosophie des Lebens. Erste Hälfte: Abhandlungen zur Grundlegung der Geisteswissenschaften*, hrsg. von G. Misch, Leipzig / Berlin 1924, 44 und 52; sowie W. Dilthey, *GS*, Bd. VII: *Der Aufbau der geschichtlichen Welt in den Geisteswissenschaften*, hrsg. von B. Groethuysen, Leipzig / Berlin 1927, 275.

[31] Wilhelm Dilthey, *GS*, Bd. I, 33.

[32] Wilhelm Dilthey, *GS*, Bd. I, 27.

[33] Wilhelm Dilthey, *GS*, Bd. I, 33.

[34] Vgl. Wilhelm Dilthey, *GS*, Bd. I, 28.

[35] Wilhelm Dilthey, *GS*, Bd. I, 46.

und sechsten Buch der *Einleitung* bleibt das Wahrheitsproblem ausgespart. Selbst in den zahlreichen Gliederungsentwürfen und Dispositionsskizzen zu den geplanten, aber nie vollständig ausgearbeiteten systematischen Büchern des zweiten Bandes findet sich kein Stichwort bzw. kein Titel zur Wahrheitsproblematik: Dilthey, so muß zunächst festgehalten werden, hatte offenbar nicht die Absicht, im Zusammenhang seiner Grundlegung der Geisteswissenschaften explizit die philosophische Frage nach dem Wesen von Wahrheit zu stellen und zu erörtern. Sein Wahrheitsbegriff ist ein – wenn man so sagen darf – entschieden unemphatischer; Wahrheit ist für Dilthey die richtige, d.h. zutreffende Erkenntnis der Wirklichkeit. Eine Unterscheidung von Wahrheit und Richtigkeit, wie sie Droysen in das Zentrum seiner geschichtstheoretischen Überlegungen gestellt hatte, findet sich bei ihm nicht, und Dilthey entwickelt ebensowenig, wie später etwa Gadamer, einen spezifisch geisteswissenschaftlichen Wahrheitsbegriff. Seine Theorie der Geisteswissenschaften stützt sich, insbesondere in ihrer späteren Fassung, vielmehr – z.T. im Anschluß an Husserl – auf eine allerdings weitgehend unproblematisierte Evidenztheorie der Wahrheit.[36]

Wenn Dilthey auch nicht explizit das Wahrheitsproblem erörtert, so hält ihn die Frage, wie ein objektives Wissen von der geistigen Wirklichkeit möglich ist, gleichwohl anhaltend in Atem. Sein gesamtes philosophisches Lebenswerk ist letztlich diesem einen Problem gewidmet, das er auch als das einer „Kritik der historischen Vernunft" bezeichnet hat.[37]

Zur Lösung dieser Erkenntnisproblematik entwirft der späte Dilthey auf der Grundlage seiner früheren erkenntnistheoretischen Überlegungen eine philosophische Grundtheorie, eine „Theorie des Wissens", die deutlich macht, warum für Dilthey das Wahrheitsproblem kein wirkliches Zentralproblem seiner Philosophie der Geisteswissenschaften ist.

Die Basis dieser grundlegenden philosophischen Theorie des Wissens[38] ist die Unterscheidung zwischen der Erfahrung der äußeren Welt, auf der die Naturwissenschaften basieren, und derjenigen der inneren, die die Bedingung der Geisteswissenschaften bildet.

Der Gegenstand des Naturerkennens ist „in den Sinnen gegebene Erscheinung, bloßer Reflex eines Wirklichen in einem Bewußtsein".[39] Diese Einsicht hat Dilthey in seinem „Satz der Phänomenalität", dem „oberste[n] Satz der Philosophie", festgehalten:

---

[36] Vgl. Wilhelm Dilthey, *GS*, Bd. VII, 38.
[37] Wilhelm Dilthey, *GS*, Bd. VII, 191. Zur Aufgabenstellung einer solchen „Kritik" vgl. neben *GS*, Bd. I, xv–xx, und *GS*, Bd. XIX (*Grundlegung der Wissenschaften vom Menschen, der Gesellschaft und der Geschichte. Ausarbeitungen und Entwürfe zum Zweiten Band der Einleitung in die Geisteswissenschaften* [ca. 1870–1895], hrsg. von H. Johach und F. Rodi, Göttingen 1982, 2. Aufl. 1997), 389–392, auch *GS*, Bd. VII, 295f., 304ff. und 310ff.
[38] Wilhelm Dilthey, *GS*, Bd. VII, 7f.
[39] Wilhelm Dilthey, *GS*, Bd. V, 317.

„Alles, was für mich da ist, [steht] unter der allgemeinsten Bedingung, Tatsache meines Bewußtseins zu sein; auch jedes äußere Ding ist mir nur als eine Verbindung von Tatsachen oder Vorgängen des Bewußtseins gegeben; Gegenstand, Ding ist nur für ein Bewußtsein und in einem Bewußtsein da."[40]

Im Unterschied zum bloß „phänomenalen Charakter" der Sinnesgegenstände[41] kommt der Erfahrung des (eigenen) Seelenlebens eine ganz andere Qualität zu: „Im Gegensatz zur äußeren Wahrnehmung beruht die innere Wahrnehmung auf einem Innewerden, einem Erleben, sie ist unmittelbar gegeben."[42] Das heißt, das (innere) Erlebnis ist „als Realität" gegeben.[43] Es bietet insofern einen sicheren Ausgangspunkt für die Erkenntnistheorie[44] und den Aufbau der Erkenntnis der gesellschaftlich-geschichtlichen Wirklichkeit. Während die äußere Welt nur als eine Tatsache des Bewußtseins gegeben ist, kommt der inneren Welt eine unmittelbare, unbezweifelbare, erlebte Wirklichkeit zu.[45]

Bei dieser spezifischen Weise, wie die seelische Wirklichkeit gegeben ist, kann sich hier für Dilthey das Wahrheitsproblem nicht stellen: Was wir erleben, zeigt sich so, wie es ist. Wir erfahren in der inneren Wahrnehmung „hier allein Wirklichkeit in vollem Sinn, von innen gesehen: nicht gesehen sondern erlebt".[46] Im Erleben haben wir „unmittelbare innere Wirklichkeit selber".[47] „Das Erleben ist immer seiner selbst gewiß."[48] Und das bedeutet, „die Gewißheit des Erlebnisses bedarf keiner weiteren Vermittelung, und so kann dasselbe als unmittelbar gewiß bezeichnet werden". Und dies wiederum impliziert die fundamentale wahrheitstheoretische Konsequenz: „Jede Aussage über Erlebtes ist objektiv wahr, wenn sie zur Adäquation mit dem Erlebnis gebracht ist."[49] Die Frage allerdings, wie eine solche Adäquation möglich ist, stellt sich für Dilthey offenbar nicht, da er diesem Problem nicht weiter nachgeht. Daß eine Deskription des seelisch Gegebenen zuverlässig, d.h. richtig vollzogen wird, ist die unbefragte Voraussetzung seiner Konzeption einer beschreibenden Psychologie und auch der erkenntnistheoretischen Grundlegung. Irrtum, d.h. unangemessene Abbildung eines Gegebenen, gibt es offensichtlich für Dilthey nur auf dem Felde der äußeren, sinnlichen Wahrnehmung.

---

[40] Wilhelm Dilthey, *GS*, Bd. V, 90; vgl. auch *GS*, Bd. XIX, 58 ff.
[41] Wilhelm Dilthey, *GS*, Bd. VII, 92; vgl. *GS*, Bd. V, 143 und 362f.
[42] Wilhelm Dilthey, *GS*, Bd. V, 170.
[43] Wilhelm Dilthey, *GS*, Bd. V, 170; vgl. *GS*, Bd. VI, 313.
[44] Vgl. Wilhelm Dilthey, *GS*, Bd. V, 361.
[45] Vgl. Wilhelm Dilthey, *GS*, Bd. V, 363.
[46] Wilhelm Dilthey, *GS*, Bd. V, 11.
[47] Wilhelm Dilthey, *GS*, Bd. V, 317 f.
[48] Wilhelm Dilthey, *GS*, Bd. VII, 26.
[49] Wilhelm Dilthey, *GS*, Bd. VII, 26. Vgl. auch ebd., 27: „Jede Repräsentation bezeichnet etwas Reales, sofern sie richtig vollzogen ist. So wird hier die Realität des Einzelerlebnisses zu objektiv gültigem Wissen in psychologischen Begriffen, Urteilen und Zusammenhängen erhoben."

Die Realität des in innerer Erfahrung Gegebenen, d. h. das unmittelbare Innewerden oder Haben innerer Zustände, wird damit zum festen, unhintergehbaren Ausgangspunkt für die Geisteswissenschaften. Die sichere Basis der Psychologie ist folglich die adäquate Deskription des Erlebten. Die Psychologie, die Dilthey als eine beschreibende und zergliedernde konzipiert,[50] geht von dem im Erlebnis unmittelbar gegebenen Zusammenhang des Seelenlebens aus. Hier gibt es nicht die Notwendigkeit, eine Korrespondenz von Gegebenem und Gedachten zu behaupten oder zu überprüfen. Alle psychologische Einzelerkenntnis ist nach Dilthey „nur *Zergliederung* dieses Zusammenhangs", der täuschungsfrei gegeben ist. Da hier „eine feste Struktur unmittelbar und objektiv gegeben" ist, hat „die Beschreibung auf diesem Gebiete eine zweifellose, allgemeingültige Grundlage".[51] Die subjektive Gewißheit des Erlebens, das ist die Quintessenz der impliziten Wahrheitstheorie Diltheys, verbürgt so die objektive Wahrheit geisteswissenschaftlicher Erkenntnis.[52]

Mit diesem Ansatz glaubt Dilthey der Problematik der korrespondenztheoretischen Auffassung der Wahrheit, die er im Zusammenhang seiner Aristoteles-Darstellung im zweiten Buch des ersten Bandes der *Einleitung* einer scharfen Kritik unterzogen hat, entgehen zu können: „Der *Begriff des Entsprechens*, der Korrespondenz zwischen Wahrnehmung und Denken einerseits, Wirklichkeit und Sein andererseits [...] ist *vollständig dunkel*. Wie ein Gedachtes einem draußen wirklich Existierenden entsprechen könnte, davon kann sich niemand eine Vorstellung machen."[53] Sein Einsatz beim unmittelbar im Erleben Gegebenen unterläuft folglich die Aporie der Korrespondenztheorie und macht zugleich auch seine wahrheitstheoretische Zurückhaltung verständlich: „Das, dessen ich innewerde, ist als Zustand meiner selbst nicht relativ, wie ein äußerer Zustand. Eine Wahrheit des äußeren Gegenstandes als Übereinstimmung des Bildes mit einer Realität besteht nicht, denn diese Realität ist in keinem Bewußtsein gegeben und entzieht sich also der Vergleichung. Wie das Objekt aussieht, wenn niemand es in sein Bewußtsein aufnimmt, kann man nicht wissen wollen. Dagegen ist das, was ich in mir erlebe, als Tatsache des Bewußtseins darum für mich da, weil ich desselben innewerde: Tatsache des Bewußtseins ist nichts anderes als das, dessen ich innewerde."[54] Dasjenige, was ich als Erlebnis habe, ist mir unmittelbar gewiß. Hier gibt es keine Differenz zwischen der Realität und dem in der Erfahrung Gegebenen. Hier muß keine Brücke geschlagen werden von innen nach außen, denn im Fall des Innewerdens exi-

---

[50] Vgl. Wilhelm Dilthey, *Ideen über eine beschreibende und zergliedernde Psychologie* (1894), in: *GS*, Bd. V, 139–237.
[51] Wilhelm Dilthey, *GS*, Bd. V, 173.
[52] Vgl. H. Diwald, 1963, 70.
[53] Wilhelm Dilthey, *GS*, Bd. I, 198.
[54] Wilhelm Dilthey, *GS*, Bd. I, 394.

stiert das Problem des Wissens nicht:[55] „Die Existenz der psychischen Akte und die Kenntnis von ihm sind gar nicht zweierlei, es besteht hier nicht der Unterschied zwischen einem Gegenstande, der erblickt wird, und dem Auge, welches ihn erblickt."[56]

Im Zusammenhang seiner späten Weltanschauungslehre[57] nähert sich Dilthey dem Wahrheitsproblem noch von einer anderen Seite, aber auch ohne hier genauer zu bestimmen, was er unter „Wahrheit" versteht. In diesen Arbeiten zur „Philosophie der Philosophie" postuliert Dilthey die Unmöglichkeit, die eine, absolute Wahrheit zu erkennen. Alle Weltanschauungen, die er auf drei Grundtypen zurückführt, spiegeln das Verhältnis des endlichen menschlichen Geistes zur Natur des Universums. Jede dieser Weltanschauungen drückt „in unseren Denkgrenzen eine Seite des Universums aus". Darin ist nach Dilthey jede wahr, aber notwendigerweise ebenso einseitig. Und in der Conditio humana liegt begründet, daß es dem Menschen versagt ist, „diese Seiten zusammenzuschauen": „Das reine Licht der Wahrheit ist nur in verschieden gebrochenem Strahl für uns zu erblicken."[58] Die Weltanschauungen sind so in Diltheys Sicht Antworten auf die Lebensrätsel, die sich einer definitiven, allgemeingültigen Lösung grundsätzlich entziehen. Die verschiedenen Weltanschauungen sprechen – und darin liegt ihre Bedeutung für den Menschen – die „Mehrseitigkeit der Wirklichkeit für unseren Verstand in verschiedenen Formen aus, die auf Eine Wahrheit hinweisen", aber diese selbst ist unerkennbar. Der „Zusammenhang der Dinge" ist somit zwar letztlich „unergründlich", aber in den Weltanschauungen können wir – das hält Dilthey als einen gewissen Trost fest – jeweils eine Seite der Wahrheit ergreifen.[59]

Diese Einsicht in die Relativität und Geschichtlichkeit der Weltanschauungen ist nach Dilthey die letzte Konsequenz und Vollendung des historischen Bewußtseins: es „zerbricht die letzten Ketten, die Philosophie und Naturforschung nicht zerreißen konnten". Und durch diese Destruktion eines absolut verbindlichen (metaphysischen) Wahrheitsbegriffs steht der Mensch „nun ganz frei da".[60]

---

[55] Vgl. Wilhelm Dilthey, *GS*, Bd. XIX, 62.
[56] Wilhelm Dilthey, *GS*, Bd. XIX, 63.
[57] Vgl. bes. die in Band VIII der *Gesammelten Schriften* zusammengestellten Texte.
[58] Wilhelm Dilthey, *GS*, Bd. VIII: *Weltanschauungslehre. Abhandlungen zur Philosophie der Philosophie*, hrsg. von B. Groethuysen, Leipzig / Berlin 1931, 224.
[59] Wilhelm Dilthey, *GS*, Bd. VIII, 225.
[60] Wilhelm Dilthey, *GS*, Bd. VIII, 225; vgl. *GS*, Bd. V, 380.

Literaturverzeichnis

Primärliteratur

Dilthey, Wilhelm, *Gesammelte Schriften*, Bd. I: *Einleitung in die Geisteswissenschaften. Versuch einer Grundlegung für das Studium der Gesellschaft und der Geschichte*, hrsg. von B. Groethuysen, Leipzig / Berlin 1922.

Dilthey, Wilhelm, *Gesammelte Schriften*, Bd. V: *Die geistige Welt. Einleitung in die Philosophie des Lebens. Erste Hälfte: Abhandlungen zur Grundlegung der Geisteswissenschaften*, hrsg. von G. Misch, Leipzig / Berlin 1924.

Dilthey, Wilhelm, *Gesammelte Schriften*, Bd. VII: *Der Aufbau der geschichtlichen Welt in den Geisteswissenschaften*, hrsg. von B. Groethuysen, Leipzig / Berlin 1927.

Dilthey, Wilhelm, *Gesammelte Schriften*, Bd. VIII: *Weltanschauungslehre. Abhandlungen zur Philosophie der Philosophie*, hrsg. von B. Groethuysen, Leipzig / Berlin 1931.

Dilthey, Wilhelm, *Gesammelte Schriften*, Bd. XIX: *Grundlegung der Wissenschaften vom Menschen, der Gesellschaft und der Geschichte. Ausarbeitungen und Entwürfe zum Zweiten Band der Einleitung in die Geisteswissenschaften* (ca. 1870–1895), hrsg. von H. Johach und F. Rodi, Göttingen 1982, 2., durchgesehene Aufl. 1997.

Droysen, Johann Gustav, *Historik. Rekonstruktion der ersten vollständigen Fassung der Vorlesungen* (1857), *Grundriß der Historik in der ersten handschriftlichen* (1857/58) *und in der letzten gedruckten Fassung* (1882), hrsg. von P. Leyh, Stuttgart-Bad Cannstatt 1977.

Humboldt, Wilhelm von, *Über die Aufgabe des Geschichtschreibers*, in: *Werke in fünf Bänden*, Bd. I: *Schriften zur Anthropologie und Geschichte*, hrsg. von A. Flitner und K. Giel, Darmstadt 1960, 3. Aufl. 1980.

Humboldt, Wilhelm von, *Werke in fünf Bänden*, Bd. V: *Kleine Schriften, Autobiographisches, Dichtungen, Briefe, Kommentare und Anmerkungen zu Band I-V*, hrsg. von A. Flitner und K. Giel, Darmstadt 1982

Sekundärliteratur

Diwald, Hellmut, 1963, *Wilhelm Dilthey. Erkenntnistheorie und Philosophie der Geschichte*, Göttingen / Berlin / Frankfurt am Main.

Schnädelbach, Herbert, 1974, *Geschichtsphilosophie nach Hegel. Die Probleme des Historismus*, Freiburg / München.

Der Wahrheitsbegriff im Neukantianismus[1]

Christian Krijnen (Amsterdam)

1. Einleitendes zum Neukantianismus

Der Neukantianismus war zwar seit der Mitte des 19. Jahrhunderts bis in die 20er Jahre des 20. Jahrhunderts hinein eine sehr einflußreiche, um die Jahrhundertwende gar die diskursbestimmende philosophische Strömung in Deutschland (mit entsprechenden Ausstrahlungen ins Ausland). Als die Philosophie sich nach der NS-Zeit 1933–1945 wieder ihrer Aufgabe gemäß zu formieren begann, fungierte der Neukantianismus in der Regel jedoch nicht als ein positiver Bezugspunkt, bestenfalls als ein negativer: die deutsche Philosophie ging andere Wege. Allerdings hat seit Ende der 1980er Jahre das Interesse an dieser fast vergessen geglaubten philosophischen Strömung erheblich zugenommen. Ein Ergebnis dieser erneuten Auseinandersetzung ist sicherlich: Es setzt sich die Einsicht durch, daß die übliche Verdrängung des Neukantianismus dem philosophischen Gehalt dieser Strömung weder historisch noch systematisch gerecht wird.

Die Bezeichnung ‚Neukantianismus' ist – auch dies ist deutlich geworden –, ein eher schwammiges Schlagwort, unter das sich je nach Einteilungskriterium vielerlei subsumieren läßt. Im folgenden steht ‚Neukantianismus' in erster Linie für die sich seit Ende der siebziger Jahre des 19. Jahrhunderts formierenden beiden Schulen von *Marburg* (Cohen, Natorp, Cassirer u.a.) und *Südwestdeutschland* (Windelband, Rickert, Lask, Bauch, Cohn u.a.). Denn anders als die Anfänge der Bewegung enthalten diese beiden Schulen deren ausgereifte Lehrstücke.

Der Neukantianismus zeichnet sich nicht zuletzt dadurch aus, daß er in einer ganz bestimmten Weise auf Kant zurückgreift. Dazu gehört u.a., daß die ‚Erkenntnistheorie' (‚Logik') im System der philosophischen Disziplinen den Primat innehat. Dieser Primat der Erkenntnistheorie ist besonders dadurch bedingt, daß die Erkenntnistheorie qua theoretische Geltungsreflexion den letzten Geltungsgrund jedweder Erkenntnis eruiert. Die Bestimmung und Begründung dieses allgemeinsten Geltungsgrundes bildet zwar nicht die einzige, jedoch die logisch erste Aufgabe der Philosophie. Thematisiert die Philosophie die Geltung theoretischer Behauptungen, dann thematisiert sie freilich deren ‚Wahrheit'. Kants epochale Bedeutung für die Philosophie liegt in der Weise, in der er das Geltungs- oder Wahrheitspro-

---

[1] Die Grundlage dieses Beitrags bildet mein Buch *Nachmetaphysischer Sinn* (2001), vor allem Kapitel 2 und 4. Darauf sei generell verwiesen. Im folgenden wird nur die relevanteste Primärliteratur der behandelten Denker erwähnt.

blem der Erkenntnis löst: durch seine transzendentale Wendung. Diese ist im Kern eine begründungstheoretische Angelegenheit, eine Antwort auf die Frage nach der objektiven Geltung subjektiver Leistungen.

Die philosophische Tradition liefert auf diese Frage im wesentlichen drei Antworten: eine metaphysische, eine empiristische und eine transzendentalphilosophische Antwort. Während das metaphysische und empiristische Begründungstheorem ein Prinzip außerhalb der Zuständigkeit des Denkens voraussetzen, um die Geltung oder Wahrheit der Erkenntnis zu begründen, macht das transzendentalphilosophische Begründungstheorem ernst mit der Einsicht, daß Gründe, die der Objektseite des zu begründenden Wissens angehören, nur dann als Geltungsgründe in Anspruch genommen werden können, wenn das Wissen um sie selbst bereits gesichert ist. Mit der Transzendentalphilosophie liegt eine Form philosophischen Denkens vor, die die beiden anderen in puncto Reflexivität überbietet: das Denken, die ‚reine Vernunft‘, wird als Prinzip möglichen Gegenstandsbezugs aufgefaßt. Das Transzendentale ist der Sache nach ein Inbegriff von Geltungsgründen, der nicht durch den Rückgang auf ein Seiendes *außerhalb* der Erkenntnisrelation begriffen werden kann, sondern nur durch einen Rückgang auf das Denken selbst als Grund aller Geltung. Die objektive Gültigkeit konkreter Erkenntnisleistungen des Subjekts findet ihren Grund in einem Inbegriff von Geltungsprinzipien (‚Bedingungen der Möglichkeit‘); die objektive Gültigkeit dieser Geltungsprinzipien wird dadurch legitimiert, daß sie sich geltungsfunktional als Bedingungen der Erkenntnis (letzt-)begründen lassen.

Den Marburger und südwestdeutschen Neukantianern ist gewiß zuzubilligen, daß sie Kants Gedanken des Transzendentalen aufgreifen. Wie für Kant ist für sie Philosophie wesentlich Geltungstheorie. Für die Entwicklung dieser Theorie greifen sie auf den zentralen Gedanken der kritischen Lehre Kants zurück, nämlich auf den Gedanken, daß die Bestimmtheit der Erkenntnis über die Bestimmung der Momente der Geltungsbestimmtheit des Wissens auf ihren Begriff zu bringen ist. So gesehen liegt der Beitrag der Neukantianer zum Problem der Wahrheit ganz allgemein in der Weise, in der sie Kants transzendentale Wendung aufgreifen, modifizieren und in Auseinandersetzung mit alternativen Angeboten positionieren.

Das ist ein weites Feld. Ich will es in diesem Beitrag nur an ausgewählten Stellen bearbeiten. Dabei liegt im Anschluß an einige Bemerkungen zu Lotze der Schwerpunkt auf den südwestdeutschen Schulhäuptern Windelband und Rickert: Anders als bei den Marburger Schulhäuptern Cohen und Natorp – aber wie später bei Cassirer – wird ‚Wahrheit‘ ihnen zu einem operativen Begriff der Erkenntnislehre, der der Abgrenzung gegenüber konkurrierenden Philosophemen dient. Bei dieser Kritik und Abgrenzung von Konkurrenten unter dem Gesichtspunkt der jeweiligen Wahrheitsauffassung steht die ‚Abbildtheorie‘ oder ‚Korrespondenztheorie‘ der Wahrheit im Mittelpunkt. Die neukantianische Kritik dieser Wahrheitstheorie ist lehrreich und vor dem Hintergrund gegenwärtiger wahrheitstheoretischer Debatten überaus aktuell. Aus der Kritik wird zugleich deutlich, in welche Richtung die Neukantianer den Wahrheitsbegriff positiv auszugestalten versuchen.

2. Wider die Abbildtheorie

Überblickt man die Gesamtheit der Wahrheitstheorien in der neueren Philosophie, dann läßt sich feststellen: Sowohl das Objekt, von dem sie handeln, als auch die Weise, in der sie davon handeln, zeigen eine große Variationsbreite. Trotz dieser Variationsbreite wird der Abbild- oder Korrespondenztheorie der Wahrheit eine Vorzugsstellung zugebilligt: Erstens ist sie die älteste, bekannteste und noch in der Gegenwart am meisten verbreitete Wahrheitstheorie; zweitens kommt ihr ein methodischer Primat zu: Alle Versuche einer Bestimmung des Wahrheitsbegriffs haben in positiver oder negativer Hinsicht die klassische Formel *veritas est adaequatio rei et intellectus* zum Ausgangs- und Bezugspunkt: Ob näherhin von ‚Übereinstimmung‘, ‚Korrespondenz‘, ‚Ähnlichkeit‘, ‚Angleichung‘, ‚Isomorphie‘, ‚Widerspiegelung‘, ‚Abbildung‘ u.ä. die Rede ist, spielt sachlich eine unwesentliche Rolle; vielmehr verhält sich der Bekanntheitsgrad der Adäquationsformel umgekehrt proportional zum Grad ihrer Bestimmtheit und Identifizierbarkeit.[2]

Die skizzierte Vorzugsstellung ist der Abbildtheorie auch im südwestdeutschen Neukantianismus zugebilligt worden.[3] Sie wird gerade bei *Rikkert* Gegenstand ausführlicher kritischer Analysen und fungiert hier sogar als Chiffre für ein Begründungsdenken, das die prinzipielle Verfaßtheit der Erkenntnis und des Erkennens grundsätzlich verkennt. Eine derartige Einschätzung hatte schon *Windelband* vorbereitet mit seiner Analyse

---

[2] Nicht nur Kant, die nachkantischen Idealisten und die Neukantianer haben versucht, der korrespondenztheoretischen „Namenerklärung“ (Immanuel Kant, *Kritik der reinen Vernunft [KrV]*, in: *Kant-Werke*, Bd. 2, hrsg. von W. Weischedel, 5. Aufl., Darmstadt 1983, B 82f.) der Wahrheit einen rein gnoseologischen Sinn abzugewinnen. Und noch außerhalb der kantischen Tradition wird bis in die Gegenwart versucht, die Adäquationsformel gnoseologisch auszudeuten.

[3] Vgl. für die Südwestdeutschen beispielsweise noch Bruno Bauch (*Wahrheit, Wert und Wirklichkeit*, Leipzig 1923, 16f.; vgl. 27), der seine Thematisierung der Frage ‚Was ist Wahrheit?‘ mit einer Betrachtung der Abbildtheorie beginnt und das Gerichtetsein nach einem Gegenstand im Sinne des Gerichtetseins nach der Wirklichkeit kritisiert. – Vgl. für die Marburger vor allem Ernst Cassirer (*Das Erkenntnisproblem in der Philosophie und Wissenschaft der neueren Zeit. Teil 1*, Nachdruck der 3. Aufl., Darmstadt 1994, 1): Cassirer eröffnet seine Problemgeschichte des Erkenntnisproblems sogar mit den Worten, die „naive Auffassung“ stellt sich die Erkenntnis vor als Nachbildung, Wiederholung usf. einer „an sich vorhandenen, geordneten und gegliederten Wirklichkeit“ im Bewußtsein.

der Stellung, die der Abbildtheorie in historischer und systematischer Hinsicht zukommt. Er kann dabei aufbauen auf Ausführungen seines Lehrers *Lotze*. Dem soll im folgenden nachgegangen werden.

2.1. Lotze

Rudolf Hermann Lotze (1817–1881) war zwischen 1875 und 1918 ein viel diskutierter Philosoph inner- und außerhalb Deutschlands; zugleich kann man ihn als einen Mentor des südwestdeutschen Neukantianismus bezeichnen. Das liegt vor allem an seiner Thematisierung des Geltungs- und Wertbegriffs: die Südwestdeutschen greifen sie auf, modifizieren Lotzes Fassung und integrieren das Ergebnis in ihren transzendentalphilosophischen Ansatz: ‚Wert' und ‚Geltung' avancieren zu Grundbegriffen ihrer Philosophie.

Lotze zufolge muß der Wert als logischer Begriff der (irrealen) Geltung, als Begriff einer unsinnlichen Sphäre des Geltens verstanden werden, und zwar begründungstheoretisch so, daß der Grund dessen, „was ist", in dem gesucht wird, „was sein soll".[4] Lotze hat damit die Notwendigkeit einer Begründung des ‚Seins' durch das ‚Sollen' erkannt; zugleich hat er diese Notwendigkeit in seiner *Logik* zur Geltung gebracht. Auch die transzendentalen Gesetze, die ‚Formen' Kants, gilt es hier als Funktionen zu begreifen, in denen Inhalte zur Erkenntnis verbunden werden; wie bei Kant haben auch bei Lotze ‚synthetische Urteile a posteriori' ihre Grundlage in ‚synthetischen Urteilen a priori'. Die Wirklichkeit fungiert daher im Verständnis Lotzes nicht als etwas vom Begriff losgelöstes, sondern gründet in dem, ‚was sein soll'. Die logischen Grundformen der Synthesis sind damit als Geltungsformen und so in ihrer Transzendentalität festgehalten. Aus geltungstheoretischer Sicht gipfelt Lotzes *Logik* in der Hervorhebung der grundlegenden Bedeutung des logischen (nicht-seienden) Sinns des Geltungsbegriffs. Demnach steht das Gelten der Wahrheit, der ‚Sätze', für die systematischen Relationen zwischen den Erkenntnisinhalten, für ihren Zusammenhang – der nicht ‚ist', sondern ‚gilt'. Die Geltung der ‚Sätze' folgt eben nicht aus Seinswirkungen, sondern aus ihren eigenen Gründen, aus einem Geltungs- oder Begründungszusammenhang. Und die Form dieses Zusammenhangs, in dem die Inhalte der Erkenntnis stehen, oder allgemeiner: dem Inbegriff dieser Formen (Geltungsprinzipien) eignet als Geltendem gleichsam die Ewigkeit der Platonischen Idee; als An-sich-Geltendes beherrscht er (logisch) die erkannten Realitäten: das Sollen ist als werthafte Norm Grundlage der Wirklichkeit, geht ihr – wie Kants Transzendentales – logisch vorher.

Dies muß Folgen haben für den tradierten Begriff der Wahrheit, demzufolge Erkennen Abbilden einer Welt von Dingen ist. Es ist also nicht er-

---

4 Rudolf Hermann Lotze, *Metaphysik. Drei Bücher der Ontologie, Kosmologie und Psychologie* (1879), hrsg. von G. Misch, Hamburg 1912, 604.

staunlich, daß Lotze die Abbildtheorie der Wahrheit schon im ersten Kapitel seiner Lehre vom Erkennen diskutiert und kritisiert:[5] Lotze kommt zum Schluß, daß es bei der Wahrheit nicht um Übereinstimmung von Erkenntnis und Ding gehen kann, sondern nur um Übereinstimmung von Vorstellungen aufgrund der Kompetenz des Denkens selbst, der „Denknothwendigkeit", der „Gesetze des Denkens".[6] Immerhin kann über Übereinstimmung von Erkenntnis und jenseits der Erkenntnis liegenden Dingen nur entschieden werden unter Voraussetzung einer dritten Quelle, die uns die Wahrheit der Dinge unverfälscht lehrt – wobei freilich auch dann noch die Eigengesetzlichkeit des Denkens maßgeblich bliebe: das Wahrheitsproblem ist lösbar bloß innerhalb der Sphäre der Erkenntnis, oder wie Lotze sagt: Stets bleiben wir auf die Denknotwendigkeit beschränkt; das „Selbstvertrauen der Vernunft" in ihre Wahrheitskompetenz ist folglich eine notwendige Voraussetzung eines jeglichen Erkennens: was wahr ist, kann nur durch eine „Selbstbesinnung des Denkens" gefunden werden: es prüft seine Ergebnisse stets am Maßstab der allgemeinen Gesetze seines eigenen Tuns.[7] Diese „allgemeinen Grundsätze unseres Denkens" sind Maßstab der Erkenntnis, nicht das Reale einer vorausgesetzten „Außenwelt".[8]

2.2. Windelband

Wilhelm Windelband (1848–1915) ist systematisch bedeutsam für den südwestdeutschen Neukantianismus durch das Programm der Philosophie, das er entworfen hat. Dabei spielen Ausführungen zum Wahrheitsbegriff eine wichtige Rolle. In diesen Ausführungen setzt Windelband den von Lotze eingeschlagenen Weg fort. Es ist freilich ein Weg, den schon Kant vorbereitet hat. Entsprechend präsentiert Windelband Kant unermüdlich als Zertrümmerer der Abbildtheorie:

Windelband zufolge begreift das naive Denken seine Vorstellungen als das Abbild irgendeines Dings; in dieser Übereinstimmung von Vorstellung und Wirklichkeit erblickt es zugleich das Kriterium der Wahrheit. Genauer besehen unterscheidet Windelband drei Wahrheitsbegriffe: (a) den *transzendenten*, (b) den *immanenten* und (c) den *formalen* Wahrheitsbegriff.[9]

---

[5] Rudolf Hermann Lotze, *Logik. Drittes Buch. Vom Erkennen (Methodologie)*, hrsg. von G. Gabriel, Hamburg 1989, §§ 304 ff.
[6] Rudolf Hermann Lotze, *Logik*, § 304.
[7] Rudolf Hermann Lotze, *Logik*, § 305.
[8] Rudolf Hermann Lotze, *Logik*, § 306.
[9] Vgl. dazu und zum folgenden vor allem Wilhelm Windelband, *Immanuel Kant* (1881), in: *Präludien. Aufsätze und Reden zur Philosophie und ihrer Geschichte*, 5. erw. Aufl., Tübingen 1915, Bd. I, 112–146, 125 ff.; Ders., *Die Prinzipien der Logik*, in: A. Ruge (Hrsg.), *Encyclopädie der philosophischen Wissenschaften*, Bd. 1: *Logik*, Tübingen 1912, 1–60, 8 f.; Ders., *Einleitung in die Philosophie*, 3. Aufl, Tübingen 1923, 197 ff.

(a) Der transzendente Wahrheitsbegriff steht für jene alte Auffassung, die Wahrheit als ‚Übereinstimmung' zwischen der Vorstellung und der Wirklichkeit denkt, sei es als ‚abbilden', ‚spiegeln', ‚wiederholen' o. ä. Der erkennende ‚Geist' steht hiernach den ‚Dingen' ‚gegenüber'; diese ‚wirken' auf ihn ein; er ‚rezipiert' und ‚wiederholt' sie in der Erkenntnis. Das Ergebnis dieser statuierten Wechselwirkung von ‚Ding' und ‚Geist', von ‚Denken' und ‚Sein' ist das *Abbild* des Seins im Denken – Erkenntnis bildet den Gegenstand irgendwie ab. Diese Erkenntniskonzeption ist für Windelband philosophiehistorisch gesehen die bestimmende Größe für die Folgezeit.

(b) Dies wird auch am sog. immanenten Wahrheitsbegriff sichtbar: Während der transzendente Wahrheitsbegriff klassisch-metaphysische Erkenntnismodelle charakterisieren soll, kennzeichnet der immanente Wahrheitsbegriff Empirismus und Positivismus. Dem immanenten Wahrheitsbegriff zufolge liegt die Wahrheit nicht in der ‚Übereinstimmung der (einzelnen) Vorstellungen mit transzendenten Gegenständen; denn auch solche Gegenstände würden wir nur durch unsere Vorstellungen erkennen: das immanente Wahrheitskriterium besteht in der Übereinstimmung von Vorstellungen verschiedener Provenienz, also im Verhältnis der Vorstellungen untereinander.

Gemäß seiner Auffassung der bestimmenden Bedeutung des transzendenten Wahrheitsbegriffs, wittert Windelband hinter diesem so ‚immanent' scheinenden Wahrheitsbegriff die alte ‚metaphysische' Voraussetzung hinsichtlich des Verhältnisses von Erkenntnis und Wirklichkeit – Wahrheit als Übereinstimmung von Denken und Sein. Immerhin hat die Forderung, zwei Vorstellungen sollen miteinander übereinstimmen, nur unter der Voraussetzung einen Sinn, daß sich beide auf *denselben* ‚Gegenstand' beziehen, auf ein gemeinsames Drittes, auf eine vom erkennenden Subjekt unabhängige Größe, die sie irgendwie *repräsentieren:* die Lehre von der immanenten Wahrheit erweist sich als bloß partieller Verzicht auf den maßgebenden Gedanken der transzendenten Wahrheit; leitend bleibt die Voraussetzung des transzendenten Wahrheitsbegriffs: das erkennende Subjekt stehe einem Wirklichen als seinem Gegenstand gegenüber.[10] Wahr ist diejenige Vorstellung, deren Inhalt ex mentem wirklich ist: das Erkennen wiederholt das zu Erkennende.

---

[10] Ernst Cassirer (*Das Erkenntnisproblem in der Philosophie und Wissenschaft der neueren Zeit. Teil 2*, Nachdruck der 3. Aufl., Darmstadt 1994, 649ff.) urteilt ähnlich: Der Prozeß der Erkenntnis werde von Anfang an „eingeleitet und angetrieben" durch eine der Erkenntnis als „Faktum" vorausgesetzte „metaphysische Differenz im Wesen der Dinge" (649), die die Trennung von Ich und Allnatur betrifft. Die empiristische Überwindung des metaphysischen Subjekt-Objekt-Schemas durch die „Auflösung" des „Seins" in eine bloß assoziative Verknüpfung der Eindrücke – mit Windelband: der ‚immanente Wahrheitsbegriff' –, bedeutete der Tradition aufgrund der damit verbundenen Skepsis zugleich die Leugnung der Möglichkeit der Erkenntnis selbst: „So tief ist die Auffassung der Erkenntnis als einer Abbildung des

(c) Mit der Bestimmung der Erkenntnis als Abbildung einer von ihr unabhängig bestehenden Welt räumt Windelband zufolge erst Kant prinzipiell auf.[11] Die Wirklichkeit auf der einen Seite, die Vorstellung auf der anderen, die, wenn sie Erkenntnis sein soll, das Abbild jener ist, ist die Voraussetzung der vorkantischen Philosophie. Durch diese Voraussetzung aber bleibt die Gegenständlichkeit des Denkens ungeklärt, die Beziehung desjenigen, was man in uns Vorstellung nennt, auf den Gegenstand. Damit wird für Windelband der Begriff der ‚Regel' faßbar: Der Geltungsgrund unserer Vorstellungsverbindungen ist nicht mehr selbst ein Gegenstand, sondern der Geltungsgrund, und damit die Wahrheit als solche, erweist sich bei Kant als eine allgemeingültige Regel der Verbindung. Den Wahrheitsbegriff dieses Begründungsmodells nennt Windelband den ‚formalen Wahrheitsbegriff'. Dieser enthält als Kriterien der Wahrheit ‚nur' noch die sachliche Notwendigkeit und geforderte Allgemeingültigkeit theoretischer Objektivationen. Deshalb liegt die Wahrheit nicht mehr in der Beziehung auf ein Drittes *außerhalb* der Erkenntnisrelation: sie liegt in der eigenen Bestimmtheit des Denkens.

2.3. Rickert

Heinrich Rickert (1863–1936) – das systematische Schulhaupt der Südwestdeutschen – eignet sich nicht nur grosso modo Windelbands Deutung der problemgeschichtlichen Lage an; zugleich macht Rickert Windelbands Un-

---

absoluten Seins in die Fundamente unseres Wissens eingesenkt" (661). *Alle* dogmatischen Theorien der Erkenntnis weisen Cassirer zufolge einen gemeinsamen Grundzug auf: Sie behandeln den ‚Gegenstand' als etwas „Feststehendes und Gegebenes"; gleich ob im Empirismus oder im Rationalismus – immer ist das Ding in „absoluter und eindeutiger Bestimmtheit" vorhanden und die „Übereinstimmung" mit dem Seienden, dieser „letzte Vergleichspunkt", das Kriterium der Wahrheit (Ernst Cassirer, *Goethe und die mathematische Physik. Eine erkenntnistheoretische Betrachtung*, in: *Idee und Gestalt*, Darmstadt 1971, 33–80, 65).

[11] Windelbands Einschätzung der epochalen Bedeutung Kants als Zerstörer der Abbildtheorie ist neukantianisches Gemeingut. Sie findet sich etwa auch bei Ernst Cassirer (*Goethe und die mathematische Physik*, 65; Ders., *Das Erkenntnisproblem. Teil 1*, 13f.; Ders., *Das Erkenntnisproblem. Teil 2*, 762; Ders., *Philosophie der symbolischen Formen. Teil 1: Die Sprache*, 10. Aufl., Darmstadt 1994, 9ff.; *Philosophie der symbolischen Formen. Teil 2: Das mythische Denken*, 9. Aufl., Darmstadt 1994, 39ff.). In Cassirers Philosophie entwickelt sich dann der „Funktionsbegriff" zunächst zu einem Titelbegriff (Ders., *Substanzbegriff und Funktionsbegriff. Untersuchungen über die Grundfragen der Erkenntnistheorie* [1910], 4. Aufl., Darmstadt 1976), später formt Cassirer ihn zum Symbolbegriff um (Ders., *Philosophie der symbolischen Formen. Teil 1* und *Teil 2*, sowie *Teil 3: Phänomenologie*, 10. Aufl., Darmstadt 1994). Cassirer unterscheidet entsprechend den *funktionalen* Wahrheitsbegriff (Ders., *Formen und Formwandlungen des philosophischen Wahrheitsbegriffs* [1929], in: W. Flach / H. Holzhey [Hrsg.], *Erkenntnistheorie und Logik im Neukantianismus. Eine Textauswahl*, Hildesheim 1980, 330–349, 346ff.) von dem *hierarchischen*, dem *rationalistischen* und dem *positivistischen* (332ff.).

terscheidung einer transzendenten, immanenten und formalen Wahrheit für seine eigenen systematischen Untersuchungen fruchtbar.

Rickerts Überlegungen kreisen dabei um die Frage nach dem Maßstab oder Geltungsgrund der Erkenntnis. Es stellt sich heraus, daß weder transzendent Seiendes (Reales, Wirkliches) noch immanent Seiendes als Geltungsgrund der Erkenntnis fungieren kann, sondern die Begründungsfunktion des Transzendenten vom Denken selbst übernommen werden muß: das Denken fungiert als Prinzip von Objektivität. Das Geltungsproblem der Erkenntnis ist also intragnoseologisch zu bewältigen. Das Denken, oder in bewußtseinstheoretischer Redeweise: das ‚Bewußtsein‘, hat sich als Erkenntniseinheit zu erweisen, *innerhalb* deren die immer schon aufeinander bezogenen Glieder ‚Subjekt‘ (Bewußtsein, Innenwelt usw.) und ‚Objekt‘ (Gegenstand, Außenwelt usw.) allein möglich sind. Rickerts Auseinandersetzung mit einer nicht-transzendentalen Geltungsbegründung kehrt dabei den repräsentationalen Wahrheitsbegriff hervor, durch den sich die betreffenden Positionen – ob als ‚erkenntnistheoretischer Realismus‘ oder als ‚Standpunkt der Immanenz‘ – charakterisieren: Erkennen ist abbildendes Vorstellen. Es ist diese Wahrheitsauffassung, die Rickert im Laufe seiner Untersuchungen als ungültig nachweisen will. Gerade im Rahmen seiner Diskussion des Standpunkts der Immanenz, d. i. des empiristischen Begründungstheorems, thematisiert Rickert den Abbildungsgedanken selbst und macht deutlich, wie sehr die Abbildtheorie die Bestimmung der Wahrheit verfehlt. Das Problem des Maßstabes (Geltungsgrundes) der Erkenntnis, wonach das erkennende Subjekt sich in seiner Erkenntnisbemühung richten soll – das gnoseologische Transzendenzproblem, wie man es nennen könnte –, ist unter der abbildtheoretischen Voraussetzung unlösbar. Vielmehr geht durch den Standpunkt der Immanenz, in den Rickert die Auffassung der (transgnoseologischen) Transzendenz münden läßt, der Maßstab verloren – Erkenntnis wird unmöglich.[12]

Aus Rickerts erkenntnistheoretischen Arbeiten lassen sich sachlich gesehen mindestens drei Argumente gegen die Abbildtheorie rekonstruieren. Sie heißen im folgenden: das *methodologische*, das *begriffslogische* und das *erkenntnislogische* Argument:[13]

---

[12] Von hier aus versteht man auch den Sarkasmus, den die Neukantianer der Immanenzlehre entgegenbringen. Das gilt nicht nur für Rickert, demzufolge der Immanenzphilosoph „das *eigentliche* Problem der Erkenntnistheorie" noch gar nicht berührt (Heinrich Rickert, *Der Gegenstand der Erkenntnis. Eine Einführung in die Transzendentalphilosophie*, 6. Aufl, Tübingen 1928, 140f.); es gilt auch für Windelband oder Cassirer. Cassirer sieht mit Humes Auflösung der Metaphysik die Möglichkeit der Erkenntnis selbst aufgelöst (Ernst Cassirer, *Das Erkenntnisproblem. Teil 2*, 661). Die klassische Metaphysik hingegen verfügt für sie zumindest über den Vorzug, die Notwendigkeit der Transzendenz des Gegenstandes gesehen zu haben.

[13] Vgl. vor allem Heinrich Rickert, *Zwei Wege der Erkenntnistheorie. Transcendentalpsychologie und Transcendentallogik*, in: *Kant-Studien*, 14 (1909), 174ff.; Ders., *Kulturwissenschaft und Naturwissenschaft*, 6. und 7. erg. Aufl., Tübingen 1926, 28ff.; Ders., *Der Gegenstand der*

Das *methodologische* Argument besagt im Kern: Erkennen intendiert *faktisch* nie eine Übereinstimmung im strengen Sinne, d. h. eine inhaltliche Gleichheit zwischen ‚Wahrgenommenem' und ‚Vorstellung'. Wegen der qualitativen und quantitativen Verschiedenheit alles Wirklichen können wir das Wirkliche nicht *vollständig* abbilden. Es ist vielmehr die geltungsfunktionale Aufgabe des *Begriffs*, die intensive und extensive Unendlichkeit des gegebenen Materials in der Erkenntnis zu *überwinden*, nicht das unmittelbar gegebene Material abzubilden oder zu reproduzieren.[14] Das Erkennen ordnet und vereinfacht aufgrund von Auswahl- und Anordnungsprinzipien (‚methodologischen Erkenntnisformen'); so bewältigt es die Unerschöpflichkeit des unmittelbar erlebten Inhalts theoretisch.[15] Aufgrund der Verschiedenheit oder Ungleichheit von Begriff und Gegebenem kann die bloß wahrgenommene Wirklichkeit nicht als Objektivität verleihender Faktor, als Wahrheitsgrund der Erkenntnis fungieren.

Das *begriffslogische* Argument hängt eng zusammen mit der umformenden Funktion des Begriffs und der Verschiedenheit von Begriff und Wahrnehmung. Es unterstreicht die Allgemeinheit des Begriffs (representatio generalis) im Unterschied zur Singularität des Gegebenen (representatio singularis). Schon die Bedeutungen der Wörter, unter die ein wahrgenommener, durchweg *individueller* Inhalt gebracht wird – sind *allgemein*, um nur zu schweigen von den Komplexionen von Wortbedeutungen, die in irgendeiner konkreten Erkenntnis vorliegen und denen die Struktur von Aussagen (logisch: Urteilen) oder ‚Sätzen' eignet. Im ‚Sinn' dieser Sätze haben wir den Inhalt des Begriffs als bestimmten vor uns. Sind *alle* Elemente dieser Sätze, genauer: Urteile (Subjektbegriff – Prädikatbegriff) allgemeine Vorstellungen (Begriffe), so übersteigen sie schon als Elemente qua Allgemeinheit die angeblich abzubildende Einzelvorstellung, umso mehr gilt dies von Verbindungen in Urteilen und zwischen Urteilen.

Das *erkenntnislogische* Argument ist insofern das entscheidende, als mit ihm die Kritik der Abbildtheorie auf ihre Spitze getrieben wird: Wäre Erkennen Reproduzieren der Wirklichkeit, es bliebe dieses Problem ungelöst: die Erkenntnis, daß das nachzubildende *Urbild wirklich* ist – die Erkenntnis der Wirklichkeit des Urbilds.

Erkenntnis, 124 ff.; Ders., *Die Grenzen der naturwissenschaftlichen Begriffsbildung. Eine logische Einleitung in die historischen Wissenschaften*, 6. verb. Aufl., Tübingen 1929, 31 ff.

[14] Innerhalb der abbildtheoretischen Konzeption hängt der Fortschritt der Erkenntnis vorwiegend an dem Grad, in dem es gelingt, eine Wiederholung der Wirklichkeit zu geben; aufgrund der heterogenen Kontinuität der Wirklichkeit und der damit verbundenen Unendlichkeit kann Rickert mit dieser Rede keinen verständlichen Sinn verbinden (vgl. Heinrich Rickert, *Kulturwissenschaft und Naturwissenschaft*, 30, mit Ders., *Die Grenzen der naturwissenschaftlichen Begriffsbildung*, 32 f.).

[15] Ähnliches findet sich bei Wilhelm Windelband (vgl. etwa *Über die gegenwärtige Lage und Aufgabe der Philosophie* [1907], in: *Präludien* [a. a. O.], Bd. 2, 1–23, 15 ff.).

Diejenige Erkenntnis, daß das nachzubildende Urbild wirklich ist, kann unter keinen Umständen als Abbildung einer Wirklichkeit begriffen werden. Vielmehr bleibt die Wahrheit der Erkenntnis des Urbilds im Rahmen der abbildtheoretischen Erkenntniskonzeption unbegründbar – und damit zugleich die Grundvoraussetzung der Abbildtheorie: es gebe eine wirkliche Welt, die als Grundlage unserer Erkenntnis fungiere. Diese Grundvoraussetzung ist ungültig. Der transgnoseologische Begründungsweg bzw. die transgnoseologische Wahrheitsauffassung verfehlt also die Sache: Für die Erkenntnis, daß das Material der Erkenntnis wirklich ist, kann der Objektivitätsgrund nicht wiederum das vorgestellte wirkliche Material sein, ist doch dessen Wirklichkeit gerade fraglich. Nur falls man *bereits* wüßte, was wirklich ist, könnte sich dieses Wirkliche (als richtunggebender ‚Gegenstand‘) in der Erkenntnis durch Vorstellungen abbilden und als Geltungsgrund in Anspruch nehmen lassen. Ein theoretischer Weg zum Seienden *jenseits* der Erkenntnisrelation präsupponiert eine begründungsbedürftige und unbegründbare Bekanntheit mit dem Seienden.[16] Kein wie auch immer bestimmtes ‚Objekt‘ liefert aufgrund seiner Geleistetheit, Erzeugtheit, Objektiviertheit ipso facto die Geltung dieser Leistung mit. Die fundierungstheoretische Lage ist umgekehrt: das Objektivierte ist das Begründungsbedürftige, nicht der Geltungsgrund für das Objektivieren.

Man könnte mit Rickert auch sagen: Die Abbildtheorie verkennt, daß es sich beim erkenntnistheoretischen Wirklichkeitsproblem um ein *Formproblem* handelt. D. h., um ein Problem, das nicht die konkret-inhaltliche Wahrheit des Wirklichen betrifft, sondern die Bedeutung von Wirklichkeit selbst. Derartige Formprobleme sind Probleme, bei denen es um die prinzipielle Bestimmtheit der Erkenntnis geht. Diese ist von jeder ‚inhaltlichen‘ Wahrheit vorausgesetzt und liegt jeglicher konkret-inhaltlichen Erkenntnis zugrunde. Insofern ist für Rickert „inhaltliche Wahrheit“ qua „Übereinstimmung“ zwischen dem Inhalt der Vorstellung und dem der Wahrnehmung allenfalls dann möglich, wenn zuvor noch „ganz andere“ Voraussetzungen gemacht werden, die *nicht* als Übereinstimmung von Vorstellung und Wahrnehmung denkbar sind[17] – Voraussetzungen allerdings, die die Grundlagen der Erkenntnis bilden: Man muß logisch bereits wissen, was es bedeutet, daß etwas ‚wirklich‘ ist, daß Dinge ‚Eigenschaften‘ haben, aufeinander ‚wirken‘ usf. und worauf die Geltung dieser Erkenntnisse beruht, bevor man mit einem verständlichen Sinn eine vorstellungstheoretisch konzipierte Abbildtheorie der Wirklichkeitserkenntnis vertreten kann.

Mit der Erkenntnis der Formen wird erkannt, was man mit Kant die „Logik der Wahrheit“[18] nennen könnte: jene geltungsfunktionalen Bedingungen, die die Beziehung der Erkenntnis auf einen Gegenstand, die Ob-

---

[16] Vgl. in nuce schon den Abschnitt über Lotze.
[17] Heinrich Rickert, *Der Gegenstand der Erkenntnis*, 130f., vgl. 140f.
[18] Immanuel Kant, *KrV*, B 87.

jektivität der Erkenntnis garantieren. Für den transzendentalen Idealismus Rickerts kann die Wahrheit der Erkenntnis niemals durch Vergleich mit dem Wirklichen gewährleistet werden, sondern nur in der und durch die Struktur des Denkens als Prinzip möglichen Gegenstandsbezugs. Gerade Rickert findet den Gegenstand der Erkenntnis qua Geltungsgrund der Wahrheit nicht mehr außerhalb des Denkens, sondern weist die in jeder objektiven Erkenntnis wirksamen Geltungsstrukturen als Eigenbestimmtheit der Erkenntnis auf. Selbstverständlich muß ein zu erkennender Inhalt ‚da‘ sein; jedoch wird sich sogar ‚Inhalt‘ als Prinzip innerhalb der Geltung erweisen: Nur weil Inhalt ein Prinzip der Erkenntnis ist, kann überhaupt etwas ‚da‘ sein, das sich dann in der Erkenntnis begrifflich bestimmen läßt. ‚Da‘ ist etwas nur durch den Gedanken.

Zweifelsohne soll die Erkenntnis auf *ihre* Art dem Gegebenen inhaltlich gerecht werden: In der Erkenntnis soll das Seiende als das erkannt werden, was es ist. Von einer *Abbildung* darf hier jedoch aufgrund der oben angegebenen Schwierigkeiten nicht mehr gesprochen werden – die Rede von der Wahrheit (von welcher auch immer) als einer Erkenntnis, die mit dem Inhalt ‚irgendwie‘ übereinstimmt, ist ein sinnloses Sinnbild. Indem Rickert die Idee der ‚Abbildtheorie‘ und der ‚Reproduktion‘ des empirisch Wirklichen durch die Erkenntnis verabschiedet, verabschiedet er allerdings nicht die ‚Übereinstimmungstheorie‘ pars pro toto:[19] die Übereinstimmung von Erkenntnis und Gegenstand qua Geltungsgrund erhält einen transzendentalisierten, intragnoseologischen Sinn.

Durch die Formverleihung gewinnt das ‚Gegebene‘ eine neue Dignität: es wird in die Sphäre der Wahrheit hineingezogen, wird zu einem *geltungsbezogenen*, wahrheitsreferenten Gebilde. Dabei ist es nicht nur so, daß für Rickert alle erkenntnistheoretischen Probleme Formprobleme sind – es ist zugleich die *Form*, die von den abbildtheoretischen Konzeptionen notwendig ignoriert wird. Die Abbildtheorie verdinglicht gleichsam das Erkenntnisgebilde, statt es als ein Gebilde zu begreifen, das auf Wahrheit bezogen ist, wahr oder falsch sein kann. Der bloße Inhalt ist kein Maßstab der Erkenntnis, sondern liegt noch außerhalb der Sphäre von wahr und falsch; eine *nur* inhaltliche Erkenntnis ist deshalb unmöglich: es fehlt die erkenntnisqualifizierende Form, die Geltungsbezogenheit: der bloße Inhalt ist schlechthin wahrheits*indifferent*. Das Eingehen des Inhalts in die Erkenntnis modifiziert den Inhalt also nicht ontisch (real), sondern der Inhalt wird geltungsfunktional der Erkenntnis zugeordnet; er wird in der Erkenntnis durch Formen logisch bestimmt. Durch die Verbindung von Form und Inhalt entsteht eine *Bedeutung* (‚Sinn‘): durch die Erkenntnis wird etwas ‚bedeutet‘, ‚ausgesagt‘, ‚erkannt‘, ‚beurteilt‘ usf. – und mit ihr wird der ‚bloße Inhalt‘ wahrheitsdifferent. Offenbar kann die Formverleihung sich nicht

---

[19] Heinrich Rickert, *Der Gegenstand der Erkenntnis*, 368 f.

nach dem Wirklichen richten, müßte dieses doch schon als wirklich erkannt sein, um als Geltungsgrund der Erkenntnis fungieren zu können: es müßte sich als ein *geltungsbezogenes* Gebilde qualifizieren, also aus Form *und* Inhalt bestehen. Keine rezeptive Basis vermag als Wahrheitsinstanz der Erkenntnis aufzutreten (auch die sogenannten und philosophisch vieldiskutierten ‚Tatsachen' sind in ihrer Tatsächlichkeit zu rechtfertigen).

Indem die Abbildtheorie die Formproblematik verkennt, verkennt sie die *Eigengesetzlichkeit* der Erkenntnis; diese Gesetzlichkeit ist keine zwischen Seiendem, sondern eine des Setzens und Bestimmens, und damit des wahrheitsreferenten Intendierens. Es ist eine Gesetzlichkeit, die einen *Begriff*, einen Gedanken, ein (Seiendes als) Objekt aufbaut; die Erkenntnis ist eine *geltungs*bestimmte Größe. Wenn sich dabei die Gesetzlichkeit der Erkenntnis durch logische Formen wie ‚Sein', ‚Wirklichkeit', ‚Kausalität', ‚Identität' usw. näher expliziert, dann hat es keinen verständlichen Sinn, derartige Bestimmungen auf das Gegebene zurückführen zu wollen. Sie sind vielmehr im ‚Gegebensein' und in der ‚Begründung' auf Gegebenes immer schon vorausgesetzt.

Erkennen besteht nicht im Abbilden der konkreten Wirklichkeit, sondern ist eine eigene, ursprüngliche Betätigungsweise, die nur in sich selbst den Grund seiner Geltung finden kann. Der traditionelle Begriff des Objekts als etwas, das außerhalb der Erkenntnis steht und Geltung verbürgt, macht es unmöglich, die Objektivität der Erkenntnis zu begreifen: Die transgnoseologische Konstellation setzt den zu beweisenden Geltungsgrund, den Vergleichspunkt für die Geltung unserer ‚Vorstellungen' unreflektierbar voraus; sie depraviert die gnoseologische Eigenart der Übereinstimmungsbeziehung und ihrer Glieder. Die Erkenntnis wird verdinglicht: Die Erkenntnisbeziehung verkümmert zu einem *Objekt-Objekt-Verhältnis*, in der das eine Objekt das andere Objekt nachbildet, ohne daß damit die geltungsdifferente Eigenart der Erkenntnis adäquat bestimmt ist. Indes erarbeiten wir nur dann und insofern ein Wissen von den Dingen, wenn wir uns als erkennende Subjekte nach den Prinzipien der Wahrheit richten, als den Prinzipien theoretischer Objektivität, die sie sind. Nur durch diese Vermittlung von ‚Form' und ‚Inhalt' ist das zu Erkennende in der Erkenntnis faßbar.

Der prinzipientheoretische Sinn der Floskel *veritas est adaequatio rei et intellectus* verschwindet also nicht völlig: Die Erkenntnis soll dem Seienden gerecht werden. Während das Seiende seine eigene Ordnung hat, hat die Erkenntnis die ihre. Das Seiende so zu erfassen, wie es an sich ist, wird möglich aufgrund der Determination des erkennendes Subjekts durch die Gesetzlichkeit der Wahrheit.

Diese Determination des erkennenden Subjekts durch die Prinzipien der Wahrheit involviert bei Rickert mindestens zweierlei. Erstens: Die Wahrheit als Maßstab und Richtpunkt der Erkenntnis ist ein ‚Wertbegriff': ein Inbegriff von *Werten*, Geltungsprinzipien, Regeln oder Orientierungsdeterminanten, denen sich das erkennende Subjekt unterwerfen soll, wenn es Wahrheit will. Die Wahrheit qua Inbegriff von Werten ist – wie bei Kant das Transzendentale – Konstituent des Erkennens wie des Erkannten. Zweitens: Das erkennende Subjekt kann daher keineswegs ein bloß vorstellendes, rezipierendes Subjekt sein; vielmehr nimmt es Stellung zur Zusammengehörigkeit von Form und Inhalt in der Erkenntnis, und zwar: nach Maßgabe der Wahrheit. In bezug auf das Subjekt ist der Geltungsgrund oder Maßstab der Erkenntnis folglich nicht irgendein empirisches oder meta-empirisches Seiendes: für das Subjekt ist der ‚Gegenstand der Erkenntnis' als Maßstab der Objektivität ein unbedingt (in sich) bzw. transzendent (vom Akt des Subjekts unabhängig) geltendes *Sollen*. Und was Rickerts Ausarbeitung seiner Lehre von der Wahrheits- oder Geltungsbestimmtheit der Erkenntnis betrifft: Indem sie unter Zentralstellung des Urteils erfolgt, schreibt er erneut ein Kantisches Erbe fort: wahrheitsdifferenter Sinn ist urteilsstrukturierter Sinn, durch die Struktur des Urteils prinzipiierter Sinn.

Verzeichnis der angeführten Literatur

Primärliteratur

Bauch, Bruno, *Wahrheit, Wert und Wirklichkeit*, Leipzig 1923.

Cassirer, Ernst, *Das Erkenntnisproblem in der Philosophie und Wissenschaft der neueren Zeit. Teil 1*, Nachdr. d. 3. Aufl., Darmstadt 1994.

Cassirer, Ernst, *Das Erkenntnisproblem in der Philosophie und Wissenschaft der neueren Zeit. Teil 2*, Nachdr. d. 3. Aufl., Darmstadt 1994.

Cassirer, Ernst, *Formen und Formwandlungen des philosophischen Wahrheitsbegriffs* (1929), in: W. Flach / H. Holzhey (Hrsg.), *Erkenntnistheorie und Logik im Neukantianismus. Eine Textauswahl*, Hildesheim 1980, 330–349.

Cassirer, Ernst, *Goethe und die mathematische Physik. Eine erkenntnistheoretische Betrachtung*, in: *Idee und Gestalt*, Darmstadt 1971, 33–80.

Cassirer, Ernst, *Philosophie der symbolischen Formen. Teil 1: Die Sprache*, 10. Aufl., Darmstadt 1994.

Cassirer, Ernst, *Philosophie der symbolischen Formen. Teil 2: Das mythische Denken*, 9. Aufl., Darmstadt 1994.

Cassirer, Ernst, *Philosophie der symbolischen Formen. Teil 3: Phänomenologie*, 10. Aufl. (Nachdr. d. 2. Aufl.), Darmstadt 1994.

Cassirer, Ernst, *Substanzbegriff und Funktionsbegriff. Untersuchungen über die Grundfragen der Erkenntnistheorie* (1910), 4. Aufl. (Nachdr. d. 1. Aufl.), Darmstadt 1976.

Kant, Immanuel, *Kritik der reinen Vernunft*, in: *Kant-Werke*, Bd. 2, hrsg. v. W. Weischedel, 5. Aufl., Darmstadt 1983, zitiert als: *KrV*.

Lotze, Rudolf Hermann, *Logik. Drittes Buch. Vom Erkennen (Methodologie)*, hrsg. v. G. Gabriel, Hamburg 1989.

Lotze, Rudolf Hermann, *Metaphysik. Drei Bücher der Ontologie, Kosmologie und Psychologie* (1879), hrsg. v. G. Misch, Hamburg 1912.

Rickert, Heinrich, *Der Gegenstand der Erkenntnis. Eine Einführung in die Transzendentalphilosophie*, 6. verb. Aufl., Tübingen 1928.

Rickert, Heinrich, *Die Grenzen der naturwissenschaftlichen Begriffsbildung. Eine logische Einleitung in die historischen Wissenschaften*, 6. verb. Aufl., Tübingen 1929.

Rickert, Heinrich, *Kulturwissenschaft und Naturwissenschaft*, 6. und 7. erg. Aufl., Tübingen 1926.

Rickert, Heinrich, *Zwei Wege der Erkenntnistheorie. Transcendentalpsychologie und Transcendentallogik*, in: *Kant-Studien*, 14 (1909), 169–228.

Windelband, Wilhelm, *Die Prinzipien der Logik*, in: A. Ruge (Hrsg.), *Encyclopädie der philosophischen Wissenschaften, Bd. 1: Logik*, Tübingen 1912, 1–60.

Windelband, Wilhelm, *Einleitung in die Philosophie*, 3. Aufl., Tübingen 1923.

Windelband, Wilhelm, *Immanuel Kant* (1881), in: *Präludien. Aufsätze und Reden zur Philosophie und ihrer Geschichte*, 5. erw. Aufl., Tübingen 1915, Bd. I, 112–146.

Windelband, Wilhelm, *Über die gegenwärtige Lage und Aufgabe der Philosophie (1907)*, in: *Präludien. Aufsätze und Reden zur Philosophie und ihrer Geschichte*, 5. erw. Aufl., Tübingen 1915, Bd. 2, 1–23.

Sekundärliteratur

Krijnen, Christian, 2001, *Nachmetaphysischer Sinn. Eine problemgeschichtliche und systematische Studie zu den Prinzipien der Wertphilosophie Heinrich Rickerts*, Würzburg.

Das Verständnis von Wahrheit bei Sören Kierkegaard, Ludwig Feuerbach und Friedrich Nietzsche

Markus Enders (Freiburg i. Br.)

1. Kierkegaard: Wahrheit als die Person und der Lebensweg Jesu Christi

1.1. Einleitung[1]

Wie kaum ein zweiter christlicher Denker nimmt Sören Kierkegaard das neutestamentliche Verständnis von Wahrheit als eine Selbstaussage Jesu Christi nach Joh 14,6 ernst: „Ich bin der Weg, die Wahrheit und das Leben." Daher versteht Kierkegaard die Wahrheit primär und zentral als eine Selbstprädikation Jesu, genauer als Bezeichnung des Seins bzw. der Person Jesu Christi, einschließlich ihres gesamten irdischen Lebensweges. Dieses Grundverständnis von Wahrheit entfaltet Kierkegaard vor allem in seiner Schrift *Einübung im Christentum*.

1.2. Die Identität der Wahrheit mit der Person und dem Lebensweg Jesu Christi nach Kierkegaards *Einübung im Christentum*

1.2.1. Der Ausgangspunkt: Die Pilatusfrage nach der Wahrheit

Im dritten Teil seiner Schrift *Einübung im Christentum* geht Kierkegaard für seine Bestimmung der Wahrheit von der biblisch bezeugten, an Jesus selbst

---

[1] Wegen der stark begriffsgeschichtlichen Ausrichtung auch dieses Beitrages, dessen Augenmerk auf der Rekonstruktion des bei Kierkegaard, Feuerbach und Nietzsche vorherrschenden Wahrheitsbegriffs liegt, bleibt die bei Kierkegaard m. W. einmalige Gleichsetzung von Wahrheit mit „Subjektivität" und „Innerlichkeit" unberücksichtigt, vgl. Sören Kierkegaard, *Abschließende unwissenschaftliche Nachschrift zu den Philosophischen Brocken*, Erster Teil, übers. von H. M. Junghans [= GW 16], Düsseldorf / Köln 1957, S. 198: „Also die Subjektivität, die Innerlichkeit ist die Wahrheit." Diesen Satz und seinen anthropologischen und subjektivitätstheoretischen Kontext bei Kierkegaard hat M. Reza Haji Abdolhosseini zum Ausgangspunkt seiner Dissertation über „Das subjektive und dynamische Verhältnis zur Wahrheit bei Sören Kierkegaard" gemacht (vgl. Ders., 1997, 22ff.); ansonsten setzt Abdolhosseini in dieser Arbeit Wahrheit im Verständnis Kierkegaards durchgängig mit dem christlichen Gott gleich.

gerichteten Frage des Pontius Pilatus aus, was Wahrheit sei (Joh 18,38). Diese Frage aber ist, so Kierkegaard, zugleich angemessen und unangemessen gewesen; angemessen, insofern ihr Adressat gemäß seinem in Joh 14,6 bezeugten Selbstverständnis selbst, in eigener Person, die Wahrheit war und genau deshalb auch alleine vollkommen wissen konnte, was die Wahrheit ist.[2] In einer anderen Hinsicht aber sei die Frage des Pilatus nach dem Wesen von Wahrheit höchst unangemessen gewesen; denn der Umstand, daß Pilatus diese Frage gerade an Jesus gerichtet habe, beweise, „daß er gar kein Auge für die Wahrheit hatte. Christi Leben war nämlich die Wahrheit."[3] Während bei allen anderen Menschen die Wahrheit selbst „etwas unendlich viel Höheres" sei als ihr Leben, sei alleine bei Christus die Wahrheit mit seinem irdischen Leben kongruent und identisch.[4]

---

[2] Vgl. Sören Kierkegaard, *Einübung im Christentum und anderes*, München 1977, 212: „Pilatus richtet diese Frage: ›was ist Wahrheit‹ an Christus; aber Christus war ja die Wahrheit, also war die Frage durchaus angebracht." Ebd., 215: „Denn die Wahrheit wissen ist etwas, das ganz von selbst daraus folgt, daß man die Wahrheit ist, nicht umgekehrt"; „[…] die Wahrheit sein ist eins mit dem die Wahrheit wissen, und Christus hätte nie die Wahrheit gewußt, wenn er sie nicht gewesen wäre".

[3] Sören Kierkegaard, *Einübung im Christentum*, 212f.; ebd., 213: „Worin liegt nun also die Grundverwirrung in der Frage des Pilatus? Sie liegt darin, daß er überhaupt darauf kommen kann, Christus so zu fragen; denn indem er Christus dies fragt, verrät er sich selber, macht er von sich selber offenbar, daß ihm das Leben Christi nicht gezeigt hat, was Wahrheit ist – wie sollte ihm dann aber Christus mit Worten das deuten können, wenn das, was die Wahrheit ist: Christi Leben, ihm die Augen für die Wahrheit nicht geöffnet hat? Es sieht so aus, als wäre Pilatus wißbegierig und lerneifrig, seine Frage ist aber in Wirklichkeit so töricht wie irgend möglich, und zwar nicht, daß er fragt: was ist Wahrheit, sondern, daß er Christus danach fragt, dessen Leben ja gerade die Wahrheit ist, und der also jeden Augenblick durch sein Leben mächtiger beweist, was Wahrheit ist, als die umständlichsten Vorträge der allerscharfsinnigsten Denker. Jeden anderen Menschen danach zu fragen, was Wahrheit ist, einen Denker, einen Kenner der Wissenschaften usw., ja, ganz einfach irgendeinen anderen Menschen danach zu fragen, [...] hat doch schließlich einen Sinn; aber Christus zu fragen, der leibhaftig vor einem steht, ist eine so völlige Verwirrung wie nur irgend möglich."

[4] Vgl. Sören Kierkegaard, *Einübung im Christentum*, 213: „Kein Mensch außer Christus ist die Wahrheit; bei jedem anderen Menschen ist die Wahrheit etwas unendlich viel Höheres als sein Dasein, und darum ist es natürlich, zu fragen: was ist Wahrheit? Und dann auf diese Frage zu antworten. Dieser Meinung ist Pilatus offenbar Christus gegenüber, indem er meint, Christus sei auch solch ein Mensch wie andere, und dadurch macht er ihn erst durch seine Frage – unwahr – zu irgend etwas in der Art eines Denkers, und fragt ihn dann, [...]: was ist Wahrheit? Und Christus *ist* selber die Wahrheit!" Kierkegaard bezeichnet die Pilatusfrage sogar als „unbedingt die törichste und verwirrendste Frage, die je in der Welt gestellt worden ist" (ebd., 214), weil sie gleichbedeutend sei mit der Frage an einen neben dem Fragesteller stehenden Mann, ob er existiere (vgl. ebd). Dabei setzt er allerdings zu Unrecht voraus, daß Pilatus das johanneisch bezeugte Selbstverständnis Jesu, die Wahrheit selbst, in eigener Person, zu sein, gekannt und geteilt hätte. Demgegenüber zeigt die Frage des Pilatus nach dem Wesen der Wahrheit jedoch, daß dieser gerade nicht wußte, was die Wahrheit ist.

1.2.2. Das Sein der Wahrheit: Kein Begriff, kein Wissen, sondern der Lebensweg einer einmaligen geschichtlichen Persönlichkeit

„Christi Leben auf Erden, jeder Augenblick dieses Lebens war die Wahrheit."[5] Wenn die Wahrheit selbst ein bestimmtes Leben bzw. genauer ein einmaliges personales Sein mit seiner ganzen innerweltlichen Lebensgeschichte ist, dann kann die einzig angemessene „Erklärung dessen, was die Wahrheit ist", nur darin bestehen, „die Wahrheit zu *sein*",[6] dann ist diese eine Lebensgeschichte des Jesus von Nazareth sowohl der Selbstvollzug als auch die Selbstauslegung der Wahrheit. Dies aber bedeutet ex negativo: Die Wahrheit selbst ist keine Gestalt des Wissens, etwa eine definitorische Begriffsbestimmung oder eine Summe von Lehrsätzen, und damit kein bloß gedachtes Sein,[7] sondern ein einzelner, besonderer Lebensweg, der sich, wenn auch nur annäherungsweise und damit nie vollkommen, daher ebenfalls nur in je einzelnen, individuellen besonderen (menschlichen) Lebenswegen abbilden bzw. ausdrücken und nachahmen läßt.[8] Die christlich verstandene Wahrheit besteht daher, wie Kierkegaard in dezidierter Frontstellung gegen Hegels idealistisches bzw. geistphilosophisches Verständnis von Wahrheit seinen Lesern mit großer Eindringlichkeit nahezubringen, fast möchte man sagen: einzuhämmern versucht, nicht in einem Wissen, sondern in einem singulären Sein bzw. in einem einzelnen Leben,[9] dessen menschliche Aneignung und Abbildung nur in einem existentiellen Verhältnis der Nachahmung bzw. Nachfolge möglich ist.

---

[5] Sören Kierkegaard, *Einübung im Christentum*, 213.

[6] Sören Kierkegaard, *Einübung im Christentum*, 214.

[7] Vgl. Sören Kierkegaard, *Einübung im Christentum*, 214: „Das bedeutet also, daß die Wahrheit in dem Sinne, in welchem Christus die Wahrheit ist, nicht eine Summe von Lehrsätzen ist, nicht eine Begriffsbestimmung und dergleichen, sondern ein Leben. Das Sein der Wahrheit ist nicht die direkte Verdoppelung des Seins im Verhältnis zum Denken, was bloß ein gedachtes Sein ergäbe und das Denken nur dagegen sichert, ein Hirngespinst zu werden, das nicht ›ist‹, indem es dem Denken Gültigkeit sichert: daß das Gedachte existiert, d. h. Gültigkeit besitzt."

[8] Vgl. Sören Kierkegaard, *Einübung im Christentum*, 214: „Nein, das Sein der Wahrheit ist die Verdoppelung in dir, in mir, in ihm, die darin besteht, daß dein, daß mein, daß sein Leben annäherungsweise – im Streben danach – die Wahrheit ausdrücke, daß dein, daß mein, daß sein Leben annäherungsweise – im Streben danach – das Sein der Wahrheit sei, wie die Wahrheit in Christo war: ein *Leben*, denn er war die Wahrheit."

[9] Vgl. Sören Kierkegaard, *Einübung im Christentum*, 214f.: „Und deswegen besteht die Wahrheit – christlich verstanden – natürlich nicht darin, die Wahrheit zu wissen, sondern darin, die Wahrheit zu sein. Der ganzen neuesten Philosophie zum Trotz besteht dazwischen ein gewaltiger Unterschied, den wir am besten aus Christi Verhältnis zu Pilatus erkennen, denn Christus konnte auf die Frage, was Wahrheit sei, nicht antworten, hätte nur unwahr darauf antworten können – eben weil er nicht derjenige war, der wußte, was Wahrheit ist, sondern weil er die Wahrheit selbst war." Mit der „ganzen neuesten Philosophie" ist Hegels absoluter Idealismus gemeint, gegen dessen geistphilosophisches Wahrheitsverständnis sich Kierkegaard hier vehement richtet; zu Hegels Wahrheitsbegriff vgl. den Beitrag von Rainer Schäfer in dem vorliegenden Band.

1.2.3. Die Abhängigkeit des Wissens der Wahrheit vom existentiellen Sein der Wahrheit

Seine dezidierte Ablehnung des Wissens als der ihr gemäßen Vollzugs-
und Aneignungsform der Wahrheit radikalisiert Kierkegaard sogar noch
dahingehend, daß er zumindest verbaliter ein Gegensatzverhältnis zwischen dem Wissen und dem Sein in Bezug auf das Wesen der Wahrheit
und die Möglichkeit ihrer menschlichen Aneignung behauptet, indem er
das Wissen der Wahrheit eine Unwahrheit nennt; und zwar eine Unwahrheit sowohl für den, der die Wahrheit selbst ist, d. h. für Jesus Christus, als
auch eine Unwahrheit für den Gläubigen, der weiß, worin die Wahrheit
besteht: Für Christus, sofern sein Wissen der Wahrheit, das Kierkegaard
ihm unter Zugrundelegung von Joh 14,6 ausdrücklich zuspricht, nur eine
abkünftige, abhängige Folge der Wahrheit, nämlich seines eigenen, personalen Seins, sei.[10] Die Unwahrheit aber liegt nach Kierkegaard erst im
Versuch bzw. der Annahme einer Trennung des Wissens der Wahrheit
vom Sein der Wahrheit, weil man die Wahrheit nur in dem Maße wissen
könne, in dem man sie sei bzw. ihr ähnlich sei;[11] für den Gläubigen, weil
dieser die Wahrheit genau genommen gar nicht wissen könne; denn wenn
er als Gläubiger weiß, daß Christi Leben die Wahrheit ist, dann müsse
er somit auch wissen, daß die Wahrheit nicht in einem Wissen, sondern in
einem Sein besteht.[12] Die Behauptung, die Wahrheit bestehe im Wissen
der Wahrheit, aber ist, wie Kierkegaard zutreffend feststellt, zirkulär, woraus er dann allerdings zu Unrecht zwingend schließen zu können glaubt,
daß das Wissen nur in einem äußerlich bleibenden Verhältnis zur Wahrheit stehen könne, während die Wahrheit selbst in keinem Wissen, sondern in einem existentiellen Sein bzw. in einem personalen Leben bestehen müsse.[13] Mit anderen Worten: Erst wenn auf die Frage nach dem

---

[10] Vgl. Sören Kierkegaard, *Einübung im Christentum*, 215: „Nicht, als ob er (sc. Christus)
   nicht gewußt hätte, was Wahrheit ist; wenn man aber die Wahrheit selber ist, und die Forderung darin besteht, die Wahrheit zu sein, so ist das Wissen um die Wahrheit eine Unwahrheit. Denn die Wahrheit wissen ist etwas, das ganz von selbst daraus folgt, daß man
   die Wahrheit ist, nicht umgekehrt".

[11] Vgl. Sören Kierkegaard, *Einübung im Christentum*, 215: „Und eben darum wird es Unwahrheit, wenn die Wahrheit wissen von dem die Wahrheit sein geschieden wird, oder
   wenn die Wahrheit wissen mit dem die Wahrheit sein gleichgesetzt wird, wo es sich doch
   tatsächlich umgekehrt verhält: die Wahrheit sein ist eins mit dem die Wahrheit wissen, und
   Christus hätte nie die Wahrheit gewußt, wenn er sie nicht gewesen wäre; und kein Mensch
   weiß mehr von der Wahrheit, als was er von der Wahrheit ist."

[12] Vgl. Sören Kierkegaard, *Einübung im Christentum*, 215: „Ja, man kann die Wahrheit eigentlich gar nicht wissen; denn weiß man die Wahrheit, so muß man ja auch wissen, daß die
   Wahrheit darin besteht, die Wahrheit zu sein, und dann weiß man ja auch durch sein Wissen um die Wahrheit, daß die Wahrheit wissen eine Unwahrheit ist."

[13] Vgl. Sören Kierkegaard, *Einübung im Christentum*, 215: „Will man sagen, daß man durch
   das Wissen der Wahrheit die Wahrheit selber sei, so drückt man es ja selber aus, daß die

Wesen der Wahrheit die Antwort gegeben werde, daß sie ein personales Sein bzw. Leben sei, komme diese Frage gleichsam zur Ruhe, sei sie hinreichend beantwortet. Aus seiner biblisch motivierten Annahme, daß die Wahrheit wesenhaft personales Leben und Sein und in vollkommener Gestalt dasjenige Jesu Christi ist, leitet Kierkegaard die Annahme ab, daß die Menschen die Wahrheit nur in dem Maße zu erkennen vermögen, in dem sie in ihnen lebendig geworden ist, d.h. in dem sie sich diese existentiell angeeignet haben.[14] Diese Konsequenz setzt allerdings die Gültigkeit des erkenntnistheoretischen similia-similibus-Grundsatzes unausgesprochen voraus, nach dem das Sein (und, sofern vorhanden, die Erkenntnisweise) eines Erkenntnisgegenstandes nur von einem solchen Erkenntnissubjekt erkannt werden kann, welches seinem Erkenntnisgegenstand, sei es natürlicherweise, sei es (gnadenhaft) geschenkter- bzw. geliehenerweise, ähnlich ist.[15] Denn erst unter dieser Voraussetzung ist die Annahme richtig, daß das Leben Jesu Christi als die Wahrheit nur in dem Maße von einer Person erkannt werden könne, in dem deren Leben diesem vorbildlichen Leben qualitativ entspricht bzw. ähnlich ist. Es ist verständlich, daß Kierkegaard im Ausgang von diesem Ansatz ein intellektuelles bzw.

Wahrheit ist: die Wahrheit sein, indem man sagt: die Wahrheit wissen sei die Wahrheit sein, da man im andern Fall sagen müßte: die Wahrheit ist die Wahrheit wissen, sonst kommt die Frage nach der Wahrheit ja aufs neue, so daß die Frage nicht beantwortet, sondern die entscheidende Beantwortung nur aufgeschoben wäre, indem man ja nun wiederum müßte wissen können, ob man die Wahrheit ist oder nicht. – Das heißt also: das Wissen steht in Beziehung zur Wahrheit, aber solange bin ich unwahr außerhalb meiner selbst; denn in mir, das heißt, wenn ich wahrhaft in mir bin [nicht unwahr außerhalb meiner selbst], ist die Wahrheit, falls sie da ist, ein Sein, ein *Leben*."

[14] Vgl. Sören Kierkegaard, *Einübung im Christentum*, 215 f.: „Deshalb heißt es: ›Das ist das ewige Leben, den allein wahren Gott zu erkennen und den er gesandt hat‹, die Wahrheit. Das heißt: Nur dann erkenne ich die Wahrheit in Wahrheit, wenn sie in mir ein Leben wird. Deshalb vergleicht Christus die Wahrheit mit der Speise und die Wahrheit sich aneignen mit dem Essen; denn gleichwie leiblich die Speise durch ihre Aneignung [Assimilierung] das Leben erhält, so ist auch geistlich die Wahrheit sowohl das, was das Leben gibt, als auch das, was das Leben erhält – sie ist das Leben selber." Die von Kierkegaard zitierte Schriftstelle ist Joh 17,3.

[15] Zur Geschichte dieses in seiner sineswahrnehmungstheoretischen Anwendung schon auf Empedokles zurückgehenden Axioms in der griechischen und christlichen Antike vgl. die informativen Ausführungen von A. Schneider, 1923, 65–76; noch Goethe hat – unter Rückgriff auf Platons (vgl. Polit. 508e6–509a2) und Plotins (Enn. I,6,9,31–34) Theorem von der Licht- bzw. Sonnenartigkeit des Sehsinnes bzw. des Auges, welches das Licht sehen könne bzw. der Ähnlichkeit des noetischen Erkennens mit dem Guten selbst bzw. der menschlichen Geistseele mit dem göttlich Schönen und damit von der ὅμοιον-ὁμοίῳ-Lehre als der erkenntnistheoretischen Bedingung des geistigen Sehens des Guten und Schönen – diesen Grundsatz in seiner sineswahrnehmungstheoretischen und mystischen Bedeutung zustimmend aufgegriffen und mit den folgenden unnachahmlichen Worten zum Ausdruck gebracht: „Wär' nicht das Auge sonnenhaft, wie könnten wir das Licht erblicken? Lebt' nicht in uns des Gottes eigne Kraft, wie könnt' uns Göttliches entzücken?" (Weimarer Ausgabe, I. Abt., 3. Bd., S. 279).

genauer spekulatives Verständnis der Wahrheit des Christentums im Anschluß an Hegel einer heftigen, nicht selten auch polemischen Kritik unterzieht.[16]

1.2.4. Der grundlegende Unterschied zwischen dem Wegcharakter der christlich verstandenen existentiellen Wahrheit und dem Ergebnischarakter der Sachwahrheiten

Um die Eigenart der christlich verstandenen Wahrheit noch schärfer zu konturieren, zeigt Kierkegaard ihren Unterschied zu den vielen Sachwahrheiten wie vor allem wissenschaftlichen Tatsachenwahrheiten deutlich auf: Während für die christlich verstandene Wahrheit als ein bestimmter persönlicher Lebensweg ihr Wegcharakter konstitutiv ist, besitzen alle Sachwahrheiten wie etwa die wissenschaftlich gesicherten Tatsachenwahrheiten den Charakter eines Ergebnisses, für das, sobald es als ein gesichertes feststeht, der Forschungs- und Untersuchungsweg, der zu diesem Ergebnis führte, zu einem sekundären Hilfsmittel wird.[17] Denn vom Standpunkt des Ergebnisses aus kann der Weg, der den Finder dieser Ergebniswahrheit zu ihr geführt hat, durchaus abgekürzt werden und gegebenenfalls sogar ganz wegfallen, weil er nur in einem zufälligen Verhältnis zur Wahrheit steht. Im Unterschied hierzu eignet nach Kierkegaard der christlich verstandenen Wahrheit, d.h. der geschichtlichen Persönlichkeit Jesu von Nazareth, der Charakter eines Lebensweges, der gerade nicht abgekürzt werden oder gar wegfallen kann, ohne daß damit auch die Wahrheit beschädigt oder aufgehoben würde.[18] Das Christentum sei daher Wahrheit

---

[16] Vgl. Sören Kierkegaard, *Einübung im Christentum*, 215 f.: „Und nun erkennt man, welche ungeheuerliche Verwirrung – fast die denkbar größte, die es überhaupt gibt – es ist, das Christentum dozieren zu wollen; und zugleich erkennt man, wie das Christentum durch dieses fortwährende Dozieren verändert worden ist, indem jetzt alle Ausdrücke so gebildet werden, daß die Wahrheit ein Erkennen und Wissen sei [man spricht ja immerfort von begreifen, spekulieren, betrachten usw.], während im ursprünglichen Christentum dagegen alle Ausdrücke daraufhin gebildet waren, daß die Wahrheit ein Sein ist."

[17] Bei Erfindungen etwa in den Bereichen von Wissenschaft, Technik und Kunst „ist die Wahrheit ein Ergebnis, hier liegt der Nachdruck nicht auf dem ›Weg‹, und auf ›jedem einzelnen‹, der vor Gott verantwortlich für sich selbst zu entscheiden hat, ob er auf diesem Weg gehen will oder nicht" (Sören Kierkegaard, *Einübung im Christentum*, 219).

[18] Vgl. Sören Kierkegaard, *Einübung im Christentum*, 216: „Es besteht ein Unterschied zwischen Wahrheit und Wahrheiten, und dieser Unterschied läßt sich besonders deutlich an der Bestimmung ›sein‹ erkennen, oder daran, daß zwischen dem ›Wege‹ und der schließlichen Entscheidung, was am Ende erreicht wird: dem ›Ergebnis‹ unterschieden wird. Im Verhältnis zu jener Wahrheit, bei der ein Unterschied besteht zwischen dem Wege und dem, was man erreicht dadurch, daß man auf diesem Weg geht oder gegangen ist, kann für den Nachfolgenden im Vergleich zu dem Vorangehenden eine Veränderung eintreten, indem jener an einer anderen Stelle beginnen kann als dieser, viel leichter dorthin gelangen kann – indem also kurz und gut die Veränderung, die geschieht, darin besteht, daß der Weg

ausschließlich im Sinne des Weges und nicht im Sinne des Ergebnisses; das Mißverständnis der christlichen Wahrheit als einer Ergebniswahrheit führe nur zu der illusionären Annahme, daß es bereits hier auf Erden eine triumphierende Kirche geben könne, während in Wahrheit doch nur eine streitende Kirche die ihr, der Kirche, innerzeitlich angemessene Erscheinungsform darstelle.[19] Aus dem Wegcharakter der christlichen Wahrheit folgt für Kierkegaard auch, daß der wahre Christ nur der Nachfolger Christi sein kann, während derjenige, der die christliche Wahrheit nur bewundere, zu ihrem Verräter werde, sobald er ernsthaft in Gefahr gerate.[20] Schließlich liegt in der Annahme, daß Christus kein Lehrer der Wahrheit, mithin kein Denker gewesen, sondern daß sein Lebensweg die Wahrheit selbst ist, zugleich auch die Einsicht, daß die christlich verstandene Wahrheit unendlich viel höher steht als jede theoretische Wahrheit, die jemals von Menschen

---

abgekürzt wird, ja in einzelnen Fällen derartig verkürzt wird, daß der Weg gleichsam ganz fortfällt. Wenn aber die Wahrheit den Weg selber, die Wahrheit *sein*, ein Leben bedeutet – und so spricht ja Christus von sich selbst: ich bin die Wahrheit und der Weg und das Leben –, dann ist in dem Verhältnis zwischen Vorangehenden und Nachfolgenden keine wesentliche Veränderung denkbar. Die Veränderung bestand ja darin, daß der Weg abgekürzt wurde, was möglich war, da der Weg nicht wesentlich gleichbedeutend war mit der Wahrheit selbst. Wenn aber die Wahrheit selbst der Weg ist, so kann der Weg ja nicht verkürzt werden oder gar fortfallen, ohne daß die Wahrheit wiederum entstellt wird oder gar wegfällt." Zum zufälligen Verhältnis des Weges zur Wahrheit bei der Ergebnis-Wahrheit vgl. ebd., 220.

[19] Vgl. Sören Kierkegaard, *Einübung im Christentum*, 216 f.: „Denn was das Christentum völlig verwirrt hat und zum großen Teil die Einbildung von der triumphierenden Kirche hervorgerufen hat, ist gerade, daß man das Christentum als Wahrheit im Sinne des Ergebnisses betrachtet hat, während es Wahrheit im Sinne des ›Weges‹ ist." Ebd., 218 f.: „Da gibt es also keine Veranlassung oder Gelegenheit zu triumphieren; denn nur der könnte triumphieren, der den Weg bereits zurückgelegt hätte, aber der ist nicht mehr in dieser Welt, er ist in die Herrlichkeit eingegangen, wie Christus ja auch der Weg war, als er gen Himmel fuhr. [...] Will man dies festhalten, was ja Christi eigene Aussage ist, daß die Wahrheit der Weg ist, so wird man immer deutlicher einsehen, daß eine triumphierende Kirche in dieser Welt eine Einbildung ist, daß in dieser Welt in Wahrheit nur von einer streitenden Kirche die Rede sein kann. Aber die streitende Kirche steht im Verhältnis zu Christus in seiner Niedrigkeit und fühlt sich so zu ihm hingezogen; die triumphierende Kirche hat Christi Kirche mißbraucht. Dies einleuchtend zu machen, ist die Aufgabe dieser Darstellung, wobei man nie vergessen darf, daß unter der triumphierenden Kirche immer eine Kirche zu verstehen ist, die in dieser Welt triumphieren will; denn eine in der Ewigkeit triumphierende Kirche ist ja ganz in der Ordnung, der Aufnahme Christi in die Herrlichkeit entsprechend."

[20] Vgl. Sören Kierkegaard, *Einübung im Christentum*, 244 f.: „Mit der Darstellung dieses Unterschiedes, *des Unterschiedes zwischen dem Bewunderer und dem Nachfolger*, möchte diese Darstellung das Christentum zu beleuchten versuchen, [...]" Zu Kierkegaards vernichtendem Urteil über den bloßen Bewunderer der christlichen Wahrheit vgl. ebd., 254: „Denn es ist ebenso leicht zu berechnen wie die Sterne, daß derjenige, der im Verhältnis zur Wahrheit nur ein Bewunderer ist, zum Verräter werden muß, sobald Gefahr kommt. ›Der Bewunderer‹ ist nur weichlich und selbstisch in das Große verliebt; kommt eine Schwierigkeit oder eine Gefahr, so zieht er sich zurück; läßt sich das nicht machen, so wird er zum Verräter, um doch auf diese Weise von dem einst Bewunderten loszukommen."

erkannt wurde, erkannt wird und erkannt werden wird; und zwar um so viel höher steht als der Gott-Mensch selbst über allem Nicht-Göttlichen steht, nämlich unendlich viel höher.[21]

1.3.   Kierkegaards wahrheitstheoretische Reflexionen in seinen Schriften über sich selbst

1.3.1.   Der Einzelne als Träger, Mitteilender und Adressat der Wahrheit – die Menge als die Unwahrheit

Weil eine einzige und einzelne Person, die Jesu Christi, die Wahrheit selbst ist, verhält sich die Wahrheit, wie Kierkegaard in fast beschwörendem Tonfall hervorhebt, wesenhaft zum Einzelnen und nicht zur Menge oder Masse, die als solche, da ja ein Einzelner die Wahrheit ist, vielmehr die Unwahrheit und damit als Wahrheitskriterium bzw. -instanz völlig ungeeignet ist.[22] Daß die Menge selbst dann, wenn sie als die vielen Einzelnen betrachtet wird, eo ipso Unwahrheit sein soll, folgt aus Kierkegaards andernorts dokumentierter Annahme, daß die Wahrheit in dieser Welt stets in der Minderheit und damit physisch unterlegen ist.[23] Doch kehren wir zur zentralen

---

[21] Vgl. Sören Kierkegaard, *Einübung im Christentum*, 219f.: „Wäre Christus z.B. ein Lehrer der Wahrheit, ein Denker gewesen, der eine Entdeckung gemacht oder etwas ergründet hätte, was ihm vielleicht unbeschreibliches Kopfzerbrechen gekostet hätte, was aber dann auch [weil eben der ›Weg‹ nur in einem zufälligen Verhältnis zur Wahrheit stand] ein Ergebnis werden könnte: dann wäre es durchaus richtig, daß das streitende Geschlecht sich ohne weiteres triumphierend dazu verhielte. [...] hier soll nur hinzugefügt werden, daß Christi Lehre deshalb unendlich erhaben über alle Erfindungen der Zeit und der Zeiten ist, daß sie deshalb eine Ewigkeit älter ist und eine Ewigkeit höher steht als alle Systeme, als selbst das allerneueste, auch höher als das, was in 10 000 Jahren das allerneueste sein wird, weil seine Lehre die Wahrheit ist, aber in dem Sinne, daß die Wahrheit der Weg ist und er als der Gott-Mensch selbst der Weg ist und bleibt, was kein Mensch, so eifrig er auch bekennen mag, daß die Wahrheit der Weg ist, von sich zu sagen wagen würde, ohne eine Gotteslästerung zu begehen."

[22] Vgl. Sören Kierkegaard, *Der Gesichtspunkt für meine Wirksamkeit als Schriftsteller, Beilage „Der Einzelne. Zwei Noten betreffs meiner Wirksamkeit als Schriftsteller"*, übers. von E. Hirsch [= GW 33], Düsseldorf / Köln 1951, 102: „Menge ist die Unwahrheit. Darum wurde Christus gekreuzigt, weil er, ob er sich gleich an alle wandte, nicht mit Menge zu schaffen haben wollte, weil er auf keinerlei Weise eine Menge zu Hilfe haben wollte, weil er in dieser Hinsicht unbedingt der Abstoßende war, Parteiung nicht stiften, Abstimmung nicht zulassen wollte, sondern das sein was er war, die Wahrheit, die zum Einzelnen sich verhält." Ebd., 103: „Wenn sie dagegen als Instanz im Verhältnis zur ‚Wahrheit‘ behandelt wird, ihr Spruch als *der* Spruch, so verabscheut er, der Wahrheitszeuge, die ‚Menge‘ mehr als das züchtige junge Mädchen den Tanzboden. Und die, welche zu ‚Menge‘ als zu einer Instanz sprechen, sieht er für Werkzeuge der Unwahrheit an. [...] Menge ist die Unwahrheit."

[23] Vgl. Sören Kierkegaard, *Hat ein Mensch das Recht, sich für die Wahrheit totschlagen zu lassen?*, in: Ders., *Kleine Schriften 1848/49* [= GW 21/22/23], Düsseldorf / Köln 1960, 113:

Bedeutung der Kategorie des Einzelnen im Christentum nach Kierkegaard zurück: Weil ein Einzelner in seiner Einzelheit Träger der Wahrheit, ja die Wahrheit selbst ist, kann daher auch nur der Einzelne Adressat oder Empfänger der Mitteilung der Wahrheit sein.[24] Die christliche Wahrheit richtet sich daher auch dort, wo sie zugleich vielen verkündet wird, stets nur an den Einzelnen. Schließlich kann auch der die Wahrheit Mitteilende nur ein Einzelner sein. Denn mitgeteilt werden kann die Wahrheit nur durch den einzelnen Wahrheitszeugen und sein konkretes Leben, weil die existentielle Wahrheit selbst konkret und vereinzelt ist und daher in einem Gegensatzverhältnis zum Abstrakten und Unpersönlichen, mithin zur Menge und zum Publikum steht.[25] Es kommt hinzu, daß die Wahrheit überhaupt nur mitgeteilt und empfangen werden kann durch Gottes Gnade. Da nämlich die Wahrheit ein gottmenschliches Leben ist, kann diese weder ohne göttliche Wirkkraft dem einzelnen Menschen vermittelt und zugänglich gemacht noch von ihm angeeignet bzw. empfangen werden; Gott in Jesus Christus ist also nicht nur die Wahrheit, sondern auch, wie Kierkegaard dies ausdrückt, ihre „Zwischenbestimmung".[26]

Wem daher die Menge zur Wahrheitsinstanz geworden ist, der sucht nicht nur weltlichen und zeitlichen Vorteil, sondern er verleugnet, so Kierkegaard, zugleich auch Gott, weil er die Unwahrheit zur Wahrheit macht.[27]

„Bereits sokratisch geurteilt, und noch entschiedener der Lehre des Christentums gemäß, ist die Wahrheit in der Minderheit, sind daher gerade ‚die vielen' ein Kriterium der Unwahrheit, ist gerade das Sieghafte der Zeiger, welcher die Unwahrheit verrät. Ist aber die Wahrheit in der Minderheit, so müssen die Kennzeichen dafür, daß jemand in der Wahrheit ist, polemisch werden, sich umkehren: nicht Jubel und Beifall sind das Kennzeichen, sondern Mißfallen."

[24] Vgl. Sören Kierkegaard, *Der Gesichtspunkt für meine Wirksamkeit als Schriftsteller, Beilage „Der Einzelne. Zwei Noten betreffs meiner Wirksamkeit als Schriftsteller"*, 104: „[S]odann, ihre (sc. der Wahrheit) Mitteilung verhält sich zum Einzelnen; denn diese Lebensbetrachtung, der Einzelne, ist eben die Wahrheit."

[25] Vgl. Sören Kierkegaard, *Der Gesichtspunkt für meine Wirksamkeit als Schriftsteller, Beilage „Der Einzelne. Zwei Noten betreffs meiner Wirksamkeit als Schriftsteller"*, 104: „der sie Mitteilende ist nur ein Einzelner".

[26] Vgl. Sören Kierkegaard, *Der Gesichtspunkt für meine Wirksamkeit als Schriftsteller, Beilage „Der Einzelne. Zwei Noten betreffs meiner Wirksamkeit als Schriftsteller"*, 104f.: „Die Wahrheit kann weder mitgeteilt noch empfangen werden außer gleichsam vor Gottes Augen, außer mit Gottes Hilfe, außer so daß Gott mit dabei ist, die Zwischenbestimmung ist, wie er denn die Wahrheit ist. Sie kann daher weder mitgeteilt noch empfangen werden außer vom ‚Einzelnen', der, um des willen, jeder einzige Mensch sein könnte, der lebt; die Bestimmung ist lediglich die der Wahrheit im Gegensatz zu dem Abstrakten, Phantastischen, Unpersönlichen, ‚Menge' – ‚Publikum', welches Gott als Zwischenbestimmung ausschließt (denn der *persönliche* Gott kann nicht die Zwischenbestimmung sein in einem *unpersönlichen* Verhältnis), und dadurch auch die Wahrheit ausschließt, denn Gott ist die Wahrheit und ihre Zwischenbestimmung."

[27] Vgl. Sören Kierkegaard, *Der Gesichtspunkt für meine Wirksamkeit als Schriftsteller, Beilage „Der Einzelne. Zwei Noten betreffs meiner Wirksamkeit als Schriftsteller"*, 105: „aber ‚Menge' ethisch-religiös als Instanz in Beziehung auf ‚Wahrheit' anerkennen, heißt Gott leugnen

Im Unterschied hierzu lebt christlich wahrhaftig bzw. wahrheitsgemäß derjenige, welcher den Nächsten, das aber heißt: den, der gleich mir ein Einzelner ist, ehrt und liebt.[28] Denn durch seine Nächstenliebe bringt der
Christ jene Einheit von Wahrheit und vollkommener Liebe zum Ausdruck,
die Christus selbst ist.[29]

1.4.   Kierkegaards Antwort auf die Frage: „Hat ein Mensch das Recht, sich für die Wahrheit totschlagen zu lassen?"

In einer kleinen, gegen Ende 1847 entstandenen ethisch-religiösen Abhandlung befaßt sich Sören Kierkegaard intensiv mit der Frage „Hat ein Mensch
das Recht, sich für die Wahrheit totschlagen zu lassen?" Die Relevanz dieser
auf den ersten Blick befremdlich anmutenden Fragestellung erläutert Kierkegaard mit der Entscheidungsbedürftigkeit der Kollision zweier Pflichten:
Auf der einen Seite steht die Pflicht des Menschen, seinem Bekenntnis zur
Wahrheit treu zu bleiben; auf der anderen Seite steht in diesem Fall die
Pflicht jedes Menschen gegenüber seinen Mitmenschen, diese nicht eines
Mordes schuldig werden zu lassen.[30] Denn der zum Märtyrer werdende

---

und kann darum auch unmöglich ‚Nächstenliebe' sein. […] Jedoch niemals habe ich in der
heiligen Schrift das Gebot gelesen: du sollst die Menge lieben, erst recht nicht: du sollst in
der Menge, ethisch-religiös, die Instanz in Beziehung auf Wahrheit anerkennen. Doch es
versteht sich, seinen Nächsten lieben ist Selbstverleugnung, die Menge lieben oder so tun
als ob man sie liebte, sie zur Instanz für ‚die Wahrheit' machen, es ist der Weg im Sinnenfälligen zur Macht zu kommen, der Weg zu allerlei zeitlichem und weltlichen Vorteil – zugleich ist es die Unwahrheit; denn Menge ist die Unwahrheit."

[28] Vgl. Sören Kierkegaard, *Der Gesichtspunkt für meine Wirksamkeit als Schriftsteller, Beilage
„Der Einzelne. Zwei Noten betreffs meiner Wirksamkeit als Schriftsteller"*, 105: „Und jeden
einzelnen Menschen ehren, unbedingt jeden Menschen, das ist die Wahrheit und ist Got-
tesfurcht und ‚Nächstenliebe' […]. Und der ‚Nächste', das ist der schlechthin wahre Ausdruck für echt menschliche Gleichheit; wofern ein jeder seinen Nächsten liebte als sich
selbst, so wäre vollkommene menschliche Gleichheit schlechthin erreicht; jeder, der in
Wahrheit seinen Nächsten liebt, drückt unbedingt menschliche Gleichheit aus; und ob er
auch, gleich mir, gestehe, daß sein Streben schwach und unvollkommen sei, jeder, der darauf aufmerksam ist, daß es die Aufgabe ist, den Nächsten zu lieben, der ist auch darauf aufmerksam, was menschliche Gleichheit ist."

[29] Vgl. Sören Kierkegaard, *Hat ein Mensch das Recht, sich für die Wahrheit totschlagen zu lassen?*,
113 f.: „Eben diese Liebe in ihrer ewigen göttlichen Vollkommenheit, sie ist da in Ihm gewesen, welcher als die Wahrheit schlechthin und unbedingt dem Ausdruck geben mußte, daß
Er die Wahrheit war, und der deshalb die gottlose Welt dergestalt schuldig werden lassen
mußte – und eben diese Liebe in Ihm ist es gewesen, die für seine Feinde gebeten. […] Aber
als Er sich aus Liebe opferte, da hat Er (und wiederum deshalb heißt Er das ‚Opfer') in Liebe
auch der Sache Seiner Feinde gedacht. Dies ist die Einheit der ‚Wahrheit' und der ‚Liebe'."

[30] Vgl. Sören Kierkegaard, *Hat ein Mensch das Recht, sich für die Wahrheit totschlagen zu lassen?*, 93: „Hab ich nun dazu das Recht, oder hat ein Mensch das Recht, es um der Wahrheit
willen zuzulassen, daß andre eines Mordes schuldig werden? Ist es *meine Pflicht gegen die
Wahrheit*, so zu tun, oder aber gebietet mir *meine Pflicht gegen meine Mitmenschen* nicht

Wahrheitszeuge ist seinen Mördern in Wahrheit überlegen, weil, wie Kierkegaard voraussetzt, er die Wahrheit auf seiner Seite hat.[31] Denn die Wahrheit sei „allezeit die Stärkere",[32] so daß der Märtyrer seine Mörder in Wahrheit in seiner Gewalt habe.[33] Kierkegaards Frage danach, was ein Mensch dadurch erreicht, daß er ein Opfer für die Wahrheit wird, vermag die genannte Pflichtenkollision und damit die der ganzen Untersuchung gestellte Frage nicht zu entscheiden, fragt sie doch nur nach dem Gewinn bzw. dem Nutzen des Martyriums;[34] diesen sieht Kierkegaard in dreierlei: einmal in der unbedingten Erfüllung seiner Pflicht zur Treue gegenüber der Wahrheit.[35] Zum zweiten verhilft der Wahrheitszeuge gerade durch sein Martyrium der Wahrheit zum Sieg über die Unwahrheit, denn der physische Triumph der Unwahrheit über die Wahrheit schlägt nach dem Tode des Wahrheitszeugen erfahrungsgemäß um in eine Niederlage, weil die Mörder nach dem Wegfall ihres Gegners erschlaffen und schwach werden.[36] Schließlich wird drittens der Tod des Wahrheitszeugen „um der Wahrheit willen künftigen Geschlechtern als erweckliches Vorbild vor Augen stehen".[37]

---

eher, ein wenig nachzugeben? Wie weit geht meine Pflicht gegen die Wahrheit, und wie weit geht meine Pflicht gegen andre?"

[31] Vgl. Sören Kierkegaard, *Hat ein Mensch das Recht, sich für die Wahrheit totschlagen zu lassen?*, 94: „Wenn nämlich ein Mensch im Vergleich mit andern die Wahrheit wirklich entscheidend auf seiner Seite hat (und falls davon die Rede sein soll, für die Wahrheit getötet zu werden, muß er das ja haben), so ist er auch entscheidend der Überlegene." Das gerade in den letzten Jahren aus gegebenem Anlaß vieldiskutierte Faktum religiöser Fanatiker, und zwar vor allem selbsternannter Märtyrer und ihres Mißbrauchs der Rede, sich für die Wahrheit töten zu lassen, wird von Kierkegaard nicht in den Blick genommen.

[32] Sören Kierkegaard, *Hat ein Mensch das Recht, sich für die Wahrheit totschlagen zu lassen?*, 99.

[33] Vgl. Sören Kierkegaard, *Hat ein Mensch das Recht, sich für die Wahrheit totschlagen zu lassen?*, 99: „[U]nd er (sc. der Wahrheitszeuge) hat die andern eben dadurch in seiner Gewalt, daß er sie *zwingen* kann, ihn umzubringen, denn er ist der Freie und weiß es: die Unfreien sind dermaßen in der Gewalt der Unwahrheit, daß sie ihn zu Tode bringen müssen, falls er das Wahre auf die und die Art sagt."

[34] Vgl. Sören Kierkegaard, *Hat ein Mensch das Recht, sich für die Wahrheit totschlagen zu lassen?*, 97: „Was erreicht ein *Mensch* damit, daß er ein Opfer für die Wahrheit wird, oder [...] damit, daß er andre schuldig werden läßt an seinem Tode für die Wahrheit."

[35] Vgl. Sören Kierkegaard, *Hat ein Mensch das Recht, sich für die Wahrheit totschlagen zu lassen?*, 97: „*Erstens*, er erreicht, daß er sich selbst treu bleibt, daß er seine Pflicht gegen die Wahrheit unbedingt erfüllt."

[36] Vgl. Sören Kierkegaard, *Hat ein Mensch das Recht, sich für die Wahrheit totschlagen zu lassen?*, 97: „*Zweitens*, vielleicht erreicht er überdies, daß er durch seinen unschuldigen Tod erwecklich wird, und dergestalt der Wahrheit siegen hilft. Es ist völlig gewiß: wenn die Menschen sich wider die Wahrheit verstockt haben, so gibt es kein Mittel, welches ihr dermaßen Eingang verschafft, als wenn man ihnen die Freiheit läßt, den Wahrheitszeugen umzubringen. Genau in dem Augenblick, da die Unwahrheit ihn ums Leben gebracht, wird ihr angst vor ihr selber, vor dem, was sie getan, wird sie machtlos dank ihrem Siege, welcher gerade der Unwahrheit Niederlage ist; jetzt, wo sie ihn, den Wahrheitszeugen, nicht mehr hat, um wider ihn zu kämpfen, wird sie schwach. Denn eben sein Widerstand hat der Unwahrheit Kräfte verliehen".

[37] Sören Kierkegaard, *Hat ein Mensch das Recht, sich für die Wahrheit totschlagen zu lassen?*, 98.

Seine Ausgangsfrage und damit die genannte Pflichtenkollision entscheidet Kierkegaard in folgenden Schritten:

Wer im sicheren Besitz der Wahrheit ist, würde eine unendliche Schuld auf sich nehmen, wenn er sich nicht auch um den Preis seines physischen Lebens zur Wahrheit bekennen und nicht auch um ihretwillen den Tod erleiden würde; im sicheren Besitz der Wahrheit aber ist nur der, welcher die Wahrheit selbst ist, d. h. Christus; daher durfte, ja sollte sich Christus für die Wahrheit totschlagen lassen.[38] Alle anderen Menschen aber stehen in einem gemeinsamen und gleichen Grundverhältnis zu dem Gottmenschen: Sie sind, mehr oder weniger, Sünder, während Er der Reine ist. Daher kann keiner von ihnen zu Recht behaupten, im sicheren Besitz der Wahrheit zu sein. Folglich darf kein Mensch um der Wahrheit willen andere daran schuldig werden lassen, ihn zu töten.[39] Doch Kierkegaard schränkt diese Konsequenz in der Form sogleich wieder ein, dass sie nur für das Verhältnis von Nichtchristen zueinander und von Christen zueinander gelten dürfe, weil diese jeweils im prinzipiell gleichen Verhältnis zur Wahrheit stehen.[40] Dies

---

[38] Vgl. Sören Kierkegaard, *Hat ein Mensch das Recht, sich für die Wahrheit totschlagen zu lassen?*, 111: „Er (sc. Christus) war nicht ein *Mensch*, Er war die Wahrheit; Er konnte darum nicht anders als die sündige Welt an Seinem Tode schuldig werden lassen."

[39] Zum ganzen vgl. Sören Kierkegaard, *Hat ein Mensch das Recht, sich für die Wahrheit totschlagen zu lassen?*, 109 f.: „Wäre es nun einem Menschen möglich, im absoluten Besitz der Wahrheit zu sein, so wäre solch ein Verhalten (sc. nachzugeben, wenn sein Leben bedroht ist) schlechthin unverantwortlich, eine unendliche Schuld; denn wer die Wahrheit ist, der darf nicht im kleinsten Stücke nachgeben. Aber in dieser Lage ist doch wohl kein Mensch, am allerwenigsten denn im Verhältnis zu andern Menschen. Ein jeder Mensch ist selbst ein Sünder. Sein Verhältnis ist somit nicht das des Reinen zu Sündern, sondern das des Sünders zu Sündern; so ergibt es sich aus dem gemeinsamen Grundverhältnis aller Menschen zu Christus. Hier ist also gleich auf gleich. Innerhalb der Gleichheit dieses Grundverhältnisses ist er von den andern nur insofern verschieden, als er die Wahrheit auf etwas wahrere Art verstanden hat, oder sie auf etwas innerliche Art besitzt. [...] Ich bin mithin der Meinung, daß ein *Mensch* nicht das Recht hat, sich für die Wahrheit totschlagen zu lassen." Vgl. auch ebd., 109: „Nein, eine noch größere Anmaßung ist es, wenn man meint, dermaßen im Besitz der Wahrheit zu sein, daß man den Tod erleidet um der Wahrheit willen, daß man andere daran schuldig werden läßt, einen zu töten um der Wahrheit willen."

[40] Vgl. Sören Kierkegaard, *Hat ein Mensch das Recht, sich für die Wahrheit totschlagen zu lassen?*, 113: „Im Verhältnis zu andern Menschen, oder als Christ in dem zu andern Christen, darf jedoch kein einzelner Mensch oder kein einzelner Christ meinen, schlechthin und unbedingt im Besitz der Wahrheit zu sein: mithin darf er andre nicht daran schuldig werden lassen, daß sie ihn für die Wahrheit zu Tode bringen. Mit andern Worten: tut er es doch, so geschieht es eigentlich nicht *für die Wahrheit*, es ist vielmehr etwas *Unwahres* darin. Das Unwahre liegt alsdann darin, daß der auf diese Art Kämpfende sich rein polemisch zu den andern verhält, daß er bloß an sich denkt, und nicht in Liebe die Sache der andern bedenkt." Ebd., 111 f.: „Als Christ im Verhältnis zu andern Christen darf ich nicht in so hohem Maße den Anspruch erheben, im Besitz der Wahrheit zu sein; in Entgegensetzung wider sie darf ich nicht den Anspruch erheben, im absoluten Besitz der Wahrheit zu sein [...]: mithin darf ich ihnen gegenüber auch nicht den absoluten Ausdruck dafür brauchen, daß ich in Entgegensetzung wider sie eine absolute Pflicht gegen die Wahrheit habe, ich darf sie

gelte jedoch nicht für das Verhältnis von Christen zu Nicht-Christen, also Heiden. Denn hier könne der Christ mit Wahrheit behaupten, die absolute Wahrheit zu besitzen, hier bestehe ein absoluter qualitativer Unterschied zwischen Christen und Nichtchristen, so daß sich ein Christ von Heiden gegebenenfalls auch totschlagen lassen dürfe.[41] Sowohl die Dignität dieses Arguments ist mit guten Gründen bezweifelbar als auch der Umstand, daß Kierkegaard das religiöse Martyrium als eine Erfindung des Christentums bezeichnet, welches er vor allem in diesem Zusammenhang wiederholt „die Wahrheit" nennt bzw. mit der Wahrheit identifiziert.[42]

1.5. Das Christentum als die „paradoxe Wahrheit"

Es versteht sich, daß für Kierkegaard das Christentum nicht in seiner doktrinären Gestalt, sondern nur als der religiös ideale Lebensweg der Nachfolge Christi in einem bereits abgeleiteten Sinne dieses Wortes die Wahrheit sein kann.[43] Schließlich bezeichnet er das Christentum auch als eine „ewige Wahrheit", deren Gültigkeit vollkommen unabhängig ist von der Dauer ihres geschichtlichen Bestandes.[44] Von anderen ewigen Wahrheiten wie mathematischen oder ontologischen Sätzen aber unterscheide sich die ewige

---

nicht daran schuldig werden lassen, daß sie mich zu Tode bringen. Im Verhältnis zwischen Christ und Christ kann da ebenso wie im Verhältnis zwischen Mensch und Mensch lediglich ein relativer Unterschied sein."

[41] Vgl. Sören Kierkegaard, *Hat ein Mensch das Recht, sich für die Wahrheit totschlagen zu lassen?*, 111: „Mithin denn das abgeleitete Verhältnis zu Christus: wenn jemand Christ ist und zu Heiden in Beziehung steht, ist er dann nicht im Verhältnis zu ihnen in unbedingter Wahrheit? Hat aber ein Mensch im Verhältnis zu andern Menschen die Stellung, daß er mit Wahrheit behaupten kann, die absolute Wahrheit zu besitzen, so ist er im Recht, wenn er sich für die Wahrheit totschlagen läßt. Der Unterschied zwischen ihnen ist der schlechthin unbedingte, und daß er getötet wird, ist eben auch der absolute Ausdruck für den absoluten Unterschied." Ebd., 112: „und wo es sich um das Verhältnis zu Heiden handelt, besteht der Anspruch, im Besitz der absoluten Wahrheit zu sein".

[42] Vgl. Sören Kierkegaard, *Hat ein Mensch das Recht, sich für die Wahrheit totschlagen zu lassen?*, 111: „Eben weil das Christentum die Wahrheit ist, ist es seine eigentümliche Erfindung geworden, sich für die Wahrheit totschlagen zu lassen, sintemal das Christentum dadurch, daß es die Wahrheit ist, den unendlichen Abstand zwischen Wahrheit und Unwahrheit entdeckt hat." Vgl. auch *Einübung im Christentum*, 238: „Ich will nur der Wahrheit dienen, oder, was dasselbe ist, dem Christentum dienen."

[43] Vgl. Sören Kierkegaard, *Einübung im Christentum*, 217: Das Christentum ist Wahrheit im Sinne des Weges und nicht des Ergebnisses.

[44] Vgl. Sören Kierkegaard, *Das Buch Adler oder der Begriff des Auserwählten*, dt. von Th. Haecker, in: Ders., *Philosophisch-Theologische Schriften*, Köln / Olten, 1961, 475f.; der Ausdruck „ewige Wahrheit" ist für Kierkegaard eine Tautologie, da jede Wahrheit, die diesen Namen verdient, für ihn eine ewige, unveränderliche, zeitlos gültige Wahrheit ist, vgl. Ders., *Der Gesichtspunkt für meine Wirksamkeit als Schriftsteller, Beilage „Der Einzelne. Zwei Noten betreffs meiner Wirksamkeit als Schriftsteller"*, 103: „[U]nter ‚Wahrheit' verstehe ich überall ‚ewige Wahrheit'."

Wahrheit des Christentums durch ihren paradoxalen Charakter: „Das Christentum ist die paradoxe Wahrheit, es ist das Paradox: daß das Ewige einmal geworden ist in der Zeit."[45]

2.   Das anthropologische Wahrheitsverständnis Ludwig Feuerbachs

2.1.   Das Gattungswesen des Menschen als das „letzte Maass der Wahrheit" und die Übereinstimmung mit ihm als das Kriterium der Wahrheit

In seiner 1841 veröffentlichten Schrift *Das Wesen des Christenthums* vergöttlicht Feuerbach das menschliche Gattungswesen, dem er auf der Grundlage seiner Projektionstheorie schlechthin unübertreffliche und daher traditionell göttliche Seinsvollkommenheiten wie etwa (vollkommene) Einheit, Unendlichkeit und Liebe zuschreibt.[46] Zudem nimmt er an, daß das göttliche Gattungswesen des Menschen auch „das *letzte Maass der Wahrheit*"[47] sei. Folglich liege das Kriterium bzw. „erste Kennzeichen" der Wahrheit in der Übereinstimmung mit dem menschlichen Gattungswesen. Wahr ist also nach Feuerbach das und nur das, was mit dem Wesen bzw. der Gattung des Menschen übereinstimmt, falsch entsprechend das, was dem Wesen bzw. der Gattung des Menschen widerspricht.[48] Deren göttlich vollkommener Wesensreichtum offenbare sich nur in der Fülle der einzelnen menschlichen Individuen, ohne sich in ihnen zu erschöpfen; denn Einheit im Wesen sei Mannigfaltigkeit im Dasein.[49] In diesem Sinne vermenschlicht Feuerbach

---

[45] Sören Kierkegaard, *Das Buch Adler oder der Begriff des Auserwählten*, 477.

[46] Vgl. hierzu ausführlich M. Enders, 2004, insb. 118–126.

[47] Ludwig Feuerbach, *Das Wesen des Christenthums*, durchges. und neu hrsg. von W. Bolin, in: Ders., *Sämtliche Werke*, neu hrsg. von W. Bolin und F. Jodl, Bd. VI, zweite unveränderte Auflage, Stuttgart-Bad Cannstatt 1960, 191.

[48] Vgl. Ludwig Feuerbach, *Das Wesen des Christenthums*, 191: „Das Bewusstsein des Moralgesetzes, des Rechtes, der Schicklichkeit, der Wahrheit selbst ist nur an das Bewusstsein des Anderen gebunden. Wahr ist, worin ich mit dem Anderen mit mir übereinstimmt – Uebereinstimmung das erste Kennzeichen der Wahrheit, aber nur deswegen, weil die *Gattung* das *letzte Maass der Wahrheit* ist. Was ich nur denke nach dem Maasse meiner Individualität, daran ist der Andere nicht gebunden, das kann anders gedacht werden, das ist eine zufällige, nur subjective Ansicht. Was ich aber denke im Maasse der Gattung, das denke ich, wie es der Mensch *überhaupt* nur immer denken *kann* und folglich der Einzelne denken *muss*, wenn er normal, gesetzmässig und folglich wahr denken will. *Wahr ist, was mit dem Wesen der Gattung übereinstimmt*, falsch, was ihr widerspricht. Ein anderes Gesetz der Wahrheit gibt es nicht."

[49] Vgl. Ludwig Feuerbach, *Das Wesen des Christenthums*, 190: „Allerdings ist das Wesen des Menschen *Eines*, aber dieses Wesen ist *unendlich*; sein wirkliches Dasein daher unendliche, sich gegenseitig ergänzende Verschiedenartigkeit, um den Reichthum des Wesens zu offenbaren. Die *Einheit* im *Wesen ist Mannigfaltigkeit im Dasein*."

Gott, indem er nicht den einzelnen Menschen, sondern das menschliche Gattungswesen vergöttlicht, es zum Gott des je einzelnen Menschen macht: „So ist der *Mensch der Gott des Menschen.*"[50] Auf der Grundlage seiner bereits in *Das Wesen des Christenthums* ausgesprochenen Annahme, daß Theologie in Wahrheit Anthropologie sei,[51] daß also religiöse Gottesvorstellungen als Selbstprojektionen des menschlichen Wesens zu verstehen seien, wird Feuerbach später formulieren, daß in der Theologie der Mensch die Wahrheit bzw. die Realität Gottes sei, weil alle Gottesprädikate erst mit dem Menschen gegeben seien.[52] Das bewußtseinstheoretische Fundament von Feuerbachs religionskritischer Zurückführung der Theologie auf die Anthropologie liegt in seiner Annahme, daß alles gegenständliche, gegenstandsbezogene Bewußtsein des Menschen in Wahrheit dessen Selbstbewußtsein, genauer dessen Bewußtsein von seiner Gattung als seiner eigenen Wesenheit sei.[53] Genau diese Bezugseinheit von Wesen und Bewußtsein bezeichnet Feuerbach einmal ausdrücklich als „Wahrheit".[54]

2.2. Die Konkretisierung des Wahrheitsbegriffs: Die Übereinstimmung des Einzelnen mit dem menschlich Anderen als Inbegriff der Wahrheit

Feuerbach spricht in *Das Wesen des Christenthums* aber zugleich dem Mitmenschen, dem jeweils menschlich Anderen eine zwischen dem menschlichen Individuum und seinem Gattungswesen vermittelnde Funktion zu, sofern der jeweils Andere gegenüber dem Einzelnen die Gattung repräsentiert.[55] Nur in dieser Eigenschaft als Stellvertreter und Mittler des mensch-

---

[50] Ludwig Feuerbach, *Das Wesen des Christenthums*, 100; zur Vergöttlichungslehre Feuerbachs in seiner Schrift *Das Wesen des Christenthums* vgl. M. Enders, 2004, 118–135.

[51] Vgl. Ludwig Feuerbach, *Das Wesen des Christenthums*, 106 f.: „[U]nsere Aufgabe ist es ja eben, zu zeigen, dass die Theologie nichts ist als eine sich selbst verborgene, als die esoterische Patho-, Anthropo- und Psychologie, und dass daher die wirkliche Anthropologie, die wirkliche Psychologie weit mehr Anspruch auf den Namen: Theologie haben, als die Theologie selbst, weil diese doch nichts weiter ist als eine eingebildete Psychologie und Anthropologie"; ebd., 325: „Wir haben bewiesen, dass der *Inhalt* und *Gegenstand* der Religion ein durchaus menschlicher ist, bewiesen, dass das *Geheimniss der Theologie* die *Anthropologie*, des *göttlichen Wesens* das *menschliche Wesen* ist." Ebd., 279: „[...] sondern die Anthropologie selbst als Theologie erkennen"; vgl. hierzu auch H. Zirker, 1982, 83–87.

[52] Vgl. Ludwig Feuerbach, *Zur Reform der Philosophie. Vorläufige Thesen*, in: Ders., *Philosophische Kritiken und Grundsätze* (= Sämtliche Werke, Bd. II, hrsg. von F. Jodl), Stuttgart-Bad Cannstatt 1959, 229.

[53] Zur Darstellung und Kritik dieser Annahme vgl. ausführlich M. Enders, 2004, 108 ff.

[54] Vgl. Ludwig Feuerbach, *Das Wesen des Christenthums*, 278: „[D]as Wissen von Gott ist das Wissen des Menschen von sich, von seinem eigenen Wesen. *Nur die Einheit des Wesens und Bewusstseins* ist *Wahrheit.*"

[55] Vgl. Ludwig Feuerbach, *Das Wesen des Christenthums*, 190 f.: „– [A]ber der Andere ist der Repräsentant der Gattung, auch wenn er nur Einer ist, er ersetzt mir das Bedürfnis nach

lichen Gattungswesens gegenüber dem Einzelnen gewinnt daher der je Andere eine absolute, mithin göttliche Bedeutung für den Einzelnen; allein in
diesem Sinne ist der Mensch, und zwar nicht der Einzelne für sich selbst,
sondern das sich durch den je Anderen dem Einzelnen vermittelnde
menschliche Gattungswesen der Gott des Menschen. Denn im Anderen
sieht Feuerbach sowohl das Gattungsbewußtsein des Einzelnen als auch
dessen je eigenes Gewissen, sein sittliches Wahrheitswissen personifiziert.[56]
Deshalb wird ihm die Übereinstimmung des Einzelnen mit dem Anderen
auch zum Inbegriff der Wahrheit.[57]

2.3.   Wahrheit als die sinnliche Wirklichkeit des menschlichen Lebens

Ebenfalls bereits in *Das Wesen des Christenthums* nimmt Feuerbach an, daß
der Begriff des Seins, genauer der konkreten, sinnlichen Existenz der beim
Menschen entwicklungsgeschichtlich bzw. ontogenetisch *„erste, ursprüngliche Begriff der Wahrheit"*[58] sei. Erst in einer späteren Phase seiner Entwicklungsgeschichte mache der Mensch umgekehrt die Existenz von der
Wahrheit abhängig.[59] In dieser These zur Entwicklungsgeschichte des
menschlichen Wahrheitsverständnisses kündigt sich bereits Feuerbachs ausdrückliche Gleichsetzung der Wahrheit mit der allein sinnlich wahrnehm-

---

vielen Anderen, hat für mich *universelle* Bedeutung, ist der Deputirte der Menschheit, der
in ihrem Namen zu mir Einsamen spricht, ich habe daher, auch nur mit Einem verbunden,
ein gemeinsames, menschliches Leben – zwischen mir und dem Anderen findet daher ein
wesentlicher, *qualitativer* Unterschied statt."

[56] Vgl. Ludwig Feuerbach, *Das Wesen des Christenthums*, 191: „Der Andere ist mein *Du* –
ob dies gleich wechselseitig ist – mein anderes *Ich*, der mir *gegenständliche* Mensch, mein
aufgeschlossenes Innere – das sich selbst sehende Auge. An dem Anderen habe ich erst
das Bewusstsein der Menschheit; durch ihn erst erfahre ich, fühle ich, dass ich *Mensch* bin;
in der Liebe zu ihm wird mir erst klar, dass er zu mir und ich zu ihm gehöre, dass
wir beide nicht ohne einander sein können, dass nur die Gemeinsamkeit die Menschheit ausmacht. Aber ebenso findet auch *moralisch* ein *qualitativer*, ein *kritischer* Unterschied zwischen dem Ich und Du statt. Der Andere ist mein *gegenständliches* Gewissen:
er macht mir meine Fehler zum Vorwurf, auch wenn er sie mir nicht ausdrücklich sagt:
er ist mein personificirtes Schamgefühl. Das Bewusstsein des Moralgesetzes, des Rechtes, der Schicklichkeit, der Wahrheit selbst ist nur an das Bewusstsein des Anderen gebunden."

[57] Vgl. Ludwig Feuerbach, *Das Wesen des Christenthums*, 191: „Wahr ist, worin der Andere
mit mir übereinstimmt [...]."

[58] Vgl. Ludwig Feuerbach, *Das Wesen des Christenthums*, 24: „Was der Mensch als *Wahres*,
stellt er unmittelbar als *Wirkliches* vor, weil ihm ursprünglich nur *wahr* ist, was *wirklich*
ist, – wahr im Gegensatz zum nur Vorgestellten, Erträumten, Eingebildeten. Der Begriff
des *Seins*, der *Existenz*, ist der *erste, ursprüngliche Begriff der Wahrheit"*.

[59] Vgl. Ludwig Feuerbach, *Das Wesen des Christenthums*, 24.

baren Wirklichkeit[60] bzw. mit der nur sinnlich erfaßbaren Totalität des menschlichen Lebens und Wesens an.[61]

3. „Niemals noch hängte sich die Wahrheit an den Arm eines Unbedingten" – Die radikale Relativität der Wahrheit nach Friedrich Nietzsche

3.1. Nietzsches Sprach- und Erkenntnistheorie in *Ueber Wahrheit und Lüge im aussermoralischen Sinne*

In seiner bereits 1873 verfaßten, jedoch erst im Nachlaß publizierten Schrift *Ueber Wahrheit und Lüge im aussermoralischen Sinne* entfaltet Friedrich Nietzsche Grundzüge einer radikalen Sprach- und Erkenntniskritik, in die er seine Kritik am klassischen adäquationstheoretischen Verständnis der Wahrheit einbezieht. Beim Versuch, den Ursprung des menschlichen „Triebs zur Wahrheit",[62] zum „reinen Erkennen der Dinge",[63] ausfindig zu machen, führt Nietzsche die Entstehung „jenes rätselhaften Wahrheitstriebes"[64] der Menschen in einem ersten Schritt auf ein Grunderfordernis der menschlichen Vergesellschaftung, nämlich auf einen Friedensschluß unter den Menschen zurück, der den Naturzustand eines „bellum omnium contra omnes" beendet habe. Daher stellt der Trieb zur Wahrheit für Nietzsche keineswegs ein natürliches Streben des Menschen nach der Wahrheit um ihrer selbst willen dar. Vielmehr begehre der Mensch die Wahrheit nur um ihrer für ihn nützlichen,

---

[60] Vgl. Ludwig Feuerbach, *Zur Reform der Philosophie. Grundsätze der Philosophie der Zukunft*, in: Ders., *Philosophische Kritiken und Grundsätze* (= Sämtliche Werke, Bd. II, hrsg. von F. Jodl), Stuttgart-Bad Cannstatt 1959, 296: „*Das Wirkliche in seiner Wirklichkeit* oder *als Wirkliches* ist das Wirkliche als *Object des Sinns*, ist das *Sinnliche*. *Wahrheit, Wirklichkeit, Sinnlichkeit* sind identisch. Nur ein sinnliches Wesen ist ein *wahres*, ein *wirkliches* Wesen. Nur durch die *Sinne* wird ein Gegenstand in *wahren Sinn* gegeben – nicht durch das Denken *für sich selbst*."

[61] Vgl. Ludwig Feuerbach, *Zur Reform der Philosophie. Grundsätze der Philosophie*, 318: „Die Wahrheit existirt nicht im Denken, nicht im Wissen für sich selbst. *Die Wahrheit ist nur die Totalität des menschlichen Lebens und Wesens.*" Zum Allgemeinheitscharakter der Wahrheit nach Feuerbach vgl. R. Zecher, 1993, 181: „Sie (sc. die Wahrheit) braucht zur endgültigen Bestätigung *Allgemeingültigkeit*. [...] Das aber bedeutet, daß die letzte, absolute und echte *Wahrheit* immer nur Gattungs*wahrheit*, eine in ihrem Wesen begründete *Wahrheit* sein kann."

[62] Friedrich Nietzsche, *Ueber Wahrheit und Lüge im aussermoralischen Sinne*, in: Ders., *Sämtliche Werke*, hrsg. von G. Colli und M. Montinari [im folgenden: *KSA* = Kritische Studienausgabe], Bd. 1, München 1999, 877: „Woher, in aller Welt, bei dieser Constellation der Trieb zur Wahrheit!"

[63] Friedrich Nietzsche, *Ueber Wahrheit und Lüge im aussermoralischen Sinne*, KSA Bd. 1, 882.

[64] Friedrich Nietzsche, *Ueber Wahrheit und Lüge im aussermoralischen Sinne*, KSA Bd. 1, 877.

d.h. lebenserhaltenden Folgen willen.[65] Denn der genannte Friedensschluß sei mit einer Übereinkunft der an ihm Beteiligten verbunden gewesen, und zwar mit ihrer konventionellen Einigung auf feste und verbindliche sprachliche Bezeichnungen für die Dinge; diese Übereinkunft hat daher für Nietzsche nur den Charakter einer bloßen Wahrheitskonvention, die in der vereinbarten, mithin nicht natürlichen Übereinstimmung von Worten bzw. Begriffen mit angeblich real existierenden Gegenständen einer vermeintlich allen gemeinsamen real existierenden Welt bestünde.[66] Doch die Dinge an sich sind bereits für den frühen Nietzsche sowohl gänzlich unerkennbar als auch nicht wert, erkannt zu werden,[67] so daß die Annahme, zwischen den Worten bzw. den Begriffen und den von ihnen bezeichneten Gegenständen bestehe eine Korrespondenz, d.h. eine Relation der Übereinstimmung, eine Illusion darstelle.[68] Diese Einbildung des Menschen, mit den Worten und Begriffen seiner Sprache das wahre Wesen der Dinge treffen zu können,

---

[65] Friedrich Nietzsche, *Ueber Wahrheit und Lüge im aussermoralischen Sinne*, KSA Bd. 1, 878: „In einem ähnlich beschränkten Sinne will der Mensch auch nur die Wahrheit. Er begehrt die angenehmen, Leben erhaltenden Folgen der Wahrheit; gegen die rein folgenlose Erkenntniss ist er gleichgültig, gegen die vielleicht schädlichen und zerstörenden Wahrheiten sogar feindlich gestimmt."

[66] Friedrich Nietzsche, *Ueber Wahrheit und Lüge im aussermoralischen Sinne*, KSA Bd. 1, 877: „Soweit das Individuum sich gegenüber andern Individuen erhalten will, benutzte es in einem natürlichen Zustande der Dinge den Intellekt zumeist nur zur Verstellung: weil aber der Mensch zugleich aus Noth und Langeweile gesellschaftlich und heerdenweise existiren will, braucht er einen Friedensschluss und trachtet darnach dass wenigstens das allergröbste bellum omnium contra omnes aus seiner Welt verschwinde. Dieser Friedensschluss bringt aber etwas mit sich, was wie der erste Schritt zur Erlangung jenes räthselhaften Wahrheitstriebes aussieht. Jetzt wird nämlich das fixirt, was von nun an ‚Wahrheit' sein soll, d.h. es wird eine gleichmässig gültige und verbindliche Bezeichnung der Dinge erfunden und die Gesetzgebung der Sprache giebt auch die ersten Gesetze der Wahrheit"; vgl. hierzu auch H. G. Hödl, 1997, 75: „Die Wahrheit läßt Nietzsche, nachdem er sich ja bereits von einer Adäquationstheorie verabschiedet hat, in seiner kleinen Schrift nun zuerst von ihrer nützlichen Seite her zu Ehren kommen, indem er sie auf die zum gesellschaftlichen Zusammenleben unabdingbare Übereinkunft über die Beziehungen der Dinge zurückführt. Damit ist aber die Sprache mit ihren Gesetzen zum Gesetzgeber für die Wahrheit geworden."

[67] Friedrich Nietzsche, *Ueber Wahrheit und Lüge im aussermoralischen Sinne*, KSA Bd. 1, 879: „Das ‚Ding an sich' (das würde eben die reine folgenlose Wahrheit sein) ist auch dem Sprachbildner ganz unfasslich und ganz und gar nicht erstrebenswerth."

[68] Friedrich Nietzsche, *Ueber Wahrheit und Lüge im aussermoralischen Sinne*, KSA Bd. 1, 878: „Wenn er sich nicht mit der Wahrheit in der Form der Tautologie d.h. mit leeren Hülsen begnügen will, wo wird er ewig Illusionen für Wahrheiten einhandeln." Ebd., 879: „Die verschiedenen Sprachen neben einander gestellt zeigen, dass es bei den Worten nie auf die Wahrheit, nie auf einen adäquaten Ausdruck ankommt: denn sonst gäbe es nicht so viele Sprachen." Das hier gebrauchte Argument ist formal zirkulär und inhaltlich evidentermaßen falsch: Denn die Vielfalt existierender Sprachen schließt die Möglichkeit, sich mittels ihrer auf identische Sachverhalte beziehen zu können, keineswegs per se aus; darüber hinaus wird diese Möglichkeit von der faktischen Übersetzbarkeit der Sprachen ineinander gerade vorausgesetzt. Ebd., 884: „Das Wort Erscheinung enthält viele Verführungen, weshalb ich es möglichst vermeide: denn es ist nicht wahr, dass das Wesen der Dinge in der empirischen Welt erscheint."

bezeichnet Nietzsche bereits hier als eine, allerdings unbewußte, Lüge; daher nennt Nietzsche die für die Ordnung des menschlichen Zusammenlebens nicht nur nützliche, sondern geradezu konstitutive Wahrheitskonvention eine moralische Verpflichtung der Gesellschaft, „nach einer festen Convention zu lügen"; aus dieser unbewußten Lüge aber erwachse das „Gefühl der Wahrheit", d.h. „eine moralische auf Wahrheit sich beziehende Regung", so daß Nietzsche in dieser unbewußten Lüge den gesuchten Ursprung des Triebes zur Wahrheit sieht.[69] Die Annahme eines Menschen, im Besitz der Wahrheit zu sein, sei daher nur der Ausdruck seiner Vergeßlichkeit.[70] Nietzsches Behauptung einer fehlenden Entsprechung zwischen dem Gehalt sprachlicher Bezeichnungen und den von ihnen bezeichneten Strukturen der Wirklichkeit schließt zugleich die Annahme der Wahrheitsunfähigkeit aller synthetischen Urteile ein: Nur tautologische Sätze, mithin analytische Urteile, können dann überhaupt noch wahr sein.[71] Erst die konventionelle Festsetzung starrer sprachlicher Bezeichnungsfunktionen bzw. die Etablierung dieser Wahrheitskonvention konstituiere einen Unterschied zwischen „Wahrheit" und „Lüge",[72] konstruiere also erst ein striktes Ausschließungsverhältnis zwischen beiden, welches Nietzsche ad absurdum zu führen sucht.

---

[69] Friedrich Nietzsche, *Ueber Wahrheit und Lüge im aussermoralischen Sinne*, KSA Bd. 1, 881: „[…] bis jetzt haben wir nur von der Verpflichtung gehört, die die Gesellschaft, um zu existiren, stellt, wahrhaft zu sein, d.h. die usuellen Metaphern zu brauchen, also moralisch ausgedrückt: von der Verpflichtung nach einem festen Convention zu lügen, schaarenweise in einem für alle verbindlichen Stile zu lügen. Nun vergisst der Mensch freilich, dass es so mit ihm steht; er lügt also in der bezeichneten Weise unbewusst und nach hundertjährigen Gewöhnungen – und kommt eben *durch diese Unbewusstheit*, eben durch dies Vergessen zum Gefühl der Wahrheit. An dem Gefühl verpflichtet zu sein, ein Ding als roth, ein anderes als kalt, ein drittes als stumm zu bezeichnen, erwacht eine moralische auf Wahrheit sich beziehende Regung: aus dem Gegensatz des Lügners, dem Niemand traut, den alle ausschliessen, demonstrirt sich der Mensch das Ehrwürdige, Zutrauliche und Nützliche der Wahrheit." Hierzu vgl. auch H. G. Hödl, 1997, 88: „Nietzsche verneint einen Bezug der Sprachkonventionen auf das Wesen der Dinge, die sprachlichen Konventionen sind demnach bloße Übereinkünfte über Bedeutungen, die darauf beruhen, daß wir die eigentliche Herkunft der Wörter, die Art, wie Bedeutung und Wort miteinander verbunden werden, wenn man so will, vergessen. Was vergessen wird, ist der ursprünglich tropische Charakter der Sprache."
[70] Friedrich Nietzsche, *Ueber Wahrheit und Lüge im aussermoralischen Sinne*, KSA Bd. 1, 878: „Nur durch Vergesslichkeit kann der Mensch je dazu kommen zu wähnen: er besitze eine Wahrheit in dem eben bezeichneten Grade."
[71] Friedrich Nietzsche, *Ueber Wahrheit und Lüge im aussermoralischen Sinne*, KSA Bd. 1, 878: „Wenn er (sc. der Mensch) sich nicht mit der Wahrheit in der Form der Tautologie d.h. mit leeren Hülsen begnügen will, so wird er ewig Illusionen für Wahrheiten einhandeln." Vgl. hierzu auch H. G. Hödl, 1997, 88.
[72] Friedrich Nietzsche, *Ueber Wahrheit und Lüge im aussermoralischen Sinne*, KSA Bd. 1, 877f.: „[…] und die Gesetzgebung der Sprache giebt auch die ersten Gesetze der Wahrheit: denn es entsteht hier zum ersten Male der Contrast von Wahrheit und Lüge: der Lügner gebraucht die gültigen Bezeichnungen, die Worte, um das Unwirkliche als wirklich erscheinen zu machen; er sagt z.B. ‚ich bin reich', während für diesen Zustand gerade ‚arm' die richtige Bezeichnung wäre."

Wenn aber die Worte der Sprache nicht Abbilder außersprachlicher Wirklichkeit sein sollen, was sind sie stattdessen? Mit anderen Worten: Wie entstehen nach Nietzsche gleichsam genetisch die konventionellen Festlegungen der Bezeichnungsfunktionen von Worten? Das Wort wird von Nietzsche in *Ueber Wahrheit und Lüge im aussermoralischen Sinne* definiert als „die Abbildung eines Nervenreizes in Lauten".[73] Mit dieser gleichsam sinnesphysiologischen Definition eines Wortes ist zugleich ein unmittelbarer Bezug von Sprache auf eine außersprachliche Wirklichkeit implizit verneint. Aber könnten nicht die Nervenreize Abbilder real existierender Dinge und damit der objektiven Wirklichkeit sein? Darauf gibt Nietzsche eine klare Antwort: Denn die Annahme, daß ein bestimmter Nervenreiz durch eine externe Entität verursacht worden sei und daher den Schluß auf die Existenz einer solchen externen Ursache erlaube, stellt für ihn bereits einen Fehlschluß, genauer eine falsche Anwendung des Satzes vom Grund dar.[74] Mit dieser Annahme schließt Nietzsche jede legitime Möglichkeit, subjektive Erlebnisqualitäten bzw. Erfahrungsinhalte als Abbilder oder auch nur als Repräsentationen dinglicher Eigenschaften real existierender Gegenstände und damit von objektiver Wirklichkeit verstehen zu können, kategorisch aus. Vielmehr bezeichnet er jenen Schluß von der Wahrnehmung subjektiver Nervenreize auf das Vorliegen objektiver Gegenstandseigenschaften und Zustände als eine willkürliche „Übertragung", der nach Nietzsche weitere Übertragungsmechanismen bei der Prägung sprachlicher Bezeichnungen für bestimmte Gegenstände folgen.[75] Wir hatten bereits

---

[73] Friedrich Nietzsche, *Ueber Wahrheit und Lüge im aussermoralischen Sinne*, KSA Bd. 1, 878; bereits diese Annahme wie überhaupt Nietzsches gesamte Sprachtheorie in dieser Schrift ist im wesentlichen als eine Rezeption und Transformation von Gustav Gerbers Sprachtheorie in dessen Werk „Die Sprache als Kunst" zu verstehen, wie H. G. Hödl, 1997, überzeugend nachgewiesen hat, vgl. ebd., 80ff.

[74] Friedrich Nietzsche, *Ueber Wahrheit und Lüge im aussermoralischen Sinne*, KSA Bd. 1, 878: „Von dem Nervenreiz aber weiterzuschliessen auf eine Ursache ausser uns, ist bereits das Resultat einer falschen und unberechtigten Anwendung des Satzes vom Grunde."

[75] Friedrich Nietzsche, *Ueber Wahrheit und Lüge im aussermoralischen Sinne*, KSA Bd. 1, 878 f.: „Wie dürften wir, wenn die Wahrheit bei der Genesis der Sprache, der Gesichtspunkt der Gewissheit bei den Bezeichnungen allein entscheidend gewesen wäre, wie dürften wir doch sagen: der Stein ist hart: als ob uns ‚hart‘ noch sonst bekannt wäre und nicht nur als eine ganz subjektive Reizung! Wir theilen die Dinge nach Geschlechtern ein, wir bezeichnen den Baum als männlich, die Planze als weiblich: welche willkürlichen Übertragungen! Wie weit hinausgeflogen über den Canon der Gewissheit! Wir reden von einer Schlange: die Bezeichnung trifft nichts als das Sichwinden, könnte also auch dem Wurme zukommen. Welche willkürlichen Abgrenzungen, welche einseitigen Bevorzugungen bald der bald jener Eigenschaft eines Dinges!" H. G. Hödl, 1997, 82: „Nietzsches Beispiel, die ‚Härte‘ des Steins, erläutert dies trefflich. ‚Hart‘ ist der Ausdruck für eine subjektive Reizung, die Natur dieser Reizung, also etwas im Subjekt wird nun dem Objekt als dem Urheber dieser Reizung, zugeschrieben. Damit gehen wir schon über das, was wir über den Urheber dieser Reizung an sich, nämlich, daß er in uns eine solche Reizung hervorrufe, sagen können, hinaus. Weitere Beispiele, die Nietzsche aus Gerber entlehnt, zeigen eine noch viel weitergehende Willkürlichkeit in den mittels der Sprachstrukturen bewerkstelligten

gesehen, daß Nietzsche das Wort als Abbildung und damit als Umformung eines Nervenreizes in sprachliche Laute definiert. Dieser Definition liegt aber bereits die Annahme zugrunde, daß der Nervenreiz seinerseits eine Übertragung seiner Ursache in eine subjektive Empfindung darstellt, wobei Nietzsche auf Grund seines subjektivistischen erkenntniskritischen Ansatzes allerdings davon ausgeht, daß von einem solchen Nervenreiz auf eine externe Ursache desselben und deren Eigenschaften gar nicht legitimerweise geschlossen werden dürfe.[76] Bevor jedoch ein Nervenreiz in einen sprachlichen Laut übertragen wird, kommt es nach Nietzsche zu einer weiteren Übertragung des Nervenreizes in ein noch mentales, d.h. nicht artikuliertes Bild, genauer in eine Anschauungsmetapher, wie die diesbezügliche Studie von Anthonie Meijers gezeigt hat; erst in einem zweiten Schritt wird diese Anschauungsmetapher dann übertragen bzw. nachgeformt in einem Laut.[77] Was aber bedeutet der von Nietzsche hier zweimal verwendete Ausdruck „Metapher"? In seinen nachgelassenen Fragmenten aus dieser Zeit definiert Nietzsche diesen Ausdruck wie folgt: *Metapher* heißt etwas als *gleich* behandeln, was man in einem Punkte als *ähnlich* erkannt hat."[78] Wenn jedes durch einen Nervenreiz induzierte mentale Bild den Charakter einer Metapher in diesem Sinne des Wortes besitzt und als solches in einen sprachlichen Laut übertragen werden soll, dann folgt daraus die Annahme einer „durchgängigen Metaphorizität der Sprache", d.h. die

---

Übertragungen auf die Dinge. Nämlich einerseits die geschlechtlichen Bezeichnungen, die als Übertragungen auf das sogenannte grammatische Geschlecht vollkommen willkürlich erscheinen. Gerber, von dem Nietzsche den Gedankengang übernimmt, nennt es einen ‚Luxus der Sprache'. Anders liegt es im nächsten Fall, der Willkürlichkeit der Benennung der ‚Schlange' nach dem ‚Sichwinden', das ebenso den Wurm bezeichnen könnte. Hier geht Nietzsche darauf ein, daß nur ein ganz willkürlich isoliertes Merkmal (abgesehen davon, daß dieses Merkmal ja nur die Relation des Dinges auf unsere Wahrnehmung und nicht das Wesen des Dinges an sich bezeichnet), die Grundlage der Bezeichnung gibt."

[76] Hierzu vgl. H. G. Hödl, 1997, 88: „Nun ist der Nervenreiz aber bereits, als Empfindung, eine Übertragung der Ursache desselben in ein Für-Uns. Das heißt, im Nervenreiz ist uns bloß die Wirkung des Gegenstandes auf uns gegeben, wir ziehen daraus aber Schlüsse auf eine Eigenschaft des Dinges an sich."

[77] Friedrich Nietzsche, *Ueber Wahrheit und Lüge im aussermoralischen Sinne*, KSA Bd. 1, 879: „Ein Nervenreiz zuerst übertragen in ein Bild! erste Metapher. Das Bild wieder nachgeformt in einem Laut! Zweite Metapher. Und jedesmal vollständiges Ueberspringen der Sphäre, mitten hinein in eine ganz andere und neue." A. Meijers, 1988, hat überzeugend aufgewiesen, daß Nietzsche das Gerbersche Schema „(Ding an sich) → Nervenreiz → Empfindung → Laut → Vorstellung → Wurzel → Wort → Begriff" (ebd., 377, 386) in das folgende eigene Sprachentstehungsschema transformiert hat: „(Ding an sich) → Nervenreiz → Bild (Anschauungsmetapher) → Laut (Wort) → Begriff"; Hans Gerald Hödl hat dieses ansonsten zutreffende Schema in einem Punkt zu Recht kritisiert und präzisiert, vgl. Ders., 1997, 88: „(Ding an sich) ist hier eingeklammert, man könnte es auch durchstreichen, da Nietzsche ausdrücklich betont, daß von einem Bezug auf ein ‚Ding an sich', das eben ‚die reine folgenlose Wahrheit' sein würde, beim Sprachbildner nicht die Rede sein kann." Damit bezieht sich Hödl auf die in Anmerkung 67 zitierte Stelle.

[78] Friedrich Nietzsche, *Nachgelassene Fragmente 1869–1874*, KSA Bd. 7, 498.

Überzeugung, „daß es im Grunde nur ‚übertragene‘ und keine ‚eigentlichen‘ Bedeutungen der Worte gäbe“.[79] Daher kommt Nietzsche zu der
Schlußfolgerung: „Wir glauben etwas von den Dingen selbst zu wissen,
wenn wir von Bäumen, Farben, Schnee und Blumen reden und besitzen
doch nichts als Metaphern der Dinge, die den ursprünglichen Wesenheiten
ganz und gar nicht entsprechen.“[80]

Schließlich nimmt Nietzsche noch einen dritten Übertragungsschritt bei
der Sprachbildung an, der zur Genese eines Begriffes aus einem Laut bzw.
Wort führe. Während ein Wort an ein stets individuelles und ineffables „Ur-
erlebnis“ erinnere, dem es seine Entstehung verdanke, entstehe ein Begriff
„durch Gleichsetzen des Nicht-Gleichen“,[81] d. h. durch das völlige Absehen
von individuellen Unterschieden einzelner Entitäten und deren vereinheit-
lichende Zusammenfassung zu etwas Gleichem, nämlich zu einem einzigen
Allgemeinbegriff, der irrtümlich als Exemplarursache all dieser durch diese
Begriffsbildung zu Unrecht egalisierten Entitäten als seiner Abbilder betrachtet werde.[82] Da Nietzsche die Wirklichkeit als ein Konglomerat von

---

[79] H. G. Hödl, 1997, 48.

[80] Friedrich Nietzsche, *Ueber Wahrheit und Lüge im aussermoralischen Sinne*, KSA Bd. 1, 879;
ebd.: „Wie der Ton als Sandfigur, so nimmt sich das räthselhafte X des Dings an sich einmal
als Nervenreiz, dann als Bild, endlich als Laut aus. Logisch geht es also jedenfalls nicht bei
der Entstehung der Sprache zu, und das ganze Material worin und womit später der
Mensch der Wahrheit, der Forscher, der Philosoph arbeitet und baut, stammt, wenn nicht
aus Wolkenkukuksheim, so doch jedenfalls nicht aus dem Wesen der Dinge.“ Auch wenn
es hier primär um die Rekonstruktion von Nietzsches eigenem Verständnis geht, sei doch
an dieser Stelle ein knapper kritischer Hinweis erlaubt: Denn Nietzsches Definition der
Metapher und damit einer willkürlichen Übertragungsleistung eines subjektiven Nervenreizes in ein artikulierbares Bild läßt genau genommen den Schluß auf eine völlige Un-
gleichartigkeit zwischen dem Nervenreiz und der Anschauungsmetapher nicht zu, weil gemäß dieser Definition eine zumindest punktuelle Ähnlichkeit zwischem beidem bestehen
müßte.

[81] Friedrich Nietzsche, *Ueber Wahrheit und Lüge im aussermoralischen Sinne*, KSA Bd. 1,
879f.: „Denken wir besonders noch an die Bildung der Begriffe: jedes Wort wird sofort dadurch Begriff, dass es eben nicht für das einmalige ganz und gar individualisirte Urerlebniss,
dem es sein Entstehen verdankt, etwa als Erinnerung dienen soll, sondern zugleich für
zahllose, mehr oder weniger ähnliche, d. h. streng genommen niemals gleiche, also auf lauter ungleiche Fälle passen muss. Jeder Begriff entsteht durch Gleichsetzen des Nicht-Gleichen.“

[82] Friedrich Nietzsche, *Ueber Wahrheit und Lüge im aussermoralischen Sinne*, KSA Bd. 1, 880:
„So gewiss nie ein Blatt einem anderen ganz gleich ist, so gewiss ist der Begriff Blatt durch
beliebiges Fallenlassen dieser individuellen Verschiedenheiten, durch ein Vergessen des Unterscheidenden gebildet und erweckt nun die Vorstellung, als ob es in der Natur ausser den
Blättern etwas gäbe, das ‚Blatt‘ wäre, etwa eine Urform, nach der alle Blätter gewebt, ge-
zeichnet, abgezirkelt, gefärbt, gekräuselt, bemalt wären, aber von ungeschickten Händen,
so dass kein Exemplar correct und zuverlässig als treues Abbild der Urform ausgefallen
wäre. Wir nennen einen Menschen ehrlich; warum hat er heute so ehrlich gehandelt? Fragen wir. Unsere Antwort pflegt zu lauten: seiner Ehrlichkeit wegen. Die Ehrlichkeit! Das
heisst wieder: das Blatt ist die Ursache der Blätter. Wir wissen ja gar nichts von einer we-
senhaften Qualität, die die Ehrlichkeit hiesse, wohl aber von zahlreichen individualisirten,

ausschließlich individuellen und deshalb singulären, folglich ineffablen und damit undefinierbaren Entitäten auffaßt, spricht er den Allgemeinbegriffen jedes ontologische fundamentum in re ab und versteht sie als ein anthropomorphistisches Machwerk, genauer als ein „Uebersehen des Individuellen und Wirklichen".[83] Nietzsche ist jedoch im Unterschied zu manchen seiner postmodernen Nachfahren klug genug, zu wissen, daß seine Annahme der prinzipiellen Unmöglichkeit einer allgemein, einer transsubjektiv bzw. überindividuell gültigen Erkenntnis sich gleichsam selbstreferentiell auch auf diese Annahme selbst beziehen und anwenden lassen und sich selbst deshalb den schon mit ihrer bloßen Form erhobenen Anspruch auf allgemeingültige Wahrheit, ihren, so Nietzsche, „dogmatischen" Charakter zugleich wieder nehmen lassen, mit anderen Worten: sich selbst als ein Urteil aufheben muß.[84]

---

somit ungleichen Handlungen, die wir durch Weglassen des Ungleichen gleichsetzen und jetzt als ehrliche Handlungen bezeichnen; zuletzt formuliren wir aus ihnen eine qualitas occulta mit dem Namen: die Ehrlichkeit."

[83] Friedrich Nietzsche, *Ueber Wahrheit und Lüge im aussermoralischen Sinne*, KSA Bd. 1, 880: „Das Uebersehen des Individuellen und Wirklichen giebt uns den Begriff, wie es uns auch die Form giebt, wohingegen die Natur keine Formen und Begriffe, also auch keine Gattungen kennt, sondern nur ein für uns unzugängliches und undefinirbares X." Hierzu vgl. treffend H. G. Hödl, 1997, 89: „Im Bilden des Begriffes werden mehrere einander nicht vollständig gleiche Fälle aufgrund einer in ihnen wahrgenommenen Ähnlichkeit gleichgesetzt. Dadurch entsteht die Illusion eines eigentlichen Wesens des solcherart gleichgesetzten, das als Träger der unterschiedlichen Eigenschaften eingesetzt wird, als Urbild, von dem die einzelnen mittels Ähnlichkeit gleichgesetzten Entitäten der Wahrnehmung Abbilder seien: eine Metonymie findet statt in der Form der Verwechslung der Ursache mit der Folge: das als Ursache angesetzte Urbild ist bloß die Folge des Vorganges der Gleichsetzung über Ähnlichkeiten. [...] Das Wort als Begriff, das lauter ungleiche Fälle auf einen gemeinsamen Nenner bringt, ist hier also im Prinzip schon eine Metonymie, ein anderes nennen: nicht das Einzelne wird benannt und durch die Benennung in seiner Unverwechselbarkeit festgehalten, sondern im Gegenteil wird gerade das Unverwechselbare ausgeschieden und liegt somit ein Verwechseln der Begriffsbildung überhaupt zugrunde. Pointiert formuliert ist also in dieser Erklärung der Begriffsbildung die Gleichheit als das Zufällige genommen, das mit dem eigentlichen Begriff, der stets das Individuelle in seiner Nicht-Gleichheit, in seiner grundlegenden Differenz bezeichnen müßte, vertauscht wird, wenn es zur Bildung des Allgemeinen kommt. Dieses Allgemeine wird nun als das Eigentliche unterstellt, es findet eine Hypostasierung von Eigenschaften aufgrund von konstatierten Ähnlichkeiten statt [...]."

[84] Friedrich Nietzsche, *Ueber Wahrheit und Lüge im aussermoralischen Sinne*, KSA Bd. 1, 880: „Denn auch unser Gegensatz von Individuum und Gattung ist anthropomorphisch und entstammt nicht dem Wesen der Dinge, wenn wir auch nicht zu sagen wagen, dass er ihm nicht entspricht: das wäre nämlich eine dogmatische Behauptung und als solche ebenso unerweislich wie ihr Gegentheil."

3.2.   Die Wahrheit als eine Summe anthropomorpher Relationen – zu Nietzsches Definition der Wahrheit in *Ueber Wahrheit und Lüge im aussermoralischen Sinne*

Damit dürften die Grundzüge von Nietzsches Sprach- und Erkenntnistheorie erläutert sein, ohne die ein angemessenes Verständnis von Nietzsches berühmt gewordener Definition der Wahrheit in dieser Frühschrift nicht möglich ist. Nietzsche definiert hier die Wahrheit expressis verbis wie folgt:

> „Was ist also die Wahrheit? Ein bewegliches Heer von Metaphern, Metonymien, Anthopomorphismen kurz eine Summe von menschlichen Relationen, die, poetisch und rhetorisch gesteigert, übertragen, geschmückt wurden, und die nach langem Gebrauche einem Volke fest, canonisch und verbindlich dünken: die Wahrheiten sind Illusionen, von denen man vergessen hat, dass sie welche sind, Metaphern, die abgenutzt und sinnlich kraftlos geworden sind, Münzen, die ihr Bild verloren haben und nun als Metall, nicht mehr als Münzen in Betracht kommen.“[85]

Diese Definition der Wahrheit faßt Nietzsches radikale Kritik an dem klassischen adäquationstheoretischen Verständnis von Wahrheit als Übereinstimmung zwischen einem Erkenntnis- bzw. einem begrifflichen Gehalt und dem von ihm bezeichneten Sachverhalt der objektiv-realen Welt zusammen, wie kurz erläutert werden soll:

Wenn Nietzsche die Wahrheit als ein „bewegliches Heer von Metaphern, Metonymien und Anthropomorphismen“ und damit als „eine Summe von menschlichen Relationen“ bezeichnet, so sind damit jene Übertragungsakte des menschlichen Erkennens und Sprechens gemeint, die oben bereits ausführlich untersucht worden sind: Denn bereits das Anschauungsbild, in das die menschlichen Subjekte einen Nervenreiz übertragen bzw. verwandeln, nennt Nietzsche eine „Metapher“, desgleichen das Wort bzw. den sprachlichen Laut, in den wir ein Anschauungsbild übertragen. Nach Nietzsche wird das Anschauungs- bzw. Erinnerungsbild in Gestalt einer Vielzahl von Metaphern mit dem Nervenreiz gewohnheitsmäßig verbunden, so daß bei den Menschen die gewöhnlichsten Metaphern als Wahrheiten gelten;[86] dabei

---

[85] Friedrich Nietzsche, *Ueber Wahrheit und Lüge im aussermoralischen Sinne*, KSA Bd. 1, 880 f.

[86] Friedrich Nietzsche, *Nachgelassene Fragmente, Sommer 1872 – Anfang 1873*, KSA Bd. 7, 490 f.: „Welche Macht zwingt zur Nachahmung? Die Aneignung eines fremden Eindrucks durch Metaphern. Reiz – Erinnerungsbild durch Metapher (Analogieschluß) verbunden. Resultat: es werden Ähnlichkeiten entdeckt und neu belebt. An einem Erinnerungsbilde spielt sich der *wiederholte* Reiz noch einmal ab. [...] Nun aber giebt es keine ,eigentlichen‘ Ausdrücke und *kein eigentliches Erkennen ohne Metapher*. Aber die Täuschung darüber besteht, d.h. der *Glaube an eine Wahrheit* des Sinneseindrucks. Die gewöhnlichsten Metaphern, die usuellen, gelten jetzt als Wahrheiten und als Maaß für die selteneren. An sich herrscht hier nur der Unterschied zwischen Gewöhnung und Neuheit, Häufigkeit und Seltenheit.“ Ebd., 491: „*Wahr* sein heißt nur nicht abweichen vom usuellen Sein der Dinge.“ Ebd., 492: „Unter ,wahr‘ wird zuerst nur verstanden das, was usuell die gewohnte Meta-

wiederholen die Metaphern gleichsam den Nervenreiz und übertragen ihn auf Grund ihrer eigenen Heterogeneität auf verschiedene Bereiche.[87] Den dritten Übertragungsvorgang, bei dem wir aus den Worten die Begriffe durch Abstraktion gewinnen, bezeichnet Nietzsche als eine „Metonymie". Unter einer „Metonymie" versteht er expressis verbis eine „Vertauschung von Ursache und Wirkung",[88] genauer eine Vertauschung bzw. falsche Gleichsetzung des Wesens der Dinge mit ihren Wirkungen auf unsere Sinnesorgane; diese Wirkungen könnten aber als Relationen dieser Dinge zu von ihnen verschiedenen Entitäten nur Folge ihres Wesens und nie dieses selbst sein.[89] Jede Abstraktion eines Allgemeinbegriffs aus einer Vielzahl von Worten faßt Nietzsche daher als einen metonymischen Vorgang, der die Vielheit, sei es bestimmter Handlungsweisen, sei es von mit diesen Worten bezeichneten Gegenständen, unter einem allgemeinen (Gattungs-) Begriff zusammenfaßt und diesen Begriff als (Form- bzw. Exemplar-) Ursache für die von ihm bezeichnete Vielheit von Gegenständen oder Handlungen auffaßt.[90] Die „Met-

---

[87] pher ist – also nur eine Illusion, die durch häufigen Gebrauch gewohnt geworden ist und nicht mehr als Illusion empfunden wird: vergessene Metapher, d.h. eine Metapher, bei der vergessen ist, daß es eine ist." Ebd., 491: „Das *Erkennen* ist nur ein Arbeiten in den beliebtesten Metaphern, also ein nicht mehr als Nachahmung empfundenes Nachahmen. Es kann also natürlich nicht ins Reich der Wahrheit dringen." Unter dem „Nachahmen" versteht Nietzsche in diesem Zusammenhang die Wiederholung eines Reizes durch jene einander ähnlichen Metaphern, die ihn in verschiedene Bereiche übertragen, siehe hierzu die folgende Anmerkung.

[87] Friedrich Nietzsche, *Nachgelassene Fragmente, Sommer 1872 – Anfang 1873*, KSA Bd. 7, 490: „*Reiz percipirt* – jetzt *wiederholt*, in vielen Metaphern, wobei verwandte Bilder, aus den verschiedenen Rubriken, herbeiströmen. Jede Perception erzielt eine vielfache Nachahmung des Reizes, doch mit Übertragung auf verschiedene Gebiete."

[88] Friedrich Nietzsche, *Nachgelassene Fragmente, Sommer 1872 – Anfang 1873*, KSA Bd. 7, 481f.: „Die *Abstraktionen* sind *Metonymien* d.h. Vertauschungen von Ursache und Wirkung. Nun aber ist jeder Begriff eine Metonymie und in Begriffen geht das Erkennen vor sich. ,Wahrheit' wird zu einer *Macht*, wenn wir sie erst als Abstraktion losgelöst haben."

[89] Friedrich Nietzsche, *Nachgelassene Fragmente, Sommer 1872 – Anfang 1873*, KSA Bd. 7, 495: „Relationen können nie das Wesen sein, sondern nur Folgen des Wesens. Das synthetische Urteil beschreibt ein Ding nach seinen Folgen, d.h. *Wesen* und *Folgen* werden *identificirt*, d.h. eine Metonymie. Also im Wesen des synthetischen Urteils liegt eine *Metonymie*, d.h. es ist eine *falsche Gleichung*."

[90] Ein Beispiel für einen solchen abstrahierenden Fehlschluß sieht Nietzsche in der Annahme des Thales von Milet, daß das Wasser der Urgrund der phänomenalen Welt sei, vgl. Friedrich Nietzsche, *Nachgelassene Fragmente, Sommer 1872 – Anfang 1873*, KSA Bd. 7, 496: „Nun mit kühnem Schwung: die Vielheit der Dinge wird unter einen Hut gebracht, wenn wir sie gleichsam als unzählige Handlungen *einer* Qualität betrachten z.B. als Handlungen des *Wassers*, wie bei Thales. Hier haben wir eine Übertragung: eine Abstraktion faßt zahllose Handlungen zusammen und gilt als Ursache. Welches ist die Abstraktion (Eigenschaft), welche die Vielheit aller Dinge zusammenfaßt? Die Qualität „wässerig", „feucht". Die ganze Welt ist feucht, *also ist Feuchtsein die ganze Welt*. Metonymia! Ein falscher Schluß. Ein Prädikat ist verwechselt mit einer Summe von Prädikaten (Definition)." Es sei hier nur am Rande bemerkt, daß Nietzsche die Position des Thales von Milet unangemessen wiedergibt: Denn dieser hat nicht behauptet, daß „Feuchtsein die ganze Welt", sondern daß

onymie" hat also nach Nietzsche mit der „Metapher" den formalen Charakter gemeinsamen, eine falsche Schlußweise darzustellen: Im Falle der Metapher ist dies der Fehlschluß von einer akzidentellen Ähnlichkeit auf eine substantielle Gleichheit zweier Sphären, im Falle der Metonymie ist dies der Fehlschluß einer Identifizierung der Wirkungen bzw. externen Relationen einer Handlungsweise oder einer Entität mit ihrem Wesen.

Die „Wahrheit" aber ist – gemäß der oben zitierten Definition – deshalb „ein bewegliches Heer von Metaphern, Metonymien, Anthropomorphismen", weil sie eine von den konventionellen Übertragungsakten des menschlichen Erkennens und Sprechens gänzlich abhängige Größe und damit eine Summe rein anthropomorpher Relationen darstelle, welche die Form eines „beweglichen Heeres", d.h. die einer geordneten und dynamischen Menge (von Metaphern und Metonymien) besitze. „Poetisch und rhetorisch gesteigert" und „geschmückt" worden seien die metonymischen Begriffe und Anschauungsmetaphern durch ihre Übersetzung in „ein rhetorisch strukturiertes Geflecht von Bedeutungen",[91] die einer Sprachgemeinschaft durch ihren langen Gebrauch „canonisch und verbindlich" geworden seien. Daher seien Wahrheiten, d.h. Gedanken, denen man gewohnheitsmäßig den Charakter von Einsichten in eine objektive Wirklichkeit zugesprochen habe, in Wahrheit nur Illusionen, hätten also nur den objektiven Charakter einer subjektiven Einbildung, objektiv gültige Erkenntnisse darzustellen. Durch ihren langen Gebrauch sind solche „Wahrheiten" daher nichts als abgegriffene Metaphern bzw. „Münzen, die ihr Bild verloren haben und nun als Metall, nicht mehr als Münzen in Betracht kommen". Mit dieser Metapher einer bild- und damit gesichtslos gewordenen Münze sucht Nietzsche den begriffsbildenden Übertragungsvorgang der Abstraktion als ein „Hart- und Starrwerden von Metaphern",[92] als eine Erstarrung der lebendigen Anschauungsmetaphern zu kritisieren. Denn während die Anschauungsmetaphern noch individuell bzw. einzigartig seien, beginne mit der durch Abstraktion vorgenommenen Begriffsbildung die regulierende und imperativische Herrschaft des Allgemeinen über das Einzelne.[93] Daher vergleicht Nietzsche den Begriff mit einem unbeweglichen, achteckigen Würfel und das die Wirklichkeitshaltigkeit von Allgemeinbegriffen voraussetzende,

---

das Wasser der entspringenlassende Anfang sowie die Ziel- und die Stoffursache allen Werdens sei, vgl. hierzu M. Enders, 2000, 17–22.

[91] H. G. Hödl, 1997, 92.

[92] Friedrich Nietzsche, *Ueber Wahrheit und Lüge im aussermoralischen Sinne*, KSA Bd. 1, 884: „Aber das Hart- und Starr-Werden einer Metapher verbürgt durchaus nichts für die Nothwendigkeit und ausschliessliche Berechtigung dieser Metapher."

[93] Friedrich Nietzsche, *Ueber Wahrheit und Lüge im aussermoralischen Sinne*, KSA Bd. 1, 881f., insb. 882: „Während jede Anschauungsmetapher individuell und ohne ihres Gleichen ist und deshalb allem Rubriciren immer zu entfliehen weiss, zeigt der grosse Bau der Begriffe die starre Regelmässigkeit eines römischen Columbariums und athmet in der Logik jene Strenge und Kühle aus, die der Mathematik zu eigen ist."

traditionelle Erkenntnisideal mit einem Würfelspiel, das von den Akten des Zählens der Würfelaugen, des Bildens von Rangordnungen und des Erstellens von Rubriken wie überhaupt des Einhaltens der konventionell gewordenen Spielregeln lebe.[94] Mit anderen Worten: Die abendländisch traditionell bzw. konventionell gewordene Erkenntnislehre bringe selbst jene hierarchischen begrifflichen Ordnungsstrukturen hervor, als deren Einhaltung das im Abendland ebenfalls konventionell gewordene korrespondenztheoretische Wahrheitsverständnis „Wahrheit" definiere. Diese Kritik richtet sich daher sowohl gegen die platonische als auch gegen die aristotelische Erkenntnislehre und deren jeweilige Wirkungsgeschichte im abendländischen Denken als auch gegen das traditionelle korrespondenztheoretische Verständnis der Wahrheit als Übereinstimmung allgemeiner begrifflicher Gehalte mit der Wirklichkeit, das Nietzsche als eine Illusion bzw. als eine unbewußte Lüge in dem erläuterten Sinne dieses Wortes zu entlarven sucht.

3.3. Nietzsches Negation des theozentrischen Verständnisses der Wahrheit im Christentum und in der klassischen Metaphysik

Weil der Wahrheitsbegriff eine zentrale Bedeutung innerhalb der klassischen Metaphysik und für das Selbstverständnis des Christentums besitzt, mußte er zu einer Zielscheibe der radikalen Metaphysik- und vor allem Christentums-Kritik Friedrich Nietzsches werden. Da Nietzsche zur christlichen Ethik wie zum christlichen Wirklichkeitsverständnis überhaupt bekanntermaßen eine Kontraposition einnimmt, ist es nur konsequent, daß er auch das christliche Verständnis der Wahrheit dezidiert und radikal negiert. Dabei richtet sich seine Negation konsequenterweise zunächst gegen das biblische Fundament des christlichen Wahrheitsverständnisses, nämlich gegen die von ihm als Anmaßung gebrandmarkte Bestimmung der Wahrheit als einer Selbstprädikation Jesu Christi nach Joh 14,6, der Nietzsches „Zarathustra" sein „Dreimal Nein!" entgegenschleudert.[95] Gegen diese

---

[94] Friedrich Nietzsche, *Ueber Wahrheit und Lüge im aussermoralischen Sinne*, KSA Bd. 1, 882: „Wer von dieser Kühle (sc. des der Mathematik ähnlichen Reichs der Begriffe) angehaucht wird, wird es kaum glauben, dass auch der Begriff, knöchern und 8eckig wie ein Würfel und versetzbar wie jener, doch nur als das *Residuum einer Metapher* übrig bleibt, und dass die Illusion der künstlerischen Uebertragung eines Nervenreizes in Bilder, wenn nicht die Mutter so doch die Grossmutter eines jeden Begriffs ist. Innerhalb dieses Würfelspiels der Begriffe heisst aber ‚Wahrheit' – jeden Würfel so zu gebrauchen, wie er bezeichnet ist; genau seine Augen zu zählen, richtige Rubriken zu bilden und nie gegen die Kastenordnung und gegen die Reihenfolge der Rangklassen zu verstossen."

[95] Friedrich Nietzsche, *Also sprach Zarathustra*, KSA Bd. 4, 330: „Und ‚Wahrheit' heisst heute, was der Prediger sprach, der selber aus ihnen herkam, jener wunderliche Heilige und Fürsprecher der kleinen Leute, welcher von sich zeugte ‚ich – bin die Wahrheit'. Dieser Unbescheidne macht nun lange schon den kleinen Leuten den Kamm hoch schwellen – er, der keinen kleinen Irrthum lehrte, als er lehrte ‚ich – bin die Wahrheit'. Ward einem Unbe-

christliche und nach Nietzsche zugleich platonische Identifizierung der Wahrheit mit Gott,[96] die für die Annahme einer idealen als der wahren Welt in der klassischen Metaphysik konstitutiv sei und die auch noch der modernen Wissenschaftsgläubigkeit zugrundeliege, polemisiert Nietzsche, indem er sie mitsamt ihrem Gottesglauben des Irrtums und der Lüge bezichtigt.[97]

---

scheidnen jemals höflicher geantwortet? – Du aber, oh Zarathustra, giengst an ihm vorüber und sprachst: ‚Nein! Nein! Drei Mal Nein!' Du warntest vor seinem Irrthum, du warntest als der Erste vor dem Mitleiden – nicht Alle, nicht Keinen, sondern dich und deine Art.'" Das Bekenntnis der christlichen Priester zu Jesus Christus als der Wahrheit sucht Nietzsche dementsprechend zu destruieren, vgl. Ders., *Der Antichrist* 38, KSA Bd. 6, 210: „Ich sehe mich um: es ist kein Wort von dem mehr übrig geblieben, was ehemals ‚Wahrheit' hiess, wir halten es nicht einmal mehr aus, wenn ein Priester das Wort ‚Wahrheit' auch nur in den Mund nimmt." Daher vereinnahmt Nietzsche die Pilatusfrage (zu Unrecht) gegen das jesuanische Wahrheitsverständnis, vgl. Ders., *Der Antichrist* 46, KSA Bd. 6, 225: „Der vornehme Hohn eines Römers, vor dem ein unverschämter Missbrauch mit dem Wort ‚Wahrheit' getrieben wird, hat das neue Testament mit dem einzigen Wort bereichert, *das Werth hat*, – das seine Kritik, seine *Vernichtung* selbst ist: ‚was ist Wahrheit!' [...]."

[96] Friedrich Nietzsche, *Morgenröte*, Erstes Buch, 93, KSA Bd. 3, 86: „*Was ist Wahrheit?* – Wer wird sich den *Schluss* der Gläubigen nicht gefallen lassen, welchen sie gern machen: ‚die Wissenschaft kann nicht wahr sein, denn sie leugnet Gott. Folglich ist sie nicht aus Gott; folglich ist sie nicht wahr, – denn Gott ist die Wahrheit.' Nicht der Schluss, sondern die Voraussetzung enthält den Fehler: wie, wenn Gott eben *nicht* die Wahrheit wäre, und eben dies bewiesen würde? Wenn er die Eitelkeit, das Machtgelüst, die Ungeduld, der Schrecken, der entzückte und entsetzte Wahn der Menschen wäre?" Friedrich Nietzsche, *Zur Genealogie der Moral, Dritte Abhandlung: Was bedeuten asketische Ideale?*, 24, KSA Bd. 5, 401: „Weil das asketische Ideal über alle Philosophie bisher *Herr* war, weil Wahrheit als Sein, als Gott, als oberste Instanz selbst gesetzt wurde, weil Wahrheit gar nicht Problem sein *durfte*. – Von dem Augenblick an, wo der Glaube an den Gott des asketischen Ideals verneint ist, *giebt es auch ein neues Problem*: das vom *Werthe* der Wahrheit. – Der Wille zur Wahrheit bedarf einer Kritik – bestimmen wir hiermit unsere eigene Aufgabe –, der Werth der Wahrheit ist versuchsweise einmal in *Frage zu stellen* [...]."

[97] Friedrich Nietzsche, *Die fröhliche Wissenschaft*, Fünftes Buch, 344, KSA Bd. 3, 577: „Es ist kein Zweifel, der Wahrhaftige, in jenem verwegenen und letzten Sinne, wie ihn der Glaube an die Wissenschaft voraussetzt, *bejaht damit eine andere Welt* als die des Lebens, der Natur und der Geschichte; und insofern er diese „andere Welt" bejaht, wie? Muss er nicht ebendamit ihr Gegenstück, diese Welt, *unsre* Welt verneinen? [...] Doch man wird es begriffen haben, worauf ich hinaus will, nämlich dass es immer noch ein *metaphysischer Glaube* ist, auf dem unser Glaube an die Wissenschaft ruht, – dass auch wir Erkennenden von heute, wir Gottlosen und Antimetaphysiker, auch *unser* Feuer noch von dem Brande nehmen, den ein Jahrtausende alter Glaube entzündet hat, jener Christen-Glaube, der auch der Glaube Plato's war, dass Gott die Wahrheit ist, dass die Wahrheit göttlich ist [...]. Aber wie, wenn dies gerade immer mehr unglaubwürdig wird, wenn Nichts sich mehr als göttlich erweist, es sei denn der Irrthum, die Blindheit, die Lüge, – wenn Gott selbst sich als unsre längste Lüge erweist?" Gegen das Ideal einer voraussetzungslosen Wissenschaft beharrt Nietzsche auf der Annahme, daß ein Glaube jeder Wissenschaft richtungsweisend zugrunde liege, vgl. Ders., *Zur Genealogie der Moral, Dritte Abhandlung: Was bedeuten asketische Ideale?*, 24, KSA Bd. 5, 400: „Was aber zu ihm (sc. dem Ascetismus der Tugend) *zwingt*, jener unbedingte Wille zur Wahrheit, das ist der *Glaube an das asketische Ideal selbst*, wenn auch als sein unbewusster Imperativ, man täusche sich hierüber nicht, – das ist der Glaube an einen *metaphysischen* Werth, einen Werth *an sich der Wahrheit*, wie er allein in jenem Ideal verbürgt und verbrieft ist (er steht und fällt mit jenem Ideal). Es giebt, streng geurtheilt, gar keine ‚voraussetzungs-

Der Wille zu dieser göttlichen Wahrheit ist für Nietzsche nur ein lebensfeindliches Prinzip und daher „ein versteckter Wille zum Tode",[98] „weil Wille zu einer Hinterwelt";[99] ja, mehr noch: Das christliche Wahrheitsverständnis wird von ihm der geheuchelten Bescheidenheit und des beispiellosen Größenwahns verdächtigt.[100] Dabei hat Nietzsche durchaus richtig erkannt, daß die von ihm verfemte christliche Moral einschließlich ihrer Forderung nach Wahrhaftigkeit nur unter Voraussetzung einer Wesensidentität der Wahrheit mit Gott überhaupt wahrheitsfähig sein kann.[101] Da aber Gott für Nietzsche, wie er in seiner Persiflage auf Goethes berühmte Verse am Ende von Faust II „Alles Vergängliche ist nur ein Gleichnis …" pointiert formuliert, nur ein „Dichter-Erschleichniss" ist,[102] kann auch das theozentrische Wahrheitsverständnis des Christentums und der traditionellen Metaphysik für ihn nur Irrtum, mithin Täuschung, oder Lüge sein.[103] Daß das

---

lose‘ Wissenschaft, der Gedanke einer solchen ist unausdenkbar, paralogisch: eine Philosophie, ein ‚Glaube‘ muss immer erst da sein, damit aus ihm die Wissenschaft eine Richtung, einen Sinn, eine Grenze, eine Methode, ein *Recht* auf Dasein gewinnt."

[98] Friedrich Nietzsche, *Die fröhliche Wissenschaft*, Fünftes Buch, 344, KSA Bd. 3, 576: „er (sc. der Wille zur Wahrheit) könnte aber auch noch etwas Schlimmeres sein, nämlich ein lebensfeindliches zerstörerisches Prinzip […] ‚Wille zur Wahrheit‘ – das könnte ein versteckter Wille zum Tode sein."

[99] K. Ruhstorfer, 2004, 203.

[100] Friedrich Nietzsche, *Der Antichrist*, 44, KSA Bd. 6, 220: „Die Realität ist, dass hier der bewussteste *Auserwählten-Dünkel* die Bescheidenheit spielt: man hat *sich*, die „Gemeinde", die „Guten und Gerechten" ein für alle Mal auf die Eine Seite gestellt, auf die ‚der Wahrheit‘ – und den Rest, ‚die Welt‘, auf die andere […] *Das* war die verhängnisvollste Art Größenwahn, die bisher auf Erden dagewesen ist: kleine Missgeburten von Muckern und Lügnern fiengen an, die Begriffe ‚Gott‘ ‚Wahrheit‘ ‚Licht‘ ‚Geist‘ ‚Liebe‘ ‚Weisheit‘ ‚Leben‘ für sich in Anspruch zu nehmen, gleichsam als Synonyma von sich, um damit die ‚Welt‘ gegen sich abzugrenzen, kleine Superlativ-Juden, reif für jede Art Irrenhaus, drehten die Werthe überhaupt nach *sich* um, wie als ob erst der Christ der Sinn, das Salz, das Maass, auch das *letzte Gericht* vom ganzen Rest wäre […]."

[101] Friedrich Nietzsche, *Götzen-Dämmerung, Streifzüge eines Unzeitgemäßen*, 5, KSA Bd. 6, 114: „Die christliche Moral ist ein Befehl; ihr Ursprung ist transscendent; sie ist jenseits aller Kritik, alles Rechts auf Kritik; sie hat nur Wahrheit, falls Gott die Wahrheit ist, – sie steht und fällt mit dem Glauben an Gott." Ders., *Nachgelassene Fragmente, Juni-Juli 1885*, 36 [30], KSA Bd. 11, 563: „In der That, nur bei der Annahme eines moralisch uns gleichartigen Gottes ist von vorneherein die ‚Wahrheit‘ und das Suchen der Wahrheit etwas, das Erfolg verspricht und Sinn hat. Diesen Gott beiseite gelassen, ist die Frage erlaubt, ob betrogen zu werden nicht zu den Bedingungen des Lebens gehört."

[102] Friedrich Nietzsche, *Die fröhliche Wissenschaft, Anhang: Lieder des Prinzen Vogelfrei, An Goethe*, KSA Bd. 3, 639: „Das Unvergängliche Ist nur dein Gleichniss! Gott der Verfängliche Ist Dichter-Erschleichniss […]."

[103] Zum Irrtumscharakter der metaphysisch-traditionellen Auffassung von Wahrheit vgl. Friedrich Nietzsche, *Die fröhliche Wissenschaft*, Drittes Buch, 265, KSA Bd. 3, 220: „Was sind denn zuletzt die Wahrheiten des Menschen? Es sind die *unwiderlegbaren* Irrthümer des Menschen." Ders., *Also sprach Zarathustra, Vom höheren Menschen*, 9, KSA Bd. 4, 361: „Und wenn da einmal Wahrheit zum Siege kam, so fragt euch mit gutem Misstrauen: ‚welch starker Irrtum hat für sie gekämpft?‘" Ebd., *Der Schatten*, KSA Bd. 4, 340: „Zu oft, wahrlich, folgte ich der Wahrheit dicht auf dem Fusse: da trat sie mir vor den Kopf. Manch-

christlich-platonische Verständnis der Wahrheit den verführerischen Charakter einer Lüge besitzt, sucht Nietzsche auch mit dem Gebrauch der Metapher eines Weibes für diese Wahrheit zum Ausdruck zu bringen.[104] Mit seiner oben bereits erläuterten Erkenntnisskepis auf Grund seiner Annahme des rein individuellen und sich ständig verändernden Charakters alles Wirklichen führt er auch das traditionelle Wahrheitsverständnis ad absurdum, das daher kein fundamentum in re besitze.[105]

Wenn es nun gleichsam zu Ende gehe mit dieser „alten Wahrheit",[106] dann ist, um mit Nietzsches eigenen Worten zu sprechen, alles erlaubt, dann sei der Mensch erst zu sich selbst, genauer zu seinem je eigenen Willen zur Macht, befreit.[107]

3.4.   Die Wahrheit – ein Instrument der individuellen Lebenssteigerung als des Willens zur Macht

Worin aber liegen Sinn und Zweck dieser „alten" Wahrheit als einer Selbsttäuschung für den Menschen? Auf diese Frage antwortet Nietzsche mit einer berühmt gewordenen Definition der Wahrheit:

---

mal meinte ich zu lügen, und siehe! Da erst traf ich – die Wahrheit." Ders., *Götzen-Dämmerung, Sprüche und Pfeile*, 4, KSA Bd. 6, 59: „,Alle Wahrheit ist einfach.' – Ist das nicht zwiefach eine Lüge?"

[104] Friedrich Nietzsche, *Die fröhliche Wissenschaft, Anhang: Lieder des Prinzen Vogelfrei, Im Süden*, KSA Bd. 3, 642: „Im Norden – ich gesteh's mit Zaudern – Liebt' ich ein Weibchen, alt zum Schaudern: ,Die Wahrheit' hiess dies alte Weib …"; Ders., *Jenseits von Gut und Böse, Vorrede*, KSA, Bd. 5, 10: „Vorausgesetzt, dass die Wahrheit ein Weib ist –, wie? Ist der Verdacht nicht gegründet, dass alle Philosophen, sofern sie Dogmatiker waren, sich schlecht auf Weiber verstanden? dass der schauerliche Ernst, die linkische Zudringlichkeit, mit der sie bisher auf die Wahrheit zuzugehen pflegten, ungeschickte und unschickliche Mittel waren, um gerade ein Frauenzimmer für sich einzunehmen? Gewiss ist, dass sie sich nicht hat einnehmen lassen: – und jede Art Dogmatik steht heute mit betrübter und muthloser Haltung da." Dem Sinngehalt der Metapher des „alten Weibes" entspricht der der Häßlichkeit der Wahrheit, vgl. Friedrich Nietzsche, *Der Wille zur Macht. Versuch einer Umwertung aller Werte*, Stuttgart 1952, 413, 554; zu Nietzsches Metapher der Frau für seine Destruktion des metaphysischen Wahrheitsbegriffs und für die künstlerische Lüge vgl. S. Thorgeirsdottir, 1996, 159–162.

[105] Friedrich Nietzsche, *Der Wille zur Macht. Versuch einer Umwertung aller Werte*, Stuttgart 1952, 423: „Der Begriff ,Wahrheit' ist *widersinnig*. Das ganze Reich von ,wahr' – ,falsch' bezieht sich auf Relationen zwischen Wesen, nicht auf das ,An sich' […] Es gibt kein ,Wesen an sich' (die *Relationen* konstituieren erst Wesen –), so wenig es eine ,Erkenntnis an sich' geben kann."

[106] Friedrich Nietzsche, *Ecce homo, Götzen-Dämmerung*, 1, KSA Bd. 6, 354: „*Götzen-Dämmerung* – auf deutsch: es geht zu Ende mit der alten Wahrheit."

[107] Friedrich Nietzsche, *Zur Genealogie der Moral, Dritte Abhandlung: Was bedeuten asketische Ideale?*, 24, KSA Bd. 5, 399: „Das sind noch lange keine *freien* Geister: *denn sie glauben noch an die Wahrheit* … ,Nichts ist wahr, Alles ist erlaubt' … Wohlan, *das war Freiheit* des Geistes, *damit* war der Wahrheit selbst der Glaube *gekündigt* …"

„*Wahrheit ist die Art von Irrthum*, ohne welche eine bestimmte Art von lebendigen Wesen nicht leben können. Der Werth für das Leben entscheidet zuletzt."[108]

Demnach ist die Wahrheit ein intellektuelles Mittel der Lebenserhaltung und Lebenssteigerung, steht also im Dienst des Lebens als des Willens zur Macht. Folglich ist das für Nietzsche wahre, das von der Herrschaft der Vernunft und der Moralität nicht nur freie, sondern das ihr entgegengesetzte Kriterium der Wahrheit nichts anderes als „die biologische Nützlichkeit".[109] Nietzsche führt also die Wahrheit auf die Nützlichkeit für das vor-vernünftige Leben, d.h. für die nach ihm einzig reale Welt der Begierden und Leidenschaften, des anfang- und endelosen Werdens einer ungeheuren Ballung an Kraft zurück, welche er die „dionysische Welt" nennt,[110] da der Wille zur Macht der Wille des antichristlichen Gottes Dionysos sei. Dementsprechend sieht er in dem Willen zur Wahrheit eine Form des Willens zur Macht,[111]

---

[108] Friedrich Nietzsche, *Nachgelassene Fragmente, April – Juni 1885*, 34 [253], KSA Bd. 11, 506.

[109] Friedrich Nietzsche, *Der Wille zur Macht. Versuch einer Umwertung aller Werte*, Stuttgart 1952, 399: „Die Verirrung der Philosophie ruht darauf, daß man, statt in der Logik und den Vernunftkategorien Mittel zu sehen zum Zurechtmachen der Welt zu Nützlichkeits-Zwecken (also, ‚prinzipiell‘, zu einer nützlichen *Fälschung*), man in ihnen das Kriterium der Wahrheit, resp. der *Realität* zu haben glaubte. Das ‚Kriterium der Wahrheit‘ war in der Tat bloß die *biologische Nützlichkeit eines solchen Systems prinzipieller Fälschung*: und da eine Gattung Tier nichts Wichtigeres kennt, als sich zu erhalten, so dürfte man in der Tat hier von ‚Wahrheit‘ reden. Die Naivität war nur die, die anthropozentrische Idiosynkrasie als *Maß der Dinge*, als Richtschnur über ‚real‘ und ‚unreal‘ zu nehmen, kurz: eine Bedingtheit zu verabsolutieren. Und siehe da, plötzlich fiel mir einmal die Welt auseinander in eine ‚wahre‘ Welt und eine ‚scheinbare‘: und genau die Welt, in der der Mensch zu wohnen und sich einzurichten seine Vernunft erfunden hatte, genau dieselbe wurde ihm diskreditiert." Ebd., 367: „Das Kriterium der Wahrheit liegt in der Steigerung des Machtgefühls"; ebd., 320: „Daß nichts von Dem wahr ist, was ehemals als wahr galt –. Was als unheilig, verboten, verächtlich, verhängnisvoll ehemals verachtet wurde =: alle diese Blumen wachsen heut am lieblichen Pfade der Wahrheit. Diese ganze Moral geht uns nichts mehr an: es ist kein Begriff darin, der noch Achtung verdiente. Wir haben sie überlebt, – wir sind nicht mehr grob und naiv genug, um in dieser Weise uns belügen lassen zu müssen … Artiger gesagt: wir sind zu tugendhaft dazu … Und wenn Wahrheit im alten Sinne nur deshalb ‚Wahrheit‘ war, weil die alte Moral zu ihr ja sagte, ja sagen durfte: so folgt daraus, daß wir auch keine Wahrheit von ehedem mehr nötig haben … Unser Kriterium der Wahrheit ist durchaus nicht die Moralität: wir widerlegen eine Behauptung damit, daß wir sie als abhängig von der Moral, als inspiriert durch edle Gefühle beweisen."

[110] Vgl. Friedrich Nietzsche, *Nachgelassene Fragmente, Juni – Juli 1885*, 38 [12], KSA Bd. 11, 610f.; zu Nietzsches Verständnis der „dionysischen Welt" vgl. R. Loock, 1999.

[111] Friedrich Nietzsche, *Morgenröte*, Buch 5, KSA, Bd. 3, 535: „*Die Wahrheit hat die Macht nöthig.* – An sich ist die Wahrheit durchaus keine Macht, – was auch immer des Gegentheils der schönthuerische Aufklärer zu sagen gewohnt sein mag! – Sie muss vielmehr die Macht auf ihre Seite ziehen oder sich auf die Seite der Macht schlagen, sonst wird sie immer wieder zu Grunde gehen!" Ders., *Der Wille zur Macht, Versuch einer Umwertung aller Werte*, Stuttgart 1952, 344: „‚Der Sinn für Wahrheit‘ muß, wenn die Moralität des ‚Du sollst nicht lügen‘ abgewiesen ist, sich vor einem anderen Forum legitimieren: – als Mittel der Erhaltung von Mensch, *als Macht-Wille.*" Ebd., 398: „Der ‚Wille zur Wahrheit‘ wäre sodann psychologisch zu untersuchen: er ist keine moralische Gewalt, sondern eine Form des Willens zur Macht.

den er ausdrücklich als das Wesen der dionysischen Welt und des über sich hinaus schaffenden Menschen bestimmt.[112]

3.5. Die „dionysische Welt" der ewigen Wiederkehr des Gleichen als Nietzsches eigene Wahrheit

Fassen wir zusammen: Nietzsches Negation des christlichen Gottesglaubens und seine Ablehnung einer idealen als der wahren Welt ist bekanntermaßen nur die Kehrseite seiner Auffassung der irdischen und sichtbaren Welt als der einzigen Wirklichkeit.[113] Er setzt im Zuge seiner Umwertung aller traditionellen Werte der nach seinem Verständnis als Irrtum und Lüge demaskierten Wahrheit des christlichen Platonismus seine eigene Wahrheit entgegen.[114] Diese aber muß gemäß ihrem Selbstverständnis stets relativ und damit perspektivisch bleiben.[115] Worin besteht sie? Denn ihre funktionale Reduzierung auf ihre Nützlichkeit für die Erhaltung und Steigerung des individuellen Lebens ist ihr nach Nietzsche nicht exklusiv, sondern auch dem „Irrtum" bzw. der „Lüge", d.h. der „alten Wahrheit" des Christentums und des metaphysischen Glaubens, zu eigen. Die von Nietzsche

---

Dies wäre damit bewiesen, daß er sich aller *unmoralischen* Mittel bedient: die Metaphysiker voran –." Ders., *Die Unschuld des Werdens. Der Nachlaß*, ausgew. und geordn. von A. Bäumler, Zweiter Band, Stuttgart 1931, 283: „[D]er ‚Wille zur Wahrheit' entwickelt sich im Dienste des ‚*Willens zur Macht*"; ebd., 287: „‚Wille zur Wahrheit' als ‚ich will nicht betrogen werden' oder ‚ich will mich überzeugen und fest werden', als Formen des Willens zur Macht."

[112] Friedrich Nietzsche, *Nachgelassene Fragmente, Juni – Juli 1885*, 38 [12], KSA Bd. 11, 611: „[D]iese meine *dionysische* Welt des Ewig-sich-selber-Schaffens, des Ewig-sich-selber-Zerstörens, diese Geheimniß-Welt der doppelten Wollüste, … – *Diese Welt ist der Wille zur Macht – und nichts außerdem!* Und auch ihr selber seid dieser Wille zur Macht – und nichts außerdem!" Unter dem „Willen zur Macht" versteht Nietzsche genauer ein „dynamisches, auf stetige Steigerung durch Kampf und Überwindung ausgerichtetes Prinzip; als eigentliche Triebfeder in Natur und Geschichte inhäriert der W. z. M. der Welt als ganzer, geht also deutlich über den naturwissenschaftlichen Kraftbegriff hinaus" (C. Althaus, 2004); zu Nietzsches Konzeption des „Willens zur Macht" vgl. W. Müller-Lauter, ²1996.

[113] Friedrich Nietzsche, *Ecce Homo. Wie man wird, was man ist*, Vorwort 2, KSA Bd. 6, 258: „Man hat die Realität in dem Grade um ihren Werth, ihren Sinn, ihre Wahrhaftigkeit gebracht, als man eine ideale Welt *erlog* … Die ‚wahre Welt' und die ‚scheinbare Welt' – auf deutsch: die *erlogne* Welt und die Realität … Die *Lüge* des Ideals war bisher der Fluch über der Realität …" Ders., *Götzen-Dämmerung, Wie die „wahre Welt" endlich zur Fabel wurde*, KSA Bd. 6, 80f.

[114] Friedrich Nietzsche, *Ecce homo, Warum ich ein Schicksal bin*, 1, KSA Bd. 6, 365: „Und trotzdem oder vielmehr *nicht* trotzdem – redet aus mir die Wahrheit. – Aber meine Wahrheit ist *furchtbar*: denn man hiess bisher die *Lüge* Wahrheit. – *Umwerthung aller Werthe*: das ist meine Formel für einen Akt höchster Selbstbesinnung der Menschheit, der in mir Fleisch und Genie geworden ist."

[115] Friedrich Nietzsche, *Also sprach Zarathustra, Von den Fliegen des Marktes*, KSA Bd. 4, 66: „Niemals noch hängte sich die Wahrheit an den Arm eines Unbedingten." Zu Nietzsches Perspektivismus der Wahrheit vgl. F. Kaulbach, 1990, 298–313; J. H. Hofmann, 1994, 17–155.

affirmierte Wahrheit besteht vor allem in seiner, von „Zarathustra" vorge-
tragenen eigenen Lehre eines reinen, endlosen Werdens einer ungeheuren
Ballung an (Lebens-) Kraft, das sich zur ewigen Wiederkehr des Gleichen
krümmt, da der endlose Übergang den Charakter einer Wiederkehr haben
muß, um die zeitfreie Ewigkeit des durchgestrichenen göttlichen Weltgrun-
des durch eine zeitliche Ewigkeit zu ersetzen. Denn „alle Lust will Ewigkeit,
will tiefe, tiefe Ewigkeit. "[116] Dieser „abgründliche" Gedanke einer ewigen
Wiederkehr des Gleichen aber ist selbst ein gedichteter Gedanke, eine dionysische Lüge, geschaffen aus Nietzsches eigenem Willen zur Macht.[117] Als
solche aber ist Nietzsches Wahrheit selbst gänzlich relativ und perspektivisch und zudem gewiß nicht weniger „weibisch" und „häßlich" als die von
ihm inkriminierte Wahrheit der Tradition. Denn gerade in ihrer Radikalität
ist sie die einsame Wahrheit eines Einzelnen.

Literaturverzeichnis

Primärliteratur

Feuerbach, Ludwig, Das Wesen des Christenthums, durchges. und neu hrsg. von
W. Bolin, in: Ders., Sämtliche Werke, Bd. VI, Stuttgart-Bad Cannstatt 1960.
Feuerbach, Ludwig, Zur Reform der Philosophie. Grundsätze der Philosophie der Zu-
kunft, in: Ders., Philosophische Kritiken und Grundsätze (= Sämtliche Werke,
Bd. II, hrsg. von F. Jodl), Stuttgart-Bad Cannstatt 1959.
Feuerbach, Ludwig, Zur Reform der Philosophie. Vorläufige Thesen, in: Ders., Philo-
sophische Kritiken und Grundsätze (= Sämtliche Werke, Bd. II, hrsg. von F. Jodl),
Stuttgart-Bad Cannstatt 1959.
Kierkegaard, Sören, Abschließende unwissenschaftliche Nachschrift zu den Philosophi-
schen Brocken, Erster Teil, übers. von H. M. Junghans, in: Ders., Gesammelte
Werke, hrsg. von E. Hirsch u.a., 16. Abteilung, Düsseldorf / Köln 1957.
Kierkegaard, Sören, Das Buch Adler oder der Begriff des Auserwählten, dt. von
Th. Haecker, in: Ders., Philosophisch-Theologische Schriften, Köln / Olten 1961.
Kierkegaard, Sören, Der Gesichtspunkt für meine Wirksamkeit als Schriftsteller, Bei-
lage „Der Einzelne. Zwei Noten betreffs meiner Wirksamkeit als Schriftsteller", in:
Ders., Gesammelte Werke, hrsg. von E. Hirsch u.a., 33. Abteilung: Die Schriften
über sich selbst, Düsseldorf / Köln 1951.
Kierkegaard, Sören, Einübung im Christentum und anderes, München 1977.
Kierkegaard, Sören, Hat ein Mensch das Recht, sich für die Wahrheit totschlagen zu
lassen?, in: Ders., Gesammelte Werke, hrsg. von E. Hirsch u.a., 21., 22. und
23. Abteilung: Kleinere Schriften 1848/49, Düsseldorf / Köln 1960.

---

[116] Friedrich Nietzsche, Also sprach Zarathustra IV, Das Nachtwandler-Lied, 12, KSA Bd. 4, 404.
[117] Zu Nietzsches Lehre der ewigen Wiederkehr des Gleichen in der dionysischen Welt vgl. die
ausgezeichnete Interpretation von K. Ruhstorfer, 2004, 166f., auf die sich der Vf. in diesem
Zushg. stützt; eine ausführliche Würdigung dieser Monographie hat der Vf. vorgenommen
in: Jahrbuch für Religionsphilosophie 4 (2005), 203-221.

Nietzsche, Friedrich, *Die Unschuld des Werdens. Der Nachlaß*, ausgewählt und geordnet von Alfred Bäumler, Zweiter Band, Stuttgart 1931.

Nietzsche, Friedrich, *Der Wille zur Macht. Versuch einer Umwertung aller Werte*, Stuttgart 1952.

Nietzsche, Friedrich, *Ueber Wahrheit und Lüge im aussermoralischen Sinne*, in: Ders., *Sämtliche Werke*, hrsg. von G. Colli und M. Montinari [= KSA], Bd. 1, München 1999.

Nietzsche, Friedrich, *Die fröhliche Wissenschaft*, in: Ders., *Sämtliche Werke*, hrsg. von G. Colli und M. Montinari [= KSA], Bd. 3, München 1999.

Nietzsche, Friedrich, *Morgenröte*, in: Ders., *Sämtliche Werke*, hrsg. von G. Colli und M. Montinari [= KSA], Bd. 3, München 1999.

Nietzsche, Friedrich, *Also sprach Zarathustra*, in: Ders., *Sämtliche Werke*, hrsg. von G. Colli und M. Montinari [= KSA], Bd. 4, München 1999.

Nietzsche, Friedrich, *Jenseits von Gut und Böse*, in: Ders., *Sämtliche Werke*, hrsg. von G. Colli und M. Montinari [= KSA], Bd. 5, München 1999.

Nietzsche, Friedrich, *Zur Genealogie der Moral*, in: Ders., *Sämtliche Werke*, hrsg. von G. Colli und M. Montinari [= KSA], Bd. 5, München 1999.

Nietzsche, Friedrich, *Der Antichrist*, in: Ders., *Sämtliche Werke*, hrsg. von G. Colli und M. Montinari [= KSA], Bd. 6, München 1999.

Nietzsche, Friedrich, *Ecce homo*, in: Ders., *Sämtliche Werke*, hrsg. von G. Colli und M. Montinari [= KSA], Bd. 6, München 1999.

Nietzsche, Friedrich, *Götzen-Dämmerung*, in: Ders., *Sämtliche Werke*, hrsg. von G. Colli und M. Montinari [= KSA], Bd. 6, München 1999.

Nietzsche, Friedrich, *Nachgelassene Fragmente 1869–1874*, in: Ders., *Sämtliche Werke*, hrsg. von G. Colli und M. Montinari [= KSA], Bd. 7, München 1999.

Nietzsche, Friedrich, *Nachgelassene Fragmente 1884–1885*, in: Ders., *Sämtliche Werke*, hrsg. von G. Colli und M. Montinari [= KSA], Bd. 11, München 1999.

Sekundärliteratur

Althaus, C., 2004, Art. „Wille zur Macht", in: *Historisches Wörterbuch der Philosophie*, Bd. 12, Basel, 798.

Enders, Markus, 2000, *Natürliche Theologie im Denken der Griechen*, Frankfurt am Main.

Enders, Markus, 2004, „Homo homini Deus. Zur Religionskritik Ludwig Feuerbachs", *Jahrbuch für Religionsphilosophie*, 3, 107–142.

Hödl, Hans Gerald, 1997, *Nietzsches frühe Sprachkritik. Lektüren zu „Ueber Wahrheit und Lüge im aussermoralischen Sinne" (1873)*, Wien.

Hofmann, Johann Nepomuk, 1994, *Wahrheit, Perspektive, Interpretation. Nietzsche und die philosophische Hermeneutik*, Berlin / New York.

Kaulbach, Friedrich, 1990, *Philosophie des Perspektivismus, 1. Teil: Wahrheit und Perspektive bei Kant, Hegel und Nietzsche*, Tübingen.

Loock, R., 1999, *Nietzsches dionysische Konzeption des Lebens*, in: *Hermeneutik des Lebens. Potentiale des Lebensbegriffs in der Krise der Moderne*, hrsg. von R. Elm u.a., Freiburg / München, 65–99.

Meijers, Anthonie, 1988, „Gustav Gerber und Friedrich Nietzsche. Zum historischen Hintergrund der sprachphilosophischen Auffassungen des frühen Nietzsche", *Nietzsche-Studien*, 17, 369–390.

Müller-Lauter, W., ²1996, *Nietzsches Lehre vom Willen zur Macht*, in: J. Salaquarda (Hrsg.), *Nietzsche*, Darmstadt, 240–244.

Reza Haji Abdolhosseini, M., 1997, *Das subjektive und dynamische Verhältnis zur Wahrheit bei Sören Kierkegaard*, unveröff. phil. Diss., Basel.

Ruhstorfer, Karlheinz, 2004, *Konversionen. Eine Archäologie der Bestimmung des Menschen bei Foucault, Nietzsche, Augustinus und Paulus*, Paderborn / München / Wien / Zürich.

Schneider, A., 1923, *Der Gedanke der Erkenntnis des Gleichen durch Gleiches in antiker und patristischer Zeit*, in: *Festgabe Clemens Baeumker zum 70. Geburtstag, dargebracht von seinen Freunden und Schülern* (Beiträge zur Geschichte der Philosophie des Mittelalters, Supplementband II), Münster, S. 65–76.

Thorgeirsdottir, Sigridur, 1996, *Vis creativa: Kunst und Wahrheit in der Philosophie*, Würzburg.

Zecher, Reinhard, 1993, *Wahrer Mensch und heile Welt. Untersuchungen zur Bestimmung des Menschen und zum Heilsbegriff bei Ludwig Feuerbach*, Stuttgart.

Zirker, H., 1982, „Die Rückführung des Göttlichen auf Prädikate des Menschen – Ludwig Feuerbach (1804–1872)", in: Ders., *Religionskritik* (Leitfaden Theologie 5), Düsseldorf.

Wahrheit und die Sachen selbst.
Der philosophische Wahrheitsbegriff in der phänomenologischen und hermeneutischen Tradition der Philosophie des 20. Jahrhunderts: Edmund Husserl, Martin Heidegger und Hans-Georg Gadamer

Holger Zaborowski (Freiburg i. Br.)

1.   Der Wahrheitsbegriff in der phänomenologischen und hermeneutischen Tradition der Philosophie des 20. Jahrhunderts. Einleitende Vorüberlegungen

Die folgende Untersuchung stellt sich der Aufgabe, den Wahrheitsbegriff in der phänomenologischen und hermeneutischen Tradition der Philosophie des 20. Jahrhunderts anhand der Werke der drei sowohl aus systematisch-philosophischer als auch aus philosophiegeschichtlicher Perspektive bedeutendsten Denker dieser Tradition – nämlich Edmund Husserls (1859–1938), Martin Heideggers (1889–1976) und Hans-Georg Gadamers (1900–2002) – vorzustellen und zu diskutieren. Dabei stößt diese Untersuchung nicht nur angesichts der in diesem Rahmen erforderten Kürze auf Schwierigkeiten, die einleitend genannt und kurz erörtert werden müssen: (i.) Die hier zu untersuchende phänomenologisch-hermeneutische Tradition stellt bei allen Gemeinsamkeiten ihrer verschiedenen Vertreter eine in sich selbst in vielfältiger Weise differenzierte Tradition mit einer komplexen Entwicklung dar. Diese Entwicklung steht (ii.) in engem Bezug zu anderen Strömungen der Philosophie nicht nur des 20. Jahrhunderts und ist daher auch abhängig von verschiedenen Denkern der Geschichte der abendländischen Philosophie wie etwa den vorsokratischen Philosophen, Platon, Aristoteles, Descartes, Kant, Hegel oder Dilthey. Bei den hier zur Diskussionen stehenden Denkern – vor allem bei Husserl und Heidegger – liegen (iii.) bei aller Kontinuität auch teils erhebliche Entwicklungen des eigenen Denkansatzes vor, die insofern auch gerade im Hinblick auf die Frage nach dem Wahrheitsbegriff von Bedeutung sind, als der Wahrheitsbegriff bei Husserl und Heidegger (bei Gadamer in eingeschränkter Weise) von zentraler systematischer Bedeutung ist.

Angesichts dieser Schwierigkeiten ist es nur möglich, nach einem kurzen Überblick über die Ausgangssituation der phänomenologischen und her-

meneutischen Tradition der Philosophie des 20. Jahrhunderts (2.) exemplarisch und einführend die Hauptaspekte der Wahrheitsbegriffe und -theorien
Husserls, Heideggers und Gadamers zu untersuchen: nämlich den (tran-
szendental-)phänomenologischen Wahrheitsbegriff Edmund Husserls (3.),
den hermeneutisch-phänomenologischen Wahrheitsbegriff Martin Heideggers (4.) und den hermeneutischen Wahrheitsbegriff Hans-Georg Gadamers (5.). Der Schwerpunkt dieser Darstellung des philosophischen Wahrheitsbegriffs der phänomenologischen und hermeneutischen Tradition liegt
auf dem Denken Heideggers, dessen Wahrheitsbegriff in der Rezeption die
größte Aufmerksamkeit – sowohl was affirmative und produktiv-aneig-
nende, als auch was kritische und ablehnende Stellungnahmen betrifft – erfahren hat.

2. Die Ausgangssituation der phänomenologischen und hermeneutischen Tradition der Philosophie des 20. Jahrhunderts: „Zu den Sachen selbst!"

Die Tradition, die in diesem Aufsatz im Vordergrund steht, beginnt mit der
Veröffentlichung der *Logischen Untersuchungen* Edmund Husserls im Jahr
1900/01. Husserl ist der Begründer der Phänomenologie und steht damit
am Anfang einer philosophischen „Schule", die in der Philosophie des
zwanzigsten Jahrhunderts große Bedeutung erlangen sollte. Dabei läßt sich
nur mit gewissen Einschränkungen von einer „Schule" sprechen, da mit
„Phänomenologie" ganz unterschiedliche, oft sogar miteinander inkompa-
tible philosophische, oft auch in anderen wissenschaftlichen Disziplinen
aufgegriffene Ansätze bezeichnet werden. Weit zutreffender ist es, von
einer „phänomenologischen Bewegung" zu sprechen.[1] Entwicklung, Gegenwart und gemeinsames Anliegen der verschiedenen phänomenologischen Richtungen lassen sich in ihren Differenzen verstehen, wenn man berücksichtigt, dass die phänomenologische Bewegung sich seit ihren
Anfängen weniger als eine inhaltlich bestimmte Philosophie, sondern als
eine Methode (als „Wie") des philosophischen Denkens verstanden hat, die
durch Husserls Wende „zu den Sachen selbst!"[2] bestimmt ist.

---

[1] Vgl. hierzu u.a. *Edmund Husserl und die phänomenologische Bewegung. Zeugnisse in Text
und Bild*, im Auftrag des Husserl-Archivs an der Universität Freiburg im Breisgau hrsg. von
Hans Rainer Sepp, Freiburg / München ²1988; Ernst Wolfgang Orth (Hrsg.), *Die Freiburger
Phänomenologie* (= Phänomenologische Forschungen 30), Freiburg / München 1996; Herbert Spiegelberg, *The Phenomenological Movement. A Historical Introduction*, The Hague
³1982; Ders., *The Context of the Phenomenological Movement*, The Hague 1981.

[2] Edmund Husserl, *Logische Untersuchungen. Zweiter Band. Erster Teil* (= Husserliana
XIX/1), hrsg. von U. Patzer, Den Haag 1984, 10; Martin Heidegger, *Logik. Die Frage nach
der Wahrheit*, hrsg. von W. Biemel (= GA 21), Frankfurt am Main ²1995, 33; Martin Hei-

Der weitere Kontext, in dem Husserls Philosophie zunächst steht, ist der Psychologismus in der Logik, den Husserl im ersten Band der *Logischen Untersuchungen* zu widerlegen unternahm und mit dem Heidegger sich kritisch u.a. in seiner Dissertation *Zur Lehre vom Urteil im Psychologismus* auseinandersetzen sollte. Husserl ging es in den *Logischen Untersuchungen* darum, die reine Logik und die Erkenntnistheorie neu zu begründen, da ihm zunehmend bewußt geworden war, wie wenig die Psychologie diese Aufgabe übernehmen könne und welche problematischen – skeptizistischen und relativistischen – Folgen der Psychologismus für das Verständnis von Wahrheit und damit auch für das Verständnis der Philosophie selbst habe. Die zunächst gegen den Psychologismus gerichtete, später weiter ausgebaute und theoretisch untermauerte Wende zu den Sachen selbst ist eine Hinwendung zu den Sachen, wie sie in Wahrheit sind, d.h. nicht aus der Perspektive bestimmter Theorien, Konstruktionen und Vorurteile. Dies erklärt, warum der Wahrheitsbegriff eine zentrale Bedeutung innerhalb der phänomenologisch-hermeneutischen Tradition hat.[3] Mit ihrer Hinwendung „zu den Sachen selbst!" setzten sich Husserl und Heidegger daher kritisch von zeitgenössischen Philosophien – vor allem von dem erkenntnistheoretisch orientierten Neukantianismus der südwestdeutschen und der Marburger Schule, vom Naturalismus und vom Historismus – ab[4] und bemühten sich in je eigener Weise auch um eine Neubegründung der Philosophie aus dem Geiste der Phänomenologie.

3. Der Wahrheitsbegriff Edmund Husserls: Übereinstimmung und Evidenz

3.1. Anliegen und Anspruch von Edmund Husserls Phänomenologie

Um den Wahrheitsbegriff Edmund Husserls zu erläutern, ist es zuvor notwendig, kurz noch einige weitere Bemerkungen über das Anliegen und den philosophischen Anspruch seiner Phänomenologie zu machen.[5] Husserl verstand die Phänomenologie als eine „strenge Wissenschaft", so wie er sie

---

degger, *Sein und Zeit*, hrsg. von F.-W. von Herrmann (= GA 2), Frankfurt am Main 1977, 37 und 46. Vgl. hierzu auch Martin Heidegger, „Über die Maxime ‚Zu den Sachen selbst' (aus dem Nachlaß)", in: *Heidegger Studies* 11 (1995), 5–8.

[3] Vgl. für das phänomenologische Wahrheitsverständnis auch T. Trappe, 2004, 104–113; R. E. Gogel, 1987; E. Tugendhat, 1970; A. de Waelhens, ³1969.

[4] Vgl. etwa Edmund Husserl, *Philosophie als strenge Wissenschaft*, hrsg. von W. Szilasi, Frankfurt am Main 1965, für Husserls Kritik am Naturalismus und Historismus.

[5] Für Darstellungen und Interpretationen des Wahrheitsbegriffs Husserls vgl. neben den oben genannten Arbeiten zum phänomenologischen Wahrheitsverständnis u.a. Jung-Sun Heuer, 1989; E. Levinas, 1978; K. Rosen, 1977; D. M. Levin, 1970.

in seiner Programmschrift „Philosophie als strenge Wissenschaft" (1911) skizziert hat, nämlich als die Wissenschaft, „die den höchsten theoretischen Bedürfnissen Genüge leiste und in ethisch-religiöser Hinsicht ein von reinen Vernunftnormen geregeltes Leben ermögliche".[6] In seiner eigenen, die Phänomenologie grundlegenden Arbeit genügte Husserl – zumindest seinem eigenen Anspruch nach – der in dieser Programmschrift erhobenen Forderung nach einer radikalen, gegen Naturalismus und Weltanschauungsphilosophien gerichteten Neubegründung der Philosophie. Die Philosophie sollte als eine strenge wissenschaftliche, unpersönliche, Wesensforschung betreibende, systematische, universale, anti-relativistische, anti-skeptische, den „Stempel Ewigkeit" tragende und rein sachlich orientierte Philosophie, die als erste, selbst voraussetzungslose Philosophie gleichzeitig die Grundlage für die Natur- und Geisteswissenschaften sein solle, neu begründet werden.

Dabei nimmt die Frage nach der Wahrheit eine zentrale Position ein, denn „[f]ür Husserl waren Wahrheit, Wissenschaft, Philosophie und Vernunft letztlich eins; es waren für ihn nur verschiedene Bezeichnungen für das Telos jedes einzelnen Menschen, der menschlichen Gemeinschaft und der Menschheit überhaupt".[7] Die besondere Bedeutung von Husserls Wahrheitsbegriff liegt, wie Ernst Tugendhat betont hat, darin, daß „Husserl [...] seit Leibniz der einzige Denker [sc. gewesen ist], der die beiden Traditionen des Wahrheitsproblems, die logische und die metaphysische, noch einmal produktiv vereinigt: ausgehend von präzisen und minutiösen ‚logischen Untersuchungen', deren Ziel das ‚phänomenologische' Verständnis der Wahrheit rein logischer Aussagen, zugleich aber auch die Aufklärung des Wahrheitssinns dieser philosophischen Untersuchungen selbst ist, gelangt Husserl zu einer umfassenden ‚transzendentalphilosophischen' Position, in der der Wahrheitsbegriff im Zentrum steht und damit eine universale Relevanz gewinnt."[8]

Im folgenden soll der (engere logische) Wahrheitsbegriff der *Logischen Untersuchungen* und der (umfassendere metaphysische) Wahrheitsbegriff der *Cartesianischen Meditationen* kurz dargestellt werden, um zu zeigen, wie Husserl ein korrespondenztheoretisches Wahrheitsverständnis entfaltet, das er mit einem evidenztheoretischen Wahrheitsverständnis kombiniert. Auf die Überlegungen des späten Husserl zum Verhältnis zwischen Wahrheit und Geschichte und auf die Implikationen seiner Phänomenologie der Lebenswelt für den Wahrheitsbegriff können wir an dieser Stelle nicht näher eingehen.

---

[6] Edmund Husserl, *Philosophie als strenge Wissenschaft*, 7.
[7] U. Melle, ²1988, 45f.
[8] E. Tugendhat, 1970, 5.

3.2. Der Wahrheitsbegriff der *Logischen Untersuchungen*: Korrespondenz und Evidenz

In den *Logischen Untersuchungen* handelt Husserl von Wahrheit hauptsächlich im fünften Kapitel „Das Ideal der Adäquation. Evidenz und Wahrheit" der VI. logischen Untersuchung „Elemente einer phänomenologischen Aufklärung der Erkenntnis",[9] die Husserl als die „in phänomenologischer Beziehung wichtigste"[10] bezeichnet hat. Bevor wir auf die vier in diesem fünften Kapitel dargestellten Wahrheitsbegriffe eingehen, müssen wir zuvor einige Grundprinzipien der *Logischen Untersuchungen* erörtern. Dieses Werk ist das Zeugnis von Husserls Bemühen, „in den Grundfragen der Erkenntnistheorie und in dem kritischen Verständnis der Logik als Wissenschaft zu sicherer Klarheit vorzudringen".[11] Von zentraler Bedeutung für dieses Anliegen wie auch für die weitere Entwicklung ist der in enger Anlehnung an und in Auseinandersetzung mit Franz Brentano (und indirekt mit der mittelalterlichen Scholastik) entwickelte Begriff der Intentionalität. Husserl vermeidet es, von „psychischen Akten" zu sprechen, und spricht stattdessen von „intentionalen Erlebnissen", die er verkürzend auch als Akte bezeichnet.[12] In verschiedenen Akten bezieht sich das Bewußtsein in je verschiedener Weise auf einen möglichen gegebenen Inhalt: „Die Weise, in der eine ‚bloße Vorstellung' eines Sachverhalts diesen ihren ‚Gegenstand' meint, ist eine andere als die Weise des Urteils, das den Sachverhalt für wahr oder falsch hält. Wieder eine andere ist die Weise der Vermutung und des Zweifels, die Weise der Hoffnung oder Furcht, die Weise des Wohlgefallens und Mißfallens, des Begehrens und Fliehens [...]."[13] Das Anliegen der in den *Logischen Untersuchungen* entwickelten deskriptiven Phänomenologie ist daher eine Untersuchung der verschiedenen Weisen von Intentionalität und damit auch der verschiedenen, auf bestimmte Intentionalitätsweisen korrelativ bezogenen Weisen der Gegebenheit von Gegenständen.

Im fünften Kapitel der VI. logischen Untersuchung entfaltet Husserl nun explizit eine phänomenologische Korrespondenztheorie der Wahrheit, in deren Zentrum mit dem Begriff der Evidenz eine ausgezeichnete Gegebenheitsweise steht. Im Akt der Evidenz, bei dem es sich nicht um ein „eigenartiges Gefühl', welches die Wahrheit des Urteils, dem es angeknüpft ist,

9 Edmund Husserl, *Logische Untersuchungen. Zweiter Band. Zweiter Teil* (= Husserliana XIX/2), hrsg. von U. Patzer, Den Haag 1984 (vgl. 645–656 für das fünfte Kapitel).

10 Edmund Husserl, *Logische Untersuchungen. Erster Band: Prolegomena zur reinen Logik* (= Husserliana XVIII), hrsg. von E. Holenstein, Den Haag 1975, 15.

11 Edmund Husserl, *Logische Untersuchungen. Erster Band: Prolegomena zur reinen Logik*, 7.

12 Edmund Husserl, *Logische Untersuchungen. Zweiter Band. Erster Teil* (= Husserliana XIX/1), hrsg. von U. Patzer, Den Haag 1984, 653f.

13 Edmund Husserl, *Logische Untersuchungen. Zweiter Band. Erster Teil*, 381.

verbürgt," handelt,[14] kommt das von einer Intention Gemeinte zur Erfüllung. Evidenz, so Husserl, sei als „‚Erlebnis' der Wahrheit" ein objektivierender Akt, dessen objektives Korrelat die Wahrheit sei.[15] Wahrheit ist, wie Husserl bereits in den Prolegomena der *Logischen Untersuchungen* gesagt hatte, „eine Idee, deren Einzelfall im evidenten Urteil aktuelles Erlebnis ist".[16] Wenn etwas im strengen, also nicht laxen Sinne[17] als evident erlebt werde – etwa die Evidenz A –, dann sei A „nicht bloß gemeint, sondern genau als das, als was es gemeint ist, auch wahrhaft gegeben; es ist im strengsten Sinne selbst gegenwärtig".[18] Hierin besteht die „letzte Erfüllung" der Intention, die *adaequatio rei et intellectus*, daß nämlich „das Gegenständliche [...] genau als das, als welches es intendiert ist, wirklich ‚gegenwärtig' oder ‚gegeben'" ist.[19]

Der Wahrheitsbegriff, der in diesen Überlegungen zum Evidenzerlebnis Ausdruck findet, wird von Husserl noch weiter qualifiziert. Im Paragraphen 39 der VI. logischen Untersuchung unterscheidet Husserl unter der Überschrift „Evidenz und Wahrheit" ausgehend von dem traditionellen Verständnis der Wahrheit als *adaequatio rei et intellectus* zwischen vier verschiedenen, sich auf setzende Akte beziehenden und zunächst einmal in allgemeiner Weise, dann enger gefaßten Wahrheitsbegriffen.[20] Wahrheit sei, so der erste Wahrheitsbegriff, als „Korrelat eines identifizierenden Aktes ein Sachverhalt und als Korrelat einer deckenden Identifizierung eine Identität: die volle Übereinstimmung zwischen Gemeintem und Gegebenem als solchem".[21] Diese Übereinstimmung zwischen (meinender) *intentio* und (gemeintem) *intentum*, so Husserl, werde in der Evidenz in einem „Bewußtsein originärer Gegebenheit"[22] erlebt. Wahrheit kann aber nicht nur als das objektive Korrelat des Evidenzerlebnisses verstanden werden, sondern – zweitens – auch als die „zur Aktform gehörige Idee, nämlich das erkenntnismäßige und als Idee gefaßte Wesen des empirisch zufälligen Aktes der Evidenz oder die Idee der absoluten Adäquation als solcher".[23] Aber auch

---

[14] Edmund Husserl, *Logische Untersuchungen. Erster Band: Prolegomena zur reinen Logik*, 183. Vgl. hierzu auch Ders., *Logische Untersuchungen. Zweiter Band. Zweiter Teil*, 656.

[15] Edmund Husserl, *Logische Untersuchungen. Zweiter Band. Zweiter Teil*, 651. Vgl. hierzu auch Ders., *Logische Untersuchungen. Erster Band: Prolegomena zur reinen Logik*, 193 f.

[16] Edmund Husserl, *Logische Untersuchungen. Erster Band: Prolegomena zur reinen Logik*, 193.

[17] Husserl hält einen laxeren Evidenzbegriff und die Rede von „Graden und Stufen der Evidenz" durchaus für sinnvoll (Edmund Husserl, *Logische Untersuchungen. Zweiter Band. Zweiter Teil*, 651).

[18] Edmund Husserl, *Logische Untersuchungen. Zweiter Band. Zweiter Teil*, 656.

[19] Edmund Husserl, *Logische Untersuchungen. Zweiter Band. Zweiter Teil*, 647.

[20] Vgl. für eine kritische Diskussion dieser vier Wahrheitsbegriffe E. Tugendhat, 1970, 88–106. Vgl. auch Edmund Husserl, *Logische Untersuchungen. Zweiter Band. Zweiter Teil*, 654 ff. für einen engeren Wahrheitsbegriff.

[21] Edmund Husserl, *Logische Untersuchungen. Zweiter Band. Zweiter Teil*, 651 f.

[22] Edmund Husserl, *Logische Untersuchungen. Erster Band: Prolegomena zur reinen Logik*, 193.

[23] Edmund Husserl, *Logische Untersuchungen. Zweiter Band. Zweiter Teil*, 652.

der gemeinte Gegenstand könne – drittens – „als ideale Fülle des spezifischen erkenntnismäßigen Wesens der Intention" als wahrmachend wahr genannt werden. Viertens könne man von Wahrheit im Sinne der Richtigkeit der Intention etwa eines Urteils sprechen.[24]

3.2. Husserls transzendental-phänomenologisches Wahrheitsverständnis in den *Cartesianischen Meditationen*: Die Aufgabe und das Ziel der Wahrheit

Husserl sollte nach der Veröffentlichung der *Logischen Untersuchungen* die Phänomenologie als eine idealistische transzendentale Phänomenologie weiterentwickeln. Dies fand Ausdruck in den *Ideen zu einer reinen Phänomenologie und phänomenologischen Philosophie*[25] (1913), in den *Cartesianischen Meditationen*[26] und in *Die Krisis der europäischen Wissenschaften und die transzendentale Phänomenologie. Eine Einleitung in die phänomenologische Philosophie*.[27] Dem transzendental-phänomenologischen Wahrheitsverständnis werden wir uns im folgenden zuwenden und uns dabei auf die *Cartesianischen Meditationen* beschränken.

In den *Cartesianischen Meditationen* führt Husserl in die (in phänomenologischer Reduktion auf das „transzendentale Ego" zurückgehende) transzendentale Phänomenologie ein. In dieser Schrift versucht er, das Programm der *Meditationes* René Descartes', die „das Urbild der notwendigen Meditationen eines jeden anfangenden Philosophen, aus denen allein eine Philosophie ursprünglich erwachsen kann",[28] seien, zu reformulieren. Sein Ziel besteht darin, wie bereits Descartes „in radikaler Konsequenz auf das Ziel absoluter Erkenntnis gerichtet, […] einen ev. Bestand von absolut Evidentem zu gewinnen",[29] d.h. die Philosophie von den Gefahren einer relativistischen, psychologistischen oder skeptizistischen Verkürzung bzw. Aufhebung des Wahrheitsbegriffs zu bewahren. Die Wahrheitsfrage, die Frage nach absoluter Erkenntnis oder absolut Evidentem, ist also nach wie vor zentral für Husserls Philosophie. Der Begriff der Intentionalität ist weiterhin der Schlüsselbegriff der Husserlschen Phänomenologie: Jedes intentionale

[24] Edmund Husserl, *Logische Untersuchungen. Zweiter Band. Zweiter Teil*, 653.
[25] Edmund Husserl, *Ideen zu einer reinen Phänomenologie und phänomenologischen Philosophie. Erstes Buch: Allgemeine Einführung in die reine Phänomenologie* (= Husserliana III,1), hrsg. von K. Schumann, Den Haag 1976.
[26] Edmund Husserl, *Cartesianische Meditationen*, hrsg. von St. Strasser (= Husserliana I), Den Haag 1950 (²1963, photomechanischer Nachdruck 1973).
[27] Edmund Husserl, *Die Krisis der europäischen Wissenschaften und die transzendentale Phänomenologie. Eine Einleitung in die phänomenologische Philosophie*, hrsg. von W. Biemel (= Husserliana VI), Den Haag 1954 (²1962, photomechanischer Nachdruck 1976).
[28] Edmund Husserl, *Cartesianische Meditationen*, 44.
[29] Edmund Husserl, *Cartesianische Meditationen*, 45.

Erleben ist Erleben von etwas. Bewußtsein ist immer Bewußtsein von etwas.[30] Jede Noese, d.h. jeder Bewußtseinsvollzug, ist daher korrelativ und in ursprünglicher Einheit auf ein Noema, d.h. einen Bewußtseinsgehalt oder -gegenstand, gerichtet so wie umgekehrt alles, was ist, als Noema Noema einer Noesis ist.[31] Das Bewußtsein ist nach Husserl überdies in teleologischer Weise auf Erfüllung, auf Wahrheit und Evidenz hin ausgerichtet. In der III., für unsere Frage besonders wichtigen Cartesianischen Meditation definiert Husserl Evidenz als „ein allgemeines Urphänomen des intentionalen Lebens […], die ganz ausgezeichnete Bewußtseinsweise der Selbsterscheinung, des Sich-selbst-Darstellens, des Sich-selbst-Gebens einer Sache, eines Sachverhaltes, einer Allgemeinheit, eines Wertes usw. im Endmodus des *Selbst da, unmittelbar anschaulich, originaliter gegeben.* Für das Ich besagt das: nicht verworren, leer vormeinend auf etwas hinmeinen, sondern bei ihm selbst sein, es selbst schauen, sehen, einsehen."[32] Hier zeigt sich der Kern des erweiterten metaphysischen Wahrheitsbegriffs des späten Husserl. Aufgabe und Lebensziel des Philosophen sei, so Husserl in der *Krisis*-Schrift, die „universale Wissenschaft von der Welt, universales, endgültiges Wissen, Universum der Wahrheiten an sich von der Welt, der Welt an sich".[33] Dieses Ziel gelte es in der gemeinsamen Arbeit der Philosophen über verschiedene Generationen hinweg zu erreichen[34] – ein kühnes philosophisches Programm, das in all seinen Dimensionen (und problematischen Aspekten) bislang noch nicht erschöpfend bearbeitet und diskutiert worden ist.

4. Der hermeneutisch-phänomenologische Wahrheitsbegriff Martin Heideggers: Wahrheit als Unverborgenheit

4.1. Vorüberlegungen zum Wahrheitsbegriff Martin Heideggers

Es ist nicht möglich, auf wenigen Seiten den philosophischen Wahrheitsbegriff Martin Heideggers darzustellen und zu diskutieren, ohne daß es zu teils auch verzerrenden Verkürzungen und Vereinfachungen käme.[35] Dies hängt

---

[30] Edmund Husserl, *Ideen zu einer reinen Phänomenologie und phänomenologischen Philosophie*, 268f.

[31] Vgl. hierzu vor allem Edmund Husserl, *Ideen zu einer reinen Phänomenologie und phänomenologischen Philosophie*, 179–201.

[32] Edmund Husserl, *Cartesianische Meditationen*, 92f.

[33] Edmund Husserl, *Die Krisis der europäischen Wissenschaften und die transzendentale Phänomenologie*, 269.

[34] Vgl. für diesen Gedanken etwa das Schlußwort (§ 73) von *Die Krisis der europäischen Wissenschaften und die transzendentale Phänomenologie* (269–276).

[35] Für Darstellungen und Interpretationen des Wahrheitsbegriffs Martin Heideggers vgl. neben den oben genannten Arbeiten zum phänomenologischen Wahrheitsverständnis u.a.

nicht nur damit zusammen, daß der Wahrheitsbegriff für das Denken Martin Heideggers von zentraler Bedeutung ist und daß mithin die Darstellung seines Wahrheitsbegriffes einer – kaum in intellektuell verantwortbarer Weise möglichen – Kurzdarstellung seiner Philosophie gleich käme. Es gibt noch drei weitere wichtige Gründe (die zum Teil in allgemeinerer Weise schon in I. angesprochen wurden) dafür, daß die Darstellung des Wahrheitsbegriffes Heideggers nicht zu vernachlässigenden Schwierigkeiten ausgesetzt ist: Erstens finden wir bei Heidegger neben der expliziten Verwendung des Wahrheitsbegriffes eine implizite Verwendung bzw. Umformulierung des Wahrheitsbegriffes vor, wenn er etwa von Erschlossenheit, Offenheit, Lichtung oder Ereignis des Seins spricht. Zweitens ist Heideggers Denken bei aller Kontinuität vor allem auch zwischen dem Denken vor und nach der so genannten „Kehre"[36] von bedeutsamen Änderungen und Akzentverschiebungen gekennzeichnet, so daß die Darstellung des von Heidegger entwickelten Wahrheitsbegriffes auch der Entwicklung des Denkweges Martin Heideggers gerecht werden muß. Dies ist durch die zahlreichen mittlerweile erschienenen Bände der Gesamtausgabe letzter Hand der Werke Martin Heideggers zwar möglich, aber im Rahmen dieser Darstellung nicht durchführbar. Überdies wird sich eine abschließende Darstellung des Wahrheitsbegriffes Martin Heideggers erst nach Abschluß der Gesamtausgabe verwirklichen lassen. Drittens formuliert Heidegger seine Gedanken nicht nur in einem sehr dichten Stil, sondern auch in einer eigenen, nicht immer ohne weitere Erklärungen sich erschließenden „Terminologie". Aus diesen und den im ersten Abschnitt genannten weiteren Gründen kann die folgende Darstellung des Wahrheitsbegriffes Martin Heideggers nur die wichtigsten Dimensionen seines Wahrheitsverständnisses kurz darstellen.

Im folgenden orientieren wir uns werkgenetisch am Denkweg Martin Heideggers. Zunächst werden wir kurz auf den Wahrheitsbegriff im Früh-

---

Dorothea Frede, „Stichwort: Wahrheit. Vom aufdeckenden Erschließen zur Offenheit der Lichtung", in: D. Thomä (Hrsg.), *Heidegger-Handbuch. Leben – Werk – Wirkung*, Stuttgart / Weimar 2003, 127–134; Daniel O. Dahlstrom, *Heidegger's Concept of Truth*, Cambridge 2001; Ders., *Das logische Vorurteil. Untersuchungen zur Wahrheitstheorie des frühen Heidegger*, Wien 1994; Alfred Denker, „Truth" und „Truth of Being", in: Ders., *Historical Dictionary of Heidegger's Philosophy*, Lanham, Maryland, and London 2000, 219f.; Erich Schönleben, *Wahrheit und Existenz. Zu Heideggers phänomenologischer Grundlegung des überlieferten Wahrheitsbegriffes als Übereinstimmung*, Würzburg 1987; Fridolin Wiplinger, *Wahrheit und Geschichtlichkeit. Eine Untersuchung über die Frage nach dem Wesen der Wahrheit im Denken Martin Heideggers*, Freiburg / München 1961. Vgl. zu Ernst Tugendhats Kritik an Heideggers Philosophie Otto-Peter Obermeier, „Ernst Tugendhats Kritik an Heidegger", in: Richard Wisser (Hrsg.), *Martin Heidegger – Unterwegs im Denken. Symposion im 10. Todesjahr*, Freiburg / München 1987, 293–326; Daniel O. Dahlstrom, *Das logische Vorurteil. Untersuchungen zur Wahrheitstheorie des frühen Heidegger*, 271–274.

[36] Vgl. hierzu (mit weiteren Literaturangaben) Dieter Thomä, „Stichwort Kehre. Was wäre, wenn es sie nicht gäbe?", in: Ders. (Hrsg.), *Heidegger-Handbuch. Leben – Werk – Wirkung*, 134–141.

werk Heideggers bis 1919 (4.2) eingehen, um den Hintergrund zu verdeutlichen, vor dem die Entfaltung des späteren Wahrheitsbegriffs zu verstehen
ist. Dann werden wir den Begriff der Wahrheit in den frühen Freiburger Vorlesungen (4.3) und im Vorfeld von und in *Sein und Zeit* (4.4) sowie
in den an *Sein und Zeit* anschließenden, über *Sein und Zeit* allerdings auch
hinausgehenden Schriften „Vom Wesen der Wahrheit" und „Platons Lehre
von der Wahrheit" (4.5) erörtern. Daran anschließend werden wir auf
den Wahrheitsbegriff in den *Beiträgen zur Philosophie* (4.6) eingehen, um
dann kurz auf kritische Stimmen zu Heideggers Wahrheitsbegriff einzu-
gehen (4.7).

4.2. Der Wahrheitsbegriff im Frühwerk Martin Heideggers bis 1919: Die Philosophie als „in Wahrheit ein Spiegel des Ewigen"

Der Lebens- und Denkweg Martin Heideggers bis 1919 wurde bislang in
der Forschung wenig beachtet.[37] Gerade aber für die Antwort auf die Frage
nach Heideggers späterem Wahrheitsbegriff erhalten wir hier wichtige erste
Aufschlüsse, um die Dimensionen der späteren Kritik Heideggers an einem
traditionellen Wahrheitsbegriff (Wahrheit als Angleichung bzw. Übereinstimmung von *res* und *intellectus* und als Eigenschaft von Urteilen) und
seine phänomenologische Ausweisung eines gegenüber dem traditionellen
Wahrheitsbegriff ursprünglicheren Wahrheitsbegriffs in adäquater Weise
verstehen zu können.

Heideggers Denkweg hat, wie er mehrfach selbst erklärt hat, seine Wurzeln in seinem Studium der katholischen Theologie.[38] Daher findet sich in
seinen frühesten Veröffentlichungen auch ein von der damaligen katholischen neuscholastischen Theologie und Kirche maßgeblich geprägter
Wahrheitsbegriff, mit dem Heidegger vor allem auch gegen Relativierungen
des Wahrheitsbegriffes etwa in Gestalt des Subjektivismus, Individualis-
mus, Psychologismus, Naturalismus oder Historismus Position bezieht.

Die Philosophie ist für Heidegger „in Wahrheit ein Spiegel des Ewigen",[39] die Wahrheit, um die es in der Philosophie und Theologie geht,
kann nur ewig und unveränderlich sein. Während ihr voller Besitz von der
katholischen Kirche bewahrt wird, hat für Heidegger auch die Philosophie

---

[37] Vgl. hierzu Alfred Denker, Hans-Helmuth Gander und Holger Zaborowski (Hrsg.), *Heidegger und die Anfänge seines Denkens* (= Heidegger-Jahrbuch 1), Freiburg / München 2004
(vgl. 373–387 für einen Forschungsbericht mit Auswahlbibliographie von Alfred Denker).
[38] Vgl. Martin Heidegger, *Unterwegs zur Sprache*, hrsg. von F.-W. von Herrmann (= GA 12),
Frankfurt am Main 1985, 96.
[39] Martin Heidegger, „Zur philosophischen Orientierung für Akademiker", in: Ders., *Reden
und andere Zeugnisse eines Lebensweges*, hrsg. von H. Heidegger (= GA 16), Frankfurt am
Main 2000, 11.

in dem ihr zustehenden Rahmen eine wichtige Aufgabe bei der Bewahrung der Wahrheit. Wenn sich Heidegger etwa während seiner Studienzeit und in seiner Dissertation *Die Lehre vom Urteil im Psychologismus*[40] mit Fragen der philosophischen Logik beschäftigt, so ist dies auch vor dem Hintergrund der Verteidigung eines christlichen und katholisch-theologischen Wahrheitsbegriffes und seiner Voraussetzungen zu verstehen: Denn wenn zum einen die überlieferte Schullogik das Urteil als den Ort der Wahrheit bestimmt und andererseits psychologistische Urteilstheorien die Logik zu einer Subdisziplin der Psychologie machen und damit auch den Wahrheitsbegriff psychologisieren, so ist Heideggers Kritik des Psychologismus zuletzt auch ein Dienst an der Idee einer nicht-psychologistisch verstehbaren objektiven ewigen Wahrheit. Dieses im weitesten Sinne apologetische und anti-modernistische Interesse Heideggers erklärt daher auch (wenn auch nicht ausschließlich) seine frühe Annäherung an die Phänomenologie Edmund Husserls – vor allem seine intensive Auseinandersetzung mit den *Logischen Untersuchungen* – und an den Neukantianismus Heinrich Rickerts und Emil Lasks.

Die Einsicht in die ewige, von der Kirche bewahrte Wahrheit sei, so der junge Heidegger, auch eine Voraussetzung für das Glück des Menschen. So bespricht Heidegger das Buch *Lebenslüge und Lebenswahrheit* des dänischen Schriftstellers Johannes Jörgensen, der zum Katholizismus konvertiert war und nach Heidegger zunächst noch „das Glück der Wahrheit" geopfert habe, sehr positiv. Denn Jörgensens Leben zeichne sich durch das „mächtige Sichlosringen von einer verkehrten lügenhaften Philosophie, das rastlose Suchen und Aufbauen, der letzte Schritt zum Gipfel der Wahrheit" aus.[41] Damit könne Jörgensen, so Heidegger, ein Vorbild sein, vor allem auch da „[d]ie Wahrheit [...] naturaliter zum Glücke, die Lüge zum Untergang führen" müsse.[42] Verknüpft ist die apologetische Verteidigung des überlieferten Wahrheitsbegriffes des katholischen Christentums mit einem dezidierten Anti-Modernismus. So urteilt Heidegger: „Und die Kirche wird, will sie ihrem ewigen Wahrheitsschatz treubleiben, mit Recht den zersetzenden Einflüssen des Modernismus entgegenwirken, der sich des schärfsten Gegensatzes nicht bewußt wird, in dem seine moderne Lebensanschauung zur alten Weisheit der christlichen Tradition steht."[43]

---

[40] Martin Heidegger, *Die Lehre vom Urteil im Psychologismus. Ein kritisch-positiver Beitrag zur Logik*, Leipzig 1914 (jetzt in: Ders., *Frühe Schriften*, hrsg. von F.-W. von Herrmann [= GA 1], Frankfurt am Main, 59–188). Vgl. als Zeugnisse für Heideggers frühe Beschäftigung mit Fragen der Logik auch „Neuere Forschungen über Logik" (1912), in: GA 1, 17–43.

[41] Martin Heidegger, „Per Mortem ad Vitam" (in: GA 16), 3.

[42] Martin Heidegger, „Per Mortem ad Vitam" (in: GA 16), 5.

[43] Martin Heidegger, „Förster, Fr. W., Autorität und Freiheit" (in: GA 16), 7.

4.3. Wahrheit in den frühen Freiburger Vorlesungen (1919–1923): Wider den Kampf des Lebens gegen das Historische

Mit Heideggers zunehmend kritischer Auseinandersetzung mit seinen katholischen Wurzeln wie auch mit der Phänomenologie Husserls und der neukantianischen Philosophie ändert sich auch sein Wahrheitsbegriff. Wenn der Wahrheitsbegriff in den frühen Freiburger Vorlesungen – im Gegensatz etwa zu späteren Phasen seines Denkens – nur eine recht untergeordnete Rolle spielt, so zeigt sich in dieser neuen Schwerpunktsetzung seines philosophischen Interesses zunächst einmal auch Heideggers Bemühen, sich von dem neuscholastischen „System des Katholizismus", das ihm problematisch geworden war,[44] abzusetzen.

In den frühen Freiburger Vorlesungen, d.h. den Vorlesungen, die Heidegger als Privatdozent an der Universität Freiburg bis zu seiner Berufung an die Universität Marburg im Jahr 1923 gehalten hat, entwickelt Heidegger schrittweise die „Hermeneutik der Faktizität" – so der Titel seiner letzten Freiburger Vorlesung aus dem Sommersemester 1923[45] – und damit wichtige, seit ihrer Veröffentlichung im Rahmen der Gesamtausgabe intensiv diskutierte Vorarbeiten zu *Sein und Zeit*,[46] die vor allem auch für Hans-Georg Gadamer und sein hermeneutisches Wahrheitsverständnis wichtig werden sollten.

In diesen Vorlesungen geht es Heidegger um eine hermeneutische Erschließung der Faktizität oder des faktischen Lebens in seinen Grundvollzügen. Dabei rückt der zuvor von Heidegger vorausgesetzte Begriff einer ewigen und welt-jenseitigen Wahrheit, der die Philosophie zu entsprechen habe, nicht nur in den Hintergrund. Dieser Wahrheitsbegriff wird vielmehr in seiner platonischen Ausprägung auch zum Gegenstand expliziter Kritik. Der Platonismus stellt für Heidegger nach seiner sich bereits in der Habilitationsschrift *Die Kategorien- und Bedeutungslehre des Duns Scotus*[47] ankündigenden „Entdeckung des Historischen" eine Flucht dar. Es handelt sich um einen der „Wege der Befreiung von der Beunruhigung des Historischen", der als „Sicherungstendenz" ein Ausdruck des „Kampfes des Lebens gegen das Historische" sei. Nach Heidegger liegt das Motiv für die Ausbildung von platonisch-idealistischen Philosophien in Geschichte und Gegenwart „auf dem Gebiet der theoretischen Erkenntnis,

---

[44] Vgl. hierzu vor allem Heideggers Brief an Engelbert Krebs vom 9. Januar 1919 (jetzt in: A. Denker / H.-H. Gander / H. Zaborowski [Hrsg.], *Heidegger-Jahrbuch* 1, 67–68, 67).

[45] Vgl. Martin Heidegger, *Ontologie (Hermeneutik der Faktizität)*, hrsg. von K. Bröcker-Oltmanns (= GA 63), Frankfurt am Main ²1995.

[46] Für die Entwicklung des Heideggerschen Denkens auf dem Weg zu *Sein und Zeit* vgl. vor allem Th. Kisiel, 1995.

[47] Martin Heidegger, *Die Kategorien- und Bedeutungslehre des Duns Scotus*, Tübingen 1916 (jetzt in: Ders., *Frühe Schriften* [= GA 1], 189–411).

der Logik",[48] also genau auf demjenigen Gebiet, mit dem er sich zuvor sehr intensiv beschäftigt hatte und auf dem man nach seiner Anfang der 20er Jahre des 20. Jahrhunderts entwickelten Interpretation „im Kampf gegen den Skeptizismus (*Protagoras*) zeitlich verlaufenden Erkenntnisvorgängen den Erkenntnisgehalt entgegenstellt und so zu einem Begriff der Wahrheit kommt, der als Gültigkeit an sich von theoretischen Sätzen gefaßt wird".[49] Heidegger richtet sich gegen diese Flucht in den Bereich einer ewigen, zeitlos gültigen Wahrheit theoretischer Sätze und entwickelt ein radikales Verständnis des Historischen und des zeitlichen Vollzuges des faktischen Lebens, in dem der Wahrheitsbegriff letztlich nur noch im Sinne der individuellen Wahrheit bzw. Wahrhaftigkeit des faktischen Lebensvollzuges oder „jeweiligen Daseins" eine Rolle zu spielen vermag.

Heidegger entwickelt daher die Forderung, „von Sein, und zwar Dasein, dieses konkret Jeweiligkeit" primär Orientierung zu nehmen und nicht von einer bestimmten philosophischen Disziplin oder einem bestimmten vermeintlich sicheren Wissen oder Vorurteil.[50] Das führt zu einer Philosophie, die sich in dezidiert anti-systematischer und vor allem gegen Husserl gerichteter Orientierung als „prinzipiell verschieden" von der Wissenschaft versteht.[51] Die Philosophie ist damit nicht länger „Spiegel des Ewigen", sondern hat ihr Fundament in einem „radikale[n] existenzielle[n] Ergreifen […] der Fraglichkeit".[52] Während diese Philosophie radikal von überlieferten Wahrheitsbegriffen und ihrer zentralen Stellung innerhalb philosophischer Systeme (wie auch von philosophischen Systemen überhaupt) Abstand nimmt, kündigt sich – neben der Kritik an der Tradition des Platonismus und dem Verständnis der Wahrheit als Gültigkeit theoretischer Sätze – bereits das später ausführlicher entfaltete Verständnis von Wahrheit als Unverborgenheit in Andeutungen an. In Beilagen zu der Vorlesung „Hermeneutik der Faktizität" findet sich nicht nur die kurze, im Sinne einer Aufforderung zu verstehende Notiz „Entdecktheit – Dasein usf. ergreifen",[53] sondern auch der Bezug der Entdecktheit auf den griechischen Wahrheitsbegriff: „Griechen. (Wahrheit (Falschheit) – Entdecktheit)".[54] Es gibt diesen engen Bezug zwischen Dasein und Entdecktheit, weil „*Dasein*

[48] Martin Heidegger, „Einleitung in die Phänomenologie der Religion", in: Ders., *Phänomenologie des religiösen Lebens*, hrsg. von M. Jung, Th. Regehly und C. Strube (= GA 60), Frankfurt am Main 1996, 1–156, 39.

[49] Martin Heidegger, „Einleitung in die Phänomenologie der Religion" (in: GA 60), 39.

[50] Martin Heidegger, *Ontologie (Hermeneutik der Faktizität)* (= GA 63), 106.

[51] Vgl. hierzu etwa Martin Heidegger, „Einleitung in die Phänomenologie der Religion" (in: GA 60), 9.

[52] Martin Heidegger, *Phänomenologische Interpretationen zu Aristoteles. Einführung in die phänomenologische Forschung*, hrsg. von W. Bröcker und K. Bröcker-Oltmans (= GA 61), Frankfurt am Main ²1994, 35.

[53] Martin Heidegger, *Ontologie (Hermeneutik der Faktizität)* (= GA 63), 106.

[54] Martin Heidegger, *Ontologie (Hermeneutik der Faktizität)* (= GA 63), 106.

(*faktisches Leben*) [...] *Sein in einer Welt*"[55] ist, d.h. weil dem Dasein Seiendes immer schon in einer bestimmten Weise begegnet und so von ihm entdeckt wird. In *Sein und Zeit* wird Heidegger diese Andeutungen weiter ausarbeiten. Wahrheit ist in diesem für das Denken des 20. und 21. Jahrhunderts zentralen Werk (wieder) ein Schlüsselbegriff seines Denkens.

4.4.   Wahrheit im Vorfeld von und in *Sein und Zeit*: Die Wahrheit als Unverborgenheit und als Grundverfassung des Daseins

Heideggers Hauptwerk *Sein und Zeit* zeigt deutlich die zentrale Bedeutung des Wahrheitsbegriffes für sein Denken. In *Sein und Zeit* finden sich Ausführungen zum Wahrheitsbegriff vor allem im Paragraphen 7 „Die phänomenologische Methode der Untersuchung"[56] und im Paragraphen 44 „Dasein, Erschlossenheit und Wahrheit".[57] In diesem Bemühen um ein Verständnis dessen, was Wahrheit ursprünglich meint, geht Heidegger phänomenologisch vor, d.h. er wendet sich, wie er im Anschluß an Husserl in der Logik-Vorlesung wie auch in *Sein und Zeit* programmatisch erklärt, „zu den Sachen selbst".[58] Die Phänomenologie hat in ihrem Bezug auf die Sachen selbst den formalen Sinn, das, „was sich zeigt, so wie es sich von ihm selbst her zeigt, von ihm selbst her sehen [zu] lassen".[59] Der 7. Paragraph zeigt sehr deutlich, daß Heideggers Verständnis der primären Wahrheit als Unverborgenheit (von Heidegger etymologisch auf die griechische *aletheia* als *a-letheia* bezogen[60]) im Zentrum der in *Sein und Zeit* entfalteten Phänomenologie steht, die er nicht als weltanschaulich orientierte Standpunkts- oder Richtungsphilosophie, sondern – mit Husserl – als eine Methode des Philosophierens versteht. Dabei bedient sie sich (als Phänomeno*logie*) des Logos als Rede, der etwas – „nämlich das, worüber die Rede ist, und zwar für den Redenden (Medium), bzw. für die miteinander Redenden"[61] – sehen lasse.

Es ist in diesem Zusammenhang sinnvoll, neben *Sein und Zeit* auch die Vorlesung, die Heidegger im Wintersemester 1925/26 in Marburg gehalten hat und die den Titel „Logik. Die Frage nach der Wahrheit" trägt, zu diskutieren, da Heidegger in dieser Vorlesung ausführlicher als in *Sein und Zeit* die Frage nach der Wahrheit und damit auch den Wahrheitsbegriff entfaltet. Heidegger, so zeigen diese Vorlesung und *Sein und Zeit* sehr deutlich, hat

---

[55] Martin Heidegger, *Ontologie (Hermeneutik der Faktizität)* (= GA 63), 80.
[56] Martin Heidegger, *Sein und Zeit* (= GA 2), 36–52.
[57] Martin Heidegger, *Sein und Zeit* (= GA 2), 282–305.
[58] Martin Heidegger, *Logik. Die Frage nach der Wahrheit* (= GA 21), 33; *Sein und Zeit* (= GA 2), 37.
[59] Martin Heidegger, *Sein und Zeit* (= GA 2), 46.
[60] Vgl. hierzu auch H. Helting, 1997 (dort auch weitere Literatur).
[61] Martin Heidegger, *Sein und Zeit* (= GA 2), 43.

auch in dieser Zeit noch großes Interesse an Fragen der philosophischen Logik und an dem Verständnis von Wahrheit. Allerdings gibt es gerade auch im Hinblick auf sein späteres Denken interessante und wichtige Akzentverschiebungen: Hatte Heidegger in seinen frühen Anfängen noch die überlieferte Schullogik und den von ihr entwickelten bzw. vorausgesetzten Wahrheitsbegriff verteidigt, so kritisiert Heidegger jetzt die Schullogik als eine „Logik, die alle Philosophie, d.h. alles Fragen und Untersuchen hinter sich gelassen hat. Diese sogenannte ‚Schullogik' ist weder Philosophie noch gar eine Einzelwissenschaft; sie ist eine durch Brauch und inoffizielle Regelungen und Wünsche am Leben erhaltene Bequemlichkeit und ein Scheingebilde zugleich."[62]

Heideggers Anliegen ist es, die Schullogik und ihren Wahrheitsbegriff hinter sich zu lassen, indem er in Auseinandersetzung mit der philosophischen Tradition – in der Logik-Vorlesung beschäftigt Heidegger sich vor allem mit Aristoteles und Kant – eine „philosophierende Logik" entwickelt. Damit ist eng verbunden, daß Heidegger die Frage, was denn eigentlich Wahrheit sei, stellt und beantwortet. Denn andernfalls können wir, so Heidegger, auch gar nicht verstehen, was die Rede bzw. der Logos – und damit der Gegenstand der Logik und gewissermaßen das Medium der Phänomenologie – eigentlich sei.[63]

Heideggers Wendung zu den Sachen selbst führt zunächst zu zwei Einsichten: Er lehnt die Thesen, daß Wahrheit zunächst einmal ihren Ort in der Aussage habe und daß die Wahrheit des theoretischen Erkennens bzw. des theoretischen Satzes die ursprüngliche Idealform der Wahrheit sei, ab. Diese seiner Deutung nach vor allem in der Neuzeit immer bedeutsamer gewordene Fixierung auf die theoretische (Satz-)Wahrheit stellt nach Heidegger ein historisch in seiner Genese zwar gut konstruierbares, nicht zufälliges, systematisch in seiner Geltung aber nicht haltbares Vorurteil und einen „naiven Ausgang der Logik" dar, der revidiert und erschüttert werden müsse.[64] Die Philosophie habe aber das Sein, so Heidegger, von ihren Anfängen in der griechischen Philosophie an mit Wahrheit „zusammengestellt". Heidegger schließt sich dieser Tradition mit seinem Wahrheitsbegriff an: Denn „Wahrheit", so Heidegger, bedeute dasselbe wie „‚Sache', ‚Sichselbstzeigendes'".[65] Hier liegt der Hauptgrund dafür, daß der Wahrheitsbegriff eine zentrale Position innerhalb der Phänomenologie einnimmt.

Wie aber ist der Wahrheitsbegriff näher bestimmt, der der „Sache selbst" gerecht werden kann? Heidegger erschließt diesen Wahrheitsbegriff zunächst, wie sich bereits andeutete, vom Sprechen her, das er als ein „redendes Offenbarmachen, als bestimmendes, regelndes Denken" ver-

---

[62] Martin Heidegger, *Logik. Die Frage nach der Wahrheit* (= GA 21), 12.
[63] Vgl. hierzu Martin Heidegger, *Logik. Die Frage nach der Wahrheit* (= GA 21), 7.
[64] Vgl. hierzu auch Martin Heidegger, *Logik. Die Frage nach der Wahrheit* (= GA 21), 11.
[65] Martin Heidegger, *Sein und Zeit* (= GA 2), 282.

steht. Reden ist ein „Offenbaren". Daher ergibt sich für die Logik als der Wissenschaft der Rede *und* der Wahrheit die Aufgabe, dieses Offenbaren zu erschließen und so einen ursprünglichen Wahrheitsbegriff zu entwickeln. „Seiendes", so Heidegger, „kann [...] aus seiner Unentdecktheit, d.h. Verborgenheit, herausgeholt, es kann entdeckt, d.h. unverborgen werden. Diese Aufgedecktheit, d.h. Unverborgenheit des Seienden bezeichnen wir als Wahrheit."[66]

Die Wahrheit, von der hier die Rede ist, ist allerdings nicht die Wahrheit im Sinne der Übereinstimmung. Diesen Wahrheitsbegriff hält Heidegger für konstruiert und für nicht primär. Für ihn besteht das Wahrsein des Logos zunächst darin, daß der Logos das Seiende, von dem der Logos spricht, aus der ihm zunächst eigenen Verborgenheit herausnimmt, als Unverborgenes sehen läßt und so entdeckt;[67] und weil der Logos ein Sehenlassen sei, könne er wahr oder falsch sein.[68] Der primäre Ort der Wahrheit sei aber weder der Logos noch das Urteil – eine These, die, so Heidegger, einige Interpreten fälschlicherweise Aristoteles zuschreiben –, sondern „die Aisthesis, das schlichte, sinnliche Vernehmen von etwas".[69] Heidegger beansprucht mit diesem Wahrheitsbegriff, nicht nur in der Tradition des Aristoteles zu stehen, sondern auch zum Zentrum der Philosophie als Phänomenologie gelangt zu sein: Denn mit Aristoteles bestimmt Heidegger die Philosophie als eine „Wissenschaft von der ‚Wahrheit'"[70] und als eine „Wissenschaft, die das Seiende betrachtet als Seiendes, das heißt hinsichtlich seines Seins".[71] Das sich zumeist und zunächst nicht zeigende und daher verdeckte Sein des Seienden sei in einem ausgezeichneten Sinne Phänomen und damit Gegenstand der phänomenologischen Ausweisung.

Heidegger definiert daher das ursprüngliche Phänomen der Wahrheit bzw. des Wahrseins als „entdeckend-sein", „Seiendes – aus der Verborgenheit herausnehmend – in seiner Unverborgenheit (Entdecktheit) sehen lassen[d]".[72] Es stellt sich nun auch die Frage nach dem Zusammenhang zwischen Wahrheit und dem seinsverstehenden Dasein. Das Wahrsein als Entdeckend-sein ist nach Heidegger eine Seinsweise des Daseins als In-der-Welt-sein, das in der Erschlossenheit der Welt als einer Grundart des Daseins gründe. Primär wahr ist somit das Dasein, insofern es entdeckend ist, das Entdeckte ist „in einem zweiten Sinne" wahr.[73] *„Dasein"*, so Heidegger zusammenfassend, *„ist ‚in der Wahrheit'.*[74] Wahrheit ist daher eine „Grund-

---

[66] Martin Heidegger, *Logik. Die Frage nach der Wahrheit* (= GA 21), 7.
[67] Vgl. hierzu Martin Heidegger, *Sein und Zeit* (= GA 2), 44f.
[68] Martin Heidegger, *Sein und Zeit* (= GA 2), 44f.
[69] Martin Heidegger, *Sein und Zeit* (= GA 2), 45.
[70] Martin Heidegger, *Sein und Zeit* (= GA 2), 282.
[71] Martin Heidegger, *Sein und Zeit* (= GA 2), 282.
[72] Martin Heidegger, *Sein und Zeit* (= GA 2), 290.
[73] Martin Heidegger, *Sein und Zeit* (= GA 2), 292.
[74] Martin Heidegger, *Sein und Zeit* (= GA 2), 292 (Kursivsetzung durch Martin Heidegger).

verfassung" des Daseins. Vielmehr noch: Nur wo Dasein und damit Erschlossenheit ist, gibt es Wahrheit. Insofern die Wahrheit dem Seienden aber immer abgerungen werden müsse (als Unverborgenheit), ist das Dasein gleichursprünglich in Wahrheit und Unwahrheit; der Logos, so Heidegger mit Bezug auf Aristoteles, könne verdeckend oder entdeckend sein. In dem Entdecken des Daseins gründe die Wahrheit der urteilenden Aussage (die Heidegger ja nicht radikal in Frage stellt, sondern auf ihren „Grund" hinterfragt).

4.5. Wahrheit in „Vom Wesen der Wahrheit" und in „Platons Lehre von der Wahrheit": Das Wesen der Wahrheit ist die Freiheit

In der 1943 in erster Auflage erschienenen, auf einen Vortrag des Jahres 1930 zurückgehenden Schrift „Vom Wesen der Wahrheit"[75] wie auch in der Schrift „Platons Lehre von der Wahrheit"[76] entfaltet Heidegger seinen Begriff von der Wahrheit als der Wahrheit des Seins und entwickelt eine Deutung des geschichtlichen Mißverständnisses des Wesens der Wahrheit. Er geht dabei phänomenologisch vor, d.h. indem er überlieferte (Vor-)Urteile über das Wesen der Wahrheit hinterfragt und die Sache selbst der Wahrheit thematisiert. Wer sich auf den Gedankengang dieser Schriften einläßt, wird feststellen, daß die (oft karikierte) Sprache Heideggers auf seinen Versuch, eine dem Phänomen der Wahrheit selbst angemessene Sprache zu finden, zurückgeht und sich aus seinem phänomenologischen Ausweisen selbst organisch ergibt. Dabei kommt es zu wichtigen Weiterentwicklungen im Vergleich zum Wahrheitsbegriff von *Sein und Zeit*. Auch in „Vom Wesen der Wahrheit" erarbeitet Heidegger einen gegenüber dem geläufigen Begriff der Wahrheit grundlegenderen Begriff der Wahrheit. Einige uns jetzt schon bekannte Motive tauchen wieder auf: Traditionell, so Heidegger, wurde Wahrheit – handle es sich nun um die Satz- oder um die Sachwahrheit – als Richtigkeit oder als Stimmen verstanden. Wahrheit bedeute vor dem Hintergrund dieses als selbstverständlich angenommenen Wahrheitsverständnisses in einer gedoppelten Weise Stimmen: „einmal die Einstimmigkeit einer Sache mit dem über sie Vorgemeinten und zum anderen die Übereinstimmung des in der Aussage Gemeintem mit der Sache"[77]; die Unwahrheit bzw. Unrichtigkeit sei dann als das Nichtstimmen zu verstehen.

---

[75] Martin Heidegger, „Vom Wesen der Wahrheit", in: *Wegmarken*, hrsg. von F.-W. von Herrmann (= GA 9), Frankfurt am Main ³1996, 177–202. Für eine detaillierte Interpretation dieser Schrift vgl. auch F.-W. von Herrmann, 2002; A. de Waehlens / W. Biemel, 1952.

[76] Martin Heidegger, „Platons Lehre von der Wahrheit", in: *Wegmarken* (= GA 9), 203–238.

[77] Martin Heidegger, „Vom Wesen der Wahrheit" (in: GA 9), 180.

Mit dieser Bestimmung der Wahrheit, so Heidegger, darf der Philosoph, dem es um die Sache selbst geht und der nach dem ursprünglichen Wesen der Wahrheit sucht, sich allerdings nicht zufrieden geben. Daher stellt Heidegger vor allem auf die Satzwahrheit bezogen die Frage danach, ob wir überhaupt wissen, was mit Übereinstimmung (von einer Aussage mit einer Sache) gemeint sei, handelt es sich bei einer Aussage und einer Sache doch um völlig Ungleiches. Im folgenden unternimmt Heidegger es daher, die Beziehung zwischen Sache und Aussage, wie sie in einem wahren Satz vorausgesetzt wird, zu bestimmen und in ihrem Wesen zu ergründen. In einem wahren Satz, so Heidegger, werde eine vorstellende Aussage *so* über ein vorgestelltes Ding gemacht, *„wie* es als dieses ist".[78] Im Vorstellen eines Wahren wird also eine Korrelation zwischen dem Vorstellendem und dem Vorgestelltem als es selbst etabliert. Dieses „vollzieht sich innerhalb eines Offenen, dessen Offenheit vom Vorstellen nicht erst geschaffen, sondern je nur als ein Bezugsbereich bezogen und übernommen wird".[79] Als vorstellende Menschen stehen wir also immer schon in einem Offenen, innerhalb dessen wahre Aussagen möglich sind. Heidegger spricht in diesem Zusammenhang von einem „offenständigen Bezug". Jeder dieser Bezüge sei ein bestimmtes Verhalten, das heißt der offenständige Bezug des Menschen ist je nach Verhaltensweise unterschiedlich. Der offenständige Bezug zum Seienden etwa des Handwerkers ist ein anderer als der des Arztes oder Philosophen. Von diesem offenständigen Bezug oder Verhalten zum Seienden her versteht sich die Richtigkeit einer Aussage. Dieses, was Richtigkeit allererst ermöglicht, müsse „mit ursprünglicherem Recht als das Wesen der Wahrheit gelten".[80] Aber auch hier dürfen wir noch nicht stehen bleiben. Denn der offenständige Bezug zum Seienden hat seinerseits einen Grund. Worin aber gründet diese Offenständigkeit, dieser offenständige Bezug zum Seienden? Heidegger kommt zu folgender Einsicht: „Die Offenständigkeit des Verhaltens als innere Ermöglichung der Richtigkeit gründet in der Freiheit. *Das Wesen der Wahrheit, als Richtigkeit der Aussage verstanden, ist die Freiheit.*"[81]

Heidegger sieht deutlich ein mögliches Mißverständnis dieses Wahrheitsverständnisses, daß man dieses Wahrheitsverständnis nämlich für ein subjektivistisches Verständnis der Wahrheit halten könne, da Wahrheit ja in der Freiheit des Menschen gründe. Wie aber ist Freiheit – in einer von Heidegger geforderten „Wandlung des Denkens"[82] – anders denn in dieser verkürzten und problematischen Sichtweise zu verstehen? Indem Freiheit in

---

[78] Martin Heidegger, „Vom Wesen der Wahrheit" (in: GA 9), 184 (Kursivsetzung durch den Verfasser).

[79] Martin Heidegger, „Vom Wesen der Wahrheit" (in: GA 9), 184.

[80] Martin Heidegger, „Vom Wesen der Wahrheit" (in: GA 9), 185.

[81] Martin Heidegger, „Vom Wesen der Wahrheit" (in: GA 9), 186 (im Original gesperrt).

[82] Martin Heidegger, „Vom Wesen der Wahrheit" (in: GA 9), 187.

ihrem Bezug auf das Seiende selbst verstanden wird: „Die Freiheit zum Offenbaren eines Offenen läßt das jeweilige Seiende das Seiende sein, das es
ist."[83] Heidegger zeigt nun, wie Freiheit sich als das „Seinlassen von Seiendem" und die „Eingelassenheit in die Entbergung des Seienden als eines solchen" enthüllt.[84] Wahrheit ist dann die „Entbergung des Seienden, durch
die eine Offenheit west".[85] Unwahrheit ist möglich, weil der „geschichtliche
Mensch im Seinlassen des Seienden das Seiende [...] nicht das Seiende sein
lassen [kann], das es ist und wie es ist".[86] Abschließend *stellt* Heidegger die
Frage, ob die Frage nach dem Wesen der Wahrheit nicht die Frage nach der
Wahrheit des Wesens (oder des Seins) erfordere und zeigt damit die Wende
zu einem Denken, das aus der Frage nach der Wahrheit des Seins heraus an-
fänglicher als die Metaphysik denkt.[87]

   Heideggers Schrift „Platons Lehre von der Wahrheit" ist vor allem deswegen von Bedeutung für unsere Frage, weil Heidegger davon ausgeht, daß
sich bei Platon eine (ungesagte, d. h. nicht thematisierte) „Wendung in der
Bestimmung des Wesens der Wahrheit" vollziehe.[88] Das Wesen der Wahrheit, so Heidegger, gebe „den Grundzug der Unverborgenheit" preis, so
daß sich mit diesem Wesenswandel auch der Ort der Wahrheit ändere: „Als
Unverborgenheit ist sie noch ein Grundzug des Seienden selbst. Als Richtigkeit des ‚Blickens‘ aber wird sie zur Auszeichnung des menschlichen Verhaltens zum Seienden."[89] Damit beginnt mit Platon eine Geschichte der
nicht mehr als Unverborgenheit begriffenen Wahrheit (und so auch des
Seins), die in der Neuzeit zu ihrer (nach Heideggers Diagnose höchst problematischen) Vollendung kommt und die Heidegger in seinem weiteren
Denken zu „verwinden" sucht.

4.6.   Wahrheit in den Beiträgen zur Philosophie

Wenn man auch offen lassen möchte, ob die *Beiträge zur Philosophie*, wie
u.a. Friedrich-Wilhelm von Herrmann annahm, ein „weiteres Hauptwerk"[90] Martin Heideggers darstellen, so stellen doch die sehr dichten und

---

83 Martin Heidegger, „Vom Wesen der Wahrheit" (in: GA 9), 188.
84 Vgl. Martin Heidegger, „Vom Wesen der Wahrheit" (in: GA 9), 188 ff.
85 Martin Heidegger, „Vom Wesen der Wahrheit" (in: GA 9), 190.
86 Martin Heidegger, „Vom Wesen der Wahrheit" (in: GA 9), 191.
87 Vgl. hierzu auch Martin Heidegger, „Brief über den Humanismus", in: *Wegmarken*
   (= GA 9), 313–364.
88 Martin Heidegger, „Platons Lehre von der Wahrheit" (in: GA 9), 203.
89 Martin Heidegger, „Platons Lehre von der Wahrheit" (in: GA 9), 230f.
90 Vgl. F.-W. von Herrmanns Nachwort in: Martin Heidegger, *Beiträge zur Philosophie (Vom
   Ereignis)*, hrsg. von F.-W. von Herrmann (= GA 65), 511–521, 511. Für von Herrmanns Interpretation der *Beiträge zur Philosophie* siehe auch sein *Wege ins Ereignis. Zu Heideggers
   Beiträgen zur Philosophie*, Frankfurt am Main 1994.

interpretatorisch oft schwer zu erschließenden *Beiträge* wichtige Schlüssel zum Verständnis des ereignis- oder seinsgeschichtlichen Denkens, in dem es Heidegger um die Wahrheit des Seins und die Verwindung der Metaphysik und ihres Wahrheitsbegriffes geht, dar. An ihre Seite sind Heideggers Arbeiten der 1930er Jahre etwa zu Nietzsche oder Hölderlin, die für das Verständnis der *Beiträge zur Philosophie* wichtige Vorlesung „Grundfragen der Philosophie. Ausgewählte ‚Probleme‘ der ‚Logik‘“[91], die Heidegger im Wintersemester 1937/38 gehalten hat, und die Vorträge zum Ursprung des Kunstwerks[92] zu stellen.

Auch für die Frage nach Heideggers Wahrheitsbegriff sind die *Beiträge* daher von großer Bedeutung. Teil c) des fünften Teils („Die Gründung“) steht unter dem Titel „Das Wesen der Wahrheit“. In den *Beiträgen* setzt Heidegger seine Kritik am Ungenügen des überlieferten Wahrheitsverständnisses (Wahrheit als Richtigkeit, *homoiosis*, *adaequatio* oder Gültigkeit) fort, nicht ohne den in *Sein und Zeit* entwickelten Wahrheitsbegriff auch einer sehr kritischen Revision zu unterziehen. Wahrheit denkt Heidegger hier in dezidiert nicht-systematischer und nicht-metaphysischer Weise nicht vom Dasein, das Sein versteht und Wahrheit erschließt, sondern „seynsgeschichtlich“ vom Ereignis des „Seyns“ her. Er bestimmt in einem anfänglichen Denken vom Ereignis her Wahrheit als „Lichtung des Seyns als Offenheit des Inmitten des Seienden“.

4.7. Kritik an Heideggers Wahrheitsbegriff

Heideggers Wahrheitsbegriff blieb nicht ohne Kritik. Viele Fragen, die sich im Zusammenhang mit Heideggers Wahrheitsbegriff stellen, bleiben, wie Dorothea Frede zu Recht bemerkt hat, offen. Seine Texte, so Frede, böten „weder auf ontischer noch auf ontologischer Ebene klare Auskünfte über einen kritischen Umgang mit dem Begriff der Wahrheit, sondern scheinen eine Selbstgewissheit der Erleuchtung vorauszusetzen“.[93] Ähnlich kritisch hat sich Ernst Tugendhat geäußert. Seiner Interpretation nach mußte in der Philosophie Heideggers (an der Tugendhat als vor allem auch im Hinblick auf die Frage nach der Wahrheit positiv hervorhebt, daß sie den Menschen als geschichtlich-praktisches Wesen verstanden habe) die „Preisgabe des spezifischen Wahrheitsbegriffs [...] schließlich zur Selbstaufgabe der Philosophie führen“.[94] Auch Karl-Otto Apel bezieht sich in seiner Kritik an

---

[91] Martin Heidegger, *Grundfragen der Philosophie. Ausgewählte ‚Probleme‘ der ‚Logik‘*, hrsg. von F.-W. von Herrmann (= GA 45), Frankfurt am Main ²1992.

[92] Martin Heidegger, „Der Ursprung des Kunstwerkes“ (1935/36), in: Ders., *Holzwege*, hrsg. von F.-W. von Herrmann (= GA 5), Frankfurt am Main 1977, 1–74.

[93] D. Frede, 2003, 133 und 134.

[94] E. Tugendhat, 1970, 404.

Heideggers Philosophie auf problematische Aspekte des von Heidegger entwickelten Wahrheitsbegriffs. Apel kritisiert vor allem Heideggers „Überspringen des eigenen philosophisch-universalen Geltungsanspruchs zugunsten einer Hermeneutik der *Faktizität* des verstehenden In-der-Welt-seins" und – darüber hinaus – den für das Spätwerk, so Apel, charakteristischen „*totalen Historismus* der Reduktion des philosophischen Logos selbst auf ein epochales Lichtungsergebnis der Seinsgeschichte".[95]

5. Der Wahrheitsbegriff Hans-Georg Gadamers: Die Wahrheit des Verstehens

Die philosophische Hermeneutik Hans-Georg Gadamers steht in einem komplexen Verhältnis zum Werk seines Lehrers Heidegger wie auch zum Werk Husserls.[96] Jean Grondin hat zu Recht Gadamers Hauptwerk *Wahrheit und Methode* als eine „geschlossene Antwort auf Heidegger [...], die völlig neue Akzente setzt,"[97] charakterisiert. Gadamer hat sich in der Tat immer wieder mit dem Denken Heideggers auseinandergesetzt – dies zeigen etwa seine Schriften über Heidegger[98] – und Anstöße seines Lehrers weiterentwickelt. Gleichzeitig kann man im Denken Gadamers im Vergleich zur Philosophie Heideggers eine gewisse Verengung der philosophischen Perspektive feststellen, die wohl auch von Heidegger selbst bemerkt wurde, der in einem Brief an Otto Pöggeler schrieb, daß in Heidelberg Gadamer sitze, der alles in Hermeneutik aufzuheben glaube.[99] Ging es Husserl

---

[95] K.-O. Apel, „Wittgenstein und Heidegger. Kritische Wiederholung und Ergänzung eins Vergleichs", in: *Auseinandersetzungen in Erprobung des transzendentalpragmatischen Ansatzes*, Frankfurt am Main 1998, 459–503. Vgl. für Apels Kritik an Heidegger auch „Wittgenstein und Heidegger. Die Frage nach dem Sinn von Sein und der Sinnlosigkeitsverdacht gegen alle Metaphysik", in: K.-O. Apel, *Transformation der Philosophie I. Sprachanalytik, Semiotik, Hermeneutik*, Frankfurt am Main ⁴1991, 225–275; „Heideggers Radikalisierung der Hermeneutik und die Frage nach dem ‚Sinnkriterium' der Sprache", in: *Transformation der Philosophie I*, 276–334; „Sinnkonstitution und Geltungsrechtfertigung. Heidegger und das Problem der Transzendentalphilosophie", in: *Auseinandersetzungen in Anwendung des transzendentalpragmatischen Ansatzes*, 505–568.
[96] Für Einführungen in das Denken Hans-Georg Gadamers vgl. K. Hammermeister, 1999; U. Tietz, 1999. Für die Entwicklung von Heidegger zu Gadamer vgl. insbesondere J. Grondin, 2001; G. Figal, 2003, 141–156. Für Gadamers Wahrheitsverständnis vgl. auch G. Nicholson, 1997, 309–320; J. Grondin, ²1994; R. Sonderegger, 2003, 248–267.
[97] J. Grondin, 2001, 7.
[98] Vgl. vor allem Hans-Georg Gadamer, *Hegel, Husserl, Heidegger* (= *Gesammelte Werke* 3), Tübingen 1999, aber auch Ders., *Wahrheit und Methode. Grundzüge einer philosophischen Hermeneutik* (= *Gesammelte Werke* 1), Tübingen 1999, vor allem 258–276 und passim.
[99] Vgl. O. Pöggeler, *Heidegger und die hermeneutische Philosophie*, Freiburg / München 1983, 395. Vgl. hierzu auch Hans-Georg Gadamer / Silvio Vietta, *Im Gespräch*, München 2002, 54f. Vgl. zum Verhältnis zwischen Heidegger und Gadamer auch J. Grondin, 2001, 7ff. und passim.

um universale Strukturen der Korrelation von Noesis – Bewußtseinsakt – und Noema – Bewußtseinsgegenstand – und Heidegger um die gleichfalls universale, auf verschiedenen Stationen seines Denkweges unterschiedlich akzentuierte Frage nach dem Sinn oder der Wahrheit von Sein, so ging es Gadamer vornehmlich um das (durchaus universale bzw. universal-ontologische Strukturen aufweisende[100]) hermeneutische Problem des Verstehens als eines wissenschaftlich-methodischen, aber auch vor-wissenschaftlich-praktischen Problems. Denn „Verstehen und Auslegen von Texten ist nicht nur ein Anliegen der Wissenschaft, sondern gehört offenbar zur menschlichen Welterfahrung insgesamt".[101]

Da es in diesem Verstehen und Auslegen von Texten aber immer auch um das Erkennen von Wahrheiten geht, stellt sich auch aus Gadamers Sicht die Frage danach, was denn eigentlich Wahrheit sei. Diese Frage hat in seiner Philosophie auch aus zeit- oder ideengeschichtlichen Gründen eine zentrale Stellung – und nicht nur aus dem Grund, daß es sich bei dieser Frage um eine Grundfrage des Philosophierens handelt. Im Rückblick auf seine philosophischen Anfänge in den Zwanziger Jahren des letzten Jahrhunderts erläutert Gadamer die seine Generation bewegenden Probleme, zu denen vor allem auch die Frage gehörte, „wie es überhaupt noch möglich sein soll, als Denkender Wahrheitsansprüche zu stellen, wenn man sich der eigenen historischen Bedingtheit jedes Denkversuches bewußt ist. Wie kann man als Denkender auf diese Frage antworten und ins klare kommen?" Gadamer geht davon aus, „daß dies nicht ein besonderes Problem des 19. und 20. Jahrhunderts ist, sondern von den Tagen Platons an die gesamte Tradition der Metaphysik, mithin unser ganzes Denken beherrscht".[102] Diese Frage, die gerade auch im Zusammenhang mit der Philosophie Hegels und des Historismus in den Vordergrund gerückt war, kann als die das weitere Denken Gadamers motivierende Frage verstanden werden, die 1960 ihre wichtigste Antwort findet. In seinem in diesem Jahr veröffentlichten, für viele geistes- und humanwissenschaftliche Disziplinen wichtigen,[103] an Vorarbeiten anknüpfende Werk *Wahrheit und Methode* versucht Gadamer, die Frage nach dem Verhältnis von Wahrheit und Geschichte zu beantworten.[104] Denn er bezeichnet die „Auflösung des abstrakten Gegensatzes zwischen Tradition und Historie, zwischen Geschichte und Wissen" als „Anfang aller historischen Hermeneutik".[105]

---

[100] Vgl. hierzu vor allem Hans-Georg Gadamer, *Wahrheit und Methode*, 478–494.

[101] Hans-Georg Gadamer, *Wahrheit und Methode*, 1.

[102] Hans-Georg Gadamer, „Geschichtlichkeit und Wahrheit" (1991), in: Ders., *Gesammelte Werke* 10, Tübingen 1999, 247.

[103] Für die Wirkungen und Diskussion von Gadamers Hermeneutik vgl. auch K. Hammermeister, 1999, 106–133.

[104] Für die Vorarbeiten vgl. vor allem die im zweiten Band der *Gesammelten Werke* Gadamers (Tübingen 1999) abgedruckten „Vorstufen" zu *Wahrheit und Methode*.

[105] Hans-Georg Gadamer, *Wahrheit und Methode*, 287.

Wer nach dem Wahrheitsbegriff Gadamers fragt bzw. *Wahrheit und Methode* als Antwort auf die von ihm skizzierte Frage nach der Wahrheit liest, steht allerdings in der Gefahr, von *Wahrheit und Methode* zunächst einmal zuviel zu erwarten. Dies hängt vornehmlich auch mit dem Titel des Buches zusammen: Gadamer war dieser Titel nach eigenem Bekunden erst während des Druckes eingefallen.[106] Ursprünglich sollte dieses Werk auch unter einem anderen Titel erscheinen: „Die Sache mit dem Titel des Buches war schwierig genug. Meine Fachgenossen im In- und Ausland erwarteten es als eine philosophische Hermeneutik. Aber als ich dies als Titel vorschlug, fragte der Verleger zurück: Was ist das? In der Tat war es besser, damals das noch fremde Wort in den Untertitel zu verbannen."[107] Die Wahl des Buchtitels *Wahrheit und Methode. Grundzüge einer philosophischen Hermeneutik* kann daher als eine Verlegenheitslösung verstanden werden, die zunächst einmal zu einem „verwirrenden Resultat" geführt hat: „Wer nämlich in *Wahrheit und Methode* eine ausführliche Diskussion von Wahrheits- und Methodentheorien und deren Entwicklung, Anwendung oder Relevanz für konkrete Forschungsergebnisse erwartet, wird enttäuscht werden."[108]

Gadamer ging es in seinem Hauptwerk nicht darum, einen Beitrag zur philosophischen oder wissenschaftstheoretischen Diskussion um den Wahrheitsbegriff zu leisten. Ihm ging es vor allem darum, auf der Grundlage eines logisch-zeitlichen Primats der Praxis des Verstehens dieses Verstehen in enger Auseinandersetzung mit Heideggers Wahrheitsbegriff *a posteriori* theoretisch einzuholen. Von diesem Anliegen her muß der Wahrheitsbegriff Gadamers verstanden werden, den Schüler Gadamers wie etwa Jean Grondin später weiter entfalten sollten.[109] Anders als bei Husserl und Heidegger steht also nicht das Phänomen oder der Begriff der Wahrheit, sondern der Prozeß des Verstehens vor allem philosophischer Texte und menschlicher Artefakte wie etwa Kunstwerke (Gadamer legt im ersten Teil von *Wahrheit und Methode* die Wahrheitsfrage anhand der Erfahrung der Kunst frei[110]) im Vordergrund des Interesses Gadamers. Da es sich vornehmlich um das Verstehen geschichtlich überlieferter Zeugnisse handelt, ist für seine Philosophie und für seinen Wahrheitsbegriff vor allem auch das Problem der Geschichte von zentraler Bedeutung. Und insofern diese – nachträgliche – Reflexion auf das Verstehen geschichtlich überlieferter Texte den Kern der geisteswissenschaftlichen Arbeit betrifft, ist ein weiterer Bezugsrahmen der Hermeneutik und des Wahrheitsbegriffes Gadamers die Frage nach dem Wesen, der Aufgabe und den Grenzen geisteswissenschaft-

---

[106] Hans-Georg Gadamer, „Selbstdarstellung Hans-Georg Gadamer", in: Ders., *Gesammelte Werke* 2, Tübingen 1999, 479–508, 493.
[107] Hans-Georg Gadamer, „Selbstdarstellung Hans-Georg Gadamer", 493.
[108] Vgl. hierzu K. Hammermeister, 1999, 31.
[109] Vgl. hierzu J. Grondin, ²1994.
[110] Vgl. hierzu Hans-Georg Gadamer, *Wahrheit und Methode*, 7–174.

licher Arbeit. Damit sind die drei eng miteinander verbundenen Aspekte genannt, unter denen sein Wahrheitsbegriff zu verstehen ist: Praxis und Theorie des Verstehens, die Dimension der Geschichte und das Selbstverständnis der Geisteswissenschaften.

Konzentrieren wir uns zunächst kurz auf den letztgenannten Aspekt: In *Wahrheit und Methode* erhebt Gadamer auch den Anspruch, zu einer neuen Grundlegung der Geisteswissenschaften – vor allem der Ästhetik und der Geschichtswissenschaft – beizutragen.[111] Diese neue Grundlegung wird vor allem auch im Hinblick auf den Wahrheitsbegriff entfaltet. Denn, so Gadamer bereits in einem für unseren Zusammenhang wichtigen, 1953 im Vorfeld von *Wahrheit und Methode* veröffentlichten Aufsatz, die „Geisteswissenschaften haben es nicht leicht, für die Art ihrer Arbeit bei der größeren Öffentlichkeit das rechte Verständnis zu finden. Was in ihnen Wahrheit ist, was bei ihnen herauskommt, ist schwer sichtbar zu machen."[112] Nach Gadamer zeigt sich hier die Aufgabe der Philosophie, die „das Bedenkliche und Nachdenkliche zur Sprache" bringen könne, „das sich in der Arbeit der Geisteswissenschaften dem Denkenden darbietet".[113] Gadamer beansprucht dabei nicht, präskriptiv oder methodologisch vorzugehen. Es geht ihm darum, im Anschluß an Heideggers frühe Hermeneutik der Faktizität deskriptiv-phänomenologisch vorzugehen, d.h. zu beschreiben, wie Verstehen als *„die ursprüngliche Vollzugsform des Daseins, das In-der-Weltsein ist,"*[114] eigentlich immer schon geschieht.

Über die Geisteswissenschaften und den in ihnen ausgeprägten Wahrheitsbegriff nachzudenken ist nach Gadamer aus verschiedenen Gründen von Bedeutung: Die Geisteswissenschaften sehen sich zum einen durch die Entwicklung der neuzeitlichen Naturwissenschaften, ihren Wissenschafts- und Wahrheitsbegriff sowie den damit verbundenen Erfolg wie auch durch den auf der Wissenschaft lastenden „Interessendruck der Wirtschaft und Gesellschaft" *von außen* herausgefordert. Die Geisteswissenschaften stehen aber auch von *innen her* vor einer großen Herausforderung, die mit ihrer geschichtlichen Orientierung zu tun hat: „Indem sie (scil. die Geisteswissenschaften, H. Z.) die weiten Räume der Geschichte forschend und verstehend durchdringen, erweitern sie zwar den geistigen Horizont der Menschheit um das Ganze ihrer Vergangenheit, aber das Wahrheitsstreben der Gegenwart wird so nicht nur nicht befriedigt, es wird sich selber gleichsam bedenklich."[115]

---

[111] Vgl. hierzu vor allem den zweiten Teil von *Wahrheit und Methode*, in dem Gadamer die Wahrheitsfrage auf das Verstehen in den Geisteswissenschaften ausweitet (175–384).

[112] Hans-Georg Gadamer, „Wahrheit in den Geisteswissenschaften", in: Ders., *Gesammelte Werke* 2, Tübingen 1999, 37–43, 37.

[113] Hans-Georg Gadamer, „Wahrheit in den Geisteswissenschaften", 37.

[114] Hans-Georg Gadamer, *Wahrheit und Methode*, 264.

[115] Hans-Georg Gadamer, „Wahrheit in den Geisteswissenschaften", 38. Vgl. hierzu auch die „Einleitung" von *Wahrheit und Methode* (1–5).

Gadamer versucht aufzuzeigen, wie die Geisteswissenschaften diesen Herausforderungen begegnen können, indem er philosophisch entfaltet, worin die Leistung der Geisteswissenschaften liegen kann und muß und welchen Wahrheitsbegriff sie vorauszusetzen haben: „Auf Überlieferung hören und in Überlieferung stehen, das ist offenbar der Weg der Wahrheit, den es in den Geisteswissenschaften zu finden gilt."[116] Dieser (mit und gegen Heidegger unternommene) Bezug auf die Überlieferung ist immer auch ein Bezug in Vorurteilen, die Gadamer eine „Bedingung des Verstehens" nennt.[117] Was zunächst einmal Nachteil der geisteswissenschaftlichen Arbeit zu sein scheint, erscheint unter dieser Perspektive als konstitutives Moment – „Bedingtheit ist also nicht eine Beeinträchtigung geschichtlicher Erkenntnis, sondern ein Moment der Wahrheit selbst" – und als Vorteil, insofern diese Bedingtheit als Korrektiv verstanden werden kann: „Sie muß selbst mit gedacht sein, wenn man ihr nicht beliebig anheim fallen kann. Es muß geradezu hier als ‚wissenschaftlich‘ gelten, das Phantom einer vom Standort des Erkennenden abgelösten Wahrheit zu zerstören."[118] Dies gilt nicht nur im Hinblick auf einen manchmal in den Geisteswissenschaften geäußerten Objektivitätsanspruch, sondern auch im Hinblick auf einen seitens der Naturwissenschaften übersteigerten Wissens- und Wahrheitsanspruch. Gadamer hält die vollendete Aufklärung (einschließlich ihrer Diskreditierung des Vorurteils[119]) für ein Ideal, das sich selbst widerlegt habe. Der „Auftrag" der Geisteswissenschaften liege nun darin, „in der wissenschaftlichen Arbeit der eigenen Endlichkeit und geschichtlichen Bedingtheit beständig eingedenk zu bleiben und der Selbstapotheose der Aufklärung zu widerstehen."[120]

Dieser von Gadamer als Ergänzung (und gegebenenfalls als Korrektiv) des naturwissenschaftlichen Wahrheitsbegriffes entwickelte hermeneutisch-geisteswissenschaftliche Wahrheitsbegriff erschließt Wahrheit bzw. das auf Vorurteile und Überlieferung angewiesene Wahrheitsgeschehen anhand der Sprache als des Horizonts einer hermeneutischen Ontologie („Sein, das verstanden werden kann, ist Sprache"[121]) und anhand des Phänomens des Spiels. Das Verstehen, so Gadamer sei ein Spiel, aber „nicht in der Weise, daß der Verstehende sich spielerisch zurückbehielte und dem Anspruch, der an ihn ergeht, die verbindliche Stellungnahme vorenthielte. Die Freiheit des Selbstbesitzes, die dazu gehört, sich so vorenthalten zu können, ist hier gar nicht gegeben, und das sollte durch die Anwendung

---

[116] Hans-Georg Gadamer, „Wahrheit in den Geisteswissenschaften", 40.
[117] Vgl. hierzu und für Gadamers Rehabilitierung von Autorität und Tradition auch Hans-Georg Gadamer, *Wahrheit und Methode*, 281–295.
[118] Hans-Georg Gadamer, „Wahrheit in den Geisteswissenschaften", 40.
[119] Vgl. hierzu Hans-Georg Gadamer, *Wahrheit und Methode*, 276–281.
[120] Hans-Georg Gadamer, „Wahrheit in den Geisteswissenschaften", 42.
[121] Hans-Georg Gadamer, *Wahrheit und Methode*, 478.

des Spielbegriffs auf das Verstehen gesagt werden. Wer versteht, ist schon
immer einbezogen in ein Geschehen, durch das sich Sinnvolles geltend
macht."[122] Dieses Wahrheitsverständnis führt seiner Ansicht nach allerdings nicht zu einem Wahrheitsrelativismus. Gadamer diskutiert zwei eng
aufeinander bezogene Dimensionen der geisteswissenschaftlichen Arbeit
und damit auch des in ihr vorausgesetzten Wahrheitsbegriffes, die seiner
Ansicht nach den Relativismus verhindern: Wir stehen zum einen, wie bereits gesehen, immer schon in Überlieferung und sehen uns zum anderen
gerade auch aufgrund dieser Bezogenheit auf uns vorgängige Traditionen
darauf angewiesen, auf (eine letztlich Freiheit gebende und ermöglichende)
Autorität zu gehorchen. Es könne, so Gadamer, nämlich ein „Gebot der
Vernunft selbst sein [...], im anderen überlegene, das eigene Urteil über-
steigende Einsicht vorauszusetzen".[123] Dieses „Gebot der Vernunft" hat
Gadamer in *Wahrheit und Methode* wie auch in seinem weiteren Denken
sowohl in historischer als auch in systematischer Perspektive weiter entfaltet – in einer hermeneutischen Philosophie, mit deren Wahrheitsverständnis sich u. a. Jürgen Habermas, Karl-Otto Apel und Hans Albert sehr kritisch auseinandergesetzt haben.

6.   Das Anliegen der phänomenologischen und
        hermeneutischen Tradition:
        Zurück zur Sache der Wahrheit selbst

Mit den Wahrheitsbegriffen Edmund Husserls, Martin Heideggers und
Hans-Georg Gadamers sind drei für die Philosophie des 20. Jahrhunderts
zentrale Wahrheitsbegriffe in ihren wichtigsten Dimensionen sowohl aus
philosophisch-systematischer als auch aus historischer und werkgeneti-
scher Sicht dargestellt worden. Die Wahrheitsbegriffe aller drei Philosophen haben in unterschiedlicher Weise die Philosophie wie auch andere
akademische Disziplinen des 20. Jahrhunderts beeinflußt. Die Entwicklung der Phänomenologie und Hermeneutik im 20. Jahrhundert sähe ohne
diese drei „Gründungsgestalten" und ihre jeweiligen Wahrheitsbegriffe anders aus.
    Alle drei Denker sind auch weiterhin von großer Bedeutung für ein phi-
losophisches Nachdenken über die Wahrheit. Dies zeigt nicht zuletzt die
aktuelle philosophische Diskussion, in der vor allem Heideggers und Gadamers Wahrheitsbegriffe oft nicht unkontrovers und sehr kritisch erörtert

---

[122] Vgl. hierzu Hans-Georg Gadamer, *Wahrheit und Methode*, 494.
[123] Hans-Georg Gadamer, „Wahrheit in den Geisteswissenschaften", 39f. Vgl. hierzu auch
     Ders., „Hermeneutik und Autorität – eine Bilanz", in: Ders., *Hermeneutische Entwürfe.
     Vorträge und Aufsätze*, Tübingen 2000, 42–47.

werden. Das bleibende Verdienst aller drei Philosophen mag in ihrem Bemühen, zu den Sachen selbst zurückzugehen und in kritischer Auseinandersetzung mit der Geschichte der Philosophie und der Geschichte des philosophischen Wahrheitsbegriffes einen möglichen abgeleiteten oder sekundären Wahrheitsbegriffen gegenüber primären oder ursprünglichen Wahrheitsbegriff zu entwickeln, liegen: ein Anliegen, das uns heute oft vor die Aufgabe stellt, mit *und* gegen Husserl, Heidegger oder Gadamer zu denken. In ihrem Bemühen um die Sache der Wahrheit selbst waren diese drei Denker daher – in je unterschiedlicher Weise – wichtig für andere Denker wie etwa Emmanuel Levinas, Paul Ricoeur, Michel Foucault, Michel Henry, Jean-Luc Marion, Karl-Otto Apel oder Richard Rorty.

Literaturverzeichnis

Primärliteratur

Gadamer, Hans-Georg, *Wahrheit und Methode. Grundzüge einer philosophischen Hermeneutik* (= *Gesammelte Werke* 1), Tübingen 1999.

Gadamer, Hans-Georg, „Wahrheit in den Geisteswissenschaften" (1953), in: Ders., *Gesammelte Werke* 2, Tübingen 1999, 37–43.

Gadamer, Hans-Georg, „Selbstdarstellung Hans-Georg Gadamer" (1973), in: Ders., *Gesammelte Werke* 2, Tübingen 1999, 479–508.

Gadamer, Hans-Georg, *Hegel, Husserl, Heidegger* (= *Gesammelte Werke* 3), Tübingen 1999.

Gadamer, Hans-Georg, „Geschichtlichkeit und Wahrheit" (1991), in: Ders., *Gesammelte Werke* 10, Tübingen 1999.

Gadamer, Hans-Georg, „Hermeneutik und Autorität – eine Bilanz", in: Ders., *Hermeneutische Entwürfe. Vorträge und Aufsätze*, Tübingen 2000.

Gadamer, Hans-Georg / Vietta, Silvio, *Im Gespräch*, München 2002.

Heidegger, Martin, „Neuere Forschungen über Logik" (1912), in: Ders., *Frühe Schriften*, hrsg. von Friedrich-Wilhelm von Herrmann (= GA 1), Frankfurt am Main 1978, 17–43.

Heidegger, Martin, *Die Lehre vom Urteil im Psychologismus. Ein kritisch-positiver Beitrag zur Logik*, Leipzig 1914; jetzt in: Ders., *Frühe Schriften*, hrsg. von Friedrich-Wilhelm von Herrmann (= GA 1), Frankfurt am Main 1978, 59–188.

Heidegger, Martin, *Die Kategorien- und Bedeutungslehre des Duns Scotus*, Tübingen 1916; jetzt in: Ders., *Frühe Schriften*, hrsg. von Friedrich-Wilhelm von Herrmann (= GA 1), Frankfurt am Main 1978, 189–411.

Heidegger, Martin, *Sein und Zeit*, hrsg. von Friedrich-Wilhelm von Herrmann (= GA 2), Frankfurt am Main 1977.

Heidegger, Martin, „Der Ursprung des Kunstwerkes" (1935/36), in: Ders., *Holzwege*, hrsg. von Friedrich-Wilhelm von Herrmann (= GA 5), Frankfurt am Main 1977, 1–74.

Heidegger, Martin, „Vom Wesen der Wahrheit", in: Ders., *Wegmarken*, hrsg.

von Friedrich-Wilhelm von Herrmann (= GA 9), Frankfurt am Main ³1996, 177–202.

Heidegger, Martin, „Platons Lehre von der Wahrheit", in: Ders., *Wegmarken*, hrsg. von Friedrich-Wilhelm von Herrmann (= GA 9), Frankfurt am Main ³1996, 203–238.

Heidegger, Martin, „Brief über den Humanismus", in: Ders., *Wegmarken*, hrsg. von Friedrich-Wilhelm von Herrmann (= GA 9), Frankfurt am Main ³1996, 313–364.

Heidegger, Martin, *Unterwegs zur Sprache*, hrsg. von Friedrich-Wilhelm von Herrmann (= GA 12), Frankfurt am Main 1985, 96.

Heidegger, Martin, „Per Mortem ad Vitam", in: Ders., *Reden und andere Zeugnisse eines Lebensweges*, hrsg. von Hermann Heidegger (= GA 16), Frankfurt am Main 2000, 3–6.

Heidegger, Martin, „Förster, Fr. W., Autorität und Freiheit", in: Ders., *Reden und andere Zeugnisse eines Lebensweges*, hrsg. von Hermann Heidegger (= GA 16), Frankfurt am Main 2000, 7–8.

Heidegger, Martin, „Zur philosophischen Orientierung für Akademiker", in: Ders., *Reden und andere Zeugnisse eines Lebensweges*, hrsg. von Hermann Heidegger (= GA 16), Frankfurt am Main 2000, 11–14.

Heidegger, Martin, *Logik. Die Frage nach der Wahrheit*, hrsg. von Walter Biemel (= GA 21), Frankfurt am Main ²1995.

Heidegger, Martin, *Grundfragen der Philosophie. Ausgewählte „Probleme" der „Logik"*, hrsg. von Friedrich-Wilhelm von Herrmann (= GA 45), Frankfurt am Main ²1992.

Heidegger, Martin, „Einleitung in die Phänomenologie der Religion", in: Ders., *Phänomenologie des religiösen Lebens*, hrsg. von Matthias Jung, Thomas Regehly und Claudius Strube (= GA 60), Frankfurt am Main 1996, 1–156.

Heidegger, Martin, *Phänomenologische Interpretationen zu Aristoteles. Einführung in die phänomenologische Forschung*, hrsg. von Walter Bröcker und Käte Bröcker-Oltmans (= GA 61), Frankfurt am Main ²1994.

Heidegger, Martin, *Ontologie (Hermeneutik der Faktizität)*, hrsg. von Käte Bröcker-Oltmanns (= GA 63), Frankfurt am Main ²1995.

Heidegger, Martin, *Beiträge zur Philosophie (Vom Ereignis)*, hrsg. von Friedrich-Wilhelm von Herrmann (= GA 65), Frankfurt am Main 1989.

Heidegger, Martin, „Über die Maxime ‚Zu den Sachen selbst' (aus dem Nachlaß)", in: *Heidegger Studies* 11 (1995), 5–8.

Husserl, Edmund, *Cartesianische Meditationen*, hrsg. von Stefan Strasser (= Husserliana I), Den Haag 1950 (²1963, photomechanischer Nachdruck 1973).

Husserl, Edmund, *Ideen zu einer reinen Phänomenologie und phänomenologischen Philosophie. Erstes Buch: Allgemeine Einführung in die reine Phänomenologie* (= Husserliana III,1), hrsg. von Karl Schumann, Den Haag 1976.

Husserl, Edmund, *Die Krisis der europäischen Wissenschaften und die transzendentale Phänomenologie. Eine Einleitung in die phänomenologische Philosophie*, hrsg. von Walter Biemel (= Husserliana VI), Den Haag 1954 (²1962, photomechanischer Nachdruck 1976).

Husserl, Edmund, *Logische Untersuchungen. Erster Band: Prolegomena zur reinen Logik* (= Husserliana XVIII), hrsg. von Elmar Holenstein, Den Haag 1975.

Husserl, Edmund, *Logische Untersuchungen. Zweiter Band. Erster Teil* (= Husserliana XIX/1), hrsg. von Ursula Patzer, Den Haag 1984.

Husserl, Edmund, *Logische Untersuchungen. Zweiter Band. Zweiter Teil* (= Husserliana XIX/2), hrsg. von Ursula Patzer, Den Haag 1984.
Husserl, Edmund, *Philosophie als strenge Wissenschaft*, hrsg. von Wilhelm Szilasi, Frankfurt am Main 1965.

Sekundärliteratur

Apel, Karl-Otto, ⁴1991, „Heideggers Radikalisierung der Hermeneutik und die Frage nach dem ‚Sinnkriterium' der Sprache", in: Ders., *Transformation der Philosophie I, Sprachanalytik, Semiotik, Hermeneutik*, Frankfurt am Main, 276–334.
Apel, Karl-Otto, ⁴1991, „Wittgenstein und Heidegger. Die Frage nach dem Sinn von Sein und der Sinnlosigkeitsverdacht gegen alle Metaphysik", in: Ders., *Transformation der Philosophie I. Sprachanalytik, Semiotik, Hermeneutik*, Frankfurt am Main, 225–275.
Apel, Karl-Otto, 1998, „Sinnkonstitution und Geltungsrechtfertigung. Heidegger und das Problem der Transzendentalphilosophie", in: Ders., *Auseinandersetzungen in Anwendung des transzendentalpragmatischen Ansatzes*, Frankfurt am Main, 505–568.
Apel, Karl-Otto, 1998, „Wittgenstein und Heidegger. Kritische Wiederholung und Ergänzung eins Vergleichs", in: Ders., *Auseinandersetzungen in Erprobung des transzendentalpragmatischen Ansatzes*, Frankfurt am Main, 459–503.
Dahlstrom, Daniel O., 1994, *Das logische Vorurteil. Untersuchungen zur Wahrheitstheorie des frühen Heidegger*, Wien.
Dahlstrom, Daniel O., 2001, *Heidegger's Concept of Truth*, Cambridge 2001.
Denker, Alfred, 2000, „‚Truth' and ‚Truth of Being'", in: Ders., *Historical Dictionary of Heidegger's Philosophy*, Lanham, Maryland / London.
Denker, Alfred / Gander, Hans-Helmuth / Zaborowski, Holger (Hrsg.), 2004, *Heidegger und die Anfänge seines Denkens* (= *Heidegger-Jahrbuch* 1), Freiburg / München.
de Waehlens, Alphonse / Biemel, Walter, 1952, „Heideggers Schrift ‚Vom Wesen der Wahrheit'", *Symposion*, 3, 471–508.
de Waelhens, Alphonse, ³1969, *Phénoménologie et Vérité*, Louvain / Paris.
Figal, Günter, 2003, „Gadamer im Kontext. Zur Gestalt und den Perspektiven philosophischer Hermeneutik", in: Mirko Wischke / Michael Hofer (Hrsg.), *Gadamer verstehen / Understanding Gadamer*, Darmstadt, 141–156.
Frede, Dorothea, 2003, „Stichwort: Wahrheit. Vom aufdeckenden Erschließen zur Offenheit der Lichtung", in: Dieter Thomä (Hrsg.), *Heidegger-Handbuch. Leben – Werk – Wirkung*, Stuttgart / Weimar.
Gogel, Raymond E., 1987, *Quest for Measure. The Phenomenological Problem of Truth*, New York.
Grondin, Jean, ²1994, *Hermeneutische Wahrheit? Zum Wahrheitsbegriff Hans-Georg Gadamers*, Weinheim.
Grondin, Jean, 2001, *Von Heidegger zu Gadamer. Unterwegs zur Hermeneutik*, Darmstadt.
Hammermeister, Kai, 1999, *Hans-Georg Gadamer*, München.
Helting, Holger, 1997, „a-letheia-Etymologien vor Heidegger im Vergleich mit eini-

gen Phasen der a-letheia-Auslegung bei Heidegger", *Heidegger Studies*, 13, 93–107.

Heuer, Jung-Sun, 1989, *Die Struktur der Wahrheitserlebnisse und die Wahrheitsauffassungen in Edmund Husserls „Logischen Untersuchungen"*, Ammersbek bei Hamburg.

Kisiel, Theodore, 1995, *The Genesis of Heidegger's „Being and Time"*, Berkeley.

Levin, David Michael, 1970, *Reason and Evidence in Husserl's Phenomenology*, Evanston/Ill.

Levinas, Emmanuel, 1978, *Théorie de l'Intuition dans la Phénomenologie de Husserl*, Paris.

Melle, Ulrich, ²1988, „Die Phänomenologie Edmund Husserls als Philosophie der Letztbegründung und radikaler Selbstverantwortung", in: *Edmund Husserl und die phänomenologische Bewegung. Zeugnisse in Text und Bild*, hrsg. von Hans Rainer Sepp, Freiburg / München, 45–59.

Nicholson, Graeme, 1997, „Truth in Metaphysics and in Hermeneutics", in: Lewis Edwin Hahn (Hrsg.), *The Philosophy of Hans-Georg Gadamer* (= *The Library of Living Philosophers* XXIV), Chicago / La Salle, Ill., 309–320.

Obermeier, Otto-Peter, 1987, „Ernst Tugendhats Kritik an Heidegger", in: Richard Wisser (Hrsg.), *Martin Heidegger – Unterwegs im Denken. Symposion im 10. Todesjahr*, Freiburg / München.

Orth, Ernst Wolfgang (Hrsg.), 1996, *Die Freiburger Phänomenologie* (= *Phänomenologische Forschungen* 30), Freiburg / München.

Pöggeler, Otto, 1983, *Heidegger und die hermeneutische Philosophie*, Freiburg / München.

Rosen, Klaus, 1977, *Evidenz in Husserls deskriptiver Transzendentalphilosophie*, Meisenheim am Glan.

Schönleben, Erich, 1987, *Wahrheit und Existenz. Zu Heideggers phänomenologischer Grundlegung des überlieferten Wahrheitsbegriffes als Übereinstimmung*, Würzburg.

Sepp, Hans Rainer (Hrsg.), ²1988, *Edmund Husserl und die phänomenologische Bewegung. Zeugnisse in Text und Bild*, im Auftrag des Husserl-Archivs an der Universität Freiburg im Breisgau hrsg. von Hans Rainer Sepp, Freiburg / München.

Sonderegger, Ruth, 2003, „Gadamers Wahrheitsbegriffe", in: Mirko Wischke / Michael Hofer (Hrsg.), *Gadamer verstehen / Understanding Gadamer*, 248–267.

Spiegelberg, Herbert, 1981, *The Context of the Phenomenological Movement*, The Hague.

Spiegelberg, Herbert, ³1982, *The Phenomenological Movement. A Historical Introduction*, The Hague.

Thomä, Dieter (Hrsg.), 2003, *Heidegger-Handbuch. Leben – Werk – Wirkung*, Stuttgart / Weimar.

Thomä, Dieter, 2003, „Stichwort Kehre. Was wäre, wenn es sie nicht gäbe?", in: Ders. (Hrsg.), *Heidegger-Handbuch. Leben – Werk – Wirkung*, Stuttgart / Weimar.

Tietz, Udo, 1999, *Hans-Georg Gadamer zur Einführung*, Hamburg.

Trappe, Tobias, 2004, Art. „Wahrheit, 20. Jahrhundert, Kontinentale Philosophie", in: *Historisches Wörterbuch der* Philosophie, Bd. 12, hrsg. von Joachim Ritter, Karlfried Gründer und Gottfried Gabriel, Darmstadt, 104–113.

Tugendhat, Ernst, 1970, *Der Wahrheitsbegriff bei Husserl und Heidegger*, Berlin.

von Herrmann, Friedrich-Wilhelm, 1989, „Nachwort des Herausgebers", in: Martin Heidegger, *Beiträge zur Philosophie (Vom Ereignis)*, hrsg. von Friedrich-Wilhelm von Herrmann (= GA 65), 511–521.

von Herrmann, Friedrich-Wilhelm, 1994, *Wege ins Ereignis. Zu Heideggers „Beiträgen zur Philosophie"*, Frankfurt am Main.

von Herrmann, Friedrich-Wilhelm, 2002, *Wahrheit – Freiheit – Geschichte. Eine systematische Untersuchung zu Heideggers Schrift „Vom Wesen der Wahrheit"*, Frankfurt am Main.

Wiplinger, Fridolin, 1961, *Wahrheit und Geschichtlichkeit. Eine Untersuchung über die Frage nach dem Wesen der Wahrheit im Denken Martin Heideggers*, Freiburg / München.

Wahrheitstheorien in der analytischen und pragmatistischen Tradition

Richard Schantz (Siegen)

In der modernen Debatte um den Wahrheitsbegriff können wir grob zwei Lager voneinander unterscheiden. Auf der einen Seite stehen diejenigen Philosophen, die geltend machen, daß der Begriff der Wahrheit ein wichtiger, ein tiefer, ein unentbehrlicher oder ein substantieller Begriff ist, ein Begriff jedenfalls, um den es sich zu kämpfen lohnt. Innerhalb dieses Lagers können wir weiter diejenigen Philosophen, die sich einer realistischen Auffassung der Wahrheit verschrieben haben, von denjenigen unterscheiden, die für eine epistemische Analyse dieses Begriffs eintreten. Die alethischen Realisten glauben, daß Wahrheit als eine Beziehung zwischen Sprache und den Gedanken, die sie ausdrückt, und der Realität erklärt werden muß. Sie sind gewöhnlich auch Anhänger der klassischen Korrespondenztheorie der Wahrheit, deren zentrale These besagt, daß eine Aussage genau dann wahr ist, wenn es eine Tatsache gibt, der sie korrespondiert, und falsch, wenn es eine solche Tatsache nicht gibt. Dagegen versuchen die Befürworter epistemischer Analysen den Begriff der Wahrheit durch ein epistemisches Begriffsrepertoire, durch solche Begriffe wie Verifizierbarkeit oder gerechtfertigte Behauptbarkeit oder Rechtfertigbarkeit unter idealen Bedingungen, zu definieren.

Auf der anderen Seite stehen Philosophen, die behaupten, daß die Vertreter des ersten Lagers sich schwer täuschen, daß sie im Grunde einer Schimäre nachjagen, wenn sie glauben, Wahrheit habe eine zugrundeliegende Natur, eine Natur, die epistemisch oder ontologisch oder semantisch analysiert werden könnte. Die Vertreter des zweiten Lagers stellen die radikale Behauptung auf, daß Wahrheit kein substantieller oder explanatorisch relevanter Begriff ist, kein Begriff, der eine interessante Eigenschaft oder eine interessante Relation ausdrückt. Wahrheit ist ihnen zufolge vielmehr ein rein formaler Begriff. Sie plädieren für eine „deflationistische" oder „minimalistische" Analyse der Wahrheit.[1]

---

[1] Vgl. P. Horwich, 1990.

1.   Der wahrheitstheoretische Deflationismus

1.1.   Die Redundanztheorie der Wahrheit

Eine radikale und einfache Form des Deflationismus ist die Redundanztheorie, deren Verfechter die lapidare Behauptung aufstellen, daß es ein Problem der Wahrheit gar nicht wirklich gibt. Der traditionelle Begriff der
Wahrheit beruht ihrer Einschätzung zufolge lediglich auf einer mangelhaften logischen Analyse der Sätze, in denen der Ausdruck „wahr" vorkommt. Die Redundanztheorie wird gewöhnlich Frank Ramsey zugeschrieben, obwohl sie ihren Ursprung in einigen Bemerkungen Gottlob
Freges hat. In *Über Sinn und Bedeutung* sagt Frege:

> „Man kann ja geradezu sagen: ,Der Gedanke, daß 5 eine Primzahl ist, ist wahr.'
> Wenn man aber genauer zusieht, so bemerkt man, daß damit eigentlich nicht
> mehr gesagt ist als in dem einfachen Satz ,5 ist eine Primzahl'. [...] Daraus ist zu
> entnehmen, daß das Verhältnis des Gedankens zum Wahren doch mit dem des
> Subjekts zum Prädikate nicht verglichen werden darf."[2]

Frege formuliert hier die zentrale Idee der Redundanztheorie, die Idee nämlich, daß der Ausdruck „wahr" im Grunde inhaltlich redundant ist, da er
nichts zum Sinn der Sätze, in denen er vorkommt, beziehungsweise zu den
Gedanken beiträgt, die diese Sätze ausdrücken.[3] Deshalb, so scheint es,
können wir sowohl einen Satz der Form „Der Gedanke, daß *p*, ist wahr", in
dem „wahr" als Prädikat fungiert, als auch einen Satz der Form „Es ist wahr,
daß *p*", in dem „wahr" als Operator fungiert, immer durch die einfache Behauptung eines Satzes der Form „*p*" ersetzen. Frege sagt nicht, daß das Wort
„wahr" überhaupt keinen Sinn habe, denn sonst hätten auch die Sätze, in
denen es vorkommt, keinen Sinn. Er sagt nur, daß „wahr" einen Sinn habe,
der zum Sinn der ganzen Sätze, in denen dieser Ausdruck vorkommt,
nichts beitrage.[4] Um eine wahre Aussage zu treffen, brauchen wir demnach
nicht das Wort „wahr" zu verwenden. So nützlich dieses Prädikat für gewisse Zwecke sein mag, so ist es doch laut Frege für die Formulierung der
Wahrheiten der Wissenschaften, einschließlich der Logik, zumindest prinzipiell entbehrlich. „Wahr" ist lediglich ein probater Behelf, den wir nur so
lange benötigen, als wir noch keine logisch vollkommene Sprache besitzen,
als der „Kampf mit den logischen Mängeln der Sprache" noch nicht beendet
ist.[5]
   In Wirklichkeit, so betont er, kommt es gar nicht auf das Wort „wahr"
an, sondern auf den Behauptungscharakter, auf die „behauptende Kraft",

---

[2] G. Frege, 1980, 49.
[3] Vgl. auch G. Frege, 1969, 251–2, 271–2.
[4] Vgl. G. Frege, 1969, 272.
[5] Vgl. G. Frege, 1969, 272.

mit der ein Satz ausgesprochen wird. Es ist die Form des Behauptungssatzes, durch deren Gebrauch wir Wahrheit behaupten.[6] Ein besonderes Prädikat brauchen wir zu diesem Zweck nicht. Es ist daher nur konsequent, daß Freges formale Sprache keine Symbole für Wahrheit oder Falschheit enthält. In dem logischen System seiner *Begriffsschrift* ist ein spezieller Urteilsstrich das einzige Vehikel der behauptenden Rolle.[7] Die Zuschreibung des Wahrheitsprädikats allein vermag einem Satz ohnehin keine behauptende Kraft zu verleihen. Frege weist gerne darauf hin, daß ein Schauspieler, der auf der Bühne einen Satz der Form „Der Gedanke, daß *p*, ist wahr" äußert, damit nichts behauptet.[8] Die behauptende Kraft beinhaltet zwar eine Anerkennung der Wahrheit, aber nicht als einen zusätzlichen Bestandteil des Inhalts eines Gedankens.

Es ist also Freges Auffassung, daß alles, was mit Hilfe des Ausdrucks „wahr" gesagt werden kann, auch ohne diesen Ausdruck gesagt werden kann, auch wenn eine solche Elimination gewisse grammatische Transformationen nach sich ziehen mag. Interessant ist insbesondere, daß Frege oben bestreitet, daß das Wort „wahr" ein Prädikat ist, das wir verwenden, um einem Gedanken eine Eigenschaft zuzuschreiben. Die Sprache, die uns prima facie eine Subjekt-Prädikat-Analyse suggeriert, so lautet seine Diagnose, führt uns in diesem Punkt in die Irre. Zumindest, so gibt er zu bedenken, ist „wahr" kein Prädikat, kein „Eigenschaftswort", im gewöhnlichen Sinn. Er hätte wohl auch sagen können, daß „wahr" zwar grammatisch, aber nicht logisch gesehen ein Prädikat ist. Logische Form und grammatische Form fallen nicht zusammen. Die genuinen logischen Strukturen der zeitlosen Gedanken werden nach Frege durch die Strukturen einer natürlichen Sprache nur unvollkommen widergespiegelt.

Zwar vertritt Frege die zentrale These der Redundanztheorie, die These, daß das Wort „wahr" prinzipiell entbehrlich ist. Andererseits behauptet er auch, daß Wahrheit in einem bestimmten Sinn omnipräsent ist. Wahrheit ist für ihn ein Begriff, der so grundlegend ist, daß die Verwendung aller anderen Begriffe ihn schon voraussetzt. So sagt er in *Der Gedanke*:

> „Immerhin gibt es zu denken, daß wir an keinem Dinge eine Eigenschaft erkennen können, ohne damit zugleich den Gedanken, daß dieses Ding diese Eigenschaft habe, wahr zu finden. So ist mit jeder Eigenschaft eines Dinges eine Eigenschaft eines Gedankens verknüpft, nämlich die der Wahrheit."[9]

Frege zufolge können wir mithin gar nicht behaupten, daß ein Gegenstand *a* eine Eigenschaft *F* hat, ohne damit zugleich zu behaupten, daß ein Gedanke wahr ist, der Gedanke nämlich, daß *a* die Eigenschaft *F* hat. Wann

---

[6] Vgl. G. Frege, 1969, 251–2, 271–2.
[7] Vgl. G. Frege, 1964, § 2.
[8] Vgl. G. Frege, 1980, 49; 1969, 140, 252.
[9] G. Frege, 1980, 345.

immer wir ein Urteil fällen, wann immer wir eine Behauptung aufstellen, der Begriff der Wahrheit ist stets präsent. Und es ist diese These der Omnipräsenz der Wahrheit, die den Kern eines Arguments bildet, das zu zeigen beabsichtigt, daß Wahrheit undefinierbar ist.[10]

Daß Frege sowohl die Redundanzthese als auch die Omnipräsenzthese verficht, kann darauf zurückgeführt werden, daß er die beiden Äquivalenzschemata „Die Proposition, daß p ist dann und nur dann wahr, wenn p" und „Es ist wahr, daß p, dann und nur dann, wenn p" akzeptiert. Wenn wir diese Schemata von links nach rechts lesen, dann scheint „wahr" eliminiert werden zu können. Wenn wir sie dagegen von rechts nach links lesen, dann scheint die Tatsache hervorgehoben zu werden, daß, ganz gleich welche Behauptung wir auch aufstellen mögen, Wahrheit implizit bereits in Anspruch genommen wird. Frege ist fest davon überzeugt, daß, auch wenn das Wort „wahr" ohne semantischen Verlust eliminiert werden kann, eine angemessene Erklärung dessen, was eine Behauptung ist, nur im Rückgriff auf die Norm oder das Ziel der Wahrheit erfolgen kann.

Auffällig ist, daß Frege im Zitat oben zunächst erneut behauptet, daß Wahrheit eine Eigenschaft von Gedanken ist. Doch sogleich lenkt er das Augenmerk wiederum auf die vermeintliche Redundanz des Wortes „wahr" und dessen angebliche inhaltliche Leere bringt Frege dann wieder ins Schwanken, ob denn Wahrheit überhaupt eine Eigenschaft ist:

> „Die Bedeutung des Wortes ‚wahr' scheint ganz einzigartig zu sein. Sollten wir es hier mit etwas zu tun haben, was in dem sonst üblichen Sinne gar nicht Eigenschaft genannt werden kann? Trotz diesem Zweifel will ich mich zunächst noch dem Sprachgebrauch folgend so ausdrücken, als ob die Wahrheit eine Eigenschaft wäre, bis etwas Zutreffenderes gefunden sein wird."[11]

Frege scheint zeitlebens mit der Funktionsweise des Wortes „wahr" gerungen zu haben. Der Inhalt des Wortes „wahr" ist ihm zufolge „ganz einzigartig und undefinierbar"[12] oder, wie er anderenorts sagt, „etwas so Ursprüngliches und Einfaches, daß eine Zurückführung auf noch Einfacheres nicht möglich ist".[13] Es ist schon einigermaßen verwirrend, daß er manchmal behauptet oder impliziert, daß Wahrheit eine von dem Wort „wahr" bezeichnete Eigenschaft von Gedanken und derivativ der Sätze ist[14], die sie ausdrücken, und daß er manchmal genau das Gegenteil behauptet.[15] Ich glaube jedoch, daß wir diese auffällige Spannung zumindest ein Stück weit beheben können. Wenn Frege sich so ausdrückt, als sei Wahrheit eine

---

10 Ich habe dieses Argument in R. Schantz, 2003 ausführlich untersucht und gezeigt, daß es nicht stichhaltig ist.
11 G. Frege, 1980, 345.
12 G. Frege, 1976, 32.
13 G. Frege, 1969, 140.
14 Vgl. G. Frege, 1969, 142.
15 Vgl. G. Frege, 1969, 251–2.

Eigenschaft, dann scheint er einfach dem Sprachgebrauch zu folgen, wie er sich in den herkömmlichen grammatischen Kategorien niedergeschlagen hat. Wenn er die Sache hingegen vom Standpunkt des Logikers betrachtet, der die Gedanken von den Fesseln der gewöhnlichen sprachlichen Ausdrucksmittel befreien muß, dann gelangt er zum gegenteiligen Resultat. Der positive Aspekt dieses Resultats besteht darin, daß Frege erstaunlicherweise die beiden Wahrheitswerte „das Wahre" und „das Falsche" als Gegenstände behandelt, die einerseits von den wahren und andererseits von den falschen Sätzen bezeichnet werden.[16]

Als locus classicus der Redundanztheorie gilt eine kurze Passage in Ramseys *Facts and Propositions*.[17] Seine grundlegende Idee war, daß Aussagen der Form „p" genau dieselbe Bedeutung wie Aussagen der Form „Es ist wahr, daß p" haben, und daß entsprechend Aussagen der Form „Es ist falsch, daß p" dieselbe Bedeutung haben wie Aussagen der Form „Nicht-p". Dies führte Ramsey zu der Überzeugung, daß die Ausdrücke „wahr" und „falsch" redundant sind, daß sie durch Paraphrase aus allen Kontexten, in denen sie vorkommen, ohne jeglichen semantischen Verlust eliminiert werden können. „Wahr" und „falsch" oder die Satzoperatoren „Es ist wahr, daß" und „Es ist falsch, daß" spielen eine pragmatische Rolle; wir verwenden diese Ausdrücke manchmal der „Betonung" wegen oder aus „stilistischen Gründen". Aber sie spielen keine semantische Rolle; sie tragen nichts zur Bedeutung der Sätze bei, in denen sie vorkommen. Wir unterliegen einer grammatischen Täuschung, wenn wir glauben, daß wir durch eine Behauptung der Form „Es ist wahr, daß p" einer Proposition eine Eigenschaft zuschreiben. In Wirklichkeit schreiben wir damit gar nichts zu, sondern behaupten nur, daß p. Wahrheit ist ihm zufolge weder eine Eigenschaft noch eine Relation. Ein „separates Wahrheitsproblem" gibt es für ihn überhaupt nicht.[18]

Ramsey war sich natürlich bewußt, daß nicht jede Verwendungsweise von „wahr" eine Zuschreibung zu einer explizit gegebenen Proposition involviert. Es gibt blinde Zuschreibungen von Wahrheit, wie z.B. „Was der Papst gestern sagte, ist wahr", und es gibt Generalisierungen, die „wahr" gebrauchen, wie z.B. „Alles, was der Papst sagt, ist wahr". Ramsey versuchte mit solchen Verwendungsweisen von „wahr" durch den Einsatz der Ressourcen der propositionalen Quantifikation zu Rande zu kommen. So analysierte er den letzten Satz als „Für alle p, wenn der Papst p sagt, dann p". Das Problem ist nur, daß es keine Interpretation der in dieser Formel enthaltenen Variablen und ihrer Quantifikation zu geben scheint, die dem primären Ziel einer Redundanztheorie dienlich sein kann.[19]

---

[16] Vgl. dazu R. Schantz, 2003.
[17] F. Ramsey, 1978, 40–57.
[18] Vgl. F. Ramsey, 1978, 44.
[19] Vgl. dazu R. Schantz, 1996, 7–14.

Der manifeste antimetaphysische Charakter von Ramseys Ansichten war der hauptsächliche Grund dafür, daß sie bei einigen Verfechtern des Logischen Empirismus alsbald auf Zustimmung stießen. Alfred Ayer beispielsweise, der sich explizit auf Ramsey beruft, macht in typisch logisch-empiristischer Manier geltend, daß das traditionelle Wahrheitsproblem im Grunde ein Scheinproblem ist, das, wie die meisten metaphysischen Probleme, darauf zurückgeführt werden kann, daß die spekulativen Philosophen es versäumt haben, die Bedeutungen der entsprechenden Sätze richtig zu analysieren. Hätten sie die erforderliche Analyse durchgeführt, dann hätten sie gesehen, daß „wahr" und „falsch" nichts bezeichnen, daß diese Wörter keine Eigenschaft oder Relation ausdrücken, sondern in einem Satz lediglich als Zeichen der Behauptung und Verneinung fungieren. Die altehrwürdige Frage „Was ist Wahrheit?" schrumpft laut Ayer zusammen auf die Frage, wie Sätze der Form „*p* ist wahr" zu analysieren sind. So sagt er:

> „We conclude, then, that there is no problem of truth as it is ordinarily conceived. The traditional conception of truth as a ‚real quality‘ or a ‚real relation‘ is due, like most philosophical mistakes, to a failure to analyze sentences correctly. [...] For our analysis has shown that the word ‚truth‘ does not stand for anything."[20]

Ayer war bekanntlich auch ein glühender Anhänger der Verifikationstheorie der Bedeutung. In Einklang damit behauptete er, daß vom traditionellen Problem der Wahrheit letzten Endes nur das Problem der Verifikation übrigbleibt: das Problem, wie verschiedene Typen von Aussagen zu rechtfertigen sind. Er unternahm den aufschlußreichen Versuch, die Redundanztheorie mit der Verifikationstheorie der Bedeutung zu verbinden. Aber während über die Verifikationstheorie unter den Logischen Empiristen weitgehend Einigkeit herrschte, sind beileibe nicht alle von ihnen Ayers Beispiel gefolgt, sich ebenfalls Ramseys Redundanztheorie zu verschreiben.

Die von Wittgenstein in seinem *Tractatus logico-philosophicus* entwickelte Korrespondenztheorie der Wahrheit übte zu Beginn der dreißiger Jahre noch einen starken Einfluß auf das Denken der Logischen Empiristen aus. Ein Satz ist dieser Theorie zufolge ein Bild der Wirklichkeit, ein Bild von einer Tatsache oder von einem Sachverhalt,[21] und der Satz ist wahr, wenn der von ihm ausgedrückte Sachverhalt besteht. Zunächst übernahmen die Logischen Empiristen Wittgensteins Ideen über Wahrheit im großen und ganzen. Doch schon bald wurden in ihrem Lager erste Zweifel kundgetan, allen voran von Otto Neurath.[22] Insbesondere nahm Neurath an Wittgensteins Vorstellung Anstoß, ein Satz könne irgendwie mit der Wirklichkeit oder mit der Welt verglichen werden.[23] Der Einfluß Wittgensteins begann allmählich zu schwinden.

---

[20] A. Ayer, 1936, 119.
[21] Vgl. L. Wittgenstein, 1984, 4.01, 4.021.
[22] Vgl. O. Neurath, 1931.
[23] Vgl. L. Wittgenstein, 1984, 2.223, 4.05.

Rudolf Carnap schlug sich rasch auf Neuraths Seite. Er machte geltend, daß viele traditionelle philosophische Probleme darauf beruhen, daß sie in der irreführenden „inhaltlichen" Sprechweise formuliert sind, und daß diese Probleme gelöst oder vielmehr aufgelöst werden können, wenn sie in die „formale" Sprechweise transponiert werden.[24] Im Zuge dieses Übergangs von der „inhaltlichen" zur „formalen" Sprechweise wurde nun auch Wittgensteins Unterscheidung zwischen Sprache und Welt durch die Unterscheidung zwischen der Sprache des wissenschaftlichen Systems und der Protokollsprache ersetzt. „Protokollsätze" wurden zu den formalen Gegenstücken derjenigen Entitäten, die in der inhaltlichen Sprechweise als „Tatsachen" und „Sachverhalte" bezeichnet worden waren.

Carnap behauptete jetzt, daß die Entscheidung über die Wahrheit eines Satzes, der weder eine Kontradiktion noch eine Tautologie ist, in den Protokollsätzen liegt.[25] Wahrheit wurde nun gewissermaßen zu einer Übereinstimmung mit den getreuen Protokollen. Als dann der vermeintlich enge Zusammenhang zwischen Protokollen und Tatsachen zunehmend problematisiert wurde und als Carnap zudem die Form der Protokolle zu einer Frage der Konvention machte,[26] wurde Wahrheit vollends zur Übereinstimmung innerhalb der Klasse aller akzeptierten Sätze. Die Korrespondenztheorie hatte sich nach und nach in eine Kohärenztheorie der Wahrheit verwandelt. Denn der Grundgedanke von Kohärenztheorien ist just, daß, grob gesprochen, die Wahrheit einer Aussage nicht in ihrer Beziehung zur Welt, sondern in ihren Beziehungen zu anderen Aussagen besteht. Eine Aussage oder die Überzeugung, die sie ausdrückt, ist einer solchen Theorie zufolge wahr, wenn sie zu einem gesamten System von Aussagen gehört, das konsistent und harmonisch ist.

Neurath, Hempel und eine Zeitlang auch Carnap verteidigten in der Tat hartnäckig eine Version der Kohärenztheorie.[27] So verkündete Neurath programmatisch:

„Die Wissenschaft als ein System von Aussagen steht jeweils zur Diskussion. Aussagen werden mit Aussagen verglichen, nicht mit ‚Erlebnissen', nicht mit einer Welt, noch mit sonst etwas. Alle diese sinnleeren Verdoppelungen gehören einer mehr oder minder verfeinerten Metaphysik an und sind deshalb abzulehnen. Jede neue Aussage wird mit der Gesamtheit der vorhandenen, bereits miteinander in Einklang gebrachten, Aussagen konfrontiert. Richtig heißt eine Aussage dann, wenn man sie eingliedern kann. Was man nicht eingliedern kann, wird als unrichtig abgelehnt."[28]

---

[24] Vgl. R. Carnap, 1934.
[25] Vgl. R. Carnap, 1932a, 236.
[26] Vgl. R. Carnap, 1932b.
[27] Vgl. O. Neurath, 1934; C. Hempel, 1935; R. Carnap, 1932b.
[28] O. Neurath, 1931, 403.

Aber nicht alle Logischen Empiristen zogen, was den Begriff der Wahrheit anbelangt, am selben Strang. Moritz Schlick, der Begründer des Wiener Kreises, hielt weiterhin unbeirrt an der Korrespondenztheorie der Wahrheit fest,[29] und warf seinen Gegenspielern, den „Kohärenzphilosophen", vor, die Wissenschaft an die Stelle der Wirklichkeit zu setzen und keine Tatsachen anzuerkennen, bevor sie nicht in Aussagen formuliert sind. Derweilen verfolgte Hans Reichenbach bereits sein ehrgeiziges Ziel, das Verifikationskriterium der Bedeutung durch die Entwicklung einer ausführlichen Theorie der Wahrscheinlichkeit zu untermauern. Er vertrat die Auffassung, daß der Begriff der Wahrheit nur mit Hilfe der Begriffe der Approximation und der Wahrscheinlichkeit expliziert werden kann.[30] Wenn Wahrheit nicht zu einem leeren Begriff, zu einem bloßen Ideal verkommen soll, dann, so insistierte Reichenbach, muß Wahrheit als ein Grenzfall der Wahrscheinlichkeit definiert werden.

1.2.   Die Disquotationstheorie der Wahrheit

Eine modernere, sehr einflußreiche deflationistische Auffassung ist die Disquotationstheorie der Wahrheit, die im Wesentlichen von Willard Van Quine entwickelt wurde, der sich aber auch so renommierte Philosophen wie Richard Rorty, Stephen Leeds, Scott Soames, Michael Williams verschrieben haben.[31] Im Gegensatz zur Redundanztheorie nimmt der Disquotationalismus an, daß Sätze, nicht Propositionen, die Wahrheitsträger sind. Die allgemeine Idee, die der Disquotationstheorie zugrunde liegt, kennen wir bereits: Ein Satz der Form „s ist wahr" hat dieselbe Bedeutung oder denselben kognitiven Inhalt wie der Satz s. So sind dieser Theorie zufolge zum Beispiel die beiden Sätze „‚Schnee ist weiß' ist wahr" und „Schnee ist weiß" semantisch äquivalent oder vermitteln dieselbe Information. Was aber bedeutet „Disquotation" eigentlich? Halten wir uns an Quine, auf dessen kanonische Formulierungen die meisten Anhänger dieser Theorie implizit oder explizit zurückgreifen. Quine sagt:

> „The truth predicate is a reminder that, despite a technical ascent to talk of sentences, our eye is on the world. This cancellatory force of the truth predicate is explicit in Tarski's paradigm:
> ‚Snow is white' is true if and only if snow is white.
> Quotation marks make all the difference between talking about words and talking about snow. The quotation is a name of a sentence that contains a name,

[29] Vgl. M. Schlick, 1934; 1935.
[30] Vgl. H. Reichenbach, 1931.
[31] Vgl. W. V. Quine, 1970, 10–13; 1990, 79–82; R. Rorty, 1986, 333–355; S. Leeds, 1978; S. Soames, 1984; M. Williams, 1986.

namely ‚snow‘, of snow. By calling the sentence true, we call snow white. The truth predicate is a device of disquotation."[32]

Das Wahrheitsprädikat ist ein Instrument des semantischen Aufstiegs und des semantischen Abstiegs. Wenn wir, so Quine, einen semantischen Aufstieg vollziehen und dem Satz „Schnee ist weiß" Wahrheit zuschreiben, dann schreiben wir dem Schnee Weiße zu. Das Wahrheitsprädikat versetzt uns in die Lage, von der Ebene der Rede über die Sprache auf die Ebene der Rede über die Welt zurückzukehren. Der Gebrauch von „wahr" signalisiert, daß, obwohl ein Satz erwähnt wird, unser Interesse dennoch nicht der Sprache, sondern der außersprachlichen Realität gilt. Das Zuschreiben der Wahrheit fegt sozusagen die Anführungszeichen hinweg und erzeugt einen Satz, mit dem wir, wenngleich wir auf einer sprachlichen Bezugsebene operieren, dennoch sagen können, daß Schnee weiß ist. Deshalb sagt Quine ganz lapidar: „Truth is disquotation",[33] Wahrheit ist Zitattilgung.

Aber, diese Frage liegt nun sicherlich nahe, wozu brauchen wir dann überhaupt einen Begriff der Wahrheit? Wenn wir durch den Gebrauch des Satzes „‚Schnee ist weiß' ist wahr" in Wirklichkeit über den Schnee reden, warum verwenden wir dann statt dessen nicht einfach den Satz „Schnee ist weiß"? Die typische Antwort der Disquotationalisten lautet, daß der semantische Aufstieg und der Gebrauch des Wahrheitsprädikats aus rein logischen Gründen erforderlich sind. Das Wahrheitsprädikat ist in solchen Situationen von unschätzbarem Wert, in denen Sätze nicht explizit gegeben sind. Manchmal möchten wir eine Einstellung zu einem geäußerten Satz ausdrücken, daß wir zum Beispiel glauben oder wünschen oder hoffen, daß das, was er aussagt, der Fall ist, ohne genau zu wissen, welcher Satz von dem betreffenden Sprecher verwendet wurde. In einer solchen Situation ermöglicht es uns „wahr", einen Satz zu formulieren, der in einer engen Beziehung zu dem Satz steht, den wir aus irgendeinem Grund nicht rekonstruieren können und der unsere Einstellung angemessen zum Ausdruck bringt. Wir können beispielsweise sagen: „Das, was der Sprecher sagte, ist wahr".

Insbesondere aber ist das Wahrheitsprädikat dem Disquotationalismus zufolge in denjenigen Fällen erforderlich, in denen wir mit Bezug auf Satzpositionen verallgemeinern wollen. Beispielsweise benötigen wir das Wahrheitsprädikat in der deduktiven Logik, etwa um Schlußregeln rechtfertigen zu können, also um sagen zu können, daß sich in jedem Schluß einer bestimmten Art die Wahrheit von den Prämissen auf die Konklusion überträgt. Vornehmlich in dieser Funktion, Verallgemeinerung dieser Art zu ermöglichen, liegt die Nützlichkeit des Begriffs der Wahrheit. „Wahr" ist somit bloß ein Surrogat für unendliche Konjunktionen und unendliche Dis-

---

[32] W. V. Quine, 1970, 12.
[33] W. V. Quine, 1990, 80.

junktionen. Wenn unsere Sprache es uns erlaubte, unendliche Konjunktionen und unendliche Disjunktionen auszudrücken, dann würde den Disquotationalisten zufolge das Wahrheitsprädikat seine wohl wichtigste Funktion einbüßen.[34]

1.3.   Die Prosententiale Theorie der Wahrheit

Die Prosententiale Theorie der Wahrheit, die von Dorothy Grover, John Camp und Nuel Belnap entwickelt wurde, plädiert für eine grundlegende Neuorientierung unseres Denkens über Wahrheit.[35] Die Autoren verwerfen eine Prämisse, von der sich die bisherigen Theorien der Wahrheit weitgehend leiten ließen, die Prämisse nämlich, daß ein Satz der Form „X ist wahr" in ein Subjekt „X" und ein Prädikat „ist wahr" zu analysieren ist, wobei es die Rolle des Prädikats ist, die Eigenschaft der Wahrheit auszudrükken, die ein Sprecher, der einen Satz dieser Form äußert, dem Bezugsobjekt oder Referenten von „X" zuschreibt. Ihr Hauptanliegen ist, eine „kohärente Alternative" zu dieser der orthodoxen Grammatik folgenden Subjekt-Prädikat-Analyse zu entwickeln.

Die Prosententiale Theorie stimmt mit der Disquotationstheorie in einigen wesentlichen Punkten überein. Beide Theorien machen geltend, daß das Wahrheitsprädikat inhaltlich redundant, gleichwohl aber äußerst nützlich ist, weil es uns eine gewisse Ausdruckskraft verschafft, auf die wir in Kontexten, in denen wir generalisieren wollen, angewiesen sind. Von einem logischen Standpunkt betrachtet, ist „wahr" beiden Theorien zufolge absolut irredundant. Aber die von beiden Theorien vorgeschlagenen Analysen unterscheiden sich in gewissen formalen Hinsichten, in der logischen Maschinerie, die sie benutzen.

Der Prosententialen Theorie zufolge gibt es außer den Pronomen auch andere Ausdrücke, die anaphorisch gebraucht werden können, d.h., die einen vorhergehenden primären Ausdruck derselben syntaktischen Form vertreten können. Es gibt Proverben, Proadjektive, und es gibt auch Prosentenzen. Während Pronomen die Positionen von Namen einnehmen, nehmen Prosentenzen die Positionen von Aussagesätzen ein. Die zentrale These dieser Theorie ist, daß „das ist wahr" und „es ist wahr" in der deutschen Sprache als Prosentenzen fungieren. Demnach wird „Es ist wahr, daß Gras grün ist" interpretiert als „Gras ist grün. Das ist wahr". Es ist wichtig, daß Prosentenzen semantisch unstrukturierte Einheiten sind. Alle Ausdrücke, in denen „wahr" außerhalb einer Prosentenz vorkommt, haben eine irreführende Oberflächengrammatik. In der Tiefenstruktur ist „wahr" kein echtes Prädikat mit einer separaten Bedeutung. Im Gegenteil, „wahr"

---

[34] Vgl. auch S. Leeds, 1978, 121.
[35] D. Grover / J. Camp / N. Belnap, 1975.

ist letztlich immer ein synkategorematisches Fragment einer Prosentenz. Eine Schlüsselbehauptung dieser Analyse ist, daß Prosentenzen und andere Proformen nicht nur ein Antezedens vertreten, sondern auch als Variablen der Quantifikation benutzt werden können. „Alles, was der Papst sagt, ist wahr" z.B. wird rekonstruiert als „Für jede Proposition, wenn der Papst sagt, daß sie wahr ist, dann ist sie wahr". Dies ist grob die Rolle, die der Ausdruck „wahr" in Generalisierungen spielt.

2.   Tarskis semantische Definition der Wahrheit

Alfred Tarskis Schriften zum Wahrheitsbegriff zählen zu den einflußreichsten Arbeiten sowohl in der Logik als auch in der Philosophie des zwanzigsten Jahrhunderts. Allerdings hält Tarski den Begriff der Wahrheit, den wir in der Umgangssprache benutzen, für mehrdeutig, unpräzise, ja sogar für inkohärent. Aus diesem Grunde richtet er sein Interesse auf eine einzige Bedeutung von „wahr", diejenige Bedeutung nämlich, auf die die „klassische Auffassung der Wahrheit" abzielt und die überdies seiner Meinung nach mit dem überwiegenden umgangssprachlichen Gebrauch des intuitiven Wahrheitsbegriffs übereinstimmt. So sagt Tarski:

> „Ich möchte nur erwähnen, daß es sich in der ganzen Arbeit ausschließlich darum handelt, die Intentionen zu erfassen, welche in der sog. ‚klassischen' Auffassung der Wahrheit enthalten sind (‚wahr – mit der Wirklichkeit übereinstimmend') im Gegensatz z.B. zu der ‚utilitaristischen' Auffassung (‚wahr – in gewisser Weise nützlich')."[36]

Die klassische Auffassung der Wahrheit, um die es ihm geht, ist demnach die Übereinstimmungs- oder Korrespondenztheorie der Wahrheit, der zufolge eine Aussage genau dann wahr ist, wenn sie mit der Wirklichkeit übereinstimmt oder der Wirklichkeit korrespondiert. An einer anderen Stelle betont Tarski, daß sich seine Definition auf die „klassische aristotelische Konzeption der Wahrheit" stützt, die in Aristoteles' berühmtem Diktum ihren Ausdruck gefunden hat: „Von etwas, das ist, zu sagen, daß es nicht ist, oder von etwas, das nicht ist, daß es ist, ist falsch, während von etwas, das ist, zu sagen, daß es ist, oder von etwas, das nicht ist, daß es nicht ist, ist wahr."[37] Auch hier stellt Tarski einen sehr engen Zusammenhang zwischen der klassischen Konzeption der Wahrheit und der Korrespondenztheorie der Wahrheit her, denn er sagt, daß die Ansicht, daß die Wahrheit eines Satzes darin besteht, daß er der Wirklichkeit korrespondiert oder mit ihr übereinstimmt, eine moderne Variante der klassischen Konzeption ist. Und er fügt hinzu, daß wir zum selben Zweck

[36] Vgl. A. Tarski, 1983.
[37] Vgl. A. Tarski, 1944, 342–343.

auch sagen könnten, daß ein Satz wahr ist, wenn er einen bestehenden Sachverhalt bezeichnet. Mit keiner dieser Formulierungen ist Tarski jedoch wirklich einverstanden, denn sie alle genügen hinsichtlich ihrer Genauigkeit und Klarheit noch nicht seinen eigenen Standards, obwohl dies, wie er anmerkt, für die ursprüngliche, aristotelische viel weniger als für die moderneren Varianten gilt.

Es ist eine bekannte Tatsache, daß semantische Begriffe, wenn sie unvorsichtig gehandhabt werden, zu Antinomien oder Paradoxien führen. Daher war es Tarskis vorrangiges Ziel, zu zeigen, daß der Begriff der Wahrheit, wenn er sorgfältig benutzt wird, ein konsistenter Begriff ist, ein Begriff, der uns nicht in semantische Antinomien verwickelt. Daraus resultierte sein Projekt, eine exakte Definition der Wahrheit zu geben, eine Definition, die zwei Bedingungen erfüllen muß: Sie muß zum einen „sachlich" oder „inhaltlich" adäquat sein, und sie muß zum anderen „formal korrekt" sein. Die erste Bedingung schränkt den möglichen Inhalt, die zweite die mögliche Form einer jeden befriedigenden Definition ein.[38]

Um die Bedingung der inhaltlichen Adäquatheit zu erfüllen, führt Tarski seine berühmte Konvention W ein: Eine befriedigende Definition der Wahrheit für eine Sprache muß alle Instanzen des folgenden Schemas unter ihren Konsequenzen haben:

s ist dann und nur dann wahr, wenn p

wobei „s" durch einen standardisierten Namen eines Satzes der Objektsprache, der Sprache, für die Wahrheit definiert wird, zu ersetzen ist, und „p" durch denselben Satz oder seine Übersetzung zu ersetzen ist, je nachdem, ob die Objektsprache in der Metasprache als ein echter Teil enthalten ist oder nicht. Eine Instanz dieses Schemas wäre, um Tarskis eigenes Beispiel zu benutzen:

„Schnee ist weiß" ist dann und nur dann wahr, wenn Schnee weiß ist.

Tarski nennt jede Äquivalenz der Form W eine „Teildefinition der Wahrheit", die, wie er sagt, erklärt, „worin die Wahrheit dieser einen individuellen Aussage besteht".[39] Und er charakterisiert sein Projekt oft so, daß er eine Definition für die betreffende Sprache geben will, die mit der logischen Konjunktion aller Instanzen von W, aller „W-Sätze", wie sie heute gewöhnlich genannt werden, äquivalent ist. In der Tat erwähnt er, daß, wenn die Sprache nur aus einer endlichen Zahl von Sätzen bestünde, die Konvention W durch eine Definition erfüllt werden könnte, die einfach einen W-Satz für jeden Satz der Sprache auflisten würde. Alle interessanten Sprachen besitzen jedoch eine potentielle Unendlichkeit von Sätzen; für eine solche Sprache kann keine listenähnliche Definition gegeben werden. Wir können keine unendliche Liste zusammenstellen. Für solche Sprachen muß die Definition eine andere Form annehmen.

---

[38] A. Tarski, 1983, 448.
[39] A. Tarski, 1944, 344.

Im Fall von Sprachen, deren einzige komplexe Sätze Wahrheitsfunktionen ihrer Bestandteile sind, ist es möglich, die Wahrheit komplexer Sätze direkt durch die Wahrheit von Elementarsätzen zu definieren. Aber bei Sprachen mit quantifikatorischer Struktur scheitert diese direkte Methode, weil nun die Bestandteile komplexer Sätze nicht länger selbst notwendigerweise abgeschlossene Sätze sind. Der Gebrauch von Variablen, der für quantifikatorische Sprachen notwendig ist, hat die Konsequenz, daß offene Sätze und Wertzuordnungen zu den freien Variablen berücksichtigt werden müssen. In solchen Sprachen können komplexe Sätze aus offenen Sätzen durch die Bindung der Variablen, die in ihnen vorkommen, gebildet werden. Es ist das hervorstechendste Merkmal von Tarskis Methode, Wahrheit zu definieren, daß er dieses Problem mithilfe des Begriffs der Erfüllung scharfsichtig zu lösen vermochte. Erfüllung ist eine Relation zwischen Sätzen, offen oder abgeschlossen, und unendlichen Gegenstandsfolgen, die zum Wertebereich der Variablen der Sprache gehören. Weil im Fall von quantifikatorischen Sprachen die satzbildenden Operationen sowohl auf abgeschlossene als auch auf offene Sätze angewendet werden, ist es nicht möglich, eine rekursive Definition der Wahrheit selbst zu geben. Die Hauptidee von Tarskis Lösung ist es, auf einem Umweg zum Ziel zu gelangen: er konstruiert zuerst eine rekursive Definition der Erfüllung, um dann Wahrheit auf dieser Basis zu definieren. So wie ein abgeschlossener Satz ein Grenzfall eines offenen Satzes ist, so ist Wahrheit ein Grenzfall der Erfüllung. Demzufolge definiert Tarski einen Satz genau dann als wahr, wenn er von allen Gegenstandsfolgen erfüllt wird. Mittels der technischen Ressourcen der Mengenlehre kann die rekursive Definition letztlich in eine explizite oder eliminative Definition verwandelt werden.

Soweit zur inhaltlichen Adäquatheit. Die Bedingung der formalen Richtigkeit betrifft die exakte formale Struktur der Sprache, in der die Definition der Wahrheit gegeben werden soll: Die primitiven Termini und die Definitionsregeln, kraft deren neue Termini in die Sprache eingeführt werden können, müssen angegeben werden; die Formregeln, die die Klasse der wohlgeformten Ausdrücke und vornehmlich der Sätze festlegen, müssen aufgestellt werden; und schließlich müssen die Bedingungen, unter denen ein Satz der Sprache behauptet werden kann, formuliert werden, was erfordert, daß die Axiome und die Schlußregeln der Sprache formuliert werden.[40]

Von Beginn an hat Tarskis Wahrheitstheorie recht kontroverse Reaktionen hervorgerufen. Nicht natürlich, was die Richtigkeit seiner formalen Resultate anbelangt. Sie sind unbestritten. Wohl aber, was ihre philosophische Signifikanz betrifft. Die Zweifel konzentrieren sich vornehmlich auf die Frage, ob oder in welchem Sinn Tarskis Theorie überhaupt eine Theorie der

---

[40] Vgl. A. Tarski, 1944, 346.

Wahrheit ist. Während einige Philosophen, Karl Popper etwa,[41] behaupten, daß Tarskis Theorie endgültig das Problem der Natur der Wahrheit gelöst habe, wird sie von anderen Philosophen hinsichtlich dieser Frage als ganz irrelevant eingestuft. So glaubt Hilary Putnam, trotz des großen Respekts, den er Tarskis formalen Errungenschaften zollt, daß die Wahrheitsprädikate, die Tarski definiert, nichts mit unserem intuitiven Begriff der Wahrheit zu tun haben. Sein hartes Urteil lautet:

> „But the concern of philosophy is precisely to discover what the intuitive notion of truth is. As a philosophical account of truth, Tarski's theory fails as badly as it is possible for an account to fail."[42]

3.   Wahrheit und Bedeutung: Davidsons Projekt

Das Lager des Deflationismus macht typischerweise geltend, daß uns Tarski so gut wie alles über Wahrheit gesagt hat, was es über Wahrheit zu sagen gibt. Aber der wahrheitstheoretische Deflationismus hat auch so renommierte und intelligente Widersacher wie Hilary Putnam, Michael Dummett und Donald Davidson, die, trotz ihrer unterschiedlichen Einschätzung der philosophischen Relevanz von Tarskis Werk über den Wahrheitsbegriff, dennoch zumindest in der Ablehnung der These übereinstimmen, daß durch Tarskis Definitionen im Grunde alle wesentlichen Merkmale des Wahrheitsbegriffs erfaßt werden.

Schauen wir uns zunächst Davidsons richtungweisendes semantisches Projekt an. Da Tarskis einschlägige Arbeiten in Davidsons Sprachphilosophie eine grundlegende Rolle spielen, glauben einige Philosophen, wie zum Beispiel Rorty,[43] daß Davidson die Ansicht teile, daß Tarskis Wahrheitsprädikate den Begriff der Wahrheit vollständig erfassen. Dies ist jedoch ein Fehler. Nicht nur bestreitet Davidson, daß die Deflationisten Tarski zu Recht für ihre eigenen theoretischen Zwecke in Anspruch nehmen. Er beharrt zusätzlich darauf, daß Tarskis Wahrheitsdefinitionen, obwohl sicherlich substantieller als die verschiedenen deflationistischen Vorschläge, gleichwohl noch nicht das letzte Wort über Wahrheit sein können. Davidson sagt:

> „My own view is that Tarski told us much of what we want to know about the concept of truth, and that there must be more. There must be more because there is no indication in Tarski's formal work of what it is that his various predicates have in common, and this must be part of the content of the concept. It is not enough to point to convention-T as that indication, for it does not speak to the question how we know that a theory of truth for a language is correct. The concept of truth has

---

[41] Vgl. K. Popper, 1935, 219, Fn 1.
[42] H. Putnam, 1994, 333.
[43] Vgl. R. Rorty, 1982, XXVI.

essential connections with the concepts of belief and meaning, but these connections are untouched by Tarski's work. It is here that we should expect to uncover what we miss in Tarski's characterizations of truth predicates."[44]

Laut Davidson ist es Tarskis großes Verdienst, die Struktur der Wahrheit, ihre formalen Eigenschaften, präzise charakterisiert und auf diese Weise gezeigt zu haben, wie der Begriff der Wahrheit für eine systematische Beschreibung einer Sprache verwendet werden kann. Wir müssen jedoch, so Davidson, über Tarski hinausgehen, weil die Struktur der Wahrheit noch mit dem nötigen empirischen Inhalt versehen werden muß. In dieser Hinsicht läßt uns Tarski in der Tat im Stich. Was bei Tarski gänzlich fehlt, sind Informationen darüber, wie die Struktur der Wahrheit in dem sprachlichen Verhalten von einzelnen Sprechern oder Gruppen von Sprechern identifiziert werden kann. Diese Lücke möchte Davidson schließen. Er möchte zeigen, wie eine Theorie der Wahrheit auf die Sprecher einer Sprache, auf die Sätze, die sie äußern, und die Meinungen, die sie ausdrücken, angewandt werden kann. Woran es bei Tarski hapert, ist also die philosophische Klärung oder Analyse der tiefen Zusammenhänge zwischen Wahrheit und Bedeutung, zwischen Wahrheit und dem tatsächlichen Gebrauch der Sprache und zwischen Wahrheit und Meinungen. Davidson ist demnach keineswegs ein wahrheitstheoretischer Deflationist. Ganz im Gegenteil. Der Begriff der Wahrheit ist für ihn kein bloß formaler Begriff, sondern spielt vielmehr eine ganz wesentliche deskriptive und explanatorische Rolle. Mit Davidsons eigenen Worten:

> „Thus, a theory of truth is a theory for describing, explaining, understanding, and predicting a basic aspect of verbal behavior. Since the concept of truth is central to the theory, we are justified in saying truth is a crucially important explanatory concept."[45]

Davidson behauptet also, daß der Begriff der Wahrheit der Schlüsselbegriff in der Theorie der Bedeutung ist. Eine Theorie der Bedeutung für eine bestimmte Sprache zu entwickeln heißt eine Theorie der Wahrheit für sie zu konstruieren. Er macht immer wieder geltend, daß eine Theorie der Bedeutung, wenn sie nicht zirkulär sein soll, sprachliches Verhalten erklären können muß, ohne von undefinierten semantischen Begriffen Gebrauch zu machen. Um dieses Ziel zu erreichen, muß sie die beiden folgenden grundlegenden Bedingungen erfüllen: Sie muß erstens hinreichend stark sein, um in der Lage zu sein, jede tatsächliche und mögliche Äußerung, die ein Sprecher einer bestimmten Sprache machen könnte, zu interpretieren, und sie muß zweitens empirisch testbar sein und zwar durch Bezugnahme auf Evidenz einer Art, die ohne den Gebrauch semantischer oder sprachlicher Begriffe beschrieben werden kann.

---

[44] D. Davidson, 1990, 295.
[45] D. Davidson, 1990, 313.

Davidson behauptet, daß das erste Problem im Endeffekt durch eine Wahrheitstheorie im Stile Tarskis gelöst werden kann oder, genauer, durch eine gewisse Modifikation einer solchen Theorie, die den indexikalischen Merkmalen natürlicher Sprachen Rechnung trägt. Sein fruchtbarer Vorschlag ist, daß eine rekursive Wahrheitstheorie als eine kompositionale Bedeutungstheorie fungieren kann.

Es ist allerdings wichtig, die ganz unterschiedlichen theoretischen Interessen Davidsons und Tarskis nicht aus dem Blick zu verlieren. Tarskis primäres Ziel war es, zu zeigen, daß der Begriff der Wahrheit ein konsistenter Begriff ist. Und obwohl er verschiedene andere Verfahren in Erwägung zog – wie etwa den Begriff der Wahrheit als primitiv aufzufassen und ihm eine axiomatische Charakterisierung zu geben –, glaubte er doch, daß die beste Methode, sein Ziel zu erreichen, eine explizite Definition ist, eine Definition, die den Begriff der Wahrheit in eine Metasprache einführt, die überhaupt keine semantischen Begriffe enthält. Davidson hingegen ist nicht so sehr an einer Definition als vielmehr an einer Theorie der Wahrheit interessiert, einer Theorie, die die Äquivalenzen der Form W dadurch impliziert, daß sie Wahrheit und gewisse verwandte semantische Begriffe als formal primitiv verwendet. Er läßt somit Tarskis letzten Schritt, die Verwandlung der rekursiven Charakterisierung in eine explizite oder direkte Definition, fallen und kann deswegen das Ergebnis als eine axiomatisierte Theorie der Wahrheit betrachten. Eine Reduktion semantischer Begriffe auf nichtsemantische Begriffe ist jedenfalls nicht das, worauf Davidson letztlich hinauswill.

Indem er Wahrheit als einen primitiven Begriff behandelt, stellt Davidson Tarski auf den Kopf. Während Tarski die Instanzen der Konvention W für wahr halten konnte, weil er voraussetzte, daß die rechte Seite eines Bikonditionals der Form W die Übersetzung des Satzes ist, dessen Wahrheitsbedingungen spezifiziert werden, sieht sich Davidson gezwungen, diese Voraussetzung über Bord zu werfen. Er interessiert sich genau für das, was Tarski unexpliziert ließ, nämlich, was es für sprachliche Ausdrücke heißt, das zu bedeuten, was sie bedeuten. Aus diesem Grunde kehrt er die Erklärungsrichtung um. Während Tarski den Begriff der Bedeutung in der Gestalt des Begriffs der Gleichheit der Bedeutung oder der Übersetzung voraussetzt, um mit seiner Hilfe den Begriff der Wahrheit zu definieren, schlägt Davidson vor, den Begriff der Wahrheit als formal primitiven Begriff zu verwenden, um im Rekurs auf ihn den Begriff der Bedeutung oder der Übersetzung zu erklären. Mit seinen Worten: „Our outlook inverts Tarski's: we want to achieve an understanding of meaning or translation by assuming a prior grasp of truth."[46]

Ein weiterer wichtiger Unterschied ist, daß die Sprachen, mit denen sich Tarski befaßte, formalisierte Sprachen sind, die keine indexikalischen oder

---

[46] D. Davidson, 1984, 150.

demonstrativen Elemente enthalten, Sprachen, in denen die Bedeutung eines jeden Ausdrucks durch seine Gestalt eindeutig bestimmt ist. Für solche Sprachen sind Sätze geeignete Vehikel der Wahrheit, denn ihre Sätze bleiben für immer wahr oder für immer falsch, ungeachtet der besonderen Umstände, in denen sie geäußert werden mögen. Davidsons vorrangiges Interesse gilt hingegen *natürlichen* Sprachen, die eine Fülle indexikalischer Merkmale enthalten. Eine Theorie der Wahrheit für eine solche Sprache muß berücksichtigen, daß sich der Wahrheitswert vieler ihrer Sätze mit dem Kontext der Äußerung verändern kann. Es ist offenkundig, daß eine Äußerung des Satzes „Es schneit" wahr sein kann und eine andere, an einem anderen Ort oder zu einem anderen Zeitpunkt gemachte Äußerung desselben Satzes falsch. Sobald also indexikalische Aspekte im Spiel sind, können Sätze als Wahrheitsträger nicht mehr in Frage kommen.

Um das wichtige Phänomen der Kontextsensitivität in natürlichen Sprachen in den Griff zu bekommen, schlägt Davidson vor, Wahrheit als eine Relation zwischen einem Satz, einer Person und einem Zeitpunkt zu betrachten.[47] Die Berücksichtigung der Indexikalität erfordert einen systematischen Wandel in der Theorie der Bedeutung; für jeden Ausdruck mit einem demonstrativen Element muß die Theorie eine Klausel enthalten, die die Wahrheitsbedingungen von Sätzen, in denen dieser Ausdruck vorkommt, auf die sich verändernden Kontexte bezieht. Eine adäquate Theorie wird also zum Beispiel den folgenden W-Satz implizieren: „‚Ich habe Durst', geäußert von einem Sprecher P zum Zeitpunkt t, ist dann und nur dann wahr, wenn P zu t Durst hat."

In diesem Zusammenhang drängt sich die allgemeinere Frage auf, wie denn überhaupt die Aussichten zu beurteilen sind, eine formale Wahrheitstheorie im Stile Tarskis für natürliche Sprachen zu entwickeln. Ist es möglich, so ungeheuer reiche und komplexe Sprachen, wie natürliche Sprachen es nun einmal sind, der mathematischen Strenge einer Wahrheitsdefinition im Stile Tarskis zu unterwerfen? Kann denn etwa die deutsche Sprache als ein formales System behandelt werden? Tarski war in dieser Hinsicht äußerst pessimistisch. Er erteilte dem Versuch, seine exakte Methode der Definition von Wahrheit auf natürliche Sprachen anzuwenden, eine klare Absage.

Tarski gibt im wesentlichen zwei Gründe für dieses negative Urteil an.[48] Erstens führt die Universalität natürlicher Sprachen, ihre semantische Geschlossenheit, zwangsläufig zu semantischen Antinomien. Im Unterschied zu formalen Sprachen enthält die deutsche Sprache ihr eigenes Wahrheitsprädikat. Der hohe Preis, den wir dafür zu zahlen haben, daß es keinen sprachlichen Bereich gibt, der einer natürlichen Sprache prinzipiell unzugänglich ist, ist die Widerspruchsfreiheit.

---

[47] Vgl. D. Davidson, 1984, 33–35, 46, 58, 74–75, 131.
[48] Vgl. A. Tarski, 1983, 457–8; 537–8.

Und zweitens müßte eine natürliche Sprache, da sie keine exakt bestimmte Struktur besitzt, zuerst der „undankbaren Aufgabe" einer „Reform" unterzogen werden, bevor präzise formale Methoden auf sie angewandt werden könnten. Natürliche Sprachen sind in Tarskis Augen unfertige, unabgeschlossene Gebilde; wir können diejenigen Ausdrücke, die wir „Sätze" nennen, nicht strukturell bestimmen, und noch viel weniger können wir unter ihnen, auf der Basis ihrer Struktur, die wahren Sätze von den anderen unterscheiden. Eine Reform scheint ihm unumgänglich zu sein. Tarski befürchtet allerdings, daß eine natürliche Sprache durch eine solche erforderliche Reform just die Merkmale, die sie zu einer natürlichen Sprache gemacht haben, verlieren und die charakteristischen Merkmale einer formalisierten Sprache annehmen würde.

Davidson darf sich von diesem Pessimismus Tarskis und vieler anderer moderner Logiker und Sprachphilosophen natürlich nicht anstecken lassen. Gleichwohl räumt er ein, daß er keine vollends überzeugende Antwort auf das Problemsyndrom der semantischen Antinomien besitzt.[49] Das Ideal einer Theorie der Wahrheit *für* eine natürliche Sprache *in* einer natürlichen Sprache ist, wenn wir uns an Tarkis strenge Methoden halten, in der Tat nicht ganz zu erreichen. Aber fast. Davidson scheint den Pessimisten zu bedenken geben zu wollen, daß wir eine Theorie der Wahrheit immerhin für annähernd eine gesamte natürliche Sprache entwickeln können. Denn nur das Wahrheitsprädikat selbst und gewisse andere semantische Termini dürfen in der Objektsprache nicht vorkommen, wenn Antinomien vermieden werden sollen.

Tarskis zweiten Einwand weist Davidson nachdrücklich zurück. Er ist nicht davon überzeugt, daß die Anwendung von Tarskis Wahrheitscharakterisierungen auf eine natürliche Sprache diese so stark verändern würde, daß sie nicht wiederzuerkennen wäre. Davidson macht geltend, daß es nicht sein Ziel ist, eine Sprache zu verändern oder zu verbessern, sondern sie zu beschreiben und zu verstehen.[50] Die enorme äußerliche Verschiedenheit der Oberflächengrammatik natürlicher Sprachen von der Syntax der Quantifikationstheorie ist kein hinreichender Grund zu glauben, daß sich natürliche Sprachen nicht auf die erforderliche Weise formalisieren lassen.

Eine Theorie der Bedeutung für eine natürliche Sprache L muß Davidson zufolge, wie erwähnt, eine weitere Grundbedingung erfüllen: Sie muß durch objektive Daten verifizierbar sein, die beschrieben werden können, ohne solche sprachlichen Begriffe wie Bedeutung, Interpretation oder Synonymie zu gebrauchen. Diese zweite Bedingung soll verhindern, daß in die Grundlagen einer semantischen Theorie Begriffe eingeschmuggelt werden, die in einer zu engen Beziehung zum Begriff der sprachlichen Bedeutung stehen, dessen Analyse das eigentliche Ziel der Theorie ist.

---

[49] Vgl. D. Davidson, 1984, 28–30; 71–2.
[50] D. Davidson, 1984, 29.

Wie also kann eine Theorie der Wahrheit im Stile Tarskis empirisch getestet werden? Wie können wir wissen, ob eine Theorie der Wahrheit, verstanden als eine empirische Theorie über eine natürliche Sprache, das sprachliche Verhalten eines Sprechers oder einer Gruppe von Sprechern korrekt beschreibt? Mit dieser Frage haben wir Davidson zufolge den entscheidenden Punkt erreicht, an dem wir über Tarski hinausgehen müssen. Denn mit der Frage nach dem Zusammenhang des Begriffs der Wahrheit mit Sprechern, mit ihrer tatsächlichen sprachlichen Praxis und den propositionalen Einstellungen, mit denen sie verwoben ist, hat sich Tarski nicht beschäftigt. Durch die Erklärung dieses Zusammenhangs mit der faktischen sprachlichen Kommunikation wird ein wesentlicher Teil des Inhalts des Begriffs der Wahrheit erfasst, der in Tarskis Wahrheitsprädikaten ausgeklammert bleibt.

Um zu zeigen, wie wir den Begriff der Wahrheit als eine Quelle empirischen Inhalts verwenden können, entwickelt Davidson seine Theorie der radikalen Interpretation, deren grundlegende Methode darin besteht, Wahrheit zwischen Sprachen konstant zu halten. Während eine Wahrheitsdefinition im Stile Tarskis immer die Definition eines Wahrheitsprädikats für eine einzelne Sprache ist, macht Davidson geltend, daß wir in der sprachlichen Kommunikation einen einzigen allgemeinen Begriff der Wahrheit benutzen, der nicht auf einzelne Sprachen relativiert ist. Nur dadurch, daß er von dieser Identität der Wahrheit zwischen Sprachen ausgeht, ist ein Interpret imstande, eine gegebene Sprache zu verstehen. Das also, was in Tarskis Ansatz fehlt, das gemeinsame Merkmal der verschiedenen Wahrheitsprädikate, stellt sich als die Basis von Davidsons gesamter Theorie der Interpretation heraus.

4. Pragmatistische Theorien

4.1. Charles Sanders Peirce

Charles Sanders Peirce, William James und John Dewey haben pragmatistische Erklärungen der Wahrheit gegeben, für die charakteristisch ist, daß sie verifikationistische und realistische Elemente miteinander verbinden. Dewey behauptete einmal, daß die beste Definition der Wahrheit, die er kennt, diejenige von Peirce ist.[51] Peirce versuchte, Wahrheit durch den Begriff der „endgültigen Überzeugung" zu bestimmen. Er kennzeichnet die endgültige Überzeugung als eine ideale und wahre Gesamttheorie der Realität, die von den Überzeugungen einzelner Personen unabhängig ist. Und er stellt die gewagte teleologische Behauptung auf, daß die Überzeugungen einzelner

---

[51] J. Dewey, 1938, 343 Fn.

Personen unabhängig voneinander langfristig zur endgültigen Überzeugung konvergieren, wenn sie nur genügend sinnliche Erfahrungen machen und ihre Forschungen richtig durchführen. Die Definition Peirces, der Dewey so großen Beifall zollte, lautet, daß ein Urteil genau dann wahr ist, wenn es zur endgültigen Überzeugung gehört:

> „The opinion which is fated to be ultimately agreed to by all who investigate is what we mean by the truth, and the object represented in this opinion is the real. This is the way I would explain reality."[52]

Peirces Theorie der Wahrheit soll zwei Desiderate erfüllen. Wahrheit soll zum einen objektiv sein. Subjektivistische Theorien, die Wahrheit an das binden, was wir glauben, lehnt Peirce zu Recht entschieden ab. Die Unabhängigkeit der Realität von unseren Überzeugungen über sie soll der Garant für diese erforderliche Objektivität sein. Die Wahrheit muß zum anderen aber auch epistemisch zugänglich sein; sie darf den Zusammenhang mit „Denken im allgemeinen" nicht verlieren, wenn sie als Ziel der wissenschaftlichen Forschung unsere Untersuchungen anleiten soll. Es wird deutlich, daß die Objektivität und Unabhängigkeit der Wahrheit in einem delikaten Spannungsverhältnis zu ihrer prinzipiellen Zugänglichkeit stehen. Die Konzeption der endgültigen Überzeugung bringt ans Licht, daß die Begriffe der Wahrheit und der Realität nicht gänzlich unabhängig von dem Begriff der Überzeugung sind, denn Wahrheit und Realität werden durch die Überzeugung, zu der die wissenschaftliche Gemeinschaft am Ende ihrer Forschungen gelangen wird, definiert. Die ontologische Unabhängigkeit der Realität von unserem Bewußtsein wird von Peirce als die Unabhängigkeit der endgültigen Überzeugung von den Überzeugungen einzelner Personen rational rekonstruiert.[53]

4.2.   Putnams Interner Realismus

An Peirces Definition knüpft die epistemische Auffassung der Wahrheit, die Hilary Putnam während seiner intern-realistischen Phase vertreten hat, an. Der „Interne Realismus" sollte an die Stelle des „Metaphysischen Realismus" treten, zu dem die Korrespondenztheorie der Wahrheit konstitutiv gehört, und dem sich Putnam selbst lange Zeit verschrieben hatte. Putnam behauptet, daß Wahrheit für den Metaphysischen Realismus ein radikal nichtepistemischer Begriff ist, weil er die Möglichkeit offen lässt, daß selbst eine epistemisch ideale Theorie, eine Theorie, die unsere strengsten Kriterien der Auswahl zwischen Theorien erfüllt, dennoch falsch sein könnte.[54] Sie könnte dem Metaphysischen Realismus zufolge falsch sein, weil die

---

[52] Ch. S. Peirce, 1931–35, (V.407).
[53] Ch. S. Peirce, 1931–35, (VIII.12).
[54] Vgl. H. Putnam, 1978.

Welt nicht so ist, wie die Theorie sagt, daß sie ist. Diesen Gedanken hält Putnam jedoch für inkohärent.

Putnams Alternative zur traditionellen korrespondenztheoretischen Konzeption ist ein neuer internalistischer Wahrheitsbegriff, den er folgendermaßen charakterisiert:

> „‚Truth', in an internalist view, is some sort of (idealized) rational acceptability – some sort of ideal coherence of our beliefs with each other and with our experiences *as those experiences are themselves represented in our belief system* – and not correspondence with mind-independent or discourse-independent ‚states of affairs'.“[55]

Putnam lehnt die metaphysisch-realistische Konzeption, der zufolge die Wahrheit radikal nichtepistemisch ist, mit Nachdruck ab. Seine eigene Theorie enthält wesentliche Elemente der Kohärenztheorie der Wahrheit und von pragmatistischen Theorien der Wahrheit. Etwas später sagte Putnam dann sogar, daß er besser daran getan hätte, seine Position einfach „Pragmatischen Realismus" zu nennen.[56] Den zentralen Gedanken seiner neuen Auffassung schrieb er jedoch der antirealistischen Philosophie von Michael Dummett zu, in der er damals eine kohärente Alternative sowohl zur Korrespondenztheorie als auch zur Redundanztheorie der Wahrheit zu entdecken glaubte.[57] Dummett ist der Ansicht, daß, grob gesprochen, die Bedeutung eines Satzes nicht durch seine realistischen Wahrheitsbedingungen, sondern durch seine Verifikationsbedingungen gegeben wird.[58]

Aber obwohl Putnam seine Abkehr von der Korrespondenztheorie auf den zunehmenden Einfluß Dummetts zurückführte, legte er doch alsbald großen Wert darauf, daß sich seine eigene Auffassung in einigen wesentlichen Punkten von derjenigen Dummetts unterscheidet. Diese Meinungsverschiedenheiten hängen hauptsächlich damit zusammen, daß Putnam den Unterschieden zwischen dem mathematischen Diskurs, der eine wichtige Inspirationsquelle für Dummetts semantische Überlegungen bildet, und dem empirischen Diskurs in einem viel stärkeren Maß Rechnung trägt als Dummett und daß er infolgedessen die Anwendung der verifikationistischen Semantik auf den empirischen Diskurs mit größerer Behutsamkeit vollzog.

Dummett identifiziert Wahrheit mit Rechtfertigung. Während er anfangs „Rechtfertigung" weitgehend in einem starken Sinn als zwingende Rechtfertigung verstand, ist er später dazu übergegangen, „Rechtfertigung" eher in einem schwächeren Sinn als hinreichend gute Rechtfertigung zu verstehen. Putnam steht der Idee, daß Sätze über äußere materielle Gegenstände

---

[55] H. Putnam, 1981, 49–50.
[56] Vgl. H. Putnam, 1988, 114.
[57] Vgl. H. Putnam, 1978, 127–30; 1983, XVI, 81–86.
[58] Vgl. M. Dummett, 1975, 1976; vgl. zu Dummetts antirealistischer Position auch R. Schantz, 2001b.

zwingend gerechtfertigt werden können, sehr skeptisch gegenüber.[59] Er gibt zu bedenken, daß die Verifikation in den empirischen Wissenschaften eine graduelle Angelegenheit ist. Im schroffen Gegensatz zu Dummett ist Putnam ein entschiedener Holist. Es gibt zwar so etwas wie einen formalen Beweis eines isolierten mathematischen Satzes, aber die Einheit der Verifikation in den empirischen Wissenschaften ist die ganze Theorie und nicht ein isolierter Satz.

Putnams Haupteinwand richtet sich jedoch gegen Dummetts Vorschlag, Wahrheit kurzerhand mit Rechtfertigung zu identifizieren.[60] Gegen diese simple Identifikation führt Putnam den in der Tat triftigen Grund ins Feld, daß Wahrheit eine Eigenschaft von Aussagen ist, die sie nicht verlieren können, während die Rechtfertigung verloren werden kann. Die Aussage „Die Erde ist flach" war vor etwa 3000 Jahren gerechtfertigt, aber sie ist es heute nicht mehr. Es wäre aber sicherlich falsch, zu sagen, daß „Die Erde ist flach" vor 3000 Jahren wahr war, denn dies zu behaupten, hieße zu behaupten, daß die Erde in der Zwischenzeit ihre Gestalt verändert hat. Die Folgerung, die Putnam aus alledem zog, ist, daß Wahrheit weder mit hinreichend guter noch mit zwingender Rechtfertigung gleichgesetzt werden darf. Deshalb nannte er seinen neuen Standpunkt eine Form von „Realismus", während Dummett seinen Standpunkt als „Antirealismus" bezeichnet.

Obwohl Putnam einige unplausible Konsequenzen von Dummetts allzu radikaler Epistemologisierung der Wahrheit zu vermeiden vermochte, ließ er sich von Dummett dennoch dazu inspirieren, in den Wahrheitsbegriff selbst gewisse epistemische Elemente einzubauen. Sein Realismus sollte ein Realismus mit einem menschlichem Antlitz sein. Das laut Putnam den klassischen Realismus beherrschende theozentrische Modell, das menschliche Erkenntnis an den Maßstäben eines absoluten Verstandes mißt, sollte einem neuen, anthropozentrischen Modell Platz machen. Die Wahrheit muß den Menschen prinzipiell zugänglich bleiben; sie darf ihre epistemischen Fähigkeiten nicht überschreiten. Es ist sinnlos, eine Aussage wahr oder falsch zu nennen, wenn es keine physisch möglichen Situationen gibt, in denen ein Sprecher feststellen könnte, ob sie wahr oder falsch ist.[61] Aus diesem Grunde identifizierte Putnam nach seiner Kehre Wahrheit mit Rechtfertigung im Sinn von idealisierter Rechtfertigung. Es ist also Putnam zufolge per definitionem unmöglich, daß, wie der Metaphysische Realist proklamiert, eine epistemisch ideal gerechtfertigte Theorie dennoch falsch sein könnte.

Putnams Konzeption der Wahrheit als Rechtfertigbarkeit unter epistemisch idealen Bedingungen, unter Bedingungen, in denen alle relevanten Fakten zur Verfügung stehen, ist meines Erachtens der bislang interessante-

---

[59] Vgl. H. Putnam, 1983, XVI–XVIII, 22.
[60] Vgl. H. Putnam, 1983, 84–6; 1981, 55.
[61] Vgl. H. Putnam, 1988, 115.

ste, fruchtbarste und lehrreichste Versuch, die logische Kluft zwischen Wahrheit und Rechtfertigung endgültig zu schließen. Putnam gelang es in der Tat, verschiedene Mängel früherer, allzu radikaler Lösungsansätze zu beheben. Allerdings scheint auch seine eigene epistemische Definition mit unüberwindbaren Problemen behaftet zu sein.

Zunächst fällt auf, daß Putnam gar keinen ernsthaften Versuch unternommen hat, die Rede von epistemisch idealen Bedingungen zu präzisieren. Klar ist allerdings, daß er eine epistemisch ideale Situation anthropozentrisch versteht, als eine Situation, die für uns, für endliche Wesen mit unserer perzeptiven und kognitiven Ausstattung, ideal ist. Mögliche Wesen, deren kognitive Fähigkeiten die unseren weit überschreiten, bleiben zu Recht außer Betracht. Der Grund, weshalb epistemische Definitionen der Wahrheit auf einer anthropozentrischen Motivation beruhen, liegt freilich auf der Hand: Sie sollen zeigen, daß die Wahrheit für uns zugänglich ist, daß Wahrheit die Belege, die wir für sie erwerben können, nicht prinzipiell überschreiten kann. Ein allwissendes Wesen vermag in diesem Kontext offenkundig nicht weiterzuhelfen. Ein nichtinterner Realismus kann ohne Umschweife anerkennen, daß es eine notwendige Bedingung für die Wahrheit einer Aussage ist, daß ein allwissendes Wesen sie akzeptieren würde.

Aber gerade diese Einschränkung auf menschliche kognitive Subjekte setzt epistemische Analysen dem Einwand aus, daß es wahre Aussagen geben könnte, die für uns in einer epistemisch idealen Situation nicht rechtfertigbar sind. Sie könnten für uns sogar in einer solchen Situation nicht rechtfertigbar sein, weil Gründe, die für oder gegen ihre Wahrheit sprechen, für uns, aufgrund unserer sinnlichen und kognitiven Grenzen, prinzipiell nicht zugänglich sind. Die Annahme, daß es Aspekte der Realität gibt, die für uns, wenn auch vielleicht nicht für alle möglichen kognitiven Subjekte, für immer verschlossen bleiben, ist im Lichte unseres gesamten wissenschaftlichen Wissens über unsere sensorischen Systeme und kognitiven Mechanismen und über die verschiedenen Weisen, in denen sie Informationen über die Welt aufnehmen und verarbeiten, sehr plausibel. Wenn wir doch unsere sinnlichen und kognitiven Einschränkungen kennen, wenn wir doch gute Gründe für die Annahme haben, daß der Mensch nicht das Maß aller Dinge ist, warum sollen wir dann nicht anerkennen, daß es Sachverhalte geben könnte, die die menschliche Erkenntnisfähigkeit prinzipiell überschreiten? Und dies ist sicherlich ein stichhaltiges Argument gegen die Gleichsetzung von Wahrheit mit Rechtfertigbarkeit unter Bedingungen, die für uns epistemisch ideal sind.

Ein weiterer Einwand beanstandet, daß Putnams epistemische Definition der Wahrheit zirkulär ist, weil ihr zentraler Begriff einer epistemisch idealen Situation letztlich nur im Rückgriff auf den Begriff der Wahrheit angemessen definiert werden kann.[62] Dies wird deutlich, wenn wir unser Augen-

---

[62] Vgl. dazu R. Schantz, 1999.

merk auf den Begriff der epistemischen Rechtfertigung lenken und insbesondere, wenn wir uns die Frage stellen, in welcher Beziehung dieser
Begriff zum Begriff der Wahrheit steht. Zwar ist es möglich, daß eine Überzeugung epistemisch gerechtfertigt ist, obwohl sie in Wirklichkeit falsch ist.
Dies ist der Grund, weshalb Wahrheit nicht geradewegs mit Rechtfertigung
gleichgesetzt werden kann. Die Beziehung zwischen Rechtfertigung und
Wahrheit kann also nicht die Beziehung der logischen Implikation sein.

Aber dennoch scheint es einen begrifflichen Zusammenhang zwischen
epistemischer Rechtfertigung und Wahrheit zu geben. Zahlreiche Erkennt-
nistheoretiker, wie William Alston, Laurence BonJour und Alvin Goldman,[63] machen geltend, daß es für Rechtfertigung in gewisser Weise konstitutiv ist, daß sie zur Wahrheit führt. Schließlich ist es das wesentliche Ziel
der Erkenntnis, wahre Überzeugungen zu erreichen und falsche Überzeugungen zu vermeiden, Wahrheit zu maximieren und Falschheit zu minimie-
ren. Die Rechtfertigung hilft uns, diesem Ziel näher zu kommen. Sie ist auf
das objektive kognitive Ziel der Wahrheit ausgerichtet. Eine Überzeugung
ist für uns demnach nur dann gerechtfertigt, wenn wir gute Gründe dafür
haben, zu glauben, daß sie wahr ist. Eine Überzeugung zu akzeptieren,
ohne gute Gründe für sie zu haben, heißt, das kognitive Ziel der Wahrheit
außer acht zu lassen.

Es scheint mithin zum Begriff der epistemischen Rechtfertigung zu gehören, daß sie, wie man sagt, „wahrheitsförderlich" ist, das heißt, daß die
Bedingungen der Rechtfertigung derart sein müssen, daß ihre Erfüllung zu
garantieren vermag, daß es in hohem Maße wahrscheinlich ist, daß die betreffende Überzeugung wahr ist. Wenn das Erreichen gerechtfertigter Überzeugungen die Wahrscheinlichkeit, wahre Überzeugungen zu erreichen,
nicht beträchtlich steigern würde, dann wäre Rechtfertigung für unser wesentliches kognitives Ziel unerheblich. Warum sollten wir uns dann überhaupt darum scheren, ob unsere Überzeugungen gerechtfertigt sind oder
nicht? Demgegenüber läßt eine Konzeption der Rechtfertigung, die einen
Bezug zur Wahrheit einschließt, deutlich hervortreten, warum Rechtfertigung in der Suche nach Wahrheit für ein Desiderat gehalten wird.

Natürlich finden sich in der einschlägigen Literatur auch vielfältige Versuche, epistemische Rationalität zu charakterisieren, ohne den Begriff der
Wahrheit in irgendeiner Weise heranzuziehen.[64] Der springende Punkt ist
jedoch, daß sich diejenigen, die eine Gleichsetzung von Wahrheit mit Rechtfertigung unter epistemisch idealen Bedingungen befürworten, auf derartige Versuche, die begriffliche Verbindung von Rechtfertigung und Wahrheit zu durchtrennen, nicht stützen können. Sie können sich darauf nicht
stützen, weil ihre These, daß Wahrheit nichts anderes ist als epistemisch
ideale Rechtfertigbarkeit, in sich zusammenbricht, wenn der Begriff der

---

[63] Vgl. W. Alston, 1989; L. BonJour, 1985; A. Goldman, 1986.
[64] J. Pollock, 1974.

Rechtfertigung Wahrheitsförderlichkeit nicht einschließt. Denn wenn der Begriff der Rechtfertigung nicht einmal eine Garantie der Wahrscheinlichkeit der Wahrheit beinhaltet, dann ist es selbstverständlich möglich, daß eine Überzeugung, so ideal gerechtfertigt sie auch sein mag, gleichwohl falsch ist. Kurzum: Wenn die begriffliche Verbindung zwischen Rechtfertigung und Wahrheit geleugnet wird, dann verliert die Identifikation von Wahrheit und Rechtfertigung in einer epistemisch idealen Situation jegliche Plausibilität; wenn diese enge Verbindung hingegen anerkannt wird, dann wird die vorgeschlagene Identifikation zirkulär.

Die Aussichten für eine Epistemologisierung des Wahrheitsbegriffs haben sich merklich verdüstert. Unsere kognitiven Fähigkeiten und unsere Methoden, die Wahrheit herauszufinden, wandeln sich, die Wahrheit selbst dagegen nicht. Carnap wußte dies. Er legte großen Wert darauf, daß der Begriff der Wahrheit, im Gegensatz zum Begriff der Bewährung oder der Bestätigung, ein zeitunabhängiger Begriff ist.[65] Wahrheit ist eine Sache, Rechtfertigung oder Verifikation eine andere. Es gibt eine gewisse logische Kluft zwischen Wahrheit und Rechtfertigung. Das heißt nicht, daß wir die Wahrheit niemals entdecken können oder daß die Wahrheit unsere epistemische Praxis prinzipiell überschreitet. Es heißt lediglich, daß Wahrheit und Rechtfertigung logisch voneinander unabhängige Merkmale von Aussagen sind, daß es keine logischen Zusammenhänge zu geben scheint, die zu garantieren vermöchten, daß die Resultate unserer besten empirischen Methoden wahr sind. Der Erfolg der menschlichen Suche nach Wahrheit ist eine kontingente Angelegenheit.

5. Ausblick

Die Pragmatisten haben in ihrem Bestreben, die Wahrheit für uns zugänglich zu machen, die Wahrheit selbst in einen epistemischen Begriff verwandelt. Sie neigen dazu, die Kriterien der Wahrheit mit der Definition der Wahrheit gleichzusetzen. Diese Gleichsetzung führt zu ziemlich unplausiblen Konsequenzen. Wahrheit scheint in der Tat ein epistemisch uneingeschränkter, ein radikal nichtepistemischer Begriff zu sein. In diesem wichtigen Punkt stimmen die Verfechter des alethischen Realismus mit den Anhängern des Deflationismus überein. Aber während die Deflationisten zudem behaupten, daß Wahrheit überhaupt keine interessante Eigenschaft oder Beziehung ist, sind die alethischen Realisten vom Gegenteil überzeugt. Sie machen geltend, daß Wahrheit just eine Beziehung zwischen einem Wahrheitsträger, einer Aussage oder einer Überzeugung, und einem Wahrmacher ist, einer Realität, die hinsichtlich des Wahrheitsträgers einen objek-

---

[65] Vgl. R. Carnap, 1947.

tiven Status besitzt.[66] Und sie glauben, daß die Wahrheit einer Aussage durch objektive referentielle Beziehungen zwischen ihren Bestandteilen und Aspekten der Welt expliziert werden kann.[67] Eine solche referentielle Explikation eröffnet sodann die Möglichkeit, eine plausible Form einer Korrespondenztheorie der Wahrheit zu entfalten, die den intuitiven Gedanken ernst zu nehmen vermag, daß eine Aussage genau dann wahr ist, wenn die Tatsache tatsächlich besteht, deren Bestehen durch die Aussage behauptet wird. Die Tatsache, daß Tomaten rot sind, ist sowohl eine notwendige als auch eine hinreichende Bedingung für die Wahrheit der Aussage, daß Tomaten rot sind. Es ist wahr, daß p, genau dann, wenn p. Tatsachen sind einer realistischen Auffassung zufolge keine bloßen Schatten, die unsere sprachliche Praxis des Aufstellens von Behauptungen wirft, wie etwa Peter Strawson meint.[68] Vielmehr sind Tatsachen Bestandteile der von unserer Sprache und unseren Gedanken unabhängigen objektiven Realität.

Literaturverzeichnis

Alston, William, 1989, *Epistemic Justification*, Ithaca.
Alston, William, 1996, *A Realist Conception of Truth*, Ithaca.
Ayer, Alfred, 1936, *Language, Truth and Logic*, London.
BonJour, Laurence, 1985, *The Structure of Empirical Knowledge*, Cambridge/MA.
Carnap, Rudolf, 1932a, „Überwindung der Metaphysik durch logische Analyse der Sprache", *Erkenntnis*, 2, 219–241.
Carnap, Rudolf, 1932b, „Über Protokollsätze", *Erkenntnis*, 3, 215–228.
Carnap, Rudolf, 1934, *Logische Syntax der Sprache*, Wien.
Carnap, Rudolf, 1947, *Meaning and Necessity*, Chicago.
Davidson, Donald, 1984, *Inquiries into Truth and Interpretation*, Oxford.
Davidson, Donald, 1990, „The Structure and Content of Truth", *Journal of Philosophy*, 87, 279–328.
Dewey, John, 1938, *Logic: the Theory of Inquiry*, New York.
Dummett, Michael, 1975, „What is a Theory of Meaning?", in: S. Guttenplan (Hrsg.), *Mind and Language*, Oxford, 97–138.
Dummett, Michael, 1976, „What is a Theory of Meaning? (II)", in: G. Evans / J. McDowell (Hrsg.), *Truth and Meaning*, Oxford, 67–137.
Frege, Gottlob, 1964, (1879), *Begriffsschrift*, Darmstadt.
Frege, Gottlob, 1980, (1892), „Über Sinn und Bedeutung", in: G. Patzig (Hrsg.), *Frege. Funktion, Begriff, Bedeutung*, Göttingen.
Frege, Gottlob, 1976, (1918), „Der Gedanke", in: G. Patzig (Hrsg.), *Frege. Logische Untersuchungen*, Göttingen.
Frege, Gottlob, 1969, *Nachgelassene Schriften*, hrsg. von H. Hermes, F. Kambartel und C. Thiel, Hamburg.

---

[66] Vgl. W. Alston, 1996; R. Schantz, 1996.
[67] Vgl. R. Schantz, 1996.
[68] Vgl. P. Strawson, 1950.

Goldman, Alvin, 1986, *Epistemology and Cognition*, Cambridge/MA.

Grover, Dorothy / Camp, John / Belnap, Nuel, 1975, „A Prosentential Theory of Truth", *Philosophical Studies*, 27, 73–125.

Hempel, Carl, 1935, „On the Logical Positivists' Theory of Truth", *Analysis*, 2, 49–59.

Horwich, Paul, 1990, *Truth*, Oxford.

Leeds, Stephen, 1978, „Theories of Truth and Reference", *Erkenntnis*, 13, 111–129.

Neurath, Otto, 1931, „Soziologie im Sozialismus", *Erkenntnis*, 2, 393–431.

Neurath, Otto, 1934, „Radikaler Physikalismus und ‚Wirkliche Welt'", *Erkenntnis*, 4, 346–362.

Peirce, Charles Sanders, 1931–35, *Collected Papers*, Cambridge/MA.

Pollock, John, 1974, *Knowledge and Justification*, Princeton.

Popper, Karl, 1984, (1935), *Logik der Forschung*, Tübingen.

Putnam, Hilary, 1978, *Meaning and the Moral Sciences*, London.

Putnam, Hilary, 1981, *Reason, Truth and History*, Cambridge.

Putnam, Hilary, 1983, *Realism and Reason, Philosophical Papers*, Bd. 3, Cambridge.

Putnam, Hilary, 1988, *Representation and Reality*, Cambridge/MA.

Putnam, Hilary, 1991, „Replies and Comments", *Erkenntnis*, 34, 401–424.

Putnam, Hilary, 1992, „Replies", *Philosophical Topics*, 20, 347–408,

Putnam, Hilary, 1994, *Words and Life*, Cambridge/MA.

Quine, Willard Van, 1970, *Philosophy of Logic*, Englewood Cliffs.

Quine, Willard Van, 1990, *Pursuit of Truth*, Cambridge/MA.

Ramsey, Frank P., 1978, *Foundations. Essays in Philosophy, Logic, Mathematics and Economics*, hrsg. von D. Mellor, London.

Reichenbach, Hans, 1931, „Der physikalische Wahrheitsbegriff", *Erkenntnis*, 2, 156–171.

Rorty, Richard, 1982, *Consequences of Pragmatism*, Brighton.

Rorty, Richard, 1986, „Pragmatism, Davidson and Truth", in E. LePore (Hrsg.), *Truth and Interpretation. Perspectives on the Philosophy of Donald Davidson*, Oxford, 333–355.

Schantz, Richard, 1996, *Wahrheit, Referenz und Realismus*, Berlin / New York.

Schantz, Richard, 1998a, „Verifikationismus und Realismus in der Philosophie des Pragmatismus. Eine Studie zu Peirce und James", *Zeitschrift für philosophische Forschung*, 3, 363–382.

Schantz, Richard, 1998b, „Pragmatismus zwischen Realismus und Antirealismus. Zur Wahrheitskonzeption von William James", *Grazer Philosophische Studien*, 54, 53–77.

Schantz, Richard, 1999, „Warum Wahrheit kein epistemischer Begriff ist", in: G. Meggle / J. Nida-Rümelin (Hrsg.), *Rationalität, Realismus, Revision*, Berlin / New York, 359–366.

Schantz, Richard, 2000, „Truth, Correspondence, and Reference: How Deflationists diverge from Tarski", in: A. Chapuis / A. Gupta (Hrsg.), *Circularity, Definition, and Truth, Journal of the Indian Council of Philosophical Research*, 317–331.

Schantz, Richard, 2001a, „Truth and Reference", *Synthese*, 126, 261–281.

Schantz, Richard, 2001b, „Michael Dummetts Antirealismus. Eine kritische Studie", *Logos*, 7, 115–148.

Schantz, Richard (Hrsg.), 2002, *What is Truth?*, Berlin / New York.

Schantz, Richard, 2003, „Freges Konzeptionen der Wahrheit", in: D. Greimann

(Hrsg.), *Das Wahre und das Falsche. Studien zu Freges Auffassung der Wahrheit*, Hildesheim, 39–58.

Schlick, Moritz, 1934, „Über das Fundament der Erkenntnis", *Erkenntnis*, 4, 79–99.

Schlick, Moritz, 1935, „Facts and Propositions", *Analysis*, 2, 65–70.

Soames, Scott, 1984, „What is a Theory of Truth?", *Journal of Philosophy*, 81, 411–429.

Strawson, Peter, 1950, „Truth", *Proceedings of the Aristotelian Society*, supp. vol., 24, 129–156.

Tarski, Alfred, 1983, (1935), „Der Wahrheitsbegriff in den formalisierten Sprachen", in: K. Berka / L. Kreiser (Hrsg.), *Logik-Texte*, Darmstadt, 443–546.

Tarski, Alfred, 1944, „The Semantic Conception of Truth and the Foundations of Semantics", *Philosophy and Phenomenological Research*, 4, 341–375.

Williams, Michael, 1986, „Do We (Epistemologists) need a Theory of Truth?", *Philosophical Topics*, 4, 223–242.

Wittgenstein, Ludwig, 1984, *Tractatus Logico-Philosophicus*, Werkausgabe Bd. 1, Frankfurt

Personenindex

Sekundärliteratur

www.ingramcontent.com/pod-product-compliance
Lightning Source LLC
Chambersburg PA
CBHW070409100426
42812CB00005B/1682